D1701280

Bürkle/Hauschka
Der Compliance Officer

Der Compliance Officer
Ein Handbuch in eigener Sache

Herausgegeben von
Dr. Jürgen Bürkle
Rechtsanwalt in Stuttgart

und

Dr. Christoph E. Hauschka
Rechtsanwalt in München

2015

Zitiervorschlag: *Bearbeiter*, in: Bürkle/Hauschka, Compliance Officer, § … Rn. …

www.beck.de

ISBN 978 3 406 66298 0

© 2015 Verlag C.H. Beck oHG
Wilhelmstraße 9, 80801 München

Druck und Bindung: Beltz Bad Langensalza GmbH,
Neustädter Straße 1–4, 99947 Bad Langensalza

Satz: Textservice Zink, 74869 Schwarzach

Gedruckt auf säurefreiem, alterungsbeständigem Papier
(hergestellt aus chlorfrei gebleichtem Zellstoff)

Vorwort

Nachdem sich der Compliance-Ansatz, Rechtskonformität durch Organisation zu erreichen, in der Praxis durchgesetzt hat, liegt mittlerweile eine schwer überschaubare Fülle an Compliance-Literatur vor. Es gibt kaum noch Rechtsthemen oder Organisationsfragen, die nicht in Compliance-Büchern oder Compliance-Zeitschriften behandelt werden.

Diese Literatur betrachtet aber Compliance-Probleme fast ausschließlich aus der Sicht der Organe (Vorstand, Geschäftsführer, Aufsichtsrat) oder der Organisation (Unternehmen, Verbände und sonstige Vereinigungen).

Der Compliance Officer als zentrale Figur aller internen Aktivitäten steht bisher nur gelegentlich im Fokus der Betrachtung. Diese Lücke will unser Handbuch schließen. Es behandelt relevante Compliance-Themen speziell aus der Sicht des Compliance Officers.

Die Beiträge in dem Handbuch befassen sich daher ausführlich mit der Rolle des Compliance Officers innerhalb von Compliance-Organisationen und seiner wichtigen, aber zugleich prekären Stellung. Es geht uns um eine Darstellung aus Sicht des Compliance Officers, also um Compliance in eigener Sache.

Ziel des Handbuchs ist es, dem Compliance Officer Orientierung in seiner schwierigen Alltagsarbeit zu vermitteln und ihn zugleich über das Tagesgeschäft hinaus für die eigenen Belange zu sensibilisieren.

Die Herausgeber danken den Mitautoren für ihr großes Engagement und ihre fundierten Beiträge. Unser Dank gilt ebenfalls Frau Markov und Frau Miszler für die hervorragende Betreuung des Handbuchs seitens des Verlages.

Herausgeber und Autoren freuen sich über Anregungen und Kritik zu Konzept und Inhalt dieses Handbuchs. Ihre Anmerkungen erreichen uns auf jeden Fall über den Verlag (heidi.markov@beck.de).

Stuttgart und München, im August 2015

Dr. Jürgen Bürkle *Dr. Christoph E. Hauschka*

Bearbeiterverzeichnis

Dr. Eike Bicker, LL.M. (Cambridge)
Rechtsanwalt in Frankfurt a. M.

Dr. Rainer Buchert
Rechtsanwalt in Frankfurt a. M.

Dr. Jürgen Bürkle
Rechtsanwalt und Leiter Recht und Compliance in Stuttgart

Dr. Matthias Dann, LL.M. (Edinburgh)
Rechtsanwalt in Düsseldorf

Dr. Frank Fabian
Group Chief Compliance Officer in Wolfsburg

Wirnt Galster
Rechtsanwalt in Heidelberg, General Legal Counsel und Compliance Officer in Waldkirch i.Br. sowie Vorstandsmitglied des Netzwerk Compliance e.V.

Dr. Katharina Hastenrath
Rechtsanwältin in Kreuztal und Vorstandsmitglied des Netzwerk Compliance e.V.

Dr. Rebecca Julia Koch
Geschäftsführerin in Münster

Anja Mandelkow
Rechtsanwältin in Bad Vilbel

Dr. Annette Marschlich
Unternehmensberaterin in Munchen

Dr. Anja Mengel, LL.M. (Columbia)
Rechtsanwältin und Fachanwältin für Arbeitsrecht in Berlin

Dr. Alexander Oehmichen
Rechtsanwalt in Bad Vilbel

Prof. Dr. Martin Schulz, LL.M. (Yale)
Professor für deutsches und internationales Privat- und Unternehmensrecht in Heilbronn

Dr. Jörg Thierfelder
Unternehmensberater in Hamburg

Prof. Dr. Jürgen Wessing
Rechtsanwalt in Düsseldorf und Honorarprofessor an der Universität Düsseldorf

Inhaltsverzeichnis

Abkürzungsverzeichnis	XXI
Verzeichnis (abgekürzt) zitierter Literatur	XXVII
Verzeichnis weiterführender Literatur	XXIX

§ 1. Einleitung *(Bürkle)*	1
A. Der Compliance Officer	2
I. Erfolgsgeschichte der Compliance	2
1. Der Weg zur Corporate Compliance	3
2. Literatur und Rechtsprechung zur Compliance	4
3. Compliance-Beratung und Compliance-Prüfung	6
II. Compliance Officer	6
1. Zentraler Compliance-Beauftragter	6
2. Stellung in der Unternehmensorganisation	7
III. Vereinigungen von und für Compliance Officer	7
B. Der Mandant des Compliance Officers	8
C. Compliance-Trends	9
D. Unternehmensindividuelle Tätigkeit	11
E. Ausblick	12
I. Gesetzgebung	12
II. Aufsichtsrat	12
III. Offensive Compliance	13
IV. Schutz des Compliance Officers	13
§ 2. Anforderungsprofil für Compliance Officer *(Thierfelder)*	15
A. Hintergrund und Entwicklung	15
B. Kernkompetenzen	16
I. Fachliche Expertise und Geschäftsverständnis	17
II. Management-Fähigkeiten	19
1. Organisationsgestaltung und Umsetzungsgeschick	19
2. Veränderungsmanagement	19
3. Führungsstärke	20
III. Persönlichkeit	21
C. Vergütung	23
D. Ausblick	23
§ 3. Bestellung und Pflichtendelegation *(Hastenrath)*	25
A. Einführung	27
B. Pflichtendelegation an den Chief Compliance Officer und Compliance-Mitarbeiter	27
I. Pflichtendelegation nach den Anforderungen der Funktion	27
1. Chief Compliance Officer	27
a) Das Compliance-Aufgabenfeld im Überblick	28
b) Säule 1: Gesetzliche Vorgaben	29
c) Säule 2: Prozesskenntnisse	30
d) Säule 3: Kenntnisse im Risikomanagement/Internen Kontrollsystem/Audit	31
e) Säule 4: Schnittstellenkenntnisse und Managementfunktion	32

Inhaltsverzeichnis

f) Säule 5: Kommunikationsfähigkeiten und -kenntnisse	34
g) Klammerfunktion aller Säulen: Compliance-Management-System	36
2. Compliance-Mitarbeiter	38
II. Möglichkeit und Grenzen der Pflichtendelegation	39
1. Chief Compliance Officer	39
a) Pflichten der Organe allgemein	39
b) Nicht delegierbare Pflichten	39
c) Delegierbare Pflichten	40
d) Voraussetzungen für eine wirksame Übertragung der delegierbaren Pflichten	40
2. Compliance-Mitarbeiter	42
III. Fazit	42
C. Ausübung der Funktion des Chief Compliance Officers/des Compliance-Mitarbeiters durch unternehmensinterne und -externe Mitarbeiter	43
I. Funktion des Chief Compliance Officers	43
1. Übernahme des Postens durch Unternehmensinterne	43
a) General Counsel/Chefsyndikus	43
b) Leiter Internal Audit/Revisionsleiter	46
c) Organe	47
aa) Vorstandsmitglied/Geschäftsführungsmitglied	47
bb) Aufsichtsratsmitglied	47
2. Übertragung der Funktion auf Externe	47
a) Rechtsanwalt	47
b) Wirtschaftsprüfer	48
II. Funktion des Compliance-Mitarbeiters	48
1. Übernahme des Postens durch Unternehmensinterne	48
2. Übertragung der Funktion auf Externe	48
3. Übernahme durch Mitarbeiter aus anderen Unternehmen	49
III. Fazit	49
D. Bestellung	50
I. Inhalt der Bestellung	50
1. Chief Compliance Officer	50
a) Festlegung des inhaltlichen Aufgabenbereichs	50
b) Melde- und Überwachungspflichten	52
c) Regelungen für den Krisenfall	52
d) Budget	53
2. Compliance-Mitarbeiter	53
II. Form der Bestellung	54
1. Chief Compliance Officer	54
a) Regelung im Arbeitsvertrag	54
b) Stellenbeschreibung	54
c) Regelung analog zu anderen Beauftragten	54
d) Bestellung qua Weisungsrecht des Arbeitgebers	55
e) Keine explizite Bestellung	56
2. Compliance-Mitarbeiter	56
a) Regelung im Arbeitsvertrag	56
b) Stellenbeschreibung	56
c) Analog zu anderen Beauftragten	56
d) Bestellung qua Weisungsrecht des Arbeitgebers	57
e) Keine explizite Bestellung	57
III. Fazit	57
E. Schutzbedarf der Compliance-Verantwortlichen	57
I. Beauftragte in Unternehmen	58
1. Inhalte ausgewählter Beauftragtentätigkeiten	58

Inhaltsverzeichnis

2. Konfliktpotentiale zwischen Beauftragtem und anderen Funktionen im Unternehmen	59
II. Tätigkeit der Compliance-Verantwortlichen	60
1. Inhalte	60
2. Konfliktpotentiale zwischen Chief Compliance Officer/Compliance-Mitarbeiter und anderen Funktionen im Unternehmen	61
III. Vergleichbarkeit	62
IV. Schutzbedarf der Beauftragten mit Tipps zur Umsetzung	62
V. Fazit	64
F. Gesamtfazit	64
§ 4. Aufgaben im Unternehmen *(Schulz/Galster)*	**67**
A. Einführung	72
I. Branchen- und unternehmensspezifisches Aufgabenprofil	72
II. Unterschiedliche Organisationsmodelle für die Compliance-Funktion	73
B. Compliance-Management und Schlüsselrolle der Compliance Officer	75
I. Bedeutung von Compliance und Compliance-Management	75
1. Erhöhte rechtliche Anforderungen und Zunahme von Haftungsrisiken	75
2. Besonderheiten von Compliance-Risiken	76
3. Schlüsselrolle der Compliance Officer	77
II. Funktionen von Compliance	78
1. Schutz- und Risikomanagementfunktion	78
2. Beratungs- und Informationsfunktion	79
3. Monitoring- und Überwachungsfunktion	79
4. Qualitätssicherungs- und Innovationsfunktion	79
5. Marketing-Funktion	80
C. Compliance-Verantwortung der Unternehmensleitung	80
I. Compliance als Aufgabe der Unternehmensleitung	80
1. Compliance als Leitungsaufgabe	80
2. Compliance-Management als Ausprägung des Legalitätsprinzips	81
3. Organisationsermessen bei der Gestaltung von Compliance-Maßnahmen	81
II. Delegation von Compliance-Aufgaben	82
1. Zulässigkeit der Delegation	82
2. Anforderungen an eine wirksame Delegation	83
3. Fortbestehende Überwachungspflicht der Unternehmensleitung	84
D. Aufgabenspektrum der Compliance Officer	84
I. Regelmäßige Compliance-Risiko-Inventur	84
II. Konzeption von Compliance-Maßnahmen	86
1. Unternehmenssituation („Compliance-Zustand") als Ausgangsbasis	86
2. Kernelemente wirksamen Compliance-Managements	87
a) IDW PS 980 als Orientierungshilfe	87
b) Mitwirkung bei der Entwicklung der Compliance-Strategie	88
c) Stärkung der Compliance-Kultur	91
d) Entwicklung von Compliance-Regelwerken	92
III. Informations- und Wissensmanagement	94
1. Compliance Officer als „Informationsschnittstelle"	94
2. Berater in Compliance-Fragen	94
IV. Kommunikation und Schulung	95
V. Kontrolle und Aufklärung	97
1. Umfang der Überwachungs- und Kontrollaufgaben	97
2. Ausführung von Überwachungs- und Kontrollaufgaben	98
VI. Aufdeckung von Compliance-Verstößen und Vorschläge zur Sanktionierung	98
VII. Berichtspflichten und Berichtsrechte	100
1. Berichterstattung an die Unternehmensleitung	100

2. Berichterstattung an das Aufsichtsorgan	101
VIII. Aktualisierung des Compliance-Systems	102
IX. Dokumentation	103
E. Abgrenzung zu anderen Funktionen und Aufgabenbereichen	103
I. Unternehmensleitung	103
II. Risikomanagement	104
III. Rechtsabteilung	104
IV. Interne Revision	105
V. Rechnungswesen und Controlling	106
VI. Personalabteilung	106
VII. Datenschutz und Datensicherheit	106
VIII. Betriebsrat	107
IX. Andere Unternehmensbereiche und Unternehmensbeauftragte	107
F. Outsourcing von Compliance-Aufgaben	108
G. Zusammenwirken mit internen und externen Funktionen	109
H. Anforderungsprofil für Compliance Officer	109
1. Integrität und Zuverlässigkeit	109
2. Fachkenntnisse	110
3. Industrie- und Branchenkenntnisse	110
I. Zusammenfassung	110
§ 5. Stellung im Unternehmen *(Schulz/Galster)*	**113**
A. Einführung	116
B. Positionierung, Unabhängigkeit und Rechte des Compliance Officers	116
I. Abgrenzung zu den gesetzlichen Unternehmensbeauftragten	117
1. Merkmale gesetzlicher Unternehmensbeauftragter	117
2. Unterschiede zum Compliance Officer	117
II. Handeln im Unternehmensinteresse und Konfliktpotenzial	118
III. Positionierung im Unternehmen	119
1. Zuordnung zur Unternehmensleitung	119
2. Zusammenarbeit mit anderen Unternehmensfunktionen und operativen Einheiten	120
IV. Unabhängigkeit bei der Aufgabenwahrnehmung	120
1. Unabhängigkeit in organisatorischer Hinsicht	120
2. Unabhängigkeit in disziplinarischer Hinsicht	121
3. Unabhängigkeit in finanzieller Hinsicht	121
V. Budget und Ressourcen	122
1. Budget zur Aufgabenerfüllung	122
2. Adäquate personelle Ressourcen	123
3. Weitere Ressourcen und Budgetplanung	124
VI. Kompetenzen und Rechte	124
1. Informations-, Auskunfts- und Zugangsrechte	124
2. Berichts- und Eskalationsrechte	125
a) Adressat der Berichte	125
b) Eskalationsregeln für die Ausübung von Berichts-/Anzeigerechten	126
c) Frequenz der Berichterstattung	126
3. Vorschlags- und Anhörungsrechte	127
4. Veto- und Interventionsrechte	128
5. Recht auf Weiterbildung und Freistellung	128
C. Fazit	128
§ 6. Organisationsformen der Compliance-Funktion im Unternehmen *(Marschlich)*	**131**
A. Einleitung	132

Inhaltsverzeichnis

I. Babylonische Vielfalt in den Compliance-Funktionen	132
II. Mindeststandards für ein prüffähiges Management-System	134
III. Die Funktion des Compliance Officers – eine Definition	135
IV. Erstes Fazit zum Zielbild der Compliance-Organisation	136
B. Die Projektorganisation Compliance	137
I. Die Initialzündung für Compliance	138
II. Etablierung eines Projektplans: Aufgaben, Ressourcen und Meilensteine	138
III. Grundelemente der Compliance-Projektorganisation	140
IV. Berichtspflichten	142
C. Der Regelbetrieb Compliance	142
I. Aufgabendefinition	144
II. Vorbilder für die Aufbauorganisation	145
III. Auf dem Weg zum Regelbetrieb Compliance	146
IV. Berichtspflichten im Regelbetrieb	148
D. Integrierte Organisationsmodelle für Compliance	148
I. Compliance als organisatorischer Arm der Rechtsabteilung	149
II. Integrierte GRC Organisation	151
E. Fazit	152

§ 7. Arbeitsrechtliche Stellung und Haftung *(Fabian/Mengel)* ... 155

A. Arbeitsrechtliche Stellung	156
I. Stellung – Pflichten – Haftung: Eine tragische Verkettung	156
II. Arbeitsrechtliche Pflichten des Compliance Officers	157
1. Quelle der Pflichten	157
2. Externe oder Interne Delegation	157
3. Die Pflichten im Arbeitsvertrag	157
4. Pflichten aus anderen Quellen	159
5. Pflichtendefinition aus der delegierten Compliance-Aufgabe	159
6. Fazit zu den Pflichten	160
B. Haftung gegenüber dem Arbeitgeber	161
I. Die Grundsätze der privilegierten Haftung des Arbeitnehmers gegenüber dem Arbeitgeber	162
II. Haftungsprivileg auch für leitende Angestellte	163
C. Haftung gegenüber Dritten	163
I. Deliktische Haftung gegenüber Dritten	164
II. Deliktische Haftung gegenüber Dritten aus Unterlassen	164
III. Keine Garantenpflicht gegenüber Dritten allein aus Organstellung	165
IV. Keine privilegierte Haftung im Außenverhältnis	166
V. Fazit zur Haftung	167
D. Kündigungsschutz	167
I. Bestandsschutz – Anwendbarkeit des Kündigungsschutzgesetzes	168
1. Status als leitender Angestellter gem. § 14 Abs. 1 KSchG	168
2. Begriff des Compliance Officers	169
3. Status als leitender Angestellter gem. § 5 BetrVG	169
II. Analoger Sonderkündigungsschutz?	169
III. Kein Bedarf für eine gesetzliche Regelung	172
E. Gestaltungsmöglichkeiten im Anstellungsverhältnis	173
I. Inhalt und Umfang der Tätigkeit	174
II. Haftung	175
III. Kündigungsregelungen	177
F. Fazit	178

Inhaltsverzeichnis

§ 8. **Compliance Officer und Mitbestimmung** *(Mengel)*	179
A. Betriebsverfassungsrechtliche Stellung des Compliance Officers	180
I. Voraussetzungen für den Status als leitender Angestellter	180
II. Status sowie Rechte und Pflichten als leitender Angestellter	181
III. Mitbestimmung bei Einstellung, Ernennung und Versetzung	182
B. Zusammenarbeit mit innerbetrieblichen Organen	182
I. Zusammenarbeit mit dem Betriebsrat	183
1. Zwingende Mitbestimmung	183
a) Mitbestimmung zum Ordnungsverhalten	185
b) Mitbestimmung zu Überwachungseinrichtungen und IT/TK	186
2. Freiwillige Mitbestimmung und Kooperation mit dem Betriebsrat	187
II. Zusammenarbeit mit dem Sprecherausschuss	188
III. Zusammenarbeit mit anderen Stellen im Unternehmen	188
C. Compliance-Regelungen durch Betriebsvereinbarung	188
§ 9. **Compliance Officer und Strafrecht** *(Wessing/Dann)*	191
A. Strafrechtlich relevantes Handeln von Unternehmensangehörigen	194
I. Kernstrafrecht	195
1. Untreue	195
a) Sonderdelikt	195
b) Vermögensbetreuungspflicht	196
c) Pflichtverletzung	196
aa) Missbrauchstatbestand	197
bb) Treuebruchtatbestand	197
cc) Gravierende Pflichtverletzung	198
dd) Einverständnis	198
d) Vermögensnachteil	199
2. Korruption	200
a) Vorteilsannahme und Bestechlichkeit	200
b) Vorteilsgewährung und Bestechung	201
aa) Vorteilsgewährung	201
bb) Bestechung	201
c) Bestechlichkeit und Bestechung im geschäftlichen Verkehr	202
aa) Bestechlichkeit im Geschäftsverkehr	202
bb) Bestechung im geschäftlichen Verkehr	204
3. Diebstahl, Unterschlagung und Betrug	204
a) Diebstahl und Unterschlagung	204
b) Betrug	205
II. Nebenstrafrecht/Ordnungswidrigkeitenrecht	206
1. Steuerstrafrecht	207
a) Steuerhinterziehung	207
b) Leichtfertige Steuerverkürzung	207
2. Geheimnisverrat und Betriebsspionage	208
a) Geheimnisverrat	208
b) Betriebsspionage	210
3. Kartellrecht	210
a) Kartellstrafrecht	210
b) Kartellordnungswidrigkeitenrecht	211
III. Branchenabhängige Delikte	212
1. Arbeitssicherheit	212
2. Arbeitsstrafrecht	213
3. Umweltdelikte	214
B. Garantenstellung des Compliance Officers	215
I. Arten und Begründung der Garantenstellung – eine Einführung	215

Inhaltsverzeichnis

II. Das obiter dictum des BGH zum Compliance Officer	216
III. Reichweite der Geschäftsherrenhaftung	217
1. Grundlagen der Geschäftsherrenhaftung	217
2. Übernahme der Aufgaben des Geschäftsherrn durch den Compliance Officer	217
3. Eigenverantwortlichkeit der Mitarbeiter	218
4. Strafverhinderungspflicht des Compliance Officers	219
a) Der Betrieb als Gefahrenquelle	219
b) Korrektiv der Betriebsbezogenheit	219
IV. Vertragliche Erfolgsabwendungspflicht	220
V. Reichweite der Handlungspflicht	220
1. Informationspflicht	221
2. Abhilfepflicht	221
3. Anzeigepflicht gegenüber Behörden	222
VI. Quasi-Kausalität	222
VII. Vorsatz und Fahrlässigkeit	223
VIII. Täterschaft und Teilnahme	224
C. Strafbarkeit des Compliance Officers wegen Untreue	224
I. Vermögensbetreuungspflicht	224
II. Pflichtverletzung und Unmittelbarkeitszusammenhang	225
D. Haftung nach §§ 30, 130 OWiG	226
I. Täter sind Betriebs- oder Unternehmensinhaber	226
II. Delegation und Anwendbarkeit des § 9 Abs. 2 S. 1 Nr. 2 OWiG	226
III. Voraussetzungen des § 130 OWiG	227
E. Erkennbarkeit straf- bzw. ordnungswidrigkeitenrechtlich relevanten Verhaltens	228
F. Verringerung des Strafbarkeitsrisikos und Handlungsempfehlungen	229
I. Präventive Handlungsempfehlungen	230
1. Klare Aufgabenfixierung im Arbeitsvertrag/in der Funktionsbeschreibung	230
2. Kontrollmanagement	230
3. Mitarbeiterschulungen	231
4. Absicherung durch Dokumentation	232
II. Repressive Handlungsempfehlungen	232
1. Von einfachen Ermittlungen zu internal Investigations	233
2. Wahrnehmung der Berichtspflichten	233
3. Einschaltung der Staatsanwaltschaft oder anderer Behörden?	234
G. Umgang mit strafprozessualen Ermittlungsmaßnahmen	234
I. Durchsuchung und Beschlagnahme	235
II. Zeugenaussagen/Zeugenvernehmung	236
H. Der Compliance Officer im Strafverfahren	237
I. Verfahren gegen Unternehmensangehörige und Unternehmen	237
1. Der Compliance Officer als Zeuge	237
2. Begleitende Maßnahmen	238
II. Verfahren gegen den Compliance Officer	238
I. Fazit	240
§ 10. Zusammenarbeit mit Ombudsleuten und Whistleblower-Systeme *(Buchert)*	241
A. Einleitung	242
B. Hinweisgebersysteme im Überblick	242
C. Ombudsleute	245
I. Die Entwicklung des Ombudsmann-Systems	245
II. Rechtliche Einordnung externer Ombudspersonen	246
1. Zivilrechtlich	246
2. Strafrechtlich – strafprozessrechtlich	247
3. Datenschutzrechtlich	248

III. Aufgaben, Rechte und Pflichten externer Ombudspersonen	250
IV. Auswahl von Ombudspersonen – Anforderungsprofil	252
V. Vertrag mit der Ombudsperson	254
VI. Besondere Probleme	255
1. Umgang mit anonymen Hinweisen	255
2. Strafbarkeitsrisiken für Hinweisgeber und Ombudspersonen	256
3. Beschlagnahme von Unterlagen einer Ombudsperson	258
4. Rechtsberatung durch Ombudspersonen	259
D. Andere Hinweisgebersysteme	260
E. Verantwortlichkeiten des Compliance Officers im Zusammenhang mit Hinweisgebersystemen	261
I. Der Compliance Officer als interner Ansprechpartner	262
II. Der Compliance Officer im Dialog mit Ombudspersonen	262
III. Datenschutzrechtliche Aspekte	263
F. Fazit und Ausblick	265

§ 11. Der Compliance Officer im Konzern *(Bicker)* ... 267

A. Einführung	268
B. Die konzernweite Dimension von Compliance	269
C. Mindestanforderungen an Compliance im Konzern	270
I. Konzernweite Risikoanalyse	271
II. Weitere Anforderungen an die Konzern-Compliance	272
1. Begründung einer Zuständigkeit für die konzernweite Compliance	272
2. Angemessene Ressourcenausstattung der Konzern-Compliance-Funktion	273
3. Erstellung und Bekanntmachung konzernweiter Compliance Richtlinien und „tone from the top"	273
4. Konzernweite Compliance Berichterstattung	274
5. Konzernweite Überwachung und Kontrolle	275
D. Umsetzung der Konzern-Compliance und gesellschaftsrechtliche Grenzen	275
I. Vertragskonzern	275
II. GmbH-Konzern	276
III. Faktischer AG-Konzern	276
1. Keine Einflussrechte	276
2. Begrenzte Auskunftsrechte	277
3. Compliance-Dienstleistungsvereinbarungen im Konzern	278
4. Doppelmandate	278
5. „Sanfte Klammerwirkung" durch Compliance Committees und Konferenzen	279
6. Compliance Delegates	279
E. Verbleibende Compliance-Verantwortung der Leitungsorgane der Tochtergesellschaft	280
F. Fazit und Praxisempfehlung für dezentrale Konzernstrukturen	281

§ 12. Die Rolle des Compliance Officers in der Internal Investigation *(Wessing/Dann)* ... 285

A. Einleitung	287
B. Rechtliche Grundlagen der Internal Investigations	287
I. Recht oder Pflicht zu internen Ermittlungen	288
1. An der US-Börse notierte deutsche Unternehmen	288
2. Deutsche Unternehmen mit Geschäftstätigkeit im Vereinigten Königreich	289
3. Deutsche Unternehmen ohne Auslandsbezug	289
II. Unterlagen-, EDV- und E-Mail-Auswertung	290
1. Dienstliche Unterlagen und Dateien	290
2. Private Unterlagen und elektronische Dokumente	290
a) Erlaubte Privatnutzung	290
b) Verbotene Privatnutzung	292

3. Büroräume des verdächtigen Arbeitnehmers	293
III. Mitarbeiterbefragung	293
1. Teilnahmepflicht des Arbeitnehmers	293
2. Auskunftspflichten des Arbeitnehmers	294
3. Verwertbarkeit der Aussage im Strafverfahren und Beschlagnahme	295
4. Amnestiezusagen	295
5. Durchführung der Mitarbeiterbefragung	296
C. Mitwirkende Personen	297
I. Unternehmensanwalt/-verteidiger	298
II. Projektleiter und Projektteam	299
III. Geschäftsleitung/Vorstand	299
IV. Revision	300
V. Rechtsabteilung	301
VI. Anwälte betroffener Mitarbeiter	302
VII. Berater aus anderen Rechtsgebieten	303
VIII. Der Compliance Officer	303
D. Organisation interner Ermittlungen	305
I. Grundsätzliche Ausgestaltung	305
1. Intern geführte Ermittlungen	305
2. Extern geführte Ermittlungen	305
II. Ausgangssituation	306
III. Projektplanung und Organisation	306
IV. Durchführung	307
1. Beweissicherung	307
a) Schriftliche und elektronische Dokumente	307
b) Mitarbeiterbefragungen	308
2. Auswertung	309
3. Strategiefindung	309
V. Verlaufskontrolle	310
VI. Ergebnis	310
E. Beteiligung der Strafverfolgungsbehörden	311
I. Kontakt und Kooperation	311
II. Ermittlungsmaßnahmen der Staatsanwaltschaft	312
III. Verständigung	312
F. Umsetzung der Erfahrungen aus internen Ermittlungen	313
§ 13. Der Compliance Officer in regulierten Finanzsektoren *(Bürkle)*	315
A. Einleitung	318
B. Rechtsumfeld der Unternehmen	319
I. Regulierung	319
1. Europäische Regulierung	319
2. Europäische Rechtssetzungstechnik im Finanzsektor	321
3. Charakteristika europäischer Regulierung im Finanzsektor	322
a) Konflikte mit nationalem Recht	322
b) Prinzipienbasierte Regulierung	322
c) Proportionalität	324
d) Auslegung europäischen Rechts	324
II. Europäisches und nationales Aufsichtsrecht	325
1. Wertpapiersektor	325
a) Organisation	326
b) Aufgaben	326
2. Versicherungssektor	327
a) Organisation	327
b) Aufgaben	328

Inhaltsverzeichnis

3. Investmentsektor	328
a) Organisation	328
b) Aufgaben	329
4. Bankensektor	329
a) Organisation	329
b) Aufgaben	330
5. Bewertung	330
III. Beaufsichtigung	331
1. Europäische Beaufsichtigung	331
a) Aufgaben und Befugnisse der ESA	332
b) Compliance-Leitlinien	332
2. Nationale Beaufsichtigung	333
IV. Produkte	334
1. Reguliertes Rechtsprodukt	335
2. Vertrauensprodukt	335
3. Rechtsprechung	336
4. Produktüberwachung	336
C. Rechtsumfeld der Compliance Officer	337
I. Status des Compliance Officers	337
II. Qualifikation des Compliance Officers	338
III. Aufsichtsbehördliche Eingriffe	338
1. Bestellungsverweigerung	338
2. Auskunftsverlangen	339
3. Verwarnung	339
4. Abberufungsverlangen	340
5. Tätigkeitsverbot	340
IV. Prävention	341
D. Trends	341
§ 14. Versicherungsschutz für Compliance Officer *(Koch)*	343
A. Private und vom Unternehmen platzierte Policen	344
I. Privater Versicherungsschutz	345
1. Vermögensschadenhaftpflichtversicherung für den „Syndikusanwalt"	345
2. Privater Rechtsschutzversicherungsschutz	345
a) Anwendungsbereich der privaten Arbeits-/Berufsrechtsschutzversicherung	346
aa) Immaterielle Rechte	346
bb) Kartell- und Wettbewerbsrecht	346
cc) Kapitalanlagen	347
dd) Vergabe von Darlehen/Spiel- oder Wettverträgen	347
b) Anwendungsbereich der Anstellungsvertrags-Rechtsschutzversicherung	347
c) Anwendungsbereich der privaten Vermögensschadenrechtsschutzversicherung	348
d) Anwendungsbereich der privaten Strafrechtsschutzversicherung	348
3. Haftpflichtversicherung	349
4. Vermögensschadenhaftpflicht-Policen für Compliance-Funktionen	349
II. Betrieblicher Versicherungsschutz	350
1. Betriebshaftpflichtversicherung	350
a) Personenschäden/Sachschäden	350
b) Reine Vermögensschäden	351
aa) Mitversicherung von Vermögensschäden in Ziffer 6.12 AVB BHV	351
bb) Verletzung von Datenschutzgesetzen, Ziffer 6.12.3 AVB BHV	352
cc) Schäden im Zusammenhang mit der Übertragung elektronischer Daten, Ziffer 6.13 AVB BHV	353
2. D&O-Versicherung	353
a) Kreis der versicherten Personen	354

Inhaltsverzeichnis

b) Versicherung für fremde Rechnung	355
aa) D&O-Verschaffungsklauseln im Anstellungsvertrag	355
bb) Nichtigkeit des D&O-Versicherungsvertrags nach § 142 BGB	356
c) Versicherungssumme	356
aa) Regulierungspriorität	357
bb) Kostenanrechnung	357
d) Ausschlüsse	358
aa) Vorsatz und wissentliche Pflichtverletzung	358
bb) Umweltausschluss	359
cc) Ausschluss für Vertragsstrafen, Kautionen, Bußgelder ua	359
dd) Dienstleistungsausschluss	359
e) Subsidiarität/Anderweitiger Versicherungsschutz	360
aa) Zeitlich nacheinander abgeschlossene Verträge	360
bb) Versicherung gleichartiger Risiken durch unterschiedliche Personen	360
3. Strafrechtsschutzversicherung	361
a) Versicherungsumfang	362
b) Widerspruchsrecht der Versicherungsnehmerin	362
4. Cyber-Policen	363
B. Zusammenfassung	364

§ 15. Das Geschäftsleitungsmitglied als Compliance Officer *(Oehmichen/Mandelkow)* ... 365

A. Allgemeine Organisationspflichten der Geschäftsleitung im Hinblick auf Compliance	365
B. Tone from the Top	366
I. Der Compliance Officer als Mitglied der Geschäftsleitung?	366
1. Ausgangssituation	366
2. Chancen	367
3. Risiken	367
II. Wie setzt der Compliance Officer als Geschäftsleitungsmitglied dieses Prinzip um?	368
1. Wer ist „Top"?	368
2. Was ist „Tone"?	369
3. Präsenz	370
C. Berichterstattung gegenüber dem Aufsichtsrat	371
D. Fazit	371
Anhang: Leitlinien für die Tätigkeit in der Compliance-Funktion im Unternehmen (für Compliance Officer außerhalb regulierter Sektoren)	373
Stichwortverzeichnis	383

Abkürzungsverzeichnis

aA	andere/r Ansicht
abl.	ablehnend
ABl.	Amtsblatt der Europäischen Gemeinschaft/der Europäischen Union
Abs.	Absatz
AEUV	Vertrag über die Arbeitsweise der Europäischen Union
aF	alte Fassung
AG	Aktiengesellschaft, Die Aktiengesellschaft (Zeitschrift)
AGB	Allgemeine Geschäftsbedingungen
AGG	Allgemeines Gleichbehandlungsgesetz
AktG	Aktiengesetz
AltZertG	Altersvorsorgeverträge-Zertifizierungsgesetz
Anm.	Anmerkung
AnwBl	Anwaltsblatt
AO	Abgabenordnung
AP	Arbeitsrechtliche Praxis – Nachschlagewerk des BAG
ArbG	Arbeitsgericht
ArbGG	Arbeitsgerichtsgesetz
Art.	Artikel
ASiG	Gesetz über Betriebsärzte, Sicherheitsingenieure und andere Fachkräfte für Arbeitssicherheit
AStBV	Anweisungen für das Straf- und Bußgeldverfahren
Aufl.	Auflage
AuR	Arbeit und Recht
AWG	Außenwirtschaftsgesetz
AWVO	Außenwirtschaftsverordnung
BaFin	Bundesanstalt für Finanzdienstleistungsaufsicht
BAG	Bundesarbeitsgericht
BAGE	Sammlung der Entscheidungen des Bundesarbeitsgerichts
BayObLG	Bayerisches Oberstes Landesgericht
BB	Betriebs-Berater (Zeitschrift)
BB Special	Beilage zur Zeitschrift Betriebs-Berater
BDSG	Bundesdatenschutzgesetz
BetrVG	Betriebsverfassungsgesetz
BFH	Bundesfinanzhof
BFH/NV	Sammlung der Entscheidungen des BFH
BGB	Bürgerliches Gesetzbuch
BGBl.	Bundesgesetzblatt
BGH	Bundesgerichtshof
BGHZ	Sammlung der Entscheidungen des BGH in Zivilsachen
BilMoG	Bilanzrechtsmodernisierungsgesetz
BImSchG	Bundes-Immissionsschutzgesetz
BJ	BaFin-Journal
BKartA	Bundeskartellamt
BKR	Zeitschrift für Bank- und Kapitalmarktrecht
BMF	Bundesministerium der Finanzen
BMJ	Bundesministerium der Justiz
BR-Drs.	Bundesratsdrucksache
BSG	Bundessozialgericht

Abkürzungsverzeichnis

BStBl.	Bundessteuerblatt
BT-Drs.	Bundestagsdrucksache
BVerfG	Bundesverfassungsgericht
BVerfGE	Sammlung der Entscheidungen des Bundesverfassungsgerichts
BVerwG	Bundesverwaltungsgericht
BVerwGE	Sammlung der Entscheidungen des Bundesverwaltungsgerichts
bzgl.	bezüglich
bzw.	beziehungsweise
CB	Compliance-Berater (Zeitschrift)
CCO	Chief Compliance Officer
CCZ	Corporate Compliance Zeitschrift
CFL	Corporate Finance Law
CMS	Compliance-Management-System
CO	Compliance Officer
CoC	Code of Conduct
COSO	Committe of Sponsoring Organisations of the Treadway Commission
D&O	Directors and Officers
DB	Der Betrieb (Zeitschrift)
DCGK	Deutscher Corporate Governance Kodex
Der Konzern	Der Konzern (Zeitschrift)
ders.	derselbe
dh	das heißt
dies.	dieselbe, dieselben
DÖV	Die öffentliche Verwaltung
DrittelbG	Drittelbeteiligungsgesetz
DStR	Deutsches Steuerrecht (Zeitschrift)
DuD	Datenschutz und Datensicherheit
DVBl	Deutsche Verwaltungsblätter
DZWIR	Deutsche Zeitschrift für Wirtschafts- und Insolvenzrecht
EBA	European Banking Authority
EG	Europäische Gemeinschaft
EGBGB	Einführungsgesetz zum BGB
EGVVG	Einführungsgesetz zum VVG
EIOPA	European Insurance and Occupational Pensions Authority
EMIR	European Market Infrastructure Regulation
endg.	endgültig
ESMA	European Securities and Markets Authority
EStG	Einkommensteuergesetz
EU	Europäische Union
EuGH	Gerichtshof der Europäischen Union
EuR	Europarecht (Zeitschrift)
EUV	Vertrag über die Europäische Union
EuZW	Zeitschrift für europäisches Wirtschaftsrecht
EuZW-Beilage	Beilage zur Zeitschrift für europäisches Wirtschaftsrecht
EWG	Europäische Wirtschaftsgemeinschaft
EWiR	Entscheidungen zum Wirtschaftsrecht
EWR	Europäischer Wirtschaftsraum
EWS	Europäische Zeitschrift für Wirtschafts- und Steuerrecht
f./ff.	folgende
FATCA	Foreign Account Tax Compliance Act
FATF	Financial Action Task Force
FCPA	Foreign Corrupt Practices Act

Abkürzungsverzeichnis

FD-StrafR	Fachdienst Strafrecht (Online-Zeitschrift)
FG	Finanzgericht
FinDAG	Finanzdienstleistungsaufsichtsgesetz
FKAG	Finanzkonglomerateaufsichtsgesetz
Fn.	Fußnote
FR	Finanz-Rundschau
FRUG	Finanzmarktrichtlinien-Umsetzungsgesetz
FS	Festschrift
GenG	Genossenschaftsgesetz
GewArch	Gewerbearchiv
GewO	Gewerbeordnung
GG	Grundgesetz für die Bundesrepublik Deutschland
ggf.	gegebenenfalls
GmbHG	GmbH-Gesetz
GmbHR	GmbH-Rundschau
GPR	Zeitschrift für das Privatrecht der Europäischen Union
GRC	Charta der Grundrechte der Europäischen Union
GRUR	Gewerblicher Rechtsschutz und Urheberrecht
GS	Gedächtnisschrift
GVO	Gruppenfreistellungsverordnung
GWB	Gesetz gegen Wettbewerbsbeschränkungen
GwG	Geldwäschegesetz
HGB	Handelsgesetzbuch
hM	herrschende Meinung
Hrsg.	Herausgeber
Hs.	Halbsatz
IAIS	International Association of Insurance Supervisors
idF	in der Fassung
idR	in der Regel
idS	in diesem Sinne
IDW	Institut der Wirtschaftsprüfer
IKS	Internes Kontrollsystem
insbes.	insbesondere
InsO	Insolvenzordnung
ISO	International Organizization for Standardization
iSv	im Sinne von
IT	Informationstechnologie
iVm	in Verbindung mit
iW	im Wesentlichen
JR	Juristische Rundschau
JuS	Juristische Schulung
JZ	Juristenzeitung
KAGB	Kapitalanlagegesetzbuch
Kap.	Kapitel
KOM	Dokument der Europäischen Kommission
KonTraG	Gesetz zur Transparenz und Kontrolle im Unternehmensbereich
Kriminalistik	Kriminalistik (Zeitschrift)
KrWG	Gesetz zur Förderung der Kreislaufwirtschaft und Sicherung der umweltverträglichen Bewirtschaftung von Abfällen
KSchG	Kündigungsschutzgesetz

Abkürzungsverzeichnis

KSzW	Kölner Schrift zum Wirtschaftsrecht
KWG	Kreditwesengesetz
LAG	Landesarbeitsgericht
LG	Landgericht
MaComp	Mindestanforderungen an die Compliance-Funktion der BaFin
MAD	Markets Abuse Directive
MAR	Markets Abuse Regulation
MaRisk	Mindestanforderungen an das Risikomanagement
MDR	Monatsschrift für Deutsches Recht
MiFID	Markets in Financial Instruments Directive
MitbestG	Mitbestimmungsgesetz
MittBayNot	Mitteilungen des Bayrischen Notarvereins, der Notarkasse und der Landesnotarkammer Bayern (Zeitschrift)
MMR	Multimedia und Recht
mwN	mit weiteren Nachweisen
n. rkr.	nicht rechtskräftig
nF	neue Fassung
NJOZ	Neue Juristische Online Zeitschrift
NJW	Neue Juristische Wochenschrift
NJW-RR	NJW Rechtsprechungs-Report
NJW-Spezial	Beilage zur Neuen Juristischen Wochenschrift
Nr.	Nummer
NStZ	Neue Zeitschrift für Strafrecht
NVersZ	Neue Zeitschrift für Versicherung und Recht
NVwZ	Neue Zeitschrift für Verwaltungsrecht
NWB	Zeitschrift für Steuer- und Wirtschaftsrecht
NZA	Neue Zeitschrift für Arbeitsrecht
NZA-Beilage	Beilage zur Neuen Zeitschrift für Arbeitsrecht
NZG	Neue Zeitschrift für Gesellschaftsrecht
NZKart	Neue Zeitschrift für Kartellrecht
NZWiSt	Neue Zeitschrift zum Wirtschaftsstrafrecht, Steuerstrafrecht und Unternehmensstrafrecht
og	oben genannte/r/s
OLG	Oberlandesgericht
OVG	Oberverwaltungsgericht
OWiG	Gesetz über Ordnungswidrigkeiten
Personalführung	Personalführung (Zeitschrift)
PS	Prüfungsstandard
r+s	Recht und Schaden (Zeitschrift)
RdA	Recht der Arbeit (Zeitschrift)
RdF	Recht der Finanzinstrumente (Zeitschrift)
RefE	Referentenentwurf
RegE	Regierungsentwurf
RIW	Recht der Internationalen Wirtschaft (Zeitschrift)
Rn.	Randnummer
Rs.	Rechtssache
Rspr.	Rechtsprechung
RVO	Rechtsverordnung
RW	Rechtswissenschaft

Abkürzungsverzeichnis

S.	Seite
s.	siehe
sa	siehe auch
SE	Societas Europaea
SEC	Securities and Exchange Commission
SGB	Sozialgesetzbuch
sog	so genannte/r/s
SOX	Sarbanes Oxley Act
StA	Staatsanwaltschaft
StGB	Strafgesetzbuch
StPO	Strafprozessordnung
StraFo	Strafverteidigerforum
TransPuG	Transparenz- und Publizitätsgesetz
ua	unter anderem; und andere
UAbs.	Unterabsatz
UÄm	und Ähnliches mehr
UklaG	Unterlassungsklagengesetz
UMAG	Gesetz zur Unternehmensintegrität und zur Modernisierung des Anfechtungsrechts
UmwG	Umwandlungsgesetz
Unternehmensjurist	Verbandsmagazin des Bundesverbandes der Unternehmensjuristen
USSG	United States Sentencing Guidelines
UStG	Umsatzsteuergesetz
usw	und so weiter
uU	unter Umständen
uvm	und viele/s mehr
UWG	Gesetz über den unlauteren Wettbewerb
VA	Verwaltungsakt
va	vor allem
VAG	Versicherungsaufsichtsgesetz
VersR	Versicherungsrecht
VersVermV	Verordnung über die Versicherungsvermittlung und -beratung
VerwArch	Verwaltungsarchiv
VG	Verwaltungsgericht
VGH	Verwaltungsgerichtshof
vgl.	vergleiche
VO	Verordnung
VorstAG	Gesetz zur Angemessenheit der Vorstandsvergütung
VR	Versicherungsrundschau
vs.	versus
VVaG	Versicherungsverein auf Gegenseitigkeit
VVG	Versicherungsvertragsgesetz
VVG-InfoV	VVG-Informationspflichtenverordnung
VW	Versicherungswirtschaft
VwGO	Verwaltungsgerichtsordnung
VwVfG	Verwaltungsverfahrensgesetz
VwVG	Verwaltungsvollstreckungsgesetz
WHG	Gesetz zur Ordnung des Wasserhaushalts
wistra	Zeitschrift für Wirtschafts- und Steuerstrafrecht
WM	Wertpapier-Mitteilungen
WP	Wirtschaftsprüfer (Zeitschrift)
WPg	Die Wirtschaftsprüfung

Abkürzungsverzeichnis

WpHG	Wertpapierhandelsgesetz
WPO	Wirtschaftsprüferordnung
WpÜG	Wertpapierübernahmegesetz
WRP	Wettbewerb in Recht und Praxis
WuW	Wirtschaft und Wettbewerb
ZAG	Zahlungsdiensteaufsichtsgesetz
zB	zum Beispiel
ZBB	Zeitschrift für Bankrecht und Bankwirtschaft
ZCG	Zeitschrift für Corporate Governance
ZD	Zeitschrift für Datenschutz
ZEuP	Zeitschrift für Europäisches Privatrecht
ZfA	Zeitschrift für Arbeitsrecht
ZfgG	Zeitschrift für das gesamte Genossenschaftswesen
ZFR	Zeitschrift für Finanzmarktrecht
ZfV	Zeitschrift für Versicherungswesen
ZGR	Zeitschrift für Unternehmens- und Gesellschaftsrecht
ZHR	Zeitschrift für das gesamte Handels- und Wirtschaftsrecht
Ziff.	Ziffer
ZIP	Zeitschrift für Wirtschaftsrecht
ZIS	Zeitschrift für internationale Strafrechtsdogmatik
ZJS	Zeitschrift für das Juristische Studium
ZPO	Zivilprozessordnung
ZPR	Zeitschrift für Rechtspolitik
ZRFC	Zeitschrift für Risk, Fraud & Compliance
zT	zum Teil
ZVersWiss	Zeitschrift für die gesamte Versicherungswissenschaft
ZVglRWiss	Zeitschrift für Vergleichende Rechtswissenschaft
ZWeR	Zeitschrift für Wettbewerbsrecht
ZWH	Zeitschrift für Wirtschaftsrecht und Haftung im Unternehmen

Verzeichnis (abgekürzt) zitierter Literatur

Achenbach/Ransiek/Rönnau ...	*Achenbach/Ransiek/Rönnau* (Hrsg.), Handbuch Wirtschaftsstrafrecht, 4. Aufl. 2015
Ascheid/Preis/Schmidt	*Ascheid/Preis/Schmidt* (Hrsg.), Kündigungsrecht, 4. Aufl. 2012
Bay/Hastenrath	*Bay/Hastenrath* (Hrsg.), Compliance-Management-Systeme, 1. Aufl. 2014
Burhoff	*Burhoff* (Hrsg.), Handbuch für das strafrechtliche Ermittlungsverfahren, 6. Aufl. 2013
Bürkle	*Bürkle* (Hrsg.), Compliance in Versicherungsunternehmen, 2. Aufl. 2015
DKKW	*Däubler/Kittner/Klebe/Wedde* (Hrsg.), BetrVG, Kommentar, 14. Aufl. 2014
Dölling/Duttge/Rössner	*Dölling/Duttge/Rössner* (Hrsg.), Gesamtes Strafrecht, 3. Aufl. 2013
Eisenberg	*Eisenberg*, Beweisrecht der StPO, 9. Aufl. 2015;
ErfK	*Müller-Glöge/Preis/Schmidt* (Hrsg.), Erfurter Kommentar zum Arbeitsrecht, 15. Aufl. 2015
Fischer	*Fischer*, StGB, Kommentar, 62. Aufl. 2015
Fitting	*Fitting/Engels/Schmidt/Trebinger/Linsenmaier*, Betriebsverfassungsgesetz: BetrVG, 27. Aufl. 2014
FKBP	*Fahr/Kaulbach/Bähr/Pohlmann*, VAG, Kommentar, 5. Aufl. 2012
Franzen/Gast/Joecks	*Franzen/Gast/Joecks* (Hrsg.), Steuerstrafrecht, 7. Aufl. 2009
Graf/Jäger/Wittig	*Graf/Jäger/Wittig* (Hrsg.), Wirtschafts- und Steuerstrafrecht, Kommentar, 1. Aufl. 2011;
Grobys/Panzer	*Grobys/Panzer-Heemeier* (Hrsg.), StichwortKommentar Arbeitsrecht, 2. Aufl. 2014
Hauschka, Corporate Compliance	*Hauschka* (Hrsg.), Corporate Compliance, 2. Aufl. 2010
Hauschka, Formularbuch	*Hauschka* (Hrsg.), Formularbuch Compliance, 1. Aufl. 2013
HLM	*Hümmerich/Lücke/Mauer* (Hrsg.), Arbeitsrecht, 8. Aufl. 2014
Hüffer	*Hüffer*, Aktiengesetz, Kommentar, 11. Aufl. 2014
Inderst/Bannenberg/Poppe	*Inderst/Bannenberg/Poppe* (Hrsg.), Compliance, 2. Aufl. 2013
KK-AktG	*Zöllner/Noack* (Hrsg.), Kölner Kommentar zum Aktiengesetz, 3. Aufl.
KK-OWiG	*Senge* (Hrsg.), Karlsruher Kommentar zum Gesetz über Ordnungswidrigkeiten, 4. Aufl. 2014
Knierim/Rübenstahl/Tsambikakis	*Knierim/Rübenstahl/Tsambikakis* (Hrsg.), Internal Investigations, 1. Aufl. 2013
KR	*Etzel/Bader/Fischermeier ua*, KR – Gemeinschaftskommentar zum Kündigungsschutzgesetz und zu sonstigen kündigungsschutzrechtlichen Vorschriften, 10. Aufl. 2013
Küttner	*Röller* (Hrsg.), Personalbuch 2015, 22. Aufl. 2015
LK-StGB	*Jähnke/Laufhütte/Odersky* (Hrsg.), Leipziger Kommentar Strafgesetzbuch, 12. Auflage

Verzeichnis (abgekürzt) zitierter Literatur

Löwe/Rosenberg	*Löwe/Rosenberg*, Die Strafprozessordnung und das Gerichtsverfassungsgesetz, 26. Aufl. 2006 ff.
MAH ArbR	*Moll* (Hrsg.), Münchener Anwaltshandbuch Arbeitsrecht, 3. Aufl. 2012
MAH GmbH-Recht	*Römermann* (Hrsg.), Münchener Anwaltshandbuch GmbH-Recht, 3. Aufl. 2014
Meyer-Goßner/Schmitt	*Meyer-Goßner/Schmitt*, StPO, Kommentar, 58. Aufl. 2015
MHdB GesR IV	*Hoffmann-Becking* (Hrsg.), Münchener Handbuch des Gesellschaftsrechts, Bd. 4, 3. Aufl. 2007
Momsen/Grützner	*Momsen/Grützner* (Hrsg.), Wirtschaftsstrafrecht, 1. Aufl. 2013
Moosmayer, Compliance Praxisleitfaden	*Moosmayer*, Compliance, 2. Aufl. 2012
MüKoAktG	*Goette/Habersack* (Hrsg.), Münchener Kommentar zum Aktiengesetz, 3. Aufl.
MüKoBGB	*Rixecker/Säcker/Oetker* (Hrsg.), Münchener Kommentar zum Bürgerlichen Gesetzbuch, 6. Aufl. 2012 ff.
MüKoGmbHG	*Goette/Fleischer* (Hrsg.), Münchener Kommentar zum Gesetz betreffend die Gesellschaften mit beschränkter Haftung – GmbHG, Bd. 2, 1. Aufl. 2012
MüKoHGB	*Schmidt* (Hrsg.), Münchener Kommentar zum Handelsgesetzbuch, 3. Aufl. 2010 ff.
MüKoStGB	*Joecks/Miebach* (Hrsg.), Münchener Kommentar zum Strafgesetzbuch, 2. Aufl. 2011 ff.
NK-StGB	*Kindhäuser/Neumann/Paeffgen* (Hrsg.), Strafgesetzbuch, Kommentar, 4. Aufl. 2013
Roxin	*Roxin*, Strafrecht AT, Bd. 1, 4. Aufl. 2006/Bd. 2, 1. Aufl. 2003
Ruffert	*Ruffert* (Hrsg.), Europäisches Sektorales Wirtschaftsrecht, 1. Aufl. 2013
Schaub, ArbR-HdB	*Schaub*, Arbeitsrechts-Handbuch, 15. Aufl. 2013
Schönke/Schröder	*Schönke/Schröder,* StGB, Kommentar, 29. Aufl. 2014
SK-StPO	*Wolter* (Hrsg.), Systematischer Kommentar zur Strafprozessordnung, 4. Aufl. 2010 ff.
SSW-StGB	*Satzger/Schluckebier/Widmaier* (Hrsg.), StGB, Kommentar, 2. Aufl. 2014
Volk	*Volk* (Hrsg.), Münchener Anwaltshandbuch Verteidigung in Wirtschafts- und Steuerstrafsachen, 2. Aufl. 2014
Wessels/Beulke/Satzger	*Wessels/Beulke/Satzger*, Strafrecht AT, 44. Aufl. 2015
Wieland/Steinmeyer/ Grüninger	*Wieland/Steinmeyer/Grüninger* (Hrsg.), Handbuch Compliance-Management, 2. Aufl. 2014

Verzeichnis weiterführender Literatur

Arbeitskreis „Revision des Wertpapiergeschäftes" des Deutschen Instituts für Interne Revision e.V.	Compliance-Organisation und Wertpapierdienstleistungsgeschäft: Revisionsleitfaden für Wertpapierdienstleister, 2002
Bähr	Handbuch des Versicherungsaufsichtsrechts, 2011
Barbis/Ahammer	Compliance in der Unternehmenspraxis, 2009
Bausch	Geldwäsche-Compliance für Güterhändler, 2014
Bay	Handbuch Internal Investigations, 2013
Becker	Compliance unter dem Aspekt des Whistleblowings, 2013
Beenken/Baumann	Compliance im Versicherungsvertrieb: Der Verhaltenskodex, 2015
Behringer/Fabisch	Compliance kompakt: Best Practice im Compliance-Management, 2011
Beier/Schulte	FACTA – Das Kompendium, 2012; Bennett, Money Laundering Compliance, 2014
Berndt/Bösel	Bearbeitungs- und Prüfungsleitfaden: Neue MaComp, 3. Aufl. 2014
von Bernstorff	Compliance im Auslandsgeschäft, 2013
Berwanger	Interne Revision: Funktion, Rechtsgrundlagen und Compliance, 2012
Beste/Blum	Compliance: Aufbau – Management – Risikobereiche, 2010
Binder	Rechtliche Grundlagen des Risikomanagements: Haftungs- und Strafvermeidung für Corporate Compliance, 2007
Bock	Criminal Compliance, 2013
Böer	Trade Compliance – Anforderungen an die Wirtschaft, 2010
Böhm	Non-Compliance und Arbeitsrecht: Interne Ermittlungen, Sanktionen und Regressansprüche nach Rechts- und Regelverstößen, 2011
Boldt/Büll	Die neue MaRisk-Compliance-Funktion: Ein Leitfaden für die Bankpraxis, 2013
Brauer/Steffen	Compliance Intelligence: Praxisorientierte Lösungsansätze für die risikobewusste Unternehmensführung, 2009
Briegel	Einrichtung und Ausgestaltung Unternehmensinterner Whistleblowing-Systeme, 2009
Bröker	Compliance für Finanzdienstleister: Beratungs- und Verhaltensregeln für das Wertpapiergeschäft, 2002
Bungenberg/Dutzi	Corporate Compliance und Corporate Social Responsibility: Chancen und Risiken sanfter Regulierung, 2014
Bürkle	Compliance in Versicherungsunternehmen: Rechtliche Anforderungen und praktische Umsetzung, 2. Aufl. 2015
Butscher	Anti-Fraud-Management und Corporate Governance im Mittelstand, 2014
Clarindo dos Santos	Rechtsfragen der Compliance in der internationalen Unternehmensgruppe, 2013
Claussen	Compliance- oder Integrity-Management: Maßnahmen gegen Korruption in Unternehmen, 2011
Dannecker/Leitner	Handbuch der Geldwäsche-Compliance für die rechts- und steuerberatenden Berufe, 2009

Verzeichnis weiterführender Literatur

Deggendorfer Forum zur digitalen Datenanalyse e. V.	Compliance- und Risikomanagement: Anforderungen kennen – Konzepte optimieren, 2011
Deggendorfer Forum zur digitalen Datenanalyse e. V. und Anke Giegandt	Compliance in digitaler Prüfung und Revision: Technische Möglichkeiten – rechtliche Grenzen, 2012
Depré	Praxis-Handbuch Compliance: Risiken kennen – Haftung ausschließen, 2011
Dieners/Besen	Handbuch Compliance im Gesundheitswesen: Kooperation von Ärzten, Industrie und Patienten, 4. Aufl. 2015
DIIR-Deutsches Institut für Interne Revision e. V.	Zusammenarbeit der Internen Revision mit Risikocontrolling und Compliance: Empfehlungen auf Basis der MARisk, 2010
Dolata	Compliance contra Korruption: Maßnahmen und Instrumente der Anti-Korruptions-Prävention, 2011
Donath	Best Practice der Ausgestaltung von Whistleblowing-Systemen: Eine Analyse für deutsche Unternehmen, 2015
Donato	Whistleblowing: Handlungsempfehlungen für eine nutzenstiftende Umsetzung in deutschen börsennotierten Unternehmen, 2009
Ebert	Die Rechtslage um Whistleblowing: Situation in Deutschland: Whistleblowing-Problematik im Rahmen der Compliance Management Systeme, 2012
Einig	MaRisk bei Finanzdienstleistungsinstituten, 2014
Eisele	Compliance und Datenschutzstrafrecht: Strafrechtliche Grenzen der Arbeitnehmerüberwachung, 2012
El-Bouz	Evaluierung von Compliance-Kulturen unter Beachtung der IDW PS 980, 2013
Engelhart	Sanktionierung von Unternehmen und Compliance: Eine rechtsvergleichende Analyse des Straf- und Ordnungswidrigkeitenrechts, 2010
Falk	IT-Compliance in der Corporate Governance: Anforderungen und Umsetzung, 2012
Fallenstein	Compliance-Klauseln, Compliance-Vertrag und AGB im unternehmerischen Geschäftsverkehr, 2012
Fissenewert/Behringer	Compliance für den Mittelstand, 2013
Frank	Compliance Risiken bei M&A Transaktionen, 2012
Freidank/Velte	Corporate Governance, Abschlussprüfung und Compliance, 2012
Friedl/Kindl	Compliance in Public Affairs: Leitfaden für die korrekte Zusammenarbeit mit Politik und Verwaltung, 2012
Frischemeier	Die Haftung geschäftsführender Organe für Compliance-Verstöße in Tochtergesellschaften, 2014
Geissdoerfer	Der Einfluss von Change Management Praktiken auf die Einführung von Compliance Management Systemen in Unternehmen, 2015
Görtz	Anti-Doping-Maßnahmen im Hochleistungssport aus rechtlicher Sicht: Zur Ausgestaltung einer effektiven Compliance-Organisation in Deutschland, 2012
Grieger	Corporate Crime und Compliance: Die straf- und zivilrechtliche Verantwortlichkeit eines börsennotierten Industriekonzerns, 2010
Groß	Chief Compliance Officer: Compliance-Funktionsträger im Spannungsverhältnis zwischen wirksamer Compliance und

Verzeichnis weiterführender Literatur

	arbeitsrechtlicher/gesellschaftsrechtlicher Kompetenzordnung, 2012
Grundmeier	Rechtspflicht zur Compliance im Konzern, 2011
Grützner/Jakob	Compliance von A-Z, 2010
Hammen/Bressler	Insiderrecht/Compliance, 2008
Harz/Weyand	Mit Compliance Wirtschaftskriminalität vermeiden: Risikoprävention, Früherkennung, Fallbeispiele, 2012
Hector	Compliance in der Logistik: Gewinnsicherung, Risikominimierung, Wettbewerbsvorteile, 2011
Hempel/Wiemken	Managerhaftung im Wandel: Sarbanes-Oxley und Corporate Governance in Deutschland, 2006
Heybrock	Praxisratgeber Compliance: Compliance Managementsysteme in Funktionsbereichen des Unternehmens, 2012
Hildebrand/Meinhardt	Compliance & Risk Management, 2008
Höft	Verknüpfung von Risikomanagement und Compliance im mittelständischen Konzernunternehmen, 2011
Holzhauser/Sutter	Compliance in Factoringunternehmen: Festschrift für Dr. Klaus Bette, 2011
Huber	Die Reichweite konzernbezogener Compliance-Pflichten des Mutter-Vorstands des AG-Konzerns, 2013
Jäger/Rödl	Praxishandbuch Corporate Compliance: Grundlagen – Checklisten – Implementierung, 2009
Jost	Compliance in Banken: Anwendungsgebiete des risikobasierten Ansatzes, 2010
Junc	Corporate-Compliance-Berichterstattung in Deutschland: Eine theoretische und empirische Analyse, 2010
Karbaum	Kartellrechtliche Compliance – Rechtsgrundlagen und Umsetzung, 2010
Kark	Compliance-Risikomanagement: Früherkennung, Prävention und operative Umsetzung, 2013
Keller/Schünemann	Compliance: Textsammlung, 2010
Keuper/Neumann	Governance, Risk Management und Compliance: Innovative Konzepte und Strategien, 2010
Klaiber	Die Berücksichtigung von Compliance-Programmen bei den Rechtsfolgen von Kartellverstößen, 2013
Klinkhammer	Compliance in Versicherungsunternehmen: unter besonderer Berücksichtigung wesentlicher Aspekte der Solvency II-Richtlinie, 2011
Klopp	Der Compliance-Beauftragte: Arbeitsrechtliche Stellung und Funktion in der Compliance, 2012
Köcher	Eignung von Cloud-Lösungen als Unternehmensressource unter Berücksichtigung von Datenschutz und Compliance, 2013
Konu	Die Garantenstellung des Compliance-Officers: Zugleich ein Beitrag zu den Rahmenbedingungen einer Compliance-Organisation, 2014
Krese	Risiko- und Compliance-Management im Vertrieb, 2013
Krimphove/Kruse	MaComp: Mindestanforderungen an die Compliance-Funktion und die weiteren Verhaltens-, Organisations- und Transparenzpflichten, 2013
Krumbach	Plötzlich Compliance Officer: Der erfolgreiche Einstieg in das Compliance Management, 2015
Kruse	Compliance und Rechtsstaat: Zur Freiheit von Selbstbelastung bei Internal Investigations, 2014
Kuhlen	Compliance und Strafrecht, 2012

Verzeichnis weiterführender Literatur

Kuthe/Rückert	Compliance-Handbuch Kapitalmarktrecht: Publizitäts- und Verhaltenspflichten für Aktiengesellschaften, 2004
Kuthe/Szesny	Kapitalmarkt Compliance, 2013
Kutschelis	Korruptionsprävention und Geschäftsleiterpflichten im nationalen und internationalen Unternehmensverbund, 2014
Kyere-Diabour	Compliance im Lobbyismus, 2014
Lange	Corporate Compliance im deutschen Mittelstand, 2014
Lange	Corporate Compliance. Die Verbreitung von Compliance Maßnahmen im deutschen Mittelstand, 2010
Lebherz	Emittenten-Compliance – Organisation zur Sicherstellung eines rechtskonformen Unternehmensverhaltens, 2008
Lelley	Compliance im Arbeitsrecht, 2010
Lenze	Compliance, Internal Investigations und Beschuldigtenrechte, 2014
Lewisch	Zauberwort Compliance?, 2012
Lippe	Compliance in Banken und Bankkonzernen, 2011
Logemann/Kirsch	Datenschutz im Unternehmen: Leitfaden für datenschutzrechtliche Fragestellungen im Rahmen unternehmerischer IT-Compliance, 2011
Looschelders/Michael	Strafrechtliche Rahmenbedingungen der Compliance in Versicherungsunternehmen, 2015
Looschelders/Michael	Die Bedeutung der Vertrauensschadenversicherung im Kontext von Wirtschaftskriminalität, Risikomanagement und Compliance, 2011
Lorentz	Compliance in KMU, 2013
Mansdörfer/Habetha	Strafbarkeitsrisiken des Unternehmers: Verhaltensstrategien, Krisenmanagement, Compliance, 2015
Marnitz	Compliance-Management für mittelständische Unternehmen, 2011
Maschmann	Corporate Compliance und Arbeitsrecht: Mannheimer Arbeitstag 2009, 2009
Matic	Compliance und Überwachung in Banken, 2013
Mayen/Hergenröder	Verbraucherschutz im Kreditgeschäft Compliance in der Kreditwirtschaft – Bankrechtstag 2008, 2009
Meister	Corporate Governance und Compliance Management: für Versicherungsunternehmen, 2012
Mengel	Compliance und Arbeitsrecht: Implementierung, Durchsetzung, Organisation, 2009
Menzies	Sarbanes-Oxley und Corporate Compliance: Nachhaltigkeit, Optimierung, Integration, 2006
Meyer	Criminal Compliance – unternehmensinterne Maßnahmen zur Korruptionsprävention, 2013
Moll	FATCA – Foreign Account Tax Compliance Act, 2014
Moosmayer	Compliance-Risikoanalyse, 2014
Mußtopf	Compliance-Management zur Unternehmenswertsteigerung, 2014
Napokoj	Risikominimierung durch Corporate Compliance, 2010
Opitz	Antikorruptionssysteme für die Strategische Beschaffung, 2013
Orthmann	Compliance: Anforderungen an rechtskonformes Verhalten in der öffentlichen Verwaltung, 2009
Paetzmann/Schöning	Corporate Governance von Kreditinstituten: Anforderungen-Instrument – Compliance, 2014
Pape	Corporate Compliance – Rechtspflichten zur Verhaltenssteuerung von Unternehmensangehörigen in Deutschland und den USA, 2011

Verzeichnis weiterführender Literatur

Park	Kapitalmarktstrafrecht: Straftaten – Ordnungswidrigkeiten – Finanzaufsicht – Compliance, 2012
Parkman	Mastering Anti-Money Laundering and Counter-Terrorist Financing: A compliance guide for practitioners, 2012
Passarge/Behringer	Handbuch Compliance international: Recht und Praxis der Korruptionsprävention, 2014
Petermann	Die Bedeutung von Compliance-Maßnahmen für die Sanktionsbegründung und -bemessung im Vertragskonzern, 2013
Petsche/Toifl	Compliance Meisterklasse: The Certified Compliance Officers, 2014
Pittroff	Whistle-Blowing-Systeme in deutschen Unternehmen: Eine Untersuchung zur Wahrnehmung und Implementierung, 2012
Plate	Compliance in der Energiewirtschaft, 2010
Puschke/Hohmann	Basiswissen Sanktionslisten: Hintergrund und Praxis der Integration von Sanktionslisten in ihre Geschäftsprozesse, 2012
Quentmeier	Praxishandbuch Compliance: Grundlagen, Ziele und Praxistipps für Nicht-Juristen, 2011
Rath/Sponholz	IT-Compliance, 2014
Rathgeber	Criminal Compliance: Kriminalpräventive Organisations- und Aufsichtspflichten am Beispiel der Wirtschaftskorruption, 2012
Renz/Hense	Wertpapier-Compliance in der Praxis: Eine Kommentierung aktueller Rechtspflichten, 2010
Röhrich/Boenner	Methoden der Korruptionsbekämpfung: Risiken erkennen – Schäden vermeiden, 2008
Roth	Compliance: Begriff. Bedeutung. Beispiele, 2000
Rotsch	Criminal Compliance vor den Aufgaben der Zukunft, 2013
Rotsch	Criminal Compliance: Handbuch, 2014
Ruckes	FACTA: Foreign Account Tax Compliance Act, 2011
Rudkowsk	Aufklärung von Compliance-Verstößen, 2015
Sänger	Whistleblowing in der börsennotierten Aktiengesellschaft, 2011
Sauer	Compliance-Maßnahmen in internationalen Unternehmen: Einfluss von Landeskultur auf Compliance-Maßnahmen, 2009
Schaaf	Risikomanagement und Compliance in Versicherungsunternehmen, 2010
Schäfer	Compliance: Konsequenzen verschärfter Vorgaben aus WpHG und Bankenaufsicht, 2014
Scheibler	Shared Decision-Making: Von der Compliance zur partnerschaftlichen Entscheidungsfindung, 2003
Schemmel/Ruhmannseder	Hinweisgebersysteme: Implementierung in Unternehmen, 2012
Scherer/Fruth	Geschäftsführer-Compliance: Praxiswissen zu Pflichten, Haftungsrisiken und Vermeidungsstrategien, 2009
Scherer/Fruth	Gesellschafter-Compliance: Praxiswissen zu Pflichten, Haftungsrisiken und Vermeidungsstrategien für GmbH-Gesellschafter, 2010
Schmidt/Bormann	Bearbeitungs- und Prüfungsleitfaden Compliance Funktion nach MaRisk, 2014
Schöler/Zink	Governance, Risk und Compliance mit SAP, 2008
Schubert	Konzeption und Implementierung eines Compliance Systems, 2008
Schultze	Compliance-Handbuch Kartellrecht, 2013

Verzeichnis weiterführender Literatur

Schwarzbartl/Pyrcek	Compliance Management: Ein Leitfaden zur erfolgreichen Umsetzung, 2012
Siedenbiedel	Corporate Compliance: Grundelemente der strukturellen Integration von Compliance-Konzepten, 2014
Sonnenberg	Verletzung der Aufsichtspflicht in Betrieben und Unternehmen (§ 130 OWiG), 2014
Sprafke	Korruption, Strafrecht und Compliance: Untersuchungen und Reformvorschläge zu § 299 StGB, 2010
Stehmann	Compliance-Management in mittelständischen Unternehmen, 2011
Stein/Thoms	Energiesteuern in der Praxis: Energiesteuer – Stromsteuer – Biokraftstoffquote – Energiesteuer-Compliance, 2012
Steßl	Effektives Compliance Management in Unternehmen, 2012
Stierle	Korruptionscontrolling in öffentlichen und privaten Unternehmen, 2008
Stiglbauer	Corporate Governance Berichterstattung und Unternehmenserfolg, 2010
Stober/Ohrtmann	Compliance: Handbuch für die öffentliche Verwaltung, 2015
Streck/Schwedhelm	Tax Compliance, 2010
Stucken/Senff	Compliance Management in China: Praxishandbuch für Manager, 2015
Thüsing	Beschäftigtendatenschutz und Compliance, 2014
Thüsing/Forst	Arbeitnehmerdatenschutz und Compliance: Effektive Compliance im Spannungsfeld von reformiertem BDSG, Persönlichkeitsschutz, 2010
Thust/Weber	Controlling & Compliance: Aufgaben der Controller im Risk and Fraud Management, 2011
TÜV Rheinland Cert GmbH	Compliance-Leitfaden TR CMS 100:2013, 2013
Umnuß	Corporate Compliance Checklisten: Rechtliche Risiken im Unternehmen, 2. Aufl. 2012
Voit	Herausforderungen und Perspektiven des Pharmarechts: Blick nach Europa – AMNOG – Datenschutz 6 Compliance, 2014
Wecker	Compliance in der Unternehmenspraxis, 2009
Weishaupt	Die Überwachungsfunktion der Wertpapier-Compliance im Licht der Grundrechte, 2012
Welsch	Compliance Due Diligence: Minimierung von Haftungsrisiken beim Unternehmenskauf, 2014
Wessing/Dann	Deutsch-Amerikanische Korruptionsverfahren: Ermittlungen in Unternehmen – SEC, DOJ, FCPA, SOX und die Folgen, 2013
Wieland/Steinmeyer	Handbuch Compliance Management: Konzeptionelle Grundlagen, praktische Erfolgsfaktoren, globale Herausforderungen, 2014
Withus	Betriebswirtschaftliche Grundsätze für Compliance-Management-Systeme, 2014
Wundenberg	Compliance und die prinzipiengeleitete Aufsicht über Bankengruppen, 2012
Zenke/Brocke	Compliance in Energieversorgungsunternehmen, 2011
Zimmermann	Strafbarkeitsrisiken durch Compliance: Auswirkungen von Compliance-Regelungen auf das Wirtschaftsstrafrecht, 2014

§ 1. Einleitung

Dr. Jürgen Bürkle

Übersicht

	Rn.
A. Der Compliance Officer	1
I. Erfolgsgeschichte der Compliance	2
1. Der Weg zur Corporate Compliance	6
2. Literatur und Rechtsprechung zur Compliance	9
3. Compliance-Beratung und Compliance-Prüfung	16
II. Compliance Officer	17
1. Zentraler Compliance-Beauftragter	17
2. Stellung in der Unternehmensorganisation	20
III. Vereinigungen von und für Compliance Officer	22
B. Der Mandant des Compliance Officers	24
C. Compliance-Trends	31
D. Unternehmensindividuelle Tätigkeit	37
E. Ausblick	41
I. Gesetzgebung	42
II. Aufsichtsrat	43
III. Offensive Compliance	45
IV. Schutz des Compliance Officers	46

Literatur: *Bachmann*, Die Haftung des Vorstands für die Verschwendung von Gesellschaftsvermögen, NZG 2013, 1121; *ders.*, Compliance: Rechtsgrundlagen und offene Fragen, in: VGR (Hrsg.), Gesellschaftsrecht in der Diskussion, 2008, S. 65; *Baumert*, Handlungssicherheit in der Compliance-Arbeit an Beispielen, CCZ 2013, 265; *Benz/Klindt*, Compliance 2020 – ein Blick in die Zukunft, BB 2010, 2977; *Bicker*, Legalitätspflicht des Vorstands – ohne Wenn und Aber?, AG 2014, 8; *ders.*, Corporate Compliance – Pflicht und Ermessen, ZWH 2013, 473; *Burkatzki*, Legalität und Legitimität im Marktkontext, ZIS 2011, 160; *Bürkle*, Zur Compliance-Verantwortung des Aufsichtsrats im Versicherungsunternehmen, FS E. Lorenz, 2014, S. 101; *ders.*, Grenzen der Garantenstellung des Compliance-Officers, CCZ 2010, 4; *ders.*, Corporate Compliance – Pflicht oder Kür für den Vorstand der AG?, BB 2005, 565; *ders./Fecker*, Business Judgment Rule: Unternehmerischer Haftungsfreiraum für leitende Angestellte, NZA 2007, 589; *Dirks/Sandmann/Herre*, Das neu überarbeitete COSO-Rahmenwerk für interne Kontrollsysteme und die Konsequenzen für die deutsche Unternehmenspraxis, CCZ 2013, 164; *Ebersoll/Stork*, Smart Risk Assessment: Mehr Effizienz durch Screening, CCZ 2013, 129; *Favoccia/Richter*, Rechte, Pflichten und Haftung des Compliance-Officers aus zivilrechtlicher Sicht, AG 2010, 137; *Fecker/Kinzl*, Ausgestaltung der arbeitsrechtlichen Stellung des Compliance-Officers, CCZ 2010, 13; *Fleischer*, Vorstandsverantwortlichkeit und Fehlverhalten von Unternehmensangehörigen – Von der Einzelüberwachung zur Errichtung einer Compliance-Organisation, AG 2003, 291; *Habersack*, Grund und Grenzen der Compliance-Verantwortung des Aufsichtsrats in der AG, AG 2014, 1; *Hauschka*, Zum Berufsbild des Compliance Officers, CCZ 2014, 165; *ders.*, Compliance als Teil einer modernen Unternehmensführung, AnwBl 2010, 629; *ders.*, Corporate Compliance – Unternehmensorganisatorische Ansätze zur Erfüllung der Pflichten von Vorständen und Geschäftsführern, AG 2004, 461; *ders./Galster/Marschlich*, Leitlinien für die Tätigkeit in der Compliance-Funktion, CCZ 2014, 262; *Heißner/Benecke*, Compliance-Praxis im Wandel: von der reinen Kontrolle zum Integrity Management, BB 2013, 2923; *Kark*, Die Zero-Tolerance-Regel – Aus der Bronx in die Welt

§ 1. Einleitung

der Unternehmen, CCZ 2012, 180; *Kopp*, Recht, Transparenz und Integrität beim Lobbying, CCZ 2013, 67; *Kort*, Compliance-Pflichten und Haftung von GmbH-Geschäftsführern, GmbHR 2013, 566; *ders.*, Gemeinwohlbelange beim Vorstandshandeln, NZG 2012, 926; *ders.*, Rechtsfragen der Compliance-Organisation von Unternehmen außerhalb spezialgesetzlich geregelter Branchen im deutschen Recht, FS Roth, 2011, S. 408; *Merkt*, Syndikusanwalt und Corporate Governance, NJW 2014, 2310; *Moosmayer*, Modethema oder Pflichtprogramm guter Unternehmensführung? – Zehn Thesen zu Compliance, NJW 2012, 3013; *ders.*, Qualifikation und Aufgaben des Compliance Officers, AnwBl 2010, 634; *Otto/Fonk*, Haftung und Corporate Compliance in der öffentlichen Wirtschaft, CCZ 2012, 161; *Powileit*, Compliance im Unternehmen: Rechtliches Risikomanagement als Wertschöpfungsfaktor, GWR 2009, 28; *Raum*, Strafrechtliche Pflichten von Compliance-Beauftragten, CCZ 2012, 197; *Reichert*, Corporate Compliance und Grundsatz der Verhältnismäßigkeit, FS Hoffmann-Becking, 2013, S. 943; *Rieder*, Vom juristischen Gewissen zum Straftäter? Verantwortung und Schutz von Compliance-Beauftragten, FS Goette, 2011, S. 114; *Römermann*, 2014 – ein Jahr im Zeichen der Compliance: nun auch für mittelständische GmbH, GmbHR 2014, 1; *Rönnau*, Strafrecht und Selbstregulierung – Chance oder Risiko?, Sammelband Ringvorlesung für Karsten Schmidt, 2011, 234; *ders./Schneider*, Der Compliance-Beauftragte als strafrechtlicher Garant, ZIP 2010, 53; *U.H. Schneider*, Compliance als Aufgabe der Unternehmensleitung, ZIP 2004, 461; *Schünemann*, Die aktuelle Forderung eines Verbandsstrafrechts – Ein kriminalpolitischer Zombie, ZIS 2014, 1; *Sieber*, Compliance-Programmen im Unternehmensstrafrecht, FS Tiedemann, 2008, S. 449; *Spindler*, Compliance im Gesellschaftsrecht, RW 2013, 292; *Sünner*, Das Berufsbild des Compliance Officers, CCZ 2014, 91; *Wolf*, Der Compliance Officer – Garant, hoheitlicher Beauftragter oder Berater im Unternehmensinteresse zwischen Zivil-, Straf- und Aufsichtsrecht?, BB 2011, 1351.

A. Der Compliance Officer

1   Jedenfalls außerhalb regulierter Industriezweige (zB im Finanzsektor) existiert kein genormtes und damit vorgezeichnetes Bild des Compliance Officers. Das ermöglicht eine offene und flexible Betrachtung seiner Stellung, Aufgaben und Verantwortung. Daher sind die folgenden Ausführungen eine subjektive Beschreibung der Entwicklung, der aktuellen Situation und der Perspektive des Compliance Officers.

I. Erfolgsgeschichte der Compliance

2   Die Entstehung und Entwicklung der speziellen Funktion des Compliance Officers ist untrennbar mit der wachsenden Bedeutung und dem Erfolg der Compliance verbunden. Noch vor wenigen Jahren war der Begriff „Compliance" nicht allgemein bekannt. Mittlerweile wird Compliance speziell in rechtlichen Zusammenhängen inflatorisch verwendet und entwickelt sich langsam zum Modebegriff. Ursache hierfür ist, dass mittlerweile fast jede Rechtsfrage als „Compliance-Problem" etikettiert wird, weil dieser Begriff anscheinend attraktiv ist. Das zugrunde liegende weite Verständnis hat mit dem Ursprung und dem Kern des Compliance-Ansatzes oft nur wenig zu tun. Denn Compliance beschäftigt sich zentral mit dem Problem der **organisatorischen Umsetzung** im Hinblick auf ein möglichst regelkonformes Verhalten.

3   Daher steht am Beginn dieses einleitenden Beitrags eine Rückbesinnung auf die „klassische" Compliance-Definition. Danach beschäftigt sich Compliance mit der Summe aller organisatorischen Aktivitäten, mit denen dafür gesorgt werden soll, dass das Unternehmen und die für das Unternehmen handelnden Personen die externen und inter-

A. Der Compliance Officer

nen rechtlichen Vorgaben einhalten. Das Ziel aller Compliance-Aktivitäten ist somit Rechtskonformität durch Organisation. Daher lautet die prägnante Kurzdefinition für Compliance:

Compliance = Organisierte Rechtskonformität

Weiter gefasste und wolkige Definitionen, wie sie vor allem Betriebswirte verwenden, werden zurecht kritisch betrachtet; denn sie können den dem Begriff der „Definition" immanenten zentralen Zweck einer eindeutigen Begrenzung nicht erfüllen.[1] Solche „Definitionen" führen daher auch im Hinblick auf die Rolle des Compliance Officers zu potenziell kritischen Unschärfen und damit verbundenen Ausweitungen des Verantwortungsrahmens. Die Beschreibung des Ziels der Compliance als organisierte Rechtskonformität verdeutlicht, dass sich Compliance mit Fragen des **Unternehmensorganisationsrechts** befasst[2]. Damit wird zugleich klar, dass Unternehmen zwar nach betriebswirtschaftlichen und technischen Kriterien organisiert werden können, aber vorrangig nach rechtlichen Vorgaben organisiert sein müssen. Es sollte auch im Rahmen der Compliance also nicht zur einer „Verbetriebswirtschaftlichung des Organisationsrechts"[3] kommen und der Hinweis von Sethe beachtet werden:[4]

„Nicht alles was betriebswirtschaftlich wünschenswert ist, ist auch rechtlich erforderlich."

Umgekehrt begrenzt die Compliance freilich aufgrund der vorrangigen **Legalitätspflicht** die Zulässigkeit betriebswirtschaftlicher Maßnahmen. Denn hier gilt ebenfalls ohne Einschränkung, dass betriebswirtschaftlich noch so nützliche Rechtsverstöße unzulässig sind. Zudem dürfen die rechtlichen Strukturen des Unternehmens nicht faktisch durch betriebswirtschaftlich motivierte Aktivitäten im Bereich der Aufbau- und Ablauforganisation überlagert oder ausgehöhlt werden.

1. Der Weg zur Corporate Compliance

Die Compliance hat sich zuerst im Finanzdienstleistungsbereich und dort im Wertpapiersektor praktisch ausgewirkt, um dort speziellen kapitalmarkt- und wertpapierrechtlichen Anforderungen nachzukommen; entsprechend dieser Fokussierung auf ausgewählte Unternehmens- und Rechtsbereiche hat sich dort aber zunächst nur eine punktuelle Compliance entwickelt. Ende der 1990er Jahre haben dann infolge von Skandalen durch Rechtsverstöße vor allem bei international agierenden Großkonzernen die Unternehmen aller Branchen den Compliance-Ansatz entdeckt und vermehrt umgesetzt.

Das damit verbundene weitere Verständnis von Compliance geht im Sinne einer **Corporate Compliance** mittlerweile zu Recht dahin, Compliance als unternehmensweite

---

[1] *Goette*, ZHR 175 (2011), 388 (390).
[2] Umfassend dazu *Spindler*, Unternehmensorganisationspflichten, 2001.
[3] So die prägnante Wortschöpfung von *Bachmann*, in: VGR, Gesellschaftsrecht in der Diskussion 2007, 2008, S. 65, 76.
[4] *Sethe*, ZBB 2012, 357 (359).

Organisationsanforderung im Hinblick auf ein rechtskonformes Verhalten zu begreifen.[5] Darüber hinaus entspricht es der herrschenden Meinung, dass Compliance eine konzernweite Dimension hat[6] und ebenfalls relevantes ausländisches Recht umfasst.[7] Schließlich wird vermehrt der Einfluss ethischer Standards auf die Compliance diskutiert,[8] die über die Frage der Legalität hinaus den Aspekt der Legitimität unternehmerischen Verhaltens aufwerfen.

8   Die Compliance ist mittlerweile nicht nur auf der Ebene privater Wirtschaftsunternehmen etabliert, sondern hat sich auch bei Verbänden, öffentlichen Unternehmen, auf Bundes- und Kommunalebene[9] sowie bei gemeinnützigen Unternehmen und Vereinigungen als praktikabler Ansatz zur Herstellung und Aufrechterhaltung von Rechtskonformität etabliert. Compliance erfasst daher alle **arbeitsteilig strukturierten Organisationen**[10] (nachfolgend alle als Unternehmen bezeichnet).

2. Literatur und Rechtsprechung zur Compliance

9   Diese Erfolgsgeschichte des Compliance-Gedankens wurde durch die Literatur zur Compliance und die Rechtsprechung mit Compliance-Bezug begleitet und gefördert. Die Compliance-Diskussion wurde durch zwei grundlegende wissenschaftliche Aufsätze ausgelöst[11] und durch Beiträge aus der Unternehmenspraxis fortgesetzt[12]. Das von *Hauschka* herausgegebene **Standardwerk** Corporate Compliance behandelt seit der 1. Auflage im Jahr 2007 umfassend allgemeine und branchenspezifische Compliance-Fragen mit Bezug zur Tätigkeit der Compliance Officer. Seit 2008 erscheint zudem mit der **Corporate Compliance Zeitschrift** im Verlag C.H. BECK eine spezielle Fachzeitschrift, die Compliance-Themen gerade auch aus Sicht der Compliance Officer aufgreift. Mittlerweile liegt einschlägige Literatur zu allen Facetten der Compliance in einem kaum noch zu überschauenden Umfang, aber durchaus in heterogener Qualität vor. Für den Compliance Officer ist es daher eine Herausforderung die Literatur herauszufiltern, die ihm im Unternehmensalltag belastbar weiterhilft, um nicht die begrenzte Zeit nutzlos in die Lektüre oberflächlicher Beiträge ohne praktischen Nutzen zu investieren.

10 Auf der Ebene der Judikatur haben sich zunächst die Strafgerichte mit der Compliance und dem Compliance Officer befasst, so dass die Rechtsprechung der Strafrechtssenate des Bundesgerichtshofs zunehmend Einfluss auf die Compliance-Praxis in den Unternehmen ausübten, obwohl die Compliance eigentlich öffentlich-rechtliche und zivilrechtliche Wurzeln hat.[13] In der Siemens-Entscheidung hat der 2. Senat den Verstoß eines leitenden Angestellten gegen unternehmensinterne Compliance-Vorgaben im Rah-

---

[5] *Bürkle*, VR 2012, 45; *Hemeling*, CCZ 2010, 21 (22); *Looschelders/Michael*, in: Ruffert, § 11 Rn. 119; *Louven/Raapke*, VersR 2012, 257 (261).
[6] *Bachmann*, in: VGR, Gesellschaftsrecht in der Diskussion 2007, 2008, S. 65, 94; *Bürkle*, in: Hauschka, Corporate Compliance, § 8 Rn. 64; *Fleischer*, DB 2005, 759 (763); *Habersack*, AG 2014, 1 (3); *Kort*, NZG 2008, 81 (84); *Lutter*, FS Goette, 2011, S. 289 (292).
[7] *Bürkle*, BB 2007, 1797 (1798); *Fleischer*, CCZ 2008, 1 (6); *Lutter*, FS Goette, 2011, S. 289 (291); *Spindler*, RW 2013, 292 (326); ausführlich → § 11.
[8] Dazu etwa *Kort*, NZG 2012, 926; *Spießhofer*, NJW 2014, 2473; *Wieland*, CCZ 2008, 15.
[9] Dazu *Vogelsang/Nahrstedt/Fuhrmann*, CCZ 2014, 181.
[10] *Spindler*, RW 2013, 292 (293).
[11] *Fleischer*, AG 2003, 291; *U.H. Schneider*, ZIP 2003, 645.
[12] Etwa *Bürkle*, BB 2005, 565; *Hauschka*, AG 2004, 461.
[13] Umfassend hierzu *Hauschka*, Corporate Compliance, 2. Aufl. 2010.

men der Untreuestrafbarkeit berücksichtigt[14]. Der 5. Senat hat dann in seinem Urteil zu überhöhten Gebühren bei der Berliner Stadtreinigung (BSR-Entscheidung) den Compliance Officer für den Regelfall als **Garanten** iSv § 13 Abs. 1 StGB eingestuft.[15]

Mit dieser Qualifizierung des Compliance Officers als strafrechtlichen Garanten erfolgt durch die Rechtsprechung eine weitere Verlagerung der Kriminalprävention in die Unternehmen[16] – mit weitreichenden Folgen für die betroffenen Compliance Officer.[17] Offenbar haben die Compliance-Praktiker die Folgen dieses obiter dictums eher entspannt bewertet;[18] die praktische Bedeutung sollte aber keinesfalls unterschätzt werden. Denn die Garantenstellung des Compliance Officers in seinem Aufgabengebiet bietet einen effektiven **Ermittlungsansatz** für Staatsanwälte. 11

Der Fall des Leiters eine Rechtsabteilung, der im Rahmen „klassischer" Compliance-Aktivitäten mögliche Verstöße intern aufklären wollte und sich deswegen mit Verdächtigungen und Durchsuchungen konfrontiert sah, zeigt plastisch, dass die Ermittler hier nicht immer zimperlich sind und die gerichtliche Kontrolle nicht durchweg funktioniert; es war sogar der Gang zum BVerfG erforderlich, um die Illegalität der von Amts- und Landgericht abgesegneten Durchsuchung der Privatwohnung des Unternehmensjuristen wegen eindeutiger **Grundrechtsverletzung** feststellen zu lassen.[19] Die anschließend aufgeworfene Frage „Compliance-Verantwortliche unter Generalverdacht?"[20] beleuchtet das Grundsatzproblem. 12

Mit dem Urteil des LG München I in der Sache Siemens/Neubürger liegt nun die erste **zivilrechtliche** Entscheidung vor, die sich mit grundlegenden Fragen der Compliance-Verantwortung des Vorstands einer AG ausführlicher befasst;[21] entsprechend hat dieses Urteil ein breite und durchaus unterschiedliche Reaktion in der Literatur ausgelöst.[22] Eine „Compliance-Hysterie"[23] und eine pauschale Verallgemeinerung der gerichtlichen Aussagen sollte im Kontext und in der Folge dieses besonderen Falles allerdings vermieden werden; vielmehr gilt es, die gerichtlichen Aussagen kritisch zu prüfen, nüchtern zu analysieren und die für die eigene Tätigkeit relevanten Schlüsse zu ziehen. 13

Zu dieser kritischen Analyse gehört die zentrale, aber unscharfe Aussage des LG München I, dass Compliance eigentlich nichts Neues sei.[24] Beachtliche Stimmen im Schrifttum teilen diese Einschätzung in einer derart pauschalen Diktion (zu Recht) 14

---

[14] BGH NJW 2009, 89; dazu etwa *Knauer*, NStZ 2009, 151; *Ransiek*, NJW 2009, 95; *Satzger*, NStZ 2009, 297; *Schlösser*, HRRS 2009, 19; *Sünner*, CCZ 2009, 185; zum Verstoß gegen Compliance-Regeln als Vermögensbetreuungspflichtverletzung bereits zuvor *Rönnau*, ZStW 2007, 887 (922).

[15] BGH NJW 2009, 3173 (3175), Rn. 27; zur strafrechtlichen Garantenstellung des Compliance Officers zuvor *Kraft/Winkler*, CCZ 2009, 29.

[16] Zu dieser Tendenz *Wessing*, FS Volk, 2009, S. 868; zur Bedeutung von Compliance-Programmen für die Kriminalprävention *Sieber*, FS Tiedemann, 2008, S. 449 (473 ff.).

[17] Aus der umfangreichen Literatur dazu etwa *Bürkle*, CCZ 2010, 4; *Favoccia/Richter*, AG 2010, 137; *Fecker/Kinzl*, CCZ 2010, 13; *Rönnau/Schneider*, ZIP 2010, 53.

[18] So jedenfalls das Ergebnis einer Umfrage; dazu *Hastenrath*, CCZ 2011, 32.

[19] BVerfG NJW 2014, 1650.

[20] *Schiemann*, NZG 2014, 657.

[21] LG München I NZG 2014, 346.

[22] Zu diesem Urteil etwa *Bachmann*, ZIP 2014, 579; *Bürkle*, CCZ 2015, 52; *Fleischer*, NZG 2014, 321; *Grützner*, BB 2014, 850; *Meyer*, DB 2014, 1063; *Oppenheim*, DStR 2014, 1063; *Seibt/Cziupka*, DB 2014, 1598; *Simon/Merkelbach*, AG 2014, 332.

[23] So *Bachmann*, ZIP 2014, 579 (583).

[24] LG München I NZG 2014, 346 (348), gestützt auf *Goette*, ZHR 175 (2011), 388 (391); ebenso *Fleischer*, NZG 2014, 321 (323).

nicht.[25] Denn im Unterschied zum vorgelagerten Grundgedanken der **materiellen** Legalitätspflicht beschäftigt sich Compliance im Hinblick auf die **organisatorische** Legalitätspflicht[26] zentral mit der Frage, wie die Einhaltung der relevanten Vorgaben in der Unternehmenspraxis möglichst erreicht werden kann.[27]

15 Damit verkennt das Gericht den neuen, nämlich den organisationsrechtlich geprägten Ansatz der Compliance, bei dem es gerade darum geht, die Legalitätspflicht **operativ** zu konkretisieren und umzusetzen. Zumindest dürfte unstreitig sein, dass der griffige Begriff der Compliance zu einer signifikant steigenden Sensibilisierung bezüglich der vielen Möglichkeiten interner Umsetzung der Legalitätspflicht geführt hat; zahlreiche heute anerkannte Compliance-Instrumente wie „tone at the top", Whistleblowing, interne Ermittlungen, systematische Risikoanalyse etc waren zuvor gar nicht allgemein bekannt und auch in der Rechtsprechung nicht gefordert worden.

3. Compliance-Beratung und Compliance-Prüfung

16 Der zunehmende Erfolg der Compliance hat weiter dazu geführt, dass eine beachtliche **Beratungs- und Prüfungsindustrie** speziell auf dem Feld der Compliance entstanden ist.[28] Hier erstaunt es schon wirklich, mit welcher Geschwindigkeit selbsternannte (vermeintliche) Compliance-Experten mit überschaubarer praktischer Expertise auf dem Markt auftauchen, die aus jeder tatsächlichen oder konstruierten Rechtsfrage ein Compliance-Thema machen, daraus entsprechende Haftungsrisiken ableiten und dazu dann Beratung und Prüfung mit dem Ziel der Enthaftung anbieten. Die kritische Prüfung derartiger Angebote und die individuelle Ausgestaltung von Prüfungen stellt eine immer wichtigere Aufgabe des Compliance Officers dar. Denn auch hier muss der Compliance Officer zu einer individuell angemessenen sowie effektiven und effizienten Compliance beitragen.

II. Compliance Officer

1. Zentraler Compliance-Beauftragter

17 Innerhalb des eben beschriebenen Umfeldes agiert bei allen genannten Organisationen der Compliance Officer. Diese spezielle Figur wurde im Rahmen des Aufbaus von Compliance-Systemen geschaffen, primär um im Hinblick auf die rechtlichen Anforderungen an eine wirksame Delegation eine klare Zuständigkeit für die Compliance-Aktivitäten des Unternehmens zu schaffen. Zwar gibt es auch Überlegungen, Compliance rein dezentral ohne Compliance Officer zu organisieren und kollektive Compliance-Zuständigkeiten begründen.[29] Für die weit überwiegend praktizierte **zentrale** Lösung sprechen aber überzeugende Argumente:

18 Eine zentrale Funktion kann für unternehmens-, konzern- und weltweit einheitliche Compliance-Standards und eine homogene Compliance-Kultur sorgen. Der zentrale Compliance Officer trägt weiter dazu bei, Auswirkungen möglicher Interessenkonflikte

---

[25] *Bachmann*, ZIP 2014, 579 (581); *Kindler*, FS G. Roth, 2011, S. 367 (372).
[26] So die prägnante Unterscheidung bei *Paefgen*, AG 2014, 554 (557 f.).
[27] *Louven/Ernst*, VersR 2014, 151 (153).
[28] Sehr kritisch dazu *Schött*, JZ 2013, 771.
[29] Dazu etwa *Gösswein/Hohmann*, BB 2011, 936.

A. Der Compliance Officer

bei den dezentralen Compliance-Beauftragten in den operativen Einheiten zu begrenzen. Zudem wird durch die Installation eines zentralen Beauftragten intern und extern deutlich, wer der primäre Ansprechpartner in allen Compliance-Fragen ist, so dass im Rahmen der Wissensorganisation[30] wichtige Informationen rechtzeitig bei der richtigen Stelle im Unternehmen ankommen.

Dagegen setzt eine kollektive Verantwortungszuweisung klare Vorgaben zur Koordination der Aktivitäten, zur jeweiligen Verantwortung und eine entsprechende Umsetzung voraus, wodurch in der Praxis weiterer Verwaltungsaufwand (Schnittstellenmanagement, Reporting, Dokumentation) ausgelöst wird.[31] Eine dezentrale Organisation bereitet daher erhebliche Probleme im Hinblick auf eine ordnungsgemäße, also rechtssichere Delegation der Geschäftsleiterverantwortung auf nachgeordnete Unternehmensebenen. 19

2. Stellung in der Unternehmensorganisation

Compliance Officer werden entweder aufgrund verbindlicher regulatorischer Vorgaben oder auf freiwilliger Basis installiert. Sie werden in der Unternehmenspraxis regelmäßig direkt der Unternehmensleitung unterstellt. In jüngerer Zeit wird die Funktion des Compliance Officers zunehmend auf der Ebene der **Unternehmensleitung**, als Vorstandsmitglied oder als Geschäftsführer, wahrgenommen; dabei umfasst das Ressort dann häufig die Bereiche Recht und Compliance. Damit verbunden sind allerdings auch spezielle Auswirkungen für den Compliance Officer in Geschäftsleiterfunktion.[32] 20

Auf welcher Ebene der Compliance Officer agiert, unterliegt beim freiwillig installierten Compliance Officer dem unternehmerischen Ermessen der Geschäftsleitung und des Aufsichtsrats. Die Installation des Compliance Officers auf der **Geschäftsleitungsebene** sendet nach innen und außen ein sehr starkes Signal für die Bedeutung, die Compliance in dem jeweiligen Unternehmen haben soll. Diese Form der Organisation wird tendenziell häufig als Reaktion auf vorangegangene massive Non-Compliance-Vorfälle gewählt. Denn dadurch können allfällige präventive oder reaktive Maßnahmen zügiger umgesetzt werden. Nicht zuletzt ermöglicht diese hierarchische Einordnung eine effektive Überwachung und Beratung der anderen Geschäftsleitungsmitglieder. 21

III. Vereinigungen von und für Compliance Officer

Mit der zunehmenden Installation des Compliance Officers entstand früh der Bedarf nach Austausch und Fortbildung für diesen Personenkreis. Bereits 2007 haben Compliance-Praktiker aus Unternehmen mit dem **Netzwerk Compliance e.V.** die erste Vereinigung als Plattform für Compliance Officer gegründet, die Informations- und Schulungsveranstaltungen durchführt sowie Mitarbeit in einer Reihe von speziellen Arbeitsgemeinschaften anbietet.[33] In jüngerer Zeit wurden mit DICO,[34] BCDO[35] und 22

---

[30] Zu den Anforderungen an die Wissens- und Informationsorganisation *Buck-Heeb*, in: Hauschka, Corporate Compliance, § 2 Rn. 15 ff.
[31] *Bicker*, AG 2012, 542 (547); *Moosmayer*, Compliance Praxisleitfaden, S. 36.
[32] Dazu ausführlich → § 15 Rn. 1 ff.
[33] Weitere Einzelheiten dazu unter www.netzwerk-compliance.de.
[34] Deutsches Institut für Compliance.
[35] Bundesverband Deutscher Compliance Officer.

BCM³⁶ drei weitere Organisationen gegründet, die sich mit unterschiedlichen Schwerpunkten und unterschiedlicher Intensität ebenfalls mit der Tätigkeit des Compliance Officers befassen.³⁷ Der BUJ³⁸ hat ebenfalls eine Fachgruppe Compliance eingerichtet. Mittlerweile haben auch Universitäten, Hochschulen und private Anbieter Ausbildungsangebote in durchaus heterogener Qualität speziell für Compliance Officer entwickelt; auch hier gilt es für den Compliance Officer „die Spreu vom Weizen zu trennen".

23 Ob die damit zum Ausdruck kommende zunehmende Bedeutung der Compliance allerdings zur Vergabe eines Deutschen Compliance Preises, zu Compliance-Awards mit der Kür des Compliance Officers des Jahres oder vergleichbaren Events führen muss, mag jeder Compliance Officer für sich beurteilen; das ist sicher ein wichtiges Marketinginstrument für externe Compliance-Berater oder einzelne Verlage, für Compliance Officer selbst aber eher weniger wichtig. Im Hinblick auf eine adäquate **Compliance-Kultur**, die nicht zuletzt vom Compliance Officer selbst und dessen Integrität repräsentiert wird, ist es aus meiner Sicht allerdings nicht unbedingt förderlich, wenn der Compliance Officer an derartigen Veranstaltungen in Nobelhotels teilnimmt.

B. Der Mandant des Compliance Officers

24 Einen wesentlichen Aspekt der Tätigkeit des Compliance Officers betrifft die Frage, wer denn sein Mandant ist, mit anderen Worten, in wessen **Interesse** der Compliance Officer eigentlich agiert. Die Antwort darauf ist zentral für die Tätigkeit des Compliance Officers, denn sie hat wesentlichen Einfluss auf die Aufgabenerledigung und die Verantwortung des Compliance Officers, vor allem bei der Bewältigung von Interessenkonflikten.

25 Der Compliance Officer wird zwar von der Geschäftsleitung eingestellt, sein Vertragspartner ist und bleibt aber das Unternehmen, das ihn beschäftigt und nicht zuletzt auch seine Vergütung bezahlt. Trotz des gesetzlich verankerten Weisungsrechts der Geschäftsleiter (§ 106 GewO) gilt daher das **Primat des Unternehmensinteresses**. Ziel der Compliance ist somit vorrangig der Schutz des Unternehmens³⁹ und allenfalls mittelbar und reflexartig der Schutz der für das Unternehmen handelnden Personen.

26 Die Beachtung des Unternehmensinteresses ist **arbeitsrechtliche** Verflichtung des Compliance Officers (→ § 5 Rn. 8 ff.), die im Konfliktfall seine Loyalitätspflicht gegenüber den Geschäftsleitern überlagert und verdrängt. Damit erfüllt der Compliance Officer zugleich seine arbeitsvertragliche Schadensabwendungspflicht,⁴⁰ die nicht gegenüber den Geschäftsleitern,⁴¹ sondern gegenüber dem Unternehmen als Partner des Arbeitsvertrages besteht.

Mandant des Compliance Officers ist das Unternehmen.

---

³⁶ Berufsverband der Compliance Manager.
³⁷ Einen Überblick dazu bietet der Beitrag in JUVE 12/2013, 50 ff.
³⁸ Bundesverband der Unternehmensjuristen.
³⁹ *Dreher*, FS E. Lorenz, 2014, S. 119 (126); *Merkt*, NJW 2014, 2310 (2313).
⁴⁰ *Bürkle*, CCZ 2010, 4 (9); *Favoccia/Richter*, AG 2010, 137 (140); *Illing/Umnuß*, CCZ 2009, 1 (5).
⁴¹ So aber wohl *Arnold*, ZGR 2014, 76 (98).

Richtschnur für das Verhalten des Compliance Officers gerade in Konfliktsituationen sind somit stets und uneingeschränkt die übergeordneten, nachhaltigen Belange des Unternehmens, nicht die subjektiven, aktuellen Interessen der jeweiligen Geschäftsleiter. Aus diesem Grund sollte der Compliance Officer durchaus auch perspektivisch denken; denn pointiert formuliert: Geschäftsleiter kommen und gehen, das Unternehmen bleibt.

Das Primat des Unternehmensinteresses kommt ebenfalls dadurch zum Ausdruck, dass der Compliance Officer zumindest mittelbar auch das regelkonforme **Verhalten der Geschäftsleiter** überwachen muss.[42] Seine strafrechtliche Garantenstellung, die Straftaten aus dem Unternehmen heraus verhindern soll, impliziert eine anlassbezogene Kontrolle des Geschäftsleiterverhaltens und Aktivitäten bei Non-Compliance auf der Geschäftsleitungsebene. Denn wenn die Geschäftsleiter Rechtsverstöße nicht verhindern oder sogar aktiv daran mitwirken, muss der Compliance Officer im Unternehmensinteresse den Aufsichtsrat informieren, damit dieser im Rahmen seiner Legalitätskontrolle einschreiten kann; existiert im Unternehmen kein Aufsichtsrat, kommt eine Information der (wesentlichen) Anteilseigner in Betracht.

Somit existiert ein **Gleichlauf** zwischen dem Unternehmensinteresse und dem Interesse des Compliance Officers im Hinblick auf die Einhaltung der relevanten (externen und internen) rechtlichen Vorgaben. Allerdings sollte der Compliance Officer auch an die Compliance in eigener Sache denken. Genauso wie er im Hinblick auf Organisation und Prävention berät, sollte er ein eigenes **Compliance-Risikomanagement** praktizieren. Er sollte etwa vorab klären, mit welchen Rechtsanwälten er im Fall von gegen ihn gerichteten Ermittlungen zusammenarbeiten will und kann; er sollte, wie die Unternehmensmitarbeiter und Geschäftsleiter auch, sein persönliches Umfeld auf Durchsuchung seiner Privatwohnung vorbereiten.

Der Compliance Officer sollte außerdem seine einzelnen Aktivitäten und die jeweiligen Reaktionen der Geschäftsleiter aussagekräftig **dokumentieren**; denn er muss als Garant nachweisbar[43] versuchen, für unternehmensinterne Aufklärung und Abhilfe zu sorgen. Wesentlich für den Compliance Officer ist im Eigeninteresse auch eine risikoreduzierende adäquate **Weiterbildung**, sowohl auf rechtlichem Gebiet als auch im Hinblick auf aktuelle Compliance-Techniken und Compliance-Instrumente.

C. Compliance-Trends

Die Entwicklung der aktuellen Compliance-Themen verlief in Wellen; häufig standen dabei einzelne und abgegrenzte Compliance-Themen im Zentrum der Betrachtung. Diese Wellenbewegung lässt sich anschaulich nachvollziehen, wenn man die Jahresregister der Corporate Compliance Zeitschrift (CCZ) betrachtet. Eine Fokussierung auf die (jeweils) aktuellen Themen, die teilweise beratergetrieben befeuert werden, führt freilich zu einer Einengung der Perspektive des Compliance Officers; denn hier erfolgt vor allem eine punktuelle und retrospektive Betrachtung. Es ist sicher sinnvoll, aktuelle Themen als Impuls zu begreifen und deren Relevanz für das eigene Unternehmen und für die eigenen Compliance-Aktivitäten zu bewerten. Aus Sicht des Compliance Officers wichtig ist allerdings eine **ganzheitliche** und **prospektive** Betrachtung (nur) der individuell **wesentlichen** und **kritischen** Bereiche sowie Prozesse im **jeweiligen** Unternehmen so-

---

[42] AA wohl *U.H. Schneider*, BB 48/2013, Die Erste Seite.
[43] *Bürkle*, CCZ 2010, 4 (8); *Rönnau/Schneider*, ZIP 2010, 53 (60).

wie in der **aktuellen** Situation im Unternehmen und seinem Umfeld. Der Compliance Officer sollte sich außerdem nicht von der Vorgabe „Compliance mit Augenmaß" abbringen lassen, mit der das Standing der Compliance wesentlich unterstützt wird.

32 Als Leitlinie aller Compliance-Aktivitäten sollte daher ungeachtet aller „modischen" Entwicklungen im Bereich der Compliance stets und ohne Einschränkung gelten:

> Effektivität und Effizienz statt Bürokratie und Formalismus

33 Förderlich ist vor diesem Hintergrund die Konzentration auf eine **Kern-Compliance**, also auf die organisatorische Umsetzung und die damit verbundenen Aufgaben.

34 Der Compliance Officer sollte zudem nicht jedes Problem als eigenes Compliance-Thema akzeptieren. Er sollte einer uferlosen Ausweitung der Compliance infolge von berater- oder forschungsgetriebenen Konzepten kritisch gegenüberstehen, die nicht pauschal übernommen werden können. Im Zweifel sollte sich der Compliance Officer auf die Wurzeln der Compliance-Bewegung zurückbesinnen, bevor er in dem nicht mehr zu bewältigenden **Compliance-Tsunami** aus Compliance-Literatur, Compliance-Standardsystemen und Compliance-Prüfungsstandards endgültig die Orientierung verliert und sich bei seinen Aktivitäten verzettelt.

35 Überzogene und pauschale Compliance-Aktivitäten („**Overcompliance**")[44] lösen nicht nur erheblichen finanziellen und unnötigen Aufwand zulasten der Anteilseigner aus, sie gefährden vor allem die unabdingbare interne Akzeptanz des Compliance-Gedankens. Unangemessene Ansätze führen hier zu (aktiven oder passiven) Widerständen, die der **Compliance-Kultur** sehr abträglich sind. Zutreffend ist daher die Warnung von *Moosmayer*:[45]

> „Der größte Feind der Compliance ist der Vorwurf der Bürokratie, der die Akzeptanz im Unternehmen erstickt."

36 Compliance muss daher mit Augenmaß im Hinblick auf wirklich erforderliche, geeignete und individuell passende Maßnahmen praktiziert werden, um intern die Compliance dauerhaft in den Köpfen der handelnden Personen positiv zu verankern. Daher genügt es im Hinblick auf die einem permanten gesellschaftlichen Wandel unterworfenen ethischen Prinzipien auch nicht, hier nur hehre Leitsätze zu proklamieren. Vielmehr müssen die **Grundwerte**, zu denen sich das Unternehmen bekannt hat, in den Unternehmensalltag einfließen. Erforderlich ist daher keine plakativ beschreibende, sondern eine **operative Ethik**, dh die ethischen Maßstäbe, die im Unternehmen von Mitarbeitern und Geschäftsleitern eingehalten werden sollen, müssen in operationelle Vorgaben „übersetzt" und deren Einhaltung von Compliance überwacht werden.

---

[44] So prägnant *Fleischer*, ZIP 2014, 1305 (1311).
[45] *Moosmayer*, NJW 2012, 3013 (3015).

D. Unternehmensindividuelle Tätigkeit

Die objektiven und subjektiven Tätigkeitsvoraussetzungen des Compliance Officers (→ § 2 Rn. 4 ff.), wie Qualifikation, (personelle und sachliche) Ausstattung, Einbindung in internes Reporting, Informationszugang oder interessenkonfliktfreie und adäquate Vergütung, werden mittlerweile durch definierte Ausbildungsinhalte und propagierte Berufsbilder beeinflusst. Es darf hierbei aber nicht aus dem Blick geraten, dass die alles entscheidende Grundlage für die Tätigkeit des Compliance Officers nicht ein generelles Tätigkeitsprofil sondern eine unternehmensindividuelle **Non-Compliance-Risikoanalyse** darstellt.[46] Die Anforderungen an den Compliance Officer, die Schwerpunkte seiner Tätigkeit und die sachgerechte Compliance Organisation werden ausschließlich durch das individuelle und aktuelle Compliance-Risikoprofil des Unternehmens geprägt. 37

Es lassen sich zwar Grundelemente der Anforderungen an den Compliance Officer beschreiben;[47] seine konkrete Tätigkeit wird aber nicht durch vorgegebene Berufsbilder, allgemeine Ausbildungsinhalte oder durch standardisierte Vorgehensweisen festgelegt. Ein gesetzliches Berufsbild, wie es für andere Ausbildungsberufe existiert, wird für Compliance Officer außerhalb des Finanzsektors[48] nicht vorgegeben.[49] Das hängt auch damit zusammen, dass es „den" Compliance Officer als solchen nicht gibt.[50] Die Tätigkeit des Compliance Officers und die daraus resultierenden Anforderungen an ihn, sind genauso **individuell und dynamisch**, wie die Compliance-Organisation des Unternehmens sein muss, für das er arbeitet.[51] 38

Es besteht Einigkeit, dass Compliance losgelöst von scheinbaren **Patentrezepten** unternehmensspezifisch und situationsadäquat praktiziert werden muss. Das gilt nicht nur für die Unternehmensorganisation, sondern spiegelbildlich zugleich für die Tätigkeit des Compliance Officers. Generelle und pauschalierende Berufsbilder werden somit der erforderlichen individuellen und situativen Betrachtung genauso wenig gerecht, wie Ableitungen aus detaillierten, aber extern rechtlich unverbindlichen Mindestanforderungen von Aufsichtsbehörden im Finanzsektor.[52] 39

Damit hier kein einseitiges Bild für Gerichte und (Ermittlungs-) Behörden existiert, hat das Netzwerk Compliance unter Einbindung seiner Mitglieder und unter Einbeziehung von BUJ, DICO sowie BCM ein branchenübergreifendes, offenes und flexibles **Tätigkeitsprofil** des Compliance Officers auf der Basis von Leitlinien entwickelt.[53] Damit soll einer zu starken Orientierung am (Banken-) Aufsichtsrechts in nicht regulierten Sektoren vorgebeugt und gerade für kleinere Unternehmen die erforderliche Flexibilität gewährleistet werden. 40

---

[46] *Moosmayer*, AnwBl 2010, 634 (635); praktische Hinweise zur Durchführung einer Risikoanalyse etwa bei *Staub*, CCZ 2009, 121.
[47] Vgl. dazu *Bürkle*, in: Hauschka, Corporate Compliance, § 8 Rn. 23 ff.
[48] Zum Compliance Officer im Finanzsektor → § 13 Rn. 1 ff.
[49] *Fecker/Kinzl*, CCZ 2010, 13 (15); *Spindler*, RW 2013, 292 (314).
[50] *Bürkle*, CCZ 2010, 4 (5).
[51] Interessante empirische Erkenntnisse liefert die BCM-Berufsfeldstudie Compliance Manager 2013.
[52] Kritisch zum Berufsbild des BDCO daher *Hauschka*, CCZ 2014, 165 (168 ff.) und *Sünner*, CCZ 2014, 91.
[53] Abgedruckt im Anhang des Buches; mit einer Einführung von *Hauschka/Galster/Marschlich*, CCZ 2014, 242.

E. Ausblick

41 Genauso wie Compliance keinen Zustand darstellt, sondern als permanenter Prozess zu begreifen ist, wird sich der Compliance Officer weiterentwickeln (müssen). Diese Weiterentwicklung wird durch einige Trends im aktuellen Rechtsumfeld beeinflusst, die auf den Compliance Officer ausstrahlen.

I. Gesetzgebung

42 Auswirken wird sich der Gesetzentwurf des Landes Nordrhein-Westfalen zum **Verbandsstrafrecht**,[54] der aller Voraussicht nach in eine gesetzliche Regelung einmünden wird. Denn dieser Entwurf würde faktisch zur Einführung einer formellen Compliance-Organisation zwingen[55] und dabei zugleich die Stellung des Compliance Officers aufwerten. Immerhin sieht der Entwurf bei Rechtsverstößen die Zwangsauflösung des Verbandes („Todesstrafe") als mögliche Sanktion vor. In diesem Kontext der Sanktionierung von Rechtsverstößen in Unternehmen hat die Bundesregierung Compliance-Systeme positiv eingeschätzt und weitere Überlegungen im Rahmen der Gesetzgebung angekündigt.[56]

II. Aufsichtsrat

43 Ein weiterer wesentlicher Compliance-Trend betrifft zudem die Compliance-Verantwortung des **Aufsichtsrats**. Diese wird exemplarisch im Hinblick auf die Aufgabenverteilung von Vorstand und Aufsichtsrat im Rahmen interner Ermittlungen thematisiert.[57] Die grundlegende Problematik reicht jedoch weiter und betrifft einerseits die Überwachung der Geschäftsleitung im Hinblick auf deren Compliance sowie andererseits die Compliance bezogen auf das eigene Verhalten des Aufsichtsrats.[58] Zudem wird sich die zivilrechtliche Judikatur auswirken, die durch den Siemens/Neubürger-Prozess angestoßen wurde; denn die gesellschaftsrechtlichen Anforderungen an den Vorstand beeinflussen spiegelbildlich die Verantwortung des diesen kontrollierenden und beratenden Aufsichtsrats.

44 Strafrechtlich wird diese Problematik der Compliance-Verantwortung des Aufsichtsrats durch die Rechtsprechung befeuert, die von einer **Garantenstellung** des Aufsichtsrats bezüglich der Verhinderung von Straftaten ausgeht.[59] Im Bankenaufsichtsrecht werden nun Direktkontakte zwischen dem Aufsichtsrat und dem Leiter der Internen

---

[54] Dazu *Haubner*, DB 2014, 1358; *Hein*, CCZ 2014, 75; *Kubiciel*, ZRP 2014, 133; *Löffelmann*, JR 2014, 185; *Witte/Wagner*, BB 2014, 643; instruktiv aus rechtsvergleichender Sicht *Rönnau/Wegner*, ZRP 2014, 158.
[55] *Haubner*, DB 2014, 1358 (1364); *Schünemann*, ZIS 2014, 1 (17 f.).
[56] Antwort der Bundesregierung vom 22.7.2014, BT-Drs. 18/2187.
[57] *Arnold*, ZGR 2014, 76; *Dreher*, FS Goette, 2011, S. 43; *Reichert/Ott*, NZG 2013, 241.
[58] Dazu *Habersack*, AG 2014, 1; *Kort*, FS Hopt, 2010, S. 983; *Lutter*, FS Hüffer, 2010, S. 618; *Vetter*, FS Winter, 2011, 701; *Winter*, FS Hüffer, 2010, S. 1103; speziell zur Compliance-Verantwortung des Aufsichtsrats im Versicherungssektor *Bürkle*, FS E. Lorenz, 2014, S. 101.
[59] OLG Braunschweig DB 2012, 2247 (2249 f.) (rkr.); dazu *Hopt*, ZIP 2013, 1793 (1798); *Mutter/Kruchen*, CCZ 2012, 123 (124).

E. Ausblick

Revision gesetzlich ausdrücklich ermöglicht (§ 25d KWG); diese Entwicklung könnte zugleich den **Direktkontakt** zwischen Aufsichtsrat und Chief Compliance Officer außerhalb der regulierten Branchen vorantreiben.

III. Offensive Compliance

Eine operative neue Entwicklung betrifft eine **offensivere** Ausrichtung der Compliance. Danach geht es nicht mehr nur darum, präventiv rechtliche Nachteile für das Unternehmen abzuwenden, sondern zugleich rechtliche Vorteile wahrzunehmen. Ein Beispiel bildet die Durchsetzung von Schadensersatzansprüchen für Unternehmen, die Opfer eines Kartells geworden sind. Da die Compliance-Funktion die entsprechenden präventiven Maßnahmen kennen und deren Installation vorschlagen muss, ist sie für den spiegelbildlichen Regress prädestiniert. Dieser Teil des Tätigkeitsspektrums bietet für die Compliance und den Compliance Officer eine gute Möglichkeit, den **Mehrwert** der Compliance für das Unternehmen zu verdeutlichen. 45

IV. Schutz des Compliance Officers

Für Compliance Officer sind in eigener Sache außerdem Tendenzen in der aktuellen arbeitsrechtlichen Literatur wichtig, den bereits jetzt eingeschränkten **Kündigungsschutz** leitender Angestellter weiter zu reduzieren.[60] Dieser Trend läuft aus Sicht der Compliance Officer in die falsche Richtung; denn sie benötigen eindeutig eine verbesserte persönliche Absicherung, um nicht beim nächsten Compliance-Vorfall zum Bauernopfer zu werden. 46

Es ist inkonsequent, den Datenschutzbeauftragten (§ 4f Abs. 3 BDSG) oder gar den Vergütungsbeauftragten im Bankensektor (§ 23 Abs. 2 InstitutsVergV), die nur ein punktuelles Compliance-Thema verantworten, mit einem weitreichenden gesetzlichen Kündigungsschutz zu versehen,[61] diesen aber dem Compliance Officer zu verweigern, dessen Verantwortung und Bedeutung für legales Unternehmensverhalten ungleich größer ist. Ein solcher Schutz ist angesichts der besonderen **Risikoexposition** des Compliance Officers nur konsequent und führt nicht zu einer unangemessenen Privilegierung. 47

Als abschließendes Fazit bleibt zu konstatieren, dass die Tätigkeit und das Anforderungsprofil des Compliance Officers so **dynamisch** bleiben wird, wie das rechtliche Umfeld, innerhalb dessen er und das Unternehmen agiert. 48

---

[60] So in jüngster Zeit vertreten von *Bauer/von Medem*, NZA 2013, 1133; *Bayreuther*, NZA 2013, 1239; *Klamert/Mosch*, NJW-Spezial 2014, 242.

[61] Dazu *Dzida/Kröpelin*, BB 2010, 1026; *Gelhaar*, NZA 2010, 373; *Reinhard*, NZA 2013, 1049; *Schwab/Ehrhardt*, NZA 2009, 1118.

§ 2. Anforderungsprofil für Compliance Officer

Dr. Jörg Thierfelder

Übersicht

	Rn.
A. Hintergrund und Entwicklung	1
B. Kernkompetenzen	4
I. Fachliche Expertise und Geschäftsverständnis	5
II. Management-Fähigkeiten	10
1. Organisationsgestaltung und Umsetzungsgeschick	10
2. Veränderungsmanagement	12
3. Führungsstärke	16
III. Persönlichkeit	18
C. Vergütung	23
D. Ausblick	25

Literatur: *Arbeitskreis Externe und Interne Überwachung der Unternehmung der Schmalenbach-Gesellschaft für Betriebswirtschaft e. V. (AKEIÜ)*, Compliance: 10 Thesen für die Unternehmenspraxis, DB 2010, 1509; *Buffo/Brünjes*, Gesucht wird ein Compliance-Officer – Ein 200 000 Euro-Beispiel aus der Praxis, CCZ 2008, 108; *Bundesverband Deutscher Compliance Officer e.V. (BDCO)*, Positionspapier vom 25.8.2013: Berufsbild des Compliance Officers – Mindestanforderungen zu Inhalt, Entwicklung und Ausbildung, CCZ 2014, 92; *Gößwein/Hohmann*, Modelle der Compliance-Organisation in Unternehmen – Wider den Chief Compliance Officer als „Überoberverantwortungsnehmer", BB 2011, 963; *Grüninger/Schöttl/Quintus*, Compliance im Mittelstand – Studie des Center for Business Compliance & Integrity (CBCI), 2014; *Hauschka*, Zum Berufsbild des Compliance Officers, CCZ 2014, 165; *ders./Galster/Marschlich*, Leitlinien für die Tätigkeit in der Compliance-Funktion im Unternehmen (für Compliance Officer außerhalb regulierter Sektoren), CCZ 2014, 242; *Herzog/Stephan*, in: Berufsverband der Compliance Manager (Hrsg.), Berufsfeldstudie Compliance Manager 2013; *Holloch/Zhao*, Compliance in China: Eine neue Ära?, DB 2014, 1123; *Lösler*, Zu Rolle und Stellung des Compliance-Beauftragten, WM 2008, 1098; *Moosmayer*, Mut zur Compliance, CCZ 2015, 50; *Renz*, Chief-Compliance-Officer – Das Berufsbild im Jahr 2020 – Ein Zwischenstandsbericht, ZRFC 2014, 38; *ders./Schulz*, Der erfolgreiche Compliance-Beauftragte – Leitlinien eines branchenübergreifenden Berufsbildes, CB 2013, 28; *Schettgen-Sarcher/Bachmann/Schettgen* (Hrsg.), Compliance Officer, 2014; *Sünner*, Das Berufsbild des Compliance Officers, CCZ 2014, 91.

A. Hintergrund und Entwicklung

Das Berufsbild des Compliance Officers ist vergleichsweise jung. Karrierewege in die Position sind vielfältig. Festgelegte Ausbildungs- oder Qualifizierungsmöglichkeiten gibt es nicht. Vielmehr beeinflussen vor allem das Geschäftsumfeld und die konkrete Unternehmenssituation die Ausgestaltung der Position im Einzelnen sowie die vom Stelleninhaber erwarteten Qualifikationen. Entscheidend ist dabei, ob die Aufgaben des Compliance Officers durch gesetzliche Regulierung vorbestimmt sind oder wie sie im

1

§ 2. Anforderungsprofil für Compliance Officer

Rahmen der sich immer weiter herausbildenden allgemeinen, branchenunabhängigen Compliance-Erwartungen unternehmensspezifisch[1] festgelegt werden. In beide Richtungen entwickeln sich die Compliance-Vorgaben kontinuierlich weiter. Dadurch hat sich auch das Anforderungsprofil für Compliance Officer geschärft. Inzwischen haben sich einige mit der Rolle verbundene Kompetenzen deutlich herausgebildet, die ein industrieübergreifendes Berufsbild prägen.[2]

2 So führt die Entwicklungslinie vom reaktiven Aufklärer und Aufpasser über den Verfolger von Fehlverhalten hin zum aktiven Mitgestalter von Compliance-konformen Geschäftsprozessen und im Idealbild zum gesuchten Ratgeber für die kommerziellen Entscheidungsträger. Dazu fordern einerseits die massiven Regulierungswellen der vergangenen Jahre[3] den praxisorientierten Übersetzer von Paragrafen und andererseits die stark gestiegene Aufmerksamkeit und Aktivität von Aufsichtsbehörden und nicht zuletzt der Öffentlichkeit den echten Business Partner im Unternehmen, der gleichermaßen kontrolliert und berät. Ziel ist es zu verdeutlichen, dass Compliance ein positiver Wettbewerbsfaktor ist, Identifikation und Glaubwürdigkeit schafft und langfristigen Geschäftserfolg sichert. Um diesen Anspruch von der regelbasierten zur wertebasierten Compliance zu verwirklichen, werden an das Anforderungsprofil des Compliance Officers heute hohe fachliche und persönliche Erwartungen gestellt. Er ist die zentrale Schaltstelle, aber nicht allein, sondern in hohem Maße mitverantwortlich für das Erreichen von Compliance.[4]

3 Die nachfolgende Kompetenzbeschreibung orientiert sich an einem Idealprofil für Compliance Officer. Für die bestmögliche Besetzung der Position kommt es darauf an, anhand der jeweiligen Unternehmenssituation zu bestimmen, welche Kompetenzen im Einzelnen von herausgehobener Bedeutung sind.[5]

B. Kernkompetenzen

4 Vor dem Hintergrund gesetzlich und regulatorisch verbindlicher Maßgaben, markt- und industriebezogener Standards sowie der spezifischen Unternehmenssituation ergeben sich drei wesentliche Felder, in denen der Compliance Officer überzeugen muss: inhaltliches Know-how, Management-Fähigkeiten und Persönlichkeit. Als maßgeblicher Ansprechpartner und Berater der Geschäftsverantwortlichen für Compliance-Fragestel-

---

[1] Auch als „Business Conduct Compliance" oder „General Commercial Compliance" bezeichnet.

[2] Die insbes. von den Aufsichtsbehörden im Finanzsektor formulierten Anforderungen, wie zB der BaFin (MaComp, MaRisk) oder auf EU-Ebene (Solvency II), gehen iW auf rein sachliche Kenntnisse und Erfahrung ein, ohne freilich ein konkretes Kompetenzprofil zu beschreiben. – Vgl. hierzu auch die Zusammenstellung bei *Hauschka*, CCZ 2014, 165 (166 f.).

[3] Als Reaktion ua auf die Fälle von Bilanzmanipulation beim Energiekonzern Enron (2001), dem Zusammenbruch der Investmentbank Lehman Brothers (2008) und der anschließenden Finanzkrise sowie Marktmanipulationen ua bei der Festlegung des Interbanken-Zinssatzes Libor (2012).

[4] Vgl. dazu die gerichtliche Perspektive bzgl. der Verantwortung von Compliance Officer und Vorstand nach den bisher maßgeblichen Urteilen BGH NJW 2009, 3173 (Garantenstellung des Compliance Officers) und LG München I ZIP 2014, 570 (Schadensersatzpflicht eines Vorstandsmitglieds).

[5] Vgl. *Buffo/Brünjes*, CCZ 2008, 108 (109).

I. Fachliche Expertise und Geschäftsverständnis

In seiner besonderen Stabsfunktion muss der Compliance Officer in drei Kernbereichen über spezielles Wissen verfügen: Er muss die inhaltlichen Anforderungen für das auszugestaltende Compliance-System kennen, ein stark ausgeprägtes operatives Geschäftsverständnis besitzen und übergeordnet Risiken für das Unternehmen einschätzen können.

Auf der inhaltlichen Seite konzentriert sich die Fachexpertise zunächst auf die **Kenntnis von Vorschriften und deren Anwendung** nach nationalem Recht und Gesetz sowie ggf. auf relevanter lokaler und internationaler Ebene. Internationale Vorschriften haben nicht zuletzt aufgrund des beeindruckenden „Rechtsexports" vor allem aus den angelsächsischen Ländern stark an Bedeutung gewonnen.[7] Daneben ist in den regulierten Branchen ein tiefgehendes Verständnis der jeweils anwendbaren industriespezifischen Regelungen essentiell.[8] Denn diese haben einen direkten Einfluss auf die Möglichkeiten und Grenzen des Geschäftsbetriebs. Ihre Einhaltung wird regelmäßig durch spezielle Aufsichtsbehörden überwacht. Darüber hinaus können durch angemessen gesicherte Compliance gezielt Wettbewerbsvorteile genutzt werden. Außerdem ist der Compliance Officer natürlich neben den per se verbindlichen rechtlichen Bestimmungen der maßgebliche inhaltliche Gestalter und Vermittler für die unternehmenseigenen Compliance-Vorgaben.

Auf die Frage, ob der Compliance Officer ein **Jurist** sein sollte, gibt es keine eindeutige Antwort. Allerdings ist für ein fundiertes Verständnis gerade von branchenbezogenen Regulierungsbestimmungen und deren Konsequenzen für Unternehmensabläufe und Geschäftsentscheidungen sowie wegen deren behördlicher Überwachung juristische Einschätzungsfähigkeit von hoher Bedeutung. Weil in gleichem Maße die Komplexität der regulierten Sachverhalte zunimmt, ist es wichtig, dass der Compliance Officer Tatsachen und Recht entsprechend in Bezug setzen kann.[9] Hier ist der Jurist im Vorteil. Gleiches gilt für die Aufstellung des unternehmensinternen Regelwerks. So ist es nicht

---

[6] Hierfür wird vielfach der Leitspruch „prevent, detect, respond" für das Aufgabenfeld des Compliance Officers genutzt.

[7] ZB U.S. Foreign Corrupt Practices Act (FCPA), UK Bribery Act. Insbesondere Verstöße gegen den FCPA werden von den zuständigen U.S.-Behörden (DOJ, SEC) bekanntermaßen streng verfolgt.

[8] Den Überblick in der zunehmenden Regulierungsdichte zu behalten wird eine immer größere Herausforderung, vgl. die vielfältigen nationalen und internationalen Vorgaben im Finanzdienstleistungssektor (zB MaComp, MaRisk, Basel III/CRD IV, Solvency II), in der Chemieindustrie (zB REACH) oder Festlegungen auf Verbandsebene, wie in der Arzneimittelindustrie (zB EFPIA). – Natürlich kann vom Einzelnen insofern nur ein realistischer Umfang an Kenntnissen erwartet werden; vgl. dazu *Hauschka*, CCZ 2014, 165 (169) mit Verweis auf *Sünner*, CCZ 2014, 91. Der Compliance Officer muss jedoch den generellen Überblick haben und um die besonders kritischen Regulierungsfelder wissen.

[9] Juristisches Expertenwissen kann erfolgskritisch sein, wenn Rechtsgebiete für die Geschäftsgrundlage zentral sind, zB Datenschutz, Exportkontrolle, Verbraucherschutz, Anlegerschutz.

verwunderlich, dass die Mehrzahl der heutigen Compliance Officer über eine juristische Ausbildung verfügt.[10]

8   Aber natürlich können sich auch Nicht-Juristen starke inhaltliche Compliance-Kenntnisse aneignen. Und wenn sie operative Geschäftserfahrung mitbringen, besitzen sie oft umso mehr die nötige Expertise im zweiten wesentlichen fachlichen Kernbereich: **tiefgehendes wirtschaftliches Verständnis**.[11] Gerade in diesem Feld haben Defizite in der Vergangenheit oft dazu geführt, dass Compliance Officer den an sie gestellten Erwartungen letztlich nicht gerecht wurden bzw. nicht die nötige Akzeptanz im Unternehmen erreichen konnten. Um den kritischen operativen Blick einnehmen zu können, spielt für Compliance-Verantwortliche spezifische Branchenkenntnis, insbesondere in den regulierten Industrien, eine entscheidende Rolle. Daneben muss der Compliance Officer die für sein Unternehmen maßgeblichen betriebswirtschaftlichen Erfolgsparameter bezüglich Produkten, Dienstleistungen, Markt- und Wettbewerbsumfeld kennen.[12] Und nicht zuletzt ist die Einrichtung einer verlässlichen Compliance-Struktur davon abhängig, dass sich der Compliance Officer sicher entlang der im Unternehmen gelebten Entscheidungswege, Prozessabläufe und Schnittstellen bewegt, also auch mit Fragestellungen der Corporate Governance vertraut ist. Er muss in der Lage sein, sich schnell in neuen Konstellationen zurechtzufinden.

9   Der dritte Bereich fachlicher Expertise betrifft die übergeordnete **Risikoeinschätzung**. Dies erfordert vom Compliance Officer zusätzlich ausgeprägte analytische Stärke und Perspektive. Denn die Beurteilung und der Umgang mit Risiken haben auch für den Compliance Officer deutlich an Bedeutung gewonnen. Er sollte nicht erst zu Rate gezogen werden, wenn konkrete Fehlentwicklungen oder gar Vorfälle auftreten, sondern frühzeitig eingebunden bzw. von sich aus tätig werden, wenn sich Risiken aus dem Markt- und Industrieumfeld, im operativen Geschäft und bei strategischen Entscheidungen oder aufgrund gesetzgeberischer Entwicklungen abzeichnen. Auf diese Weise kann der Compliance Officer auf vielen der relevanten Ebenen, wie Finanzen, Wettbewerb, Stakeholder, Reputation, Politik, aktiv zum Risikomanagement im Unternehmen beitragen. Dafür sind ein fachlich breiter Blick sowie Austausch und Zusammenarbeit mit anderen wesentlichen Stabsfunktionen wie Recht, Finanzen, Interne Revision, Risikomanagement und Personal erforderlich.[13]

---

[10] *Herzog/Stephan*, S. 56 f. – Nähere Überlegungen dazu *Thierfelder/v. Rosty-Forgách*, Gesetzeshüter mit Managerqualitäten, FAZ vom 14.1.2008, S. 18. – Richter oder Staatsanwälte eignen sich nur in Ausnahmefällen als Compliance Officer (vgl. *Bürkle*, in: Hauschka, Corporate Compliance, § 8 Rn. 38; *Thierfelder*, FTD vom 28.12.2009, S. 2), sofern sie mindestens über Unternehmenserfahrung oder in der Praxis nachgewiesene Wirtschafts- und Organisationskompetenz verfügen. Ein entscheidendes Kriterium für diese Einschätzung ist auch, dass sie von Berufs wegen iW in die Vergangenheit sehen, um Fehlverhalten zu bewerten. Compliance im Geschäft zu etablieren, erfordert aber vor allem den präventiv-gestaltenden, antizipierenden Blick nach vorn. Dazu sogleich → Rn. 13 f.
[11] Siehe ua *Moosmayer*, Compliance Praxisleitfaden, S. 40; *AKEIÜ*, DB 2010, 1509 (1516 f.).
[12] Vgl. *Herzog/Stephan*, S. 36 f.; *Renz*, ZRFC 2014, 38 (40).
[13] *Renz/Schulz*, CB 2013, 28 (32); *Renz*, ZRFC 2014, 38 (40 f.); *Bürkle*, in: Hauschka, Corporate Compliance, § 8 Rn. 50. – Aus dem Kreis der jeweiligen Bereichsleiter wird häufig ein sog „Compliance Committee" gebildet. Aus ähnlichen Erwägungen werden manchmal die Bereiche Governance, Risk & Compliance in einer Funktion zusammengefasst mit ggf. Auswirkungen auf das Anforderungsprofil des Compliance Officers.

B. Kernkompetenzen

II. Management-Fähigkeiten

1. Organisationsgestaltung und Umsetzungsgeschick

Um Compliance-konforme Verhaltensanforderungen verständlich und kontrollierbar zu machen sowie regelwidrige Handlungen zu vermeiden, zu erschweren oder schnellstmöglich aufdecken und notfalls verfolgen zu können, kommt es zunächst darauf an, inhaltlich und technisch die erforderlichen **Vorgaben und Abläufe** zu definieren und einzurichten. Hierzu muss der Compliance Officer auf der Basis seiner fachlichen Expertise die richtige Balance aus Einsicht ins Detail und Blick für das Wesentliche zeigen, um die kritischen Risikokonstellationen gezielt erkennen und praxisgerecht adressieren zu können. Tiefgehendes Hineindenken in die operativen Geschäftsprozesse ist hierfür wiederum entscheidend. Das Aufsetzen von Strukturen und Prozessen, Schulungen sowie aussagekräftige Kontrolle und Berichterstattung erfordern sodann hohe konzeptionelle Fähigkeiten gepaart mit Planungs- und Organisationsgeschick. Der Einsatz von Informationstechnologie spielt hierbei heute auch eine große Rolle.[14] Compliance Officer sollten insofern idealerweise vielfältige Erfahrungen im Projektmanagement vorweisen.

10

Die größte Herausforderung für Compliance Officer besteht letztlich jedoch nicht nur darin, ein praxisgerechtes Compliance-Programm zu entwickeln, sondern in dessen konkreter **Umsetzung**. Hierfür sind bereits bei dessen Aufstellung Kreativität und Pragmatismus ebenso erforderlich wie das Hinterfragen von bestehenden Vorgaben und Instrumenten sowie im weiteren Verlauf das Anstoßen von erforderlichen Anpassungen und Weiterentwicklungen. Die Umsetzung erfordert vom Compliance Officer klare Ziel- und Ergebnisorientierung mit realistischem Blick für das Machbare, ungeachtet des rechtlich Verpflichtenden. Ein entscheidendes Instrument dafür ist Kommunikation. Der Compliance Officer muss im steten Austausch mit den Geschäfts- und Stabsverantwortlichen stehen, seine Zielrichtung zu Gehör bringen, erklären und konsequent nachhalten. Letztendlich kommt es für die Herstellung und Verinnerlichung von Compliance darauf an, die notwendigen Anforderungen beherzt, verständlich und zugleich mit Augenmaß zu vertreten, Perfektionismus zu vermeiden, mit der Realität steter Veränderung umzugehen und auf neue Fragestellungen frühzeitig einzugehen.

11

2. Veränderungsmanagement

An gut aufgesetzten Compliance-Management-Systemen und akzeptierten Marktstandards fehlt es heute nicht mehr. Doch viele Unternehmen haben bisher kein eigenes Regelwerk eingerichtet. Aber auch dort, wo der Verhaltenskodex ausgefeilt auf dem Papier existiert und technisch eingeführt wurde, sind die niedergelegten Grundsätze und Leitlinien oft nicht im tatsächlichen Verhalten angekommen und werden erst recht nicht aktiv vorgelebt. Einige Unternehmen haben die Konsequenzen daraus bitter zu spüren bekommen.

12

In vielen Organisationen erfordert die Institutionalisierung von Compliance deshalb neben strategischen und operativen Geschäftserwägungen einen echten **Kulturwandel**. Denn es muss klar werden, dass Compliance-Konformität die Verantwortung jedes Mitarbeiters ist und nur dann funktionieren kann, wenn der Einzelne sie entsprechend

13

---

[14] *Herzog/Stephan*, S. 38.

wahrnimmt und für sie einsteht.[15] Stets ist es daher das langfristige Ziel und der einzig überzeugende Weg, eine auf Prävention ausgerichtete Compliance-Kultur zu entwickeln und fest in den Köpfen und dem Verhalten der Mitarbeiter zu verankern. Bei den Anstrengungen dafür soll der Compliance Officer eine entscheidende Rolle einnehmen. Seine Aufgabe liegt darin, mit Unterstützung der obersten Führungsverantwortlichen widrige Geschäftsprozesse und Verhaltensweisen aufzubrechen und zugleich Compliance als nachhaltigen Erfolgsfaktor für das Unternehmen zu etablieren.

14 Der Compliance Officer tritt insofern als **Initiator und Gestalter** der dafür erforderlichen Veränderungsprozesse auf und wird deshalb gerne als „Change Agent" oder entsprechender „Botschafter" im Unternehmen bezeichnet. Er vertritt die dahinter stehenden Werte mit zugleich unternehmerischem Blick. Das nötige Momentum für Veränderungen kann auf unterschiedliche Weise eintreten: Insbesondere konkrete Compliance-Vorfälle, entsprechende Schlagzeilen und der damit einhergehende Reputationsschaden sowie vor allem Strafmaßnahmen lösen meist den stärksten Veränderungsimpuls aus. Und umgekehrt zeigt sich umso mehr dort, wo bisher keine Compliance-Probleme öffentlich geworden sind, wieviel Argumentationskraft und Ausdauer gefordert sind, um Veränderungen anzustoßen und präventive Maßnahmen einzurichten.

15 Die nötige **Überzeugungskraft** erreicht der Compliance Officer durch exzellente Markt- und Sachkenntnis, Pragmatismus und zuverlässiges Urteilsvermögen. Zentral für seine Aufgabe ist es, dass es ihm gelingt, den Verhaltenskodex mit Leben zu füllen und die Organisation in die Lage zu versetzen, Selbstverständnis für Compliance zu entwickeln, Verantwortung dafür zu übernehmen und sich aktiv dafür einzusetzen.[16] Um dergestalt ein unternehmenseigenes Werteverständnis anzustoßen und erfolgreich in der Organisationskultur zu hinterlegen, benötigt der Compliance Officer das volle Vertrauen und den Rückhalt des obersten Managements („Tone from the Top") sowie hohe Akzeptanz in den einzelnen Geschäftsfeldern. Nur wenn jeder Mitarbeiter von der Notwendigkeit Compliance-konformen Verhaltens überzeugt ist und erkennt, dass jeder Einzelne und das Unternehmen insgesamt dadurch erfolgreicher werden, setzt eine echte Veränderung ein. Dieser Schritt der Kulturverankerung durch Verhaltensänderung ist letztlich der entscheidende für die nachhaltige Umsetzung von Compliance.

3. Führungsstärke

16 Die klassischen Führungsfähigkeiten wie Zielvorgabe, Aufgabenzuordnung, Motivation, Delegation, Kontrolle, Identifikation, Feedback, werden vom Compliance Officer naturgemäß erwartet, wenn er ein Team von Experten führt. Daneben jedoch muss er Führungsstärke unabhängig von konkret disziplinarischer Verantwortung zeigen. Denn oft kann er nicht einmal in seiner Abteilung auf direkte Berichtslinien zurückgreifen, um auf die Compliance-Beauftragten über Geschäfts- und Ländergrenzen hinweg Einfluss zu nehmen. So kommt es vor allem darauf an, den operativ Geschäftsverantwortlichen als **Meinungsführer** gegenüber zu treten und sie davon zu überzeugen, dass ihnen eine aktive Rolle bei der Umsetzung von Compliance zukommt.[17] Dazu muss der Compli-

---

[15] *Gößwein/Hohmann*, BB 2011, 963 (966); *Hauschka/Galster/Marschlich*, CCZ 2014, 242 (245).
[16] So verdeutlichend auch *Kleinfeld/Müller-Störr*, in: Wieland/Steinmeyer/Grüninger, S. 752 Rn. 17 und *AKEIÜ*, DB 2010, 1509 (1513).
[17] *AKEIÜ*, DB 2010, 1509 (1512); *Kleinfeld/Müller-Störr*, in: Wieland/Steinmeyer/Grüninger, S. 755 Rn. 32.

B. Kernkompetenzen

ance Officer Auftreten und Motivationskraft zeigen, um sich als echter Business Partner und gesuchter Ratgeber zu positionieren. Einschätzungs- und Entscheidungsfähigkeit sowie die Stärke, klar eine Richtung vorzugeben, sind dafür wichtige Eigenschaften.[18] Vom Compliance Officer ist zu erwarten, dass er überlegt, dosiert, aber gezielt Einfluss nimmt, um Themen inhaltlich und organisatorisch voranzutreiben, und Konflikte nicht scheut, sondern konstruktiv zur Vermittlung und Lösung beiträgt.[19]

Davon ausgehend sind Führungsqualitäten in besonderem Maße und gegebenenfalls ad hoc gefordert, wenn signifikante Compliance-Verstöße aufgedeckt werden. Dann bedarf es eines schlagkräftigen Krisenmanagers mit herausgehobenen Fähigkeiten unter anderem in **Prozessmanagement** und Kommunikation.[20] Aber auch im Alltäglichen sind Compliance Officer zunehmend befasst mit Sachverhaltsermittlungen, Strafverfolgungssituationen, Haftungsfragen und der Verhängung von Sanktionen. Hierfür werden ausgeprägte Projektsteuerungsfähigkeiten gebraucht, ua für die Führung virtueller Teams, ebenso wie Konsequenz in der Durchführung.[21] Gerade dazu muss der Compliance Officer auch unabhängig von personeller Führungsverantwortung inhaltlich überzeugende Führungspräsenz vermitteln.

III. Persönlichkeit

Die Wirkung der vorgenannten Kompetenzen hängt wesentlich von der Persönlichkeit des Compliance Officers ab. Auftreten, Wertegerüst, soziale Kompetenz und Kommunikation sind hierbei entscheidende Faktoren.[22]

Vor dem Hintergrund vielfältigen Schnittstellenmanagements und der Vertretung von Compliance nach innen und außen sind starke **kommunikative Fähigkeiten** für ein erfolgreiches Wirken des Compliance Officers fundamental. Eloquenz und Klarheit in Wort und Schrift sind entscheidend, um auf Risiken hinzuweisen, Lerninhalte zu vermitteln, die Einschätzungsfähigkeit des Einzelnen zu schärfen, Fehlverhalten klarzustellen, Lösungen zu finden und ggf. Konsequenzen zu ziehen. Neben damit verbundenen exzellenten Zuhöreigenschaften erfordert die Einschätzung von Compliance-Sachverhalten und Risiken häufig und in vielfältiger Weise, sich in unterschiedliche Situationen hineinzuversetzen und Perspektivwechsel vorzunehmen.

Hier spielt **Empathie** eine zentrale Rolle, um Compliance-relevante Belange zu erkennen und etwaige Dilemma Situationen aufzulösen. Der Compliance Officer muss dabei Abgewogenheit und Urteilsvermögen zeigen, bei Regelverstößen aber klar Stellung be-

---

[18] *Schwartz/Seitz*, in: Schettgen-Sarcher/Bachmann/Schettgen, S. 290, bemerken sehr anspruchsvoll, dass „die Stärkung des ethischen Grundgerüstes der Mitarbeiter zu einer der vornehmsten Aufgaben eines Compliance Officers gehören sollte", und beschreiben auf S. 290 ff. weitergehend Compliance als Führungsaufgabe.

[19] Vgl. in der Zusammenfassung relevanter subjektiver Tätigkeitsvoraussetzungen auch *Bürkle*, in: Hauschka, Corporate Compliance, § 8 Rn. 39.

[20] Der richtige Umgang mit Aufsichtsbehörden, gegebenenfalls der Strafverfolgung und insbes. den Medien kann entscheidend sein, um weitergehenden Schaden vom Unternehmen fern zu halten und Reputation wiederherzustellen. In Krisenfällen ist das regelmäßig der Grund für eine Besetzung mit einem erfahrenen externen Experten. Denn dies ermöglicht, Vorfälle mit unvoreingenommenem Blick zu betrachten und ohne Vorbelastung anzugehen, und setzt zudem ein klares Zeichen in der Öffentlichkeit.

[21] *Sünner*, CCZ 2014, 91 f.

[22] Die herausgehobene Bedeutung von Charakter und sozialer Kompetenz verdeutlichend *Grüninger/Schöttl/Quintus*, S. 51.

§ 2. Anforderungsprofil für Compliance Officer

ziehen, entscheiden und diesen mit Mut und Entschlossenheit entgegentreten.[23] Er sollte deshalb gleichermaßen über Fingerspitzengefühl und Rückgrat verfügen. Entsprechendes Stehvermögen und diplomatisches Geschick werden besonders in den obersten Entscheidungs- und Überwachungsgremien eines Unternehmens herausgefordert. Dies setzt eine gefestigte, reflektierte Persönlichkeit voraus, die auf Augenhöhe agieren kann, Druck standhält bzw. gegen Widerstände vorgeht, Ruhe bewahren kann und sich auch mit eigenen Konfliktsituationen aktiv auseinandersetzt.

21 Die hierfür vorausgesetzte Überzeugungskraft des Compliance Officers gründet sich allem voran auf **uneingeschränkte Integrität, Vertrauenswürdigkeit und Zuverlässigkeit**.[24] Er zeigt Verantwortungsbewusstsein und Loyalität und strahlt aufgrund von Authentizität und Unabhängigkeit natürliche Autorität aus, mit der er das festgelegte Regelwerk und den zugrundeliegenden Wertekanon konsequent vertritt. Dabei wird der Compliance Officer langfristig nur überzeugen, wenn er in die jeweilige Unternehmenskultur hineinpasst bzw. diese auf der Basis seiner grundsätzlichen Übereinstimmung damit weiterentwickelt.

22 Als Vermittler eines übergreifenden Themas ohne Zugriff auf die einzelnen Bereiche einer Organisation müssen sich Compliance Officer in hohem Maße vernetzen sowie **Teamorientierung und Integrationsgeschick** zeigen. In einer zunehmend internationalisierten Unternehmenswelt ist dafür interkulturelle Sensibilität eminent wichtig.[25] So wird auch in den Compliance-Abteilungen immer mehr Wert auf **Diversität** gelegt im Hinblick auf Nationalität, Seniorität, persönlichen und Karrierehintergrund sowie insbesondere auch fachliche Expertise.[26] Außerhalb des Unternehmens bewegen sich Compliance Officer zudem in weiter wachsenden Experten-Zirkeln. Hierbei geht es neben dem Austausch von Know-how oft um den Kontakt zu staatlichen und nichtstaatlichen Organisationen sowie anderen Interessenvertretern. **Wortgewandtheit und Vermittlungsgeschick**, insbesondere gegenüber öffentlichen Institutionen und Überwachungsorganen[27], gewinnen national und auch international enorm an Bedeutung und können essentiell zu effektivem Krisenmanagement und dem Initiieren von Präventionsmaßnahmen beitragen.[28]

---

[23] *Moosmayer*, CCZ 2015, 50 (51).
[24] *Sünner*, CCZ 2014, 91 (92); *Hauschka/Galster/Marschlich*, CCZ 2014, 242 (244).
[25] Aufgeschlossenheit und Verständnis für die Kollegen und Rahmenbedingungen vor Ort sind oft entscheidende Erfolgsfaktoren, um vor allem in Wachstumsmärkten überhaupt Bewusstsein für Compliance und für die Umsetzung von Verhaltensanforderungen zu schaffen.
[26] Geschätzt werden als fachlich unterschiedliche Hintergründe insbes. Recht, Personal, Revision, Forensics, Investigations und immer stärker operative Geschäftserfahrung. Zu letzterer und der zu befürwortenden „Durchlässigkeit" zwischen Compliance und Linienverantwortung *Moosmayer*, Compliance Praxisleitfaden, S. 41 f.
[27] *Bürkle*, in: Hauschka, Corporate Compliance, § 8 Rn. 28.
[28] So zeichnen sich gerade auf der internationalen Ebene neue Herausforderungen ab. Denn neuerdings wird auch in Ländern wie China und Indien mit besonderer Härte gegen Compliance-Verstöße ausländischer Unternehmen vorgegangen, zB gegen den britischen Pharmakonzern GSK (siehe *Holloch/Zhao*, DB 2014, 1123) oder diverse Unternehmen der Automobilindustrie (siehe FAZ vom 28.8.2014, S. 21).

C. Vergütung

Die Gehälter von Compliance Officern sind in den vergangenen Jahren national und internationalgestiegen. Diese Entwicklung geht einher mit der zunehmenden Bedeutung der Aufgabe und den stark gewachsenen Anforderungen an die Funktion, einschließlich der Haftungsrelevanz von Compliance, sowie nicht zuletzt der deutlich das Angebot übersteigenden Nachfrage nach erfahrenen Experten. 23

Compliance Officer werden heute bzw. sollten der Höhe nach in der Regel den **anderen zentralen Stabsfunktionen vergleichbar** vergütet werden.[29] Auch im Hinblick auf die Zusammensetzung ihres Gehaltspakets werden fixe und variable Bestandteile weithin an diese angelehnt.[30] Die Vereinbarung von reinen Fixgehältern, um die Unabhängigkeit des Compliance Officers von wirtschaftlichen Kennzahlen sicherzustellen, ist ungewöhnlich, scheint orthodox und wird auch nicht als erforderliches Instrument eingeschätzt. Vielmehr ist es angemessen, den Compliance Officer wie die Kollegen in ähnlichen Funktionen durch einen variablen Gehaltsanteil am übergeordneten Erfolg des Unternehmens teilhaben zu lassen. Um Interessenkonflikte auszuschließen, ist es jedoch wichtig, dass die Vergütung **nicht an den wirtschaftlichen Erfolg zB eines Geschäftsbereichs gekoppelt** ist, für den der zuständige Business Unit Compliance Officer verantwortlich ist, sondern stets an den Gesamterfolg des Unternehmens.[31] Daneben sind Bonuszahlungen für das Erreichen persönlicher, inhaltlich festgelegter Ziele denkbar, zB die Zertifizierung des Compliance–Management-Systems oder die Einführung einer Hotline. In jedem Fall stellt der feste Vergütungsbestandteil klar den größeren Teil des Gehaltspakets dar. 24

D. Ausblick

Die **Compliance-Erwartungen** von Seiten des Gesetzgebers, der Aufsichtsbehörden und der Öffentlichkeit werden auf nationaler und internationaler Ebene weiter steigen. Die Verfolgung und Sanktionierung von Fehlverhalten und die damit verbundenen Haftungs- und Reputationsrisiken für Unternehmen und Geschäftsverantwortliche werden gleichermaßen zunehmen. Diese Entwicklungen wirken sich auf die **Aufgabenschwerpunkte** des Compliance Officers dergestalt aus, dass interne Ermittlungen, Kontrolle und Berichterstattung sich verstärken werden und der zentrale Fokus auf die verlässliche Umsetzung von Compliance-Vorgaben durch nachhaltige Verhaltensänderung fällt.[32] Nähe zum Geschäft, operatives Projektmanagement, Ergebnisorientierung und Kommunikation gewinnen noch mehr an Bedeutung. 25

---

[29] *Hauschka/Galster/Marschlich*, CCZ 2014, 242 (248) mit Hinweis darauf, dass sich die Vergütung des Chief Compliance Officers im Regelfall an der Vergütung des Chefjustiziars orientieren sollte.

[30] Hierzu gehören auch übliche Zusatzleistungen wie Vorsorgeaufwendungen, Dienstwagen und ggf. weitergehende Versicherungsleistungen.

[31] Vgl. *Lösler*, WM 2008, 1098 (1103); *Renz/Schulz*, CB 2013, 28 (30 f.); *BDCO-Positionspapier*, CCZ 2014, 92; *Hauschka/Galster/Marschlich*, CCZ 2014, 242 (248).

[32] Die steigenden Anforderungen erfordern, das jeweilige Aufgaben- und Kompetenzprofil des Compliance Officers näher zu definieren. So auch *BDCO-Positionspapier*, CCZ 2014, 92 (93).

26 Für die weitere Stärkung der erforderlichen Kompetenzen bleibt herausfordernd, dass die spezialisierte **Qualifizierung** für Compliance Officer bisher iW auf Weiterbildungsangebote begrenzt ist, die sehr unterschiedlich sind. Compliance-Expertise wird weithin „on the job" aufgebaut.[33] Für den Wissens- und Erfahrungsaustausch werden Expertennetzwerke und entsprechende professionelle Foren für Compliance Officer immer wichtiger.

---

[33] Vgl. *Herzog/Stephan*, S. 39. Dies kann in größeren Unternehmen mit bereits existierender Compliance-Abteilung gut funktionieren. In kleineren Organisationen fehlt oft die notwendige Erfahrung.

§ 3. Bestellung und Pflichtendelegation

Dr. Katharina Hastenrath

Übersicht

	Rn.
A. Einführung	1
B. Pflichtendelegation an den Chief Compliance Officer und Compliance-Mitarbeiter	3
I. Pflichtendelegation nach den Anforderungen der Funktion	4
1. Chief Compliance Officer	4
a) Das Compliance-Aufgabenfeld im Überblick	5
b) Säule 1: Gesetzliche Vorgaben	6
c) Säule 2: Prozesskenntnisse	10
d) Säule 3: Kenntnisse im Risikomanagement/Internen Kontrollsystem/Audit	14
e) Säule 4: Schnittstellenkenntnisse und Managementfunktion	19
f) Säule 5: Kommunikationsfähigkeit und -kenntnisse	24
g) Klammerfunktion aller Säulen: Compliance-Management-System	26
2. Compliance-Mitarbeiter	29
II. Möglichkeit und Grenzen der Pflichtendelegation	31
1. Chief Compliance Officer	31
a) Pflichten der Organe allgemein	32
b) Nicht delegierbare Pflichten	34
c) Delegierbare Pflichten	35
d) Voraussetzungen für eine wirksame Übertragung der delegierbaren Pflichten	36
2. Compliance-Mitarbeiter	42
III. Fazit	44
C. Ausübung der Funktion des Chief Compliance Officers/des Compliance-Mitarbeiters durch unternehmensinterne und -externe Mitarbeiter	45
I. Funktion des Chief Compliance Officers	46
1. Übernahme des Postens durch Unternehmensinterne	46
a) General Counsel/Chefsyndikus	47
b) Leiter Internal Audit/Revisionsleiter	53
c) Organe	56
aa) Vorstandsmitglied/Geschäftsführungsmitglied	56
bb) Aufsichtsratsmitglied	58
2. Übertragung der Funktion auf Externe	59
a) Rechtsanwalt	60
b) Wirtschaftsprüfer	63
II. Funktion des Compliance-Mitarbeiters	64
1. Übernahme des Postens durch Unternehmensinterne	64
2. Übertragung der Funktion auf Externe	65
3. Übernahme durch Mitarbeiter aus anderen Unternehmen	67
III. Fazit	69
D. Bestellung	71
I. Inhalt der Bestellung	72
1. Chief Compliance Officer	72

§ 3. Bestellung und Pflichtendelegation

	Rn.
a) Festlegung des inhaltlichen Aufgabenbereichs	73
b) Melde- und Überwachungspflichten	77
c) Regelungen für den Krisenfall	78
d) Budget	80
2. Compliance-Mitarbeiter	81
II. Form der Bestellung	84
1. Chief Compliance Officer	84
a) Regelung im Arbeitsvertrag	85
b) Stellenbeschreibung	86
c) Regelung analog zu anderen Beauftragten	87
d) Bestellung qua Weisungsrecht des Arbeitgebers	90
e) Keine explizite Bestellung	91
2. Compliance-Mitarbeiter	92
a) Regelung im Arbeitsvertrag	92
b) Stellenbeschreibung	93
c) Analog zu anderen Beauftragten	94
d) Bestellung qua Weisungsrecht des Arbeitgebers	95
e) Keine explizite Bestellung	96
III. Fazit	97
E. Schutzbedarf der Compliance-Verantwortlichen	98
I. Beauftragte in Unternehmen	100
1. Inhalte ausgewählter Beauftragtentätigkeiten	101
2. Konfliktpotentiale zwischen Beauftragtem und anderen Funktionen im Unternehmen	106
II. Tätigkeit der Compliance-Verantwortlichen	109
1. Inhalte	109
2. Konfliktpotentiale zwischen Chief Compliance Officer/Compliance-Mitarbeiter und anderen Funktionen im Unternehmen	111
III. Vergleichbarkeit	114
IV. Schutzbedarf der Beauftragten mit Tipps zur Umsetzung	115
V. Fazit	122
F. Gesamtfazit	123

Literatur: *Behringer* (Hrsg.), Compliance kompakt: Best Practice im Compliance-Management, 2010; *Bussmann/Matschke*, Die Zukunft der unternehmerischen Haftung bei Compliance-Verstößen, CCZ 2009, 132 ff.; *Fecker/Kinzel*, Ausgestaltung der arbeitsrechtlichen Stellung des Compliance-Officers, Schlussfolgerungen aus der BSR-Entscheidung des BGH, CCZ 2010, 13 ff.; *Fritzen*, Haftungsrisiken von Managern und ihre Versicherbarkeit, Lohn + Gehalt 2013, 30 ff.; *Hastenrath*, E-Learning in der Compliance-Praxis: Anforderungen, Möglichkeiten, Grenzen, Kosten, CCZ 2014, 132; *Illing/Umnuß*, Die arbeitsrechtliche Stellung des Compliance Managers – insbesondere Weisungsunterworfenheit und Reportingpflichten, CCZ 2009, 1 ff.; *Klindt*, Wenn die Einführung von Compliance ansteht: Moderierte Diskussionen in Geschäftsführung, Vorstand und Aufsichtsrat, BB Special 4 (zu BB 2010, Heft 50), 1 ff.; *Lackhoff/Schulz*, Das Unternehmen als Gefahrenquelle? Compliance-Risiken für Unternehmensleiter und Mitarbeiter, CCZ 2010, 81 ff.; *Mengel*, Compliance und Arbeitsrecht, 1. Aufl. 2009; *Nietsch/Hastenrath*, Business Judgement bei Compliance Entscheidungen, Teil 1, CB 2015, 177 ff., Teil 2, CB 2015, 1 ff.; *PwC-Studie*, Compliance und Unternehmenskultur, Zur aktuellen Situation in deutschen Großunternehmen, 2010; *Scherer/Fruth* (Hrsg.), Geschäftsführer-Compliance – Praxiswissen zu Pflichten, Haftungsrisiken und Vermeidungsstrategien, 2009.

A. Einführung

Die Unternehmen bzw. die Organe der Unternehmen richten zunehmend Compliance-Abteilungen ein. Dies geschieht auch mit dem Ziel des Versuchs, sich selbst zu enthaften und die Verantwortung und Haftung auf die Funktion des CCO zu übertragen.[1] Mit der für die Praxis in hohem Maße relevanten Fragestellung, ob und wenn ja, wie, eine solche Pflichtendelegation möglich ist, befasst sich dieses Kapitel.

Dabei wird zwischen der Bestellung und der Pflichtendelegation an den **Chief Compliance Officer (folgend: CCO)** und an ihm nachgeordnete Mitarbeiter (**folgend: CO**) unterschieden. Diese Unterteilung wird in vielen Betrachtungen außer Acht gelassen, ist aber von großer Bedeutung. Denn die Aufgaben und Stellung im Unternehmen von CCO und CO divergieren stark und erfordern daher eine jeweils gesonderte Betrachtung. Dies ist nicht zuletzt vor dem Hintergrund der möglichen straf- und zivilrechtlichen Verantwortung, die diesen Funktionen innewohnen kann, zu diskutieren.

B. Pflichtendelegation an den Chief Compliance Officer und Compliance-Mitarbeiter

Die Pflichtendelegation an den CCO und CO lassen sich va anhand von zwei Kriterien bestimmen:
1. Aufgabenstellung an die Funktionen des CCO und des CO
2. Delegierbare Pflichten im Bezug auf Compliance-Aufgaben der Organe der Gesellschaft in Abgrenzung zu von den Organen selbst wahrzunehmenden Pflichten

I. Pflichtendelegation nach den Anforderungen der Funktion

1. Chief Compliance Officer

Um überhaupt bestimmen zu können, welche Pflichten von einem Organ der Gesellschaft an den CCO delegiert werden können, müssen diese zunächst bestimmt werden. Hierbei sei Folgendes angemerkt: Der Auffassung des BGH[2] von 2009, der Compliance-Beauftragte, ohne eine Unterscheidung von CCO und CO zu treffen, habe als Aufgabengebiet, „*... die Verhinderung von Rechtsverstößen, insbesondere auch von Straftaten, die aus dem Unternehmen heraus begangen werden und diesem erhebliche Nachteile durch Haftungsrisiken oder Ansehensverlust bringen können*", wird nicht gefolgt. Diese Darstellung geht in der Praxis fehl und versucht, die Strafbarkeitslücke der Organe für aus dem Unternehmen heraus begangene Straftaten bei wirksamer Delegation an den CCO, der mangels strafrechtlicher Garantenstellung nicht haftet,[3] zu schließen.

---

[1] *Fecker/Kinzel*, CCZ 2010, 13 und 20.
[2] BGH BeckRS 2009, 21880, Rn. 27. Hinzu kommt, dass die Fundstelle bei Bürkle, auf die der BGH seine Aussage stützt, dies so nicht aussagt, s. *Bürkle*, in: Hauschka, Corporate Compliance, § 8 Rn. 2 ff.
[3] Vgl. auch *Fecker/Kinzel*, CCZ 2010, 15.

§ 3. Bestellung und Pflichtendelegation

Eine allumfassende Haftung für jeglichen Verstoß von Mitarbeitern weltweit, in welchen der CCO die Rechtsvorschriften in den meisten Jurisdiktionen gar nicht selbst kennt und kennen kann, gleicht der früher im Zivilrecht bestehenden „anfänglichen, objektiven Unmöglichkeit". Hinzu kommt, dass der CCO und noch weitergehend dessen Mitarbeiter in der Praxis keine dem Vorstand oder der Geschäftsführung gleichwertigen Befugnisse innehaben. Von vornherein ist eine Exkulpation eines Organs ohnehin nur insoweit gegeben, als dieses ein effektives und funktionierendes Compliance-System vorhält oder dem CCO dessen Errichtung ermöglicht,[4] was in der Praxis schon an dieser Stelle in vielen Fällen bezweifelt werden darf. Diese Auffassung vertritt auch das Landgericht München I in seiner zu begrüßenden Entscheidung zur Haftung eines Vorstandsmitglieds für die Verletzung von Compliance-Pflichten bei der Einrichtung eines mangelhaften Compliance-Systems.[5]

Insoweit wird hier die tatsächliche Aufgabenstellung und deren Umfang an den CCO und im nächsten Absatz an den CO untersucht, wie sie in den Unternehmen, vornehmlich in Deutschland, vorherrschen. Denn gesetzliche Vorschriften zur Orientierung hinsichtlich der Aufgabenstellung des CCO oder eines CMS gibt es derzeit in der Realwirtschaft nicht.[6]

a) Das Compliance-Aufgabenfeld im Überblick

5   Die umfangreichen Pflichten des CCO lassen sich in fünf Säulen aufteilen, die zusammen die Pfeiler des Compliance-Hauses bilden:

Compliance-Aufgabenfeld

Gesetze & Standards	Prozesskenntnisse	RM/ IKS/ Audit	Schnittstellen u. Managementfunktion	Kommunikation
(Inter-)nationale Gesetze und Vorgaben, z.B. StGB, AO, OWiG, BDSG, GWG, IDW PS 980, DKGC, UK Bribery Act, FCPA Garantenstellung	Management know-how, z.B. Change-Management, Bilanzierung Prozesse identifizieren, analysieren, bewerten, verbessern Strategische Unternehmensführung Berichtswesen Dokumentation	GRC-Ansatz mit einer Durchmischung von RM/IKS & Compliance Erhebung Compliance Risiken Gap-Analysen Compliance Audits, national & international	Schnittstellen zu: Compliance Gremien, Rechtsabteilung, Revision, QM, Controlling, CRS Management von: Zielen Organisation Projekten	Schulungen Informationskampagnen Wissensdatenbank Krisenkommunikation Konfliktmanagement Internationale Treffen und Sensibilisierung Beratung Weiterentwicklung/Rollout Compliance inklusive Kodex

---

[4] Vgl. *Fecker/Kinzel*, CCZ 2010, 14.
[5] LG München I CCZ 2014, 142.
[6] *Schulz*, in: Bay/Hastenrath, Kap. 8 Rn. 5.

B. Pflichtendelegation an den Chief Compliance Officer und Compliance-Mitarbeiter

Das gesamte Compliance-Aufgabenfeld wird seit Einführung des „**IDW Prüfungsstandard: Grundsätze ordnungsgemäßer Prüfung von Compliance Management Systemen (IDW PS 980)**"[7] vom 11.3.2011, dem internen Prüfungsstandard für Wirtschaftsprüfer zur Prüfung von Compliance, als Compliance-Management-System bezeichnet. Betrachtet man die Anforderungen des Compliances-Hauses, erscheint die Bezeichnung durch die Wirtschaftsprüfer als Management-System durchaus gerechtfertigt. Der Inhalt der einzelnen Säulen soll sogleich näher erläutert werden.

b) Säule 1: Gesetzliche Vorgaben

6   Die Aufgabe des CCO ist es primär, sich mit den gesetzlichen Vorgaben zu befassen, deren Nichtbefolgung dem Unternehmen erheblichen finanziellen Schaden sowie einen hohen Reputationsverlust einbringen kann. Zur Feststellung dieser Vorgaben wird häufig eine Risikoanalyse durchgeführt, die die quantitativen und qualitativen Auswirkungen eines Rechtsverstoßes sowie das Brutto- und Nettorisiko bewertet. Dies ist auch sinnvoll, da bereits die meisten Rechtsthemen und Verstöße gegen diese von bestehenden Fachabteilungen und zum Teil speziell Beauftragten wahrgenommen werden und somit keiner zusätzlichen Bearbeitung durch den CCO bedürfen. Exemplarisch seien hier die Abteilungen zum Arbeits- und Datenschutz mit dem Sicherheitsbeauftragten[8] bzw. der Fachkraft für Arbeitssicherheit[9] und dem Datenschutzbeauftragten[10] genannt. Auch ohne spezielle Beauftragte sind viele Rechtsthemen bereits seit jeher oder jedenfalls seit geraumer Zeit in spezifischen Fachabteilungen verordet. So liegen Themen wie das Arbeitsrecht in der Personalabteilung, Mergers & Acquisition, Vertragsrecht, Handels- und Gesellschaftsrecht, Patentrecht uvm in der Rechtsabteilung.

7   In der Praxis hat sich daher – auch anhand der Ergebnisse von Risikoanalysen – die vornehmliche Befassung des CCO mit den Themen Antikorruption und Kartellrecht herausgebildet. Hier liegen einerseits erhebliche Strafanforderungen vor, andererseits bilden beide Rechtsbereiche einen Themenkreis, der in hohem Maße präventiv geschult werden muss. Hierin besteht im Gegensatz zu vielen Rechtsabteilungen, die von Rechtsexperten für Rechtsexperten agieren, ein Tätigkeitsschwerpunkt der Compliance-Abteilung.

8   Erscheint die Behandlung von zwei Rechtsgebieten zunächst überschaubar, so täuscht dieses Bild erheblich. Da die meisten Unternehmen international tätig sind, müssen beide Themenfelder auch in einem **internationalen Scope** betrachtet werden. Das heißt, es handelt sich etwa im Kartellrecht nicht um ein Gesetz, wie das Bundesdatenschutzgesetz, sondern um 10–15 Kartellgesetze verschiedener Jurisdiktionen. Diese zunehmende Internationalisierung der Unternehmen stellt auf der Rechtsseite eine bisher nicht dagewesene Herausforderung dar. Denn hat man noch vor 20 Jahren als Syndikus hauptsächlich die deutsche Rechtsordnung gekannt, geprüft und hinsichtlich der Tätigkeiten seines Unternehmens bewertet, so besteht nun zunehmend die Notwendigkeit, auch die anderen Rechtsordnungen, in denen sich das Unternehmen bewegt, zu berücksichtigen. Dies ist in der Praxis nur durch Zuhilfenahme von lokalen Rechtsanwälten möglich, die die jeweilige Rechtsordnung studiert haben und kennen. Alles andere, gar die Forderungen mancher Unternehmen(-sleitungen), der CCO solle möglichst sämtliche Rechtsordnungen betrachten, kann ausnahmslos nie zu einer validen Rechtsbetrachtung herangezogen werden, da der CCO ausschließlich im deutschen Recht ausgebildet ist und auch

---

[7] Siehe http://www.idw.de/idw/portal/n281334/n281114/n302246/index.jsp Stand: 15.6.2015.
[8] Siehe § 22 SGB VII.
[9] Siehe § 6 ASiG.
[10] Siehe § 4f BDSG.

nur dieses prüfen kann. Eine oberflächliche, nicht gerichtsfeste Erstbetrachtung ausländischer Gesetze zur groben Richtungsorientierung mag in einzelnen Fällen durch den CCO möglich sein, mehr jedoch nicht. Auch ist von der Unternehmensleitung zu bedenken, dass sie sich zu einer möglicherweise notwendigen Exkulpation den strengen Anforderungen der Rechtsprechung hinsichtlich einer ausreichenden Beratung durch (Rechts-)Experten bedienen muss. Hier kann schon denklogisch nur ein lokaler Rechtsanwalt oder vergleichbarer Rechtsexperte in Betracht kommen, da ein deutscher Jurist im ausländischen Recht kein Experte, sondern ein Laie ist.

9 Hauptaufgabe des Compliance-Bereichs in der ersten Säule ist es demnach va die internationalen Vorgaben zur Antikorruption und zum Kartellrecht zu ermitteln bzw. ermitteln zu lassen, diese dann in interne Richtlinien zu gießen, die alle relevanten Jurisdiktonen berücksichtigt und diese schließlich durchgehend auf dem aktuellen Stand zu halten. Inwieweit die Themen Datenschutz und Außenwirtschaftsrecht zukünftig Teil der Compliance-Funktion werden, bleibt abzuwarten.

c) Säule 2: Prozesskenntnisse

10 Für die wirksame Arbeit der Compliance-Abteilung reicht die Kenntnis vorhandener Normen und deren Aufnahme und Verarbeitung in interne Richtlinien nicht aus. Wäre dem so, bräuchte man nichts weiter zu tun, als allen Mitarbeitern den entsprechenden Gesetzestext mit der Vorgabe der Beachtung und Umsetzung im Arbeitsalltag vorzulegen. Das funktioniert weder mit der Befolgung von Gesetzen im Unternehmenskontext, noch mit solchen im privaten Umfeld. Ansonsten wären Gerichte, Staatsanwaltschaften und Ordnungsbehörden überflüssig. Wie sich jedoch seit jeher zeigt, sind diese Institutionen nicht entbehrlich. Gesetze werden, soweit diese überhaupt noch bekannt sind, oftmals von Laien nicht mehr oder nicht hinreichend verstanden. Ein besonders eindringliches Beispiel ist hier das Steuerrecht oder das Recht der privaten Altersvorsorge in Form verschiedener Finanzprodukte. In beiden Fällen ist es selbst einem Juristen kaum möglich, sich hierin noch rechtsfehlerfrei zurechtzufinden.[11]

11 Auf die Tätigkeit der Compliance-Abteilung im Unternehmen übertragen bedeutet das Folgendes: Der CCO und dessen Mitarbeiter können sich nicht darauf verlassen, dass sie Vorgaben niederschreiben, per E-Mail oder postalisch verteilen und diese dann umgesetzt werden. Das reicht für eine angestrebte Exkulpation nach richtiger Auffassung nicht aus.[12] Vielmehr ist es erforderlich, die Prozesse im Unternehmen zu identifizieren, in denen die Normen relevant sind bzw. in welchen es zu Verstößen gegen diese kommen kann. Sind diese identifiziert, kann ein Training mit konkreten Beispielen, wie die gesetzlichen Vorgaben in genau diesem Prozess umgesetzt werden können, erstellt werden oder der neue Prozess direkt eingeführt werden, je nach Komplexität des Prozesses. Für ein besseres Verständnis sei folgendes **Beispiel** angeführt:

> In vielen Jurisdiktionen sind die Bildung von schwarzen Kassen und Kick-Back-Zahlungen von Straftatbeständen erfasst und unter Strafe gestellt. Eine Möglichkeit solche schwarzen Kassen zu bilden, liegt im Kontrahieren mit (vertriebsnahen) Beratern im Kundenland. Deren Leistungen sind oftmals nicht ausreichend messbar, ebenfalls ist die Überprüfung eines eingerichteten Bürobetriebs oder Unternehmens im Ausland durch die Entfernung erschwert. Wird also ein Berater mit einem gewis-

---

[11] Aussage beruht auf der persönlichen Erfahrung der Autorin.
[12] *Bussmann/Matschke*, CCZ 2009, 135.

B. Pflichtendelegation an den Chief Compliance Officer und Compliance-Mitarbeiter

sen Betrag bezahlt, der nicht seiner Leistung entspricht, kann ein überschüssiger Betrag auf ein schwarzes Konto eingezahlt werden. Um dieser Konstellation oder einer ähnlichen Abhilfe zu schaffen, bedarf es genauer Prozesskenntnisse des CCO. Er benötigt zunächst die Kenntnis, wo derartige Berater eingesetzt werden. Je dezentraler sein Unternehmen geführt wird, desto schwieriger ist es, diese Informationen zu beschaffen. Nach Erhalt genannter Informationen sind die diesbezüglich bestehenden Prozesse dahingehend zu untersuchen, wo das bestehende System lückenhaft ist, sodass die Schaffung von schwarzen Kassen möglich sein könnte. Diese Analyse erfordert viel Zeit und Erfahrungen mit möglichen Umgehungstatbeständen. Ist das bestehende System untersucht worden, sind die Prozesse so anzupassen, dass nach derzeitiger Kenntnis keine systematische Errichtung schwarzer Kassen mehr möglich ist. Da die kriminelle Energie mancher Berater jedoch hoch ist, muss ständig überprüft werden, ob diese neue Wege gefunden haben, das etablierte System auszuhebeln. Die geschaffenen neuen Lücken müssen dann ebenfalls geschlossen werden.

Im hier dargestellten Beispiel mag die Etablierung neuer Prozesse, die die Bildung schwarzer Kassen verhindert, in einem Absatz abgehandelt sein. In der Unternehmensrealität stellt dies jedoch oftmals eine immense Herausforderung dar. Alte Prozesse haben sich über Jahre etabliert, eine Änderungsbereitschaft der betroffenen Bereiche kann gering sein und soweit die neuen Prozesse zu möglichen Umsatzeinbußen führen könnten, etwa weil die Zusammenarbeit mit einem Berater nicht mehr freigegeben werden kann, besteht zusätzlich oftmals ein Dilemma im höheren Management, ihre **Umsatzziele** nicht zu erreichen, wenn sie compliant handeln. Daher sind hier vom CCO insbesondere Kommunikations- und Managementskills gefordert. Dazu sogleich mehr unter Säule 4 und Säule 5. 12

Um relevante Prozesse unternehmensweit zu erheben ist zudem ein Berichtswesen zu etablieren, in welchem der CCO die wesentlichsten Sachverhalte und Prozesse in den internationalen Tochter- und ggf. Enkelgesellschaften abfragt. Hinzu kommt eine entsprechende Dokumentation der eingeführten Prozesse, um im Falle einer behördlichen oder gerichtlichen Prüfung einen Beweis in Form des schriftlichen Nachweises bestehender Prozesse zur Hand zu haben. 13

d) Säule 3: Kenntnisse im Risikomanagement/Internen Kontrollsystem/Audit

Die Erfassung essentieller Risiken ist zunächst Aufgabe des Risikomanagements als Teil des Internen Kontrollsystems. Im Risikomanagement werden Risiken unter Zuhilfenahme verschiedener Modelle wie dem COSO-Modell[13] erhoben, bewertet und Maßnahmen zur Risikominimierung eingeführt. Diese Modelle beruhen oftmals auf einer mathematischen Eintrittswahrscheinlichkeit und Schadenshöhe, wenn sich das Risiko realisiert. 14

Hier bestehen zwei Aufgaben des CCO: Zunächst muss er sich, soweit er keine entsprechende, betriebswirtschaftliche Ausbildung besitzt, mit den Modellen und deren Logik vertraut machen. In der Praxis kommt es vor, dass schon die Definitionen vom Risikobegriff des Risikomanagers und des CCO stark divergieren, ohne dass die jeweilige Person sich dessen bewusst ist. Dies setzt sich leicht in anschließenden Risikoerhebungstechniken fort. So ist die Unterscheidung in ein Brutto- und Nettorisiko dem klas- 15

---

[13] Siehe näher dazu *Jakob*, in: Momsen/Grützner, Kap. 2 B. Rn. 61 f.

16 Wie soeben ausgeführt, beruht das Risikomanagement mit dessen Tools hauptsächlich auf der mathematischen Wahrscheinlichkeit und den Auswirkungen des Schadenseintritts.[14] Diese Ausrichtung eignet sich gut für Risiken, die sich so präzise rechnerisch ermitteln lassen. Kann in etwa eine Leistung, zu der sich das Unternehmen vertraglich verpflichtet hat, nicht fristgemäß geliefert werden, kann sich hieraus das Risiko einer zu zahlenden Vertragsstrafe sowie Verzugsschäden ergeben. Oder der Ausfall einer Maschine führt zu einem Produktionsausfall von 5 Tagen, der damit eine berechenbare Größe hat und ein daraus abzuleitendes, finanzielles Risiko ergibt. Bei Rechtsrisiken schließt sich eine derartig schematische Betrachtung aus. Zunächst liegt die Verhängung des Strafmaßes bei jedem Fall innerhalb gewisser Rahmenvorgaben im Ermessen des Gerichts. Hinzu kommt, dass ein Rechtsverstoß sich nicht mathematisch wie das statistische Versagen einer bestimmten Maschine vorhersagen lässt. Zu viele unberechenbare Faktoren spielen hier eine Rolle. Hinzu kommen erschwerend die internationalen Jurisdiktionen, die im Rahmenn ihrer Anwendbarkeit jeweils eine eigene Strafe verhängen können. Das Rechtsrisiko potenziert sich damit erheblich und wird nur durch zum Teil bestehende Anerkennung bereits verhängter Strafen in einer Jurisdiktion von einer anderen teilweise abgemildert.

17 Der CCO muss daher in Zusammenarbeit mit dem klassischen Risikomanagement ein System zur Bewertung der Rechtsrisiken entwickeln oder bestehende Modelle aus dem Risikomanagement entsprechend anpassen, die eine aussagekräftige Bewertung eines Rechtsrisikos ermöglichen. Ansonsten kann es zu Bewertungen von Rechtsrisiken kommen, die das Risiko in seiner Eintrittswahrscheinlichkeit und der Schadenshöhe falsch darstellen.

18 Neben dem Risikomanagement verfügt auch die Interne Revision/Internal Audit aufgrund ihrer Funktion über tiefergehende Kenntnisse und Erfahrungen, wie Risiken aus Prozessen heraus identifiziert, bewertet und minimiert oder behoben werden können. Insoweit kann der CCO hier aus der Zusammenarbeit mit der Revision wertvolle Erkenntnisse gewinnen.

e) Säule 4: Schnittstellenkenntnisse und Managementfunktion

19 Compliance ist **Managementaufgabe**. Als solche funktioniert diese nur von oben nach unten.[15] Mit anderen Worten: Es bedarf des berühmten „tone from the top" für alle Ebenen im Unternehmen.[16] Soweit diese Aufgabe nicht die oberste Führungsebene selbst wahrnimmt, muss diese ganz oder teilweise durch den CCO ausgeführt werden. Zu dieser Managementfunktion im Bereich Compliance gehören Aufgaben wie die Überzeugung der jeweiligen Bereiche oder Mitarbeiter von der Umsetzung einer neuen, notwendigen Compliance-Anforderung. Wird dieser Anforderung trotz Erklärung und Notwendigkeit nicht Folge geleistet, muss der CCO auch disziplinarische Konsequenzen ziehen können bzw. dazu die Anweisung an die Fachabteilungen geben können. Hat die Weigerung der Umsetzung einer Compliance-Maßnahme nämlich keine Folgen, fehlt es also am besagten „tone from the top" an höchster Stelle, kann kein wirksames

---

[14] Siehe zu Compliance-Risiken und verschiedenen Erhebungs- und Bewertungsmethoden ausführlich *Bay/Klingenstein*, in: Bay/Hastenrath, Kap. 4 Rn. 1 ff.
[15] *Klindt*, BB Special 4 (zu BB 2010, Heft 50), 1.
[16] *Klindt*, BB Special 4 (zu BB 2010, Heft 50), 1.

B. Pflichtendelegation an den Chief Compliance Officer und Compliance-Mitarbeiter

CMS aufgebaut werden. Die Bemühungen des CCO und seiner Mitarbeiter sind dann weitgehend wirkungslos; eine wirksame Pflichtendelegation auf den CCO und Enthaftung der Unternehmensspitze ist unter diesen Voraussetzungen stark zu bezweifeln.

Eine weitere Managementaufgabe des CCO ist das Voraussehen und Schlichten entstehender Konflikte. Die Compliance-Funktion zeichnet sich unter anderem dadurch aus, dass sie oftmals die Veränderung bestehender Prozesse, die nicht mehr der aktuellen Gesetzeslage entsprechen, notwendig macht. Damit einhergehend kann die Einbuße bestehender Privilegien bestimmter Mitarbeiter, wie die Teilnahme an dienstlichen Veranstaltungen mit hohem Unterhaltungsanteil oder die Gewährung von bestimmten Essenseinladungen, sein. Beides führt zu Veränderungen, denen die meisten Menschen grundsätzlich eher skeptisch gegenüberstehen. Die Einbuße von Vorteilen mag darüber hinaus niemand. Daher entstehen oftmals Konfliktsituationen, die der CCO so lösen muss, dass er seine Aufgaben erfüllt. Auch dies mag banal klingen, aber schwelen erst einmal unausgesprochene Konflikte auf der persönlichen Ebene, können sachliche und fachliche Probleme häufig nicht mehr für alle Beteiligten zufriedenstellend gelöst werden. 20

Schließlich kommt noch die Managementaufgabe des Schnittstellenmanagements auf den CCO zu. Inhaltlich geht es dabei um Folgendes: Compliance-Aufgaben, nehmen wir hier beispielsweise die Korruptionsprävention, beschränken sich nicht auf einen Bereich. Fast immer umfasst die Aufgabe verschiedene nationale und internationale Bereiche und Abteilungen, die entweder Informationen liefern oder neue Anforderungen aus dem Compliance-Bereich umsetzen müssen. Zusätzlich greift der CCO oftmals durch seine Aufgabe bedingt in „Fürstentümer" anderer Abteilungsleiter ein. Waren die nun von der Compliance-Abteilung zu bearbeitenden Aufgaben vormals etwa in der Rechtsabteilung, der Revision, dem Qualitäts- oder Risikomanagement verortet, kann eine Übernahme dieser Aufgaben schnell zu Rivalitäten zwischen den Abteilungen führen. Dies ist dann der Fall, wenn ein „Machtverlust" gegenüber der Compliance-Abteilung befürchtet wird, selbst wenn die neue Aufgabenverteilung durch die Unternehmensleitung so beschlossen wurde. Der CCO muss sich also zunächst darum bemühen, die angrenzenden Abteilungen abzuholen und mit diesen gemeinsam eine Lösung zu entwickeln, die für alle tragbar ist. Versäumt er das, kann dies zu unlösbaren Rivalitäten führen, die die Arbeit für alle Beteiligten unnötig verkompliziert und viel Zeit in Anspruch nimmt. Ist ihm die Einbindung der Schnittstellenabteilungen gelungen, muss dann noch geprüft werden, dass es einerseits zu keiner Doppelbearbeitung zweier oder mehrerer Bereiche kommt und auf der anderen Seite keine Lücken dadurch entstehen, dass wichtige Adressaten nicht ausreichend einbezogen werden. Letzteres ist va bei weltweit agierenden Konzernen eine Herausforderung. Oftmals wird etwas von der Konzernmutter vorgegeben ohne dessen internationale Umsetzbarkeit im Vorfeld mit den betroffenen Tochtergesellschaften und deren Entscheidungsträgern oder Fachkräften zu besprechen. Dem muss der CCO durch entsprechend frühzeitige Einbeziehung der relevanten Bereiche und Personen, national wie international, entgegenwirken. 21

Um die wichtigen Schnittstellen zu kennen, Entscheidungsträger angrenzender Fachabteilungen abzuholen und sie und deren Fachwissen einzubinden sowie die Unternehmensleitung hinreichend informieren zu können, ist eine weitere Managementaufgabe des CCO, dieses Wissen möglichst ressourcensparend einzuholen. Dazu muss der CCO eine Compliance-Organisation etablieren. Ein Beispiel hierfür könnte wie folgt aussehen: 22

§ 3. Bestellung und Pflichtendelegation

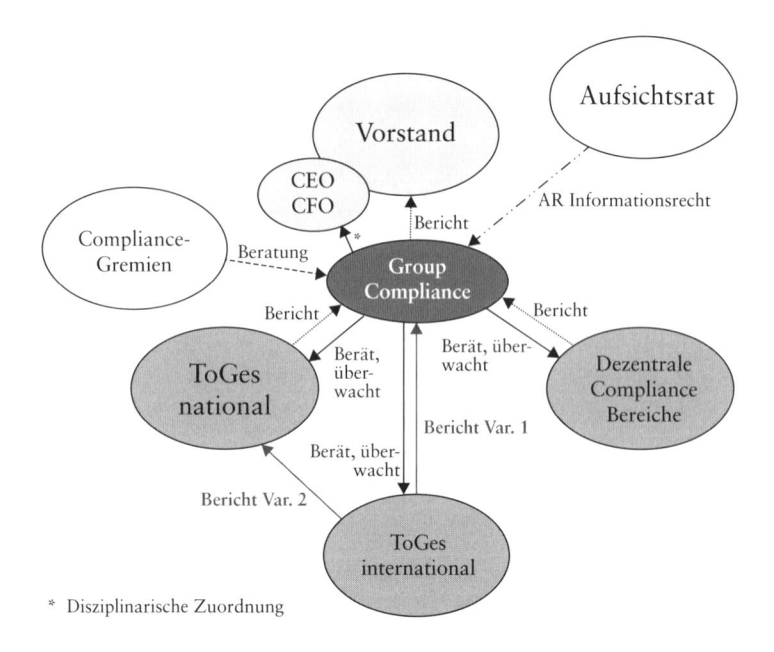

[Diagram: Organizational chart showing Vorstand (CEO, CFO), Aufsichtsrat (AR Informationsrecht), Compliance-Gremien (Beratung), Group Compliance in center with Bericht connections to ToGes national, Dezentrale Compliance Bereiche, and ToGes international. Annotations: "Berät, überwacht", "Bericht Var. 1", "Bericht Var. 2". * Disziplinarische Zuordnung]

23   Der CCO muss in Rahmen der Compliance-Organisation in der Lage sein, mit der Unternehmensleitung, dem Aufsichtsrat und verschiedenen Compliance-Mitarbeitern zusammenzuarbeiten sowie ein mögliches Compliance-Gremium mit Führungskräften angrenzender Abteilungen sowie den nachgeordneten Compliance-Mitarbeitern fachlich zu führen.

f) **Säule 5: Kommunikationsfähigkeiten und -kenntnisse**

24   Compliance ist in jeder Hinsicht eine kommunikationsbedürftige Herausforderung.[17] Auf den Punkt gebracht werden die Kommunikationserfordernisse in folgendem Zitat:

> „Das Thema Kommunikation ist für den Aufbau eines Compliance-Management-Systems in verschiedener Hinsicht der zentrale Dreh- und Angelpunkt. Die Compliance-Risikobewertungen, der Aufbau der Compliance-Organisation des Unternehmens sowie alle umzusetzenden internen Richtlinien und externen Gesetze müssen an die Mitarbeiter transportiert werden. Dies erscheint auf den ersten Blick keine allzu große Herausforderung, ist doch im Zeitalter der E-Mail und des Blackberries jeder Mitarbeiter anscheinend zu jeder Zeit erreichbar. Dies ist zwar nicht ganz unrichtig, jedoch erfordert die Sensibilisierung und Schulung der Mitarbeiter, oftmals ist auch ein schriftlicher Schulungsnachweis erforderlich, mehr als das Versenden von E-Mails durch die Compliance-Abteilung. Da die Geschäftsleitung die Compliance-Abteilung insbesondere auch zu deren Exkulpation nach § 130 OWiG (Organisationsverschulden) hinsichtlich der Nichteinhaltung von gesetzlichen Bestimmungen einsetzt, müssen die Mitarbeiter in geeigneter und angemessener Weise von

---

[17] *Klindt*, BB Special 4 (zu BB 2010, Heft 50), 1.

B. Pflichtendelegation an den Chief Compliance Officer und Compliance-Mitarbeiter

einzuhaltenden gesetzlichen Bestimmungen in ihrem Tätigkeitsfeld unterrichtet werden. Dazu reicht der Versand von E-Mails oder ähnlicher Maßnahmen nicht aus.

Eines der Herzstücke von Compliance ist im Gegensatz zur klassischen Aufgabe der Rechtabteilung die präventive, breitgefächerte Schulung einer großen Zahl von Mitarbeitern in den relevantesten Compliance-Themen. Diese reichen von Anti-Korruption, Datenschutz, Kartellrecht und deren Umsetzung über ethische Grundsätze im Rahmen des Unternehmenskodex bis hin zu speziellen Fragen im jeweiligen Kontext der Branche und der räumlichen Ausrichtung des Unternehmens. Um dieser anspruchsvollen Aufgabe gerecht zu werden, müssen diverse Anforderungen erkannt und bedacht werden."[18]

Der CCO muss demnach sehr gute Kommunikationsfähigkeiten besitzen, um die diversen, vorgenannten Themen an die Adressaten heranzutragen.

Neben den Kommunikationsfähigkeiten als Soft-Skills benötigt er ebenfalls Erfahrungen über einzusetzende Kommunikationstools. Beispielhaft können folgende Tools vom CCO in der Compliance-Kommunikation eingesetzt werden: 25

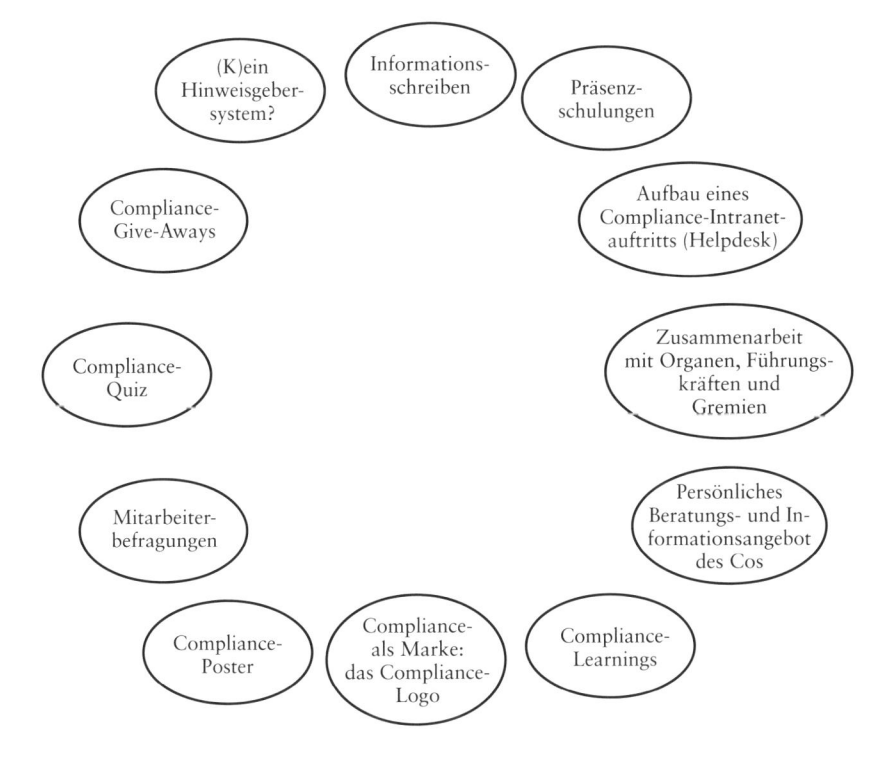

- (K)ein Hinweisgebersystem?
- Informationsschreiben
- Präsenzschulungen
- Aufbau eines Compliance-Intranetauftritts (Helpdesk)
- Zusammenarbeit mit Organen, Führungskräften und Gremien
- Persönliches Beratungs- und Informationsangebot des COs
- Compliance-Learnings
- Compliance-als Marke: das Compliance-Logo
- Compliance-Poster
- Mitarbeiterbefragungen
- Compliance-Quiz
- Compliance-Give-Aways

---

[18] *Hastenrath*, in: Bay/Hastenrath, Kap. 6 Rn. 1 f.

§ 3. Bestellung und Pflichtendelegation

Die Vielzahl der einsetzbaren Kommunikationstools zeigt, dass es für den CCO in Zeiten großer Reizüberflutung einer erheblichen Anstrengung und Einiges an Können bedarf, um die Mitarbeiter zu erreichen.

g) Klammerfunktion aller Säulen: Compliance-Management-System

26   In den vorangegangenen Absätzen wurden die verschiedenen Säulen des Compliance-Hauses dargestellt.[19] Es reicht jedoch für die Tätigkeit des CCO nicht aus, die Aufgaben der jeweiligen Säulen voneinander gelöst zu bearbeiten. Vielmehr erfordert eine wirksame Compliance-Arbeit, die einzelnen Bereiche in ein übergeordnetes System, das **Compliance-Management-System (CMS)**, zu integrieren. Dieses System soll gewährleisten, dass die einzelnen Aufgaben sinnvoll aufeinander abgestimmt werden und nicht mit anderen Aufgaben und Bereichen des Unternehmens kollidieren. Die Ausübung dieser Klammerfunktion ist anspruchsvoll, was anhand von folgendem **Beispiel** verdeutlicht werden soll.

27   Das internationale Unternehmen A soll einen Code of Conduct (CoC) erhalten. Dazu müssen verschiedenste Gesichtspunkte bedacht werden: Zunächst ist rechtlich zu prüfen, ob es gesetzliche Anforderungen an einen CoC gibt. In Deutschland ist dies nicht der Fall, in anderen Jurisdiktionen kann dies aber sehr wohl der Fall sein. So bestehen etwa in Italien nach der dortigen einschlägigen Gesetzgebung, dem Dekret 231/2001, genaue Anforderungen an Inhalt und Umfang eines CoC. Daneben kann es landesrechtliche Vorgaben geben, die eine Übersetzung in die Landessprache erfordern, so etwa in Belgien. Sind die rechtlichen Voraussetzungen geklärt, muss der CoC im ersten Entwurf inhaltlich erstellt werden. Hier kann ein Vergleich mit Kodices anderer Unternehmen sinnvoll sein. Viele große Unternehmen haben ihren CoC auf ihren Unternehmensseiten veröffentlicht. Beispielhaft seien hier der CoC von Siemens,[20] von RWE,[21] von VW[22] oder von der Deutschen Telekom[23] angeführt. Ist dies abgeschlossen und der CoC um zusätzliche, inhaltliche Themen des Unternehmens A ergänzt, werden immer auch andere Fachabteilungen thematisch berührt sein. So sind Themen wie das Kartellrecht, der Schutz von geistigem Eigentum, der Datenschutz, der Schutz des Firmeneigentums, Umweltschutz, Arbeitssicherheit, um nur einige, typische Themen eines CoC zu nennen, fast immer in eigenen Fachbereichen angesiedelt. Diese müssen also frühzeitig eingezogen werden, um entweder einen eigenen Vorschlag für einen diesbezüglichen Paragrafen zu entwickeln oder einen Vorschlag der Compliance-Abteilung zu überprüfen und gegebenenfalls anzupassen. Soweit der CoC mitbestimmungspflich-

---

[19] Siehe dazu → Rn. 5 ff.
[20] Der CoC von Siemens kann unter: https://w9.siemens.com/cms/supply-chain-management/de/nachhaltigkeit/expectation/code-of-conduct/Pages/coc.aspx eingesehen werden, Stand: 15.6.2015.
[21] Der CoC von RWE kann unter: https://www.rwe.com/web/cms/de/109932/rwe/investor-relations/corporate-governance/rwe-verhaltenskodex/ eingesehen werden, Stand: 15.6.2015.
[22] Der CoC von VW kann unter: http://www.volkswagen-karriere.de/content/medialib/vwd4/de_vw_karriere/pdf/verhaltensgrundsaetze-des-volkswagen-konzerns/_jcr_content/renditions/rendition.file/02_verhaltensgrundsaetze-des-volkswagen-konzerns.pdf eingesehen werden, Stand: 15.6.2015.
[23] Der CoC der Deutschen Telekom kann unter: http://www.telekom.com/code-of-conduct eingesehen werden, Stand: 15.6.2015.

B. Pflichtendelegation an den Chief Compliance Officer und Compliance-Mitarbeiter

tige Bestimmungen enthält, was immer dann der Fall ist, wenn Regelungen getroffen werden, die über die bereits bestehenden gesetzlichen Regelungen hinausgehen und den Arbeitnehmern über das arbeitgeberliche Weisungsrecht hinaus Verhaltenspflichten auferlegen sollen, ist der Betriebsrat einzubeziehen. Als international aufgestelltes Unternehmen mit mehreren Standorten innerhalb und außerhalb Deutschlands, ist nicht nur ein Betriebsrat, sondern es sind alle lokalen Betriebsräte sowie der Konzernbetriebsrat mit einzubeziehen. Sind diese Schnittstellen mit eingezogen, ist zu prüfen, wie der CoC in die Prozesse des Unternehmens integriert werden kann. Gibt es Informationsveranstaltungen für das Management, Orientierungstage für neue Mitarbeiter, Arbeitsanweisungen, die auf den CoC verweisen könnten oder andere Möglichkeiten, den CoC in den Alltag zu integrieren? Welche Möglichkeiten und Anforderungen bestehen diesbezüglich im Ausland? Sind diese Anforderungen erfüllt, ist an die entsprechende Kommunikation des CoC zu denken. Zunächst besteht die Möglichkeit der Verteilung als Datei. Dies wird wegen der Bedeutung des CoC als Grundlagendokument des Unternehmens seiner Bedeutung jedoch nicht gerecht. Zu häufig werden E-Mails einfach gelöscht und Intranetseiten schlichtweg nicht gelesen. Hinzu kommt, dass eine Verteilung als E-Mail einen dauerhaften Zugriff nicht gewährleistet, da diese nicht dauerhaft vorgehalten werden und neue Mitarbeiter so nicht bedacht sind. Daher bietet sich eine Druckvariante an. Bei dieser sind zunächst die internen Kapazitäten, sprich die Kommunikationsabteilung, zu befragen, ob diese Satz und Druck übernehmen können. Ist dies nicht der Fall, muss eine Fremdvergabe erfolgen, für die Angebote geschrieben und eingeholt werden müssen. Hier stellt sich dann die zusätzliche Frage nach dem benötigten Budget. Druckkosten von 1 EUR oder mehr je gedrucktem CoC sind realistisch. Bei 40 000 Mitarbeitern kommen somit bereits für die reinen Satz- und Druckkosten 40 000 EUR oder mehr zusammen. Weiterhin ist zu überlegen, in welche Sprachen der CoC übersetzt werden muss. Gerade in Ländern wie China oder Indien, aber auch in Europa, kann nicht davon ausgegangen werden, dass alle Mitarbeiter die Universalsprache Englisch beherrschen. Selbst wenn Grundkenntnisse vorliegen, reichen diese nicht für das Verständnis eines komplexeren Textes wie dem eines CoC aus. Es sind daher neben der deutschen und englischen Fassungen weitere Sprachen wie Mandarin, Indisch, Portugisisch, Spanisch oder Russisch anzuraten. Ist die Sprachenfrage geklärt, stellt sich die weitere Frage der Verteilung. Wie gelangen 1000, 10 000 oder 100 000 Kodices an alle Mitarbeiter des Unternehmens weltweit? Hier liegen zumeist nicht alle Daten zur Anschrift der Mitarbeiter in einem zentralen Bereich vor. Selbst wenn dies der Fall ist, stellt sich die weitere Frage, ob diese Daten nach nationalen Gesetzen für die Versendung eines CoC an die Compliance-Abteilung der Muttergesellschaft herausgegeben werden dürfen. Können die Anschriften ermittelt werden, ist die Fragestellung zu klären, wer die Verpackung und Versendung der Kodices übernimmt. Die interne Poststelle ist damit mangels Kapazitäten schnell überfordert. Also muss auch hier nicht selten auf eine Fremdvergabe zurückgegriffen werden. Hierfür sind erneut Kosten einzuplanen. Sind zuletzt alle diese Hürden gemeistert, schließt sich die Frage eines Schulungskonzepts an. Soll der CoC in Präsenzschulungen geschult werden? Besteht dafür die notwendige Kapazität? Oder muss darüber hinausgehend auf ein E-Learning zurückgegriffen werden? Letzteres ist gerade in größeren Häusern oftmals der Fall. Die Konzeption und Implementierung eines E-Learnings kann in zwei Varianten erfolgen: Entweder es wird ein fertiges Produkt eines externen Dienstleisters

§ 3. Bestellung und Pflichtendelegation

gekauft oder es wird ein eigenes E-Learning angefertigt.[24] Beide Varianten benötigen mindestens 3–6 Monate von der ersten Konzeption bis zur Freischaltung für die Mitarbeiter.[25] Während ein selbständig erstelltes E-Learning unter 10 000 EUR im Kostenpunkt liegen kann, liegt ein kommerzielles Programm schnell im sechsstelligen Bereich.[26] Sowohl Zeit- als auch Kostenfaktor müssen hier bedacht werden. Soll die Schulung zudem über eine Plattform im firmeneigenen Intranet erfolgen, so muss für dieses die technische Voraussetzung vorliegen. Daneben muss die IT-Abteilung freie Kapazitäten zur Umsetzung sowie ein Budget für dieses Projekt haben. Es kommt vor, dass IT-Budgets bereits am Jahresanfang festgelegt sind, sodass ein später hinzukommendes Projekt, wie im vorliegenden Fall eine CoC-Intranetplattform, nicht mehr im selben Jahr realisiert werden kann.

28   Wie das vergleichsweise einfache Beispiel der Erstellung und Implementierung des CoC zeigt, hat der CCO hier diverse Anforderungen zu gesetzlichen Vorgaben, Prozessen, Schnittstellenmanagement und Kommunikation gleichzeitig zu beachten.[27] Es erfordert daher ausgeprägte Managementkenntnisse, um dieser Aufgabe gerecht zu werden. Ein CMS trägt daher zu Recht das Wort „Management" in seinem Namen. Der CCO muss sich internationalen Anforderungen aus einer Reihe von Bereichen stellen und diese dann in einem Projektplan global aufeinander abstimmen.

2. Compliance-Mitarbeiter

29   Soweit der Theorie entgegen der hier vertretenen Ansicht gefolgt wird, dass eine Garantenstellung für den CCO angenommen wird, so greift diese schon von vornherein fast nie für den CO. Denn eine unterlassene Handlung muss dem Garanten nach den tatsächlichen Umständen möglich und zumutbar gewesen sein.[28] In den allermeisten Fällen verfügt ein CO jedoch nicht über die Möglichkeiten, Verstöße selbst abzustellen. Soweit er den ihm bekannt gewordenen, vermeindlichen Verstoß seinem Vorgesetzten, dem CCO, berichtet, hat er damit im Regelfall alles ihm Mögliche und Zumutbare getan und haftet nicht.

30   Auch kann eine Enthaftung der Organe des Unternehmens von vornherein nur entstehen, wenn diese die entsprechenden Pflichten auf eine sachgerecht ausgewählte, eingewiesene und überwachte Fachkraft delegieren.[29] Dies darf jedenfalls bei einer Delegation an einen Universitätsabgänger mangels Praxiserfahrung nicht angenommen werden. Inwieweit die Delegation an einen anderen Mitarbeiter, der mangels anerkannter Ausbildung keine Fachkraft für Compliance ist,[30] möglich ist, bleibt abzuwarten.

---

[24] Vergleich dazu ausführlich *Hastenrath*, in: Bay/Hastenrath, Kap. 6 Rn. 82 ff.; zu den Anforderungen, Möglichkeiten, Grenzen und Kosten von E-Learning-Programmen *Hastenrath*, CCZ 2014, 132 ff.
[25] *Hastenrath*, in: Bay/Hastenrath, Kap. 6 Rn. 85 f.
[26] *Hastenrath*, in: Bay/Hastenrath, Kap. 6 Rn. 87 f.; *Hastenrath*, CCZ 2014, 133.
[27] Zur Komplexität der Aufgabenstellung von Compliance siehe auch *Niesler*, in: Graf/Jäger/Wittig, § 130 OWiG Rn. 9 ff.
[28] *Fecker/Kinzel*, CCZ 2010, 13.
[29] *Fecker/Kinzel*, CCZ 2010, 13.
[30] Vgl. zur nicht normierten Compliance-Ausbildung *Fecker/Kinzel*, CCZ 2010, 15.

B. Pflichtendelegation an den Chief Compliance Officer und Compliance-Mitarbeiter

II. Möglichkeit und Grenzen der Pflichtendelegation

1. Chief Compliance Officer

Zunächst ist zu klären, welche Pflichten die Organe auf den CCO überhaupt delegieren können und welche Voraussetzungen einer wirksamen Delegation zu grunde liegen. 31

a) Pflichten der Organe allgemein

Den Organen im Unternehmen obliegt eine Reihe von Organisations-, Aufsichts- und Überwachungspflichten. Die Gerichte haben sich im Rahmen der Konkretisierung dieser Pflichten mit der Thematik befasst. Eine Haftung nach §§ 130, 30 OWiG erfordert etwa die Verletzung der **gebotenen Aufsicht**.[31] Allerdings existieren keine allgemeingültigen Anhaltspunkte, welche konkreten Rechtspflichten von Unternehmensseite einzuhalten sind, um nicht wegen einer Aufsichtspflichtsverletzung zur Verantwortung gezogen werden zu können.[32] Die diesbezügliche Rechtsprechung zeichnet sich durch einen Wildwuchs an Kasuistik aus, der sich an den betrieblichen Besonderheiten und der verletzten Norm orientiert.[33] Die Gerichte weisen verstärkt auf die Organisations- und Überwachungspflichten der Unternehmensführung hin,[34] nicht jedoch einzelner Mitarbeiter. Die hier grundlegende „Baustoff-Entscheidung"[35] befasste sich bereits mit einer persönlichen Haftung der Organmitglieder, ohne eine Klärung der Voraussetzungen herbeizuführen. Klar ist jedenfalls eines: Die Aufsichtpflicht ist nicht grenzenlos und muss durch die Sorgfalt limitiert sein, die von und gegenüber einem ordentlichen Arbeitnehmer erwartet werden kann, um betriebsbezogene Pflichtverletzungen zu verhindern.[36] 32

Ebenfalls kann eine Haftung durch Unterlassen der Organe nur im Rahmen der so genannten „Geschäftsherrenhaftung in Form einer Strafverhinderungspflicht" bestehen.[37] Diese Pflicht ist dabei nicht unbegrenzt, sondern beschränkt sich auf so genannte betriebsbezogene Taten von Betriebsangehörigen.[38] Deren Grenzen sowie darüber hinausgehende Exzesstaten sind im Einzelnen umstritten.[39] Eine abschließende Aussage zum Inhalt und Umfang der Organpflichten ist an dieser Stelle daher nicht möglich. 33

b) Nicht delegierbare Pflichten

Mehr Klarheit als der Inhalt und Umfang der Organpflichten bieten die nicht delegierbaren Pflichten. Das Gesetz ordnet hier folgende Pflichten ausschließlich den Organen zu:[40] gewisse Meldungen gegenüber dem Handelsregister,[41] die Pflicht zur Grün- 34

---

[31] *Bussmann/Matschke*, CCZ 2009, 132; zum Verhältnis der Aufsichtspflichtsverletzung nach § 130 OWiG und Compliance siehe *Niesler*, in: Graf/Jäger/Wittig, § 130 OWiG Rn. 9 ff.
[32] *Bussmann/Matschke*, CCZ 2009, 132; zur Problematik der Ausgestaltung von Risiko- und Compliance-Systemen siehe auch *Scherer/Fruth*, S. 11 ff.
[33] *Lackhoff/Schulz*, CCZ 2010, 81 zur nicht abschließenden Klärung in Rechtsprechung und Literatur mwN; *Bussmann/Matschke*, CCZ 2009, 132.
[34] *Mengel*, S. 9.
[35] BGH Urt. v 5.12.1989 – VI ZR 335/88 = BGHZ 109, 297.
[36] OLG Düsseldorf NStZ-RR 1999, 151; *Bussmann/Matschke*, CCZ 2009, 133.
[37] *Lackhoff/Schulz*, CCZ 2010, 83.
[38] *Lackhoff/Schulz*, CCZ 2010, 83.
[39] *Lackhoff/Schulz*, CCZ 2010, 83.
[40] Die Aufzählung erhebt keinen Anspruch auf Vollständigkeit.
[41] Vgl. §§ 36 Abs. 1, 195 Abs. 1, 201 Abs. 1 AktG; §§ 40 Abs. 1, 78 GmbHG.

dungsprüfung,[42] die Pflicht zur Aufstellung des Jahresabschlusses,[43] die Pflicht zum Insolvenzantrag[44] oder eine Reihe steuerlicher Pflichten.[45] Hinzu kommt eine Reihe von geschriebenen und ungeschriebenen Leitungsaufgaben der Gesellschaft, wobei hier insbesondere auf die Pflicht nach § 91 Abs. 2 AktG zur Errichtung eines Risikomanagementsystems hingewiesen werden soll.[46] Neben diesen eindeutig zugewiesenen Pflichten ist in Rechtsprechung und Literatur unstreitig, dass eine vollständige Pflichtendelegation der Geschäftsleitung auf nachgeordnete Mitarbeiter nicht möglich ist, da es sich hierbei um eine Führungsaufgabe handelt, bei welcher trotz Delegation, soweit diese wirksam ist, eine Restverantwortung bei der Geschäftsleitung verbleibt.[47] Teil dieser Restverantwortung ist die allgemeine Überwachungspflicht der Delegatare.[48] Teilweise wird das Delegieren der Einhaltung von Gesetzen auch vollens verneint. Diese ureigene Pflicht der Organe sei nicht delegierbar, auch nicht an den CCO.[49]

c) Delegierbare Pflichten

35   Im Umkehrschluss zu den nicht delegierbaren Pflichten können die restlichen Organpflichten grundsätzlich delegiert werden.[50] Es wird daher für die *erfolgreiche* Pflichtendelegation von Organen auf nachgeordnete Mitarbeiter im Einzelnen darauf ankommen, ob diese wirksam erfolgt ist oder aufgrund von Mängeln in der Delegation beim Organ verbleibt.[51]

d) Voraussetzungen für eine wirksame Übertragung der delegierbaren Pflichten

36   Eine wirksame Übertragung setzt unter anderem die Ausstattung des Pflichtenadressaten, hier des CCO und dessen Abteilung, mit ausreichenden personellen und materiellen Ressourcen voraus, um nicht bereits einen originären Organisationsmangel der Geschäftsleitung zu begründen.[52] Es ist daher in jedem Einzelfall zu prüfen, ob mit den dem CCO zur Verfügung gestellten Ressourcen von einer wirksamen Übertragung ausgegangen werden kann. Hier bleiben aussagekräftige Urteile abzuwarten.

37   Solange derartige Rechtsprechung aussteht, kann nur eine eigenständige Einschätzung der Unternehmensspitze oder des CCO erfolgen, ob die notwendigen Ressourcen vorliegen. Die Situation der Compliance-Abteilungen in vielen deutschen Unternehmen stellt sich grob skizziert häufig so oder ähnlich dar: Der CCO ist der Leiter Recht und hat, trotz hoher Arbeitsauslastung, die Compliance-Verantwortung zusätzlich übertra-

---

[42] Vgl. § 33 Abs. 1 AktG.
[43] Vgl. § 264 Abs. 1 HGB.
[44] Vgl. § 92 Abs. 2 AktG, § 64 Abs. 1 GmbHG.
[45] Vgl. § 34 Abs. 1 AO.
[46] Vgl. zu den Leitungsaufgaben der Organe *Schmidt-Husson*, in: Hauschka, Corporate Compliance, § 7 Rn. 15 ff.
[47] *Illing/Umnuß*, CCZ 2009, 5; *Schmidt-Husson*, in: Hauschka, Corporate Compliance, § 7 Rn. 14; zu strafrechtlichen und zivilrechtlichen Aufsichtspflichten weiterführend siehe *Pelz*, in: Hauschka, Formularbuch, § 6; *Gilch/Schautes*, in: Momsen/Grützner, Kap. 2 A. Rn. 7 sehen Compliance als Vorstandsverantwortung; *Lackhoff/Schulz*, CCZ 2010, 84.
[48] *Schmidt-Husson*, in: Hauschka, Corporate Compliance, § 7 Rn. 27.
[49] *Behringer*, S. 281.
[50] *Scherer/Fruth*, S. 11 geht von einer wirksamen Delegation aus, soweit die nicht näher benannten Voraussetzungen der Rechtsprechung erfüllt sind, hält aber andererseits auf S. 10 den Aufbau eines CMS für die Aufgabe der Geschäftsführung; Anders *Behringer*, S. 281, der eine Delegation der Einhaltung der Rechtspflichten von den Organen auf Dritte ausschließt.
[51] Vgl. hierzu *Lackhoff/Schulz*, CCZ 2010, 85, der bei unzureichender Ausstattung der Compliance-Stelle einen Organisationsmangel annimmt.
[52] *Lackhoff/Schulz*, CCZ 2010, 85 mwN; *Bussmann/Matschke*, CCZ 2009, 137.

B. Pflichtendelegation an den Chief Compliance Officer und Compliance-Mitarbeiter

gen bekommen. Alternativ wurde ein junger, kostengünstiger Kollege eingestellt. In den Großunternehmen sind zunehmend CCO mit einer eigenen Funktion und Abteilung ausgestattet worden. Hierzu wurden erfahrene Manager, meist Juristen, aquiriert, die vorab entweder im Compliance-Bereich oder im Rechtsbereich eines Unternehmens gearbeitet haben oder als Berater für eine Kanzlei oder Wirtschaftsprüfungsgesellschaft tätig waren. Der CCO hat dann weiterhin die Möglichkeit für ein global tätiges Unternehmen lokale Compliance Officer zu benennen, die ihn unterstützen. Diese lokalen Compliance Officer haben oftmals keine juristische oder betriebswirtschaftliche Ausbildung, zum Teil werden Assistenzen benannt. Neben der fachlich fraglichen Qualifikation kommt hinzu, dass die lokalen Compliance Officer diese Tätigkeit meistens nicht in Vollzeit ausüben, sondern mit wenigen Prozent ihrer Wochenarbeitszeit.

Neben dieser personellen Ausstattung stellt sich die Frage nach der inhaltlichen Aufgabenstellung. Geht man hier einmal von der Annahme aus, der CCO solle alle korruptiven Tätigkeiten des Konzerns weltweit unterbinden. Dies würde zunächst voraussetzen, dass er in allen Rechtsordnungen die entsprechenden Rechtskenntnisse besitzt. Da jede Jurisdiktion jedoch über eine eigene Rechtsordnung verfügt, kann der in der deutschen Rechtsordnung ausgebildete CCO dies nur gewährleisten, indem er lokale interne Mitarbeiter oder externe Fachleute mit dieser Aufgabe betraut. Weiterhin müssen alle Prozesse, die für Korruption anfällig sein könnten, aufgefunden und dann entsprechend verbessert werden. Hierbei kann es sich um diverse Tätigkeiten in der Zusammenarbeit mit Dritten, inklusive der Lieferkette, um Zahlungsströme weltweit, um Vergabeprozesse weltweit und ähnliche Prozesse mehr handeln. Diese zu evaluieren erfordert eine erhebliche Kapazität. 38

Wurden die Prozesse gefunden, müssen die neuen Prozesse eingeführt werden. Eine Möglichkeit dazu ist die Schulung der von den Neuerungen betroffenen Mitarbeiter. Verdeutlicht werden kann das in etwa an der Einführung von Beratervertragsmustern für sämtliche Berater, die als vertriebsnah einzustufen sind. Es müssen hier zunächst Vertragsmuster für die verschiedenen Beratertypen, wie beispielsweise Handelsvertreter, allgemeine Berater oder Berater für einzelne Projekte, aufgesetzt und durch das Management verabschiedet werden. Ist dies erfolgt, müssen die Vertragsmuster und die Hintergründe, warum derartige Vorgaben eingeführt werden, geschult werden. In der Konstellation mit derartigen Beratern müssen eine Reihe von Vorgaben beachtet werden – nicht nur bei Vertragsabschluss, sondern während der gesamten Zeit der Zusammenarbeit. Exemplarisch sei hier die Abgabe von Leistungsnachweisen der Berater in einem festgelegten Turnus genannt. Der zuständige CO oder andere Mitarbeiter müssen durchgehend prüfen, ob eine entsprechende Dokumentation vorhanden ist, und falls ja, ob die dort aufgeführten Beraterleistungen dem Honorar des Beraters in einem angemessenen Verhältnis gegenüberstehen. In der Praxis stellt das eine große Herausforderung dar. Nicht nur werden entsprechende Berichte nicht fristgerecht abgeliefert, oft sind auch der Inhalt der Leistungen und deren Wert durch die Berichte nicht nachvollziehbar. Das muss nun allen verantwortlichen Mitarbeitern weltweit begreiflich gemacht werden. Abgesehen vom Zeitaufwand für eine persönliche Schulung, treten hier auch interkulturelle Unterschiede auf. In außereuropäischen Ländern sind derartige Nachweise nicht immer üblich. Daher werden sie dann oftmals auch nicht vertragsgemäß ausgeführt. Es zeigt sich also bereits an diesem kleinen Prozess, wie viele Kapazitäten der CCO dafür von der Geschäftsführung erhalten müsste, um seiner Aufgabe nachzukommen. 39

Hat der CCO schließlich kritische Prozesse identifiziert und sie der Geschäftsleitung mit dem Rat zur sofortigen Einstellung vorgestellt, liegt es an ihr, dies auch umzusetzen. Denn sie ist zur letztendlichen Umsetzung von Systemvorschlägen des CCO berufen. 40

§ 3. Bestellung und Pflichtendelegation

Daher liegt auch die Letztverantwortung bei der Geschäftsleitung.[53] Kommt die Geschäftsleitung dem nicht nach, geht eine möglicherweise zunächst wirksam delegierte Pflicht wieder auf die Geschäftsleitung über, da der CCO hier seine Pflichten, soweit es seine Position erlaubt, ausgefüllt hat. Stellt sich die Geschäftsleitung der Umsetzung entgegen, fehlt also der vielgepriesene „tone from the top", muss sie dafür auch die haftungsrechtliche Verantwortung übernehmen.

41   Zusammenfassend kann also gesagt werden, dass es für eine wirksame Pflichtendelegation einer der Aufgabe angemessene Ressourcenausstattung bedarf. Ist diese, wie es in der Praxis wohl häufig der Fall ist, deutlich erkennbar nicht ausreichend, darf eine wirksame Pflichtendelegation bezweifelt werden. Die Geschäftsleitung ist daher gut beraten, nicht zu versuchen, sich durch die Benennung eines CCO der haftungsrechtlichen Verantwortung zu entziehen, und dem CCO eine möglichst unbegrenzte Aufgabe und Verantwortung zu übertragen. Vielmehr ist eine Aufgabenübertragung in einem erfüllbaren Maße zielführender. Denn soweit diese Delegation mit den vorhandenen Ressourcen erfüllbar ist, besteht hierfür mit viel höherer Wahrscheinlichkeit eine wirksame Delegation an den CCO, während bei einer unbegrenzten Delegation diese von vornherein unwirksam sein kann und damit zu keiner Enthaftung der Geschäftsführung führt.

2. Compliance-Mitarbeiter

42   Wie bereits beim Punkt zur „Pflichtendelegation nach den Anforderungen der Funktion eines CO" erläutert wurde,[54] gilt auch hier Vergleichbares. Soweit der Mitarbeiter in hierarchischer Stellung, mit einschlägiger Berufserfahrung, unabhängiger Entscheidungslage und Zugriff auf Ressourcen nicht eine der Geschäftsleitung vergleichbare Stellung im Unternehmen hat, ist eine allgemeine Pflichtendelegation nicht möglich. Es kann hier ggf. zur Übertragung einzelner Pflichten kommen, in etwa der Prüfung der Rechtslage in einem speziellen Fall. Die hier abgegebene Expertise muss der tatsächlichen Rechtslage entsprechen. Ist die Ausarbeitung fehlerhaft, kann der Mitarbeiter im Rahmen der allgemeinen Arbeitnehmerhaftung haften.

43   Für den CO ist es aus haftungsrechtlicher Sicht sinnvoll, auf seine begrenzten Möglichkeiten schriftlich hinzuweisen, soweit dies nicht sinnvollerweise bereits in seiner Stellenbeschreibung[55] oder seinem Arbeitsvertrag[56] festgelegt ist. Ist dies wegen des bestehenden Abhängigkeitsverhältnisses nicht möglich, etwa weil der Vorgesetzte derartige Äußerungen unterbindet, kann der CO jedenfalls eine Akte für sich führen, in welcher er die Aufgaben und seine tatsächlichen Befugnisse, diese zu lösen, notiert. Kommt es später zu einem Rechtsstreit, kann er zumindest diese zu seiner Verteidigung heranziehen.

III. Fazit

44   Gesetzliche Regelungen zur Pflichtendelegation der Geschäftsführung an den CCO oder dessen nachgeordnete Mitarbeiter existieren nicht. Die Rechtsprechung zeichnet kein klares Bild, welche Pflichten die Geschäftsleitung in welchem Umfang delegieren

---

[53] *Fecker/Kinzel*, CCZ 2010, 17.
[54] Siehe → Rn. 29.
[55] Dazu mehr unter → Rn. 93.
[56] Dazu mehr unter → Rn. 92.

C. Ausübung der Funktion des CCO/des Compliance-Mitarbeiters

kann. Es kann daher keine abschließende Aussage über die wirksame Pflichtendelegation an den CCO getroffen werden. Eine Aussage ist nur insoweit möglich, als dass die Pflichten der Geschäftsführung nie komplett an nachgeordnete Ebenen delegiert werden können. Eine Überwachungspflicht bleibt immer bei der Geschäftsführung. Die wirksame Delegation sonstiger Organpflichten hängt im Einzelfall von ihrer Art und Weise ab. Je weniger Ressourcen und Befugnisse der CCO zur Erledigung seiner übertragenen Aufgaben hat, je weiter sich seine Stellung also von der der Geschäftsleitung unterscheidet, desto geringer wird von einer wirksamen Pflichtendelegation auszugehen sein.

C. Ausübung der Funktion des Chief Compliance Officers/ des Compliance-Mitarbeiters durch unternehmensinterne und -externe Mitarbeiter

Im Gegensatz zu vielen anderen Bereichen im Unternehmen, wie der Rechtsabteilung, dem Vertrieb, dem Einkauf oder dem Controlling, ist der Compliance-Bereich ein relativ junger Bereich. Seit den großen Korruptionsskandalen um die Jahrtausendwende hat sich diese Funktion erst langsam entwickelt und ist heute ein fester Bestandteil in Großunternehmen.[57] Im Mittelstand werden Compliance-Verantwortliche erst nach und nach etabliert. Aufgrund dieser Entwicklung gibt es nur eine geringere Zahl erfahrener CCO, die für eine Besetzung dieser Funktion aus einem anderen Unternehmen abgeworben werden könnten. Das ist ein Grund dafür, dass an dieser Stelle auch über andere Alternativen der Besetzung eines CCO in einem Unternehmen nachgedacht werden muss, welches sich mit dem Aufbau eines Compliance-Bereichs beschäftigt. Im Folgenden werden deshalb verschiedene unternehmensinterne Funktionen auf ihre Tauglichkeit zur möglichen Übernahme der Compliance-Verantwortlichkeit geprüft.

45

I. Funktion des Chief Compliance Officers

1. Übernahme des Postens durch Unternehmensinterne

Zunächst soll eine mögliche Besetzung durch Interne für die Funktion des CCO beleuchtet werden.

46

a) General Counsel/Chefsyndikus

Compliance wird stark vereinfacht häufig als die Einhaltung von Gesetzen und internen Regeln beschrieben.[58] Es liegt daher scheinbar nahe, einer Person auch die Verantwortung für Compliance zu übertragen, die sich originär mit Gesetzen und deren Anwendung im Unternehmen befasst, nämlich dem General Counsel oder Chefsyndikus eines Unternehmens. Die Hauptaufgaben des Chefsyndikus liegen darin, dass das Unternehmen sich rechtskonform verhält, also eigentlich auch die Einhaltung von Regelungen. An dieser Stelle ist daher die Umsetzung dieser Aufgabe durch den Chefsyndikus genauer zu untersuchen. Zeigt sich, dass die Einhaltung der Gesetze in beiden

47

---

[57] Vgl. PwC-Studie 2010, S. 3: 2010 verfügen 44% der Großunternehmen über eine Compliance-Abteilung.
[58] Vgl. *Wieland*, in: Wieland/Steinmeyer/Grüninger, S. 15.

§ 3. Bestellung und Pflichtendelegation

Bereichen vergleichbar umgesetzt wird, könnte der General Counsel in der Tat eine gute Wahl für die Position des CCO sein.

48   Eine der **Hauptaufgaben des General Counsel** ist das Aufsetzen und Prüfen von Verträgen. Als Beispiel soll hier ein einfacher, gewerblicher Kaufvertrag innerhalb Deutschlands dienen. Dieser kann vom Chefsyndikus wie folgt aufgesetzt werden:

KAUFVERTRAG

Zwischen dem Unternehmen A mit Sitz in Bonn – nachfolgend als Käufer bezeichnet –

und

dem Unternehmen B mit Sitz in K. – nachfolgend als Verkäufer bezeichnet –

wird folgender Kaufvertrag geschlossen:

Präambel

Die Parteien sind sich darüber einig, dass dieser Vertrag zum Zwecke des Erwerbs von Waren im gewerblichen Bereich abgeschlossen wird. Vertragsbestandteil sind auch die aktuell gültigen Allgemeinen Geschäftsbedingungen (folgend: AGB) des Verkäufers. Diese AGB sind diesem Vertrag als Anlage 1 beigefügt. Ebenfalls Vertragsbestandteil ist die Typenbeschreibung der Doppelglasfenster, beigefügt in Anlage 2.

§ 1 Vertragsgegenstand

Vertragsgegenstand ist die Lieferung von insgesamt 5000 Doppelglasfenstern des Herstellers C. Die genaue Typenbeschreibung der Doppelglasfenster ist Anlage 2 zu entnehmen.

§ 2 Preisvereinbarungen

Der Kaufpreis beträgt 400 EUR je Doppelglasfenster, also insgesamt 2 000 000 EUR.
   Es handelt sich um einen Nettopreis, ohne die jeweils gültige gesetzliche Umsatzsteuer.

§ 3 Liefertermin

Der Verkäufer verpflichtet sich, die 5000 Doppelglasfenster bis zum 1.10.2014 an den Käufer zu liefern. Der Käufer verpflichtet sich, die Lieferung anzunehmen.

§ 4 Vertragsstrafen

Kann der Verkäufer die 5000 Doppelglasfenster nicht liefern oder kann er die Teillieferungen nicht termingerecht ausführen, ist er zur Zahlung einer Vertragsstrafe an den Käufer verpflichtet. Die Vertragsstrafe beträgt pro verspäteten Werktag 0,1 Prozent des Auftragswerts, wird aber insgesamt auf 100 000 EUR begrenzt.

§ 5 Zahlungsbedingungen

Der Käufer nimmt die Bezahlung in der Art vor, dass der Betrag spätestens am 20. Werktag nach Erhalt der Rechnung beim Verkäufer eingeht.
   Zahlt der Käufer innerhalb von 10 Tagen nach Rechnungserhalt, ist er zu einem Skontoabzug in Höhe von einem Prozent berechtigt.

> **§ 6 Lieferbedingungen und Erfüllungsort**
> Die Lieferung erfolgt durch den Verkäufer. Lieferadresse ist der Unternehmenssitz des Käufers. Der Gefahrübergang erfolgt mit Ablieferung am Werksgelände des Kunden.
>
> **§ 7 Gewährleistung**
> Es gelten die gesetzlichen Gewährleistungspflichten.
>
> **§ 8 Eigentumsvorbehalt**
> Der Verkäufer behält sich das Eigentum an der von ihm gelieferten 5000 Doppelglasfenstern bis zur vollständigen Bezahlung durch den Käufer vor.
>
> **§ 9 Gerichtsstand**
> Als Gerichtsstand vereinbaren beide Vertragspartner ausdrücklich den in den AGB des Verkäufers (Anlage 1) unter Ziffer 8 genannten Gerichtsstand.
>
> **§ 10 Salvatorische Klausel**
> Sollten eine oder mehrere Bestimmungen dieses Vertrags rechtsunwirksam sein oder werden, so soll dadurch die Gültigkeit der übrigen Bestimmungen nicht berührt werden. Die ungültige Bestimmung wird schnellstmöglich durch eine andere Bestimmung ersetzt, die dem wirtschaftlichen Gehalt der rechtsunwirksamen Bestimmung am nächsten kommt.
>
> **§ 11 Schriftformklausel**
> Mündliche Nebenabreden zu diesem Vertrag existieren nicht. Änderungen oder Ergänzungen dieses Vertrags bedürfen der Schriftform.
>
> B., den 22.6.2015
>
> ...   ...
> (Unterschrift des Käufers)   (Unterschrift des Verkäufers)

Die Aufgabe des Chefsyndikus zur Einhaltung der Gesetze, im hier stark vereinfachten Beispiel insbesondere des Bürgerlichen Gesetzbuches, besteht in der Formulierung einzelner Vertragsparagrafen, die die zwingenden Gesetzesvorgaben beachten, in disponiblen Bereiche jedoch zugunsten seines Unternehmens möglichst vorteilhaft niedergelegt werden. Die Spezialisierung ist dabei sehr hoch, dh die Formulierungen sind nicht unbedingt allen Mitarbeitern verständlich. Es werden Referenzierungen auf gesetzliche Vorschriften getroffen, die der Laie nicht kennt. Fachbegriffe, wie der Eigentumsvorbehalt oder die salvatorische Klausel, werden verwendet, mit denen der „Nichtjurist" in der Regel nichts anfangen kann. Die Sprache ist keine Umgangssprache, sondern eine eigene Rechtssprache. 49

Nach Formulierung des Vertragsentwurfs folgt die Verhandlung der einzelnen Paragrafen mit der Gegenseite. In der Praxis bestehen oft höchst anspruchsvolle und komplexe Verträge von mehreren Dutzend oder sogar hunderten Seiten. Die Komplexität steigert sich noch, sobald der Vertrag internationalen Bezug hat und neben deutschem Recht noch zusätzliche Rechtsordnungen berücksichtigt werden müssen. Daher finden die Verhandlungen um die Vertragsausgestaltung immer zwischen Juristen statt oder diese werden mit einbezogen bzw. nachträglich zur Prüfung und Anpassung herangezo- 50 gen, sobald die grundsätzliche Einigkeit zwischen Auftragnehmen und Auftraggeber besteht, dass ein Vertrag abgeschlossen werden soll. Die Gespräche zur Vertragsverhandlung drehen sich demnach nur um juristische Feinheiten und sind dem Laien nur ansatzweise verständlich.

51   Nach dem Aufsetzen und Verhandeln der Verträge ist die Hauptaufgabe des Chefsyndikus getan. Er kümmert sich dann ggf. bei Störungen der Vertragsabwicklung um die (außer-) gerichtliche Durchsetzung von Gewährleistungsansprüchen oder der Verhängung einer Vertragsstrafe. Es ist hingegen nicht Teil seiner Aufgaben, die gesetzlichen Vorgaben für jedermann verständlich darzustellen und aufzubereiten. Auch ist es nicht seine Aufgabe, die Verträge mit Schnittstellen abzustimmen, da er die höchste Rechtsexpertise im Unternehmen besitzt. Schließlich hat er auch nicht dafür Sorge zu tragen, dass die gesetzlichen Vorgaben in Prozesse des Arbeitsalltags der Mitarbeiter integriert werden und er deren Einhaltung dann kontrollieren müsste.

52   Diese vorgenannten Aufgaben stellen jedoch einen großen Teil der Aufgabenstellung eines CCO dar. Er hat nicht nur die Normen zu kennen, er muss auch für deren verständliche Darstellung für die Mitarbeiter sorgen, diese in deren Alltag integrieren und den Erfolg überwachen. Es gibt daher erhebliche Unterschiede in den Aufgabenstellungen zwischen Chefsyndikus und CCO. Der Chefsyndikus ist daher auf Grundlage seiner originären Aufgabenstellung nur bedingt zur Übernahme der Funktion des CCO geeignet. Muss oder möchte er die Funktion des CCO übernehmen, muss er daher zusätzliche Aufgabenstellungen bewältigen, die den Aufgabenbereich des klassischen Juristen verlassen. Auch wird die Erstellung und Ausarbeitung von Rechtsgutachten und -expertisen nur noch eine Randaufgabe sein, da diese der Funktion des CCO nur bedingt Rechnung tragen.

b) Leiter Internal Audit/Revisionsleiter

53   Die **Hauptaufgaben des Revisionsleiters** liegen darin, interne Prüfungen durchzuführen. Es kann sich dabei um systematische Prüfungen handeln, also ob ein internes Vorgabensystem umgesetzt wird, oder um forensische Prüfungen, die einem möglichen Verstoß zu dessen Aufdeckung nachgehen. Gestützt werden diese Prüfungen meist auf einen Revisionsplan, in dem die Geschäftsleitung gewisse Prüfungen für das laufende Jahr freigibt. Die Prüfungen selbst werden dann durch ein- bis mehrwöchige Aufenthalte vor Ort durchgeführt; bei forensischen Prüfungen werden häufig externe Forensikexperten beigezogen. Es kommt zu einer akribischen Sichtung und Auswertung von Unterlagen in Verbindung mit persönlichen Gesprächen vor Ort. Am Ende einer Revisionsprüfung steht ein ausführlicher Revisionsbericht, der die Findings darlegt, die Risiken klassifiziert und einen Maßnahmenplan vorschlägt.

54   Der Revisionsleiter hat somit seine Hauptaufgabe in der gründlichen Prozessanalyse und der Unterbreitung von systematischen Verbesserungsvorschlägen. Mit Rechtsnormen und deren Prüfung kommt er in seinem Aufgabenfeld nur sehr bedingt in Berührung, auch gehören Schulungen zu Vorgaben nicht zu seinen primären Tätigkeiten. Er wird zudem weniger Schnittstellenmanagement betreiben, da der Revisionsplan von der Unternehmensleitung vorgegeben wird, die Durchführung seiner Prüfungen also im Grundsatz nicht angezweifelt wird.

55   Soweit der Revisionsleiter für die Funktion des CCO eingesetzt werden soll, ist er hinsichtlich der Kenntnis von Untersuchung und Verbesserung von Prozessen geeignet wie kein anderer Unternehmensinterner. Die weiteren Anforderungen an den CCO müsste er ebenso wie der General Counsel noch zusätzlich erfüllen. Auch der Revisionsleiter ist daher für die Funktion des CCO nur bedingt geeignet.

c) Organe

aa) Vorstandsmitglied/Geschäftsführungsmitglied. Ein weiterer Gedanke zur Besetzung des CCO könnte in Richtung **Unternehmensleitung** gehen. Es könnte hierbei an den CEO oder den CFO gedacht werden. Diese haben ein breites und anspruchsvolles Aufgabenspektrum. Neben Fachkenntnissen bringen diese viel Erfahrung im Schnittstellenmanagement und der Unternehmenspolitik mit, was für die Funktion des CCO von großem Vorteil ist. Auch kennen sie, jedenfalls bei langer Unternehmenszugehörigkeit, viele relevante Prozesse im Unternehmen und sind im Allgemeinen erfahren in der Kommunikation mit allen Mitarbeiterebenen. 56

Insoweit bringt ein Mitglied der Geschäftsleitung viele Voraussetzungen für die Funktion des CCO mit. Dennoch kann dieses die Funktion aus einem einfachen Grund – dem Zeitmangel – nicht selbst bewältigen. Gerade deshalb will die Unternehmenleitung diese Verpflichtung durch die Einsetzung eines CCO ein Stück weit delegieren. Ein Geschäftsleitungsmitglied wird daher jedenfalls in Personalunion mit seiner Organstellung nicht zusätzlich den Posten des CCO bekleiden können. 57

bb) Aufsichtsratsmitglied. Ebenwo wie ein Mitglied der Geschäftsführung verfügt zwar auch ein Mitglied des Aufsichtsrats über wertvolle Managementerfahrung, Prozesskenntnisse und Kommunikationsstärke, aber auch hier ist der Zeitfaktor der entscheidende Faktor. Die Funktion des CCO ist ein Vollzeitjob und kann nicht mit einem geringeren Zeitpensum bewältigt werden. Daher scheidet auch ein Mitglied des Aufsichtsrats für die Funktion des CCO aus. 58

2. Übertragung der Funktion auf Externe

Schließlich könnte die Funktion des CCO noch mangels interner Kandidaten auf einen Externen übertragen werden. Insbesondere größere Kanzleien[59] und Wirtschaftsprüfungsgesellschaften[60] befassen sich seit einiger Zeit intensiv mit Compliance-Fragen. Es könnte also auch eine Möglichkeit sein, entweder diese externen Experten als CCO zu akquirieren oder die Funktion durch diese Anwälte oder Wirtschaftsprüfer als Externe ausüben zu lassen. 59

a) Rechtsanwalt

Ein externer Rechtsanwalt kann zu einzelnen Fragen eine Rechtsexpertise abgeben. Zum Teil geben die Kanzleien auch Vorschläge ab, wie ein CMS auf- und ausgebaut werden könnte. Beides sind hilfreiche Teilaspekte eines CMS. Jedoch ist es einem Externen fast unmöglich, die internen Prozesse und die Firmenpolitik sowie Schnittstellen zu kennen. Hinzu kommt, dass eine erfolgsversprechende Kommunikation mit einem externen Anwalt fraglich ist, soweit Vorbehalte einiger Mitarbeiter gegen diesen bestehen. Des Weiteren ist ein Mandat auf Stundenbasis grundsätzlich erheblich teurer als einen 60

---

[59] So befassen sich beispielsweise die Großkanzleien Freshfields, siehe http://www.freshfields.com/de/germany/what_we_do/our_services/Regulatory,_compliance_and_public_law/, Stand: 15.6.2015, Linklaters, siehe http://www.linklaters.com/WhatWeDo/Practices/Corporate/Pages/Regulatory-Compliance.aspx, Stand: 15.6.2015, oder Hengeler Müller, siehe http://www.hengeler.com/taetigkeitsgebiete/compliance/, Stand: 15.6.2015, mit Compliance-Fragen.

[60] So befassen sich beispielsweise die Wirtschaftsprüfungsgesellschaften PWC, siehe http://www.pwc.de/de/corporate-governance/index.jhtml, Stand: 15.6.2015, oder Ernest & Young, siehe http://www.ey.com/DE/de/Services/Assurance/Fraud-Investigation-Dispute-Services/Anti-Fraud-and-Compliance-Management, Stand: 15.6.2015, mit Compliance-Fragen.

§ 3. Bestellung und Pflichtendelegation

Mitarbeiter einzustellen, geht man von einer notwendigen Vollzeitstelle aus. Außerdem steht die nicht unerhebliche Frage der Haftung im Raum. Inwieweit übernimmt eine externe Kanzlei die Haftung des Unternehmens für delegierte Compliance-Aufgaben und inwieweit besteht hier von vornherein ein Haftungsausschluss oder eine Haftungsbegrenzung? Die Geschäftsführung möchte sich durch die Compliance-Funktion ein stückweit exkulpieren. Ob das in dieser Konstellation möglich ist, kann an dieser Stelle nicht beantwortet werden, erscheint jedoch fraglich.

61 Es bestehen daher einige zu bedenkende Lücken bei der Aufgabenerfüllung sowie erhebliche Kosten für das Unternehmen, wenn es als CCO einen externen Rechtsanwalt einsetzt. Er ist daher eher weniger für die angesprochene Funktion geeignet.

62 Ähnlich verhält es sich auch, wenn ein Anwalt einer Kanzlei als CCO eingestellt wird. Jedenfalls in den ersten Jahren verfügt er nur unzureichend über die für die Compliance-Funktion elementaren Prozesskenntnisse; das Schnittstellenmanagement sowie unternehmenskulturelle Besonderheiten sind ihm nur im Ansatz bekannt. Er kann daher zwar eine exzellente Rechtsexpertise zu einzelnen Rechtsfragen geben, dies reicht jedoch wie oben festgestellt nicht aus, um ein erfolgreiches CMS zu etablieren. Auch als interner Mitarbeiter ist ein Anwalt daher nur teilweise geeignet.

b) Wirtschaftsprüfer

63 Hinsichtlich der Mandatierung eines externen Wirtschaftsprüfers als CCO gelten die soeben gemachten Ausführungen[61] zur Übernahme der Funktion mit folgender Abweichung entsprechend: Der Wirtschaftsprüfer hat primär keine Rechtsexpertise, sondern kennt sich in der theoretischen Prozesswelt aus. Theoretisch deshalb, weil die unternehmensinternen Prozesse jedes Unternehmens variieren, die Wirtschaftsprüfer in ihrer Funktion aber oftmals mit einer Toolbox aus Checklisten arbeiten, die auf einer Verallgemeinerung der Prozesswelt oder Modellen beruhen.

II. Funktion des Compliance-Mitarbeiters

1. Übernahme des Postens durch Unternehmensinterne

64 Die Übernahme einer Mitarbeiterfunktion im Compliance-Bereich durch den Chefsyndikus, den Revisionsleiter oder ein Organ scheidet denklogisch aus, da diese Funktionen der genannten hierarchisch übergeordnet sind und es für sie einen Rückschritt in Karriere und Vergütung bedeuten würde, der wohl kaum von den angesprochenen Funktionen akzeptiert werden würde.

2. Übertragung der Funktion auf Externe

65 Insoweit wäre nur die Übernahme durch einen externen Anwalt oder Wirtschaftsprüfer denkbar. Als Experte für einzelne Fragestellungen zu Rechts- oder allgemeinen Prozessfragen können diese als Externe den CCO unterstützen. Die interne Unternehmenskenntnis ist jedoch auch hier der limitierende Faktor, hinzu kommen die Kosten für das Mandat.

66 Soweit ein Anwalt oder Wirtschaftsprüfer als Compliance-Mitarbeiter eingestellt wird, kann er einzelne Themenkomplexe gut bearbeiten. Soweit ihm ein erfahrener CCO zur Seite steht, kann dies eine gute Möglichkeit darstellen, ein effektives CMS auf-

---

[61] Siehe → Rn. 59 f.

C. Ausübung der Funktion des CCO/des Compliance-Mitarbeiters

zubauen. Der Compliance-Mitarbeiter hat den Vorteil, dass er während seiner Beratertätigkeit eine Vielzahl von Unternehmen gesehen hat, sodass er wertvolle Ideen einbringen kann.

3. Übernahme durch Mitarbeiter aus anderen Unternehmen

Für den Compliance-Mitarbeiter kann noch an einen erfahrenen Mitarbeiter aus dem Compliance-Bereich anderer Unternehmen gedacht werden. Je nach Kenntnisstand und Vergleichbarkeit der Branche ist er die beste Wahl für diese Position. Der Mitarbeiter kennt bereits viele der unternehmensinternen Herausforderungen und hat Erfahrung mit der Etablierung von Compliance-Maßnahmen in sämtlichen Bereichen. 67

> **Hinweis:** Einen Universitätsabsolventen für diese Position einzustellen, ist nur in einer großen Compliance-Abteilung ratsam, wo neben diesem auch erfahrene Kollegen vorhanden sind. Da die Compliance-Aufgaben vermehrt mit herausfordernden Gesprächen, kritischen Sachverhalten und nicht zuletzt Firmenpolitik zu tun haben, ist ein zu junger Compliance-Mitarbeiter in seiner Durchsetzungsstärke noch zu schwach. Muss er beispielsweise eine Maßnahme entwickeln und durchsetzen, die einen traditionsgemäß sehr starken operativen Bereich im Unternehmen betrifft, kann die Umsetzung dieser Maßnahme am Widerstand des Bereichs scheitern. Hier bedarf es in vielen Fällen einer entsprechenden Erfahrung und Seniorität, um kritische Themen durchzusetzen. 68

III. Fazit

Die Besetzung der Funktion des CCO durch Interne ist nur teilweise zu befürworten. Organe scheiden mangels ausreichender Zeitressourcen aus. Dies widerspricht auch dem Trend der Geschäftsleitung, die Funktion gerade in einer eigenen Compliance-Abteilung und aus der alleinigen Zuständigkeit der Geschäftsführung zu nehmen. Eine Besetzung mit dem Leiter Recht oder Revision deckt die Aufgabenstellung des CCO nur teilweise ab. Das Outsourcing der Compliance-Funktion auf einen Wirtschaftsprüfer oder Rechtsanwalt ist einerseits je nach Honorar sehr schnell sehr kostspielig, andererseits ist fraglich, inwieweit durch diese Konstellation bei einem Compliance-Vorfall eine Enthaftung der Organe überhaupt angenommen werden kann. Schließlich kennen Externe die internen Prozesse nur fragmentarisch und verfügen weder über das Vertrauen der Mitarbeiter noch über ein Netzwerk im Unternehmen, welches sie bei schwierig umsetzbaren Aufgaben gegebenenfalls unterstützt. Soweit ein vorgenannter Externer eingestellt wird, gelten mit Ausnahme des Kostenpunktes ähnliche Erwägungen wie bei dem Outsourcing auf Externe. 69

Die Besetzung der Funktion des CO durch Interne kommt aufgrund der nachgeordneten, hierarchischen Stufe nicht für Organe oder den Chefsyndikus oder den Leiter der Revision in Betracht. Ein Externer kann in einzelnen Punkten den CCO unterstützen, dies gilt auch, wenn er vom Unternehmen als Mitarbeiter eingestellt wird. Je erfahrener der Mitarbeiter mit Compliance-Aufgaben ist, desto besser ist er für die Funktion geeignet. Ein Berufsanfänger sollte wegen der Seniorität, die viele Compliance-Aufgaben erfordern, nur in einem Team mit erfahrenen Compliance-Kollegen eingesetzt werden. Ansonsten besteht die Gefahr, dass er herausfordernde Aufgaben nicht durchsetzen kann. 70

D. Bestellung

71 Die Übernahme der Compliance-Funktion durch CCO oder CO ist in verschiedenen Ausgestaltungen denkbar, die in diesem Abschnitt näher beleuchtet werden sollen. Unabhängig von der Form der Bestellung ist der Inhalt zu definieren, der die Aufgabenstellung des CCO und CO festlegt. Der CCO sollte in seinem Arbeitsvertrag beispielsweise darauf achten, dass die Risiken zwischen seiner potentiellen Haftung und Haftungsentlastung der Geschäftsführungsorgane noch sachgerecht verteilt sind.[62] Der Inhalt ist unabhängig von der Form der Bestellung im Wesentlichen deckungsgleich, sodass zunächst die inhaltliche Aufgabenbeschreibung der Compliance-Funktionen untersucht wird.

I. Inhalt der Bestellung

1. Chief Compliance Officer

72 Der CCO sollte bei seiner **Bestellung** inhaltlich auf verschiedene Punkte achten, die ihren schriftlichen Niederschlag in Arbeitsvertrag, Stellenbeschreibung oder einem anderen Dokument finden sollten. Was mindestens inhaltlich festgehalten werden sollte wird im Folgenden erläutert.

a) Festlegung des inhaltlichen Aufgabenbereichs

73 Zunächst ist wegen des möglichen Haftungsrisikos entgegen einer allgemeinen Aufgabenzuweisung eine präzise Beschreibung und Begrenzung der einzelnen Aufgaben zu wählen.[63] Zusätzlich sollte eine inhaltliche Themeneingrenzung der Compliance-Gebiete, wie etwa die Antikorruption oder das Kartellrecht, erfolgen. Dies ist für andere Beauftragte, die dem CCO teilweise vergleichbar sind, immer der Fall, da deren Beauftragung sich lediglich auf ein Aufgabengebiet bezieht.[64] Ein Muster für eine **Aufgabenbeschreibung** könnte wie folgt aussehen:

> „Dem CCO werden die folgenden Aufgaben durch die Geschäftsleitung übertragen:
>
> 1. Compliance-Ziele, Compliance-Risikoanalyse; Compliance-Organisation
> – Erarbeitung Compliance-Ziele und Vorlage dieser an den Vorstand zur Abstimmung
> – Entwicklung eines Incentivierungs-Systems für die verschiedenen Führungsebenen in Übereinstimmung mit den Compliance-Zielen
> – Durchführung einer Risikoanalyse für die Themen Antikorruption und Kartellrecht, sowie weiterer Themen, die durch den Vorstand festzulegen sind, für den Bereich der Konzernmuttergesellschaft

---

[62] Vgl. zu Haftung und Haftungsentlastung *Fecker/Kinzel*, CCZ 2010, 16.
[63] Vgl. zur Aufgabenzuweisung *Fecker/Kinzel*, CCZ 2010, 17.
[64] Vgl. zB § 33 Abs. 1 WpHG iVm § 12 Abs. 3, Abs. 4 WpDVerOV für den CO im Wertpapierhandelsgesetz; ebenfalls: *Fecker/Kinzel*, CCZ 2010, 15.

D. Bestellung

- Aufbau einer Compliance-Organisation für die Muttergesellschaft sowie die Tochter- und Enkelgesellschaften; Teil der Complianc-Organisation soll ein Compliance-Committee sein, welches sich aus Leitern der angrenzenden Bereiche und dem CCO zusammensetzt
- Unterstützung der Compliance Officer bei der Risikoanalyse in der jeweiligen-Tochtergesellschaft und Koordinierung der einheitlichen Umsetzung von Compliance-Maßnahmen der CO in den Tochtergesellschaften

2. Compliance-Kommunikation und Compliance-Programm
- Erstellung eines Compliance-Programms, welches mindestens
  - aus einer Schulung der Mitarbeiter pro Jahr in Antikorruptions-/oder Kartellthemen als Präsensschulung oder E-Learning,
  - der Entwicklung, Veröffentlichung und Aktualisierungen von Richtlinien auf Konzernebene
  - und der Unterstützung der Etablierung der vorgenannten Maßnahmen auf Ebene der Tochterebene besteht.
- Teil des Compliance-Programms ist auch die zeitliche und inhaltliche Koordinierung der Compliance-Maßnahmen sowie die Implementierung und Überwachung dieser in der unter Punkt 3 genannten Form
- Entwicklung von Kommunikationsmaßnahmen, wie
  - dem Verfassen von Informationsschreiben,
  - dem Aufbau eines Compliance-Intranetauftritts,
  - der Zusammenarbeit mit Organen, Führungskräften und Gremien,
  - einer Mitarbeiterbefragungen,
  - eines persönliches Beratungs- und Informationsangebot des CCO uÄm.
- Beratung des Vorstands in allen Compliance-relevanten (Grundsatz-) Fragen

3. Compliance-Überwachung und Verbesserung
- Entwicklung und Implementierung eines konzernweiten Informations- und Berichtssystems
- Beratung und Unterstützung der Fachbereiche bei der Einführung und Verbesserung von Compliance-relevanten Prozessen; unterstützend können externe Anwälte oder Wirtschaftsprüfer mandatiert werden
- Einsichtsrecht in alle Unterlagen sowie Auskunftsrecht von sämtlichen Mitarbeitern, die zur Wahrnehmung der hier aufgeführten Aufgaben erforderlich sind
- Reportings halbjährlich und aus gegebenem Anlass (ad-hoc) an den CEO
- Konsolidiert die halbjährlichen Reports der Compliance Officer der Tochtergesellschaften und Vorlage dieser an den Vorstand
- Untersuchung von Fehlverhalten, Beendung des Verstoßes und gegebenenfalls Empfehlung für arbeitsrechtliche Schritte an die Personalabteilung; bei strafrechtlich relevanten Fehlverhalten Zusammenarbeit mit der Rechtsabteilung unter Einbezug des Compliance Officers der betroffenen Tochtergesellschaft
- Im Rahmen von behördlichen Verfahren (zB Ermittlungsverfahren) vertritt der CCO zusammen mit dem Leiter der Rechtsabteilung die Unternehmensposition nach Maßgabe der Gesellschafterinteressen und leitet die erforderlichen Aktivitäten. Es können zusätzlich externe Anwälte zur Bearbeitung Compliance-relevanter Sachverhalte mandatiert werden.

§ 3. Bestellung und Pflichtendelegation

74 Das Erstellen von Aufgabenbeschreibungen ist in der Praxis eine schwierige Angelegenheit, da die Arbeitgeberseite die Aufgabenstellung in der Regel möglichst weit und nicht zu spezifisch fassen will. Das muss zum einen vor dem Hintergrund der potentiellen Haftungsfrage gesehen werden, die hier zuungunsten des CCO möglichst weit auf ihn verlagert werden soll, anderseits spielen arbeitsrechtliche Erwägungen eine Rolle. Je spezifischer die Aufgabenstellung ist, desto schwieriger ist es für den Arbeitgeber im Bedarfsfall den Mitarbeiter mit anderen Aufgaben zu betrauen. Hier ist dann möglicherweise ein neuer Arbeitsvertrag fällig, wenn die Aufgaben von den ursprünglich vereinbarten zu weit abweichen.

75 In diesem Spannungsfeld muss der CCO eine Lösung finden, seine Interessen zu vertreten. Da er bei der Einstellung für seine Position in der Regel nur einen gewissen Verhandlungsspielraum besitzt, wenn dies arbeitsvertraglich festgehalten wird, sollte er auch überlegen, ob er nicht mit dem Arbeitgeber eine Vereinbarung treffen kann, seine Aufgaben später in einer Stellenbeschreibung oder einer Geschäftsordnung Compliance genauer zu definieren. Das wäre auch für die Unternehmensleitung von Vorteil, da wie unter → Rn. 30 ff. gesehen, eine Pflichtendelegation nur insoweit möglich ist, als dass die Qualifikation des Mitarbeiters und dessen Resourcenausstattung zu der Aufgabenwahrnehmung ausreichen.

76 Schließlich ist eine klare Aufgabenstellung auch deshalb vorzunehmen, weil die Compliance-Aufgaben immer auch Überlappungen in angrenzende Abteilungen, wie die Rechts-, Revisions-, Datenschutzabteilung oder andere Fachabteilungen, haben. Um hier den betroffenen Bereichen die Ängste zu nehmen, dass sie nun Aufgaben und damit gegebenenfalls einen Teil ihres „Fürstentums" verlieren, muss eine klare Aufgabenstellung von der Geschäftsleitung vorgenommen werden. Ohne sie kann es zu einer mangelnden Unterstützung dieser Bereiche in Compliance-Fragen kommen.

b) Melde- und Überwachungspflichten

77 Weiterhin sind die einzelnen Melde- und Überwachungspflichten genau festzulegen und von den Zuständigkeiten der Fachabteilungen sowie möglicher lokaler Compliance-Beauftragter abzugrenzen.[65] Das ist insbesondere deshalb ratsam, um Überschneidungen und somit Doppelarbeit gegenüber den Fachabteilungen zu vermeiden. Hinsichtlich der lokalen Compliance-Beauftragten ist diese Verteilung relevant, damit die Zuständigkeit des zentralen CCO und von dessen Mitarbeitern auf lokaler Ebene klar definiert ist. Auf lokaler Ebene sind die Compliance-Beauftragten in der Regel keine Vollzeit-Compliance-Kräfte, sondern sie nehmen Compliance-Aufgaben nur mit einem gewissen Teil ihrer Arbeitskraft wahr. Sie sind damit nicht so intensiv mit Compliance-Themen befasst und sollten daher genaue Beschreibungen ihrer Verantwortlichkeiten erhalten. Diese müssen gegebenenfalls in einem gemeinsamen, persönlichen Treffen erläutert werden, damit von einem gleichen Verständnis der Aufgaben auf internationaler Ebene ausgegangen werden kann. Eine besondere Stellung übernehmen die lokalen Compliance-Beauftragten für das Melde- und Überwachungswesen der lokalen Prozesse und Rechtslage in ihrer Gesellschaft. Die Kenntnis und Bearbeitung dieser Bereiche sind von einer zentralen Compliance-Abteilung aus einer Muttergesellschaft heraus nicht leistbar.

c) Regelungen für den Krisenfall

78 Sehr wichtig für den **Krisenfall** ist auch die Regelung, bei welchen Anlässe, wie, wann und wo der CCO Rechtsverstöße zu beanstanden hat und ab welcher Schwelle und ab

---

[65] Vgl. zu Überwachungs- und Meldepflichten *Fecker/Kinzel*, CCZ 2010, 17.

D. Bestellung

welchem Verdachtsmoment eine Informationspflicht des CCO gegenüber der zuständigen Stelle ausgelöst wird.[66] Die Compliance-Abteilung wird, wenn sie gut arbeitet, früher oder später auf Rechtsverstöße stoßen. Dies ist in einem international tätigen Konzern selbst bei bestem Willen und sorgfältigster Rechtsprüfung nicht zu verhindern. Es existieren zu viele, sich kontinuierlich ändernde Gesetze, die sich teilweise in verschiedenen Jurisdiktionen widersprechen. Hinzu kommt, dass jedenfalls im deutschen Rechtsraum die Richter in ihrer Auslegung der einzelnen Gesetze einen weiten Ermessensspielraum haben, der nicht immer im Vorfeld erkennbar ist.

Kommt es dann zur Aufdeckung eines Rechtsverstoßes, ist es ratsam, genaue Kriterien festzulegen, wann der CCO mit welchem Inhalt an wen berichtet. Sollte die Berichtslinie an den Vorstand gehen, ist auch der Fall zu antizipieren, dass der Vorstand gegebenenfalls in den Fall involviert ist. Für diesen Fall ist zu erwägen, ob eine Berichtslinie an den Aufsichtsrat festgelegt werden soll. Soweit es sich um einen schwereren Verstoß handelt, muss auch festgelegt sein, ob ein Berichtsrecht oder eine Berichtspflicht des CCO an Externe, wie die Staatsanwaltschaft, vorgesehen ist oder nicht. Diese kontrovers diskutierte Situation sollte unbedingt geklärt werden, um im Krisenfall weder das Unternehmen noch den CCO vor diese schwere Entscheidung zu stellen. 79

d) Budget

Abschließend sollte ein grundsätzliches **Compliance-Budget** sowie ein Krisenfall-Budget festgelegt werden.[67] Ohne ein ausreichendes Budget können viele Compliance-Aufgaben nicht durchgeführt werden, sodass kein wirksames CMS aufgebaut werden kann. Ob das Compliance-Budget hier oder später an anderer Stelle festgelegt wird, spielt keine Rolle. Wichtig ist nur, dass es dem CCO definitiv zur Verfügung steht. 80

2. Compliance-Mitarbeiter

Jeder Compliance-Mitarbeiter sollte über klar definierte Aufgaben verfügen, die keine Überschneidungen zu den angrenzenden Fachbereichen zulassen. Dazu gehören auch mögliche Meldepflichten, soweit diese nicht dem CCO zugeordnet sind. Sofern der CO eine Unterstützungsfunktion für einzelne Aufgaben wahrnimmt, kann dies genau so zB im Arbeitsvertrag festgehalten werden. 81

Grundsätzlich auszuschließen ist, dass sich Compliance-Mitarbeiter um die Lösung eines Krisenfalls kümmern müssen, da dies eine Aufgabe des CCO ist. Insoweit ist eine Regelung zu Berichtslinien für den Krisenfall für den CCO nicht notwendig, es sei denn, der Arbeitgeber möchte dies zusätzlich regeln. Gegebenenfalls kann eine Berichtspflicht auf ein unternehmensinteres Level begrenzt werden. 82

Budgetfragen sind für den CO nicht relevant, da diese auf höherer Hierarchiestufe geregelt werden. Eine Ausnahme gilt allerdings dann, wenn der CO selbst eigenständige Teilbereiche leitet, etwa in einer Sparte eines Konzerns. Dann bedarf er wie der CCO eines festgelegten Budgets. 83

---

[66] Vgl. zum Krisenfall *Fecker/Kinzel*, CCZ 2010, 17.
[67] Vgl. zum Budget *Fecker/Kinzel*, CCZ 2010, 17.

§ 3. Bestellung und Pflichtendelegation

II. Form der Bestellung

1. Chief Compliance Officer

84 Nach der inhaltlichen Klärung der Aufgaben von CCO und CO ist nun die Form der Aufgabenfixierung zu beleuchten. Die Bestellung ist an dieser Stelle untechnisch zu verstehen. Weder für den CCO noch für den CO gibt es wie bei den gesetzlich fixierten Beauftragten eine gesetzliche Bestellung.

a) Regelung im Arbeitsvertrag

85 Der erste schriftliche Kontakt zwischen Unternehmen und CCO ist der Arbeitsvertrag. Hierin werden die Eckpfeiler für die künftige Zusammenarbeit festgelegt. Ein Paragraf im Arbeitsvertrag befasst sich mit der Tätigkeit, für die der CCO eingestellt wird. An dieser Stelle sollten die Kompetenzen des CCO detailliert beschrieben werden.[68] Soweit dies im Unternehmen nicht üblich ist und die Aufgaben nur allgemein beschrieben werden sollen, damit der CCO unter anderem arbeitsrechtlich nicht nur für die genau beschriebenen Tätigkeiten, sondern zukünftig auch für ähnliche oder damit zusammenhängende eingesetzt werden kann, kann dies eine nicht verhandelbare Position des Arbeitgebers sein. In dieser Situation wird der CCO, möchte er die Stelle erhalten, nur einen geringen Einfluss auf die detaillierte Aufgabenbeschreibung haben. Ist das der Fall, sollte er an dieser Stelle gegebenenfalls nachgeben und die weitere Aufgabendetaillierung in einem anderen Dokument festlegen lassen.

b) Stellenbeschreibung

86 Neben dem Arbeitsvertrag gibt es in vielen Unternehmen eine Stellenbeschreibung, die das Aufgabenfeld des jeweiligen Arbeitnehmers weiter spezifiziert. Dies stellt ebenfalls eine gute Möglichkeit dar, die Aufgaben des CCO näher zu beschreiben und einzugrenzen.

c) Regelung analog zu anderen Beauftragten

87 Eine Aufgabenbeschreibung könnte auch analog zu der Bestellung eines Beauftragten ausgestaltet werden. Wie sieht eine solche Bestellung aus? Beispielhaft hier ein Muster für eine Bestellung eines Datenschutzbeauftragten:

88 **Muster: Bestellung zum betrieblichen Datenschutzbeauftragten**

Betr.: Beauftragter für den Datenschutz gem. §§ 4f und 4g BDSG

[Namen hier ergänzen] wird für das Unternehmen [genaue Unternehmensbezeichnung hier ergänzen] hiermit zum Beauftragten für den Datenschutz bestellt.

Im Bereich der Erfüllung der Aufgaben als Datenschutzbeauftragter wird er der Geschäftsleitung unmittelbar unterstellt. In der Geschäftsleitung ist für Fragen des Datenschutzes Herr/Frau [Namen hier ergänzen] zuständig. Diese/r unterstützt den Datenschutzbeauftragten bei der Wahrnehmung seiner Aufgaben.

---

[68] Vergleich zur Aufgabenfestlegung im Anstellungsvertrag *Illing/Umnuß*, CCZ 2009, 7.

D. Bestellung

> [Namen hier ergänzen] ist bei der Anwendung seiner Fachkunde auf dem Gebiet des Datenschutzes weisungsfrei.
>
> Aufgabe des Datenschutzbeauftragten ist es, auf die Einhaltung des Bundesdatenschutzgesetzes sowie anderer Vorschriften zum Datenschutz im genannten Unternehmen hinzuwirken. Diesbezüglich ist es dem Datenschutzbeauftragten auch gestattet, sich in Zweifelsfällen an die für das Unternehmen zuständige Datenschutzaufsichtsbehörde zu wenden.
>
> Die gesetzlichen Pflichten des Datenschutzbeauftragten ergeben sich vor allem aus § 4g Bundesdatenschutzgesetz und erstrecken sich insbesondere auf:
> – die Überwachung der ordnungsgemäßen Anwendung der Datenverarbeitungsprogramme, mit deren Hilfe personenbezogene Daten verarbeitet werden sollen sowie
> – die Unterrichtung und Schulung der bei der Verarbeitung personenbezogener Daten tätigen Personen hinsichtlich der Vorschriften des Bundesdatenschutzgesetzes sowie anderer Vorschriften über den Datenschutz und die sich daraus ergebenden Erfordernisse in Arbeitsprozessen
>
> Der Datenschutzbeauftragte hat eine Verschwiegenheitspflicht hinsichtlich der Identität von Betroffenen sowie der Umstände, die Rückschlüsse auf die Betroffenen zulassen. Diese Verschwiegenheitspflicht entfällt nur, soweit der Datenschutzbeauftragte durch die Betroffenen ausdrücklich davon befreit wurde.
>
> Die Übersicht nach § 4g Abs. 2 BDSG wird durch den Datenschutzbeauftragten geführt.
>
> ...
> (Ort und Datum)
>
> ...
> (Für die Geschäftsleitung)
>
> Ich bin mit der Bestellung zum/zur Beauftragten für den Datenschutz einverstanden.
>
> ...
> (Ort, Datum, Unterschrift)

Die Bestellung des Datenschutzbeauftragten zeigt klar die Aufgaben und Einbindung ins Unternehmen. Ebenfalls ist er hinsichtlich seiner Aufgaben weisungsfrei. Die Unternehmensleitung unterstützt ihn bei seiner Aufgabenwahrnehmung. Eine ähnliche Bestellung, wenn auch nicht aufgrund von gesetzlichen Vorschriften, ist gut auf den CCO übertragbar. Es muss in jedem Unternehmen selbst bestimmt werden, hinsichtlich welcher Vorschriften der CCO die verantwortlichen Mitarbeiter unterstützt und auf die Einhaltung der Vorschriften durch diese hinwirkt. Ebenfalls sind Berichtslinien, Eskalation nach außen sowie Schulungsaufgaben entsprechend zur Beauftragung des Datenschutzbeauftragten festzulegen. 89

d) Bestellung qua Weisungsrecht des Arbeitgebers

Gewisse Pflichten können den Arbeitnehmern auch dann aufgegeben werden, wenn diese nicht ausdrücklich in ihrem Arbeitsvertrag geregelt sind. Das Weisungsrecht des Arbeitgebers erschöpft sich jedoch in der Wiederholung gesetzlich bereits bestehender 90

§ 3. Bestellung und Pflichtendelegation

Vorgaben oder darüber hinausgehend in der aufgrund von Gesetzes- oder Richterrecht bestehenden Nebenpflichten des Arbeitnehmers auch ohne ausdrückliche vertragliche Regelung.[69] In erster Linie handelt es sich hierbei um Treue-, Loyalitäts- bzw. Rücksichtnahmepflichten der Arbeitnehmer.[70] Beispiele hierfür können die Pflicht zur Verschwiegenheit, Anzeige- und Aufklärungspflichten oder Schutpflichten für das Eigentum des Arbeitnehmers sein.[71]

Da die Betrauung mit Compliance-Aufgaben, wie unter → Rn. 4 ff. bereits ausführlich dargestellt, aber in ganz erheblichem Maße über Nebenpflichten qua Weisungsrecht hinausgeht, kann eine wirksame Bestellung nicht über dieses erfolgen.

e) Keine explizite Bestellung

91   Es sind Fälle in der Unternehmenswirklichkeit denkbar, in denen es keine explizite Bestellung mit festgeschriebenen Aufgaben gibt. Das ist insbesondere vorstellbar, wenn der CCO diese Funktion neben einer anderen, wie der des Chefsyndikuses oder des Revisionsleiters, übernimmt. Von dieser Konstellation ist aus zwei Gründen abzuraten. Zum einen ist die Compliance-Funktion nicht „nebenher" auszufüllen. Desweiteren sind so Umfang, Grenzen, Kompetenzen, Berichtslinien und Schnittstellen in keinster Weise definiert. Dies führt im besten Fall zu Doppelbearbeitungen und zusätzlichem Zeitaufwand, im schlimmsten Fall zur Blockade von Compliance-Themen durch angrenzende Bereiche und deren Mitarbeiter.

2. Compliance-Mitarbeiter

a) Regelung im Arbeitsvertrag

92   Entsprechend den Ausführungen unter → Rn. 85 gilt Vergleichbares für den CO. Auch hier ist es anzuraten, den Pflichtenkreis im Arbeitsvertrag klar festzulegen. Die Parteien können diesen grundsätzlich frei bestimmen,[72] müssen also auch keine Detailregelungen treffen. Bei einer so jungen Disziplin wie der von Compliance sollte jedoch die Möglichkeit einer Eingrenzung und Spezifizierung der Aufgaben und Pflichten bereits an dieser Stelle festgelegt werden. Insbesondere für den CO, der im Allgemeinen nur Teilverantwortung für einzelne Themen übernimmt, bietet sich die Aufgabenbeschreibung im Arbeitsvertrag an.

b) Stellenbeschreibung

93   Ist im Arbeitsvertrag keine genaue Aufgabenbeschreibung festgelegt worden, kann das auch in Form der Stellenbescheibung nachgeholt werden.

c) Analog zu anderen Beauftragten

94   Im Gegensatz zum CCO ist für den CO keine analoge Regelung wie bei der Bestellung der gesetzlich Beauftragten zu befürworten, da die Aufgaben des CO nachgeordnet sind und die letztendliche Verantwortung beim CCO oder der Geschäftsleitung liegt.

---

[69] *Mengel*, Kap. 1 Rn. 9.
[70] *Mengel*, Kap. 1 Rn. 10.
[71] *Mengel*, Kap. 1 Rn. 10.
[72] *Fecker/Kinzel*, CCZ 2010, 16 mwN.

d) Bestellung qua Weisungsrecht des Arbeitgebers

Auch hier gilt das zum CCO unter → Rn. 90 Gesagte. Das Weisungsrecht ist für Compliance-Aufgaben nicht geeignet, da viele Aufgaben dessen Grenzen überschreiten und damit eine Bestellung qua Weisungsrecht nicht wirksam ist.

e) Keine explizite Bestellung

Die Aufgaben des CO sind zwar weiter beschränkt als die des CCO. Dennoch ergeben sich bei fehlenden, ausreichenden Aufgaben- und Befugniszuweisungen vergleichbare Probleme wie beim CCO. Die Probleme mögen wegen des kleineren Aufgabenbereichs und weniger exponierten Aufgaben in den Auswirkungen insgesamt weniger ins Gewicht fallen, dennoch sollten diese Unklarheiten durch eine entsprechende Definition der Arbeitsbeschreibung des CO durch die Unternehmensleitung vermieden werden.

III. Fazit

Für den CCO und den CO sollte der Inhalt ihrer Aufgaben und Befugnisse durch die Unternehmensleitung festgelegt werden. So können schon frühzeitig Reibungsverluste durch Doppelbearbeitung, Schnittstellenproblematiken und Unsicherheiten zur Weite der Befugnissen und Aufgaben vermieden werden. Nur durch eine klare Aufgabenbegrenzung auf ein umsetzbares Maß kann es zu einer möglichen Delegation von Pflichten der Geschäftsleitung auf (insbesondere) den CCO kommen. Sind seine Aufgaben von Beginn an mit seinen Qualifikationen und Ressourcen nicht zu erfüllen, verbleibt die haftungsrechtliche Verantwortung bei der Unternehmensleitung. Auch für diese ist eine klare Aufgabenzuweisung an den CCO und nachgelagerte Mitarbeiter daher von Vorteil.

E. Schutzbedarf der Compliance-Verantwortlichen

Bisher wurde in der Literatur viel über die (arbeitsrechtliche) Umsetzung und Wirksamkeit von Compliance-Maßnahmen diskutiert. Nicht betrachtet wurde dabei die (arbeits-) rechtliche Stellung der Compliance-Verantwortlichen.[73] Dies ist zu bedauern. Es stellt gerade auch deshalb ein wichtiges Thema dar, weil besonders der CCO – in geringerem Maße jedoch auch der CO – im Unternehmen in einem äußerst sensiblen Bereich tätig ist und sein Verhältnis zur Geschäftsleitung unter Umständen besonders konfliktgefährdet ist.[74] Man sollte daher darüber nachdenken, ob nicht ein besonderer gesetzlicher Schutz, etwa ein Kündigungsschutz, angebracht wäre. Ein solcher existiert für Compliance-Beauftragte bisher jedoch nicht.[75]

Es gibt jedoch bereits verschiedene Beauftragte im Unternehmen, so beispielsweise zum Arbeits- und Datenschutz den Sicherheitsbeauftragten[76] bzw. die Fachkraft für Arbeitssicherheit[77] und den Datenschutzbeauftragten[78], zum Gewässerschutz den Gewäs-

---

[73] *Illing/Umnuß*, CCZ 2009, 1.
[74] So auch *Illing/Umnuß*, CCZ 2009, 6.
[75] *Illing/Umnuß*, CCZ 2009, 6.
[76] Siehe § 22 SGB VII.
[77] Siehe § 6 ASiG.
[78] Siehe § 4f BDSG.

serschutzbeauftragten[79] oder zum Umgang mit Abfällen den Abfallbeauftragten,[80] denen bereits ein spezieller gesetzlicher Kündigungsschutz zur Verfügung steht. Dies könnte auch für Compliance-Verantwortliche sinnvoll sein.[81]

I. Beauftragte in Unternehmen

100   Exemplarisch sollen hier der Beauftragte zum Datenschutz und zum Immissionsschutz näher beleuchtet werden, um die Vergleichbarkeit mit Compliance-Verantwortlichen zu überprüfen.

1. Inhalte ausgewählter Beauftragtentätigkeiten

101   Die Voraussetzungen, Funktion und Aufgaben des Datenschutzbeauftragten werden in § 4f und § 4g BDSG genau beschrieben.
102   Die Voraussetzungen, Funktion und Aufgaben des Immissionsschutzbeauftragten sind in §§ 54 ff. BImSchG formuliert.
103   Aus den Vorschriften zum Datenschutz- und Immissionsschutzbeauftragten lassen sich verkürzt die folgenden, wichtigsten Voraussetzungen, Rechte und Pflichten aufzeigen:
– Bestellung ist verpflichtend, einen Monat nach Tätigkeitsaufnahme des Unternehmens ab einer geringen Personenzahl
– Bestellung schriftlich mit genauer Aufgabenbeschreibung
– Bestehen der erforderlichen Fachkunde und Zuverlässigkeit des Beauftragten
– Direkte Unterstellung unter Geschäftsführung
– Beauftrager ist von Unternehmensleitung bei der Erfüllung seiner Aufgaben zu unterstützen sowie erforderliches Hilfspersonal, Räume, Einrichtungen, Geräte und Mittel zur Verfügung zu stellen
– Berichtslinie an die Geschäftsleitung
– Weisungsfreiheit
– Wirkt auf die Einhaltung dieses Gesetzes und anderer nationaler Vorschriften über den Datenschutz bzw. Immissionsschutz hin
– Koordinierung der Aufgaben durch Ausschussbildung mit weiteren Beauftragten
– Keine Benachteiligungen sowie Ausschluss der ordentlichen Kündigung während und ein Jahr nach Beendigung der Tätigkeit
– Teilnahme an Fort- und Weiterbildungsveranstaltungen durch Unternehmensleitung zu ermöglichen
– Teilweise abgeleitetes Zeugnisverweigerungsrecht sowie in diesem Maße auch Beschlagnahmeverbot hinsichtlich seiner Akten und anderer Schriftstücke
– Anlaufstelle für betroffene Personen
– Aufklärung und Schulung zur Anwendung der entsprechenden gesetzlichen Vorschriften
– Hinwirkung und Mitwirkung insbesondere durch Begutachtung der Verfahrensverbesserung
– Überwachung der Einhaltung der entsprechenden gesetzlichen Vorschriften
– Kontrolle der Regelbefolgung und Verbesserungsvorschläge.

---

[79] Siehe § 21f WHG.
[80] Siehe § 59 KrWG.
[81] Vgl. § 4f Abs. 3 BDSG; § 58 BImSchG, § 21f WHG oder § 59 KrWG.

E. Schutzbedarf der Compliance-Verantwortlichen

Überträgt man diese Rechte und Pflichten der Beauftragten auf die Strukturen des Compliance-Prozesshauses ergibt sich für das Beauftragten-Prozesshaus folgendes Bild: 104

Beauftragten-Aufgabenfeld

Gesetze & Standards	Prozesskenntnisse	RM/ IKS/ Audit	Schnittstellen u. Managementfunktion	Kommunikation
Spezifische nationale Gesetze und Vorgaben	Prozesse identifizieren, analysieren, bewerten, verbessern Berichtswesen Dokumentation	Erhebung und Bewertung von Risiken im Bereich der Beauftragung Verbesserungsvorschläge	Schnittstellen zu: anderen Beauftragten, QM	Schulungen Informieren Beratung

Wie sich anhand dieser Einteilung sehr schnell erkennen lässt, umfasst die Beauftragtenfunktion Aufgaben aus allen fünf Säulen, die auch das Compliance-Aufgabenfeld umfasst. Die Pflichten innerhalb der einzelnen Säulen bleiben insgesamt dabei hinter denen des CCO zurück. 105

2. Konfliktpotentiale zwischen Beauftragtem und anderen Funktionen im Unternehmen

Die Funktion des Beauftragten dient dem Schutz bestimmter Güter, die der Gesetzgeber ausdrücklich dem Schutz durch die Rechtsordnung unterstellt hat. Dies ist deshalb notwendig, weil diese Güter freiwillig vom Unternehmen nicht immer ausreichend geschützt werden. So wurden früher beispielsweise Umwelt- und Datenschutz in der Unternehmenswelt eher vernachlässigt. Im heutigen Informationszeitalter, in welchem digitalisierte Daten in Sekundenschnelle die Welt umrunden und unbegrenzt vervielfältigt und gespeichert werden können, kommt dem Schutz dieser Informationen eine immer höhere Bedeutung zu. Auch der Umweltschutz und viele andere schützenswerte Bereiche erlangen durch die Verknappung der Rohstoffe und der fortschreitenden internationalen Industrialisierung zunehmend an Gewicht. Der Beauftragte muss daher für deren Schutz sorgen, was einen Konflikt zu verschiedenen anderen Funktionen im Un- 106

§ 3. Bestellung und Pflichtendelegation

ternehmen darstellen kann. Das primäre Unternehmenziel ist auf den Verkauf seiner Dienstleistungen oder Produkte ausgelegt. Ein Unternehmen und dessen Organe sind nur deshalb tätig. Kommen gesetzliche Schutzaufgaben eines Beauftragten hinzu, schmälern diese den Gewinn durch die anfallenden Kosten und tragen gerade nicht zum operativen Ergebnis bei. Insbesondere in Krisenzeiten kann daher ein Interessenkonflikt zwischen Beauftragtem und insbesondere der Unternehmensleitung vorliegen. Der Konflikt wird umso größer je mehr die Aufgaben des Beauftragten in die operativen Prozesse eingreifen und möglicherweise einzelne gewinnbringende Tätigkeiten des Unternehmens erschweren oder verhindern.

107 Zu Konflikten zwischen Beauftragtem und einzelnen Funktionsträgern im Unternehmen kann es je nach Aufgabenstellung kommen, wenn die Incentivierung der Funktionsträger, etwa der Vertriebsmitarbeiter, an Ziele geknüpft ist, die den Aufgaben des Beauftragten konträr gegenüberstehen. Soll beispielsweise ein neues Werk zur Produktion einer Ware nach der Incentivierung des Funktionsträgers möglichst kostengünstig gebaut werden, stehen dem gegebenenfalls einzuhaltende Umweltauflagen entgegen. Besonders kritisch kann es hier werden, wenn die gesetzlichen Vorgaben dem Beauftragten einen Ermessensspielraum lassen und dieser eine strenge Auslegung, also in etwa eine sehr kostenspielige Umweltmaßnahme wählt, während der Funktionsträger nach seiner Auslegung zu einer wesentlich günstigeren Umsetzung der Maßnahme kommt.

108 Auch konfliktär werden kann die Umsetzung der gesetzlichen Aufgaben des Beauftragten in unternehmensinternen Prozessen. Das „Wie" der Umsetzung von gesetzlichen Anforderungen ist in deutschen Gesetzen zum ganz überwiegenden Teil nicht vorgegeben. Teilweise wird diese Lücke durch die Rechtsprechung geschlossen, wobei es hier auch unterschiedliche Entscheidungen der Gerichte geben kann. Hinzu kommt, dass die Entscheidungen sich oftmals auf einen speziellen Einzelfall beziehen, sodass eine Verallgemeinerung auf andere Sachverhalte nur bedingt zulässig ist. Daher muss der Beauftragte selbständig die Prozesse zur Umsetzung der gesetzlichen Anforderungen entwickeln und ins Unternehmen einführen. Derartige Prozesse bedeuten oftmals einen Mehraufwand für die operativen Funktionen, sodass diese den neuen Prozessen kritisch gegenüberstehen können oder diese sogar überhaupt nicht umsetzen. Forciert der Beauftragte die Umsetzung dann, gegebenenfalls eskalierend über die Unternehmensleitung, entstehen nicht selten Konflikte.

II. Tätigkeit der Compliance-Verantwortlichen

1. Inhalte

109 Vergegenwärtigen Sie sich zur Erinnerung der unter → Rn. 5 ff. im Compliance-Haus bereits aufgeführten Aufgaben des Compliance-Verantwortlichen.

110 Hinzu kommt die Klammerfunktion der Koordination dieser Säulen zu einem abgestimmten CMS. Ein CMS kann es sogar erforderlich machen, dass die Entscheidungen des CCO in der Art und Tragweite denen eines Geschäftsführungsmitglieds gleichkommen. Soll beispielsweise die Geschäftstätigkeit in ein Land mit höchstem Korruptionsindex gemäß Transparency International[82] ausgedehnt werden, und ist das angestrebte

---

[82] Zum Korruptionsindex der letzten Jahre von Transparency International siehe http://www.transparency.de/Corruption-Perceptions-Index.2164.0.html, Stand: 18.6.2015.

E. Schutzbedarf der Compliance-Verantwortlichen

Geschäftsmodell legal nicht durchführbar, kann es dem CCO obliegen, die geplante Geschäftstätigkeit in diesem Land zu verhindern. Oder es tritt in Form eines Kartells ein Verstoß gegen Kartellrecht auf und es müssen schnell inhaltliche und strategische Entscheidungen von höchster Tragweite getroffen werden. Oder die Tätigkeit in einem Land, gegen welches strenge Embargos verhängt wurden und in welchem die Tätigkeit ein hohes Reputationsrisiko des Unternehmens birgt, muss beendet oder stark verändert fortgeführt werden. Auch hier agiert der CCO auf einem Level, das dem der Geschäftsleitung entsprechen kann.

2. Konfliktpotentiale zwischen Chief Compliance Officer/Compliance-Mitarbeiter und anderen Funktionen im Unternehmen

Der CCO bzw. in geringerem Umfang auch der CO sind im Unternehmen dafür zuständig, die verantwortlichen Risikoinhaber bei ihren Organisations- und Überwachungspflichten zu unterstützen und dadurch deren Haftungs-, Bebußungs- und Reputationsrisiken zu verringern. Meistens werden von der Unternehmensleitung die Themen Antikorruption und Kartellrecht in Teilen an die Compliance-Funktion delegiert.[83] In den genannten und gegebenenfalls weiteren Tätigkeitsfeldern des CCO liegt keine gesetzliche Beauftragtenstellung vor. Daher existiert auch kein festgelegter oder jedenfalls umrissener gesetzlicher Aufgabenbereich. Der CCO ist vielmehr häufig aus zwei Gründen von der Unternehmensleitung eingestellt worden: zum einen aus Angst vor den zunehmenden Rechtsrisiken, zum anderen durch den öffentlichen Druck, der aus vielen Skandalfällen entstanden ist. Letzteres hat bei großen Konzernen, insbesondere bei DAX-Unternehmen, zur Einführung einer Compliance-Abteilung geführt bzw. nicht unmaßgeblich dazu beigetragen.

111

Diese Entstehungsgeschichte zeigt bereits das erhebliche Konfliktpotential, welches der Aufgabe des CCO innewohnen kann. Denn herrscht erheblicher Druck zur Einrichtung einer Compliance-Abteilung, wird diesem primär nachgegeben. Es wird eine Compliance-Abteilung eingerichtet. Sie kann zunächst mit Schulungen und Information der Mitarbeiter beginnen und spielt in diesem Stadium für den operativen Bereich eine untergeordnete Rolle. Wenn das CMS jedoch weiter ausreift und der CCO kritische Prozesse beleuchtet, verändern oder gar unterbinden will, wird die Situation für ihn nicht selten kritischer. Jetzt muss er in seiner Funktion dafür sorgen, dass gegebenenfalls gewinnbringende Tätigkeiten des Unternehmens nicht mehr ausgeführt werden. Etwa kann ein Vertrag mit einem hohen Korruptionsrisiko nicht abgeschlossen werden, sodass ein Kunde verloren geht oder altbewährte Praktiken zwischen Wettbewerbern unterlassen werden müssen, da ein Verstoß gegen das Wettbewerbsrecht droht. Es kann sogar zu der Frage kommen, ob der CCO sich wegen eines Gesetzesverstoßes in seinem Unternehmen, dem die Geschäftsführung nicht abhilft, an eine externe Behörde wenden muss.

112

Muss der CCO, um seiner Aufgabe gerecht zu werden, gewinnmindernde Maßnahmen ergreifen, Annehmlichkeiten wie die Annahme von Geschenken und Einladungen von Mitarbeitern unterbinden oder Prozesse durch zusätzliche Prüfschritte verlängern und verteuern, kann es zu einem Konflikt nicht nur mit Funktionen kommen, die primär nach Umsatz incentiviert werden, sondern auch mit der Unternehmensleitung, wenn diese die Lage anders bewertet oder die wirtschaftlichen Aspekte über die rechtlichen stellt. Insbesondere wenn die Wirtschaftslage sich verschlechtert, kann die Verlo-

113

---

[83] Zu Möglichkeit und Grenzen einer wirksamen Delegation → Rn. 31 ff.

§ 3. Bestellung und Pflichtendelegation

ckung bestehen, die Compliance-Ziele nicht mehr so genau zu nehmen und stattdessen in etwa doch den nicht ganz unzweifelhaften Auftrag in einem Hochrisikoland anzunehmen.

III. Vergleichbarkeit

114 Die Funktion des Beauftragten und die des CCO und eines Compliance-Mitarbeiters sind vergleichbar. Beide Funktionen haben die Aufgabe, bestimmte Prozesse einzuführen, zu schulen, zu sensibilisieren und zu überwachen, um entweder gesetzliche Vorgaben umzusetzen oder um Haftungs- und Reputationsrisiken, die aus Gesetzesverstößen resultieren, zu vermindern. Es ist diesen Aufgabenstellungen immanent, dass dadurch das Erreichen bestimmter Umsatzziele erschwert werden kann. Das führt zu einer vergleichbaren Situation von Beauftragtem und Compliance-Verantwortlichem. Die Situation des CCO ist mangels gesetzlicher Ausgestaltung und gesetzlichem Schutz seiner Position sogar als noch konfliktärer zu bewerten als die eines klassischen Beauftragten.

IV. Schutzbedarf der Beauftragten mit Tipps zur Umsetzung

115 Die Vergleichbarkeit der verschiedenen gesetzlichen Beauftragten im Unternehmen und des CCO wurde näher beleuchtet und bejaht.[84] Ebenfalls obliegen dem CCO teilweise der Geschäftsführung vergleichbare Pflichten. Diese Erkenntnisse führen zu dem Ergebnis, dass der CCO und auch nachgeordnete Mitarbeiter in geringerem Maßstab eines entsprechenden Schutzes und/oder einer entsprechenden Stellung bedürfen.

116 Hier sollte zunächst, wie beim Immissionsschutzbeauftragten[85], beim Gewässerschutzbeauftragten,[86] dem Abfallbeauftragten[87] oder dem Datenschutzbeauftragten[88], nur eine außerordentliche Kündigung möglich sein. Mangels gesetzlicher Verankerung ist diese im Fall des CCO/CO vertraglich zu vereinbaren.[89] Dies würde den CCO bzw. den CO in Situationen, in denen er aufgrund seiner Funktion für das Unternehmen kurzfristig umsatzmindernde Entscheidungen treffen muss, vor möglichen unsachgemäßen Repressalien schützen.[90] Auch wenn die Entscheidung langfristig positiv für das Unternehmen ist, indem möglicherweise rechtswidrige oder jedenfalls reputationsgefährdende Handlungen unterbunden werden, kann dies dennoch im Einzelfall zu einem Auseinanderfallen mit den (kurzfristigen) Vorstellungen der Geschäftsführung oder des operativen Managements führen.

117 Ebenfalls ist an eine Zustimmung des Aufsichtsrats bei einer Kündigung des CCO und gegebenenfalls auch des CO zu denken, da der Aufsichtsrat nicht in einen Interessenkonflikt, wie der operativ tätige Vorstand, kommen kann.[91] Insbesondere in Fällen,

---

[84] Siehe → Rn. 100 ff.; vgl. hierzu auch *Fecker/Kinzel*, CCZ 2010, 19.
[85] Siehe § 58 BImSchG.
[86] Siehe § 21f WHG.
[87] Siehe § 59 KrWG.
[88] Siehe § 4f Abs. 3 BDSG.
[89] So auch *Fecker/Kinzel*, CCZ 2010, 19.
[90] Vgl. diesbezüglich auch die Ausführungen zum Schutz des Compliance Officers *Gilch/Schautes*, in: Momsen/Grützner, Kap. 2 A. Rn. 22 ff.
[91] Ebenso *Fecker/Kinzel*, CCZ 2010, 19.

E. Schutzbedarf der Compliance-Verantwortlichen

in denen die Geschäftsleitung nach einer Empfehlung des CCO untätig bleibt oder sogar in einen Compliance-Vorfall verwickelt sein könnte, bietet dieses Vorgehen einen guten Schutz für den Compliance-Verantwortlichen. Dies ist auch im Unternehmensinteresse, da so möglicherweise kritische Konstellationen nicht durch die Auswechselung des CCO übergangen werden können.

Außerdem ist es eine zusätzliche Möglichkeit entsprechend § 84 Abs. 3 AktG, wonach ein Vorstandsmitglied vom Aufsichtsrat nur wegen des Vorliegens eines wichtigen Grundes, wie einer groben Pflichtverletzung oder bei Unfähigkeit zur Geschäftsführung, abberufen werden kann, eine solche Regelung im Arbeitsvertrag des CCO/CO für die Zeit der Tätigkeit zu vereinbaren. Eine Kündigung für andere Belange als die vorgenannten sollte ausgeschlossen werden. **118**

Ein weiterer Schutz, insbesondere des CCO, kann durch den Abschluss einer D&O-Versicherung[92] erreicht werden. Diese der Art nach als Berufshaftpflichtversicherung zu klassifizierende Versicherung wird grundsätzlich für Organe und leitende Angestellte abgeschlossen. Leitende Angestellte sind nach § 5 BetrVG wie folgt legaldefiniert: **119**

(3) (...) Leitender Angestellter ist, wer nach Arbeitsvertrag und Stellung im Unternehmen oder im Betrieb
1. *zur selbständigen Einstellung und Entlassung von im Betrieb oder in der Betriebsabteilung beschäftigten Arbeitnehmern berechtigt ist oder*
2. *Generalvollmacht oder Prokura hat und die Prokura auch im Verhältnis zum Arbeitgeber nicht unbedeutend ist oder*
3. *regelmäßig sonstige Aufgaben wahrnimmt, die für den Bestand und die Entwicklung des Unternehmens oder eines Betriebs von Bedeutung sind und deren Erfüllung besondere Erfahrungen und Kenntnisse voraussetzt, wenn er dabei entweder die Entscheidungen im Wesentlichen frei von Weisungen trifft oder sie maßgeblich beeinflusst; dies kann auch bei Vorgaben insbesondere aufgrund von Rechtsvorschriften, Plänen oder Richtlinien sowie bei Zusammenarbeit mit anderen leitenden Angestellten gegeben sein (....)*
(4) Leitender Angestellter nach Absatz 3 Nr. 3 ist im Zweifel, wer
1. *aus Anlass der letzten Wahl des Betriebsrats, des Sprecherausschusses oder von Aufsichtsratsmitgliedern der Arbeitnehmer oder durch rechtskräftige gerichtliche Entscheidung den leitenden Angestellten zugeordnet worden ist oder*
2. *einer Leitungsebene angehört, auf der in dem Unternehmen überwiegend leitende Angestellte vertreten sind, oder*
3. *ein regelmäßiges Jahresarbeitsentgelt erhält, das für leitende Angestellte in dem Unternehmen üblich ist, oder*
4. *falls auch bei der Anwendung der Nummer 3 noch Zweifel bleiben, ein regelmäßiges Jahresarbeitsentgelt erhält, das das Dreifache der Bezugsgröße nach § 18 des Vierten Buches Sozialgesetzbuch überschreitet.*

Soweit der CCO nicht bereits unter § 5 Abs. 3 Nr. 1 oder 2 BetrVG fällt, wird er vielfach nach § 5 Abs. 3 Nr. 3 BetrVG unter den Begriff des leitenden Angestellten fallen. Selbst wenn dies nicht der Fall ist, ist die Möglichkeit gegeben, dass er nach § 5 Abs. 4 Nr. 2–Nr. 4 BetrVG leitender Angestellter ist. Jedenfalls der CCO ist danach meist als leitender Angestellter zu qualifizieren; insbesondere dann, wenn die Pflichtendelegation zu einer spürbaren Haftungsentlastung der Organmitglieder führen soll.[93] Der Ab- **120**

---

[92] Zu Inhalt, Zielen und Notwendigkeit von D & O-Versicherungen siehe *Fritzen*, Lohn + Gehalt 2013, 30 ff.; ebenfalls *Scherer/Fruth*, S. 127 ff.
[93] *Fecker/Kinzel*, CCZ 2010, 16.

schluss einer D & O-Versicherung für ihn ist deshalb naheliegend und aufgrund seiner exponierten Stellung eindeutig zu bejahen.

121 Soweit den CCO bei seinen übertragenen Aufgaben eine unternehmerische (Teil-) Verantwortung trifft, dürften diese in den Anwendungsbereich der Business Judgement Rule fallen.[94] Dies kann bei der konkreten Ausgestaltung des Compliance-Systems der Fall sein, sodass den CCO hier bei Eintritt der Privilegierung keine Pflichtverletzung vorgeworfen werden kann.[95] Zum Schutz des CCO sollte unternehmensseitig eindeutig die Anwendung der Business Judgement Rule für die Ausgestaltung des CMS festgehalten werden. Dies hat zwar nur indiziellen Charakter, da die Anwendbarkeit oder Nichtanwendbarkeit der Business Judgement Rule durch die Gerichte vorgenommen wird, dennoch kann eine derartige Fixierung in Grenzfällen möglicherweise als Auslegungshilfe herangezogen werden.

V. Fazit

122 Die Aufgaben und Rechte der Beauftragten im Unternehmen sind gesetzlich vorgegeben und hinreichend bestimmt. Diese Aufgaben und Rechte sind in wesentlichen Punkten vergleichbar mit denen der Compliance-Verantwortlichen. Auch liegt ein vergleichbares Konfliktpotenzial zwischen Beauftragten und Compliance-Verantwortlichen vor, wenn diese spezielle gesetzliche Anforderungen – im Falle der Beauftragten – oder die Einhaltung von gesetzlichen Vorgaben wie der Antikorruption oder dem Kartellrecht – beim Compliance-Verantwortlichen im Unternehmen – durchzusetzen versuchen. Teilweise ist die Tätigkeit des CCO auch mit der eines Geschäftsführungsmitglieds vergleichbar. Daher bedarf der CCO sowie in geringerem Maße je nach Aufgabenstellung auch der CO eines vergleichbaren Schutzes wie die Beauftragten bzw. die Geschäftsleitung. Das kann durch den Ausschluss der ordentlichen Kündigung, der Anhörung des Aufsichtsorgans vor Entlassung des CCO/CO oder dem Abschluss einer D&O-Versicherung für den CCO erfolgen.

F. Gesamtfazit

123 Die Pflichtendelegation an den CCO und den CO sollte zunächst anhand der erforderlichen Qualifikationen getroffen werden. Hierunter fallen insbesondere Kenntnisse der nationalen und internationalen Gesetze, Prozesskenntnisse, Kenntnisse im Audit/Internen Kontrollsystem/Risikomanagement-Bereich, im Schnittstellenmanagement sowie in der Kommunikation. Hinzu kommt die Fähigkeit ein CMS, also ein Management-System, mit den dazugehörigen Managementqualifikationen zu koordinieren und zu leiten und dabei auch konfliktäre Situationen zu bewältigen. Inwieweit dann Pflichten von den Organen auf den CCO bzw. in geringerem Maße Einzelaufgaben dem CO delegiert werden können, lässt sich zzt noch nicht sicher beurteilen. Jedenfalls verbleibt eine Restverantwortung immer bei der Geschäftsleitung. Je geringer die Qualifikationen des CCO/CO sind und je unzureichender die Ressourcenausstattung ist, desto weniger ist eine Delegation möglich und wirksam.

---

[94] *Fecker/Kinzel*, CCZ 2010, 20; ausführlich zur Business Judgement Rule und deren Anwendbarkeit auf Compliance siehe *Nietsch/Hastenrath*, CB 2015, 177 ff. und CB 2015, 1 ff.
[95] *Fecker/Kinzel*, CCZ 2010, 20.

F. Gesamtfazit

124 Für die Auswahl des CCO kommt intern der Chefsyndikus oder der Revisionsleiter in Frage, soweit sie die zusätzlichen Erfordernisse der Position ausfüllen können und wollen. Mitglieder der Geschäftsführung oder der Aufsichtsorgane kommen in Ermangelung der notwendigen Zeitressourcen nicht in Frage. Auch die Besetzung mit externen Anwälten oder Wirtschaftsprüfern ist eher kritisch zu betrachten, da einerseits keine Vertrauensstellung zu den internen Mitarbeitern und andererseits keine Prozesskenntnisse des Unternehmens bestehen. Für den CO scheiden mangels hierarchischer Stellung Organe, der Chefsyndikus oder der Revisionsleiter aus. Es bietet sich eine Besetzung mit einem erfahrenen Compliance-Mitarbeiter aus einem anderen Unternehmen an. Berufsanfänger sollten nur in einer größeren Compliance-Abteilung eingesetzt werden, da diese noch nicht über das nötige Durchsetzungsvermögen verfügen.

125 Die Bestellung von CCO oder CO kann in verschiedener Weise erfolgen. Zunächst kann eine möglichst genaue Aufgabenaufstellung im Arbeitsvertrag festgehalten werden. Erfolgt dies nicht, kann dieselbe Aufgabenstellung auch in einer Stellenbeschreibung fixiert werden. Eine weitere Möglichkeit besteht darin, die Aufgaben und Rechte in einer Geschäftsordnung für Compliance festzuhalten. Da die Aufgabenstellung der Compliance-Verantwortlichen in Teilen vergleichbar mit der der gesetzlich Beauftragten ist, kann eine Bestellung auch analog zu den gesetzlich Beauftragten intern formuliert werden. Eine Einsetzung qua Weisungsrecht des Arbeitgebers ist hingegen nicht zu empfehlen, da erhebliche Zweifel bestehen, ob das Weisungsrecht des Arbeitgebers eine derartige Einsetzung rechtlich abdeckt. Viele Aufgaben des CCO/CO dürften über die Grenzen des Weisungsrechts hinausgehen und damit auf diese Weise nicht wirksam vom Arbeitgeber vorgegeben werden können. Abzuraten ist auch von einer gänzlich undefinierten Einsetzung des CCO/CO. Hier bleiben die Inhalte und Abgrenzungen zu anderen Funktionen unklar und es besteht ein möglicherweise unbilliges Haftungsrisiko des CCO/CO oder die gesamte Haftung verbleibt im Gegenteil mangels wirksamer Delegation bei der Geschäftsführung.

126 Schließlich besteht aufgrund seiner Funktion, die teilweise konfliktäre, umsatzminimierende Aufgabenstellungen enthalten kann, ein Schutzbedarf des CCO/CO. Neben einem Kündigungsschutz für eine ordentliche Kündigung während und bis ein Jahr nach Beendigung der Tätigkeit kommt hier eine Anhörung des Aufsichtorgans vor Kündigung des CCO/CO in Betracht. Auch kann die Kündigung parallel zum Vorstand nach Aktienrecht auf schwerwiegende Pflichtverletzungen begrenzt werden. Für den CCO kommt zusätzlich eine Absicherung über eine D&O-Versicherung in Betracht, soweit eine solche nicht bereits ohnehin besteht.

§ 4. Aufgaben im Unternehmen

Prof. Dr. Martin Schulz, LL.M./Wirnt Galster

Übersicht

	Rn.
A. Einführung	1
I. Branchen- und unternehmensspezifisches Aufgabenprofil	1
II. Unterschiedliche Organisationsmodelle für die Compliance-Funktion	2
B. Compliance-Management und Schlüsselrolle der Compliance Officer	5
I. Bedeutung von Compliance und Compliance-Management	6
1. Erhöhte rechtliche Anforderungen und Zunahme von Haftungsrisiken	7
2. Besonderheiten von Compliance-Risiken	9
3. Schlüsselrolle der Compliance Officer	10
II. Funktionen von Compliance	12
1. Schutz- und Risikomanagementfunktion	12
2. Beratungs- und Informationsfunktion	14
3. Monitoring- und Überwachungsfunktion	15
4. Qualitätssicherungs- und Innovationsfunktion	16
5. Marketing-Funktion	17
C. Compliance-Verantwortung der Unternehmensleitung	18
I. Compliance als Aufgabe der Unternehmensleitung	19
1. Compliance als Leitungsaufgabe	19
2. Compliance-Management als Ausprägung des Legalitätsprinzips	20
3. Organisationsermessen bei der Gestaltung von Compliance-Maßnahmen	21
II. Delegation von Compliance-Aufgaben	22
1. Zulässigkeit der Delegation	23
2. Anforderungen an eine wirksame Delegation	24
3. Fortbestehende Überwachungspflicht der Unternehmensleitung	25
D. Aufgabenspektrum der Compliance Officer	26
I. Regelmäßige Compliance-Risiko-Inventur	27
II. Konzeption von Compliance-Maßnahmen	29
1. Unternehmenssituation („Compliance-Zustand") als Ausgangsbasis	30
2. Kernelemente wirksamen Compliance-Managements	32
a) IDW PS 980 als Orientierungshilfe	33
b) Mitwirkung bei der Entwicklung der Compliance-Strategie	36
c) Stärkung der Compliance-Kultur	41
d) Entwicklung von Compliance-Regelwerken	42
III. Informations- und Wissensmanagement	45
1. Compliance Officer als „Informationsschnittstelle"	45
2. Berater in Compliance-Fragen	46
IV. Kommunikation und Schulung	47
V. Kontrolle und Aufklärung	50
1. Umfang der Überwachungs- und Kontrollaufgaben	51
2. Ausführung von Überwachungs- und Kontrollaufgaben	52
VI. Aufdeckung von Compliance-Verstößen und Vorschläge zur Sanktionierung	53
VII. Berichtspflichten und Berichtsrechte	56
1. Berichterstattung an die Unternehmensleitung	57
2. Berichterstattung an das Aufsichtsorgan	58

§ 4. Aufgaben im Unternehmen

	Rn.
VIII. Aktualisierung des Compliance-Systems	59
IX. Dokumentation	61
E. Abgrenzung zu anderen Funktionen und Aufgabenbereichen	62
I. Unternehmensleitung	63
II. Risikomanagement	64
III. Rechtsabteilung	65
IV. Interne Revision	67
V. Rechnungswesen und Controlling	68
VI. Personalabteilung	69
VII. Datenschutz und Datensicherheit	72
VIII. Betriebsrat	73
IX. Andere Unternehmensbereiche und Unternehmensbeauftragte	75
F. Outsourcing von Compliance-Aufgaben	76
G. Zusammenwirken mit internen und externen Funktionen	77
H. Anforderungsprofil für Compliance Officer	79
1. Integrität und Zuverlässigkeit	80
2. Fachkenntnisse	81
3. Industrie- und Branchenkenntnisse	82
I. Zusammenfassung	83

Literatur: *Bachmann*, Compliance – Rechtsgrundlagen und offene Fragen, in: Schriftenreihe der Gesellschaftsrechtlichen Vereinigung (Hrsg.), Gesellschaftsrecht in der Diskussion 2007, S. 65 ff.; *Bay*, Compliance-Risiken, in: Bay/Hastenrath (Hrsg.), S. 87 ff.; *Bayreuther*, Die Haftung des Compliance-Officers, FS Säcker, 2011, S. 173 ff.; *Behringer*, Compliance – Modeerscheinung oder Prüfstein für gute Unternehmensführung, in: ders., S. 29 ff.; *ders.*, Compliance kompakt, 3. Aufl. 2013; *ders.*, Compliance für KMU – Praxisleitfaden für den Mittelstand, 2012; *Bergmann*, Elemente eines wirksamen Compliance-Management-Systems, in: KPMG AG (Hrsg.), Das wirksame Compliance-Management-System, 2014, S. 11 ff.; *Bergmoser/Theusinger/Gushurst*, Corporate Compliance – Grundlagen und Umsetzung, BB Special 5 (zu BB 2008, Heft 25), 1 ff.; *Bicker*, Compliance – organisatorische Umsetzung im Konzern, AG 2012, 542 ff.; *ders.*, Corporate Compliance – Pflicht und Ermessen, ZWH 2013, 473 ff.; *Bock*, Strafrechtliche Aspekte der Compliance-Diskussion – § 130 OWiG als zentrale Norm der Criminal Compliance, ZIS 2009, 68 ff.; *Bode*, Compliance-Kultur, in: Bay/Hastenrath (Hrsg.), S. 1 ff.; *Boecker/Zwirner*, Accounting Compliance – Begriffsbestimmung und ausgewählte Maßnahmen für die Praxis, IRZ 2014, 95 ff.; *Böttcher*, Compliance: Der IDW PS 980 – Keine Lösung für alle (Haftungs-) Fälle, NGZ 2011, 1054 ff.; *Borowa*, Compliance-Programm, in: Bay/Hastenrath (Hrsg.), S. 117 ff.; *Bosse*, Compliance und Haftung des GmbH-Geschäftsführers – Management von Compliance-Risiken, NWB 2013, 4056 ff.; *Bürkle*, Corporate Compliance – Pflicht oder Kür für den Vorstand der AG?, BB 2005, 565 ff.; *ders.*, Corporate Compliance als Standard guter Unternehmensführung des Deutschen Corporate Governance Kodex, BB 2007, 1797 ff.; *ders.*, Weitergabe von Informationen über Fehlverhalten in Unternehmen (Whistleblowing) und Steuerung auftretender Probleme durch Compliance-System, DB 2004, 2158 ff.; *ders.*, Grenzen der strafrechtlichen Garantenstellung des Compliance Officers, CCZ 2010, 4 ff.; *ders.*, Compliance-Beauftragte, in: Hauschka (Hrsg.), Corporate Compliance, § 8; *Bunting*, Das Früherkennungssystem des § 91 Abs. 2 AktG in der Prüfungspraxis – eine kritische Betrachtung des IDW PS 340, ZIP 2012, 357 ff.; *Busekist/Hein*, Der IDW PS 980 und die allgemeinen rechtlichen Mindestanforderungen an ein wirksames Compliance Management System (1) – Grundlagen, Kultur und Ziele, CCZ 2012, 41 ff.; *Campos Navel/Zeller*, Corporate Compliance in mittelständischen Unternehmen, BB 2012, 131 ff.; *Cauers/Haas/Jakob/Kremer/Schartmann/Welp*, Ist der gegenwärtig viel diskutierte Begriff „Compliance" nur alter Wein in neuen Schläuchen?, DB 2008, 2717 ff.; *Casper*, Der Compliancebeauftragte – unternehmensinternes Aktienamt, Unternehmensbeauftragter oder einfacher Angestellter?, FS K. Schmidt, 2009, S. 199 ff.; *Dann/Mengel*, Tanz auf einem Pulverfass – oder: Wie gefährlich leben Compliance-Beauftragte, NJW 2010, 3265 ff.; *Daum*, Compliance-Organisation, in: Bay/Hastenrath (Hrsg.), S. 49 ff.; *Dieners*, Handbuch Compliance im Gesundheitswesen, 3. Aufl. 2010; *Eichler*, Nachhaltige Unternehmenskultur als Grundlage wirksamer Corporate Governance, ZCG 2010, S. 57 ff.; *Eisele/Faust*, Verhaltensregeln und Compliance, in: Schimansky/Bunte/Lwowski, Bankrechtshandbuch, 4. Aufl. 2011, § 109; *Elshorst*, Umweltrecht, in: Inderst/Bannenberg/Poppe (Hrsg.), S. 429 ff.; *Favoccia/Richter*, Rechte, Pflichten und Haftung des Compliance Officers aus zivilrechtlicher Sicht, AG 2010, 137 ff.; *Fecker/Kinzl*, Ausgestaltung der arbeitsrechtlichen Stellung des Compliance-Officers – Schlussfolgerungen aus der BSR-Entscheidung des BGH, CCZ 2010, 13 ff.; *Fissenewert*, Compliance für den Mittelstand, 2013; *ders.*, Compliance maßgeschneidert – Empfehlungen für mittelständische Unternehmen, ZRFC 2013, 246 ff.; *Fleischer*, Vorstandsverantwortlichkeit und Fehlverhalten von Unternehmensangehörigen – Von der Einzelüberwachung zur Errichtung einer Compliance-Organisation, AG 2003, 291 ff.; *ders.*, Aktienrechtliche Legalitätspflicht und „nützliche" Pflichtverletzungen von Vorstandsmitgliedern, ZIP 2005, 141 ff.; *ders.*, Corporate Compliance im aktienrechtlichen Unternehmensverbund, CCZ 2008, 1 ff.; *ders.*, Aktienrechtliche Compliance-Pflichten im Praxistest: Das Siemens/Neubürger-Urteil des LG München I, NZG 2014, 321 ff.; *Fritz*, Whistleblowing – Denunziation oder Wettbewerbsvorteil? Inhalt und Grenzen des Whistleblowings im Rahmen von Corporate Compliance, in: Maschmann (Hrsg.), S. 111 ff.; *Gaenslen*, Erfassung von Risiken der Unternehmensleitung – Checklisten für die vom Vorstand ausgehenden Risiken, ZCG 2008, 111 ff.; *Gärtner*, BB-Rechtsprechungsreport zur Organhaftung 2012, BB 2013, 2242 ff.; *Geiser*, Leitungspflichten des Vorstandes in der AG – Grenzziehung zwischen der Business Judgment Rule und den notwendigen Anforderungen an eine Compliance-Organisation, 2010; *Gößwein/Hohmann*, Modelle der Compliance-Organisation in Unternehmen – Wider den Chief Compliance Officer als „Überoberverantwortungsnehmer", BB 2011, 963 ff.; *Goette*, Organisationspflichten in Kapitalgesellschaften zwischen Rechtspflicht und Opportunität, ZHR 175 (2011), 388 ff.; *Görtz*, Prüfung von Compliance-Management-Systemen – Anwendungen und Erfahrungen mit IDW PS 980, BB 2012, 178 ff.; *Groß*, Chief Compliance Officer, 2012; *Grüninger*, Werteorientiertes Compliance Management System, in: Wieland/Steinmeyer/Grüninger, S. 41 ff.; *Haack*, Gesetzesentwurf zur Einführung eines Unternehmensstrafrechts, NWB 2014, 43 ff.; *Habbe/Köster*, Neue Anforderungen an Vorstand und Aufsichtsrat von Finanzinstituten, BB 2011, 265 ff.; *Habersack* (Red.), Münchener Kommentar zum Bürgerlichen Gesetzbuch, Band 5, Schuldrecht Besonderer Teil III, §§ 705–853, 6. Aufl. 2013; *Hadding/Hopt/Schimansky*, Verbraucherschutz im Kreditgeschäft – Compliance in der Kreditwirtschaft, 2008; *Haouache*, Unternehmensbeauftragte und Gesellschaftsrecht der AG und GmbH, 2003; *Hastenrath*, Compliance-Kommunikation, in: Bay/Hastenrath (Hrsg.), S. 151 ff.; *Hauschka*, Compliance am Beispiel der Korruptionsbekämpfung – Eine Erwiderung aus der Praxis auf Uwe H. Schneiders Vorschläge, ZIP 2004, 877 ff.; *ders.*, Compliance im Gesellschaftsrecht und die aktuellen Entwicklungen in der Diskussion, in: Hadding/Hopt/Schimansky, S. 104 ff.; *ders.*, Zum Berufsbild des Compliance Officers, CCZ 2014, 165 ff.; *ders./Galster/Marschlich*, Leitlinien für die Tätigkeit in der Compliance-Funktion im Unternehmen (für Compliance Officer außerhalb regulierter Sektoren), CCZ 2012, 242 ff.; *Hennsler/Strohn*, Gesellschaftsrecht, 2. Aufl. 2014; *Hölters*, Aktiengesetz, 2011; *Hüffer*, Aktiengesetz. Kommentar, 10. Aufl. 2012; *Hungenberg*, Strategisches Management in Unternehmen, Ziele – Prozesse – Verfahren, 4. Aufl. 2008; *Illing/Umnuß*, Die arbeitsrechtliche Stellung des Compliance Managers – insbesondere Weisungsoffenheit und Reportingpflichten, CCZ 2009, 1 ff.; *Inderst*, Compliance-Programm und praktische Umsetzung, in: Inderst/Bannenberg/Poppe (Hrsg.), S. 429 ff.; *Inderst/Bannenberg/Poppe* (Hrsg.), Compliance – Aufbau – Management – Risikobereiche, 2. Aufl. 2013; *Institut der Deutschen Wirtschaftsprüfer (IDW)*, WP-Handbuch, Band 1, 2012; *Itzen*, Richtungswechsel, Bestandsaufnahme, Prävention: Das Gerüst einer erfolgreichen Compliance-Strategie, BB Special 5 (zu BB 2008 Heft 25), 12 ff.; *Jäger/Rödl/Campos Nave*, Praxishandbuch Corporate Compliance, 2009; *Karbaum*, Kartellrechts-Compliance – Mehr Fragen als Antworten nach einer Dekade intensiver Diskussion der Compliance-Verantwortung des Vorstands?, AG 2013, 863 ff.; *Kark*, Compliance-Risikomanagement – Früherkennung, Prävention und operative Umsetzung, 2013; *Kautenburger-Behr*, IDW – Standard und Zertifizierung für den Mittelstand, in: Fissenewert, Compliance für den Mittelstand, 2013, S. 181 ff.; *Kessler* (Hrsg.), Unternehmensfinanzierung Mittelstand, 2014; *Kiethe*, Vermeidung der Haftung von geschäftsführenden Organen durch Corporate Compliance, GmbHR 2007, 393 ff.; *Klindt*, Nicht-börsliches Compliance-Management als zukünftige Aufgabe der Inhouse-Juristen, NJW 2006, 3399 ff.; *Klopp*, Der Compliance-Beauftragte, 2012; *Kort,* Die Regelung von Risikomanagement und Compliance im neuen KAGB, AG 2013, 582 ff.; *ders.,* Compliance-Pflichten und Haftung von GmbH-Geschäftsführern, GmbHR 2013, 566 ff.; *KPMG AG* (Hrsg.), Das wirksame Compliance-Management-System, 2014; *Kraft/Winkler,* Zur Garantenstellung des Compliance-Officers – Unterlassungsstrafbarkeit durch Organisationsmangel, CCZ 2009, 29 ff.; *Krause/Albien,* BB-Gesetzgebungs- und Rechtsprechungsreport zu Compliance 2012/2013, BB 2013, 2883 ff.; *Kremer/Klahold,* Compliance-Programme in Industriekonzernen, ZGR 2010, 113 ff.; *Krieger/Schneider,* Handbuch Managerhaftung, 2. Aufl. 2010; *dies.,* Risikobereich und Haftung: Compliance im Industrieunternehmen, in: Krieger/Schneider, S. 495 ff.; *Kröger,* Korruptionsschäden, Unternehmensgeldbußen und Imageschäden – Haftungs- und schadensrechtliche Fragen der Organmitgliederhaftung, 2013; *Kutschelis,* Korruptionsprävention und Geschäftsleiterpflichten im nationalen und internationalen Unternehmensverbund, 2014; *Lackhoff/Schulz,* Das Unternehmen als Gefahrenquelle? Compliance-Risiken für Unternehmensleiter und Mitarbeiter, CCZ 2010, 81 ff.; *Lampert,* Compliance-Organisation, in: Hauschka (Hrsg.), Corporate Compliance, § 9; *Langfritz,* Aufbau einer Compliance-Funktion bei Finanzdienstleistungsunternehmen, in: Szesny/Kuthe, S. 461 ff.; *Laue/Schenk,* Wirksames Compliance-Management – Anhaltendes Topthema in deutschen Unternehmen, CB 2013, 140 ff.; *Leisch/Lohner,* Compliance-Risiken in Transaktionsgeschäft, M&A Review 2009, 133 ff.; *Liese,* Much Adoe about Nothing? Oder: Ist der Vorstand einer Aktiengesellschaft verpflichtet, eine Compliance-Organisation zu implementieren?, BB Special 5 (zu BB 2008 Heft 25), 17 ff.; *Liese/Schulz,* Risikomanagement durch Compliance-Audits – Neue Herausforderungen für die Unternehmensorganisation, BB 2011, 1347 ff.; *Lindner/Böttcher,* Geldwäsche, in: Inderst/Bannenberg/Poppe (Hrsg.), S. 429 ff.; *Lösler,* Das moderne Verständnis von Compliance im Finanzmarktrecht, NZG 2005, 104 ff.; *ders.,* Zu Rolle und Stellung des Compliance-Beauftragten, WM 2008, 1098 ff.; *Lutter/Hommelhoff,* GmbHG Kommentar, 18. Aufl. 2012; *Lutter,* Entwicklung der Organpflichten und der Organhaftung, in: Krieger/Uwe H. Schneider, Handbuch der Managerhaftung, 2007, S. 1 ff.; *Maschmann* (Hrsg.), Corporate Compliance und Arbeitsrecht, 2009; *Meier-Greve,* Vorstandshaftung wegen mangelhafter Corporate Compliance, BB 2009, 2555 ff.; *Mengel,* Compliance und Arbeitsrecht, 2009; *Merkt,* Compliance und Risikofrüherkennung in kleinen und mittleren Unternehmen, ZIP 2014, 1705 ff.; *Merz,* Compliance im Außenwirtschaftsrecht, in: Hauschka (Hrsg.), Corporate Compliance, § 33; *ders.,* Anforderungen an den Compliance-Beauftragten, in: Rotsch (Hrsg.), Criminal Compliance, 2015, S. 203 ff.; *Michalski,* Kommentar zum Gesetz betreffend die Gesellschaften mit beschränkter Haftung, Band II, §§ 35–85 GmbHG, 2. Aufl. 2010; *Fleischer/Goette* (Hrsg.), Münchener Kommentar zum Gesetz betreffend die Gesellschaft mit beschränkter Haftung – GmbHG, Band 2, §§ 35–52, 1. Aufl. 2012; *Neufeld/Knitter,* Mitbestimmung des Betriebsrats bei Compliance-Systemen, BB 2013, 821 ff.; *Nothhelfer,* Die Einführung eines Compliance-Management Systems als organisatorischer Lernprozess, CCZ 2013, 23 ff.; *Passarge,* Grundzüge eines nachhaltigen Compliance-Programms – Was jeder Steuerberater zum Thema Compliance wissen sollte, DStR 2010, 1675 ff.: *ders.,* 2013 – das Jahr der Entscheidungen – Entwicklungen im Bereich Compliance, ZRFC 2014, 172 ff.; *Pauli/Albrecht,* Die Erfüllung gesetzlicher Risikomanagement-Anforderungen mit Hilfe von Risikomanagement-Informationssystemen, CCZ 2014, 17 ff.; *Pauthner-Seidel/Stephan,* Compliance-Managementsysteme für Unternehmensrisiken im Bereich des Wirtschaftsstrafrechts, in: Hauschka (Hrsg.), Corporate Compliance, § 27; *Powilleit,* Compliance im Unternehmen: Rechtliches Risikomanagement als Wertschöpfungsfaktor, GWR 2010, 28 ff.; *Preußner/Becker,* Ausgestaltung von Risikomanagementsystemen durch die Geschäftsleitung, NZG 2002, 846 ff.; *Raus/Lützeler,* Berufspflicht des Compliance Officers – zwischen interner Eskalation und externer Anzeige, CCZ 2012, 96 ff.; *Remberg,* Wie viel Compliance braucht der Mittelstand, BB 2012, I; *Reichert,* Reaktionspflichten und Reaktionsmöglichkeiten der Organe auf (möglicherweise strafrechtsrelevantes Verhalten innerhalb des Unternehmens, ZIS 2011, 113 ff.; *Renz,* Chief-Compliance-Officer, Das Berufsbild im Jahr 2020 – ein Zwischenbericht, ZRFC 2014, 38 ff.; *Rieder/Falge,* Sieben Thesen zur standardisierten Prüfung von Compliance-Management-Systemen, BB 2013, 778 ff.; *dies.,* Rechtliche und sonstige Grundlagen für Compliance – Deutschland, in: Inderst/Bannenberg/Poppe, S. 15 ff.; *Rodewald,* Gesetzestreue als Organisationsproblem: Compliance richtig managen, in: Maschmann (Hrsg.), S. 31 ff.; *Rieder/Jerg,* Anforderungen an die Überprüfung von Compliance-Programmen – Zugleich kritische Anmerkungen zum Entwurf eines IDW Prüfungsstandards: Grundsätze ordnungsgemäßer Prüfung von Compliance-Management-Systemen (IDW EPS 980), CCZ 2010,

§ 4. Aufgaben im Unternehmen

201 ff.; *Rodewald/Unger*, Corporate Compliance – Organisatorische Vorkehrungen zur Vermeidung von Haftungsfällen der Geschäftsleitung, BB 2006, 113 ff.; *dies.*, Kommunikation und Krisenmanagement im Gefüge der Corporate Compliance-Organisation, BB 2007, 1629 ff.; *Römermann*, 2014 – ein Jahr im Zeichen der Compliance: nun auch für mittelständische Unternehmen, GmbHR 2014, 1 ff.; *Rotsch* (Hrsg.), Criminal Compliance, 2015; *Scharpf*, Die Sorgfaltspflichten des Geschäftsführers einer GmbH, DB 1997, 737 ff.; *Schimansky/Bunte/Lwowski*, Bankrechtshandbuch, 4. Aufl. 2011; *Schmidt*, Compliance in Kapitalgesellschaften, 2010; *Schneider*, Compliance als Aufgabe der Unternehmensleitung, ZIP 2003, 645 ff.; *Scholz* (Hrsg.), Kommentar zum GmbHG mit Anhang Konzernrecht, II. Band, §§ 35–52, 11. Aufl. 2014; *Schulz*, Rechtliches Risikomanagement und Compliance im Mittelstand, in: Kessler (Hrsg.), Unternehmensfinanzierung Mittelstand, S. 309 ff.; *ders.*, Prüfung und Bewertung von Compliance-Management-Systemen (insbesondere „IDW PS 980") für Compliance aus Sicht der Wissenschaft, in: Bay/Hastenrath (Hrsg.), S. 221 ff.; *ders./Klugmann*, Wissensmanagement für Anwälte, 2. Aufl. 2006; *ders./Muth*, Erfolgsfaktor Compliance-Kultur – Grundlagen und Hinweise zur Gestaltung durch die Unternehmensleitung, CB 2014, 265 ff.; *ders./Renz*, Der erfolgreiche Compliance-Beauftragte – Leitlinien eines branchenübergreifenden Berufsbildes, BB 2012, 2511 ff.; *dies.*, Zum Berufsbild des Compliance Officers – Entwicklung branchenübergreifender Mindestanforderungen, CB 2013, 294 ff.; *Siedenbiedel*, Corporate Compliance – Grundelemente der strukturellen Integration von Compliance-Konzepten, 2014; *Spindler*, Unternehmensorganisationspflichten – Zivilrechtliche und öffentlich-rechtliche Regelungskonzepte, 2001; *ders.*, Compliance in der multinationalen Bankengruppe, WM 2008, 905 ff.; *Staub*, Legal Management, 2006; *ders.*, Überlegungen zur Erfassung und Steuerung rechtlicher Risiken im Unternehmen (aus Schweizer Sicht), CCZ 2009, 121 ff.; *Strohn*, Pflichtenmaßstab und Verschulden bei der Haftung von Organen einer Kapitalgesellschaft, CCZ 2013, 177 ff.; *Stück*, „Comply – or die?", GmbHR 2011, R49; *Sünner*, Das Berufsbild des Compliance Officers, CCZ 2014, 91 ff.; *Szesny/Kuthe* (Hrsg.), Kapitalmarkt Compliance, 2014; *Teicke/Mohsseni*, Facilitation Payments – Haftungsrisiken für Unternehmen nach deutschem Recht, FCPA und UK Bribery Act, BB 2012, 911 ff.; *Timmerbeil/Spachmüller*, UK Bribery Act – Das Damoklesschwert über deutschen Unternehmen?, DB 2013, 2133 ff.; *Tüllner/Wermelt*, Integration von Compliance in die Unternehmenssteuerung – Theorie und Praxis, BB 2012, 2551 ff.; *Ulmer* (Hrsg.), Gesetz betreffend die Gesellschaften mit beschränkter Haftung (GmbHG), Großkommentar, Band II, §§ 29–52, 2006; *Umnuß* (Hrsg.), Corporate Compliance Checklisten, 2. Aufl. 2012; *Unger*, Gesellschaftsrecht und Compliance-Organisation, in: Umnuß (Hrsg.), S. 161 ff.; *Weber-Rey*, Gesellschafts- und aufsichtsrechtliche Herausforderungen an die Unternehmensorganisation – Aktuelle Entwicklungen im Bereich Corporate Governance, Compliance und Risikomanagement, AG 2008, 345 ff.; *Wecker/Galla*, Pflichten der Geschäftsleitung und Aufbau einer Compliance-Organisation, in: Wecker/van Laak (Hrsg.), S. 49 ff.; *Wecker/van Laak* (Hrsg.), Compliance in der Unternehmerpraxis, 2. Aufl. 2009; *Wesel*, Corporate Governance im Mittelstand – Anforderungen, Besonderheiten, Umsetzung, 2010; *Wolf*, Der Compliance-Officer – Garant, hoheitlich Beauftragter oder Berater im Unternehmensinteresse zwischen Zivil-, Straf- und Aufsichtsrecht, BB 2011, 1353 ff.

A. Einführung

I. Branchen- und unternehmensspezifisches Aufgabenprofil

1   Das Aufgabenspektrum der Compliance Officer ist vielfältig und richtet sich maßgeblich nach den **individuellen Gegebenheiten des jeweiligen Unternehmens**, wie insbesondere Unternehmensgröße und Anzahl der Mitarbeiter, Branche bzw. Industriesektor, Geschäftsmodell und Risikostruktur, geografische Reichweite der Geschäftstätigkeit etc, und der Compliance-Historie des Unternehmens (im Sinne bereits aufgetretener Regelverletzungen).[1] Im Hinblick auf die große Vielfalt unternehmerischer Organisationsmodelle steht die jeweilige Ausprägung des Aufgabenprofils ferner unter dem Vorbehalt der Erforderlichkeit bzw. **Verhältnismäßigkeit** und der Zumutbarkeit – dieser Vorbehalt gilt generell für die Errichtung einer Compliance-Organisation.[2] Die Compliance-Aktivitäten sollten sich dementsprechend zunächst auf die wesentlichen und kritischen Bereiche und Aktivitäten des Unternehmens konzentrieren.[3] Besondere Vorgaben und Rahmenbedingungen für die Compliance-Funktion und den Compliance Officer bestehen in bestimmten **Branchen**: So statuieren die § 25a KWG und § 33 WpHG für Kreditinstitute und Wertpapierdienstleistungsunternehmen die Verpflichtung, eine dauerhafte und wirksame Compliance-Funktion einzurichten, die einen wesentlichen Bestandteil des internen Kontrollsystems der Wertpapierdienstleistungsunternehmen darstellt.[4] Nähere Konkretisierungen der Compliance-Funktion folgen aus der Wertpapierdienstleistungs-, Verhaltens- und Organisationsverordnung (WpDVerOV).[5] Diese enthält in § 12 Abs. 4 die Pflicht zur Benennung eines Compliance-Beauftragten, der für die Compliance-Funktion verantwortlich ist.[6] Weitere organisatorische Anforderungen an die Compliance-Funktion sind von der Bundesanstalt für Finanzdienstleistungsaufsicht *(BaFin)* durch die Mindestanforderungen an die Compliance-Funktion *(MaComp)* als sog norminterpretierende Verwaltungsvorschriften konkretisiert worden.[7] Abgesehen von diesen besonderen branchenspezifischen Vorgaben gibt es bislang allerdings kein gesetzlich normiertes Aufgabenprofil für die Compliance Officer.[8] Für die Aufgaben der Compliance Officer existiert daher **kein allgemeines „Standard-Modell"**.

---

[1] Vgl. *Bürkle*, in: Hauschka, Corporate Compliance, § 8 Rn. 8; *Moosmayer*, in: Rotsch, S. 203 (208 f.); *Dann/Mengel*, NJW 2010, 3265; *Favoccia/Richter*, AG 2010, 137 (138); *Illing/Umnuß*, CCZ 2009, 1; *Kraft/Winkler*, CCZ 2009, 29 (31).
[2] Zu diesem Vorbehalt etwa *Fleischer*, AG 2003, 291 (300); *Bürkle*, BB 2005, 565 (569); *ders.*, BB 2007, 1797 (1798); *Bachmann*, S. 65, 78 f.; *Reichert*, ZIS 2011, 113 (115).
[3] *Bürkle*, BB 2007, 1797 (1798) nennt als Beispiele kartellrechtliche Probleme, Korruptionsprävention, Produktion und Reputationsschutz.
[4] Zur Compliance-Funktion bei Finanzdienstleistungsunternehmen ausführlich *Langfritz*, in: Szesny/Kuthe, S. 461 ff.; vgl. ferner *Schulz/Renz*, BB 2012, 2511 mwN; *Schmidt*, S. 49 ff.
[5] Vgl. *Schmidt*, S. 51; *Schulz/Renz*, BB 2012, 2511.
[6] Vgl. *Schmidt*, S. 51; *Schulz/Renz*, BB 2012, 2511.
[7] Neben diesen Empfehlungen der MaComp und spezifischen organisatorischen Anforderungen nach WpHG und KWG haben kapitalmarktorientierte Unternehmen eine Reihe weiterer Vorschriften bzw. aufsichtsbehördliche Empfehlungen zu beachten; vgl. *Schulz/Renz*, BB 2012, 2511.
[8] Vgl. *Schulz/Renz*, BB 2012, 2511; *Illing/Umnuß*, CCZ 2009, 1 (2).

II. Unterschiedliche Organisationsmodelle für die Compliance-Funktion

Für die Ausgestaltung der Compliance-Funktion und die Wahrnehmung von Compliance-Aufgaben gibt es in der Unternehmenspraxis ganz unterschiedliche Organisationsmodelle.[9] In großen Unternehmen und Konzernen wird die Compliance-Funktion häufig durch ein direkt der Geschäftsleitung unterstelltes „Compliance Office" wahrgenommen, welches durch einen „Chief Compliance Officer (CCO)" geleitet wird.[10] In diesem für große Organisationen typischen Modell erfolgt die Übertragung von Compliance-Aufgaben zunächst an einen zentralen (Chief) Compliance Officer, welcher dann je nach **Komplexität der Organisationsstruktur** bestimmte Compliance-Aufgaben an weitere Compliance-Verantwortliche („Compliance Officer") in den einzelnen Geschäftseinheiten und Fachbereichen delegiert.[11] Ein alternatives Organisationsmodell bildet die sog Matrix-Organisation, bei der sich die Compliance Funktion im Wesentlichen auf die Prävention beschränkt sowie die Aufklärung von Compliance-Verstößen und entsprechende Reaktionen koordiniert, während andere Einheiten (zB Rechtsabteilung, Interne Revision, Personalabteilung) Aufdeckungs- und Sanktionsmaßnahmen durchführen.[12] In solchen Unternehmen wird die Compliance-Funktion durch ein „Compliance Committee" oder „Compliance Board" koordiniert, dh einem besonderen Gremium, dem die Leiter bzw. Repräsentanten anderer Unternehmenseinheiten, wie etwa Rechtsabteilung, Revision, Finanzen, Personalabteilung, sowie die Fachbereiche angehören.[13] Ferner gibt es viele Unternehmen, in denen Compliance-Aufgaben von der Rechtsabteilung wahrgenommen werden, teilweise bilden Recht und Compliance auch eine integrierte Unternehmensfunktion.[14] In anderen Unternehmen, welche keine oder nur einzelne der oben genannten Unternehmensfunktionen etabliert haben, finden sich wiederum unterschiedliche Gestaltungen: So gibt es Modelle, bei denen Compliance-Aufgaben durch die Interne Revision[15] oder sogar vom Betriebsratsvorsitzenden[16] übernommen werden. Schließlich beauftragen einige Unternehmen externe Anbieter (wie Rechtsanwälte oder Wirtschaftsprüfer) mit der Ausführung von Compliance-Aufgaben.[17]

---

[9] Siehe ausführlich *Moosmayer*, Compliance Praxisleitfaden, S. 33 ff., welcher zwischen einer sog autonomen Compliance-Organisation und einer „Matrix-Organisation" unterscheidet; *ders.*, in: *Rotsch*, S. 203 ff.; vgl. ferner *Gößwein/Hohmann*, BB 2011, 963 ff.; *Groß*, S. 61 f., *Behringer*, in: Behringer, S. 367 ff.; *Cauers/Haas/Jakob/Kremer/Schartmann/Welp*, DB 2008, 2717 ff.; *Favoccia/Richter*, AG 2010, 137 (138); *Kraft/Winkler*, CCZ 2009, 29 (31).
[10] Vgl. *Groß*, S. 61; *Cauers/Haas/Jakob/Kremer/Schartmann/Welp*, DB 2008, 2717 (2718); *Moosmayer*, Compliance Praxisleitfaden, S. 34 f.; *ders.*, in: Rotsch, S. 203 ff.; *Bürkle*, in: Hauschka, Corporate Compliance, § 8 Rn. 20 ff.
[11] Zu diesem mehrstufigen System von Compliance-Beauftragten ausführlich *Bürkle*, in: Hauschka, Corporate Compliance, § 8 Rn. 20 ff.; *Moosmayer*, Compliance Praxisleitfaden, S. 34 f.; *ders.*, in: Rotsch, S. 205.
[12] *Moosmayer*, Compliance Praxisleitfaden, S. 35 f.; *ders.*, in: Rotsch, S. 205 f.
[13] Vgl. *Moosmayer*, Compliance Praxisleitfaden, S. 35; *Gößwein/Hohmann*, BB 2011, 963 (966 f.).
[14] Vgl. *Groß*, S. 61; *Cauers/Haas/Jakob/Kremer/Schartmann/Welp*, DB 2008, 2717 (2718).
[15] Vgl. *Groß*, S. 61; *Cauers/Haas/Jakob/Kremer/Schartmann/Welp*, DB 2008, 2717 (2718).
[16] Siehe den Hinweis bei *Groß*, S. 61 Fn. 154 auf die Leipziger Messer GmbH, deren Betriebsratsvorsitzender offenbar zum Zeitpunkt dieser Veröffentlichung gleichzeitig Compliance Officer war.
[17] Zum „Outsourcing" von Compliance-Aufgaben auf externe Dienstleister *Bürkle*, in: Hauschka, Corporate Compliance, § 8 Rn. 57 ff.; *Schmidt*, S. 163 ff.

§ 4. Aufgaben im Unternehmen

> **Hinweis:** Die Wahl und Ausprägung des jeweiligen Organisationsmodells und der damit verbundenen Wahrnehmung von Compliance-Aufgaben liegt – von spezialgesetzlichen Vorgaben abgesehen – im **Organisationsermessen der Unternehmensleitung**.[18]

Für das erst genannte Modell einer autonomen Compliance-Abteilung bzw. eines Compliance Officers spricht die eindeutige und sichtbare Zuordnung von Compliance-Aufgaben an die verantwortlichen Personen (Compliance Officer) ebenso wie die Möglichkeit zum Aufbau und zur Bündelung von Expertenwissen in Compliance-Fragen.[19] Die nachfolgende Darstellung orientiert sich daher an diesem autonomen Organisationsmodell, ausgehend von den Grundfunktionen von Compliance bzw. von Compliance-Management im Unternehmen (dazu näher → Rn. 12 ff.). Unabhängig von der jeweiligen Organisationsstruktur kommt es für die effektive Erfüllung der Compliance-Aufgaben in jedem Fall auf eine enge **Abstimmung und Koordination** zwischen Compliance-Abteilung bzw. Compliance Officer und anderen **Unternehmensfunktionen**, wie Risikomanagement, Rechtsabteilung, Interner Revision, Personalabteilung, sowie mit den einzelnen Fachbereichen und etwaigen gesetzlichen Beauftragten an.[20]

3 Losgelöst von der jeweiligen unternehmensspezifischen Zuordnung und Ausgestaltung der Compliance-Funktion beschreibt das folgende Kapitel einen **Kernbestand von Compliance-Aufgaben**, den jeder Compliance-Verantwortliche bzw. jeder Compliance Officer wahrnehmen sollte, um die mit Compliance bzw. Compliance-Management verfolgten Ziele zu erreichen.[21] Diese Aufgaben richten sich einerseits nach den Zielen und Funktionen von Compliance und Compliance-Management im Allgemeinen, andererseits nach der von der Unternehmensleitung zu entwickelnden Compliance-Strategie, welche sich am jeweiligen Risikoprofil des Unternehmens orientiert.

4 Nach einer Einführung in die Bedeutung von Compliance-Management und die Schlüsselrolle der Compliance Officer beschreibt das nachfolgende Kapitel die Funktionen von Compliance und analysiert anschließend das hieraus resultierende mögliche Aufgabenspektrum der Compliance Officer. Anschließend erfolgt eine Abgrenzung zu anderen Unternehmensbereichen und Unternehmensfunktionen unter Hervorhebung von Möglichkeiten zu effektiver Abstimmung und Kooperation. Abschließend werden Kriterien für das Anforderungsprofil der Compliance Officer vorgestellt.

---

[18] *Bürkle*, in: Hauschka, Corporate Compliance, § 8 Rn. 12 ff. Das Bank- und Kapitalmarktrecht kann allerdings als wichtige Erkenntnis- und Erfahrungsquelle für den Umgang mit Rechts- und Compliance-Risiken dienen, siehe hierzu *Schulz*, in: Kessler, S. 309 (326 f.) mwN.
[19] Vgl. *Moosmayer*, Compliance Praxisleitfaden, S. 34 ff. (36).
[20] Zu dem erforderlichen Schnittstellenmanagement näher → Rn. 75. Vgl. ferner *Moosmayer*, Compliance Praxisleitfaden, S. 36.
[21] Zu diesem Grundbestand an Aufgaben ausführlich *Moosmayer*, Compliance Praxisleitfaden, S. 39 f.; *ders.*, in: Rotsch, S. 209 f.; *Schulz/Renz*, BB 2012, 2511 (2513 f.); *Groß*, S. 74 ff., *Behringer*, in: ders., S. 367 ff.; *Cauers/Haas/Jakob/Kremer/Schartmann/Welp*, DB 2008, 2717 ff.; *Favoccia/Richter*, AG 2010, 137 (138); *Kraft/Winkler*, CCZ 2009, 29 (31).

B. Compliance-Management und Schlüsselrolle der Compliance Officer

Obwohl viele Unternehmen inzwischen Compliance-Maßnahmen bzw. ein Compliance-Management eingeführt haben, sind viele Einzelfragen nach wie vor ungeklärt, sodass Compliance und Compliance-Management in der Praxis ebenso wie in der Rechtswissenschaft weiterhin aktuelle Themen sind.[22] Soweit Unternehmen Compliance-Maßnahmen umgesetzt haben, ist der jeweilige **Organisationsgrad** (s. → Rn. 2) höchst **unterschiedlich**: Während große Unternehmen und Konzerne häufig über ausdifferenzierte Compliance-Programme verfügen, fehlt es in mittelständischen und kleinen Unternehmen regelmäßig an vergleichbaren Strukturen und Prozessen.[23] Für alle Unternehmen stellt sich die grundsätzliche Frage, mit welchen Ressourcen und insbesondere mit welchem Personal Compliance-Risiken adäquat gesteuert werden können. 5

I. Bedeutung von Compliance und Compliance-Management

Die Bedeutung von Compliance bzw. Compliance-Management ist infolge der Zunahme von Rechtsrisiken und der **Besonderheiten von Compliance-Risiken** stetig gestiegen; ein Ende dieser Entwicklung ist nicht abzusehen.[24] 6

1. Erhöhte rechtliche Anforderungen und Zunahme von Haftungsrisiken

Ursache dieser Entwicklung ist die kontinuierliche **Ausweitung rechtlicher Anforderungen** sowie daraus resultierender Pflichten im Falle der Nichterfüllung bzw. Verletzung. Unternehmen, ihre Leitungsorgane und Mitarbeiter sind mit vielfältigen rechtlichen Anforderungen konfrontiert, welche sich zudem häufig verändern bzw. erweitern.[25] Nach Schätzungen sollen pro Unternehmen durchschnittlich etwa 900 Vorschriften zu beachten sein und diese **Normenflut** betrifft sämtliche Unternehmensbereiche.[26] Zu den für alle Rechtssubjekte geltenden normativen Rahmenbedingungen kommen vielfältige weitere rechtliche Anforderungen, die sich nach dem jeweiligen Industriesektor des Unternehmens bzw. der Branche sowie individuellen Faktoren wie Unternehmensgröße, Unternehmensstruktur, Geschäftsmodell oder Anzahl der Mitarbeiter richten.[27] Durch vielfältige **Aktivitäten der Gesetzgeber** auf nationaler und internationaler Ebene und die **Tätigkeit der Gerichte** ist das rechtliche Umfeld in ständiger Bewegung; der Vielfalt und 7

---

[22] Aus der umfangreichen Literatur vgl. etwa *Hauschka*, Corporate Compliance, 2. Aufl. 2010, *Inderst/Bannenberg/Poppe*, Compliance – Aufbau – Management – Risikobereiche, 2. Aufl. 2013; *Moosmayer*, Compliance Praxisleitfaden, 2. Aufl. 2012, jeweils mwN. Zu empirischen Untersuchungen siehe etwa die Angaben bei *v. Busekist/Hein*, CCZ 2012, 41.
[23] Vgl. *Schulz*, in: Kessler, S. 309 (313, 324); *Campos Nave/Zeller*, BB 2012, 131 ff.; *Remberg*, BB 2012, I; *Behringer*, in: ders., S. 19 (27). Der Mittelstand rückt allerdings zunehmend in den Fokus der Compliance-Debatte, vgl. etwa *Behringer*, Compliance für KMU, 2012, *Fissenewert*, Compliance für den Mittelstand, 2013.
[24] Zu aktuellen Entwicklungen vgl. etwa *Passarge*, ZRFC 2014, 172; ders., DStR 2010, 1675; *Illing/Umnuß*, CCZ 2009, 1.
[25] Vgl. *Schulz*, in: Kessler, S. 309 (314 f.); *Liese/Schulz*, BB 2011, 1347 ff.
[26] Vgl. *Schmidt*, S. 17 mwN und dem Hinweis auf Schätzungen, wonach durchschnittlich 900 Vorschriften pro Unternehmen zu beachten sein sollen.
[27] Vgl. *Schulz*, in: Kessler, S. 309 (314).

Dynamik rechtlicher Anforderungen entspricht ein Trend stetiger **Zunahme von Haftungsrisiken** für Unternehmen und ihre Leitungsorgane.[28] Insbesondere die Verantwortlichkeit von Geschäftsleitungsmitgliedern für Fehlverhalten (Organhaftung) wurde kontinuierlich ausgeweitet.[29]

8   In den Fokus rücken dabei zunehmend auch Fragen der **Haftung von Mitgliedern der Leitungsorgane für fehlende Compliance-Maßnahmen bzw. ein unzureichendes Compliance-Management**.[30] So hat das Landgericht München I in einer viel diskutierten Entscheidung in der Einrichtung eines mangelhaften Compliance-Systems bzw. in dessen unzureichender Überwachung eine Pflichtverletzung gesehen, für die der Vorstand als Organ ebenso wie jedes einzelne Vorstandsmitglied haftungsrechtlich verantwortlich ist.[31] Nach Ansicht des Gerichts muss ein Vorstandsmitglied dafür sorgen, dass ein Unternehmen so organisiert wird, dass keine Gesetzesverletzungen erfolgen.[32] Das Urteil verdeutlicht exemplarisch die Compliance-Pflichten und Haftungsrisiken der Unternehmensleitung. Ausgehend von einem weiten Verständnis von Compliance bzw. von Compliance-Management im Sinne eines umfassenden Managements rechtlicher Risiken im Unternehmen[33] lässt sich die Entscheidung in den Kontext der **Unternehmensorganisationspflichten** einordnen[34], zu denen die Rechtsprechung vielfältige Anwendungsbeispiele entwickelt hat.[35] Das Urteil bestätigt damit die wachsende Bedeutung der Frage, welche organisatorischen Vorkehrungen und Maßnahmen die Unternehmensleitung treffen muss, um Compliance-Anforderungen zu genügen und Sanktionen aus Regelverletzungen zu vermeiden.[36]

2. Besonderheiten von Compliance-Risiken

9   Legt man die ursprüngliche Wortbedeutung von Compliance im engeren Sinne von Regelbefolgung zugrunde, lassen sich Compliance-Risiken als Nachteile und Schäden aus Regelverstößen definieren, sodass insoweit prinzipiell keine Unterschiede zwischen Compliance-Risiken und allgemeinen Rechtsrisiken der unternehmerischen Tätigkeit festzustellen sind.[37] Im Gegensatz zu den allgemeinen Risiken aus Regelverstößen ent-

---

[28] Vgl. *Schulz*, in: Kessler, S. 309 (315).
[29] Vgl. *Lutter*, in: Krieger/Uwe H. Schneider, S. 1 ff.
[30] Ein viel diskutiertes Beispiel bietet die Entscheidung des LG München I Urt. v. 10.12.2013 – 5 HK O 1387/10, NZG 2014, 345, vgl. hierzu etwa *Fleischer*, NZG 2014, 321; *Schulz/Held*, Juris PR-Compl. 1 2014, Anmerkung 2. Dieser Rechtsstreit endete durch Vergleich des beklagten Vorstandsmitgliedes mit der klagenden AG, vgl. Börsenzeitung vom 13.12.2014, S. 7.
[31] Vgl. LG München I Urt. v. 10.12.2013 – 5 HK O 1387/10, NZG 2014, 345 (Rechtsstreit durch Vergleich beendet).
[32] Das Gericht bejahte eine Pflichtverletzung des beklagten Vorstandsmitglieds und verurteilte ihn zur Zahlung von Schadensersatz in Höhe des eingeklagten Teilbetrags von 15 Mio. EUR, vgl. LG München I Urt. v. 10.12.2013 – 5 HK O 1387/10, NZG 2014, 345 sowie hierzu *Fleischer*, NZG 2014, 321 ff.; *Schulz/Held*, Juris PR-Compl. 1 2014, Anmerkung 2.
[33] Zu diesem Verständnis von Compliance bzw. Compliance Management etwa *Bürkle*, CCZ 2010, 4; *Passarge*, DStR 2010, 1675; *Schulz/Renz*, BB 2012, 2511 mwN.
[34] Zu den Unternehmensorganisationspflichten umfassend *Spindler*, Unternehmensorganisationspflichten, 2001.
[35] Zu den Haftungsrisiken der Gesellschaftsorgane wegen Verletzung von Organisationspflichten ausführlich *Spindler*, Unternehmensorganisationspflichten, S. 844 ff.
[36] Vgl. *Schulz/Held*, Juris PR-Compl. 1 2014, Anmerkung 2.
[37] Auch *Hauschka* unterscheidet beide Termini grundsätzlich nicht, vgl. *Hauschka*, in: Hauschka, Corporate Compliance, § 1 Rn. 8, 28, 33.

B. Compliance-Management und Schlüsselrolle der Compliance Officer

halten Compliance-Risiken jedoch häufig auch besondere **Image- und Reputationsrisiken**, deren Vermeidung oft im Mittelpunkt von Compliance-Maßnahmen steht.[38] Ausgehend von einem weiteren Verständnis von Compliance als Organisationspflicht zur systematischen Sicherstellung regelkonformen Verhaltens besteht eine weitere Besonderheit von Compliance-Risiken in dem **Vorwurf fehlender bzw. unzureichender Organisation regelkonformen Verhaltens**.[39]

3. Schlüsselrolle der Compliance Officer

Die Vermeidung bzw. erfolgreiche Bewältigung von Compliance-Risiken stellt für viele Unternehmen nach wie vor eine große Herausforderung dar.[40] Denn die **Folgen von „Non-Compliance"** (zB Verhängung von Strafen und Bußgeldern, Verpflichtung zum Schadensersatz, Verlust von Aufträgen, Unwirksamkeit von Rechtsgeschäften, schwer reversible Reputations- und Image-Schäden)[41] sind für Unternehmen, ihre Leitungsorgane und Mitarbeiter meist **gravierend** und in manchen Fällen sogar existenzbedrohend.[42] Wirksames Compliance-Management im Sinne eines strategisch fundierten Systems zur erfolgreichen **Steuerung rechtlicher Chancen und Risiken** (einschl. Reputationsrisiken) wird daher immer mehr zu einem zentralen **Erfolgsfaktor** der unternehmerischen Tätigkeit.[43] Dies gilt nicht nur für große Unternehmen und Konzerne, sondern auch für kleinere und mittelständische Unternehmen.[44]

10

Während die Unternehmensleitung und alle Mitglieder der Leitungsorgane die primäre Verantwortung für ein funktionierendes Compliance-Management-System haben,[45] spielen auch die **Compliance Officer als verantwortliche Manager** bei der Einführung und dauerhaften Implementierung eine Schlüsselrolle.[46] Dies gilt grundsätzlich unabhängig von der Größe einer Compliance-Abteilung: Große Unternehmen und Konzerne verfügen häufig über komplexe **Compliance-Strukturen**, etwa in Form eines mehrstufigen Systems der Compliance Officer (häufig mit einem Chief Compliance Officer).[47] Dagegen werden in mittelständischen Unternehmen Compliance-Aufgaben häufig von einem einzelnen Compliance Officer (in kleinen Unternehmen teilweise von anderen Unternehmensfunktionen oder einem Mitglied der Geschäftsleitung) wahrgenommen.[48] Angesichts der beschriebenen (→ Rn. 7 ff.) vielfältigen rechtlichen Anforderungen und damit einhergehenden Compliance-Risiken empfiehlt es sich aber für die

11

---

[38] Vgl. *Schulz*, in: Kessler, S. 309 (319). Zur Bedeutung von Reputations- und Imageschäden ausführlich *Kröger*, S. 255 ff.
[39] Vgl. *Schulz*, in: Kessler, S. 309 (319); *Hauschka*, in: Hauschka, Corporate Compliance, § 1 Rn. 1 ff.; *Moosmayer*, Compliance Praxisleitfaden, S. 1 ff.
[40] Vgl. *Schulz/Renz*, BB 2012, 2511 mwN.
[41] Zu den Risiken der „Non-Compliance" ausführlich *Hauschka*, in: Hauschka, Corporate Compliance, § 1 Rn. 8 ff.; *Schulz*, in: Kessler, S. 309 (319), jeweils mwN.
[42] Vgl. *Schulz*, in: Kessler, S. 309 (319) mwN; *Bicker*, AG 2012, 542.
[43] *Schulz*, in: Kessler, S. 309 (312).
[44] Vgl. *Schulz*, in: Kessler, S. 309 ff. mwN.
[45] Zu Compliance als Bestandteil der Unternehmensleitungsfunktion näher → Rn. 18 ff.
[46] *Gößwein/Hohmann*, BB 2011, 963 (966) sowie *Schulz/Renz*, BB 2012, 2511.
[47] Zum Modell eines mehrstufigen Beauftragten-Systems ausführlich *Bürkle*, in: Hauschka, Corporate Compliance, § 8 Rn. 20 ff.; zu unterschiedlichen Modellen der Compliance-Organisation ferner *Moosmayer*, Compliance Praxisleitfaden, S. 33 ff.; *Gößwein/Hohmann*, BB 2011, 963 ff.
[48] Dies entspricht der primären Zuständigkeit der Geschäftsleitung für Compliance als Ausprägung der Leitungsfunktion, siehe dazu näher *Schmidt*, S. 139 ff. sowie → Rn 18 ff.

§ 4. Aufgaben im Unternehmen

meisten Unternehmen, eine eigene Stelle für Compliance-Management bzw. jedenfalls einen Compliance Officer zu etablieren, der die vielfältigen Anforderungen koordiniert und Compliance-Aufgaben im Rahmen eines eigenständigen Aufgabenbereichs wahrnimmt.[49] Unabhängig von ihrer Anzahl und organisatorischen Eingliederung im Unternehmen sollten sich die Aufgaben der Compliance Officer an den Grundfunktionen von Compliance im Unternehmen orientieren.

II. Funktionen von Compliance

1. Schutz- und Risikomanagementfunktion

12   Ziel eines Compliance-Managements ist die rechtssichere Unternehmensorganisation, insbesondere die systematische **Prävention von Sanktionen aus Regelverletzungen**.[50] Eine zentrale Funktion von Compliance ist damit die Schutzfunktion („Compliance als Instrument präventiver Unternehmensorganisation"[51]). Compliance-Management dient sowohl dem Schutz des Unternehmens vor zivilrechtlicher Haftung und strafrechtlichen Sanktionen als auch der Vermeidung bzw. Reduzierung persönlicher zivil- und strafrechtlicher Haftungsrisiken der Mitglieder der Leitungsorgane und der Mitarbeiter.[52] Darüber hinaus bezwecken Compliance-Maßnahmen auch den Schutz vor Angriffen auf das Unternehmen, zB durch Vorkehrungen gegen das Ausspähen bzw. den Verrat von Betriebs- und Geschäftsgeheimnissen, durch die Sicherung wichtigen Know-Hows sowie durch den Schutz der Unternehmensposition im Wettbewerb.[53] Ferner dient Compliance dem Schutz der Reputation des Unternehmens[54], der Sicherung des Vertrauens der Geschäftspartner in eine ordnungsgemäße und rechtskonforme Geschäftstätigkeit sowie einem glaubwürdigen Auftritt des Unternehmens in der Öffentlichkeit.[55] Gleichzeitig unterstützt Compliance das Unternehmen auch durch die **Ermittlung vorbeugender Rechts- und Vertragsgestaltungsmöglichkeiten** sowie den Hinweis auf rechtliche Wahlrechte und Optionen, etwa wenn durch geeignete Vertragsgestaltung oder steuerrechtliche Strukturierung besondere Chancen für das Unternehmen generiert werden.[56]

13   Ebenso wichtig ist die Risikobegrenzungs- bzw. **Risikomanagementfunktion**, denn zwischen Compliance-Management und Risikomanagement besteht ein enger Zusammenhang.[57] So werden Compliance-Risiken vom Anwendungsbereich des § 91 Abs. 2 AktG insoweit erfasst, als sie bestandsgefährdende Ausmaße annehmen können.[58] Danach wird der Vorstand einer AG verpflichtet, ein Überwachungssystem einzurichten, um den Fortbestand der gesellschaftsgefährdenden Entwicklungen frühzeitig erkennen

---

[49] Vgl. *Pauthner-Seidel/Stephan*, in: Hauschka, Corporate Compliance, § 27 Rn. 42.
[50] Zu Funktion und Aufbau von Compliance umfassend *Hauschka*, in: Hauschka, Corporate Compliance, § 1 Rn. 1 ff.
[51] So wörtlich und prägnant bereits *Bürkle*, DB 2004, 2158 (2160).
[52] Vgl. *Gößwein/Hohmann*, BB 2011, 963 (964).
[53] Vgl. *Gößwein/Hohmann*, BB 2011, 963 (964).
[54] Vgl. *Hauschka*, in: Hadding/Hopt/Schimansky, S. 103 (106).
[55] Vgl. *Gößwein/Hohmann*, BB 2011, 963 (964).
[56] Vgl. *Rodewald*, in: Maschmann, S. 32 f.
[57] *Hauschka*, in: Hadding/Hopt/Schimansky, S. 103 (110 f.) sowie ausführlich *Kark*, S. 12 ff., 48 ff.
[58] Vgl. *Kark*, S. 48.

B. Compliance-Management und Schlüsselrolle der Compliance Officer

zu können.[59] Zudem bietet das Risikomanagement mit seinen Methoden und Verfahren eine wichtige **Erkenntnisquelle für** die Erfassung und Analyse von **Compliance-Risiken**.[60] In der effektiven Steuerung und Überwachung relevanter Rechts- und Compliance-Risiken liegt die zentrale Aufgabe des Compliance-Managements.[61]

2. Beratungs- und Informationsfunktion

Compliance bzw. Compliance-Management erfüllt ferner eine wichtige Beratungsfunktion.[62] Diese Beratungsfunktion ist umfassend zu verstehen und sowohl an die Unternehmensleitung als auch die Unternehmensangehörigen gerichtet. Sie umfasst einerseits die **Beratung der Unternehmensleitung** im Hinblick auf die systematische Erfassung und Steuerung von Compliance-Risiken durch geeignete organisatorische Maßnahmen[63], andererseits die **Organisation der Beratung aller Unternehmensangehörigen in allen relevanten Compliance-Fragen**, zB durch das Angebot von Schulungen, die Benennung von Ansprechpartnern zu Compliance-Fragen („Helplines") etc. Es geht darum, die Unternehmensangehörigen für die Einhaltung relevanter Regelungen sowie die Risiken aus ihrer Nichtbeachtung zu sensibilisieren.[64]

14

3. Monitoring- und Überwachungsfunktion

Eine weitere wichtige Funktion besteht in der kontinuierlichen Überwachung und Kontrolle der Beachtung und Einhaltung relevanter Normen und Regeln.[65] Je nach Unternehmensgröße und Branche gehören zum Compliance-Management daher auch **Monitoring-Systeme** zur Kontrolle, ob relevante Gesetze sowie interne und externe Regelwerke eingehalten werden.[66] Ein typisches Anwendungsbeispiel in der Finanzwirtschaft ist etwa die Kontrolle im Bereich der Insidergeschäfte oder der Geldwäscheprävention.[67] In mittelständischen und kleineren Unternehmen wird die Überwachungsfunktion häufig auch vom Controlling bzw. der Internen Revision wahrgenommen.

15

4. Qualitätssicherungs- und Innovationsfunktion

Die systematische Erfassung von Rechts- und Compliance-Risiken sowie die kontinuierliche Beobachtung und **Analyse der Veränderungen des regulatorischen Umfelds** und neuer rechtlicher Vorgaben und Standards mit Hilfe von Compliance-Management erfüllen für das Unternehmen auch eine Qualitätssicherungs- und Innovationsfunktion.[68]

16

---

[59] Zum Diskussionsstand zur Auslegung von § 91 Abs. 2 AktG vgl. *Schulz*, in: Kessler, S. 309 (319 ff.) mwN.
[60] Vgl. *Kark*, S. 105 ff.
[61] Vgl. *Pauthner-Seidel/Stephan*, in: Hauschka, Corporate Compliance, § 27 Rn. 24 ff.; *Geiser*, S. 128 ff.
[62] Vgl. *Inderst*, in: Inderst/Bannenberg/Poppe, S. 136 f.; *Hauschka*, in: Hadding/Hopt/Schimansky, S. 103 (108); *Lösler*, NZG 2005, 104 (105).
[63] Siehe etwa *Schulz/Renz*, BB 2012, 2511 (2514).
[64] Vgl. *Klopp*, S. 57; *Schulz/Renz*, BB 2012, 2511 (2514).
[65] Vgl. *Hauschka*, in: Hadding/Hopt/Schimansky, S. 103 (109); *Klopp*, S. 57 f.
[66] Vgl. *Lösler*, NZG 2005, 104 (105).
[67] Vgl. *Hauschka*, in: Hadding/Hopt/Schimansky, S. 103 (109).
[68] Vgl. *Hauschka*, in: Hadding/Hopt/Schimansky, S. 103 (111).

So können sich – zB im Rahmen der Schulung zu Compliance-Themen – Hinweise auf Verbesserungsmöglichkeiten bei Geschäftsprozessen oder sogar auf neue Geschäftschancen ergeben.[69]

5. Marketing-Funktion

17 Schließlich wird Compliance auch eine Marketing-Funktion zugesprochen, denn ein effektives Compliance-Management-System verhindert bzw. minimiert Regelverstöße und fördert bzw. erhöht dadurch die Glaubwürdigkeit des Unternehmens bei seinen Mitarbeitern, Kunden, Geschäftspartnern und sonstigen Stakeholdern.[70]

C. Compliance-Verantwortung der Unternehmensleitung

18 Inhalt und Umfang der einzelnen Aufgaben der Compliance Officer erschließen sich nur vor dem Hintergrund der Compliance-Verantwortung der Unternehmensleitung.[71] Die Wahrnehmung der Compliance-Verantwortung zählt zum **Kernbereich der Leitungsaufgaben** der Unternehmensführung und ist daher zwingend dem Gesamtorgan zugewiesen.[72] Daher ist Compliance zunächst als Aufgabe der Unternehmensleitung zu beschreiben, bevor auf die Aufgaben des Compliance Officers im Einzelnen eingegangen wird.

I. Compliance als Aufgabe der Unternehmensleitung

1. Compliance als Leitungsaufgabe

19 Die Leitungsaufgaben der Unternehmensleitung umfassen verschiedene Tätigkeiten, wie die Festlegung der unternehmerischen Zielsetzung, einer darauf aufbauenden Unternehmensstrategie und die Erstellung einer Unternehmensplanung mit Zielvorgaben.[73] Ferner müssen die Mitglieder der Unternehmensleitung **organisatorische Vorkehrungen für die Erfüllung der vielfältigen rechtlichen Pflichten** treffen und hierzu die entsprechenden Aufgaben auf die zuständigen Funktionseinheiten und Stellen verteilen und durch Vorgaben an die nachgeordneten Stellen die Ausrichtung auf das Unternehmensziel sicherstellen sowie die Beteiligten koordinieren.[74] Zudem ist die Unternehmensleitung zur Überwachung der gesamten Tätigkeit des Unternehmens verpflichtet; es darf im Unternehmen keine kontrollfreien Räume geben.[75] Die Leitungsaufgabe stellt sich

---

[69] Siehe hierzu das dritte Beispiel in → Rn. 34.
[70] Vgl. *Lösler*, NZG 2005, 104 (105); *Klopp*, S. 58 f.
[71] Siehe ebenso *Bürkle*, CCZ 2010, 4 (6): „Die Compliance-Verantwortung des Compliance-Officers kann nicht losgelöst von der entsprechenden Verantwortung der Geschäftsleitung für legales Unternehmensverhalten betrachtet werden ..."; ähnlich *Moosmayer*, in: Rotsch, S. 203 (204).
[72] Vgl. *Fleischer*, in: Spindler/Stilz, § 91 Rn. 58; *Karbaum*, AG 2013, 863 (870) für den Vorstand der AG.
[73] Vgl. *Haouache*, S. 52 ff.
[74] Vgl. *Haouache*, S. 53.
[75] *Haouache*, S. 53 mwN.

C. Compliance-Verantwortung der Unternehmensleitung

daher als **umfassender Organisationsauftrag** dar[76], welche die Organisation rechtskonformen Verhaltens des Unternehmens und seiner Angehörigen einschließt.[77]

> **Hinweis:** In den Zuständigkeitsbereich der Unternehmensleitung als Gesamtorgan fallen sowohl die Entscheidung über die Initiierung von Compliance-Maßnahmen bzw. über **das „Ob" der Einrichtung eines Compliance-Management-Systems** als auch **wesentliche Strukturentscheidungen**, etwa im Hinblick auf die Einrichtung eines eigenen Geschäftsleitungsressorts für Compliance, der Nutzung vorhandener Strukturen und Ressourcen für Compliance-Aufgaben, der Einsetzung eines Compliance Officers oder der Frage, welche Kompetenzen verantwortliche Mitarbeiter wahrnehmen sollen.[78] Diesen Leitungsaufgaben (und der Haftung bei unzureichender Aufgabenwahrnehmung) kann sich die Unternehmensleitung nicht entäußern bzw. durch Delegation entziehen.[79] Zur (teilweisen) Delegation von Compliance-Aufgaben → Rn. 22 ff.

2. Compliance-Management als Ausprägung des Legalitätsprinzips

20 Zu den Kardinalpflichten der Unternehmensleitung gehört es, das rechtmäßige Verhalten des Unternehmens und seiner Mitarbeiter sicherzustellen.[80] In bestimmten Fällen sind die Unternehmensleiter selbst für die **Erfüllung gesetzlicher Pflichten** verantwortlich, so zB im Zusammenhang mit steuer- und sozialversicherungsrechtlichen Anforderungen, datenschutzrechtlichen Vorgaben oder Pflichten im Zusammenhang mit einer Insolvenz des Unternehmens.[81] Im Übrigen müssen die Unternehmensleiter **organisatorische Maßnahmen** treffen, um rechtskonformes Verhalten zu ermöglichen und Regelverletzungen möglichst zu vermeiden.[82]

3. Organisationsermessen bei der Gestaltung von Compliance-Maßnahmen

21 Bei der kontrovers diskutierten Frage, ob es für die **Organisation von Compliance** der Einrichtung eines Compliance-Management-Systems bedarf[83], sollte zwischen der **Frage nach dem „Ob"** von Compliance-Maßnahmen und der **Frage nach dem „Wie"** ihrer **Ausgestaltung** differenziert werden.[84] Während die Frage nach der Notwendigkeit von angemessenen Compliance-Maßnahmen allein wegen der Zunahme und wachsenden Bedeutung von Compliance-Risiken regelmäßig zu bejahen sein dürfte, hat die Geschäftsleitung bei der Auswahl der erforderlichen Maßnahmen und der Ausgestaltung eines Compliance-Managements einen weitgehenden **Gestaltungsspielraum**. Dieses Er-

---

[76] *Haouache*, S. 53.
[77] Vgl. *Schmidt*, S. 26 ff.; *Rieder/Falge*, in: Inderst/Bannenberg/Poppe, S. 15 (29).
[78] Vgl. *Karbaum*, AG 2013, 863 (870).
[79] Vgl. *Groß*, S. 59 mwN.
[80] Für die AG vgl. *Schmidt*, S. 71 ff.; für die GmbH vgl. *Scholz/Schneider*, § 43 GmbHG Rn. 96a mwN; *Kort*, GmbHR 2013, 566 ff.
[81] Vgl. am Beispiel der GmbH MüKoGmbHG/*Stephan/Tieves*, § 37 GmbHG Rn. 25 f.; *Schulz*, in: Kessler, S. 309 (328, 334).
[82] Vgl. *Lutter/Hommelhoff/Kleindiek*, § 43 GmbHG Rn. 30; *Kort*, GmbHR 2013, 566 ff.
[83] Vgl. *Bicker*, ZWH 2013, 473 (474); *Schmidt*, S. 139 ff.
[84] *Bicker*, ZWH 2013, 473 (474) mwN.

§ 4. Aufgaben im Unternehmen

messen bei der Ausgestaltung der Compliance-Organisation gilt auch und va für mittelständische und kleinere Unternehmen.[85] Dabei sind stets die jeweiligen **Besonderheiten des Unternehmens**, insbesondere Größe und Organisationsstruktur, Branche, geografische Präsenz, Risikostruktur und etwaige Compliance-Verstöße oder Verdachtsfälle aus der Vergangenheit, zu berücksichtigen.[86] In Abhängigkeit von den jeweiligen Besonderheiten des Unternehmens hat die Geschäftsleitung daher grundsätzlich die Wahl bezüglich der vorzunehmenden Prozesse und einzusetzenden Ressourcen.[87] Hierunter fällt auch die Entscheidung, ob die Geschäftsleitung die **Compliance-Verantwortung** selbst wahrnimmt oder ob bestimmte Compliance-Aufgaben an Unternehmensfunktionseinheiten (zB Rechtsabteilung, Risikomanagement oder Interne Revision), an einen Compliance Officer oder an Externe (zB Rechtsanwälte, Wirtschaftsprüfer) delegiert werden.[88]

II. Delegation von Compliance-Aufgaben

22   Wie ausgeführt, gehören Compliance-Maßnahmen und Compliance-Management zu den Leitungsaufgaben der Unternehmensleitung.[89] Daher scheidet eine vollständige Delegation von Compliance-Aufgaben an einzelne Mitglieder der Unternehmensleitung oder an nachgeordnete Abteilungen oder Mitarbeiter aus.[90] Dies folgt nicht zuletzt daraus, dass rechtskonformes Verhalten nicht allein im Verantwortungsbereich von Unternehmensleitung und einer Compliance-Einheit, sondern vielmehr stets auch im Verantwortungsbereich jedes einzelnen Unternehmensangehörigen liegt.[91] Soweit das Spektrum der **Leitungsaufgaben** betroffen ist, muss die Unternehmensleitung stets als **Gesamtorgan** tätig werden – dies schließt nicht nur die grundsätzliche Entscheidung über das „Ob" von Compliance-Maßnahmen, sondern auch **wesentliche Strukturentscheidungen** (zB in Bezug auf ein Compliance-Management-System) ein.[92]

1. Zulässigkeit der Delegation

23   Aus der Perspektive der Unternehmensleitung ist die Einführung einer Compliance-Organisation mit Delegation von Compliance-Aufgaben an nachgeordnete Mitarbeiter, wie einen Compliance Officer, eine **Möglichkeit zur Reduktion von Haftungsrisiken**.[93] Als Leitungsaufgabe ist Compliance jedoch nicht vollständig delegierbar, weder im Rahmen der sog horizontalen Delegation noch im Rahmen sog vertikaler Delegation.[94] Die

---

[85] Vgl. *Merkt*, ZIP 2014, 1705 (1711).
[86] Ausführlich zu diesen Parametern *Merkt*, ZIP 2014, 1705 (1708 ff.).
[87] Vgl. *Rodewald*, in: Maschmann, S. 32, 38; *Hauschka*, in: Hauschka, Corporate Compliance, § 1 Rn. 22 ff., 33 sowie in Bezug auf die GmbH explizit *Bosse*, NWB 2013, 4056 (4060).
[88] Vgl. *Scholz/Schneider*, § 43 GmbHG Rn. 96c; ähnlich *Bicker*, ZWH 2013, 473 (474). Zur Bestandsaufnahme der bestehenden Organisationsstrukturen und Abläufe auch *Rodewald*, in: Maschmann, S. 32 (47 f.).
[89] Vgl. → Rn. 19.
[90] Vgl. *Fleischer*, in: Spindler/Stilz, § 91 Rn. 58; *Karbaum*, AG 2013, 863 (870) sowie → § 3 Rn. 34.
[91] Vgl. *Tüllner/Wermelt*, BB 2012, 2551 (2552).
[92] Vgl. *Karbaum*, AG 2013, 863, 870 im Zusammenhang mit Kartellrechts-Compliance.
[93] Ausführlich hierzu *Bürkle*, CCZ 2010, 4 (5 ff.) sowie *Lackhoff/Schulz*, CCZ 2010, 81 (84 f.) mwN.
[94] Vgl. *Schmidt*, S. 151 ff. sowie → § 3 Rn. 34.

C. Compliance-Verantwortung der Unternehmensleitung

Letztverantwortlichkeit für Compliance verbleibt vielmehr stets bei der **Geschäftsleitung**. Jedoch können nachgeordneten Mitarbeitern, wie dem Compliance Officer, vorbereitende und ausführende Maßnahmen übertragen werden, zB Aufgaben im Rahmen der Prävention und Aufklärung von „Non-Compliance"-Fällen sowie Aufgaben zur Kontrolle der Wirksamkeit von Compliance-Maßnahmen.[95] Durch die in der Praxis übliche und in vielen Unternehmen verbreitete Delegation von Compliance-Maßnahmen rückt der Compliance Officer in den Mittelpunkt des Interesses an einem effizienten und effektiven Management der Compliance-Risiken. Aus Sicht der Unternehmensleitung, aber auch aus der des Compliance Officers, empfiehlt sich eine **schriftliche Fixierung** derjenigen Aufgaben und Maßnahmen, welche dem Compliance Officer im Wege der Delegation zugewiesen werden.[96]

2. Anforderungen an eine wirksame Delegation

Bei der Delegation von Compliance-Aufgaben sind stets die rechtlichen Vorgaben zu beachten. Wie unter → Rn. 19 ff. ausgeführt, ist dabei zunächst zu prüfen, ob die jeweilige **Aufgabe** überhaupt **delegationsfähig** ist. Dies ist insbesondere bei solchen Aufgaben und Strukturmaßnahmen zu verneinen, zu deren Wahrnehmung die Mitglieder die Leitungsorgane rechtlich verpflichtet sind.[97] Soweit Compliance-Maßnahmen und -Aufgaben delegationsfähig sind, entlässt die Delegation die Geschäftsleitung allerdings nicht aus ihrer Pflichtenstellung, vielmehr wandelt sich ihre Pflicht in eine umfassende Überwachungspflicht, dh die beauftragten Personen müssen sorgfältig ausgewählt, eingearbeitet und kontrolliert werden.[98] Bei einer Delegation von Aufgaben an den Compliance Officer sind diese Wirksamkeitsvoraussetzungen einzuhalten und insbesondere die Erfordernisse der **Auswahl-, Instruktions- und Überwachungssorgfalt** zu beachten.[99] Diejenigen Personen, welche als Compliance Officer ausgewählt werden, müssen eine hinreichende Qualifikation besitzen: Bevor eine Aufgabe übertragen wird, ist insbesondere ist ihre persönliche Eignung (Zuverlässigkeit, Belastbarkeit) sowie ihre fachliche Befähigung (Ausbildung, Qualifikation, Erfahrung) zur Erfüllung der wahrzunehmenden Aufgaben zu prüfen.[100] Erforderlich ist ferner, dass die gewählte Organisationsform geeignet ist, die delegierten Aufgaben zu erfüllen. Dem Compliance Officer müssen daher die zur Erfüllung seiner Aufgaben erforderlichen **Ressourcen** zur Verfügung gestellt werden.[101] Dies schließt ein adäquates Budget und eine damit verbundene Budget-Hoheit des Compliance Officers ein, von der dieser bei der Umsetzung von Compliance-Maßnahmen (etwa im Rahmen der Aufklärung von Compliance-Verstößen) Gebrauch machen kann.[102] Eine unzureichende Ausstattung des Compliance Officers kann einen Organisationsmangel auf Seiten der Geschäftsleitung begründen: Werden zB in einem Großunternehmen umfassende Überwachungsaufgaben delegiert, die Compliance-

---

[95] Vgl. *Schmidt*, S. 152.
[96] Vgl. *Raus/Lützeler*, CCZ 2012, 96.
[97] Zu Beispielen für den GmbH-Geschäftsführer vgl. etwa ferner *Wolf*, BB 2011, 1353 (1356). Siehe ferner → § 3 Rn. 34.
[98] Vgl. *Lackhoff/Schulz*, CCZ 2010, 81 (85) mwN.
[99] Vgl. *Schmidt*, S. 152. Siehe ferner → § 3 Rn. 36 ff.
[100] Vgl. *Lackhoff/Schulz*, CCZ 2010, 81 (85); zum Anforderungsprofil für Compliance Officer näher → Rn. 76.
[101] Vgl. *Bürkle*, in: Hauschka, Corporate Compliance, § 8 Rn. 31; *Schulz/Renz*, BB 2012, 2511 (2515 f.) sowie → § 3 Rn. 41.
[102] Vgl. *Schulz/Renz*, BB 2012, 2511 (2515 f.).

Stelle aber sachlich und personell nur in einer Weise ausgestattet, die den delegierten Aufgaben nicht Rechnung trägt, liegt hierin ein Organisationsmangel.[103] Die Delegation sollte zudem überschneidungsfrei und in einer Stellenbeschreibung dokumentiert sein.[104]

3. Fortbestehende Überwachungspflicht der Unternehmensleitung

25   Ist die Delegation erfolgt und sind geeignete Personen in ihre Aufgaben eingewiesen, verbleiben bei den Mitgliedern der Geschäftsleitung stets die unter → Rn. 24 beschriebenen Überwachungspflichten, deren Umfang sich nach unternehmensbezogenen Kriterien (Art, Größe und Organisation des Unternehmens), aufgabenbezogenen Kriterien (Umfang und Bedeutung der übertragenen Aufgabe), und personenbezogenen Umständen in der Person des Beauftragten (zB Erfahrung, Qualifikation) richten.[105]

D. Aufgabenspektrum der Compliance Officer

26   Das Aufgabenspektrum der Compliance Officer ist vielfältig und sollte sich grundsätzlich an den unter → Rn. 12 ff. dargestellten **Funktionen von Compliance und Compliance-Management** im Unternehmen orientieren. Danach lassen sich branchenübergreifend die nachfolgenden typischen Aufgaben für einen Compliance Officer identifizieren.[106]

> **Hinweis:** Die Schwerpunktsetzung und Priorität bei ihrer Wahrnehmung richten sich selbstverständlich nach den individuellen Gegebenheiten des jeweiligen Unternehmens, insbesondere seiner Risikostruktur sowie danach, ob bereits Compliance-Verstöße aufgetreten sind.

I. Regelmäßige Compliance-Risiko-Inventur

27   Dem Zusammenhang zwischen Compliance-Management und Risikomanagement (→ Rn. 12 f.) entsprechend sollte der Compliance Officer zunächst auf eine systematische Erfassung aller relevanten Compliance-Risiken hinwirken.[107] Im Hinblick auf die Schutz- und Risikomanagementfunktion von Compliance zählt die systematische Identifikation und **Erfassung relevanter Compliance-Risiken** zu den Kernaufgaben der Compliance Officer – die erforderliche Risikoinventur (zB in Form eines „Compliance-Risk-Assessment") bildet typischerweise die Ausgangsbasis für alle weiteren Compliance-

---

[103] *Lackhoff/Schulz*, CCZ 2010, 81 (85).
[104] Vgl. *Meier-Greve*, BB 2009, 2555 (2556 f.); *Lackhoff/Schulz*, CCZ 2010, 81 (85).
[105] *Lackhoff/Schulz*, CCZ 2010, 81 (85).
[106] Siehe → Rn. 3 sowie *Moosmayer*, Compliance Praxisleitfaden, S. 39 f.; *ders.*, in: Rotsch, S. 209 f.; *Schulz/Renz*, BB 2012, 2511 (2513 f.); *Groß*, S. 74 ff., *Behringer*, in: ders., S. 367 ff.; *Cauers/Haas/Jakob/Kremer/Schartmann/Welp*, DB 2008, 2717 ff.; *Favoccia/Richter*, AG 2010, 137 (138); *Kraft/Winkler*, CCZ 2009, 29 (31).
[107] Vgl. *Schulz/Renz*, BB 2012, 2511 (2514 f.). Zur Risikoerfassung als erster Stufe von Compliance Management im Zusammenhang mit Korruptionsprävention *Kutschelis*, S. 111 ff. mwN.

D. Aufgabenspektrum der Compliance Officer

Maßnahmen bzw. jedes spezifische Compliance-Programm eines Unternehmens.[108] Die **Identifikation und systematische Erfassung von Rechts- und Compliance-Risiken** durch die Compliance Officer sind auch deshalb besonders wichtig, weil viele (insbesondere mittelständische und kleinere) Unternehmen entweder keine separaten Funktionen für die Identifikation dieser Risiken haben oder aber vorhandene Einheiten, wie zB Controlling und Risikomanagement, mit den Besonderheiten der Rechtsrisiken und Compliance-Risiken nicht hinreichend vertraut sind.[109] Für den Erfolg des präventiven Wirkens des Compliance Officers ist es unverzichtbar, die im Unternehmen lauernden bzw. von ihm ausgehenden Compliance-Risiken aufzuspüren und als – ggf. existenzbedrohende – Gefahr für das Unternehmen zu identifizieren. In Abstimmung mit dem unternehmensspezifischen **Compliance-Risikoprofil** sind dabei zunächst die relevanten Compliance-Risiken zu identifizieren und zu bewerten.[110] Die Erfassung der Risiken sollte dabei sowohl **aus juristischer Perspektive** erfolgen, als auch **auf der Basis des jeweiligen Geschäftsmodells** des Unternehmens bzw. anhand der jeweiligen Wertschöpfungskette ermittelt werden.[111] So bestehen etwa spezifische Rechtsrisiken in den Bereichen Forschung und Entwicklung, Logistik, Produktion, Einkauf und Vertrieb ebenso wie im Marketing, die mit Hilfe von Compliance-Management erfasst und gesteuert werden können. Nach der Identifikation und systematischen Erfassung der relevanten Risiken sollten diese analysiert und hinsichtlich ihres potenziellen Schadensausmaßes sowie ihrer Eintrittswahrscheinlichkeit bewertet werden.[112] Anschließend sind **Handlungsmöglichkeiten** für die Unternehmensangehörigen aufzuzeigen, um die Realisierung der Risiken zu vermeiden bzw. deren Eintrittswahrscheinlichkeit zu reduzieren.[113] In komplexen Unternehmensstrukturen kann dies zB durch **Risikoanalysen bei Arbeitsabläufen** in der Weise erfolgen, dass Prozesse mit besonderen Compliance-Risiken (zB im Einkauf, Vertrieb, Export, bei Abrechnung, Bilanzierung oder im Hinblick auf die Einhaltung von Datenschutz- und Umweltvorgaben) systematisch daraufhin untersucht werden, inwieweit gegen bestehende Regeln verstoßen werden könnte (zB bei der Vergabe von Aufträgen im Einkaufsprozess).[114] An den relevanten Stellen kann der jeweilige Arbeitsablauf dann durch spezielle **Kontrollfunktionen** überwacht werden.[115] Durch derartige Verfahren ist einerseits die Abstimmung auf das spezifische Compliance-Risikoprofil des Unternehmens gewährleistet. Andererseits helfen sie den Unternehmensangehörigen dabei, Regelverstöße zu vermeiden und stärken das Vertrauen in den Erfolg regelkonformen Verhaltens.[116] Im nächsten Schritt ist die Geschäftsleitung über die identifizierten Compliance-Risiken zu informieren, um dann gemeinsam mit ihr (bzw. dem für Compliance zuständigen Mitglied der Geschäftsleitung) die erforderliche Compliance-Strategie, ihre Ziele und Inhalte sowie ggf. kon-

---

[108] Zum Compliance-Risikomanagement ausführlich *Kark*, S. 105 ff. sowie *Hauschka*, in: Hadding/Hopt/Schimansky, S. 104, 110 f.; *Borowa*, in: Bay/Hastenrath, S. 117.
[109] Vgl. *Hauschka*, in: Hadding/Hopt/Schimansky, S. 104 (110 f.).
[110] Zur Erfassung und Steuerung von Compliance-Risiken *Moosmayer*, Compliance Praxisleitfaden, S. 25 ff.; *Bay*, in: Bay/Hastenrath, S. 87 ff. sowie ausführlich *Kark*, S. 105 ff.
[111] Ähnlich *Kark*, S. 158 f.; allgemein zum „Legal Management" in Orientierung an der Wertschöpfungskette des Unternehmens *Staub*, S. 37 ff.
[112] Vgl. *Kark*, S. 121 ff.; *Staub*, CCZ 2009, 121 ff. sowie *Moosmayer*, Compliance Praxisleifaden, S. 24 ff.
[113] Vgl. *Kark*, S. 105 ff., 135 ff.; *Staub*, CCZ 2009, 121 ff.
[114] *Schulz/Muth*, CB 2014, 265 (268).
[115] *Schulz/Muth*, CB 2014, 265 (268).
[116] *Schulz/Muth*, CB 2014, 265 (268).

§ 4. Aufgaben im Unternehmen

krete Maßnahmen im Rahmen eines Compliance-Programms abzustimmen und auf den Weg zu bringen.[117]

28 Da sich sowohl das Unternehmen selbst als auch seine Umgebung ständig verändern, ist die Risikoanalyse ebenso wie die **Anpassung der Compliance-Strategie** regelmäßig zu wiederholen.[118] So können Faktoren, wie Wachstum oder Krise des Unternehmens, die Intensivierung des Wettbewerbs, Konsolidierungstendenzen in der Branche, die Expansion in neue Geschäftsfelder etc, jeweils vielfältige neue Compliance-Risiken mit sich bringen. Eine Veränderung des Compliance-Risikoprofils kann sich ferner aus Änderungen der Rechtslage ergeben, wie etwa aus einer Änderung des regulatorischen Umfelds, einer Änderung der Entscheidungspraxis der Gerichte und Behörden in den für das Unternehmen relevanten Geschäftsfeldern, durch veränderte Anforderungen der Vertragspartner sowie durch eine höhere Sensibilität der Öffentlichkeit für Compliance-Risiken.[119] Mit der Änderung und Steigerung der Rechtspflichten für Unternehmen, ihre Leitungsorgane und Mitarbeiter wachsen auch die Zahl und **Komplexität der Compliance-Anforderungen** stetig.[120]

II. Konzeption von Compliance-Maßnahmen

29 Im Hinblick auf die dargestellte dynamische Änderung unternehmensrelevanter Faktoren besteht eine wichtige Aufgabe des Compliance Officers im Hinblick auf seine Beratungsfunktion von Compliance in der Konzeption und **(Weiter-) Entwicklung von Compliance-Maßnahmen** bzw. in größeren Unternehmen eines Compliance-Management-Systems (CMS).[121] Im Rahmen einer „Systemverantwortung"[122] entwickelt der Compliance Officer Vorschläge für Compliance-Maßnahmen bzw. die Einrichtung eines CMS für die Geschäftsleitung.[123]

1. Unternehmenssituation („Compliance-Zustand") als Ausgangsbasis

30 Ausgangspunkt für die Vorschläge des Compliance Officers zur Entwicklung von Compliance-Maßnahmen bzw. der Konzeption eines CMS ist wiederum die individuelle Situation und Risikostruktur des jeweiligen Unternehmens, welche durch die unter → Rn. 1 genannten Faktoren, wie Größe, Branche, Geschäftsmodell, Internationalisierungsgrad etc, bestimmt werden.[124] Die Risikostruktur wird ferner maßgeblich be-

---

[117] Zum Aufbau des Compliance Programms als Bestandteil des Aufgabenprofils *Moosmayer*, Compliance Praxisleitfaden, S. 39; *ders.*, in: Rotsch, S. 209.

[118] Siehe hierzu *Schmidt*, S. 141 sowie *Schulz/Renz*, BB 2013, 294 (296); *Schulz*, in: Bay/Hastenrath, S. 221 (223 f.).

[119] Vgl. etwa die ständig ausgeweiteten Anforderungen an Finanzdienstleistungsunternehmen. Aber auch für börsennotierte oder anderweitig regulierte Unternehmen, zB im Energie- und Versorgungssektor oder in der Pharmaindustrie, ändert sich das rechtliche Umfeld ständig. Vgl. *Schulz*, in: Bay/Hastenrath, S. 221 (223).

[120] Siehe hierzu etwa die empirischen Angaben zu steigenden Informations- und Berichtspflichten bei *Umnuß*, S. V.

[121] Vgl. *Moosmayer*, Compliance Praxisleitfaden, S. 39 f.; *ders.*, in: Rotsch, S. 209 f.; *Klopp*, S. 117.

[122] So der Begriff von *Fecker/Kinzl*, CCZ 2010, 13 (16).

[123] Vgl. *Fecker/Kinzl*, CCZ 2010, 13 (16), welche diese Aufgabe allerdings dem Chief Compliance Officer (CCO) zuweisen.

[124] Vgl. *Bürkle*, in: Hauschka, Corporate Compliance, § 8 Rn. 16 ff.; *Schmidt*, S. 140 ff.

D. Aufgabenspektrum der Compliance Officer

stimmt durch den „**Compliance-Zustand**" **des Unternehmens**, der sich wie folgt darstellen kann:
1. Unternehmen unmittelbar nach einem Compliance-Verstoß;
2. Unternehmen mit Compliance-Verstößen in der Vergangenheit und einem Potenzial für (weitere) Compliance-Verstöße;
3. Unternehmen, bei denen noch kein Compliance-Verstoß auftrat bzw. unmittelbar droht.

Der jeweilige Compliance-Zustand determiniert das gesamte Handlungsspektrum des Compliance Officers und damit auch die Konzeption von Compliance-Maßnahmen. Neben den jeweiligen unternehmensspezifischen Besonderheiten und dem Compliance-Zustand des Unternehmens ist zu berücksichtigen, dass der Geschäftsleitung bei der Ausgestaltung der Compliance-Maßnahmen bzw. eines CMS ein Gestaltungsspielraum zusteht.[125] Nichtsdestotrotz lassen sich bestimmte typische Kernelemente eines wirksamen Compliance-Managements beschreiben, welche auch der Compliance Officer im Rahmen seiner konzeptionellen Beratungsaufgaben berücksichtigen sollte. 31

2. Kernelemente wirksamen Compliance-Managements

So haben sich in Rechtspraxis und Literatur inzwischen einige Kernelemente eines wirksamen Compliance-Managements herausgebildet, welche branchenübergreifend für alle Unternehmen als Richtschnur für die erfolgreiche Bewältigung von Compliance-Risiken herangezogen werden können: Hierzu zählen insbesondere die **Identifikation** und Bestandsaufnahme der relevanten **Compliance-Risiken**, die **Förderung einer Compliance-Kultur**, die kontinuierliche **Information und Schulung** aller Unternehmensangehörigen, die **Kontrolle** der Compliance-Maßnahmen sowie die **Aufdeckung und Sanktionierung von Regelverletzungen**.[126] An diesen Kernelementen sollte sich auch der Compliance Officer bei Wahrnehmung seiner Aufgaben orientieren. 32

a) IDW PS 980 als Orientierungshilfe

Für diese Gestaltungselemente kann der Prüfungsstandard IDW PS 980 als Orientierungshilfe dienen, den das Institut der Wirtschaftsprüfer in Deutschland (IDW) am 11.3.2011 verabschiedet hat.[127] Der IDW PS 980 stellt allerdings keine Rechtsnorm dar und verkörpert auch kein Gewohnheitsrecht.[128] Die Prüfungsstandards wie der IDW PS 980 sind nur für die Mitglieder des IDW verbindlich, für Nicht-Mitglieder haben sie lediglich **Empfehlungscharakter**.[129] Die Freiheit bei der Ausgestaltung von Compliance-Maßnahmen wird daher nicht durch den IDW PS 980 beschränkt.[130] Die Prüfungsstandards haben jedoch nicht nur für Wirtschaftsprüfer einen hohen Verbindlichkeitsgrad, 33

---

[125] Vgl. *Bürkle*, in: Hauschka, Corporate Compliance, § 8 Rn. 15.
[126] Hierzu etwa *Kremer/Klahold*, ZGR 2010, 113 (122, 127 ff.), *Moosmayer*, Compliance Praxisleitfaden, S. 33 ff.; *Klopp*, S. 81 ff.; *Schulz/Renz*, BB 2012, 2511 (2512 f.).
[127] Vgl. den Standard „Grundsätze ordnungsmäßiger Prüfung von Compliance-Management-Systemen" (IDW PS 980), WPg Supplement 2/2011, 78 ff.; *KPMG AG Wirtschaftsprüfungsgesellschaft (Hrsg.)*, Das wirksame Compliance-Management-System, 2014 sowie kritisch *Schulz*, in: Bay/Hastenrath, S. 221 ff. mwN.
[128] Vgl. *Schulz*, in: Bay/Hastenrath, S. 221 (233 f).
[129] Vgl. *Schulz*, in: Bay/Hastenrath, S. 221 (233 f.); *Hommelhoff/Mattheus*, S. 911; *Böttcher*, NZG 2011, 1056.
[130] *Schulz*, in: Kessler, S. 309 (330).

§ 4. Aufgaben im Unternehmen

ihnen wird darüber hinaus auch eine faktische Steuerungswirkung für die rechnungslegungs- und prüfungspflichtigen Unternehmen zugemessen.[131]

34 Die Frage nach der **Relevanz des IDW PS 980** stellt sich insbesondere im Hinblick auf die Bestandteile eines Compliance-Management-Systems (CMS). Nach dem IDW PS 980 soll ein angemessenes CMS folgende Grundelemente aufweisen:
1. Die Compliance-Kultur stellt die Grundlage für die Angemessenheit und Wirksamkeit des CMS dar und wird vor allem durch die Grundeinstellungen und Verhaltensweisen des Managements sowie durch die Rolle des Aufsichtsrats geprägt.[132]
2. Die gesetzlichen Vertreter legen die Compliance-Ziele auf der Grundlage der allgemeinen Unternehmensziele sowie einer Analyse und Gewichtung der für das Unternehmen bedeutsamen Regeln fest, die mit dem CMS erreicht werden sollen.
3. Unter Berücksichtigung der Compliance-Ziele werden die Compliance-Risiken festgestellt, die Verstöße gegen einzuhaltende Regeln und damit eine Verfehlung der Compliance-Ziele zur Folge haben können.
4. Auf der Grundlage der Beurteilung der Compliance-Risiken werden Grundsätze und Maßnahmen eingeführt, die auf die Begrenzung der Compliance-Risiken und damit auf die Vermeidung von Compliance-Verstößen ausgerichtet sind (Compliance-Programm).[133]
5. Das Management regelt die Rollen und Verantwortlichkeiten sowie Aufbau- und Ablauforganisation im CMS als Bestandteil der Unternehmensorganisation und stellt die notwendigen Ressourcen zur Verfügung (Compliance-Organisation).
6. Die betroffenen Mitarbeiter und ggf. Dritte werden über das Compliance-Programm sowie die festgelegten Rollen und Verantwortlichkeiten informiert, damit sie ihre Aufgaben sachgerecht erfüllen können (Compliance-Kommunikation).
7. Angemessenheit und Wirksamkeit des CMS sollen überwacht werden (Compliance-Überwachung und -Verbesserung), Voraussetzung hierfür ist eine ausreichende Dokumentation des CMS.

35 Diese Grundelemente werden befürwortet, aber auch kritisch diskutiert, etwa im Hinblick auf die Reihenfolge der Grundelemente und ihre Priorisierung.[134] Wenngleich die genannten Grundelemente weitgehend mit denjenigen Kriterien übereinstimmen, die in Literatur und Praxis als maßgebliche Bestandteile eines effektiven Compliance-Managements angesehen werden, können sie (ebenso wie andere Standards und Kriterienvorschläge) nur als **Orientierungshilfe** für die Ausgestaltung eines CMS dienen, nicht aber eine auf die jeweiligen Besonderheiten des Unternehmens abgestimmte Compliance-Strategie und -Organisation ersetzen.[135]

b) Mitwirkung bei der Entwicklung der Compliance-Strategie

36 Ausgehend von dem Ergebnis der systematischen Erfassung von Rechts- und Compliance-Risiken im Wege der beschriebenen „Compliance-Risiko-Inventur" sollte im nächsten Schritt die Entwicklung einer auf das Unternehmen abgestimmten Compliance-Strategie erfolgen.[136] Dazu gehört neben der **Festlegung von Zuständigkeiten und**

---

[131] Vgl. *Hommelhoff/Mattheus*, S. 897, 899.
[132] Sog „tone at the top" bzw. „tone from the top", vgl. *Moosmayer*, Compliance Praxisleitfaden, S. 42 ff.
[133] Vgl. IDW PS 980 Tz. 23.
[134] Zur Kritik vgl. etwa *Schulz*, in: Bay/Hastenrath, S. 221 ff.; *Hastenrath*, in: Bay/Hastenrath, S. 239 ff.
[135] Vgl. *Schulz*, in: Bay/Hastenrath, S. 221, 230.
[136] Hierzu ausführlich *Schmidt*, S. 142 ff.

D. Aufgabenspektrum der Compliance Officer

Verantwortungsbereichen für Compliance-Themen auch die Erarbeitung von Vorschlägen zur Vermeidung bzw. **Bewältigung** von nicht zu vermeidenden Compliance-Risiken als Antwort auf die jeweils analysierten Risiken und Schwachstellen. Hierzu sind jeweils **Maßnahmen zur Risikosteuerung** festzulegen, nämlich in Form der Vermeidung, der Abwälzung oder aber der (kalkulierten) Eingehung des betreffenden Risikos.[137] Im Hinblick auf die erforderliche Abstimmung mit der Geschäftsleitung gilt es dabei für den Compliance Officer zunächst, mit der Geschäftsleitung ein **gemeinsames Verständnis** von der Compliance-Risikolage des Unternehmens zu gewinnen.

> **Hinweis:** Was einleuchtend klingt, kann in der Praxis schwierig sein. So sollte der Compliance Officer durchaus damit rechnen, dass schon das Ansprechen eines bestimmten Compliance-Risikos von Teilen der Geschäftsleitung möglicherweise als „Angriff" auf den von ihnen verantworteten Unternehmensbereich oder als Vorwurf dahin gehend (miss-) verstanden werden kann, dass sie ihre (organisatorische) Arbeit nicht richtig erledigen. Ebenso schwierig kann es sein, die Geschäftsleitung zu motivieren, im Rahmen der Compliance-Strategie bestimmte Compliance-Ziele zu verfolgen, deren Umsetzung von der Ergreifung bestimmter Maßnahmen abhängig ist. Dies gilt vor allem dann, wenn diese Maßnahmen eine Verhaltensänderung bei den Mitgliedern der Geschäftsleitung erfordern, und sei es auch nur in der Art und Weise, wie sie sich zu diesem Compliance-Ziel äußern sollen.

Dementsprechend wird es im Einzelfall nicht einfach sein, zu einer einhelligen Meinung über das Vorhandensein und vor allem die Bedeutung eines solchen Compliance-Risikos zu gelangen. 37

Beispiel: Zusammen mit Kollegen aus dem Controlling-Bereich entwickelt der Compliance Officer eine globale „Vertriebslandkarte", aus der sich weltweit die Marktanteile des Unternehmens, die Schwerpunkte der Tätigkeit aller wesentlichen Wettbewerber sowie die Höhe der Transferpreise (bzw. der den Marktvertriebsgesellschaften gewährten Discounts) ablesen lassen. Anlässlich einer Führungstagung leitet er im Rahmen einer Präsentation seine Überlegungen zu potenziellen Korruptions- und Kartellrechts-Risiken aus dieser Landkarte ab. Die anwesenden Vertriebskollegen reagieren ob solcher „haltloser und ungerechtfertigter Verdächtigungen" sichtlich verärgert. 38

Das Beispiel zeigt, dass viele Aufgaben der Compliance Officer und der Erfolg ihrer Umsetzung unmittelbar mit der jeweiligen **Unternehmenskultur bzw. Compliance-Kultur** zusammenhängen.[138] Der Compliance Officer sollte derartige Schwierigkeiten jedenfalls antizipieren und die Geschäftsleitung und Führungskräfte entsprechend umsichtig, vorausschauend und umfassend bei der Prävention und Evaluierung sowie der Bewältigung von Compliance Risiken beraten.[139] Dabei ist stets auch die Frage der wirtschaft-

---

[137] Vgl. *Staub*, CCZ 2009, 121 ff.
[138] Zur Compliance-Kultur siehe näher → Rn. 35 ff. sowie ausführlich *Schulz/Muth*, CB 2014, 265 ff. mwN; *Bode*, in: Bay/Hastenrath, S. 1 ff.
[139] Vgl. *Schulz/Renz*, CB 2013, 294 (296).

§ 4. Aufgaben im Unternehmen

lichen „Machbarkeit" zu berücksichtigen[140], da der Vorschlag für Compliance-Maßnahmen bei der Geschäftsleitung meist unmittelbar einen Abwägungsprozess zwischen Nutzen und Kosten auslöst. Während die Kosten für Compliance-Maßnahmen oft einfach zu ermitteln sind, ist es meist schwierig oder unmöglich, den **Wert präventiver Compliance-Maßnahmen** a priori zu bestimmen. Der Compliance Officer sollte die Kosten der von ihm vorgeschlagenen Maßnahmen deshalb im Auge behalten und sich darüber hinaus auf eine Kosten-Nutzen-Diskussion mit der Geschäftsleitung vorbereiten.

39 **Beispiel:** Eine Beratungsfirma, die Compliance-Schulungsangebote vertreibt, macht dem Compliance Officer ein Angebot, das auf den ersten Blick attraktiv erscheint. Sie bietet jeweils 500 Lizenzen eines Antikorruptions- und eines Kartellrechts-Schulungsprogramms zu einem echten „Schnäppchen-Preis" an. Da die Programme als ausgereift und auf das Unternehmen passend erscheinen und zudem scheinbar auch nur wenig Anpassungsaufwand durch den Compliance Officer erfordern, möchte er bei diesem Preis sofort zugreifen und die Schulungsprogramme weltweit zum Einsatz bringen. Nach diversen Gesprächen mit Kollegen der Finanz-, IT-, Personal- und Einkaufsabteilung sieht der Compliance Officer das Angebot jedoch wesentlich differenzierter. Bevor er das Projekt der Geschäftsleitung vorstellt, grenzt er daher den Kreis der zu schulenden Kollegen genau ein und ermittelt deren zeitliche Belastung durch die Teilnahme an der Schulung und die damit verbundenen Kosten. Dabei zeigt sich, dass diese Kosten die Anschaffungskosten des Schulungsprogramms um ein Vielfaches übersteigen. Mit den Kollegen aus der IT-Abteilung schätzt der Compliance Officer sodann ab, ob das web-basierte Schulungsprogramm kompatibel mit der IT-Infrastruktur des Unternehmens ist oder dieses belasten oder sogar überlasten könnte, damit er für entsprechende technische Fragen bei dem unternehmensinternen Einsatz der Trainingsprogramme gewappnet ist. Nach weiteren Gesprächen mit Kollegen aus dem Einkauf und der Personalentwicklung passt der Compliance Officer seinen Plan für die weiteren Verhandlungen mit dem Anbieter und den Auftrag für das „Customizing" der Programme an, nämlich im Hinblick auf die Unternehmensstruktur, die Kosten und den Umfang künftiger Updates der Trainingsprogramme sowie absehbare Folgeaufträge für zusätzliche Trainingsprogramme.

Wenn die Verfolgung der Compliance-Ziele neben der Risiko- und Schadensminimierung – wie im Beispiel gezeigt – auch noch Potenzial für Einsparungen, Prozessverbesserungen oder neue Geschäftsideen generiert, dann macht sich die Einrichtung der Compliance-Organisation im wahrsten Sinne des Wortes auch aus Sicht der Unternehmensleitung bezahlt. In der Praxis ist der Nachweis der Erfolgsaussichten solcher Geschäftschancen zwar oft schwer zu führen; allerdings wird häufig bereits versäumt, überhaupt den Versuch zu unternehmen, in der Bewältigung eines Compliance-Risikos auch die Möglichkeit zu **Prozessverbesserungen** bzw. die Realisierung einer Geschäftschance zu erblicken.[141]

---

[140] Zum Vorbehalt der Verhältnismäßigkeit und Zumutbarkeit von Compliance-Maßnahmen siehe → Rn. 1.
[141] Zum Management von Chancen- und Risiken vgl. *Bay/Klingenstein*, in: Bay/Hastenrath, S. 87 ff. mit zahlreichen Beispielen und praktischen Hinweisen.

D. Aufgabenspektrum der Compliance Officer

Beispiel: Die Produkte eines Herstellers werden neuen umweltrechtlichen (oder produktsicherheitsrechtlichen) Anforderungen unterworfen. Die Abteilungen Produktmarketing sowie Forschung & Entwicklung des Unternehmens kommen schnell zu der Einschätzung, dass die Anpassung der Produkte an die neuen Anforderungen erhebliche Investitionen erfordern wird. Außerdem sehen sie hohe technische Anforderungen, die von den Marktteilnehmern nur mit viel Mühe bewältigt werden können. Alle Beteiligten zweifeln, ob die damit verbundenen Kosten durch entsprechende Preiserhöhungen an die Kunden weitergegeben werden können. Der Compliance Officer stellt dazu zwei Fragen: (1) Sind alle Wettbewerber von den neuen Anforderungen betroffen und stehen sie vor demselben Problem? (2) Hätte die Nichtbefolgung der neuen Anforderungen auch (erhebliche) Auswirkungen bzw. Folgen für die Kunden (zB hinsichtlich der betrieblichen Sicherheit beim Kunden oder des gesundheitlichen Schutzes der Kunden des Kunden)? Wenn beide Fragen bejaht werden können, lässt sich hieraus zumindest eine Geschäftschance entwickeln. Ein neues bzw. modifiziertes Produkt, das den neuen gesetzlichen Anforderungen entspricht, könnte für das Unternehmen einen Wettbewerbsvorteil oder sogar ein Alleinstellungsmerkmal bedeuten. Mit Blick auf die Kunden ist die Geschäftschance umso größer, je gravierender die Kunden die neuen rechtlichen Anforderungen empfinden und umso weniger sie selbst damit umgehen können. Das Angebot eines „Rundum-Sorglos-Pakets" an die Kunden könnte für alle Beteiligten interessant sein, eventuell sogar die Investitionen in technische Anpassungen und Marketing-Aufwand rechtfertigen, wenn sich daraus über entsprechende Preisgestaltung ein profitables Geschäftsmodell entwickeln lässt.

c) Stärkung der Compliance-Kultur

Wie ausgeführt, hängt der Erfolg vieler Compliance-Maßnahmen eng mit der Compliance-Kultur im Unternehmen zusammen. Bei der Compliance-Kultur geht es maßgeblich um die Frage, inwieweit **Rechtstreue und Regelbefolgung als Wert** von allen Organisationsangehörigen akzeptiert, geachtet und getragen werden.[142] Die Compliance-Kultur steht daher für die **Bedeutung**, welche die Unternehmensangehörigen der Beachtung **von Normen** und Regelungen beimessen. Sie steht ebenso für ihre Bereitschaft zu regelkonformem Verhalten bzw. für das Ausmaß der Toleranz gegenüber Regelverstößen.[143] Die Entwicklung einer Compliance-Kultur ist primär eine **Aufgabe der Geschäftsleitung**, allerdings können auch die Compliance Officer im Rahmen ihrer Tätigkeit zu ihrer Förderung beitragen. Für diese Förderung der Compliance-Kultur spielen (zusätzlich zu dem erforderlichen Bekenntnis der Unternehmensleitung zu Compliance, zB in Form eines sog „**Mission Statements**") auch die jeweiligen Compliance-Regelwerke und **Leitwerte** eine zentrale Rolle,[144] bei deren Konzeption die Compliance Officer regelmäßig mitwirken. Im Rahmen dieser schriftlichen „Compliance-Verfassung", in der sämtliche relevanten Regeln, Standards und Werte integriert und aufeinander abgestimmt werden,[145] kommt es darauf an, die Unternehmensangehörigen für die Compliance-Risiken des Geschäftsmodells zu sensibilisieren. Denn obwohl **Regelverstöße**

---

[142] Vgl. *Siedenbiedel*, S. 251 ff. sowie *Bode*, in: Bay/Hastenrath, S. 1 ff.
[143] Vgl. *Bergmann*, in: KPMG AG, S. 11.
[144] Vgl. *Lampert*, in: Hauschka, Corporate Compliance, § 9 Rn. 18 ff.
[145] Zu dieser integrierten „Kodifikation" relevanter Regelungen und Werte ausführlich *Grüninger*, in: Wieland/Steinmeyer/Grüninger, S. 40 ff. (63 f.).

§ 4. Aufgaben im Unternehmen

aufgrund krimineller Energie einzelner Personen nie ganz auszuschließen sind, beruhen viele Fälle der „Non-Compliance" im Unternehmen darauf, dass die Relevanz einschlägiger Regelungen nicht bekannt ist. Insofern fehlt es in vielen Fällen an dem erforderlichen „Unrechtsbewusstsein". Die Möglichkeit, ein derartiges Bewusstsein bzw. eine grundsätzliche **Sensibilität für Regelkonformität** zu erreichen, hängt maßgeblich von der **Vorbildfunktion der Unternehmensleitung** ab.[146] Diese Vorbildfunktion kann beispielsweise durch ein „**Mission Statement**" zum Ausdruck gebracht werden, in dem die Unternehmensleitung unmissverständlich und nachdrücklich betont, dass die Einhaltung des Rechts zu den Grundlagen des Geschäftsmodells zählt und Regelverstöße keinesfalls toleriert werden.[147] Der Compliance Officer kann die Unternehmensleitung bei der Abfassung eines derartigen Mission Statements unterstützen und entsprechende **Formulierungsvorschläge** machen, die zu dem Unternehmen und seinen spezifischen Compliance-Risiken passen.

d) Entwicklung von Compliance-Regelwerken

42   Als Mittel zur Erläuterung von Compliance-Themen hat sich in vielen Unternehmen ein **Verhaltenskodex** („**Code of Conduct**") etabliert.[148] Dieser Verhaltenskodex kann als eine Art „Grundgesetz des Unternehmens"[149] für Compliance dienen und statuiert maßgebliche Regelungen und Werte sowie das Verhalten, welches von den Unternehmensangehörigen erwartet wird.[150] **Typische Inhalte** sind neben dem allgemeinen Bekenntnis zu umfassender Rechtskonformität etwa Regelungen zum Schutz vor Diskriminierung, Wahrung von Vertraulichkeit und Datenschutz, Ausschluss von Interessenkonflikten, Anweisungen zum Umgang mit Geschenken und Einladungen, Ausschluss von Bestechlichkeits- oder Bestechungsverhalten und Verhalten im Wettbewerb sowie Prinzipien im Umgang mit Stakeholdern.[151] Hinzu kommen häufig allgemeine Vorgaben etwa im Hinblick auf Integrität im Geschäftsverkehr oder nachhaltiges Wirtschaften.[152] Für die Wirkung auf die Unternehmensangehörigen erscheint es besonders wichtig, die Regelungen und Werte klar und gut verständlich zu formulieren und mit **Beispielen aus der Unternehmenspraxis** zu verbinden.[153] Nur so ist gewährleistet, dass die Unternehmensangehörigen den Sinn der Regelungen nachvollziehen und die Bedeutung für ihren Arbeitsalltag erkennen können.

43   In der Praxis wurde der internen Regelsetzung in der Vergangenheit teilweise zu große Bedeutung beigemessen. Dies führte in einigen Unternehmen dazu, dass man dort die Compliance-Aufgaben schon mit der Verabschiedung eines Verhaltenskodex und einiger Richtlinien im Wesentlichen als erledigt betrachtete. Mit der Verabschiedung einzelner Richtlinien im Unternehmen ist es allerdings nicht getan und niemand sollte da-

---

[146] Zur zentralen Rolle der Unternehmensleitung bei der Gestaltung der Compliance-Kultur vgl. *Schulz/Muth*, CB 2014, 265 ff.
[147] Vgl. *Schulz/Muth*, CB 2014, 265 (268).
[148] Die Bezeichnungen sind vielfältig, vgl. hierzu *Behringer*, in: ders., S. 327 ff.; *Inderst*, in: Inderst/Bannenberg/Poppe, S. 127 (128 ff.).
[149] Vgl. hierzu etwa *Behringer*, in: ders., S. 332; *Timmerbeil/Spachmüller*, CB 2013, 221 ff.
[150] Vgl. etwa *Grüninger*, in: Wieland/Steinmeyer/Grüninger, S. 41 ff. (52 ff.); *Timmerbeil/Spachmüller*, CB 2013, 221 ff.
[151] u den typischen Inhalten eines Code of Conduct etwa *Daum*, in: Bay/Hastenrath, S. 49 (60); *Grüninger*, in: Wieland/Steinmeyer/Grüninger, S. 41 ff. (65) mit diversen weiteren Inhalten und Themen.
[152] Vgl. *Inderst*, in: Inderst/Bannenberg/Poppe, S. 130 ff.; *Grüninger*, in: Wieland/Steinmeyer/Grüninger, S. 40 ff. (65).
[153] Vgl. *Bode*, in: Bay/Hastenrath, S. 14 f.

D. Aufgabenspektrum der Compliance Officer

von ausgehen, dass dadurch alles im Unternehmen so gehandhabt wird, wie es die Unternehmensleitung in diesen Richtlinien festgelegt hat.[154] Vielmehr bilden **interne Regelungen nur einzelne Bausteine** innerhalb eines Compliance-Management-Systems. Gemeinsam mit weiteren konkreten Compliance-Maßnahmen, die festgestellten Compliance-Schwächen abhelfen sollen, bilden die internen Richtlinien, Regeln und Anweisungen das Compliance-Programm des Unternehmens.[155] Durchaus überlegenswert erscheint, dem Verhaltenskodex und ggf. weiteren internen Richtlinien verbindliche Wirkung für alle Mitarbeiter zu verschaffen; zumindest für den Verhaltenskodex bietet sich an, ihn in das arbeitsvertragliche Regelungswerk einfließen zu lassen,[156] was einerseits eine **enge Abstimmung mit der Personalabteilung** nahelegt und andererseits auch das **Mitbestimmungsrecht des Betriebsrats** tangieren kann.[157] Mit dem internen Regelwerk gibt die Geschäftsleitung ihren Mitarbeitern eine Art „Übersetzungshilfe", indem sie mit möglichst verständlichen Worten bedeutet, was ihr an der Einhaltung bestimmter rechtlicher Normen wichtig ist.[158] Bereits hier wird deutlich, dass der Compliance Officer, der die Implementierung und Verbesserung des internen Richtliniensystems stets aktiv begleiten sollte, eine ganz wichtige **Kommunikationsaufgabe** hat. Interne Richtlinien verhindern des Weiteren „faule" Ausreden seitens der Belegschaft, es sei doch nirgendwo geregelt, dass eine bestimmte Handlung im Unternehmen unerwünscht ist, und geben dadurch vor allem auch der Internen Revision eine belastbare Prüfungsgrundlage.

Weitere Herausforderungen können sich für den Compliance Officer ergeben, wenn die Geschäftsleitung den Verhaltenskodex und weitere interne Richtlinien nicht nur als internes Reglement für die Unternehmensangehörigen, sondern auch extern gegenüber Lieferanten und weiteren Geschäftspartnern einsetzen will. Hieraus können sich zusätzliche Herausforderungen, aber möglicherweise auch ein „Marketing-Effekt" für das Unternehmen ergeben, auf die der Compliance Officer die Geschäftsleitung vor Implementierung solcher Maßnahmen hinweisen sollte.[159] Denn das interne Regelwerk wird dadurch nach außen vollkommen transparent und seine Beachtung dürfte demgemäß durch die Geschäftspartner (und andere Stakeholder) explizit eingefordert werden. Außerdem könnten sich die Geschäftspartner und Stakeholder aufgefordert fühlen, nun ihrerseits die Beachtung ihrer eigenen (internen) Compliance-Vorgaben zu verlangen. Andererseits bietet sich hier für die Unternehmensleitung die Gelegenheit, die Compliance-Regeln als Basis wertorientierter Unternehmensführung zu formulieren und sie (im Rahmen des verhandlungstechnisch Möglichen) gegenüber den Geschäftspartnern durchzusetzen.[160]

44

---

[154] Vgl. *Hauschka*, in: Verbraucherschutz im Kreditgeschäft – Compliance in der Kreditwirtschaft, Schriftenreihe der Bankrechtsvereinigung, 2008, S. 103 ff. (108).
[155] Zu den Elementen eines Compliance-Programms siehe ausführlich *Lampert*, in: Hauschka, Corporate Compliance, § 9 Rn. 19 ff.; *Borowa*, in: Bay/Hastenrath, S. 135 f.
[156] Vgl. *Bode*, in: Bay/Hastenrath, S. 1 (14 f.).
[157] Zu diesen und anderen relevanten Fragen des Arbeitsrechts siehe näher → § 7.
[158] Zum Verhaltenskodex als Orientierungshilfe siehe schon *Bürkle*, BB 2005, 565.
[159] Siehe dazu *Bode*, in: Bay/Hastenrath, S. 1 (15–17) mit anschaulichen Beispielen.
[160] Zur Marketing-Funktion von Compliance ferner → Rn. 17.

III. Informations- und Wissensmanagement

1. Compliance Officer als „Informationsschnittstelle"

45   Die Vermeidung von Risiken, die aus der Verletzung von Vorschriften resultieren, beginnt mit der Organisation von Informationsflüssen.[161] Die umfassende Information über relevante Compliance-Fragen und deren Lösungen liegt daher im Interesse jedes Unternehmens und sollte von der Geschäftsleitung im Sinne eines adäquaten **Compliance-Informationsmanagement**s gesteuert werden.[162] Der Compliance Officer fungiert dabei als „**Informationssammelstelle**"[163] und als **Informationsschnittstelle**.[164] Der Compliance Officer sollte alle relevanten Informationen zu Compliance-Fragen erhalten und die Weiterleitung an die betroffenen Personen und Abteilungen koordinieren, was wiederum das unter → Rn. 62 ff. erläuterte „Schnittstellen-Management" zu anderen Unternehmensfunktionen, insbesondere zu Rechtsabteilung, Risikomanagement und Interner Revision einschließt, ebenso wie zu den Geschäftsbereichen.[165] Umgekehrt ist ein **kontinuierlicher Informationsfluss** auch in Richtung des Compliance Officers (etwa durch Feedback zu neuen Geschäftsmodellen, Regelungen etc) zu gewährleisten. Nur so ist die laufende Aktualisierung relevanter Informationen möglich, die angesichts zunehmender Regulierungsdichte und dynamischer Rechtsänderungen für das „Compliance-Risk-Assessment" immer wichtiger wird.[166]

2. Berater in Compliance-Fragen

46   Die umfassende **Beratung** von Unternehmensleitung und Mitarbeitern **bezüglich aller Compliance-Fragen**, der Beachtung relevanter Vorschriften und der Prävention von Compliance-Risiken zählt ebenfalls zu den Kernaufgaben eines Compliance Officers.[167] Diese Beratungsaufgabe richtet sich an die jeweiligen Geschäftsbereiche und operativen Einheiten, welche über relevante Risiken und entsprechende Bewältigungsstrategien zu informieren sind. Dabei sollte die Beratungsaufgabe stets in enger **Abstimmung mit den Geschäftsbereichen und anderen Unternehmensfunktionen** wahrgenommen werden: Denn einerseits sind alle Unternehmensangehörigen für regelkonformes Verhalten verantwortlich, die Führungskräfte der jeweiligen Geschäftseinheiten sind auch im Hinblick auf Compliance in ihren Bereichen die zuständigen „risk owner".[168] Anderseits

---

[161] Vgl. *Hauschka*, in: Hauschka, Corporate Compliance, § 1 Rn. 25 ff.; *Schulz/Renz*, BB 2012, 2511 (2514 f.).
[162] Vgl. *Schulz/Renz*, BB 2012, 2511 (2514 f.).
[163] So die Bezeichnung von *Unger*, in: Umnuß, S. 177; vgl. ferner *Klopp*, S. 118 f.
[164] Vgl. *Schulz/Renz*, BB 2012, 2511 (2514 f.).
[165] Vgl. *Schulz/Renz*, BB 2012, 2511 (2514 f.).
[166] Vgl. *Schulz/Renz*, BB 2012, 2511 (2514 f.).
[167] *Inderst*, in: Inderst/Bannenberg/Poppe, S. 127 (136 ff.); *Moosmayer*, Compliance Praxisleitfaden, S. 53 f., *Groß*, S. 75 f. mwN.
[168] Vgl. *Tüllner/Wermelt*, BB 2012, 2551 (2552); *Pauthner-Seidel/Stephan*, in: Hauschka, Corporate Compliance, § 27 Rn. 36 ff. weisen im Zusammenhang von Compliance Management im Bereich des Wirtschaftsstrafrechts zutreffend darauf hin, dass die operativen Einheiten als sog „Process Owner" von besonderem Interesse für das kriminalitätsbezogene Compliance-Risikomanagement sind.

D. Aufgabenspektrum der Compliance Officer

liegt in der wirkungsvollen Einbindung der operativen Einheiten bzw. ihrer (entscheidungsbefugten) Vertreter ein Schlüssel zum Erfolg von Compliance-Management – dies auch deshalb, weil in vielen Bereichen operative **Spezialisten** aktiv sind, die sich definitionsgemäß in einem wesentlichen Teil ihrer Arbeit mit der Einhaltung spezieller Vorschriften befassen und ihren juristischen Kollegen in der Rechtsabteilung oder in der Compliance-Organisation auf dem jeweiligen Spezialgebiet in puncto Detailkenntnisse häufig sogar überlegen sind: dies gilt etwa für **Exportkontrollbeauftragte, Produktsicherheitsexperten, Umweltschutz- oder Geldwäschebeauftragte**.[169] Der Compliance Officer ist für eine effektive Aufgabenerfüllung daher stets auf die proaktive und **konstruktive Mitwirkung** dieser Spezialisten sowie der einzelnen Geschäftsbereiche angewiesen.[170] Ferner ist die umfassende Beratung in Compliance-Fragen auch ein zentrales Element der Aufgabenerfüllung des Compliance Officer **gegenüber der Unternehmensleitung**: Je besser die Unternehmensleitung hinsichtlich der Einhaltung Compliance-relevanter Vorgaben beraten wird, umso besser lässt sich ein adäquates Compliance-System entwickeln und im Unternehmen verankern.[171] Zum einen sollten alle Mitglieder der Unternehmensleitung im Hinblick auf die **Etablierung Compliance-adäquater Strukturen** gemeinsam beraten werden. Zum anderen richtet sich die Beratung auch an jedes einzelne Mitglied der Unternehmensleitung hinsichtlich der Bewältigung von Compliance-Risiken in seinem jeweiligen Ressort.[172]

IV. Kommunikation und Schulung

In direktem Zusammenhang mit der Funktion als „Informationsschnittstelle" und als Berater in Compliance-Fragen stehen die Kommunikations- und Schulungsaufgaben der Compliance Officer. Hierbei geht es zunächst um die Ermittlung des erforderlichen Schulungs- und Fortbildungsbedarfs und daraufhin abgestimmter **Vorschläge für Schulungsmaßnahmen**.[173] Der Bedarf richtet sich nach dem Compliance-Risikoprofil des Unternehmens und der von der Geschäftsleitung festgelegten Compliance-Strategie.[174] Ausgangspunkt für die Schulungen und Fortbildungsmaßnahmen sind vom Compliance Officer ausgewählte bzw. entwickelte Informationen, Unterlagen und Regelwerke, wie etwa Handbücher, Richtlinien oder Rundschreiben zu allen relevanten Compliance-Themen.[175]

47

Um eine Compliance-Kultur im Sinne einer nachhaltigen Regelbefolgung bei allen Unternehmensangehörigen zu erreichen und zu verankern, reicht die Verteilung derartiger Informationen und Unterlagen allerdings nicht aus.[176] Zur „Verinnerlichung" der

48

---

[169] Zum Exportkontrollbeauftragten vgl. etwa *Merz*, in: Hauschka, Corporate Compliance, § 33 Rn. 67 ff.; zum Umweltschutzbeauftragten *Elshorst*, in: Inderst/Bannenberg/Poppe, S. 429 (431 ff.); zum Geldwäschebeauftragten *Lindner/Böttcher*, in: Inderst/Bannenberg/Poppe, S. 288 (292).
[170] Zu dem erforderlichen Schnittstellen-Management siehe → Rn. 75.
[171] Vgl. *Schulz/Renz*, BB 2012, 2511 (2514 f.).
[172] Vgl. *Schulz/Renz*, BB 2012, 2511 (2514 f.).
[173] Zu Schulungsmaßnahmen ausführlich *Hastenrath*, in: Bay/Hastenrath, S. 151 ff.
[174] Vgl. *Hastenrath*, in: Bay/Hastenrath, S. 151 ff.
[175] Vgl. *Hastenrath*, in: Bay/Hastenrath, S. 151 ff.
[176] Vgl. *Schulz/Muth*, CB 2014, 265 (269 f.); zu Überwachung und Kontrolle als notwendigen Bestandteilen eines Compliance Managements vgl. ferner *Klopp*, S. 57.

§ 4. Aufgaben im Unternehmen

relevanten Informationen bedarf es vielmehr regelmäßig eines **maßgeschneiderten Schulungs- und Fortbildungsprogramms** für alle Unternehmensangehörigen.[177]

> **Hinweis:** Die **Schulungsinhalte** sollten sich selbstverständlich am Geschäftsmodell des Unternehmens, der Branche und insbesondere am systematisch ermittelten Compliance-Risikoprofil orientieren und den Unternehmensangehörigen die erforderlichen Kenntnisse zur Bewältigung dieser Risiken anschaulich vermitteln. Ferner empfiehlt es sich, bereits bei der Entwicklung von Schulungsmaßnahmen die **Unternehmensangehörigen** (bzw. Repräsentanten) zu **beteiligen**, um Praxisnähe und einen direkten Bezug zum Unternehmensalltag zu gewährleisten.[178]

49 Für die Konzeption und Durchführung der Schulungen gibt es viele unterschiedliche Möglichkeiten und Formate, welche auf den **Bedarf der Zielgruppen** im Einzelfall abgestimmt werden sollten.[179] Das Spektrum reicht von Informationsschreiben per Rundmail und diversen digitalen Informationsangeboten im Intranet bis hin zu regelmäßigen Präsenzschulungen.[180] So können beispielsweise Schulungen in Unterrichtsform zunächst für die Führungskräfte organisiert werden, welche dann die weitere Vermittlung der relevanten Compliance-Themen im Unternehmen organisieren.[181] Im Hinblick auf die Förderung der Compliance-Kultur sollte bei der Gestaltung der Lerneinheiten und Lehrmaterialien Wert auf **Kreativität** gelegt werden.[182] Um in größeren Unternehmen Schulungsinhalte schnell an alle bzw. die größtmögliche Zahl von Unternehmensangehörigen zu kommunizieren, bieten sich **digitale Unterrichtsformate**, wie E-Learning-Programme, an.[183] Weitere Instrumente können Compliance-Spiele oder ein Compliance-Quiz sein.[184] Schließlich enthält das persönliche Informations- und Beratungsgespräch mit dem Compliance Officer immer auch eine Schulungskomponente. Nicht zu vernachlässigen ist die notwendige **Kontrolle des jeweiligen Schulungserfolgs**, zB mithilfe von Tests oder anhand von simulierten Compliance-Fällen.[185] Ein intensiver **Lerneffekt** kann etwa durch vorgetäuschte Auftritte von Ermittlungsbehörden („mock dawn

---

[177] Vgl. *Schulz/Muth*, CB 2014, 265 (269 f.); zur Notwendigkeit eines Lernprozesses zur Kulturentwicklung *Bode*, in: Bay/Hastenrath, S. 1 (18).

[178] Zu den verschiedenen Schulungsformaten als „Herzstück von Compliance" ausführlich *Hastenrath*, in: Bay/Hastenrath, S. 151 ff.

[179] Der Einsatz von E-Learning-Programmen kann sich insbesondere für Unternehmen lohnen, deren Angehörige an mehreren Standorten, evtl. sogar international in verschiedenen Sprachen ausgebildet werden müssen. Dagegen ist für kleinere und mittelständische Unternehmen jeweils kritisch zu prüfen, ob sich die Investition in eine Lern-Software (und weiteren Pflege- und Entwicklungsaufwand) lohnt oder sich die Schulungs- und Ausbildungsziele nicht durch individualisierte Ausbildungsformate (selbst entwickelt oder mit Hilfe externer Anbieter) realisieren lassen.

[180] Vgl. *Hastenrath*, in: Bay/Hastenrath, S. 151 ff.

[181] Vgl. *Rieder/Falge*, in: Inderst/Bannenberg/Poppe, S. 15 (56).

[182] Als Gestaltungsmittel kommen bspw. Merkkarten in Form von Lesezeichen, Plakat-Aktionen, CI-konforme Kalender mit humorvoll verpackten Compliance-Empfehlungen (auch in Form von Karikaturen oder Comics), regelmäßige Compliance-News im Intranet etc in Betracht. Zu unterschiedlichen Schulungsformaten vgl. ausführlich *Hastenrath*, in: Bay/Hastenrath, S. 151 ff.

[183] Siehe dazu *Hastenrath*, in: Bay/Hastenrath, S. 151 (171 ff.).

[184] *Hastenrath*, in: Bay/Hastenrath, S. 151 (186, 188).

[185] Dabei eignen sich prozessgestützte Compliance-Kontrollen besonders dazu, im Rahmen regelmäßiger oder stichprobenartiger Audits compliance-konformes Verhalten an den konkreten Risikopositionen nachzuweisen oder Mängel zu identifizieren.

D. Aufgabenspektrum der Compliance Officer

raids") bzw. die gezielte Vorbereitung auf solche Ermittlungs- und Durchsuchungsmaßnahmen erzielt werden.[186] Schließlich ist zu beachten, dass die Schulungs- und Trainingskonzepte kontinuierlich angepasst und in regelmäßigen Abständen erneut durchgeführt werden müssen – dies sollte stets in Abstimmung mit der Compliance-Strategie und ihrer regelmäßigen Aktualisierung erfolgen.[187]

V. Kontrolle und Aufklärung

Um sicherzustellen, dass die relevanten Compliance-Regeln und -Prinzipien in allen Unternehmensbereichen und von allen Unternehmensangehörigen tatsächlich eingehalten werden, ist eine **systematische Überwachung und Kontrolle** unabdingbar – das Compliance-System ist nur so gut wie seine beste Kontrolle.[188] Dabei ist zunächst zu beachten, dass die primäre Kontroll- und Überwachungspflicht grundsätzlich bei der **Unternehmensleitung** verbleibt, einzelne Kontroll- und Überwachungsaufgaben können aber an den Compliance Officer delegiert werden.[189] Umfang und Ausgestaltung der erforderlichen Aufgaben und Maßnahmen richten sich wiederum nach den individuellen Besonderheiten des Unternehmens und dessen **Compliance-Risiko-Struktur,** bei der als Ausgangspunkt insbesondere die Frage nach Compliance-Verstößen und sog „Beinahe-Unfällen" in der Vergangenheit eine maßgebliche Rolle spielt („Compliance-Zustand"). 50

1. Umfang der Überwachungs- und Kontrollaufgaben

Hinsichtlich des Umfangs der Überwachungsmaßnahmen ist sicherzustellen, dass die Funktionsträger (Vorstand, Compliance Officer, ausführende Mitarbeiter) in einer lückenlosen **Überwachungskette** beaufsichtigt werden,[190] sodass keine Kontrolllücken entstehen können. Ferner ist die Beachtung und Einhaltung der relevanten Normen und Prinzipien durch die Unternehmensangehörigen systematisch zu überwachen. Für die Ausführung der Kontroll- und Überwachungsaufgaben empfiehlt es sich, zwischen „Compliance-Kernthemen" und der Überprüfung von Compliance-Prozessen in den Geschäftsbereichen zu differenzieren.[191] Zu den Compliance-Kernthemen zählen dabei Fragen, die ausschließlich in der Verantwortung der Compliance-Abteilung verankert sind (wie etwa bei Finanzdienstleistungsunternehmen die Kontrolle von Interessenkonflikten und Insiderinformationen).[192] Die Überwachung und Kontrolle von Prozessen in den einzelnen Geschäftsbereichen beinhaltet demgegenüber etwa die Fragestellungen, ob ein Produkt entsprechend den einschlägigen Produktsicherheitsvorschriften hergestellt wurde oder ob eine Anlageberatung in Finanzinstrumenten aufsichtsrechtkonform ausgestaltet ist.[193] 51

---

[186] Solche vorgetäuschten Auftritte von Behörden können ferner etwaige Schwachstellen des Compliance-Systems aufzeigen, siehe *Bürkle*, in: Hauschka, Corporate Compliance, § 8 Rn. 25.
[187] Zur Notwendigkeit regelmäßiger Aktualisierung und Anpassung des Compliance Managements vgl. *Liese/Schulz*, BB 2011, 1347 ff.
[188] Vgl. die pointierte Formulierung von *Inderst*, in: Inderst/Bannenberg/Poppe, S. 148; vgl. ferner *Rieder/Falge*, in: Inderst/Bannenberg/Poppe, S. 27 ff.
[189] Zur Überwachung und Kontrolle der Compliance als Pflicht der Unternehmensleitung vgl. etwa *Karbaum*, AG 2013, 863 (871); *Schulz/Renz*, BB 2012, 2511(2514).
[190] *Karbaum*, AG 2013, 863 (871); *Schulz/Renz*, BB 2012, 2511 (2514).
[191] Vgl. *Schulz/Renz*, BB 2012, 2511 (2514).
[192] Vgl. *Schulz/Renz*, BB 2012, 2511 (2514).
[193] Vgl. *Schulz/Renz*, BB 2012, 2511 (2514).

2. Ausführung von Überwachungs- und Kontrollaufgaben

52 Auch bei der Ausführung von Überwachungs- und Kontrollaufgaben ist eine enge **Abstimmung und Zusammenarbeit** zwischen dem Compliance Officer und den beteiligten **Fach- und Geschäftsbereichen** wichtig, ebenso wie die **Kooperation mit anderen Unternehmenseinheiten** (insbesondere mit der Internen Revision und der Personalabteilung). So werden bestimmte Regelverstöße häufig bereits von bestehenden Fachabteilungen wie der Internen Revision bzw. speziell Beauftragten verfolgt, sodass es keiner zusätzlichen Bearbeitung durch den Compliance Officer bedarf.[194] Dies gilt etwa bei Fragen der Arbeitssicherheit für den Sicherheitsbeauftragten bzw. die Fachkraft für Arbeitssicherheit und bei datenschutzrechtlichen Problemen für den Datenschutzbeauftragten.[195] Auch ohne den Einsatz spezieller Abteilungen bzw. Beauftragter werden viele Rechts- und Compliance-Themen häufig in spezifischen Fachabteilungen bearbeitet. So liegen Themen wie das Arbeitsrecht in der Personalabteilung, Themen wie Mergers & Acquisitions, Vertragsrecht, Handels- und Gesellschaftsrecht, Patentrecht uva in der Rechtsabteilung oder hierauf spezialisierten Fachabteilungen.[196] Zudem können andere Unternehmensfunktionen die Kontrollaufgaben unterstützen. So werden beispielsweise in Unternehmen mit einer internen Revisionsabteilung durch diese regelmäßig systematische Kontrollen der Ordnungsmäßigkeit sämtlicher Unternehmensabläufe vorgenommen und sie verfügt dementsprechend über erhebliches Fachwissen hinsichtlich der Aufklärung und Verhinderung von Regelverletzungen.[197] Diese Kenntnisse und Erfahrungen sind eine wichtige Informationsquelle für den Compliance Officer.[198] Sofern die Aufklärung von Rechtsverstößen nicht ohnehin in die Kompetenz besonderer Beauftragter bzw. Unternehmenseinheiten fällt, sind diese im Interesse eines effizienten Compliance-Managements jedenfalls in die Durchführung von Überwachungs- und Kontrollaufgaben – ggf. im Sinne einer koordinierten Abstimmung – zu integrieren.[199] Wie bei allen Maßnahmen der Compliance Officer sind auch bei der Ausführung von Überwachungs- und Kontrollaufgaben etwaige rechtliche Beschränkungen (zB auf Grund von Datenschutznormen) strikt zu beachten, um damit die „Compliance der Compliance" zu gewährleisten.

VI. Aufdeckung von Compliance-Verstößen und Vorschläge zur Sanktionierung

53 Die Aufdeckung und Sanktionierung von Compliance-Verstößen ist ein wichtiges Element jeder Compliance-Organisation.[200] Während Schulungsmaßnahmen primär dazu dienen, Compliance-Verstöße aus Unkenntnis von Regeln zu vermeiden, sind sie allein nicht ausreichend bzw. bewirken sie keinen völligen Ausschluss von Regelverletzungen. Denn einerseits gibt es in jedem Unternehmen **Fälle vorsätzlicher Regelverletzungen**, andererseits kann auch die beste Schulung fahrlässige Regelverstöße nicht ab-

---

[194] Siehe → § 3 Rn. 21; zur Rolle der Internen Revision vgl. *Bürkle*, in: Hauschka, Corporate Compliance, § 8 Rn. 54.
[195] Siehe § 22 SGB VII, § 6 ASiG, § 4f BDSG.
[196] Siehe → § 3 Rn. 21.
[197] Vgl. *Cauers/Haas/Jakob/Kremer/Schartmann/Welp*, DB 2008, 2717 (2718).
[198] Vgl. *Kark*, S. 114.
[199] Vgl. *Bürkle*, BB 2007, 1797 (1798).
[200] Vgl. *Rieder/Falge*, in: Inderst/Bannenberg/Poppe, S. 27 f.

D. Aufgabenspektrum der Compliance Officer

solut ausschließen. Daher umfasst der Katalog notwendiger Compliance-Maßnahmen stets auch die Aufdeckung und Aufklärung von Regelverstößen. Diese werden durch Überwachungs- und Kontrollmaßnahmen zwar ebenfalls nicht völlig ausgeschlossen, immerhin aber erschwert.[201] Zudem ermöglichen systematische Kontrollen die **zügige Aufklärung von Compliance-Verstößen** und bilden damit die Grundlage für weitere Schulungsmaßnahmen zur Vermeidung von Non-Compliance.

Zur Aufdeckung von Regelverletzungen haben sich in vielen Unternehmen bestimmte **Hinweisgebersysteme (Ombuds-Systeme** oder „**Whistle Blowing-Systeme**") etabliert.[202] Derartige Systeme ermöglichen den Unternehmensangehörigen anonyme Hinweise auf Regelverstöße und haben sich zu einer wichtigen **Informationsquelle für die Aufklärung von Compliance-Verstößen** entwickelt.[203] Die Einführung und Überwachung derartiger Hinweisgebersysteme zählt daher ebenfalls zu den Aufgaben des Compliance Officers.[204] Die Ausgestaltung im Einzelnen richtet sich nach den **Besonderheiten des jeweiligen Unternehmens**. In größeren und international ausgerichteten Unternehmen umfasst die Aufgabe des Compliance Officers auch die Prüfung, ob die Hinweisgebersysteme nach dem jeweiligen Landesrecht zulässig sind.[205] In jedem Fall ist bei der Ausgestaltung von Hinweisgebersystemen die Einhaltung relevanter arbeitsrechtlicher und insbesondere datenschutzrechtlicher Vorgaben zu beachten.[206]

54

Compliance-Verstöße müssen sanktioniert werden und diese Sanktionen sollten innerhalb des Unternehmens spürbar sowie sichtbar sein.[207] Ohne die **Festlegung und Verhängung angemessener Sanktionen** bleibt das Compliance-Management letztlich ein „zahnloser Tiger", denn es fehlt dann an der Signalwirkung, dass Regelverletzungen Konsequenzen nach sich ziehen.[208] Zuständig für die Sanktionierung von Compliance-Verstößen ist die **Unternehmensleitung**; Inhalt und Ausmaß der Sanktion richten sich nach dem jeweiligen Einzelfall.[209] Im Gegensatz zur Notwendigkeit des Einschreitens bei Compliance-Verstößen hat die **Unternehmensleitung** bei der **Auswahl des adäquaten Sanktionsmittels** regelmäßig einen **Ermessensspielraum**.[210] Während die Entscheidung über die Folgen von Compliance-Verstößen bei der Unternehmensleitung liegt, sollte der **Compliance Officer** im Rahmen seiner Beratungsaufgabe das Thema geeigneter Sanktionen adressieren, die Unternehmensleitung auf deren Notwendigkeit für ein effektives Compliance-Management-Systems hinweisen und **Vorschläge für Sanktionsmaßnahmen** formulieren.[211]

55

---

[201] Zur Bedeutung von Kontrollsystemen zur Erschwerung vorsätzlicher Regelverletzungen *Behringer*, in: ders., S. 367 (370).
[202] Vgl. *Neufeld/Knitter*, BB 2013, 821 (822 f.); *Kremer/Klahold*, in: Krieger/Schneider, S. 495 (512 f.); *Wybitul*, ZD 2011, 118 ff.; *Strauss*, ZRFC 2014, 164 ff.
[203] Zu empirischen Daten für die Aufdeckung von Straftaten durch Hinweisgeber vgl. *Strauss*, ZRFC 2014, 164 mwN.
[204] Vgl. *Groß*, S. 85 ff.
[205] Vgl. *Groß*, S. 85.
[206] Zu möglichen mitbestimmungsrechtlichen Erfordernissen vgl. *Neufeld/Knitter*, BB 2013, 821 (822 f.); zu datenschutzrechtlichen Aspekten etwa *Wybitul*, ZD 2011, 118 ff.
[207] *Rieder/Falge*, in: Inderst/Bannenberg/Poppe, S. 15 (28); vgl. ferner *Bay/Seeburg*, in: Bay/Hastenrath, S. 199 (204).
[208] Vgl. *Borowa*, in: Bay/Hastenrath, S. 117 (132).
[209] Vgl. *Reichert/Ott*, AG 2009, 2173 (2177 f.); *Bürkle*, in: Hauschka, Corporate Compliance, § 8 Rn. 25; *Groß*, S. 89 f.; *Kraft/Winkler*, CCZ 2009, 29 (31).
[210] Vgl. *Reichert/Ott*, AG 2009, 2173 (2177 f.) für den Vorstand der AG; *Bürkle*, in: Hauschka, Corporate Compliance, § 8 Rn. 25; *Groß*, S. 89 f.; *Kraft/Winkler*, CCZ 2009, 29 (31).
[211] *Groß*, S. 91; *Illing/Umnuß*, CCZ 2009, 1 (4).

VII. Berichtspflichten und Berichtsrechte

56 Die Berichterstattung über sämtliche Compliance-relevanten Fragen zählt ebenfalls zu den wesentlichen Pflichten des Compliance Officers.[212] Adressat und genauer Umfang der Berichtspflicht werden allerdings unterschiedlich gesehen.[213] Bei der Beurteilung dieser Frage ist zunächst erneut auf die primäre **Verantwortung der Unternehmensleitung** insofern hinzuweisen, als die Unternehmensleitung ein **funktionierendes Berichtswesen** schaffen muss, um die Berichterstattung durch den Compliance Officer wirksam kontrollieren zu können.[214] Mit der durch ein funktionierendes Berichtswesen instrumentalisierten Überwachungspflicht der Unternehmensleitung korrespondiert die Pflicht des Compliance Officers zur Berichterstattung über sämtliche Compliance-Fragen und Regelverstöße.[215] Während die Berichtspflicht des Compliance Officers in Wertpapierdienstleistungsunternehmen **spezialgesetzlich geregelt** ist,[216] ist sie in Unternehmen außerhalb des Finanzdienstleitungssektors ein wichtiger Gegenstand der Stellenbeschreibung oder Bestandteil von vergleichbaren **vertraglichen Regelungen** mit dem Compliance Officer.[217]

1. Berichterstattung an die Unternehmensleitung

57 Bestandteil der Berichtspflicht des Compliance Officers ist zunächst die regelmäßige Berichterstattung über sämtliche Compliance-relevanten Fragen an die Unternehmensleitung.[218] Im Rahmen seiner Funktion als „Informationsschnittstelle" sammelt und analysiert der Compliance Officer relevante Informationen und stellt diese in einem **Compliance-Bericht** für die Geschäftsleitung zusammen.[219] Dabei empfiehlt sich eine schriftliche Berichterstattung schon aus Dokumentations- und Beweiszwecken. Hinsichtlich der **Häufigkeit** der Berichterstattung wird – entsprechend der Regelung für Finanzdienstleistungsunternehmen – von einer mindestens jährlichen Berichterstattung ausgegangen.[220] Auch für Häufigkeit und **Umfang der Berichterstattung** sind jedoch stets die besondere **Risikostruktur** und der „Compliance-Zustand" des Unternehmens zu berücksichtigen.[221] So ist bei bereits erfolgten Compliance-Fällen in der Vergangenheit eine höhere Frequenz von Kontrolle und Berichterstattung ebenso notwendig wie bei solchen Unternehmen, die schon durch ihr Geschäftsmodell (zB starke Vertriebsorganisation) besondere Compliance-Risiken haben. Zudem sollte die regelmäßige Berichterstattung stets mit einer Ad hoc-Berichterstattung bei besonderen Compliance-Fällen und Compliance-Risiken kombiniert werden.[222]

---

[212] Vgl. *Schulz/Renz*, BB 2012, 2511 (2515) mwN; *Moosmayer*, in: Rotsch, S. 203 (207 f.).

[213] Zu den Berichtspflichten und Berichtsrechten des Compliance Officers ausführlich *Klopp*, S. 211 ff.; *Schmidt*, S. 156 ff.; *Groß*, S. 81 ff.; *Raus/Lützeler*, CCZ 2012, 96.

[214] Diesen Aspekt hebt auch das LG München in der oben dargestellten „Neubürger-Entscheidung" hervor, vgl. → Rn. 8; ferner *Schmidt*, S. 154.

[215] Vgl. *Schmidt*, S. 156; *Raus/Lützeler*, CCZ 2012, 96 (97).

[216] § 33 Abs. 2 Nr. 5 WpHG iVm § 12 Abs. 4 S. 1 WpDVerOV.

[217] Zu den arbeitsrechtlichen Aspekten eingehend *Groß*, S. 212 ff.

[218] Vgl. *Groß*, S. 82 f.

[219] Dieser Bericht ist gleichzeitig Grundlage für (weitere) Schulungsmaßnahmen sowie Vorschläge zur Verbesserung des Compliance-Systems, vgl. *Groß*, S. 82 f.

[220] Vgl. *Groß*, S. 212.

[221] Hierzu → Rn. 30.

[222] Vgl. *Schulz/Renz*, BB 2012, 2511 (2515) mwN.

D. Aufgabenspektrum der Compliance Officer

2. Berichterstattung an das Aufsichtsorgan

Soweit das Unternehmen über einen Aufsichtsrat verfügt, ist umstritten, ob und ggf. inwieweit der Compliance Officer auch diesem gegenüber eine **Berichtspflicht oder** zumindest ein **Berichtsrecht** hat.[223] Eine direkte Berichterstattung des Compliance Officers an den Aufsichtsrat ist in **Spezialregelungen** (wie § 33 WpHG und § 12 WpDVerOV für Wertpapierdienstleistungsunternehmen) gesetzlich normiert. Eine derartige Verpflichtung (bzw. ein Berichtsrecht) in anderen Unternehmen wird teilweise generell abgelehnt.[224] Demgemäß soll nach einer Ansicht weder eine Berichtspflicht noch ein Berichtsrecht im Verhältnis zum Aufsichtsrat bestehen.[225] Diese Ansicht trägt jedoch dem (in der Praxis häufig realisierten) **Konfliktpotenzial** der Tätigkeit des Compliance Officers nicht ausreichend Rechnung. So kann eine Konfliktsituation bereits dadurch entstehen, dass der Compliance Officer ein Compliance-Risiko anders bewertet als die Unternehmensleitung (welche etwa aus geschäftspolitischen Gründen ein Compliance-Risiko nicht erkennen bzw. nicht mit der erforderlichen Priorität behandeln will). Ferner realisiert sich das Konfliktpotenzial typischerweise in Fällen, in denen der Vorstand bzw. einzelne Vorstandsmitglieder selbst in Compliance-Verstöße verstrickt sind. In diesen Fällen ist daher eine Berichterstattung an das Aufsichtsorgan (bzw. dessen Ausschuss) nicht nur als Eskalationsrecht, sondern als *ultima ratio* sogar als **Eskalationspflicht** in der Weise zu befürworten, dass der Compliance Officer das entsprechende Gremium nach erfolgloser Berichterstattung gegenüber der Unternehmensleitung involviert.[226] Vergleichbar sind Konstellationen zu beurteilen, in denen das Aufsichtsgremium von Compliance-Verstößen erfährt, die beispielsweise eine Abberufung des Vorstands aus wichtigem Grund gemäß § 84 AktG rechtfertigen könnten; hier muss das Aufsichtsgremium ebenfalls die Möglichkeit haben, sich unmittelbar beim Compliance Officer über weitere Details zu informieren und abzustimmen.[227] Denn auch in diesen Fällen realisiert sich das erwähnte Konfliktpotenzial, da die Unternehmensleitung oder einzelne ihrer Mitglieder selbst in Regelverletzungen verstrickt sind. Eine derartige Eskalationspflicht liegt zum einen im **Interesse des Compliance Officers**, der anderenfalls eine Haftung wegen Unterlassens riskiert.[228] Zum anderen liegt eine solche Eskalationspflicht auch im Interesse des Aufsichtsrats, der sich als Kontrollorgan ein Bild über die Compliance-Risiken im Unternehmen verschaffen muss.[229] Auch in derartigen Konfliktsituationen ist daher eine direkte Berichtspflicht des Compliance Officers gegenüber dem Aufsichtsrat zu befürworten.[230] Soweit eine Berichterstattung an den Aufsichtsrat nicht **Bestandteil der vertraglichen Vereinbarung** mit dem Compliance Officer ist, sollte sie als *ultima ratio* stets dann gewählt werden, wenn die Berichterstattung an die Unternehmensleitung (wie in den genannten Konfliktsituationen) wirkungslos bleibt.[231]

58

---

[223] Zum Streitstand siehe ausführlich *Klopp*, S. 214 ff.
[224] Vgl. *Raus/Lützeler*, CCZ 2012, 96 (97).
[225] Vgl. *Spindler*, WM 2008, 905 (913).
[226] Ebenso *Casper*, S. 199 (207) sowie *Schmidt*, S. 157 f. mwN zum Diskussionsstand. Vgl. ferner *Favoccia/Richter*, AG 2010, 137 (141).
[227] Siehe *Hauschka*, Compliance in der Kreditwirtschaft, S. 103 (125 f.).
[228] Siehe BGH Urt. v. 17.7.2009 – 5 StR 394/08, NJW 2009, 3173. Vgl. hierzu etwa *Raus/Lützeler*, CCZ 2012, 96 (99); *Lackhoff/Schulz*, CCZ 2010, 81 ff.
[229] *Moosmayer*, in: Rotsch, S. 203 (207 f.); zur wachsenden (Kontroll-) Verantwortung des Aufsichtsrats ferner *Moosmayer*, Compliance Praxisleitfaden, S. 21 f.
[230] Vgl. *Klopp*, S. 211 ff.; *Schulz/Renz*, BB 2012, 2511 (2515); *Raus/Lützeler*, CCZ 2012, 96 (99).
[231] Vgl. *Klopp*, S. 211 ff.; *Schulz/Renz*, BB 2012, 2511 (2515); *Raus/Lützeler*, CCZ 2012, 96 (99).

VIII. Aktualisierung des Compliance-Systems

59   Die **regelmäßige Überprüfung, Bewertung und Anpassung** eines CMS ist aus verschiedenen Gründen erforderlich: Zunächst ist eine Kontrolle und Überwachung der Wirksamkeit der eingeführten Maßnahmen immanenter Bestandteil des Compliance-Managements, um dessen **Effektivität** zu gewährleisten: Nur durch regelmäßige Überprüfung und Verbesserungen unzureichender Maßnahmen unter Verarbeitung der gewonnenen Erkenntnisse können die mit dem Compliance-Management verfolgten Ziele erreicht werden.[232] Die kontinuierliche Überprüfung (und Anpassung) des CMS unterstützt die **präventive Funktion** von Compliance und signalisiert zugleich, dass die eingeleiteten Maßnahmen kein bloßes „Lippenbekenntnis" der Unternehmensleitung sind.[233] Ferner ändern sich für Unternehmen ständig die rechtlichen Rahmenbedingungen, und zwar sowohl durch zahlreiche neue Normen (auf nationaler wie internationaler Ebene) als auch durch richterrechtliche Vorgaben. Dieses **dynamische rechtliche Umfeld** bewirkt auch für ein CMS einen kontinuierlichen Überprüfungs- und **Aktualisierungsbedarf**.[234] Neben diesen systemimmanenten Prüfungs- und Anpassungserfordernissen kann eine Überprüfung des CMS auch **anlassbezogen** notwendig sein, etwa im Rahmen der Jahresabschlussprüfung, im Zusammenhang mit einer M&A-Transaktion und insbesondere bei Auftreten von Rechtsverletzungen im Unternehmen.[235] Als weiterer Anlass für eine Prüfung und Zertifizierung wird schließlich der Nutzen durch eine „**Signal-, Positionierungs- und Nachweisfunktion**" genannt, die von einem zertifizierten CMS ausgeht.[236]

60   Ziel jeder Überprüfung und Anpassung des CMS sollte stets die **kontinuierliche Verbesserung des CMS** sein.[237] Wie das CMS selbst, ist auch dessen Überprüfung von den konkreten Umständen (Unternehmensgröße, Geschäftsmodell und Branche, unternehmensspezifisches Risikoprofil etc) des jeweiligen Unternehmens abhängig und damit stets auf den konkreten Einzelfall anzupassen. Als Bestandteil eines wirksamen Compliance-Managements liegt auch die Überprüfung, Analyse und Anpassung des CMS im originären **Verantwortungsbereich der Leitungsorgane**.[238] Compliance ist „Chefsache", denn die Unternehmensleitung ist für die Einhaltung sämtlicher Normen durch das Unternehmen und seine Mitarbeiter verantwortlich (Legalitätspflicht).[239]

---

[232] Vgl. *Moosmayer*, Compliance Praxisleitfaden, S. 88; *Fissenewert/Kautenburger-Behr*, S. 191; *Bay/Seeburg*, in: Bay/Hastenrath, S. 216 (219).

[233] Vgl. *Bay/Seeburg*, in: Bay/Hastenrath, S. 216 f. mit dem zutreffenden Hinweis, dass Ausgangspunkt für eine stetige Überwachung und Verbesserung des CMS die ständige Veränderung der Rahmenbedingungen und des Geschäftsumfeldes ist.

[234] Vgl. *Liese/Schulz*, BB 2011, 1347 f.; *Moosmayer*, Compliance Praxisleitfaden, S. 88 sowie *Bay/Seeburg*, in: Bay/Hastenrath, S. 216 (217).

[235] Vgl. zu den verschiedenen Prüfungsanlässen *Rodewald/Unger*, BB 2006, 113 (117); *Rieder/Jerg*, CCZ 2010, 201 (202).

[236] So ausdrücklich *Fissenewert/Kautenburger-Behr*, S. 196.

[237] Vgl. *Liese/Schulz*, BB 2011, 1347 (1348); *Bay/Seeburg*, in: Bay/Hastenrath, S. 199.

[238] Vgl. *Fleischer*, CCZ 2008, 1 (2); *Grüninger*, in: Wieland/Steinmeyer/Grüninger, S. 140 ff.; *Rieder/Falge*, BB 2013, 778; ferner *Bay/Seeburg*, in: Bay/Hastenrath, S. 199 (200).

[239] Vgl. hierzu die umfangreichen Nachweise bei *Klopp*, S. 185 Fn. 416.

IX. Dokumentation

Zu den wesentlichen Pflichten des Compliance Officers zählt schließlich die sorgfältige Dokumentation seiner Handlungen.²⁴⁰ So sollte der Compliance Officer einerseits durch **aussagekräftige Dokumentation** zu dem Nachweis in der Lage sein, dass er seine umfangreichen Aufgaben und Pflichten (etwa im Zusammenhang mit Beratungs- und Schulungserfordernissen) erfüllt hat. Unter dem Aspekt, dass der Compliance Officer als Delegatar der Unternehmensleitung bei Erfüllung ihrer Compliance-Verantwortung mitwirkt, hilft eine sorgfältige Dokumentation der Unternehmensleitung ferner bei dem **Nachweis der Erfüllung ihrer Organisationspflichten**.²⁴¹ Die Bedeutung guter Dokumentation zeigt sich insbesondere im Krisenfall: Hier hilft sie bei dem Nachweis der erforderlichen Maßnahmen zur Vermeidung von Compliance-Verstößen, sollte aber gleichzeitig so ausgestaltet sein, dass etwaige Zufallsfunde durch die Behörden im Rahmen von Ermittlungen und Durchsuchungen vermieden werden.²⁴²

61

E. Abgrenzung zu anderen Funktionen und Aufgabenbereichen

Wie unter → Rn. 2 ausgeführt, gibt es für die unternehmensinterne Zuordnung von Compliance-Aufgaben unterschiedliche Möglichkeiten und Organisationsmodelle. Unabhängig von der organisatorischen Ausgestaltung der Compliance-Funktion, die sich nach den Besonderheiten des jeweiligen Unternehmens richtet, kommt es stets auf eine hinreichende Abgrenzung und effektive Zusammenarbeit mit anderen Unternehmensfunktionen und Aufgabenträgern an.

62

I. Unternehmensleitung

Wie unter → Rn. 18 ff. dargestellt, ist Compliance „Chefsache", dh eine originäre Aufgabe der Unternehmensleitung. Im Rahmen ihrer Leitungsverantwortung muss die Geschäftsleitung organisatorische Vorkehrungen treffen, dass aus dem Unternehmen heraus keine Rechtsverstöße erfolgen. Diese aus der Legalitätspflicht resultierende **Primärverantwortung** für die Sicherstellung der Rechts- und Regelkonformität lässt sich nicht delegieren.²⁴³ In kleineren Unternehmen werden die Compliance-Aufgaben teilweise durch die Unternehmensleitung bzw. einen Teil ihrer Mitglieder wahrgenommen. Werden Compliance-Aufgaben übertragen, so sind sowohl bei der sog horizontalen Delegation an einzelne Geschäftsleitungsmitglieder als auch bei der sog vertikalen Delegation an nachgelagerte Unternehmenseinheiten bzw. Mitarbeiter die unter → Rn. 22 ff. dargestellten Anforderungen und Grenzen einer zulässigen Delegation strikt zu beachten. In jedem Fall verbleiben bei der Unternehmensleitung im Rahmen ihrer Compliance-Verantwortung **nicht delegierbare Leitungsaufgaben**: Hierzu zählen grundlegende

63

---

²⁴⁰ Vgl. *Klopp*, S. 92 ff.
²⁴¹ Vgl. *Klopp*, S. 93 mwN.
²⁴² Vgl. *Dann/Mengel*, NJW 2010, 3265 ff. (3268).
²⁴³ Explizit *Behringer*, in: ders., S. 367: „Die Einhaltung von Gesetzen ist ... ureigene Aufgabe der Unternehmensleitung, sie lässt sich nicht delegieren ..."; vgl. ferner *Schulz/Renz*, BB 2012, 2511 (2512) sowie die umfassenden Nachweise bei *Klopp*, S. 185 Fn. 416.

Entscheidungen über die Ausgestaltung des Compliance-Managements, wie etwa die Definition Compliance-relevanter **Grundsätze**, die **Festlegung einer Compliance-Risikostrategie** sowie daraus resultierender organisatorischer Maßnahmen, wie zB die Bestellung eines Compliance Officers sowie die systematische **Überwachung der Compliance-Maßnahmen** durch effektive Strukturen und Prozesse.[244]

II. Risikomanagement

64   Wie unter → Rn. 12 f. ausgeführt, besteht zwischen Compliance-Management und Risikomanagement ein enger Zusammenhang – zwischen beiden Risikokategorien besteht eine **Schnittmenge**.[245] Dadurch, dass ein Kernbereich der Aufgaben des Compliance Officers der systematischen Prävention von Regelverstößen gewidmet ist, fungiert er als spezieller **Risikomanager**. Bei der systematischen Bewältigung von Compliance-Risiken kann der Compliance Officer von den Erkenntnissen und **Methoden des Risikomanagements** profitieren, insbesondere im Hinblick auf die Identifikation, Analyse und Bewertung von Risiken.[246] Während Compliance-Management funktional vom Risikomanagement und den dort verwendeten Methoden und Prozessen profitieren kann, spricht gegen eine Integration des Compliance-Managements in das Risikomanagement, dass hierdurch die Unabhängigkeit der Compliance-Funktion gefährdet würde.[247] Die Risikomanagement-Funktion bzw. deren Einhaltung von rechtlichen Vorgaben ist zudem selbst Gegenstand des Compliance-Managements.[248] Schließlich spricht gegen eine Integration die Tatsache, dass es in vielen Unternehmen beim Risikomanagement an umfassender juristischer Expertise fehlt, welche für die Steuerung von Compliance-Risiken erforderlich ist.[249]

III. Rechtsabteilung

65   Da im Fokus des Compliance-Managements die systematische Prävention bzw. Bewältigung von Nachteilen aus Rechtsverletzungen und Regelverstößen steht, bestehen auch **vielfältige Berührungspunkte** bzw. Überschneidungen mit den Aufgaben der Rechtsabteilung. Der Schutz des Unternehmens zählt auch zu den Kernaufgaben (und Kernkompetenzen) der Rechtsabteilung, weshalb in vielen Unternehmen Compliance-Funktion und Rechtsabteilung integriert sind. Bei mittleren und kleineren Unternehmen werden Compliance-Aufgaben häufig von dem Leiter der Rechtsabteilung bzw. Chef-Syndikus wahrgenommen.[250] In der Rechtsabteilung ist typischerweise **umfassendes juristisches Know-How** des Unternehmens gebündelt.

---

[244] Vgl. *Schmidt*, S. 144 f., 164. Die Notwendigkeit effektiver Überwachungsinstrumente wurde durch das „Neubürger-Urteil" exemplarisch verdeutlicht (siehe hierzu → Rn. 8).
[245] Zum Zusammenhang und zur Abgrenzung zwischen Risiko- und Compliance-Management vgl. *Karg*, S. 48 mwN.
[246] Vgl. *Karg*, S. 105 ff.
[247] Vgl. *Bürkle*, in: Hauschka, Corporate Compliance, § 8 Rn. 53.
[248] Vgl. *Bürkle*, in: Hauschka, Corporate Compliance, § 8 Rn. 53.
[249] Zum Pro und Contra einer Integration der Rechtsabteilung und der Compliance-Funktion vgl. *Schmidt*, S. 162.
[250] Vgl. *Cauers/Haas/Jakob/Kremer/Schartmann/Welp*, DB 2008, 2717 (2718).

E. Abgrenzung zu anderen Funktionen und Aufgabenbereichen

Allerdings können **Interessenkonflikte** entstehen, wenn derselbe Verantwortliche (zB Chef-Syndikus) die Geschäftsleitung bei einem Geschäftsmodell beraten hat, das sich im Nachhinein als rechtlich fragwürdig erweist. Sofern daher nicht – wie etwa im Banken- und Finanzdienstleistungssektor – eine organisatorische Trennung der Rechtsabteilung von der Compliance-Funktion zwingend vorgegeben ist, sollte eine **funktionale Trennung** jedenfalls dadurch erfolgen, dass unterschiedliche Mitarbeiter mit Rechts- und Compliance-Aufgaben betraut werden. Die Mitarbeiter der Rechtsabteilung, welche Compliance-Aufgaben wahrnehmen, sollten in Konfliktfällen ein **Eskalationsrecht bzw. eine Eskalationspflicht** (zB an den Aufsichtsrat) haben.[251] Wichtig ist zu beachten, dass die Compliance-Funktion auch gegenüber der Rechtsabteilung unabhängig wahrgenommen werden muss.[252] Dies gilt insbesondere im Hinblick darauf, dass die Rechtsabteilung die Geschäftsleitung berät und hierbei in bestimmten Konstellationen Gefahr läuft, selbst in Compliance-Risiken verwickelt zu werden. Unabhängig von derartigen Konfliktsituationen sind die Leiter der Rechts- und der Compliance-Abteilung aber gut beraten, eng und vertrauensvoll zusammenzuarbeiten und ihre Aufgaben und Tätigkeiten soweit wie möglich aufeinander abzustimmen.

66

IV. Interne Revision

Umfangreiches Know-How bzgl. der Verhinderung und Aufklärung von Rechts- und Regelverletzungen im Unternehmen besteht auch in der Revisionsabteilung.[253] Die Interne Revision überprüft traditionell die **Sicherheit und Ordnungsmäßigkeit** der Abläufe im Unternehmen.[254] Nicht selten findet man in Unternehmen deshalb die Bereiche Compliance und Interne Revision in Kombination vor.[255] Jedoch unterscheiden sich Compliance und Interne Revision darin, dass die Interne Revision prozessunabhängig ist und meist rückblickend agiert, während Compliance-Aufgaben regelmäßig in die Geschäftsprozesse zu integrieren sind mit dem Ziel, Regelverletzungen systematisch vorzubeugen.[256] Compliance nimmt ferner keine Revisionsaufgaben wahr, sondern unterliegt vielmehr selbst der Überwachung durch die Interne Revision.[257] Diese Gründe sprechen gegen eine Integration beider Funktionen,[258] beide Funktionen sind vielmehr **organisatorisch zu trennen**. Andererseits kommt es auch im Verhältnis zur Internen Revision auf ein **effektives Zusammenspiel** insbesondere im Hinblick auf die **Aufklärung und Prävention von Regelverstößen** an: So lassen sich etwa die Erkenntnisse und Ergebnisse aus der Revisionstätigkeit in die Schulungsangebote des Compliance Officers (bzw. deren fortlaufende Aktualisierung) integrieren, während die Interne Revision von den Vorschlägen und Konzeptionen des Compliance Officers zur Bewältigung von Compliance-Risiken im Unternehmen profitieren und ua ihren Prüfungsplan entsprechend ausrichten kann.[259]

67

---

[251] Zur Notwendigkeit derartiger Eskalationsrechte vgl. näher → Rn. 58 sowie → § 5 Rn. 29 ff.
[252] Vgl. *Eisele/Faust*, in: Schimansky/Bunte/Lwowski, § 109 Rn. 112a.
[253] Vgl. *Cauers/Haas/Jakob/Kremer/Schartmann/Welp*, DB 2008, 2717 (2718).
[254] Vgl. *Cauers/Haas/Jakob/Kremer/Schartmann/Welp*, DB 2008, 2717, 2718.
[255] Kritisch dazu *Schulz/Renz* CB 2013, 294 ff. (296); ablehnend ferner *Bürkle*, in: Hauschka, Corporate Compliance, § 8 Rn. 55.
[256] Vgl. *Bürkle*, in: Hauschka, Corporate Compliance, § 8 Rn. 55.
[257] Vgl. *Eisele/Faust*, in: Schimansky/Bunte/Lwowski, § 109 Rn. 112c.
[258] Vgl. *Bürkle*, in: Hauschka, Corporate Compliance, § 8 Rn. 55; *Schulz/Renz*, CB 2013, 294 (296); für eine strikte organisatorische Trennung *Spindler*, WM 2008, 905 (912).
[259] Vgl. *Schulz/Renz*, CB 2013, 294 (296).

V. Rechnungswesen und Controlling

68 Sofern das Unternehmen über ein Rechnungswesen und Controlling verfügt, ist auch diesbezüglich eine enge Abstimmung mit dem Aufgabenspektrum des Compliance Officers sinnvoll. Einerseits verfügen die Mitarbeiter dieser Unternehmensfunktion über vielfältiges Know-How, andererseits birgt auch der Bereich der Bilanzierung und Rechnungslegung vielfältige Compliance-Risiken. Zahlreiche Compliance-Fälle und Unternehmensskandale resultierten aus Fällen der „Non-Compliance" in diesem Bereich.[260]

VI. Personalabteilung

69 Auch die Personalabteilung spielt für die Gestaltung eines wirksamen Compliance-Management-Systems eine wichtige Rolle und sollte dementsprechend von jedem Compliance Officer in seine Aktivitäten einbezogen werden. Dies gilt insbesondere für arbeitsrechtliche Themen und die daraus resultierenden besonderen **Compliance-Risiken des Personalbereichs**: Zu beachten sind ua die Vorschriften des Betriebsverfassungsrechts, die Anforderungen an die allgemeine Gleichstellung, lohnsteuerrechtliche Fragen oder Fragestellungen zu Art und Umfang der arbeitgeberseitigen Aufklärung und Ahndung von arbeitsvertraglichen Pflichtverletzungen durch die Mitarbeiter. Mit den arbeitsrechtlichen Fragen und ihrer Beantwortung im Unternehmen sind häufig datenschutzrechtliche Probleme verbunden.

70 Ferner bestehen wichtige Anknüpfungspunkte zur Personalabteilung bei der Konzeption und Durchführung von **Schulungsmaßnahmen**, die in den meisten Unternehmen von der Personalabteilung organisiert werden.[261] Dabei können Compliance-relevante Kriterien wie etwa die Zuverlässigkeit und Integrität von Bewerbern und Mitarbeitern auch in die **Personalauswahl bzw. Personalentwicklung** einfließen.

71 Schließlich ist der Personalbereich im Rahmen der alltäglichen betrieblichen Mitbestimmung der Hauptansprechpartner für den Betriebsrat.[262] Da sich im Zusammenhang mit der Implementierung und Durchführung diverser Compliance-Maßnahmen immer wieder auch Fragen der Mitbestimmung stellen, empfiehlt es sich auch unter diesem Blickwinkel für den Compliance Officer, eine vertrauensvolle Zusammenarbeit mit dem Personalbereich zu entwickeln.

VII. Datenschutz und Datensicherheit

72 Sofern im Unternehmen ein Datenschutzbeauftragter bestellt ist, liegt eine enge Abstimmung mit dem Compliance Officer allein deshalb nahe, weil das Datenschutzrecht selbst erhebliche Compliance-Risiken beinhaltet.[263] Die Unternehmenspraxis hat anhand zahlreicher Datenpannen und -skandale gezeigt, dass die Bedeutung der Compliance im

---

[260] Zur sog Accounting Compliance als Mittel der Gewährleistung zur Übermittlung korrekter Rechnungslegungsinformationen vgl. *Boecker/Zwirner*, IRZ 2014, 95 (96).
[261] Vgl. *Behringer*, in: ders., S. 367 (374); *Krieger*, in: KPMG AG, S. 89 (91).
[262] Ähnlich *Behringer*, in: ders., S. 367 (374).
[263] Vgl. *Traut*, CB 2014, 379 ff.

E. Abgrenzung zu anderen Funktionen und Aufgabenbereichen

Datenschutz stark gestiegen ist.[264] Ein **Datenschutzbeauftragter** ist daher zugleich ein wichtiger **Gesprächspartner** im Hinblick auf die Konzeption und Durchführung zahlreicher Compliance-Maßnahmen wie etwa Schulungen, Aufklärungsmaßnahmen und insbesondere interne Ermittlungen, die regelmäßig datenschutzrechtliche Fragen aufwerfen.[265]

VIII. Betriebsrat

Sofern das Unternehmen über einen Betriebsrat verfügt, ist auch dieser ein wichtiger und in einigen Fällen unverzichtbarer Ansprechpartner für den Compliance Officer. Da der Anglizismus „Compliance" in der Praxis bei manchen Betriebsräten teilweise noch auf Unverständnis stößt, sollte die Thematik übersetzt bzw. im Sinne der Regelbefolgung, Beachtung von Recht und Gesetz durch das Unternehmen und der Vermeidung von unternehmensschädlichen Skandalen kommuniziert werden. Die **frühzeitige Beteiligung** des Betriebsrats bei der Einführung oder Erweiterung des Compliance-Management-Systems kann sich zum Erfolgsfaktor entwickeln, insbesondere wenn sie im Ergebnis zu einem gemeinsam getragenen Konzept führt.[266] Der Compliance Officer (und ebenso die in der Letztverantwortung für die Compliance stehende Unternehmensleitung) gewinnen in einem solchen Fall einen wichtigen **Kommunikationskanal** innerhalb des Unternehmens hinzu, der helfen kann, die „Compliance-Botschaft" tatsächlich in alle Unternehmensbereiche zu vermitteln. 73

Die Abstimmung mit der Arbeitnehmervertretung, namentlich mit dem Betriebsrat, ist vor allem dann unverzichtbar, wenn Compliance-Maßnahmen das **Mitbestimmungsrecht** tangieren. Dies kann immer dann der Fall sein, wenn Compliance-Regelungen (zB ein Verhaltenskodex) festgelegt werden, wenn Compliance-Schulungsmaßnahmen oder Hinweisgebersysteme eingeführt werden sollen, wenn im Rahmen interner Ermittlungen technische Einrichtungen genutzt werden oder auf private Daten eines Mitarbeiters zugegriffen werden soll, oder wenn zur Erreichung von Compliance-Zielen Zielvereinbarungen getroffen werden, welche die betriebliche Lohngestaltung verändern oder neue leistungsbezogene Entgelte kreieren.[267] Die rechtzeitige und sachgerechte Abstimmung mit dem Betriebsrat erhöht folglich nicht nur die Erfolgsaussichten, sondern auch die Rechtsbeständigkeit vieler Compliance Maßnahmen. 74

IX. Andere Unternehmensbereiche und Unternehmensbeauftragte

In vielen Unternehmen finden sich weitere Unternehmensbereiche und Funktionen bzw. **besondere Beauftragte**, welche mit der Beachtung und Kontrolle bestimmter Rechtsnormen befasst sind.[268] Hierzu zählen etwa **Datenschutzbeauftragte**, der Um- 75

---

[264] Siehe dazu mit einer Reihe von Beispielen *Kirsch*, BB 2011, VI–VII sowie *Traut*, CB 2014, 379 ff.
[265] Zur notwendigen Abstimmung zwischen Compliance Officer und Datenschutzbeauftragtem *Traut*, CB 2014, 379 (383).
[266] Vgl. *Neufeld/Knitter*, BB 2013, 821 (826).
[267] *Neufeld/Knitter*, BB 2013, 821.
[268] Siehe → Rn. 40 sowie *Behringer*, in: ders., S. 367 (373). Zu Stellung und Aufgaben der Unternehmensbeauftragten ausführlich *Haouache*, Unternehmensbeauftragte und Gesellschaftsrecht der AG und GmbH, 2003.

§ 4. Aufgaben im Unternehmen

weltbeauftragte, **Immissionsschutzbeauftragte, Geldwäschebeauftragte**, ebenso wie die verantwortlichen Personen für Ausfuhr- und Exportkontrolle oder den Arbeitsschutz. Wichtiges Know-How im Zusammenhang mit spezifischen Vorschriften haben auch die jeweiligen **Leiter der Unternehmensbereiche**, zB Einkauf, Produktion, Marketing und Vertrieb oder Unternehmenskommunikation.[269] Ebenso wie im Verhältnis zu den unter → Rn. 46 genannten Beauftragten empfiehlt sich daher für den Compliance Officer auch ein **pro-aktiver Informationsaustausch** und eine Abstimmung mit den Leitern dieser Geschäftsbereiche.

F. Outsourcing von Compliance-Aufgaben

76   Insbesondere bei mittelständischen und kleineren Unternehmen ist ein Outsourcing von Compliance-Aufgaben nicht unüblich. Darunter ist die **Verlagerung von bestimmten Compliance-Aufgaben** und ggf. auch -Maßnahmen an unternehmensexterne Personen oder Institutionen zu verstehen.[270] Zu den ausgelagerten Compliance-Aufgaben zählen zB die Durchführung von Compliance-Audits, die Einrichtung einer Beratungsstelle für Compliance-Fragen bzw. einer Kontaktstelle zur Meldung von Compliance-Verstößen („Whistle-Blowing") oder Schulungs- bzw. Fortbildungsmaßnahmen.[271] Beim Outsourcing von Compliance-Aufgaben sind allerdings die folgenden Grundsätze zu beachten:

> **Hinweis:** Im Hinblick auf die Letztverantwortung der Geschäftsleitung für Compliance scheidet eine vollständige Auslagerung aus. Ebenso wie bei der unternehmensinternen (horizontalen oder vertikalen) Delegation[272] muss die **Unternehmensleitung** vielmehr auch beim Outsourcing von Compliance-Aufgaben die **Leitungshoheit** behalten, dh die Grundsatzfragen und Strukturen selbst bestimmen.[273] Wie bei der unternehmensinternen Delegation können allerdings vorbereitende und ausführende Maßnahmen und Hilfsfunktionen auch durch Personen und Institutionen außerhalb des Unternehmens wahrgenommen werden.[274] Hierbei gelten allerdings die gleichen Grundsätze wie bei der unternehmensinternen Aufgabenübertragung, insbesondere ist die Geschäftsleitung zur Einhaltung der **Auswahl-, Instruktions- und Überwachungssorgfalt** verpflichtet.[275]

---

[269] Vgl. *Behringer*, in: ders., S. 367 (373).
[270] Vgl. *Schmidt*, S. 163 ff.
[271] Vgl. *Schmidt*, S. 163.
[272] Siehe → Rn. 22 ff.
[273] Vgl. *Schmidt*, S. 163 ff.
[274] Vgl. *Schmidt*, S. 163 ff.
[275] Vgl. *Schmidt*, S. 163 ff.

G. Zusammenwirken mit internen und externen Funktionen

Wie unter → Rn. 26 ff. ausgeführt, haben Compliance-Aufgaben vielfältige Aspekte bzw. bieten in größeren Unternehmen zahlreiche Berührungspunkte zu anderen Abteilungen, Unternehmensfunktionen und Personen.[276] Dies gilt etwa für bestimmte Aufgabenbereiche von gesetzlichen Beauftragten, deren Aufgaben auf einem klar formulierten gesetzlichen Auftrag beruhen. Auch die gesetzlich Beauftragten sind stets Teil der Compliance-Organisation insgesamt, nur spielen sie darin eine andere, weil gesetzlich definierte Rolle. Ihre Ein- und Anbindung im Verhältnis zum Compliance Officer hat deshalb einen speziellen Charakter. Nur zur Klarstellung: Es spricht grundsätzlich nichts dagegen, wenn ein Compliance Officer auch Verantwortungsbereiche gesetzlich Beauftragter wahrnimmt. Allerdings ist die Frage der Überwachung des Compliance Officers, seine Berichterstattung an die Geschäftsleitung und seine Stellung in Fragen des Benachteiligungsverbots und Kündigungsschutzes differenziert zu betrachten, wenn er auch Aufgaben eines gesetzlichen Beauftragten übernimmt.[277] 77

Ein solches **Schnittstellen-Management** empfiehlt sich ferner in der Zusammenarbeit mit den Bereichen und Abteilungen des Unternehmens, die Compliance zwar nicht als eine ihrer Kernaufgaben ansehen, aber dennoch für eine erfolgreiche Compliance des Unternehmens unverzichtbare Beiträge leisten. Im Unternehmensalltag gilt dies etwa für den Personalbereich, beispielsweise mit Blick auf personelle Sanktionen, und das Controlling als wichtigem Beobachter der Unternehmensprozesse, dem möglicherweise als Erstem etwaige Ungereimtheiten auffallen. 78

H. Anforderungsprofil für Compliance Officer

Wie unter → Rn. 5 ff. dargestellt, nimmt die Bedeutung von Compliance und Compliance-Management stetig zu und viele Unternehmen setzen inzwischen Compliance Officer zur Bewältigung von Compliance-Risiken ein. Neben dem Bedarf an weiterer Konkretisierung der Compliance-Funktion wächst damit auch der Bedarf für ein auf das jeweilige Unternehmen maßgeschneidertes Anforderungsprofil an einen Compliance Officer. Ziel muss daher die Formulierung einer umfassenden Auswahlmöglichkeit von **Qualifikationen** und Anforderungen an die Compliance Officer sein, damit diese den jeweiligen Personen zugeordnet werden und die Compliance Officer dann die unternehmensspezifischen Compliance-Risiken erfolgreich managen können. 79

1. Integrität und Zuverlässigkeit

Es versteht sich von selbst, dass Compliance-Aufgaben nur von persönlich integren und zuverlässigen Personen wahrgenommen werden sollten. Für das Verständnis der Zuverlässigkeit der Compliance Officer ergeben sich nützliche Hinweise aus der 80

---

[276] Siehe → Rn. 65 ff.
[277] Siehe zB § 4f Abs. 3 S. 3 und 5 BDSG für den Fall, dass der Compliance Officer auch als Datenschutzbeauftragter agiert.

§ 4. Aufgaben im Unternehmen

WpHG-Mitarbeiteranzeigeverordnung.[278] Diese Verordnung enthält einen **Negativkatalog**, wonach eine hinreichende Zuverlässigkeit insbesondere dann nicht gegeben ist, wenn die betreffende Person in den letzten fünf Jahren vor Beginn der Tätigkeit wegen eines Verbrechens oder wegen Diebstahl, Unterschlagung, Erpressung, Betrug, Untreue, Geldwäsche, Urkundenfälschung, Hehlerei, Wuchers, einer Insolvenzstraftat, einer Steuerhinterziehung oder aufgrund des § 38 WpHG rechtskräftig verurteilt wurde. Die Vorschrift enthält damit Anhaltspunkte, die auch außerhalb der Finanzbranche für eine Prüfung der Zuverlässigkeit verwendet werden können.

2. Fachkenntnisse

81   Wie das Aufgabenspektrum der Compliance Officer zeigt, haben Compliance Officer vielfältige Aufgaben und müssen unterschiedliche Unternehmensfunktionen verstehen und koordinieren. Da ein Kernbestand der Aufgaben in der systematischen Prävention von Rechts- und Compliance-Risiken liegt, sind Bestandteil der Fachkompetenz notwendigerweise **substantielle juristische Kenntnisse**.[279] Ohne hinreichende Rechtskenntnisse ist weder die notwendige Identifikation und Analyse von Rechts- bzw. Compliance-Risiken möglich noch die Entwicklung entsprechender Lösungsvorschläge zur Risikobewältigung.[280]

3. Industrie- und Branchenkenntnisse

82   Die berufsspezifischen Anforderungen können und sollen sich nur auf das jeweils **unternehmensspezifische Risiko- und Geschäftsprofil** beziehen. So wäre es etwa unverhältnismäßig zu fordern, dass ein Compliance Officer Kenntnisse über Finanzinstrumente haben sollte, wenn das Unternehmen weder kapitalmarktorientiert noch börsennotiert ist. Somit richtet sich insbesondere das Erfordernis der Branchenkenntnis des Compliance Officers immer nur jeweils auf das originär durch das Unternehmen vorgegebene Risiko- und Geschäftsprofil.

I. Zusammenfassung

83   Compliance Officer spielen bei der wirksamen Einführung und dauerhaften Implementierung eines wirksamen Compliance-Management-Systems (CMS) im Unternehmen eine Schlüsselrolle. Inhalt und Umfang der einzelnen Aufgaben der Compliance Officer erschließen sich allerdings nur vor dem Hintergrund der Compliance Verantwortung der Unternehmensleitung. Denn die Unternehmensleitung hat stets die primäre Verantwortung für ein funktionierendes CMS.

84   Die Unternehmensleitung sollte den verantwortungsvollen Umgang mit Compliance-Risiken als Bestandteil wertorientierter Unternehmensführung im Rahmen der Unternehmensstrategie verankern. Die Unternehmensleitung kann bestimmte, aus der Stra-

---

[278] Vgl. insbesondere § 6 WpHGMaAnzV. Für Wertpapierdienstleistungsunternehmen statuiert § 34d WpHG iVm § 3 WpHGMaAnzV bestimmte Anforderungen für den Compliance-Beauftragten.
[279] Vgl. *Moosmayer*, in: Rotsch, S. 203 (210 f.).
[280] Vgl. *Moosmayer*, in: Rotsch, S. 203 (210 f.).

I. Zusammenfassung

tegie abgeleitete Prozesse und Maßnahmen im Rahmen wirksamer Delegation auf Compliance Officer übertragen. Diese Personen fungieren sodann als Mittler der Compliance-Strategie, koordinieren die erforderlichen Prozesse und Maßnahmen.

Das Aufgabenspektrum der Compliance Officer ist vielfältig und richtet sich im Einzelnen nach den individuellen Gegebenheiten des jeweiligen Unternehmens, wie insbesondere Unternehmensgröße und Anzahl der Mitarbeiter, Branche bzw. Industriesektor, Geschäftsmodell und Risikostruktur, geografische Reichweite der Geschäftstätigkeit etc, und der Compliance-Historie des Unternehmens (im Sinne bereits aufgetretener Regelverletzungen). Unabhängig von der individuellen Ausgestaltung der Aufgaben im Unternehmen erbringen Compliance Officer typischerweise Informations- und Beratungsaufgaben, nehmen Kontroll- und Überwachungsaufgaben wahr und erfüllen Berichts- und Dokumentationspflichten. 85

Im Mittelpunkt der Aufgabenwahrnehmung der Compliance Officer steht die systematische Prävention von Compliance-Verstößen. Diese Präventionsfunktion kann auch als Leitmodell für die notwendige Abgrenzung zu anderen Personen, Abteilungen und Unternehmensfunktionen dienen, die ebenfalls mit dem Management von Recht im Unternehmen betraut sind. Für eine effektive Aufgabenwahrnehmung ist insbesondere eine effiziente Abstimmung und Koordination erforderlich (Schnittstellen-Management). 86

Soweit die Compliance-Funktion (zB in kleineren Unternehmen) in andere Unternehmensfunktionen integriert ist bzw. soweit Compliance-Aufgaben von anderen Personen oder Abteilungen wahrgenommen werden, ist die unabhängige Prüfung und Bearbeitung von Compliance-Fragen besonders kritisch zu prüfen und ggf. durch geeignete organisatorische Schutzvorkehrungen seitens der Unternehmensleitung zu sichern. In jedem Fall müssen die für Compliance-Aufgaben verantwortlichen Mitarbeiter mit hinreichenden Kompetenzen und Ressourcen ausgestattet werden, die ihnen eine effektive Aufgabenerfüllung gewährleisten. 87

Compliance ist eine Führungsaufgabe und fällt damit in die Zuständigkeit der Mitglieder der Leitungsorgane. Darüber hinaus gehört Compliance aber auch zum Verantwortungsbereich der Führungskräfte sowie eines jeden Unternehmensangehörigen. Nur bei diesem ganzheitlichen Verständnis von Compliance kann ein Compliance Management im Unternehmen gelingen. Die Compliance Officer fungieren dabei als proaktive Berater, Koordinatoren und Kontrolleure für Compliance-Maßnahmen sowie als Innovationsmanager in Bezug auf die kontinuierliche Weiterentwicklung des Compliance-Managements-Systems. 88

§ 5. Stellung im Unternehmen

Prof. Dr. Martin Schulz, LL.M./Wirnt Galster

Übersicht

	Rn.
A. Einführung	1
B. Positionierung, Unabhängigkeit und Rechte des Compliance Officers	3
I. Abgrenzung zu den gesetzlichen Unternehmensbeauftragten	4
1. Merkmale gesetzlicher Unternehmensbeauftragter	5
2. Unterschiede zum Compliance Officer	7
II. Handeln im Unternehmensinteresse und Konfliktpotenzial	8
III. Positionierung im Unternehmen	12
1. Zuordnung zur Unternehmensleitung	12
2. Zusammenarbeit mit anderen Unternehmensfunktionen und operativen Einheiten	14
IV. Unabhängigkeit bei der Aufgabenwahrnehmung	15
1. Unabhängigkeit in organisatorischer Hinsicht	16
2. Unabhängigkeit in disziplinarischer Hinsicht	17
3. Unabhängigkeit in finanzieller Hinsicht	19
V. Budget und Ressourcen	21
1. Budget zur Aufgabenerfüllung	22
2. Adäquate personelle Ressourcen	24
3. Weitere Ressourcen und Budgetplanung	25
VI. Kompetenzen und Rechte	27
1. Informations-, Auskunfts- und Zugangsrechte	28
2. Berichts- und Eskalationsrechte	29
a) Adressat der Berichte	29
b) Eskalationsregeln für die Ausübung von Berichts-/Anzeigerechten	31
c) Frequenz der Berichterstattung	33
3. Vorschlags- und Anhörungsrechte	36
4. Veto- und Interventionsrechte	37
5. Recht auf Weiterbildung und Freistellung	38
C. Fazit	39

Literatur: *Bay/Seeburg,* Überwachung und Verbesserung, in: Bay/Hastenrath (Hrsg.), S. 199 ff.; *Bayreuther,* Die Haftung des Compliance Officers, FS Säcker, 2011, S. 173 ff.; *Behringer,* Compliance kompakt, 3. Aufl. 2013; *ders.,* Compliance für KMU – Praxisleitfaden für den Mittelstand, 2012; *Bergmoser/Theusinger/Gushurst,* Corporate Compliance – Grundlagen und Umsetzung, BB Special 5 (zu BB 2008, Heft 25), 1 ff.; *Beulke,* Der Compliance Officer als Aufsichtsgarant, FS Geppert, 2011, S. 23 ff.; *Bürkle,* Corporate Compliance als Standard guter Unternehmensführung des Deutschen Corporate Governance Kodex, BB 2007, 1797 ff.; *ders.,* Weitergabe von Informationen über Fehlverhalten in Unternehmen (Whistleblowing) und Steuerung auftretender Probleme durch Compliance-Systeme, DB 2004, 2158 ff.; *ders.,* Grenzen der Garantenstellung des Compliance Officers, CCZ 2010, 4 ff.; *ders.,* Compliance-Beauftragte, in: Hauschka (Hrsg.), Corporate Compliance, § 8; *Campos Nave/Zeller,* Corporate Compliance in mittelständischen Unternehmen, BB 2012, 131 ff.; *Casper,* Der Compliancebeauftragte – unternehmensinternes Aktienamt, Unternehmensbeauftragter oder einfacher Angestellter?, FS K. Schmidt, 2009, S. 199 ff.; *Dann/Mengel,* Tanz auf einem Pulverfass – oder: Wie gefährlich leben Compliance-Beauftragte,

§ 5. Stellung im Unternehmen

NJW 2010, 3265 ff.; *Daum*, Compliance-Organisation, in: Bay/Hastenrath (Hrsg.), S. 49 ff.; *Favoccia/Richter*, Rechte, Pflichten und Haftung des Compliance Officers aus zivilrechtlicher Sicht, AG 2010, 137 ff.; *Fecker/Kinzl*, Ausgestaltung der arbeitsrechtlichen Stellung des Compliance Officers – Schlussfolgerungen aus der BSR-Entscheidung des BGH, CCZ 2010, 13 ff.; *Fissenewert*, Compliance für den Mittelstand, 2013; *Fleischer*, Vorstandsverantwortlichkeit und Fehlverhalten von Unternehmensangehörigen – Von der Einzelüberwachung zur Errichtung einer Compliance-Organisation, AG 2003, 291 ff.; *ders.*, Corporate Compliance im aktienrechtlichen Unternehmensverbund, CCZ 2008, 1 ff.; *Fritz*, Whistleblowing – Denunziation oder Wettbewerbsvorteil? Inhalt und Grenzen des Whistleblowings im Rahmen von Corporate Compliance, in: Maschmann (Hrsg.), Corporate Compliance und Arbeitsrecht, 2009, S. 111 ff.; *Geiser*, Leitungspflichten des Vorstandes in der AG – Grenzziehung zwischen der Business Judgment Rule und den notwendigen Anforderungen an eine Compliance-Organisation, 2010; *Gößwein/Hohmann*, Modelle der Compliance-Organisation in Unternehmen – Wider den Chief Compliance Officer als „Überoberverantwortungsnehmer", BB 2011, 963 ff.; *Hadding/Hopt/Schimansky*, Verbraucherschutz im Kreditgeschäft – Compliance in der Kreditwirtschaft, 2008; *Haouache*, Unternehmensbeauftragte und Gesellschaftsrecht der AG und GmbH, 2003; *Hastenrath*, Compliance-Kommunikation, in: Bay/Hastenrath (Hrsg.), S. 151 ff.; *Hauschka*, Compliance am Beispiel der Korruptionsbekämpfung – Eine Erwiderung aus der Praxis auf Uwe H. Schneiders Vorschläge, ZIP 2004, 877 ff.; *ders.*, Compliance im Gesellschaftsrecht und die aktuellen Entwicklungen in der Diskussion, in: Hadding/Hopt/Schimansky, S. 104 ff.; *ders.*, Verbraucherschutz im Kreditgeschäft – Compliance in der Kreditwirtschaft, in: Schriftenreihe der Bankrechtsvereinigung, Bankrechtstag 2008, S. 103 ff.; *ders.*, Zum Berufsbild des Compliance Officers, CCZ 2014, 165 ff.; *ders./Galster/Marschlich*, Leitlinien für die Tätigkeit in der Compliance-Funktion im Unternehmen (für Compliance Officer außerhalb regulierter Sektoren), CCZ 2014, 242 ff.; *Hennsler/Strohn*, Gesellschaftsrecht, 2. Aufl. 2014; *Illing/Umnuß*, Die arbeitsrechtliche Stellung des Compliance Managers – insbesondere Weisungsoffenheit und Reportingpflichten, CCZ 2009, 1 ff.; *Inderst*, Compliance-Programm und praktische Umsetzung, in: Inderst/Bannenberg/Poppe (Hrsg.), S. 429 ff.; *Inderst/Bannenberg/Poppe* (Hrsg.), Compliance – Aufbau – Management – Risikobereiche, 2. Aufl. 2013; *Jäger/Rödl/Campos Nave*, Praxishandbuch Corporate Compliance, 2009; *Karbaum*, Kartellrechts-Compliance – Mehr Fragen als Antworten nach einer Dekade intensiver Diskussion der Compliance-Verantwortung des Vorstands?, AG 2013, 863 ff.; *Kark*, Compliance-Risikomanagement – Früherkennung, Prävention und operative Umsetzung, 2013; *Kessler* (Hrsg.), Unternehmensfinanzierung Mittelstand, 2014; *Kiethe*, Vermeidung der Haftung von geschäftsführenden Organen durch Corporate Compliance, GmbHR 2007, 393 ff.; *Klindt*, Nicht-börsliches Compliance-Management als zukünftige Aufgabe der Inhouse-Juristen, NJW 2006, 3399 ff.; *Klopp*, Der Compliance-Beauftragte, 2012; *Kort*, Compliance-Pflichten und Haftung von GmbH-Geschäftsführern, GmbHR 2013, 566 ff.; *KPMG AG* (Hrsg.), Das wirksame Compliance-Management-System, 2014; *Kraft/Winkler*, Zur Garantenstellung des Compliance Officers – Unterlassungsstrafbarkeit durch Organisationsmangel, CCZ 2009, 29 ff.; *Krause/Albien*, BB-Gesetzgebungs- und Rechtsprechungsreport zu Compliance 2012/2013, BB 2013, 2883 ff.; *Kremer/Klahold*, Compliance-Programme in Industriekonzernen, ZGR 2010, 113 ff.; *Krieger/Schneider*, Handbuch Managerhaftung, 2. Aufl. 2010; *Kröger*, Korruptionsschäden, Unternehmensgeldbußen und Imageschäden – Haftungs- und schadensrechtliche Fragen der Organmitgliederhaftung, 2013; *Kutschelis*, Korruptionsprävention und Geschäftsleiterpflichten im nationalen und internationalen Unternehmensverbund, 2014; *Lackhoff/Schulz*, Das Unternehmen als Gefahrenquelle? Compliance-Risiken für Unternehmensleiter und Mitarbeiter, CCZ 2010, 81 ff.; *Lampert*, Compliance-Organisation, in: Hauschka, Corporate Compliance, § 9; *Langfritz*, Aufbau einer Compliance-Funktion bei Finanzdienstleistungsunternehmen, in: Szesny/Kuthe, S. 461 ff.; *Laue/Schenk*, Wirksames Compliance-Management – Anhaltendes Topthema in deutschen Unternehmen, CB 2013, 140 ff.; *Leisch/Lohner*, Compliance-Risiken im Transaktionsgeschäft, M&A Review 2009, 133 ff.; *Liese*, Much Adoe about Nothing? Oder: Ist der Vorstand einer Aktiengesellschaft verpflichtet, eine Compliance-Organisation zu implementieren?, BB Special 5 (zu BB 2008 Heft 25), 17 ff.; *Liese/Schulz*, Risikomanagement durch Compliance-Audits – Neue Herausforderungen für die Unternehmensorganisation, BB 2011, 1347 ff.; *Lösler*, Das moderne Verständnis von Compliance im Finanzmarktrecht, NZG 2005, 104 ff.; *ders.*, Zu Rolle und Stellung des Compliance-Beauftragten, WM 2008, 1098 ff.; *Maschmann* (Hrsg.), Corporate Compliance und Arbeitsrecht,

2009; *Meier-Greve,* Vorstandshaftung wegen mangelhafter Corporate Compliance, BB 2009, 2555 ff.; *Mengel,* Compliance und Arbeitsrecht, 2009; *Merkt,* Compliance und Risikofrüherkennung in kleinen und mittleren Unternehmen, ZIP 2014, 1705 ff.; *Moosmayer,* Anforderungen an den Compliance-Beauftragten, in: Rotsch,, 2015, 203 ff.; *Neufeld/Knitter,* Mitbestimmung des Betriebsrats bei Compliance-Systemen, BB 2013, 821 ff.; *Nothhelfer,* Die Einführung eines Compliance-Management Systems als organisatorischer Lernprozess, CCZ 2013, 23 ff.; *Passarge,* Grundzüge eines nachhaltigen Compliance-Programms – Was jeder Steuerberater zum Thema Compliance wissen sollte, DStR 2010, 1675 ff.; *Raus/Lützeler,* Berufspflicht des Compliance Officers – zwischen interner Eskalation und externer Anzeige, CCZ 2012, 96 ff.; *Kremer/Klaholt,* Risikobereich und Haftung: Compliance im Industrieunternehmen, in: Krieger/Schneider, S. 495 ff.; *Reichert,* Reaktionspflichten und Reaktionsmöglichkeiten der Organe auf (möglicherweise strafrechtsrelevantes Verhalten innerhalb des Unternehmens, ZIS 2011, 113 ff.; *Renz,* Chief-Compliance-Officer, Das Berufsbild im Jahr 2020 – ein Zwischenbericht, ZRFC 2014, 38 ff.; *Rodewald,* Gesetzestreue als Organisationsproblem: Compliance richtig managen, in: Maschmann (Hrsg.), S. 31 ff.; *Rieder/Jerg,* Anforderungen an die Überprüfung von Compliance-Programmen – Zugleich kritische Anmerkungen zum Entwurf eines IDW Prüfungsstandards: Grundsätze ordnungsgemäßer Prüfung von Compliance-Management-Systemen (IDW EPS 980), CCZ 2010, 201 ff.; *Rodewald/Unger,* Corporate Compliance – Organisatorische Vorkehrungen zur Vermeidung von Haftungsfällen der Geschäftsleitung, BB 2006, 113 ff.; *dies.,* Kommunikation und Krisenmanagement im Gefüge der Corporate Compliance-Organisation, BB 2007, 1629 ff.; *Römermann,* 2014 – ein Jahr im Zeichen der Compliance: nun auch für mittelständische Unternehmen, GmbHR 2014, 1 ff.; *Rotsch* (Hrsg.), Criminal Compliance, 2015; *Schmidt,* Compliance in Kapitalgesellschaften, 2010; *Schneider,* Compliance als Aufgabe der Unternehmensleitung, ZIP 2003, 645 ff.; *Schulz,* Rechtliches Risikomanagement und Compliance im Mittelstand, in: Kessler (Hrsg.), S. 309 ff.; *ders.,* Prüfung und Bewertung von Compliance-Management-Systemen (insbesondere „IDW PS 980") für Compliance aus Sicht der Wissenschaft, in: Bay/Hastenrath, S. 221 ff.; *ders./Muth,* Erfolgsfaktor Compliance-Kultur – Grundlagen und Hinweise zur Gestaltung durch die Unternehmensleitung, CB 2014, 265 ff.; *ders./Renz,* Der erfolgreiche Compliance-Beauftragte – Leitlinien eines branchenübergreifenden Berufsbildes, BB 2012, 2511 ff.; *dies.,* Zum Berufsbild des Compliance Officers – Entwicklung branchenübergreifender Mindestanforderungen, CB 2013, 294 ff.; *Siedenbiedel,* Corporate Compliance – Grundelemente der strukturellen Integration von Compliance-Konzepten, 2014; *Spindler,* Compliance in der multinationalen Bankengruppe, WM 2008, 905 ff.; *Stück,* „Comply – or die?", GmbHR 2011, R49; *Sünner,* Das Berufsbild des Compliance Officers, CCZ 2014, 91 ff.; *Szesny/Kuthe* (Hrsg.), Kapitalmarkt Compliance, 2014; *Umnuß* (Hrsg.), Corporate Compliance Checklisten, 2. Aufl. 2012; *Unger,* Gesellschaftsrecht und Compliance-Organisation, in: Umnuß, S. 161 ff.; *Warneke,* Die Garantenstellung von Compliance-Beauftragten, NStZ 2010, 312 ff.; *Wecker/Galla,* Pflichten der Geschäftsleitung und Aufbau einer Compliance-Organisation, in: Wecker/van Laak, S. 49 ff.; *Wecker/van Laak* (Hrsg.), Compliance in der Unternehmerpraxis, 2. Aufl. 2009; *Wolf,* Der Compliance-Officer – Garant, hoheitlich Beauftragter oder Berater im Unternehmensinteresse zwischen Zivil-, Straf- und Aufsichtsrecht, BB 2011, 1353 ff.

§ 5. Stellung im Unternehmen

A. Einführung

1   Zur Vermeidung und Bewältigung von Rechts- und Compliance-Risiken haben viele Unternehmen ein Compliance-Management-System (CMS) bzw. eine Compliance-Abteilung etabliert.[1] Soweit die Unternehmensleitung (oder eines ihrer Mitglieder) Compliance-Aufgaben nicht selbst wahrnimmt, werden diese Aufgaben regelmäßig auf Compliance Officer übertragen.[2] Diese Personen übernehmen daher bei der Einführung und nachhaltigen Implementierung eines Compliance-Managements im Unternehmen eine Schlüsselrolle.[3] Durch die zulässige Delegation von Compliance-Maßnahmen rücken Compliance Officer somit immer stärker in den Mittelpunkt des Interesses an einem effizienten und effektiven Compliance-Management.[4]

2   Trotz ihrer Schlüsselrolle gibt es für Compliance Officer bislang kein einheitliches Berufsbild,[5] außerhalb der Finanzdienstleistungs- und Versicherungsbranche gibt es bislang keinerlei regulatorische Vorgaben. Allerdings sind das Berufsbild und die Stellung des Compliance Officers seit längerer Zeit Gegenstand intensiver Diskussion in Literatur und Praxis.[6] Neben verschiedenen Stellungnahmen aus der Rechtswissenschaft haben auch diverse Compliance-Verbände umfassende Vorschläge zur Positionierung der Compliance Officer im Unternehmen, zu deren Kompetenzen und Rechten sowie zu ihrem Schutzbedarf entwickelt.[7]

B. Positionierung, Unabhängigkeit und Rechte des Compliance Officers

3   Nachfolgend werden Thesen zur Stellung des Compliance Officers im Unternehmen formuliert, ebenso wie zu dem Erfordernis unabhängiger Aufgabenwahrnehmung und damit zusammenhängender Rechte und Ressourcen. Dabei werden die oben erwähnten Stellungnahmen und Vorschläge aus Literatur und Praxis berücksichtigt und teilweise weiterentwickelt, auch im Hinblick auf einen besseren Schutz der Compliance Officer. Die arbeitsrechtlichen Aspekte der Stellung des Compliance Officers sind dagegen nicht Gegenstand der nachfolgenden Ausführungen, sie werden ausführlich in → § 7 behandelt.

---

[1] Vgl. *Raus/Lützeler*, CCZ 2012, 96 mit Hinweisen auf empirische Untersuchungen.
[2] Zur Delegation von Compliance-Aufgaben ausführlich *Schulz/Galster*, § 4 Rn. 22 ff. mwN.
[3] Vgl. *Schulz/Renz*, CB 2013, 1 mwN.
[4] *Schulz/Renz*, BB 2012, 2511 (2512).
[5] Eine Ausnahme bildet die spezialgesetzliche Regelung der Wertpapierdienstleistungs-, Verhaltens- und Organisationsverordnung (WpD-VerOV), welche in § 12 Abs. 4 ausdrücklich die Ernennung eines Compliance-Beauftragten vorsieht. Weitere Hinweise zu den Anforderungen an die Compliance-Funktion und an Compliance Officer ergeben sich aus spezifischen norminterpretierenden Verwaltungsvorschriften der Bundesanstalt für Finanzdienstleistungsaufsicht (BaFin) insbesondere aus den MaComp sowie den *MaRisk*.
[6] Aus der umfangreichen Literatur zum Compliance Officer bzw. Compliance-Beauftragten siehe exemplarisch die Monographien von *Klopp* und *Groß* mit umfangreichen Nachweisen des Schrifttums.
[7] Siehe → Anhang. Vgl. *Hauschka/Galster/Marschlich*, CCZ 2014, 242 ff.; *Schulz/Renz*, BB 2012, 2511 ff.; *dies.*, CB 2013, 294 ff. sowie *Sünner*, CCZ 2014, 91 ff.

B. Positionierung, Unabhängigkeit und Rechte des Compliance Officers

I. Abgrenzung zu den gesetzlichen Unternehmensbeauftragten

Hinsichtlich der Stellung der Compliance Officer ist die Vergleichbarkeit mit bzw. die Abgrenzung zu den Unternehmensbeauftragten eine wiederkehrende Fragestellung.[8]

1. Merkmale gesetzlicher Unternehmensbeauftragter

In der Debatte um Stellung und Rechte der Compliance Officer wird zum Teil eine Gleichstellung bzw. Vergleichbarkeit der Compliance Officer mit den gesetzlichen Unternehmensbeauftragten (wie etwa Datenschutzbeauftragten, Umweltschutzbeauftragten, Gewässerschutzbeauftragten und Geldwäschebeauftragten)[9] vorgeschlagen.[10]

Eine generelle Gleichstellung der Compliance Officer mit den gesetzlichen Unternehmensbeauftragten ist jedoch abzulehnen. Denn die Compliance Officer unterscheiden sich in mehrfacher Hinsicht von diesen. Bei aller Vielfalt des normierten Beauftragtenwesens sind Unternehmensbeauftragte nämlich typischerweise durch folgende Merkmale charakterisiert: Es handelt sich um Personen, die aufgrund das Unternehmen verpflichtender Vorschriften zum Schutz bestimmter Allgemeininteressen bestellt werden müssen, kraft gesetzlicher Inpflichtnahme des Unternehmens über eine exponierte Rechtsstellung verfügen und durch Einflussnahme auf die Willensbildung der Unternehmensleitung eine die behördliche Überwachung ergänzende Funktion ausüben.[11] Die Unternehmensbeauftragten sind daher ein Element der normativen Vorgaben zur unternehmensinternen Eigenüberwachung.[12]

2. Unterschiede zum Compliance Officer

Die oben genannten Merkmale der gesetzlichen Unternehmensbeauftragten liegen beim Compliance Officer jedoch regelmäßig nicht vor. Compliance Officer werden vielmehr als Delegatare der Unternehmensleitung im Rahmen der zulässigen Übertragung von Compliance-Aufgaben tätig.[13] In der Praxis agieren Compliance Officer allerdings häufig auch als gesetzliche Beauftragte (zB als Datenschutzbeauftragte); dann ist jeweils zu differenzieren, in welcher Rolle der Compliance Officer tätig ist (oder untätig bleibt). Insoweit ist die Überwachung des Compliance Officers, seine Berichterstattung an die Geschäftsleitung und seine Stellung in Fragen des Benachteiligungsverbots und Kündigungsschutzes je nach Funktion unterschiedlich zu beurteilen.

---

[8] Vgl. *Klopp*, S. 121 ff.; *Groß*, S. 71 f.; *Wolf*, BB 2011, 1353 (1357).
[9] Für eine Analogie mit dem Compliance Officer in einem Wertpapierdienstleistungsunternehmen siehe *Meier-Greve*, CCZ 2010, 216 ff. Zu den Beauftragten siehe ferner → § 3 Rn. 98 ff.
[10] *Meier-Greve*, CCZ 2010, 216 ff.
[11] *Haouache*, S. 24. Ebenso *Lösler*, WM 2008, 1098 (1100).
[12] Vgl. *Haouache*, S. 17 f.
[13] Siehe → § 4 Rn. 22 ff. mwN sowie *Wolf*, BB 2011, 1353 (1357).

II. Handeln im Unternehmensinteresse und Konfliktpotenzial

8   Hinsichtlich der Rechtstellung der Compliance Officer und ihrer Abgrenzung zu den Unternehmensbeauftragten wird weiterhin erörtert, ob bzw. inwieweit sie im öffentlichen Interesse handeln.

9   Compliance Officer handeln jedoch regelmäßig im **Unternehmensinteresse**.[14] Daran ändert auch nichts, dass die Wahrnehmung von Compliance-Aufgaben teilweise auch der Erfüllung öffentlich-rechtlicher Vorschriften dient (wie etwa solchen des Steuerrechts, Sozialversicherungsrechts, Kartellrechts etc). Compliance Officer erfüllen ihre Aufgaben nämlich als **Delegatare der Unternehmensleitung**, die primär für Compliance im Unternehmen verantwortlich ist.[15] Die Compliance-Organisation des Unternehmens dient **primär** dem **Schutz des Unternehmens** selbst; der (mit einer erfolgreichen Tätigkeit eines Compliance Officers einhergehende) **Schutz der Rechtsgüter Dritter**, die aufgrund erfolgreicher Compliance-Maßnahmen nicht in Mitleidenschaft gezogen werden, ist dabei lediglich **Reflex** der unternehmensinternen Maßnahmen.[16] Im Mittelpunkt stehen demnach stets das Unternehmensinteresse und die Vermeidung wirtschaftlichen Schadens sowie der Schutz der Reputation und des Rufs des Unternehmens.[17] Der Compliance Officer orientiert sich bei seiner Aufgabenerfüllung folglich in erster Linie an seinen dienstvertraglichen Pflichten, die wiederum in der Praxis der Unternehmen durchaus unterschiedlich – oder nur unvollkommen – beschrieben sind.

10 Die Wahrnehmung der vielfältigen Aufgaben birgt für Compliance Officer naturgemäß viele Risiken sowie ein hohes **Konfliktpotenzial** – ihre Tätigkeit gleicht nicht selten dem „Tanz auf einem Vulkan."[18] Konflikte können zum einen **im Verhältnis zur Unternehmensleitung** auftreten, zum anderen **mit den operativen Bereichen**, welche Gegenstand von Compliance-Maßnahmen sind. Ferner kann sich die **Abgrenzung zu anderen Unternehmensfunktionen** (wie Rechtsabteilung, Interner Revision oder Risikomanagement) im Einzelfall als schwierig erweisen oder in bestimmten Situationen Kompetenzkonflikte auslösen. So findet sich der Compliance Officer im Unternehmensalltag häufig in Situationen wieder, die ihm die Wahrung seiner sachlichen Unabhängigkeit erschweren können. Denn er ist auf ein funktionierendes Informationssystem und damit auf vernünftige Arbeitsbeziehungen zur Unternehmensleitung sowie zu allen Unternehmensbereichen angewiesen. Dies erfordert nicht nur eine proaktive Kommunikation seitens des Compliance Officers, sondern auch ein gewisses Maß an „Beziehungspflege" zu den entscheidenden Informationsträgern. Hierfür benötigt der Compliance Officer neben einer hohen Sensibilität für Compliance relevante Fragen und Sachverhalte auch ein ausgeprägtes Fingerspitzengefühl im Umgang mit den Unternehmensangehörigen und Entscheidungsträgern. Erfolgversprechend ist die Tätigkeit des Compliance Officers jedenfalls nur dann, wenn sie durch bestimmte Kompetenzen und durchsetzbare Befugnisse bewehrt ist. Denn innerhalb des Unternehmens wird der Compliance Officer häufig mit dem Vorwurf konfrontiert werden, nur „Bedenkenträger" oder gar „Spielverder-

---

[14] Vgl. *Lösler*, WM 2008, 1098 (1102); *Groß*, S. 72; *Klopp*, S. 128; *Wolf*, BB 2011, 1353 (1357).
[15] Hierzu ausführlich → § 4 Rn. 22 ff. mwN.
[16] Vgl. *Casper*, S. 199 (208); *Groß*, S. 72; *Klopp*, S. 128.
[17] Zu den Schutzfunktionen von Compliance ausführlich *Hauschka*, Compliance in der Kreditwirtschaft, S. 103 (106 f.) sowie → § 4 Rn. 12 ff. mwN.
[18] Siehe den pointierten Titel des Aufsatzes von *Dann/Mengel*, NJW 2010, 3265. Zu dem beschriebenen Konfliktpotenzial auch *Wolf*, BB 2011, 1353 (1358). Siehe auch → § 3 Rn. 111 ff.

ber" zu sein. Nicht jeder Kollege kann Rolle und Person gleich gut voneinander trennen, insbesondere wenn sich Maßnahmen des Compliance Officers gegen ihn gerichtet haben. Compliance Officer sollten bei der Bewältigung derartiger Situationen darauf achten, sich nicht in den von wirtschaftlichem Kalkül und persönlichen Beziehungen geprägten „Niederungen des Unternehmensalltags" zu verlieren.[19]

Diese dargestellten Probleme und Konflikte, welche der Tätigkeit des Compliance Officers immanent sind, sollten bei der Formulierung von Vorschlägen zu seiner Stellung im Unternehmen stets berücksichtigt werden. Denn eine effektive Aufgabenerfüllung erfordert zwingend sachliche Unabhängigkeit und Organisationsautonomie.[20]   11

III. Positionierung im Unternehmen

1. Zuordnung zur Unternehmensleitung

Wie ausgeführt[21] liegt die originäre Zuständigkeit für Compliance bei der Unternehmensleitung, in größeren Unternehmen wird oft ein entsprechendes Ressort einem Vorstands- bzw. Geschäftsführungsmitglied zugewiesen.[22] Denn die Sicherstellung der Regelkonformität ist eine zentrale **Leitungsaufgabe**.[23] Wer Compliance als originäre und zentrale Verantwortung der Unternehmensleitung begreift, wird daraus auch den Schluss ziehen, dass der Compliance Officer über eine direkte Berichtslinie zur Geschäftsleitung (in der Aktiengesellschaft also zum Vorstand) verfügen muss.[24] Nur so können die Compliance-relevanten Informationen, die für die Kommunikation des „tone from the top" und die Abstimmung über die Compliance Risiken, Ziele und Strategie unerlässlich sind,[25] zwischen Unternehmensleitung und dem Compliance Officer hin und her fließen.[26] Dementsprechend sollte die Compliance-Funktion unmittelbar der Unternehmensleitung zugeordnet werden.[27]   12

Der Compliance Officer sollte an die Unternehmensleitung bzw. das nach Ressortverteilung zuständige Mitglied berichten.[28] Denn die Geschäftsleitung ist regelmäßig am besten geeignet, ihre Compliance-Botschaft erfolgreich ins Unternehmen zu tragen. Sie tut das am besten selbst und höchstpersönlich. Dem Vorstandsvorsitzenden bzw. dem Vorsitzenden der Geschäftsleitung kommt in vielen Unternehmen die Aufgabe zu, das Unternehmen strategisch weiterzuentwickeln; deshalb sollte er auch in die Compliance betreffenden Veränderungsprozesse frühzeitig eingebunden sein, um seine Impulse setzen zu können.   13

---

[19] Vgl. *Dann/Mengel*, NJW 2010, 3265 ff. (3267) nach Diskussion der auch in diesem Absatz angesprochenen Aspekte.
[20] *Gößwein/Hohmann*, BB 2011, 963 (966) in Bezug auf Chief Compliance Officer.
[21] Vgl. → Rn. 9 sowie → § 4 Rn. 18 ff. mwN.
[22] Vgl. *Klopp*, S. 76 f. mwN.
[23] Vgl. die umfangreichen Nachweise bei *Klopp*, S. 185 Fn. 416. Im Rahmen zulässiger Delegation können Compliance-Aufgaben auf nachgeordnete Mitarbeiter als Compliance-Beauftragte übertragen werden.
[24] Vgl. *Schulz/Renz*, CB 2013, 294 (295) mwN.
[25] *Daum*, in: Bay/Hastenrath, S. 56 hält es für „zwingend", dass die Konzern-Compliance-Abteilung direkt an die Konzerngeschäftsleitung berichtet.
[26] Vgl. *Bürkle*, in: Hauschka, Corporate Compliance, § 8 Rn. 31.
[27] Vgl. *Rodewald/Unger*, BB 2006, 113 (115).
[28] Dazu näher → Rn. 16.

2. Zusammenarbeit mit anderen Unternehmensfunktionen und operativen Einheiten

14 Im Hinblick auf die Funktion von Compliance und die Aufgaben der Compliance Officer ist es für Unternehmen essentiell, unabhängig von der jeweiligen organisatorischen Lösung in jedem Fall ein adäquates **Schnittstellenmanagement**[29] zwischen Compliance-Funktion, Rechtsabteilung, Risikomanagement und Interner Revision zu gewährleisten. Unabhängig von der organisatorischen Zuordnung sollte die Compliance-Funktion mit Rechtsabteilung, Risikomanagementfunktion und Interner Revision effizient zusammenarbeiten, beispielsweise durch die Einrichtung regelmäßig tagender, unter Risikoaspekten geführter Arbeitsgruppen (Committees) zum Austausch über Compliance-Risiken. Andererseits muss sichergestellt werden, dass bei der konkreten Aufgabenbewältigung keine Interessenkonflikte auftreten und eine sog Trennung von Überwachenden und Überwachten gewährleistet ist.[30]

IV. Unabhängigkeit bei der Aufgabenwahrnehmung

15 Die Unabhängigkeit des Compliance Officers bei der Wahrnehmung seiner Aufgaben ist die **Nagelprobe jeder Compliance-Organisation**.[31] Zur Vermeidung von Interessenkollisionen ist vom Grundsatz einer strikten Trennung von Überwachenden und Überwachten auszugehen.[32] Anhaltspunkte für eine nähere Konkretisierung enthält die Vorschrift des § 12 WpDVerOV. Zwar gilt die Vorschrift nur für Wertpapierdienstleistungsunternehmen, jedoch sind das Bank- und Kapitalmarktrecht eine wichtige Erkenntnis- und Erfahrungsquellen für den Umgang mit Rechts- und Compliance-Risiken.[33] Daher ist zu erwägen, die gesetzgeberischen Überlegungen zur Unabhängigkeit der Compliance-Funktion in § 12 WpDVerOV auch auf Compliance Officer in anderen Branchen zu übertragen. Hinsichtlich der Wahrung der Unabhängigkeit lassen sich folgende Aspekte differenzieren:

1. Unabhängigkeit in organisatorischer Hinsicht

16 In organisatorischer Hinsicht schließt die Unabhängigkeit des Compliance Officers insbesondere die Zuordnung zu einem Mitglied der Unternehmensleitung aus, dessen Geschäft bzw. Dezernat die Compliance-Funktion zu überwachen hat. Diese interne Überwachungsaufgabe kommt regelmäßig der Internen Revision zu, weshalb diese in einem anderen Vorstands- bzw. Geschäftsleitungsbereich angesiedelt sein sollte wie die Compliance-Funktion. Ferner ist auch eine Trennung der Compliance-Funktion von den operativen Geschäftseinheiten erforderlich, welche Gegenstand von Compliance-Maßnahmen sind.[34] Der erforderliche Abstand zu den operativen Funktionen erfasst

---

[29] Vgl. → Rn. 10 sowie → § 4 Rn. 63 ff. mwN sowie *Wolf*, BB 2011, 1353 (1358).
[30] Dazu → Rn. 10 f. Weitergehend im Sinne strikter organisatorischer Trennung *Spindler*, WM 2008, 905 (912).
[31] Zu den unterschiedlichen Aspekten der Unabhängigkeit ausführlich *Klopp*, S. 195 ff. mwN sowie *Groß*, S. 102 ff. in Bezug auf den Chief Compliance Officer.
[32] Gesetzlich wird der „unabhängige" Compliance Officer in § 33 Abs. 1 S. 2 Nr. 1 aE WpHG gefordert. Dass es dabei um die unabhängige Erfüllung seiner Aufgaben geht, konkretisiert § 12 WpDVerOV.
[33] Vgl. *Schulz*, in: Kessler, S. 309 (326) mwN.
[34] Vgl. *Bürkle*, in: Hauschka, Corporate Compliance, § 8 Rn. 32; *Klopp*, S. 207 ff. mwN.

auch solche Vorgänge, mit denen der Compliance Officer in der Vergangenheit operativ befasst war.[35] Dem Prinzip der strikten Trennung zwischen Überwachendem und Überwachten wird nur durch die vollständige Unabhängigkeit vom operativen Geschäft wirklich Rechnung getragen.[36]

2. Unabhängigkeit in disziplinarischer Hinsicht

Hinsichtlich der Frage nach der Unabhängigkeit in disziplinarischer Hinsicht ist zunächst festzuhalten, dass es keine allgemeine **Weisungsfreiheit** für Compliance Officer gibt, wie sie der Gesetzgeber beispielsweise für den Datenschutzbeauftragten in § 4f Abs. 3 S. 2 BDSG normiert hat (die Weisungsfreiheit beschränkt sich dort auch nur auf den Bereich Datenschutz).[37] Für die Übernahme von Compliance-Maßnahmen im Wege der Delegation ist dem Compliance Officer jedoch ein gewisses Maß an Entscheidungskompetenz für seinen Aufgabenbereich zuzusprechen;[38] ohne diese Entscheidungskompetenz sowie klar definierte Befugnisse und Aufgabeninhalte würde sich seine Verantwortung ansonsten in der bloßen Berichterstattung über Compliance-Vorfälle erschöpfen.[39]

Im Verhältnis **zu den operativen Einheiten** ist demnach vom Grundsatz der Weisungsfreiheit zugunsten des Compliance Officers auszugehen, da anderenfalls ein effektives Compliance-Management ausgeschlossen ist.[40] Dagegen ist der Compliance Officer an die Weisungen der Unternehmensleitung gebunden.[41] Denn diese hat und behält stets die ultimative Verantwortung und Letztentscheidungsbefugnis für Compliance-Maßnahmen und kann dementsprechend Grundlagen und Rahmenbedingungen (einschließlich des Aufgabenprofils des Compliance Officers) bestimmen.[42] Eine Einschränkung dieses Grundsatzes gilt **in Fällen missbräuchlicher Weisung**, etwa beim Verdacht einer Verstrickung der Unternehmensleitung in Compliance-Verstöße.[43]

3. Unabhängigkeit in finanzieller Hinsicht

Zur Wahrung der finanziellen Unabhängigkeit des Compliance Officers ist darauf zu achten, dass seine Vergütung nicht in Abhängigkeit vom Geschäftserfolg bemessen wird.[44] Anderenfalls könnte ein Anreiz bestehen, bestimmte Compliance-Verstöße aus Eigennutz zu vernachlässigen.[45] Dieser Aspekt ist bei Festsetzung der **Festvergütung** ebenso zu beachten wie bei der Festsetzung von **variablen Vergütungsbestandteilen**.[46] Als Orientierungsmaßstab für die Festvergütung kann ein **Vergleich mit anderen Führungskräften** herangezogen werden, also beispielsweise zu den Gehältern des Chefsyn-

---

[35] Vgl. *Bürkle*, in: Hauschka, Corporate Compliance, § 8 Rn. 32.
[36] Vgl. *Schulz/Renz*, BB 2012, 2511 (2513); *Hauschka*, Compliance in der Kreditwirtschaft, S. 103 (125).
[37] Vgl. *Casper*, S. 199 (209).
[38] Vgl. *Rönnau/Schneider*, ZIP 2010, 53 (61).
[39] Vgl. *Raus/Lützeler*, CCZ 2012, 96 (97).
[40] Vgl. *Klopp*, S. 205 f. mwN.
[41] Vgl. *Bürkle*, in: Hauschka, Corporate Compliance, § 8 Rn. 32; *Klopp*, S. 207 ff. mwN.
[42] Vgl. *Groß*, S. 206 f. mwN.
[43] Vgl. *Groß*, S. 206 f. mwN.
[44] Vgl. *Krieger/Günther*, NZA 2010, 367 (371).
[45] Vgl. *Krieger/Günther*, NZA 2010, 367 (371); *Groß*, S. 208 f.
[46] Vgl. *Bürkle*, in: Hauschka, Corporate Compliance, § 8 Rn. 31.

dikus', des Leiters der Internen Revision oder des Leiters des Bereichs Controlling. Auch hinsichtlich etwaiger variabler Vergütungsbestandteile ist darauf zu achten, dass die zur Zielerreichung geforderten Ergebnisse die **Compliance-Ziele** des Unternehmens fördern und nicht etwa mit ihnen kollidieren.[47] Im Sinne der Förderung einer Compliance-Kultur im Unternehmen verbietet sich eine Incentivierung, welche den Compliance-Zielen zuwiderläuft – allerdings grundsätzlich nicht nur für Compliance Officer, sondern vielmehr für alle Unternehmensangehörigen. Umgekehrt sind variable Vergütungsbestandteile bei dem Gehalt des Compliance Officers auch nicht generell ausgeschlossen, solange dadurch Sinn und Zweck des Compliance-Managements nicht beeinträchtigt werden.[48]

20 Wie unter → Rn. 10 f. ausgeführt, bringt es die Rolle des Compliance Officers unvermeidlich mit sich, in Konfliktsituationen mit dem Management zu geraten; daher sollte die Motivation eines Compliance Officers, ggf. durch ein entsprechendes **Anreiz- oder Incentive-System**, gestärkt werden, um die Tätigkeit ausreichend attraktiv auszugestalten.[49] Es empfiehlt sich, bei jeder Zielvereinbarung zu Compliance-Sachverhalten die vermutlichen **Auswirkungen der Belohnungs- bzw. Sanktionssystematik** abzuschätzen, inhaltliche Widersprüche zu anderen Unternehmenszielen zu vermeiden und vorrangig fachbezogene, messbare Ziele auszuwählen.[50]

V. Budget und Ressourcen

21 Zur wirksamen Erfüllung ihrer vielfältigen Aufgaben benötigen Compliance Officer ein Budget und adäquate Personal- und Sachressourcen.[51] Wenngleich sich deren Umfang im Einzelnen nach den Besonderheiten des jeweiligen Unternehmens richten, lassen sich folgende Leitlinien formulieren:

1. Budget zur Aufgabenerfüllung

22 Der Unternehmensleitung wird es nur gelingen, Compliance-Aufgaben wirksam an die Compliance-Organisation zu delegieren, wenn sie diese gleichzeitig mit den erforderlichen Mitteln ausstattet.[52] Das erforderliche Maß der Ausstattung richtet sich stets nach den **individuellen Gegebenheiten** des Unternehmens (Unternehmensgröße, Anzahl der Mitarbeiter, Branche bzw. Industriesektor, Geschäftsmodell und geografische Reichweite der Geschäftstätigkeit etc) sowie dem jeweiligen „Compliance-Zustand" bzw. dem Compliance-Risikoprofil des Unternehmens. Ein Compliance Officer ohne eigenes **Budget** ist in vielen Compliance-Fällen und insbesondere in Notfallsituationen nicht handlungsfähig. Bei Gefahr im Verzug müsste er nämlich stets die Unternehmensleitung

---

[47] Vgl. *Bürkle*, in: Hauschka, Corporate Compliance, § 8 Rn. 31.
[48] Vgl. *Bürkle*, in: Hauschka, Corporate Compliance, § 8 Rn. 31; *Dann/Mengel*, NJW 2010, 3265 (3269); differenzierend dazu *Hauschka*, Compliance in der Kreditwirtschaft, S. 103.
[49] Vgl. *Daum*, in: Bay/Hastenrath, S. 64.
[50] Vgl. zur Wirkung von Belohnungen bei Zielerreichung *Böckelmann*, in: Bay/Hastenrath, S. 45–47. Bei Einführung eines neuen Zielvereinbarungssystems für die Unternehmensangehörigen besteht darüber hinaus sehr wahrscheinlich ein Mitbestimmungsrecht des Betriebsrats, vgl. *Neufeld/Knitter*, BB 2013, 821 (825 f.).
[51] Vgl. *Bürkle*, in: Hauschka, Corporate Compliance, § 8 Rn. 31.
[52] In der unzureichenden Ausstattung des Compliance Officers liegt ein Delegationsfehler, vgl. *Lackhoff/Schulz*, CCZ 2010, 81 (85) mwN.

B. Positionierung, Unabhängigkeit und Rechte des Compliance Officers

um Zustimmung zu der vorgesehenen Maßnahme ersuchen, was zu Verzögerungen und möglicherweise zur Verwirklichung von Compliance-Risiken führen kann.

> **Hinweis:** Das dem Compliance Officer für die Vornahme von Maßnahmen (zB Einholung von Gutachten zur Sachverhaltsaufklärung, Anschaffung von Überwachungstools, Beauftragung von Detektiven usw) zur Abwehr von Compliance-Risiken sowie für Präventionsmaßnahmen (insbesondere Schulungen) zur Verfügung stehende Budget ist eines der wichtigsten **Prüfkriterien**, ob die Compliance-Organisation im Ernstfall überhaupt funktionieren kann. Und es ist wahrscheinlich das am besten geeignete **Messkriterium**, um zu überprüfen, wie ernst die Unternehmensleitung Compliance nimmt.

Zu unterscheiden sind grundsätzlich zwei **Budget-Formen**: 23
1. Das regelmäßige, im Voraus geplante Compliance-Budget für die laufenden Personal- und Sachressourcen der Compliance-Organisation. In der Planung sind hier bereits die Kosten der für den Planungszeitraum fest eingeplanten Compliance-Maßnahmen zu veranschlagen.
2. Die zweite Budget-Form („ad hoc-Budget"), die mit einem bestimmten Pauschalbetrag im regulären Budget verankert sein kann, ist der dem Compliance Officer zur Verfügung stehende Spielraum, **nach eigenem Ermessen** und ohne weitere Zustimmung der Geschäftsleitung in bestimmten Situationen Compliance-Maßnahmen zu veranlassen (wie zB eine technisch anspruchsvolle Sachverhaltsaufklärung unter Zuhilfenahme externer Spezialisten, die zur Abwendung weiteren Schadens unverzüglich erforderlich erscheint).

2. Adäquate personelle Ressourcen

Im Rahmen der Planung der erforderlichen Personalressourcen sollte dem Compliance Officer ein **Stellvertreter** zugeordnet werden.[53] Dabei ist darauf zu achten, dass die betreffende Person hinreichend qualifiziert ist, die Aufgaben des Compliance Officers während seiner Abwesenheit zu erfüllen.[54] 24

> **Hinweis:** In der Praxis wirft die Frage nach den personellen Ressourcen der Compliance Organisation große Probleme auf; eine allgemein gültige Regel für die richtige Größe einer Compliance-Organisation gibt es nicht, da sich die Unternehmen nach Größe, Branche, Risikogeneigtheit bzw. „Compliance-Zustand" und auf sie anwendbarer Rechtsvorschriften zu sehr unterscheiden.[55] Bei den Wertpapierdienstleistungsunternehmen wird die sachliche und personelle Ausstattung durch die MaComp (dort unter BT 1.1.2. Ziff. 4) zumindest insoweit vorgegeben, als sie sich am Geschäftsmodell des jeweiligen Unternehmens und den sich hieraus ergebenden Compliance-Aufgaben zu orientieren hat.[56] Im Übrigen gilt das soeben hinsichtlich des Budgets Gesagte auch hier entsprechend.

---

[53] Vgl. *Schulz/Renz*, BB 2012, 2511 (2515).
[54] Vgl. *MaComp* BT 1.1.2 Ziff. 4.
[55] Vgl. *Dann/Mengel*, NJW 2010, 3265 (3266).
[56] Vgl. *Schulz/Renz*, BB 2012, 2511 (2515).

3. Weitere Ressourcen und Budgetplanung

25 Zu den **Sachleistungen** kann der Zugriff auf ein Firmenfahrzeug oder sogar einen Dienstwagen zählen, damit der Compliance Officer selbstständig an den Ort eines Compliance-Falles gelangen kann. Jedenfalls sollte dem Compliance Officer und seinen Mitarbeitern ein ausreichend **flexibles Reisebudget** zur Verfügung stehen, um Compliance-Überprüfungen und Ermittlungen unternehmensweit durchführen zu können.

26 Das Budget und die erforderlichen Personen und Sachmittel für den Compliance Officer sollten feste **Bestandteile der regelmäßigen Budgetplanung** des Unternehmens sein und ebenso regelmäßig bedarfsgerecht angepasst werden. Es ist zu empfehlen, den **Compliance Officer** bei der Festlegung von Budgets und Ressourcen zu beteiligen. Hierbei sollte der Compliance Officer der Unternehmensleitung angemessene und inhaltlich nachvollziehbare **Budgetvorschläge** unterbreiten können.

VI. Kompetenzen und Rechte

27 Ebenso wie ein Budget und adäquate Ressourcen benötigt der Compliance Officer zur wirksamen Erfüllung seiner Aufgaben bestimmte Kompetenzen und durchsetzbare Rechte.

1. Informations-, Auskunfts- und Zugangsrechte

28 Ohne hinreichende **Informations-, Auskunfts- und Zugangsrechte** kann der Compliance Officer seine vielfältigen Aufgaben nicht bewältigen.[57] Der Compliance Officer ist hinsichtlich der Steuerung von Compliance-Risiken eine zentrale „Informationsschnittstelle".[58] Um diese Funktion (und seine sonstigen Compliance-Aufgaben) effektiv ausfüllen zu können, ist er auf eine angemessene Informationsversorgung angewiesen. In der dafür erforderlichen Steuerung des Informationsflusses liegt eine wichtige Aufgabe der Unternehmensleitung.[59] Diese sollte ein umfassendes **Informationsmanagement** auch deshalb etablieren, um frühzeitig Informationen über Non-Compliance erhalten zu können.[60] Auch im Verhältnis zu den Geschäftsbereichen ist der Compliance Officer auf einen funktionierenden Informationsfluss angewiesen. Für dessen Aufrechterhaltung sind ihm bestimmte **Auskunfts- und Zutrittsrechte** zu gewähren. Diese müssen durchsetzbar ausgestaltet sein. Mitarbeiter des Unternehmens dürfen die Herausgabe von Unterlagen oder die Erteilung Compliance-relevanter Auskünfte nicht verweigern.[61] Das Auskunfts-, Einsichts- und Zugangsrecht muss der Compliance Officer **aus eigener Initiative** wahrnehmen können.[62] Nur so kann sichergestellt werden, dass der Compliance Officer rechtzeitig von Compliance-Verstößen erfährt, damit diese dann durch die Unternehmensleitung abgestellt werden können. Die erforderlichen Informations-, Auskunfts- und Zugangsrechte sollte sich der Compliance Officer ausdrücklich vertraglich

---

[57] Vgl. *Bürkle*, in: Hauschka, Corporate Compliance, § 8 Rn. 34 f.
[58] Zu dieser Rolle ausführlich → § 4 Rn. 45 mwN.
[59] Vgl. *Klopp*, S. 94 f. mwN.
[60] Zu Hinweisgebersystemen (sog „Whistleblowing") vgl. *Lampert*, in: Hauschka, Corporate Compliance, § 9 Rn. 34 ff.
[61] Zu Auskunfts- und Einsichtsrechten ausführlich *Groß*, S. 115 f.; *Klopp*, S. 223 f.
[62] Dies bedeutet, dass die Compliance-Funktion auch darüber informiert wird, ob und wann bestimmte Sitzungen bzw. Meetings stattfinden.

einräumen lassen. Hierzu können beispielsweise **IT-Zugriffsrechte**, wie sie für gewöhnlich der Internen Revision eingeräumt sind, zählen; alternativ kann sich der Compliance Officer insoweit der Unterstützung durch die Interne Revision versichern. Unabdingbar für den Compliance Officer sind hingegen Zugangs- und Einsichtsrechte in alle schriftlichen Unterlagen des Unternehmens. Auch der **physische Zugang** zu allen Standorten, Gebäuden und Anlagen des Unternehmens sollte dem Compliance Officer uneingeschränkt möglich sein. Nur so kann er seinen **Ermittlungs- und Prüfungsaufgaben** effektiv nachkommen.[63] Alle diese Rechte nutzen dem Compliance Officer allerdings nur dann, wenn er sie innerhalb des Unternehmens in allen Teilen tatsächlich durchsetzen kann. Solche praktischen Hindernisse (etwa in einem großen Konzern mit zahlreichen internationalen Standorten) sind nicht zu unterschätzen.

2. Berichts- und Eskalationsrechte

a) Adressat der Berichte

Im Regelfall berichtet der Compliance Officer unmittelbar an die **Unternehmensleitung**, die als Gesamtorgan für die Einhaltung von Compliance-Vorschriften verantwortlich ist.[64] Auch bei Zuweisung eines Compliance-Ressorts an ein Mitglied der Unternehmensleitung ist der Compliance Officer befugt, neben dem für Compliance verantwortlichen Mitglied der Unternehmensleitung auch andere Mitglieder oder die gesamte Geschäftsleitung über Compliance-relevante Sachverhalte zu informieren.[65] Durch die Unternehmensleitung erfolgt im Regelfall dann die Berichterstattung an das **Aufsichtsorgan**. Hinsichtlich der Aktiengesellschaft wird teilweise die Auffassung vertreten, dass der Compliance Officer weder eine Berichtspflicht noch ein Berichtsrecht an den Aufsichtsrat habe.[66] Diese Ansicht wird jedoch dem Konfliktpotenzial, welches die Tätigkeit des Compliance Officers mit sich bringt, nicht gerecht. Folgte man dieser Ansicht, liefen die Compliance-Funktionen in typischen **Konfliktsituationen** leer, wenn etwa die Unternehmensleitung selbst in Regelverletzungen verstrickt ist.[67] Probleme können ferner aus einer unterschiedlichen Einschätzung von Compliance-Fällen durch Unternehmensleitung und Compliance Officer oder aus Situationen, in denen die Unternehmensleitung die Arbeit des Compliance Officers behindert, entstehen.[68] Zumindest in derartigen Fällen ist daher im Unternehmensinteresse als **ultima ratio** nicht nur ein Berichtsrecht des Compliance Officers an den Aufsichtsrat, sondern sogar eine direkte Berichtspflicht des Compliance Officers gegenüber dem Aufsichtsrat zu bejahen.[69] Verfügt das Unternehmen über kein Aufsichtsgremium, bleibt nur der Weg, sich unmittelbar an den oder die **Gesellschafter** zu wenden. Auch insoweit wird man ein Eskalationsrecht des Compliance Officer in diesen Fällen bejahen dürfen.[70]

In dem aufgezeigten Fall einer Verstrickung der Unternehmensleitung stellt sich ferner die Frage, ob der Compliance Officer auch ein Recht zu einer Anzeige von Compli-

---

[63] Instruktiv zu diesen Informationsrechten *Dann/Mengel*, NJW 2010, 3265 (3266); *Groß*, S. 115 f.; *Klopp*, S. 223 f.; *Schulz/Renz*, CB 2013, 294 (297).
[64] Vgl. → Rn. 9 sowie → § 4 Rn. 18 ff. mwN.
[65] *Raus/Lützeler*, CCZ 2012, 96 (98).
[66] Vgl. zum Meinungsstand ausführlich *Klopp*, S. 214 ff. mwN.
[67] Zu typischen Konfliktsituationen vgl. *Groß*, S. 129 ff.
[68] Vgl. → Rn. 10.
[69] Vgl. *Klopp*, S. 215 mwN; *Favoccia/Richter*, AG 2010, 137 (141); → § 4 Rn. 58.
[70] Vgl. *Raus/Lützeler*, CCZ 2012, 96 (97) unter Hinweis auf die Kontrollfunktion des Gesellschafters ggü. der Geschäftsführung.

§ 5. Stellung im Unternehmen

ance-Verstößen bei **Behörden oder anderen unternehmensexternen Stellen** hat. Diese Frage ist im Hinblick auf den Konflikt zwischen der arbeitsvertraglichen Loyalitäts- und Verschwiegenheitsverpflichtung des Compliance Officers und seinem verfassungsrechtlich verbürgten Recht zur Erstattung von Strafanzeigen stark umstritten.[71] Abgesehen von Sonderfällen[72] sowie den Fällen des § 138 Abs. 1 StGB besteht jedenfalls **keine allgemeine Verpflichtung** des Compliance Officers zur **Erstattung einer Strafanzeige** oder einer **behördlichen Meldung**.[73] In Abwägung der arbeitsrechtlichen und verfassungsrechtlichen Wertungen ist allerdings ein **Recht zur Strafanzeige als Ausnahme** in denjenigen Fällen zu bejahen, in denen der Compliance Officer alle unternehmensinternen Mittel zur Abstellung des Compliance-Verstoßes erfolglos ausgeschöpft hat und Gefahr liefe, sich bei Untätigkeit eigenen Haftungs- und Strafbarkeitsrisiken auszusetzen.[74]

b) Eskalationsregeln für die Ausübung von Berichts-/Anzeigerechten

31 Allerdings ist vor Ausübung der Berichts- und Anzeigerechte eine **Eskalationsregel** zu beachten: Falls der Compliance Officer bei der Wahrnehmung seiner Kontroll- und Aufsichtsaufgaben einen Regelverstoß aufdeckt, muss er diesen sukzessiv über die entsprechenden **Hierarchiestufen** (bis hin zur Unternehmensleitung bzw. zum Aufsichtsorgan) zur Anzeige bringen.[75] Ist ein Mitglied der Unternehmensleitung in einen Compliance-Fall verstrickt, muss sich der Compliance Officer daher zunächst an ein anderes Mitglied der Unternehmensleitung bzw. das (übrige) Gesamtgremium wenden.[76] Denn die Überwachung der Geschäftsleitungsmitglieder erfolgt zunächst einmal untereinander durch die jeweils anderen Geschäftsleitungsmitglieder.[77] Dem steht auch nicht eine **Verschwiegenheitsverpflichtung** des Compliance Officers entgegen, denn diese ist dem Unternehmen und nicht einzelnen Mitgliedern der Geschäftsleitung geschuldet.[78] Bleibt die Involvierung der Unternehmensleitung erfolglos, muss sich der Compliance Officer an das Aufsichtsgremium wenden – auch deshalb, um sein eigenes Haftungsrisiko zu minimieren.

32 Dabei dürfen an Umfang und Intensität der innerbetrieblichen **Abhilfeversuche** bei einem Compliance Officer sogar höhere Anforderungen gestellt werden als bei anderen Unternehmensangehörigen.[79] Denn der Compliance Officer ist aufgrund seiner Stellung und Funktion eher in der Lage, die der Unternehmensleitung übergeordneten Gremien einzuschalten.

c) Frequenz der Berichterstattung

33 Hinsichtlich der Häufigkeit und Frequenz ist zwischen der im Einzelfall erforderlichen **ad-hoc Berichterstattung** bei auftretenden **Compliance-Fällen** oder unmittelbar nach Aufdeckung erheblicher Compliance Verstöße, und einer **strukturierten Regelbe-

---

[71] Vgl. *Klopp*, S 238 ff.; *Groß*, S. 140 ff., jeweils mwN.
[72] Etwa, wenn der Compliance Officer zugleich Geldwäsche-Beauftragter ist – bei diesem ergeben sich unmittelbare Verpflichtungen gegenüber den Behörden aus dem Gesetz, vgl. etwa § 9 Abs. 2, 4 Nr. 1 GwG.
[73] Vgl. *Raus/Lützeler*, CCZ 2012, 96 (100).
[74] Zu diesem Fall der Unzumutbarkeit innerbetrieblicher Abhilfe und vergleichbaren Konstellationen siehe *Klopp*, S. 247 ff. (258).
[75] Vgl. *Casper*, S. 199 (207).
[76] Vgl. *Raus/Lützeler*, CCZ 2012, 96 (98).
[77] Vgl. *Bürkle*, CCZ 2010, 4 (9).
[78] Vgl. *Raus/Lützeler*, CCZ 2012, 96 (98).
[79] Vgl. *Raus/Lützeler*, CCZ 2012, 96 (101); ebenso *Dann/Mengel*, NJW 2010, 3265 (3267).

richterstattung zu unterscheiden. Die **Regelberichterstattung** sollte dann wöchentlich, monatlich oder quartalsweise erfolgen; unter Umständen kann die schriftliche Berichterstattung durch regelmäßig stattfindende **Jour Fixes** sinnvoll ergänzt und damit auf das Wesentliche beschränkt werden. Eine Berichterstattung lediglich auf Jahresbasis erscheint dagegen nicht ausreichend und dürfte ein Desinteresse aller Beteiligten am Thema Compliance demonstrieren.[80]

Vorstellbar ist des Weiteren, der Unternehmensleitung **auf jeder Sitzung der Geschäftsleitung einen Bericht über die aktuelle Compliance-Situation** zu geben; in einer Compliance-Krise ist dies in Form der sofortigen und regelmäßig wiederkehrenden Berichterstattung (Status-Berichte) in jedem Fall geboten. Die im Rahmen von Compliance-Überprüfungen getroffenen Feststellungen sind je nach Gewicht an den betroffenen Bereich selbst, die Leitung des ihm übergeordneten Bereiches und unter Umständen sogar an die Unternehmensleitung zu melden. Schließlich ist die Compliance-Berichterstattung an die Unternehmensleitung, ggf. in komprimierter Form, **Teil der Berichterstattung an den Prüfungsausschuss**.[81] 34

Außerhalb der Regelberichterstattung hat der Compliance Officer der Geschäftsleitung unverzüglich über Compliance-Verstöße zu berichten.[82] Aus Sicht des Compliance Officers wünschenswert ist dabei die Festlegung von **Materialitätsgrenzen** bzw. Hinweisen darauf, inwieweit sich der Verdacht einer Pflichtverletzung bereits verdichtet haben muss, um die Melde- bzw. Berichtspflicht auszulösen.[83] 35

3. Vorschlags- und Anhörungsrechte

Dem Compliance Officer sollten schließlich Vorschlags- und Anhörungsrechte zustehen, insbesondere im Hinblick auf die **Konzeption und Weiterentwicklung des Compliance-Systems**. Die Unternehmensleitung sollte den Verbesserungsvorschlägen bzw. den Compliance-Bedenken des Compliance Officers stets ein offenes Ohr schenken. Im Zusammenhang mit der Prioritätensetzung bei der Behandlung identifizierter Compliance-Risiken, der Entwicklung eines Compliance-Programms oder der Festlegung von bestimmten Maßnahmen zur Verbesserung des Compliance-Systems versteht es sich von selbst, dass die Geschäftsleitung entsprechende Vorschläge des Compliance Officers erwarten darf und in aller Regel auch erwartet. Um zu gewährleisten, dass der Compliance Officer von seinen Vorschlags- und Anhörungsrechten regelmäßig Gebrauch machen kann, könnte die Compliance-Berichterstattung institutionalisiert und beispielsweise zu einem regelmäßigen **Tagesordnungspunkt für Vorstands- und Aufsichtsratssitzungen** gemacht werden. Die Vorschlags- und Anhörungsrechte beschränken sich jedoch nicht auf die Gremien des Unternehmens. Auch gegenüber den Führungskräften im Allgemeinen, den Arbeitnehmervertretern und der Leitung einzelner Unternehmensbereiche oder Abteilungen sollte sich der Compliance Officer Gehör verschaffen können. „Verabredungen" mit dem Compliance Officer sollten daher in aller Regel zwingend und eben nicht nur fakultativ sein. 36

---

[80] Ggf. wie in § 33 Abs. 1 S. 2 Nr. 5 WpHG gefordert als *Mindest*voraussetzung, siehe dazu *Schulz/Renz*, BB 2012, 2511 ff. (2515) sowie *Raus/Lützeler*, CCZ 2012, 96 (97).
[81] Darauf weisen auch *Bay/Seeburg*, in: Bay/Hastenrath, S. 199 (203) hin.
[82] Vgl. *Raus/Lützeler*, CCZ 2012, 96 (97).
[83] Vgl. *Raus/Lützeler*, CCZ 2012, 96 (98).

§ 5. Stellung im Unternehmen

4. Veto- und Interventionsrechte

37   Im Hinblick auf etwaige Weisungsrechte des Compliance Officers erscheint Zurückhaltung geboten. Zwar sollte er in Einzelfällen in der Lage sein, rechtswidrige Entwicklungen im Unternehmen bei **Gefahr in Verzug** zu stoppen, zB durch entsprechende Vetorechte[84], doch sollte er im Übrigen möglichst nicht über Weisungsrechte auf Gebieten verfügen, die seine eigene Kontrolltätigkeit betreffen.[85] Denn im Hinblick auf die Problematik einer sog **Garantenstellung des Compliance Officers** wird eine fehlende Weisungsbefugnis als Indiz dafür gewertet, dass der Compliance Officer die Verantwortung der Geschäftsleitung nicht vollständig übertragen erhielt und daher eine abgeleitete Geschäftsherrnhaftung sowie seine Garantenstellung ausscheidet.[86]

5. Recht auf Weiterbildung und Freistellung

38   Compliance-Management bedarf der regelmäßigen Aktualisierung und kontinuierlichen Anpassung an das dynamische Unternehmensumfeld.[87] Dies wirkt sich unmittelbar auf das Aufgabenspektrum der Compliance Officer aus. Diese sind daher in besonderem Maße auf eine kontinuierliche Weiterentwicklung ihrer Kenntnisse und Kompetenzen angewiesen. Es empfiehlt sich, ein entsprechendes Recht auf Weiterbildung arbeitsvertraglich zu fixieren und dieses Recht durch ein Recht auf bezahlte Freistellung zur **Teilnahme an Fortbildungsmaßnahmen** zu flankieren.[88]

C. Fazit

39   Durch die zulässige Delegation von Compliance-Maßnahmen rücken Compliance Officer somit immer stärker in den Mittelpunkt des Interesses an einem effizienten und effektiven Compliance-Management. Trotz ihrer Schlüsselrolle gibt es für Compliance Officer bislang jedoch kein einheitliches Berufsbild und außerhalb der Finanzdienstleistungs- und Versicherungsbranche auch keinerlei regulatorische Vorgaben.

40   Eine generelle Gleichstellung bzw. Vergleichbarkeit der Compliance Officer mit den gesetzlichen Unternehmensbeauftragten ist abzulehnen. Denn der Compliance Officer ist kein „verlängter Arm" von Behörden, der zum Schutz bestimmter Allgemeininteressen und kraft gesetzlicher Inpflichtnahme des Unternehmens eine die behördliche Überwachung ergänzende Funktion ausübt. Vielmehr sind Compliance Officer Delegatare der Unternehmensleitung und nehmen in bestimmtem Umfang deren Compliance-Aufgaben im Unternehmensinteresse wahr.

41   Die Wahrnehmung ihrer vielfältigen Aufgaben birgt für Compliance Officer naturgemäß ein hohes Konfliktpotenzial im Verhältnis zur Unternehmensleitung, zu den opera-

---

[84] Dies fordern *Schulz/Renz*, BB 2012, 2511 (2516) zB für nicht adäquate Marketingmaßnahmen, während *Raus/Lützeler*, CCZ 2012, 96 (98) davon ausgehen, dass solche Vetorechte regelmäßig nicht eingeräumt sind.
[85] Kategorisch fordern dies *Dann/Mengel*, NJW 2010, 3265 (3266).
[86] Siehe *Warneke*, NStZ 2010, 312 (316). Zur Garantenstellung des Compliance Officers siehe ferner → § 7 Rn. 17 ff. sowie → § 9 Rn. 79 ff.
[87] Siehe hierzu → § 4 Rn. 60 sowie *Schulz*, in: Bay/Hastenrath, S. 221 (223).
[88] Vgl. *Klopp*, S. 226 mwN.

tiven Bereichen, welche Gegenstand von Compliance-Maßnahmen sind, sowie zu anderen Unternehmensfunktionen, welche ebenfalls Compliance-Aufgaben ausüben.

Grundlage effektiver Aufgabenerfüllung ist zunächst die Unabhängigkeit des Compliance Officers. In organisatorischer Hinsicht schließt dies die Zuordnung zu einem Mitglied der Unternehmensleitung aus, dessen Geschäft bzw. Dezernat die Compliance-Funktion zu überwachen hat. Dasselbe gilt für etwaige Weisungen durch Angehörige der Unternehmensbereiche, die Gegenstand von Compliance-Maßnahmen sind. Dagegen ist der Compliance Officer an die Weisungen der Unternehmensleitung grundsätzlich gebunden. Denn die Unternehmensleitung behält stets die ultimative Verantwortung für Compliance im Unternehmen. Zur Wahrung der finanziellen Unabhängigkeit des Compliance Officers ist darauf zu achten, dass seine Vergütung und ihre einzelnen Bestandteile nicht im Widerspruch zu den Compliance-Zielen stehen. 42

Die Lösung von Konflikten, die dem Compliance-Aufgabenspektrum immanent sind, erfordert seitens des Compliance Officers hohe Sensibilität für Compliance-relevante Fragen und ausgeprägtes Fingerspitzengefühl im Umgang mit Unternehmensangehörigen und Entscheidungsträgern. Erfolgversprechend ist die Tätigkeit des Compliance Officers jedenfalls nur dann, wenn sie durch adäquate Ressourcen und bestimmte durchsetzbare Rechte bewehrt ist. 43

Zur wirksamen Erfüllung ihrer vielfältigen Aufgaben benötigen Compliance Officer ein ausreichendes Budget sowie adäquate Personal- und Sachressourcen. Deren Umfang richtet sich nach den Besonderheiten des Unternehmens und dessen spezifischer „Compliance-Situation". Das Budget und die erforderlichen Personen und Sachmittel für den Compliance Officer sollten Bestandteile der Budgetplanung des Unternehmens sein und regelmäßig bedarfsgerecht angepasst werden. 44

Ebenso wie ein Budget und adäquate Ressourcen benötigt der Compliance Officer zur wirksamen Erfüllung seiner Aufgaben bestimmte Kompetenzen und durchsetzbare Rechte. Hierzu zählen insbesondere Informations-, Auskunfts- und Zugangsrechte. Ohne derartige Rechte kann der Compliance Officer seiner Rolle als zentrale „Informationsstelle" nicht gerecht werden. Nur so kann er auch seinen Ermittlungs- und Prüfungsaufgaben effektiv nachkommen. 45

Eine wichtige Rolle spielen ferner Berichts- und Eskalationsrechte in Bezug auf alle Compliance-Fragen. Im Regelfall berichtet der Compliance Officer unmittelbar an die Unternehmensleitung, die als Gesamtorgan für die Einhaltung von Compliance-Vorschriften verantwortlich ist. In bestimmten Konfliktfällen (zB wenn die Unternehmensleitung in einen Compliance Verstoß verstrickt ist), hat der Compliance Officer als ultima ratio nicht nur ein Berichtsrecht, sondern eine direkte Berichtspflicht gegenüber dem Aufsichtsorgan. Bei der Wahrnehmung der Berichtsrechte sind Eskalationsregeln zu beachten. Ein Anzeigerecht gegenüber Behörden und anderen unternehmensexternen Institutionen besteht nur, wenn mit innerbetrieblicher Abhilfe nicht mehr zu rechnen ist oder aber der (drohende) Compliance-Verstoß derart schwerwiegend ist, dass ein Festhalten an der arbeitsvertraglich geschuldeten Loyalitätspflicht des Compliance Officers nicht mehr zumutbar ist. 46

Veto- und Interventionsrechte sind nur in Einzelfällen zu befürworten, damit der Compliance Officer rechtswidrige Entwicklungen im Unternehmen bei Gefahr in Verzug unterbinden kann. Im Übrigen zählt die Untersagung zum Sanktionsinstrumentarium der Unternehmensleitung. 47

Compliance-Management bedarf der regelmäßigen Aktualisierung und kontinuierlichen Anpassung an das dynamische Unternehmensumfeld. Zur nachhaltigen Aufgabenwahrnehmung muss sich daher jeder Compliance Officer kontinuierlich fortbilden und sich ein entsprechendes Recht auf Weiterbildung arbeitsvertraglich einräumen lassen. 48

§ 6. Organisationsformen der Compliance-Funktion im Unternehmen

Dr. Annette Marschlich

Übersicht

	Rn.
A. Einleitung	1
I. Babylonische Vielfalt in den Compliance-Funktionen	4
II. Mindeststandards für ein prüffähiges Management-System	9
III. Die Funktion des Compliance Officers – eine Definition	13
IV. Erstes Fazit zum Zielbild der Compliance-Organisation	15
B. Die Projektorganisation Compliance	21
I. Die Initialzündung für Compliance	22
II. Etablierung eines Projektplans: Aufgaben, Ressourcen und Meilensteine	25
III. Grundelemente der Compliance-Projektorganisation	30
IV. Berichtspflichten	35
C. Der Regelbetrieb Compliance	38
I. Aufgabendefinition	43
II. Vorbilder für die Aufbauorganisation	45
III. Auf dem Weg zum Regelbetrieb Compliance	48
IV. Berichtspflichten im Regelbetrieb	56
D. Integrierte Organisationsmodelle für Compliance	60
I. Compliance als organisatorischer Arm der Rechtsabteilung	65
II. Integrierte GRC Organisation	72
E. Fazit	79

§ 6. Organisationsformen der Compliance-Funktion im Unternehmen

A. Einleitung

1   Mit dem Image von Compliance ist es nicht zum Besten bestellt. In den Augen vieler Unternehmenslenker ist Compliance wohl etwas, das man zwar haben muss, das aber eher unter der Rubrik „notwendiges Übel" abgelegt ist. Die Sorge, dass Compliance ungerechtfertigt Geschäft verhindert, ist weit größer als der erwartete Nutzen, der leider auch nur als das Nichteintreten eines – zugegeben unerwünschten – Ereignisses definiert werden kann. Die Bereinigung eines bereits eingetretenen Schadens hinterlässt häufig eine Reihe von „Kollateralschäden" in der Unternehmenskultur, die auch wenig angetan sind, den Ruf von Compliance positiv zu befördern. Andere Unternehmen haben allerdings auch positive Erfahrungen gemacht und unter dem Namen Compliance mit eingeschlichenen Gewohnheiten und unerwünschten Handlungsmustern aufgeräumt. Selbstverständlich ist die Compliance damit im Unternehmen noch nicht: Es herrscht Verunsicherung und sogar Verärgerung über die Notwendigkeit von Compliance. Bei Licht betrachtet muss man zugeben: Compliance hat ein Imageproblem. Der Compliance fehlt der Markenkern – das, was sie eindeutig positioniert im Unternehmen.

2   Anders als in anderen administrativen Bereichen, zB der Finanz- oder Personalabteilung, existiert über das Aufgabenprofil der Compliance-Funktion wenig Einvernehmen. Die Unternehmen haben alle Hände voll zu tun, der geradezu explosionsartig gestiegenen Aufmerksamkeit bei Gesetzesverstößen (oder dem Anschein davon) tatkräftig zu begegnen. So manches Unternehmen plagt sich inzwischen sogar mit unerwünschter Aufmerksamkeit, weil vermeintlich zu viele oder zu weitreichende Compliance-Maßnahmen ergriffen wurden. So finden sich in den Unternehmen durchaus verschiedene und in der Aufgabenstellung auch wechselnde organisatorische Ausgestaltungen der Compliance-Funktion. Dabei sind Unterschiede der organisatorischen Gestaltung so normal, wie unterschiedliche Geschäftsmodelle normal sind. Auch andere administrative Bereiche, wie zB Personal, Finanzen, Controlling etc, sind in den Unternehmen unterschiedlich organisiert. Im Unterschied zu Compliance verfügen wir in der Beschreibung dieser Bereiche aber über ein klares Begriffsarsenal, mit dem wir definieren und abgrenzen können.

3   Die Compliance-Organisation droht derzeit zwischen den unterschiedlichen und ungeklärten Anforderungen im Unternehmen zerrieben zu werden. Befragt man heute Compliance Officer nach ihrem Aufgabenprofil, so bekommt man immer wieder erstaunliche Antworten. Sie lassen eher nicht vermuten, dass eine haftungsbefreiende Wirkung durch systematische Compliance-Maßnahmen erreicht werden können. Bestenfalls kann der Compliance Officer irgendwann geltend machen, dass eine wirksame Delegation gar nicht stattgefunden hat.

I. Babylonische Vielfalt in den Compliance-Funktionen

4   Die meisten Unternehmen verfügen inzwischen über eine Compliance-Funktion und deren Aufgabenzuweisung erfolgt risikoorientiert und das heißt reaktiv. Unter dieser zunächst ganz richtigen Herangehensweise kommen die Unternehmen zu differenten Vorgehensweisen:

5   Bekannt geworden sind einige spektakuläre Compliance-Fälle, die durch die amerikanischen Behörden (SEC und DOJ) verfolgt wurden und werden. Um einer Anklage wegen des Verstoßes gegen die **Bestechung von ausländischen Amtsträgern (FCPA)** zu

A. Einleitung

entgehen, richten betroffene Unternehmen notgedrungen eine Compliance-Organisation mit starken zentralen Befugnissen ein. Die Bandbreite der Aufgaben reicht von zentralen Vorgaben und regionalen Umsetzungen bis zu strikt zentralen Prüfroutinen. Das lässt sich meist nur mit einem großen Ressourcenaufwand und einer mächtigen Compliance-Organisation mit disziplinaren Zugriffen in allen lokalen Gesellschaften erreichen. Vor dem Hintergrund der externen und ggf. sogar die Unternehmensexistenz tangierenden Bedrohung ist die Durchsetzung von Compliance relativ einfach. Schwierig wird es nach der Bereinigung der Krise: Die Abwehrreaktionen der Geschäftsbereiche gegenüber den Compliance-Eingriffen sind gewaltig. Nicht wenige Compliance-Funktionen müssen dann erkennen, dass ihre Aufgabe als Projekt beendet ist.

Anders gestaltet sich das **Vorgehen beim Risiko von kartellrechtlichen Verstößen**. Aufgrund der juristisch häufig sehr komplexen Sachlage fokussieren viele Unternehmen hier verstärkt darauf, die relevanten Funktionsgruppen im Unternehmen zu schulen und ansonsten ein Beratungsangebot für möglicherweise kritische Vertragskonstellationen zu unterbreiten. Manche Compliance-Funktion hat auch eine Beratungspflicht eingeführt. Dennoch sind die Eingriffe der Compliance-Funktion in die normalen Geschäftsprozesse eher gering; der Mitarbeiter eines Geschäftsbereichs muss selbst erkennen, wann er sich in die Gefahr begibt, gegen kartellrechtliche Vorgaben zu verstoßen. Eine umfassende Compliance-Organisation wird zum Zwecke der Einhaltung des Kartellrechts eher selten etabliert. Die Funktionsweise der Compliance-Funktion ähnelt eher der der klassischen Rechtsabteilung. Häufig ist sie auch Teil der Rechtsabteilung. 6

Wieder anders agieren Compliance-Funktionen, deren vordringliche Aufgabe die **Einhaltung des Datenschutzes** darstellt. In Deutschland und auch in vielen Ländern der europäischen Union ist die formale Bestellung eines Datenschutzbeauftragten gesetzlich vorgegeben. Damit verbunden ist häufig die Führung eines Verfahrensverzeichnisses für alle Prozesse mit Bezug zu Personaldaten und/oder die Meldung solcher Prozesse bei Behörden. In der Unternehmensrealität handelt es sich hierbei häufig um sehr aufwändige Bearbeitungsanforderungen, die aber keiner zentralen Vorgabe bedürfen. Datenschutzbeauftragte agieren daher häufig nicht über eine zentrale Compliance-Funktion miteinander. Für sie steht weniger die Aufbauorganisation der Compliance-Funktion im Fokus ihrer Bemühungen, sondern vielmehr die Ablauforganisation, nämlich die Einbindung in alle relevanten lokalen Prozesse. 7

Ein weiteres Muster der Compliance-Funktion ist erkennbar, wenn **Vorwürfe der Untreue und Betrug, Scheinselbständigkeit oder Verletzungen gegen Einfuhrbestimmungen** im Raum stehen. Zu ihrer Bearbeitung wird zumeist auf bestehende (administrative) Organisationseinheiten zurückgegriffen. Die Frage, ob diese dann in der Lage sind, bisherige Versäumnisse auszuräumen oder die neue Verantwortung angemessen zu übernehmen, muss dann von den betroffenen Organisationseinheiten selbst beantwortet werden. Zu klären ist, ob eine formale Compliance-Funktion in dieser Konstellation überhaupt eine Verantwortung trägt. So hat sich in Fällen von Untreue und Betrug (und vergleichbaren Fällen von Wirtschaftskriminalität) herausgestellt, dass die Compliance-Funktion der Finanzabteilung nicht ausreicht, um diese Fälle zu verhindern, weil vorgelagerte Prozesse nicht von ihr geprüft werden können. Auch die gegenwärtig sehr in der öffentlichen Aufmerksamkeit stehenden Fälle von Scheinselbständigkeit werden zwar häufig der Personalabteilung ins Pflichtenheft geschrieben. Diese kann aber dafür gar nicht verantwortlich sein, weil es sich bei den selbständigen Dienstleistern gerade nicht um Mitarbeiter des Unternehmens handelt (bzw. handeln soll). Insofern wird es nun auch für die Personalabteilungen schwierig, die erforderlichen Zugriffe auf Verträge zu bekommen, die normalerweise durch den Einkauf oder den Geschäftsbereich selbst verhandelt werden. Das ist nicht nur eine Herausforderung be- 8 züglich der zur Prüfung erforderlichen Ressourcen, sondern auch der Durchgriffsrechte. Auch dabei ist meist ungeklärt, ob die Compliance-Funktion hier (mit) in der Verantwortung steht oder nicht.

II. Mindeststandards für ein prüffähiges Management-System

9   Da die Gesetzgeber der Länder die Unternehmen zwar auf die Legalität der Handlungen ihrer Mitarbeiter verpflichten, aber meistens keine verbindlichen Vorgaben machen, wie diese Pflicht einzuhalten ist, sind von verschiedenen Institutionen Mindeststandards veröffentlicht worden, die im Ernstfall die Gerichte davon überzeugen sollen, dass die Geschäftsleitung ihrer Organisations- und Aufsichtspflicht nachgekommen ist und es sich im ggf. vorliegenden Ernstfall um einen bedauerlichen Einzelfall handelt.

10   In Deutschland ist hier der Prüfungsstandard des Instituts der Wirtschaftsprüfer weit verbreitet,[1] der selbst wiederum offen ist für eine Vielzahl von internationalen Standards und im Wesentlichen Grundelemente eines Management-Systems skizziert. Er fasst damit Aufgaben, Anforderungen an die Aufbau- und Ablauforganisation sowie erwarteten Ergebnisse zusammen, die in einer entsprechenden Prüfung bestätigt werden:

Compliance-Kultur
Im Unternehmen ist eine Kultur erkennbar, die den Compliance-Anforderungen Rechnung trägt. Grundsätzlich ist die Compliance-Kultur das Ergebnis aller im Weiteren beschriebenen Maßnahmen, sofern sie im Unternehmen etabliert und akzeptiert sind. Im prüferischen Sinne wird hier vor allem auf das Vorhandensein von Unternehmensgrundsätzen und Protokollen aus Geschäftsleitungssitzungen Wert gelegt, weil diese möglicherweise als Ausdruck für das Vorhandensein einer Unternehmenskultur angesehen werden können, die die Legalitätspflicht des Unternehmens ernst nimmt und nicht mit dem Hinweis abtut, dass „andere sich auch nicht daran halten".

Compliance Risiko Assessment
Die Verantwortlichen des Unternehmens sind sich der Rechtsrisiken, die mit ihrem Handeln verbunden sind, bewusst und wissen dann auch, welche Handlung das Unternehmen von ihnen erwartet. Da die Rechtsrisiken nicht nur zahlreich, sondern auch beständiger Veränderung unterworfen sind, ist eine regelmäßige Risikoanalyse unerlässlich. Dazu gehören sowohl ein geeignetes Rechtsmonitoring wie auch eine Analyse, inwieweit von Gesetzen oder Gesetzesänderungen Geschäftsprozesse oder Transaktionen beeinflusst sind.

Compliance-Ziele
Die mit Compliance verbundenen Ziele sollten deutlich formuliert und für jedermann erkennbar niedergelegt sein. Sie sollten auch in einen ggf. bestehenden Zielvereinbarungsprozess integriert sein und auf der Basis von Risiko Assessments der Compliance-Organisation eine jährlich angepasst Zielerreichung vorschreiben.

---

[1] Hrsg. vom Institut der Wirtschaftsprüfer, PS 980; vgl. zB *Hauschka*, in: Hauschka, Formularbuch Compliance, § 1.

Compliance-Organisation
Es werden organisatorische Strukturen geschaffen, die es ermöglichen, präventive Maßnahmen einzuführen und zu überwachen sowie Einzelfälle zu bereinigen. Dazu muss eine Compliance-Organisation erkennbar vorhanden sein (eine Person ist noch keine Organisation) und befähigt sein, ihre Aufgaben zu erfüllen. Das heißt Durchgriffsrechte, Unabhängigkeit, Ressourcen und Expertise der Mitarbeiter werden sichergestellt.

Compliance-Programm
Es ist erkennbar, dass zum Zwecke der Einhaltung von Rechtsanforderungen Regelungen und Kontrollen eingeführt werden, die den Mitarbeitern eine klare und unmissverständliche Handlungsanweisung geben.

Compliance-Kommunikation
Die Mitarbeiter sind über die bestehenden Anforderungen des Unternehmens zur Einhaltung aller Rechtsvorschriften angemessen informiert. Sie haben die Möglichkeit, sich in Schulungen und mithilfe sonstiger Informationsmaterialien kundig zu machen, was das Unternehmen erwartet. Im Zweifel können sie sich beraten lassen.

Compliance-Audits
Die Compliance-Maßnahmen werden regelmäßig überprüft, verbessert und auf einen aktuellen Stand gebracht. Die Audits werden neutral und objektiv durchgeführt.

Viele Experten vertreten die Auffassung, dass eine nachweisliche Befolgung des Standards beim Aufbau eines Compliance-Management-Systems die erwartete positive Wirkung auch vor deutschen Gerichten entfalten wird[2], so wie auch die nachweisliche Umsetzung der Vorgaben der Empfehlungen der FSGO in den USA regelmäßig zu außergerichtlichen Einigungen führt. 11

Die Standards können ohne Zweifel als eine **wertvolle Orientierungshilfe** beim Aufbau eines Compliance-Management-Systems angesehen werden; eine Definition der Compliance-Organisation liefern sie nicht. 12

III. Die Funktion des Compliance Officers – eine Definition

Im Jahr 2014 haben wir es unternommen, **Leitlinien für die Definition der Compliance-Funktion** zu skizzieren und mit maßgeblichen Institutionen abzustimmen. Die Diskussionen haben letztendlich zu einem gemeinsamen Dokument geführt, das eine weitere Orientierungshilfe zur Beschreibung der Rechte und Pflichten eines Compliance Officers darstellen kann (Abdruck im → Anh.). Es waren aber – das sei an dieser Stelle betont – intensive und kontroverse Diskussionen erforderlich, um die ursprünglich weit auseinanderliegenden Positionen zu versöhnen.[3] 13

Das in diesem gemeinsamen Dokument beschriebene Aufgabenprofil ist geprägt von der Fragestellung, was denn vernünftigerweise von der Compliance-Funktion überhaupt erwartbar ist. Diese Frage ist haftungsrechtlich von größter Bedeutung, da die Geschäftsleitung ja einen signifikanten Teil der eigenen Organisations- und Aufsichts- 14

---

[2] Vgl. zB *Eibelshäuser/Schmidt*, WPg 2011, 939 (940).
[3] Vgl. *Hauschka/Galster/Marschlich*, CCZ 2014, 242.

§ 6. Organisationsformen der Compliance-Funktion im Unternehmen

pflichten an die Compliance-Organisation delegiert. Die Compliance-Organisation kann deshalb aber nicht alles; sie ist weder die Geschäftsleitung noch die unternehmensinterne Polizei. Die Compliance-Funktion muss somit auch vor überzogenen Erwartungen durch Dritte geschützt werden. Nicht jedes entdeckte Fehlverhalten ist ein Versagen der Compliance-Funktion. Dazu wird es erst, wenn eine systematische Schwäche nachgewiesen werden kann.

IV. Erstes Fazit zum Zielbild der Compliance-Organisation

15 Die bisherigen Bemühungen um Standards und Leitlinien sind eher darauf gerichtet, die differenten Entwicklungen der Compliance-Arbeit in den Unternehmen zu verwischen bzw. zu vereinheitlichen. Vor dem Hintergrund, eine eindeutige Positionierung im Unternehmen zu erreichen (Markenkern!), ist das nachvollziehbar, aber es wird der Arbeit des Compliance Officers nicht gerecht, der sich in sehr unterschiedlichen Organisationen bewegen muss. Das beeinflusst nicht nur seine Aufgaben, sondern vor allem auch seine Vorgehensweisen entscheidend, mit denen sich die Wirksamkeit der Compliance im Unternehmen entfalten kann.

16 Nach knapp zehn Jahren intensivem Aufbau von Compliance-Organisationen ist offensichtlich, dass es **nicht nur eine mögliche Organisationsform für Compliance** gibt. Eine Positionierung kann nur gelingen, wenn differenziert anstatt vereinheitlich wird. Im Folgenden wird der Versuch unternommen, zumindest **drei Formen der Compliance-Organisation** zu unterscheiden:
– Compliance als Projektorganisation
– Compliance in der funktionalen Organisation (Regelbetrieb)
– Compliance in integrierten Organisationsmodellen (Netzwerkorganisation).

17 In der Praxis entsteht der Eindruck, dass diese Organisationsformen als eine evolutionäre Abfolge durchlaufen werden, was zumindest den Vorteil bietet, dass die Compliance-Organisation die Wirksamkeit ihrer Maßnahmen in verschiedenen Konstellationen ausprobieren und festigen kann. Es soll aber nicht ausgeschlossen werden, dass auch radikalere Wege zum Ziel führen. Das Ziel ist eine optimale Wirksamkeit der Compliance-Maßnahmen im Unternehmen. Das wird weder durch eine „übermächtige" Compliance-Organisation erreicht, die jeden Geschäftsvorfall prüft und genehmigt, noch durch eine „smarte" Compliance-Organisation, die vollständig in die Geschäftsprozesse integriert ist und ihre Arbeit nach dem Modell der „Heinzelmännchen"[4] verrichtet.

18 Daher mag eine weitere Vorüberlegung zur Wirksamkeit der Compliance-Organisation hilfreich sein:
– Wirksamkeit wird in einem **prüferischen Sinn** sehr eng, aber effektiv definiert: Sie liegt vor und kann durch ein entsprechendes Zertifikat bestätigt werden, wenn Kontrollaktivitäten in der vorgeschriebenen Weise durchgeführt werden. Voraussetzung ist ein geeignetes Design der Kontrollaktivitäten. Die Wirksamkeit von Compliance in diesem Sinne ist eher reaktiv geprägt, weil ihre Kontrollaktivitäten bestenfalls „ex post" auf bestehende Geschäfts- und Finanzprozesse draufgelegt werden.

---

[4] Für die Jüngeren unter den Lesern: Die Heinzelmännchen waren der Sage nach Hausgeister und in den 60er Jahren durch einen Kinderfilm und -buch sehr bekannt. Sie verrichteten nachts, wenn die Bürger schliefen, still und leise die Hausarbeit. Wenn man sie dabei erblickte, verschwanden sie für immer.

B. Die Projektorganisation Compliance

– Wirksamkeit in einem **organisatorischen Sinn** stellt eine weitergehende Anforderung dar. Hier geht es um die Gestaltung der Prozesse selbst. Ein wirksamer Prozess ist grundsätzlich dadurch gekennzeichnet, dass er zum gewünschten Ziel führt. Bei seiner Gestaltung macht man sich normalerweise viele Gedanken über die Effektivität, Einflussgrößen und -ressourcen, Effizienz. Weniger Beachtung finden die regulatorischen Anforderungen bei der Prozessgestaltung, was eine nachhaltige Compliance-Organisation zunehmend ändern kann.

– Selbst in einer **strategischen Perspektive** kann Compliance Wirksamkeit entfalten, wenn es zum Beispiel um die Erschließung neuer Geschäftsfelder und internationale Expansionen geht. Die regulatorischen Anforderungen und Tendenzen sowie sich verändernde Durchsetzungsmechanismen können, wenn sie eine eigene Perspektive darstellen, strategische Entscheidungen des Unternehmens beeinflussen.

Die folgenden Überlegungen sind geprägt von der Überzeugung, dass eine Compliance-Organisation, die sich mit einer Wirksamkeit „ex post" begnügt, keine dauerhafte Überlebenschance im Unternehmen hat. Sie gehen außerdem davon aus, dass Compliance nicht ausschließlich dezentral organisiert sein kann, selbst wenn mit zentralen Vorgaben die Gefahr erhöht wird, Auswirkungen rein nationaler Rechtsrisiken in die Unternehmenszentralen zu verlagern. Ein formaler und (abgewogen) inhaltlicher Rahmen für das Compliance-Management-System ist unvermeidbare Voraussetzung für die Sicherstellung von Compliance in global agierenden Unternehmen.

Die im Folgenden skizzierten Organisationsformen der Compliance-Funktion entstammen einer Vielzahl von Diskussionen und Projekten in Unternehmen unterschiedlicher Branchen, Größen und internationaler Ausrichtung. Sie spiegeln praktische Erfahrungen wider und sollen daraus dem Compliance Officer eine weitere Hilfestellung beim Aufbau seiner Organisation bieten. Eine theoretische Auseinandersetzung und Einordnung in die wissenschaftliche Organisationslehre ist damit nicht intendiert.[5]

B. Die Projektorganisation Compliance

Ein großer Teil der gegenwärtig geführten Diskussionen bezieht sich nach wie vor auf die Aufbauphase der Compliance-Organisation. Sie sind der Tatsache geschuldet, dass jedes Unternehmen beständig mit regulatorischen Anforderungen kämpft. Die Kämpfe sind vielfältig: Ständig gibt es neue Gesetze, nicht immer ist Ursache und Zielsetzung von Gesetzen einsichtig; häufig widerstreiten gesetzliche Vorgaben. Die Durchsetzungsmechanismen ändern sich beständig und sie ändern sich in manchen Ländern mit dramatischen Konsequenzen[6]. Transnationale Geltungsbereiche von nationalen Gesetzen und steigende Transparenzanforderungen aus Gesetzen und Selbstverpflichtungen[7] stellen hohe Anforderungen an interne Standards. Den meisten Unternehmenslenkern ist

---

[5] Insofern werden alle Begriffe – Compliance Officer, Compliance-Funktion, Compliance-Maßnahmen – in ihrer allgemeinsten Form verwendet. Sie geben nicht spezifische Begriffsdefinitionen wieder, die Unternehmen in sehr unterschiedlicher Weise vorgenommen haben.

[6] Beispiel China im Jahr 2014: Korruptionsbekämpfung und Pharma Firmen.

[7] Es sei hier nur exemplarisch der Sunshine Act in den USA genannt, der in der Folge zum EFPIA Kodex für die Pharmabranche in Europa geführt hat. Demnach muss jede Zuwendung an einen HCP veröffentlich werden. Um aber die Voraussetzungen dafür im Unternehmen zu schaffen, ist ein sehr hoher organisatorischer Aufwand erforderlich. Ähnliches wird derzeit von den Unternehmen beim Nachweis der Vergütung nach den Standards des Mindestlohns beklagt.

§ 6. Organisationsformen der Compliance-Funktion im Unternehmen

inzwischen schmerzlich bewusst geworden, dass die selbstverständliche Legalitätspflicht für das Unternehmen viel mehr fordert als die innere Haltung des ehrbaren Kaufmanns. Die Erfüllung der Organisations- und Aufsichtspflichten wird derzeit von so vielen Seiten kritisch hinterfragt, dass die Einrichtung einer Compliance-Organisation mittlerweile fast zur Standardausstattung der Administration des Unternehmens gehört.

I. Die Initialzündung für Compliance

22   Die Initialzündung kann vielfältig sein – strafrechtliche Verfolgung, negative Publizität, Sicherheitsbedürfnis; Compliance beginnt naturgemäß reaktiv. Insbesondere im Fall von drohender rechtlicher Auseinandersetzung bekommt der Compliance Officer gerne mal die Aufgabe, den „Stall des Augias" auszumisten[8]. Und entsprechend geht er dann zu Werke. Selbst wenn der Compliance Officer aus Gründen der Prävention die Aufgabe bekommt, sich um Compliance „zu kümmern", muss er sich in der bestehenden Organisation zunächst positionieren und bestehender Gepflogenheiten in Frage stellen.

23   Wenn vernünftigerweise zu Beginn ein bis zwei Personen mit der Compliance-Aufgabe betraut werden, stellt sich nach aller Erfahrung eines der beiden folgenden Szenarien ein: Der Compliance Officer, der die Organisation aus anderen Funktionen vielleicht schon gut kennt, verlangt gemäß seines Auftrags in offensichtlich kritische Geschäftsprozesse Einblick und bekommt sehr schnell sehr vieles zur Genehmigung auf den Tisch gelegt. Da diese Fälle weder systematisch aufbereitet sind noch zeitlichen Aufschub erlauben, kommt er schneller als erwartet an Kapazitätsgrenzen, was im Zweifel seine Anforderungen an die Geschäftseinheiten erheblich dämpft.

24   Im anderen Szenario, in dem der „sens of urgency" für regulatorische Anforderungen etwas geringer ist, gelingt dem Compliance Officer der Durchgriff auf die Geschäftseinheiten weniger gut und er beginnt seinen Weg über Information und Schulung in der Hoffnung, dass ein gesteigertes Bewusstsein bei den Verantwortlichen dazu führt, dass der Compliance-Rat zunehmend eingeholt wird. In beiden Szenarien gerät die Compliance-Organisation übrigens häufig in Konflikt mit der Rechtsabteilung, weil die Frage aufkommt, wer dafür verantwortlich sein darf, die Rechtskonformität von Geschäftsvorfällen zu beurteilen.

II. Etablierung eines Projektplans: Aufgaben, Ressourcen und Meilensteine

25   Der Compliance Officer ist sehr schnell gezwungen, sein Tun zu **systematisieren** und das heißt insbesondere, die Unternehmensbereiche zu systematischen Kontakten mit dem Compliance Officer aufzufordern. Erst damit prägt er sukzessive überhaupt eine

---

[8] Es lohnt an dieser Stelle, die Geschichte aus der griechischen Mythologie kurz in Erinnerung zu rufen: Herakles bekam die Aufgabe, die Ställe des Augias auszumisten. Da diese aber sehr groß und schon sehr lange nicht mehr gereinigt worden waren und er die Arbeit auch noch an einem Tag erledigen musste, war das für einen Halbgott nicht nur unwürdig, sondern galt auch als undurchführbar. Er ersann die List und leitete einen gewaltigen Wasserkanal durch die Ställe, der seine Wirkung nicht verfehlte. Man kann sich aber das Ergebnis insgesamt bildlich vorstellen und es kam auch zum Streit, ob diese Methode denn angemessen gewesen sei. Dass Augias zunächst Herakles davonjagte, dieser später aus Rache Augias töte, gehört natürlich endgültig ins Reich der Mythen.

B. Die Projektorganisation Compliance

Organisation aus, denn einen Einzelkämpfer wird man kaum als Compliance-Organisation bezeichnen dürfen, auch wenn im Organigramm ein „Kästchen" für ihn vorgesehen ist. In vielen so entstehenden Compliance-Organisationen werden Elemente ausgeprägt, die man eher aus Projektorganisationen kennt. Es finden sich zum Beispiel häufig **Compliance-Gremien** (= in Projektorganisationen bekannt als sog Steering Committees), es liegen häufig nur **rudimentäre Funktionsbeschreibungen** mit deutlich begrenztem Aufgabenspektrum (Aufbau eines CMS) sowie begrenzte oder vorläufige disziplinarische Durchgriffe vor. Für den Compliance Officer sollte dies Anlass sein, den „versteckten" Projektauftrag offensiv anzugehen und zunächst eine Projektorganisation anzustreben, die einem vordefinierten Projektziel inkl. Meilenstein-, Ressourcen- und Aufgabenplanung folgt. Das Ziel einer Projektorganisation Compliance sollte darin bestehen, ein Management-System aufzubauen, in dem Compliance eine Wirksamkeit im prüferischen Sinne erreicht.

Es macht allen Beteiligten das Leben leichter, wenn die Aufgabe „sich um Compliance zu kümmern" durch ein klares **Zielbild** konkretisiert wird. Im Sinne eines Projekts muss diese Definition (noch) nicht mit der Aufgabenbeschreibung in einem späteren Regelbetrieb identisch sein. Das sollte sie vielleicht gar nicht, damit sich der Compliance Officer zunächst auf Teilaufgaben konzentrieren kann.

Zur Aufgabendefinition sollten folgende Komponenten in den Projektplan:

– **Welche Rechtsgebiete stehen (zunächst) im Fokus?**
Die Antwort auf diese Frage beeinflusst maßgeblich die Vorgehensweise im weiteren Projektverlauf. Die Prävention von Korruptionsrisiken erfordern andere Maßnahmen als die Sicherstellung von Datenschutz, auch wenn das zugrundeliegende Management-System vergleichbaren Kriterien gehorcht. Wichtig ist, dass überhaupt eine eindeutige Abgrenzung versucht wird. In vielen Fällen ist die Antwort auf die Frage naheliegend, weil durch ein äußeres Ereignis gesteuert. Vielleicht ist ein erstes Risiko-Assessment auch durch eine dritte Instanz im Unternehmen bereits durchgeführt worden. Der Compliance Officer wird sich im Laufe des Projekts ohnehin mit der angemessenen Gestaltung eines Assessments für Rechtsrisiken befassen müssen, und kann in diesem Zuge den Scope seiner Aufgabenstellung verändern. Um eine Organisation zu gestalten, muss er sich eine ERSTE konkrete Aufgabe definieren.
– **Wird für das ausgewählte Rechtsgebiet ein prüffähiges Compliance-Management-System angestrebt?**
Das Management-System unterscheidet sich insofern wesentlich von einzelnen Maßnahmen, als es einen systematischen Anspruch erfüllen muss. Also eine Compliance-Richtlinie und ausgewählte Trainings ergeben noch kein System. Die durch die Standards vorgegebenen Grundelemente zielen in ihrer richtigen Umsetzung auf die Etablierung eines Management-Systems ab. Nur diese geben dem Compliance Officer die Chance auf eine möglicherweise haftungsbefreiende Wirkung seiner Arbeit im Ernstfall.
– **Welche Jurisdiktionen müssen berücksichtigt werden und in welche Länder soll die Compliance-Maßnahmen Anwendung finden?**
Das Ergebnis dieser Konkretisierung könnte sein: Aufbau eines prüffähigen Compliance-Management-Systems zur Prävention von Korruption, das auch die Anforderungen von FSGO und UK Bribery Act (wegen deren transnationalen Geltungsansprüchen) umfasst sowie dessen Implementierung in allen Landesge-

sellschaften des Unternehmens. Damit ist eine Reihe von „mitgeltenden" Bedingungen formuliert, zB:
- Die Compliance-Organisation befasst sich nicht mit allen möglichen regulatorischen Anforderungen. Wenn der Zoll wegen arbeitsrechtlicher Beanstandungen vor den Werkstoren steht, muss nicht die Compliance-Organisation tätig werden.
- Es werden unternehmensweit einheitliche Standards durchgesetzt, selbst wenn einzelne Länder es zB mit der Korruptionsprävention nicht ganz so genau nehmen und entweder großzügigere Gesetze oder Durchsetzungsbemühungen haben.
- Der Compliance Officer berät nicht auf Anfrage oder bietet Schulungen und Informationsveranstaltungen an. Er ist beauftragt ein System von Maßnahmen durchzusetzen, die in ihrem Zusammenspiel geeignet sind, Fehlverhalten zu verhindern oder im Zweifel sehr schnell aufzudecken. Er ist beauftragt, einzugreifen.

28 Der Compliance Officer, der sich in seinem Projekt der Aufgabe gegenübersieht, die zentralen Grundelemente eines Compliance-Management-System zu entwerfen und zu implementieren, sollte den erforderlichen **Zeitbedarf** realistisch abschätzen. Je nach Komplexität, Internationalität und Geschäftsmodell ist eine Projektlaufzeit von ein bis drei Jahren nicht ungewöhnlich. Es ist zu bedenken, dass die Geeignetheit der Compliance-Maßnahmen für das Unternehmen **intensive Kenntnisse der Unternehmensprozesse und Abstimmungen mit den Geschäftsbereichen** erfordert. Es ist außerdem zu bedenken, dass Implementierungsprozesse auch auf die **Akzeptanz der Belegschaften** zielen sollten. Es ist darüber hinaus zu beachten, dass trotz aller systematischen Grundlagenarbeit das **Tagesgeschäft** nicht ausgeblendet werden darf.

29 Die lange Projektlaufzeit erfordert einen **Projektplan**, der deutliche Meilensteine enthält. Diese sollen nicht nur die Einhaltung eines Zeitplans gewährleisten, sondern insbesondere auch die Projektschritte markieren, in denen Abstimmungen stattfinden müssen, um eine Akzeptanz der beschlossenen Maßnahmen im Unternehmen zu ermöglichen. Meilensteine sind die Punkte, an denen die Geschäftsleitung Maßnahmen zur Implementierung beschließt und so der Compliance-Organisation den Rücken stärkt.

III. Grundelemente der Compliance-Projektorganisation

30 Die zentrale Compliance-Projektorganisation selbst ist zumeist **funktional aufgestellt**. Funktional leitend sind dabei entweder die wesentlichen zu implementierenden Maßnahmen, die in Arbeitspaketen gebündelt werden, zB Risiko-Assessment, Training & Beratung, Geschäftspartnerprüfung, Richtlinien, Kontrollaktivitäten, Revision & Investigation etc. Oder es sind die zu bearbeitenden Rechtsgebiete leitend, die dann jeweils alle zu implementierenden Maßnahmen pro Rechtsgebiet verantworten. Besonders häufig ist im Zuge des systematischen Aufbaus der Compliance-Abteilung die erst genannte Variante zu finden, da sich die meisten Compliance-Abteilungen im Start nur eines Rechtsgebiets annehmen.

31 Kein Großprojekt kommt ohne ein sog **Steering Committee** aus. Dieses muss das gewährleisten, was eine Projektorganisation definitionsgemäß noch nicht haben kann: (ablauf-)organisatorischen Durchgriff auf die bestehenden Organisationseinheiten. So-

B. Die Projektorganisation Compliance

fern die Compliance-Organisation in der Einführung eines Management-Systems Maßnahmen mit erheblicher Tragweite für erforderlich hält, bedarf es einer kritischen Prüfung und der Rückendeckung durch das Management, das in einem Steering Committee regelmäßig zusammen kommt. Ihm wird der Compliance Officer Bericht erstatten und es wird bei der Erreichung von Meilensteinen zu entsprechender Beschlussfassung kommen.

Idealerweise ist das Compliance Committee mit Vertretern aller relevanten Geschäftsbereiche und administrativen Funktionen besetzt. Es soll den Compliance Officer zunächst darin beraten, wie die von ihm für erforderlich erachteten Maßnahmen gestaltet sein müssen, damit sie in den Geschäftsbereichen umsetzbar sind. In der Praxis existieren auch Compliance Committees, in denen sich insbesondere die administrativen Bereiche auf eine gemeinsame bzw. abgestimmte Vorgehensweise gegenüber den Geschäftsbereichen einigen. Auch diese Vorgehensweise kann dem Compliance Officer bei der Durchsetzung von Maßnahmen den Rücken stärken und im Falle der Eskalation das nötige Gehör bei der Geschäftsleitung verschaffen.

32

Nach aller Erfahrung ist das Compliance Committee die **wirkungsvollste organisatorische Anbindung an die Geschäftsleitung**. Auf der anderen Seite braucht die Compliance-Organisation einen Arm in die dezentralen Geschäftsbereiche und Gesellschaften. Es gibt eine Menge guter Gründe für eine disziplinarische oder eine fachliche Anbindung der dezentralen Compliance-Beauftragten an die Zentralorganisation. Für eine disziplinarische Anbindung sprechen die Aspekte Unabhängigkeit und Durchsetzungsfähigkeit des lokalen Compliance-Beauftragten. Dagegen sprechen die drohende Isolierung in der lokalen Organisation und eine damit mögliche Wirkungslosigkeit. Die am häufigsten beobachtete Form in der Aufbauphase ist der Verbleib der disziplinaren Verantwortung im Land bzw. im Geschäftsbereich. Es ist ein Glücksfall, wenn ein engagierter und kundiger Mitarbeiter vor Ort gefunden wird, der aber zunächst in seinem organisatorischen Gefüge verbleibt. Zur zentralen Compliance-Organisation wird eine fachliche Berichtslinie errichtet, die durch eine Vielzahl von Maßnahmen stabilisiert werden kann: Teile des Incentives werden gemäß der Beurteilung des Compliance Officers ausgezahlt; eine Kündigung kann nur mit Einverständnis der Zentrale erfolgen; die Berichtspflichten laufen über die lokale Geschäftsführung, aber der lokale Compliance-Beauftragte wird ermutigt, regelmäßig direkt zu berichten. Formelle Netzwerktreffen aller Compliance-Beauftragten pro Region oder weltweit bieten eine kulturelle Stärkung aller Verantwortlichen.

33

Für ein gutes Zusammenspiel zwischen zentraler Organisation und den dezentralen „Satelliten" in den Landesgesellschaften oder Geschäftsbereichen hat sich ein weiteres organisatorisches Element bewährt, das vor allem in Großprojekten (weniger bisher in klassischen Linienorganisationen) funktioniert: die Etablierung einer – virtuellen – **Netzwerkorganisation**, in der alle Beteiligten untereinander in regelmäßiger Kommunikation miteinander stehen. Damit soll nicht nur die Kommunikation zwischen zentral und lokal, sondern auch zwischen den lokalen Einheiten gestärkt werden. Der Erfahrungsaustausch kann ein sehr stabilisierendes Element für die Projektorganisation sein. Eine Netzwerkorganisation verlangt der Projektsteuerung eine hohe Aufmerksamkeit ab, wenn sie die potentielle Wirksamkeit entfalten soll, da sie sich nicht „von selbst" organisiert, sondern beständiger Kommunikationsmaßnahmen bedarf, die gerne mal als „weiche Faktoren" belächelt werden.

34

IV. Berichtspflichten

35 Sofern die Implementierung nicht durch disziplinarische Zugriffe gesichert wird, sondern in einer Projektorganisation über Projektmitarbeiter, die disziplinarisch mit anderen Aufgaben in den Gesellschaften verankert bleiben, vorangetrieben wird, stellt der **Nachweis des Implementierungserfolgs** eine besondere Herausforderung dar. Die zentrale Projektorganisation wird daher ein besonderes Augenmerk auf die Berichtspflichten legen. Je weniger disziplinarischen Durchgriff eine zentrale Compliance-Organisation in die dezentralen Einheiten des Unternehmens bekommt, desto mehr wird sie darauf dringen, dass ein Set von Informationen regelmäßig aus diesen Einheiten zurückgespielt wird. Insbesondere dann, wenn die Verpflichtung zur Einführung von Compliance-Maßnahmen den Geschäftsleitungen ins Aufgabenheft formuliert wird und der Compliance Officer durch jeweilige Delegation zur Handlung lokal befähigt wird, ist die **Berichtspflicht** das Mittel der Wahl, eine Bestätigung über den Vollzug zu bekommen. Es ist aber darauf zu achten, dass zumindest zwei Berichtspflichten unterschieden werden.

36 Zum einen wird es zunächst darum gehen, dass die Umsetzung vorgegebener Maßnahmen durch den lokalen Compliance-Beauftragten und die Geschäftsleitung bestätigt werden. Auch ein Bericht über wesentliche lokale Compliance-Vorfälle ist erforderlich. Dieses Reporting erfolgt meist einmal pro Quartal oder ggf. pro Jahr und wird mit dem lokalen Compliance-Beauftragten mit der lokalen Geschäftsleitung abgestimmt. Mit diesem Bericht bestätigt die lokale Geschäftseinheit, alle Anforderungen erfüllt zu haben und übernimmt damit auch die finale Verantwortung für Compliance im eigenen Verantwortungsbereich.

37 Zum anderen wird dem lokalen Compliance-Beauftragten aber auch eine fachliche Berichtslinie zur Zentralorganisation eingerichtet werden müssen, die ihm im Zweifel auch erlaubt, unmittelbaren Bericht zu erstatten. Diese Unabhängigkeit ist für die Entfaltung einer Wirksamkeit der Compliance-Maßnahmen unerlässlich, wenngleich auch am wenigsten formal zu erreichen ist. Hier helfen erfahrungsgemäß vor allem die beschriebenen Netzwerkorganisationen – zumindest im Rahmen des Projektstatus.

C. Der Regelbetrieb Compliance

38 Ein Projekt ist dadurch gekennzeichnet, dass es ein definiertes Ende hat, wenn die Projektaufgabe erfüllt ist. **Ein Projektende Compliance** kann dabei durch unterschiedliche Ereignisse eintreten. Wurde Compliance aus Gründen der Krisenintervention etabliert, kann sich das Projektende schon durch die Einigung mit den Behörden ergeben, egal wie viel vom geplanten Management-System schon geschaffen worden ist. Eine andere Möglichkeit des Projektendes ist eine Prüfung des Systems durch die Interne Revision oder einen externen Prüfer. Die verschiedenen Anlässe für das Projektende haben eines gemeinsam: Anschließend muss sich die Compliance-Organisation neu erfinden. Es gibt kein „weiter so", weil viele Projektaufgaben Einmalaktionen waren, die so nicht wiederholt werden können. Compliance als Projekt ist vorbei und der Regelbetrieb beginnt.

39 Auch hier ist es wieder von Vorteil, wenn der Compliance Officer das Ende ganz bewusst als solches behandelt, um sich auf den Weg in den Regelbetrieb zu machen. Er

C. Der Regelbetrieb Compliance

kann dann alle organisatorischen Parameter aus der Vorphase wieder auf den Prüfstand stellen und eine neue Organisationsform zur Entscheidung bringen.

Lässt man die Aufgaben, die sich im Aufbau des Compliance-Management-Systems **40** ergeben, Revue passieren, stellt man fest, dass viele Aufgaben einen einmaligen Charakter haben. Die einmal etablierten Maßnahmen bedürfen zwar regelmäßiger Updates auch der wiederholten Durchführung, aber die damit für den Compliance Officer verbundene Aufgabe verändert sich doch.

- Wurde in der Aufbauphase gründlich gearbeitet, wurde ein umfängliches Risiko-Assessment durch wesentliche Rechtsanforderungen und Geschäftsprozesse hindurch durchgeführt. Wurden Arbeitsergebnisse der Compliance-Organisation einer Prüfung unterzogen, wurde zuvor mit Sicherheit eine sog Control-Risk Matrix erstellt, in der alle Risiken und entsprechenden Maßnahmen zur Beherrschung der Risiken säuberlich notiert sind.
- Es wurden in der Aufbauphase Compliance-Richtlinien erstellt. Auch ein sog Code of Conduct gehört zur Standardausstattung der Compliance-Arbeit. Vielleicht ist es dem Compliance Officer sogar gelungen ein sog „read and sign" umzusetzen, demnach zumindest alle Führungskräfte haben unterschreiben müssen, dass sie den Code of Conduct kennen und beachten. Es soll schließlich in einem Ernstfall niemand behaupten können, er habe nicht gewusst, dass er nicht bestechen, Preise absprechen etc durfte.
- In der Aufbauphase sind fast immer umfangreiche Schulungs- und Informationsveranstaltungen durchgeführt worden. Nicht selten sind alle Mitarbeiter oder zumindest alle Führungskräfte in mehrstündigen oder mehrtägigen Veranstaltungen über regelkonformes Verhalten unterrichtet worden. Entsprechende Nachweise wurden dokumentiert.
- Es wird in vielen Fällen ein Hinweisgebersystem etabliert und Mitarbeiter werden ermutigt, beobachtetes Fehlverhalten zu melden. Entsprechend werden Investigationsmaßnahmen aufgesetzt.

Selbstverständlich bedürfen alle eingeführten Maßnahmen **permanenter Nachpflege**: **41** Risiko-Assessments müssen regelmäßig wiederholt werden und in neuen Geschäftsbereichen oder Ländern neu aufgebaut werden; neue Mitarbeiter müssen geschult werden, Schulungen werden für alle Mitarbeiter regelmäßig aufgefrischt, das Hinweisgebersystem wird immer wieder kritische Sachverhalte zu Tage fördern, die der Investigation bedürfen; Regelwerke müssen um neue gesetzliche Vorgaben ergänzt werden. Aber das alles wird nicht mehr in der Intensität erfolgen wie in der Aufbauphase. Die Compliance-Arbeit erlahmt, wenn das Management-System einmal errichtet ist.

Dann beginnt eine neue Aufgabe für die Compliance-Organisation. War sie bisher **42** vor allem damit befasst, eigene Compliance-Prozesse und -Maßnahmen zu konzipieren und zu etablieren, wird es nun um die **nachhaltige Verankerung der Compliance** in den Geschäftsprozessen gehen. Die Compliance-Organisation wird sich auch nicht dauerhaft auf die „Ausnahmensituation" des Projekts stützen können und zB für schwierige Entscheidungen in ein Compliance Committee anrufen können. In der Phase nach dem Aufbau der Compliance- und der Projektorganisation stellt sich dem Compliance Officer die Herausforderung, alle Maßnahmen in einen Regelbetrieb zu überführen. Das aber wird ihm nicht gelingen, wenn er nicht auch die Compliance-Organisation neu aufstellt.

§ 6. Organisationsformen der Compliance-Funktion im Unternehmen

I. Aufgabendefinition

43   Es lassen sich in dieser Phase der „Verankerung" und nachhaltigen „organisatorischen Wirksamkeit" zumindest **drei Aufgabenfelder für die Compliance-Organisation** benennen:
1. Die **Pflege des bestehenden Management-Systems**: Alle etablierten Maßnahmen bedürfen der Fortführung, aber sie müssen immer stärker auch in der Verantwortung der Bereiche gepflegt werden, die auch die Geschäftsverantwortung tragen. Es wäre langfristig unklug, eine (Compliance-)Organisation neben der allgemeinen Organisation aufrecht zu erhalten. So sollten zB das Risiko-Assessment, die Erstellung von Richtlinien, die Durchführung von Trainings durchaus den Bereichen überantwortet werden, die dafür generelle Verantwortung im Unternehmen tragen. Die Compliance-Organisation behält für die Pflege des Bestehenden lediglich systemgebende und überwachende Funktion.
2. Entscheidung über Rechtsgebiete und **Ausdehnung des Compliance-Management-Systems auf alle potentiellen regulatorischen Anforderungen**: Für eine Compliance-Organisation im Regelbetrieb wird es mittelfristig nicht ausreichen, sich auf ausgewählte Rechtsgebiete zu fokussieren. Entsprechend regelmäßig durchgeführter Risiko Assessments wird sie sich grundsätzlich um die Einhaltung von Rechtsanforderungen bzw. um die Mitigation von Rechtsrisiken kümmern müssen. Da dafür teilweise auch bestehende Organisationeinheiten im Unternehmen zuständig sind, ist eine genaue Aufgabenabgrenzung erforderlich. Auch hier wird einer etablierten Compliance-Organisation zumindest eine systemgebende Funktion zukommen müssen, sei es, dass sie für klare Aufgabenzuordnung[9] sorgt, sei es, dass sie bestehenden Verantwortungsfunktionen Vorgaben zur Optimierung des Management-Systems macht (ist an alle Aspekte des Management-Systems gedacht?).
3. Weitere **Durchdringung der Geschäftsprozesse und Einbindung in relevante Einzelentscheidungen**: In der Aufbauphase war die Compliance-Organisation im Wesentlichen damit befasst, eigene Prozesse zu etablieren, die das Rückgrat ihrer Tätigkeit darstellen. Aber so, wie sie ihr eigenes Instrumentarium zunehmend in die bestehenden Prozesse integrieren muss (indem Geschäftsverantwortliche Verantwortung für Compliance-Prozesse mit übernehmen), so wird sich die Compliance-Organisation in laufende Geschäftsprozesse einmischen, um „ex ante" risikobehaftete Prozesse, Entscheidungen und Transaktionen so mitzugestalten, dass sie von Anfang an rechtskonform sind.

44   Die Aufgabenbeschreibung soll nur exemplarisch und keineswegs abschließend sein. Klar ist, dass sich eine Compliance-Organisation im Regelbetrieb in die Lage versetzen sollte, Geschäftsprozesse systematisch zu beeinflussen,[10] wenn dies erforderlich oder

---

[9] Es gibt immer wieder Rechtsanforderungen, für die sich keiner im Unternehmen umfassend zuständig fühlt. Nur als Beispiel sei das arbeitsrechtliche Thema „Scheinselbständigkeit" benannt, was die Personalabteilungen häufig nicht bearbeiten, weil es sich bei den Dienstleistern eben nicht um Mitarbeiter handelt und der Einkauf dafür zuständig ist, dem aber die arbeitsrechtliche Kompetenz fehlt. Da es sich außerdem um eine Anforderung handelt, die nicht allein durch einen angemessenen Vertrag erledigt ist, sondern auch einen getreue Umsetzung durch den Geschäftsbereich erfordert, ist eine mehrdimensionale Verantwortung erforderlich. Besonders funktional ausgerichtete Unternehmen sind damit schnell überfordert.

[10] Natürlich hat die Compliance-Organisation auch schon in der Aufbauphase Geschäftsprozesse beeinflusst. In Bereinigungsaktionen (Remediation) geschieht das manches Mal in einem

C. Der Regelbetrieb Compliance

auch nur hilfreich ist, Compliance sicherzustellen. Damit müssen die möglichen Schnittstellen aber definiert und laufend aktualisiert werden. Die Compliance-Organisation wird – wie jede andere Verwaltungseinheit im Unternehmen auch – darauf achten, wann und wie sie entsprechende Informationen aus den Geschäftsbereichen vorgelegt bekommt, um ihre Perspektive einzubringen. „Ex ante" bedeutet hier die Schaffung eines Regeleingriffs in bestehende Prozessabläufe, in der es vermieden werden muss, „in letzter Eile unstrukturierte und ggf. auch nicht übersetzte Dokumente auf den Tisch zu bekommen, zu denen der Compliance Officer bitte seinen Segen geben soll – am besten sofort".

II. Vorbilder für die Aufbauorganisation

Diese veränderten Aufgabenstellungen, die der Compliance Officer mit Hilfe der üblichen Instrumentarien wie zB der Funktionsprofile beschreiben und durch die Geschäftsleitung bestätigen lassen sollte, erfordern eine neue Organisationsform. In der Entscheidung, welche Organisationsform die richtige ist, werden sich der Compliance Officer und die Geschäftsleitung klugerweise von der bestehenden Aufbauorganisation im Unternehmen leiten lassen. Dazu gehört auch, sich aus dem Sonderstatus, den das Projekt Compliance noch beansprucht hat, sukzessive zu befreien. Es gibt wenig Grund der Compliance-Organisation dauerhaft einen Sonderstatus zuzubilligen. **45**

Die entscheidende Frage ist dabei aber, welche Verwaltungseinheit sich die Compliance-Organisation zum Vorbild nehmen soll, um ihren eigenen Regelbetrieb zu organisieren. Es ist leicht erkennbar, dass in den meisten Unternehmen die **Verwaltungseinheiten** nicht nach einheitlichem Muster agieren. **46**

– **Rechtsabteilungen:** Natürlicherweise steht die Compliance-Abteilung in einer engen Verwandtschaft zur Rechtsabteilung. Allerdings betrachten sich Rechtsabteilungen im Unternehmen eher als eine beratende Einheit, wenn es um Verträge mit Dritten geht. Auf Anfrage geben sie entsprechende Rechtsauskünfte. Einen systematischen Eingriff in die Organisation des Unternehmens beanspruchen sie gerade nicht. Selbst wenn die Compliance-Organisation in die Rechtsabteilung integriert wird, was in sehr vielen Unternehmen gegenwärtig der Fall ist, dann doch nur deshalb, weil die Compliance-Organisation eine andere Organisationsform verfolgt als die Rechtsabteilung. Vielleicht ist die Compliance Organisation der organisatorische Arm der Rechtsabteilung in das Unternehmen hinein. Als organisatorisches Vorbild taugt die Rechtsabteilung damit aber nicht.

– **Finanz- und Personalabteilungen:** Diese Abteilungen haben ihre feste Position im Unternehmen und – selbst bei im Detail unterschiedlichen Aufgabenzuschnitten – einen klaren „Markenkern". Sie stehen auf der Seite der Verwaltung und sind nicht Teil der Geschäftsbereiche. Obwohl sie als „Business Partner" eine unterstützende und beratende Funktion wahrnehmen, haben sie immer auch eine prüfende und korrigierende Aufgabe zu erfüllen. Das ist über die jahrzehntelange Entwicklung nicht immer konfliktfrei verlaufen und nicht allen Finanz- oder Personalabteilungen darf man heute testieren, dass sie für ihre Rechtsanforderungen ein umfassendes und wirksames Compliance-Management-System ausgeprägt und durchgesetzt haben. Aber im

Ausmaß, das im Regelbetrieb sogar wieder zurückgenommen wird. Das ist beispielsweise der Fall, wenn die Compliance-Organisation eine Prüf- und Genehmigungspflicht für auffällig gewordene Transaktionsarten einfordert. Eine systematische Beeinflussung zeichnet sich jedoch dadurch aus, dass der Prozess dauerhaft modifiziert und keine Teile punktuell herausgebrochen werden.

Grundsatz ist ihre Funktion klar definiert und die anhaltende Optimierung in Richtung Shared Service Centern hat nicht allein eine Kostenreduktion gebracht, sondern – jedenfalls in den good practice Beispielen – eine klare Prozess- und Kontrollgestaltung, so dass die Shared Service Center Konzeption Compliance durchaus befördert. Im Grundsatz scheint die Organisation der Finanz- und Personalabteilungen ein geeignetes Rollenbild für den Regelbetrieb Compliance zu sein.

– **Einkauf und IT-Abteilungen:** Eine etwas andere Positionierung haben häufig die noch näher an die Geschäftsbereiche angebundenen Einheiten Einkauf und IT in den Unternehmen. Auch sie können als Rollenbild für den Regelbetrieb Compliance dienen. Hier ist der Charakter der die Geschäftsbereiche unterstützenden Dienstleistung sicher ausgeprägter. Für eine Compliance-Rolle sachdienlich sind sie jedoch, weil ihre Leistung ein natürliches Korrektiv für Geschäftsprozesse und -entscheidungen darstellt. Der Einkauf bringt weitere Perspektiven in eine Kaufentscheidung und unterwirft den Entscheidungsprozess einem klaren Muster. Die IT ist ohnehin immer mit der Frage befasst, wie sich Prozesse in IT-tools und Plattformen überhaupt abbilden lassen. Beide Einheiten sind immer ganz zu Beginn im Entscheidungsprozess dabei und können allein deshalb einige gute Ideen für die Etablierung des Regelbetriebs Compliance bieten. Ob sie für dessen Aufgabe ausreichend Unabhängigkeit in die Waagschale des Rollenbildes einbringen können, ist allerdings fraglich.

– **Interne Revision:** Es wird auch häufig diskutiert, die Compliance-Organisation mit der Internen Revision zu verbinden. Vor dem Hintergrund, dass auch Interne Revisionen ihre Prüfungsaufgabe gerne um die Prozessberatung ergänzen, ist dieses Rollenbild als Vorbild durchaus möglich. Dennoch wird die Compliance-Organisation damit als eine neutrale Funktion den Geschäftsbereichen gegenüber gestellt und kann ihren Einfluss nur aus dem prüferischen Auftrag gewinnen. Damit verbunden sind umfassende Einblicksrechte, die Gefahr des Agierens aus der „ex post" Perspektive und immer wieder das Ressourcenproblem: Was soll und kann die Compliance-Organisation einer Prüfung unterziehen? Welche Stichproben sind sachlich ausreichend und wieviel Personal bedarf es, um geeignete Prüfungen sicherzustellen? Es ist zu beachten, dass die Organisation der Internen Revision der Aufgabenstellung „third line of defense" entspricht. Dient die Interne Revision als Rollenbild für den Regelbetrieb, wird die Compliance-Organisation vielfach Aufgaben in der „second line of defense" wahrnehmen, die traditionell Führungsaufgabe im Unternehmen ist.

47 Auf dem Weg zum Regelbetrieb ist der Compliance Officer gut beraten, den Regelbetrieb seiner Organisation **nach einem gezielt gewählten Vorbild** zu wählen.

III. Auf dem Weg zum Regelbetrieb Compliance

48 Auf dem Weg zum Regelbetrieb wird die Compliance-Organisation damit auch hinter sich lassen müssen, was in der Aufbauphase gerade Erfolgsfaktoren waren: das Compliance Committee, die Meilensteinplanung, die temporären Projektmitarbeiter mit nur teilweise geklärter organisatorischer Zuordnung.

49 Insbesondere das Compliance Committee wird nun – da die wesentlichen Meilensteine im Aufbau ja erreicht sind – durch eine eindeutige Anbindung an ein Vorstands-/Geschäftsleitungsressort und eine entsprechend festgeschriebene Geschäftsverteilung ersetzt. Gemäß ihrer Organisations- und Aufsichtspflichten wird die Geschäftsleitung nun eine **wirksame Delegation** zum Compliance Officer herstellen müssen, indem sie eine klare Funktionsbeschreibung festschreibt. Außerdem wird sie die Geschäftsführer der Gesellschaften auf die **Umsetzung von Compliance-Maßnahmen** verpflichten, so-

C. Der Regelbetrieb Compliance

weit das gesellschaftsrechtlich möglich ist. Je nach sonstigem Usus kann auch die Geschäftsbesorgung durch eine zentrale Compliance-Organisation in Erwägung gezogen werden.

Die zentrale Compliance-Organisation selbst hat sich in der Projektphase meist eine 50 funktionale Aufstellung gegeben, um definierte Arbeitspakete konzentriert abarbeiten zu können. Im Regelbetrieb werden eine Reihe dieser Funktionen ohnehin abgegeben an andere existierende Fachabteilungen, zB Trainingsmanagement, Risikomanagement interne Kommunikation etc, soweit diese im Unternehmen vorhanden sind. Funktional können hier **Synergien zwischen den Fachabteilungen** erzielt werden, indem die Compliance-Organisation im Regelbetrieb die regulatorisch erforderlichen Inhalte an die weiteren Fachabteilungen gibt, die die entsprechenden Prozeduren umsetzen, zB neue Trainingsinhalte ergänzen, Richtlinienänderungen im bestehenden Richtlinienmanagement des Unternehmens bekannt geben, das jährliche Risiko-Assessment um neue Risikoparameter erweitern etc.

Für die meisten zentralen Compliance-Organisationen tritt die Betreuungsfunktion 51 der Geschäftsbereiche oder Landesorganisationen in den Vordergrund. Um in dieser regionalen bzw. lokalen Betreuungsfunktion die Wirksamkeit von Compliance gewährleisten zu können, ist die **Etablierung eines grundlegenden und einheitlichen Compliance-Prozederes**, das zB in der Projektphase erreicht worden ist, unerlässlich. Darüber hinaus kann die Betreuungsfunktion aber gewährleisten, dass die Compliance-Funktion spezifische Teilaufgaben innerhalb der Geschäftsprozesse erledigen kann. Über die zentralen Betreuungsfunktionen werden die regionalen und/oder lokalen Compliance-Beauftragten geführt.

Für die dezentrale Compliance-Organisationen sollte eines der genannten Vorbilder 52 als Orientierung dienen. Dementsprechend wird der Compliance Officer zusehen, die Funktion des Compliance-Beauftragten in jeder Landesgesellschaft und Geschäftseinheit eigenständig zu verankern. Existieren zB für die Finanz- oder Personalabteilungen klare funktionale Strukturen, die bis in die Landesgesellschaften zB über Geschäftsbesorgungen organisiert sind, so ist das auch für die Compliance-Organisation ein geeignetes Vorbild. In diesem Fall sollten die lokalen Compliance-Beauftragten disziplinarisch an die zentrale Compliance-Organisation gebunden werden.

Ist das Unternehmen insgesamt mit einer Matrixorganisation vertraut, so sollten die 53 lokalen Compliance-Beauftragten entsprechend dem üblichen Prozedere disziplinarisch an die lokale Geschäftsleitung gebunden werden, aber eine starke fachliche Führung durch die zentrale Compliance-Organisation erfahren. Der Compliance Officer wird zumindest durch eine Funktionsbeschreibung für die lokalen Compliance-Beauftragten darauf achten, dass die fachliche Führung durch klare Beschreibung der lokalen Rechte und Pflichten sichergestellt ist. Ebenso wird er sicherstellen, dass die zentrale Compliance-Organisation über Vergütung, Beurteilung oder ggf. Entlassung der lokalen Mitarbeiter maßgeblich mitentscheidet.

In diesem Prozess der Eingliederung in die bestehenden Unternehmensstrukturen 54 kann die Compliance-Organisation als ganz junge Einheit, die in ihrer Projektphase auch einiges über bestehende Mechanismen und Systemschwächen gelernt hat, **neue Organisationsideen** einbringen. Die meisten Unternehmen leiden heute entweder an einem „Silo-Denken", das der stark funktionalen Ausprägung entspringt, oder an einem „anything goes", das den Matrix Ausprägungen eine inhärente Gefahr ist. Auch im Prozess der Eingliederung kann die Compliance-Funktion organisatorische Verbesserungspotentiale benennen und umsetzen. Dies gilt nicht zuletzt dann, wenn sie Anforderungen an das Compliance-Management-System der bestehenden Fachbereiche formuliert.

§ 6. Organisationsformen der Compliance-Funktion im Unternehmen

55 Sollte es der Compliance-Organisation darüber hinaus gelingen, einzelne **Errungenschaften aus der Projektphase in den Regelbetrieb zu übernehmen**, so kann ihr damit ein signifikanter Beitrag zur Unternehmensentwicklung gelingen. Dazu gehört zB die Ausprägung einer Netzwerkorganisation zumindest innerhalb der zentralen und dezentralen Compliance-Organisation sowie den angrenzenden Fachbereichen. Gestützt durch zB IT-Infrastrukturen sollte auch im Regelbetrieb die beständige Kommunikation zwischen den regionalen und lokalen Compliance-Organisationen und -Beauftragten gewährleistet werden. Dies trägt zur Stärkung und Unabhängigkeit der einzelnen Mitarbeiter in der Compliance-Organisation entscheidend bei. Außerdem ist damit der Anfang für eine weitere organisatorische Integration und strategische Wirksamkeit der Compliance-Funktion getan.

IV. Berichtspflichten im Regelbetrieb

56 Die in der Projektphase etablierten Berichtspflichten werden im Regelbetrieb ebenfalls auf den Prüfstand gestellt. Der Bericht über den Vollzug der Einführung von Compliance-Maßnahmen oder über Compliance-Fälle ist für den Regelbetrieb unzureichend. Der Compliance-Organisation stehen hier **zwei weiterführende Wege** offen:

57 Zum einen wird sie einen **jährlichen Bestätigungsprozess** aufrechterhalten. Dieser kann eine jährliche Integritätsbestätigung sein, in der jede Geschäftsleitung bzw. der Compliance-Beauftragte bestätigt, dass
– alle zentralen Compliance-Vorgaben umgesetzt wurden,
– lokale Compliance-Risiko-Assessments durchgeführt wurden und ggf. lokale Ergänzungsmaßnahmen umgesetzt und berichtet wurden,
– keine schwerwiegenden Compliance-Fälle bekannt sind, die nicht berichtet und bereinigt worden sind.
Sollten Unternehmen aus dem SOX Vorbild unternehmensinterne „Subcertification" Prozesse haben, sollte diese um Compliance-Kontrollen ergänzt werden.

58 Zum anderen wird man sich um **geeignete Kennzahlen** bemühen, um den Erfolg der Compliance-Abteilung messbar zu machen. Dabei ist zu beachten, dass der Erfolg der Compliance-Funktion grundsätzlich in der Abwesenheit eines Ereignisses liegt. Gute Kennzahlen werden also zunächst die Durchdringung der Compliance-Maßnahmen erfassen und erst im zweiten Schritt die Effizienz der Umsetzung.

59 Gerade die Messbarkeit der Effizienz der Compliance-Maßnahmen kann durch integrierte Organisationsmodelle besser erreicht werden.

D. Integrierte Organisationsmodelle für Compliance

60 Es liegt in der Natur der Compliance-Funktion, integriert zu arbeiten. Neben der Etablierung eigener Prozesse hängt ihre Wirksamkeit im Unternehmen daran, die Geschäftsprozesse unmittelbar zu beeinflussen. Im Regelbetrieb wird sie auch punktuelle Synergien mit anderen Fachbereichen realisieren, indem sie Teilaufgaben an diese abgibt und integriert erbringt.

61 Als eine junge Organisationseinheit wird sie auch **organisatorische Schwachstellen** aufzeigen, wo sich zB die klassischen Administrationsabteilungen zu weit von den Geschäftsprozessen entfernt haben, um ihrer Ordnungsfunktion noch vollumfänglich

D. Integrierte Organisationsmodelle für Compliance

nachkommen zu können. Mit diesen Hinweisen wird sie weiter für integrative Zusammenarbeit im Unternehmen sorgen. Das ist Teil ihrer Aufgabe.

Sie beansprucht damit einen **hohen Grad an Unabhängigkeit und Durchsetzungskraft** im Unternehmen und das ist ein guter Grund, die Compliance-Organisation als eine eigenständige Organisationseinheit zu etablieren. 62

In den meisten Unternehmen ist die Compliance-Organisation selbst nicht auf dem Weg eine wirklich eigenständige Position, vergleichbar der Finanz- oder Personalabteilung zu gewinnen. Sie wird aus dem Projektstatus im Regelbetrieb häufig mit anderen administrativen Bereichen zusammengeführt. Auch dafür gibt es gute Gründe, wovon zumindest die beiden folgenden häufig in der Waagschale zu finden sind: 63
– Zum einen werden **Synergieanforderungen auf der Seite der Administration** ins Feld geführt: Da eine wirksame Compliance-Funktion in vielen Geschäftsbereichen und Gesellschaften vertreten sein sollte, ist eine Vollzeitkraft in vielen Fällen nicht immer angemessen darstellbar, so dass Compliance-Beauftragte diesen Job neben einer anderen Aufgabe miterledigen. Da dies auch für andere eher administrative Funktionen – wie das Management von Risiken, Prozessen, Kontrollen, Richtlinien etc – gilt, werden diese Aufgaben in vielen Nebentätigkeiten fragmentiert.
– Es gibt aber auch **Synergieanforderungen auf der Seite der Geschäftsbereiche**, die nicht von jeder dieser Funktionen mit zT vergleichbaren Fragestellungen wiederholt und schlimmstenfalls unkoordiniert angesprochen werden möchte. Wenig hilfreich ist es auch, wenn die verschiedenen Funktionen mit unterschiedlichen Vorgehensweisen und Messgrößen zu differenten oder lückenhaften Empfehlungen kommen (die Risikoerhebung der Risikoabteilung kommt zu anderen Ergebnissen als die der Compliance-Abteilung; die Kontrollaktivitäten passen nicht zu identifizierten Risiken etc).

Es kann also durchaus im Interesse der Compliance-Funktion liegen, organisatorisch in andere Bereiche integriert zu werden. In der Bündelung der Aktivitäten und der organisatorischen Aufstellung kann ein strategischer Vorteil liegen, in dem die Wirksamkeit der Teilbereiche durchaus erhöht wird. 64

I. Compliance als organisatorischer Arm der Rechtsabteilung

In den meisten DAX-Unternehmen findet sich die Compliance-Abteilung in einer Koexistenz mit der Rechtsabteilung. Es lassen sich eigenständige Vorstandsressorts Recht & Compliance finden, und manches Mal ist der Bereich Recht & Compliance einem anderen administratives Vorstandsressort oder dem Ressort des Vorstandsvorsitzenden untergeordnet. 65

Recht und Compliance zusammenzufassen, ist naheliegend, denn die ursprüngliche Bedeutung von Compliance ist schließlich die Einhaltung von Rechtsvorschriften. Compliance kann als der organisatorische Arm der Rechtsabteilung verstanden werden, dessen Aufgabe darin liegt, die für ein Unternehmen relevanten Rechtsvorschriften im Unternehmen sicherzustellen. 66

Damit diese Aufgabenbündelung gelingen kann, sind **potentielle Fallstricke** zu beachten: 67
– Es ist schon eine **genaue Aufgabentrennung** zwischen beiden Bereichen vonnöten. Beide Bereiche könnten Rechtsmeinungen abgeben, die entsprechend ihrer Funktion im Unternehmen durchaus unterschiedlich sein können. Juristische Beurteilungen und transparente Compliance-Anforderungen können zu unterschiedlichen Empfehlungen für das Unternehmen und damit zu komplexen Interessenskonflikten führen. Wird die Compliance-Abteilung aber darauf reduziert, die juristischen Beurteilungen

§ 6. Organisationsformen der Compliance-Funktion im Unternehmen

der Rechtsabteilung ins Unternehmen zu tragen, ist sie eine nachgelagerte Abteilung und beide agieren nicht „auf Augenhöhe" miteinander. Werden die ggf. unterschiedlichen Empfehlungen ermöglicht, ist eine Integration beider Bereiche vonnöten, damit man sich in der Abteilung „Recht & Compliance" auf die eine bestmögliche Empfehlung einigt.

– **Rechtsabteilungen** sind grundsätzlich für die **rechtliche Beratung von Einzelsachverhalten** im Unternehmen zuständig. Die **Compliance-Funktion** ist für eine **Systematik von Maßnahmen** verantwortlich, die Rechtssicherheit im Unternehmen sicherstellt. Beide Aufgaben erfordern eine unterschiedliche Herangehensweise und organisatorische Aufstellung: Während die Rechtsabteilung funktional entsprechend der Rechtsgebiete aufgestellt sein kann, wird sich eine Compliance-Abteilung im Regelbetrieb eher an der bestehenden Organisationsstruktur des Unternehmens ausrichten. Damit wäre die Compliance-Funktion immer die erste Anlaufstelle für rechtliche Fragestellungen, wohingegen die Rechtsabteilung als „second level support" agiert. Dem Selbstverständnis der meisten Rechtsabteilungen entspricht dies jedoch nicht.

68 Richtig umgesetzt und durch ergänzende Funktionsprofile klar voneinander abgegrenzt, kann eine integrierte Organisation die Funktion von Recht & Compliance im Unternehmen stärken. Die Compliance-Funktion ergänzt darin die Aufgaben, die die Rechtsabteilung in der Vergangenheit ggf. zu wenig unternehmensintern ausgeprägt hat, nämlich ein Management-System für ihre Belange zu etablieren. Die Gefahr eines Machtkampfes zwischen beiden Bereichen ist jedoch sehr groß. Tatsächlich ist in den meisten „Recht & Compliance" Organisationen nicht sehr viel Integration zu erkennen. Vielmehr agieren beide Bereiche häufig nebeneinander und sind darum bemüht, sich möglichst wenig gegenseitig „ins Gehege" zu kommen. Was eigentlich vermieden werden soll, wird damit aber sogar gefördert: **Machtkampf statt Integration.**

69 Die Integration der Aufgaben gelingt wahrscheinlich nur, wenn sie durch eine **organisatorische Integration** stabilisiert wird. Bei den dazu erforderlichen Überlegungen helfen – auch wenn das für Rechtsabteilungen bisher eher wenig üblich ist – Anleihen aus dem Umfeld der „Shared Service Center" Konzepten. Shared Service Center Konzepte werden von Unternehmen nicht nur wegen Kosteneinsparung und Skaleneffekten immer häufiger eingeführt, sondern auch wegen der damit erzielten organisatorischen Stringenz von Aufgaben und deren Durchsetzung. Ein gutes Shared Service Center Konzept kann also zur Compliance beitragen und ist damit auch ein mögliches Rollenbild für „Recht & Compliance" selbst.

70 **Diese Organisation könnte darin wie folgt aufgebaut sein:**
– Die Geschäftsbereichsbetreuung wird von lokalen Funktionen übernommen, deren Aufgabe im Wesentlichen darin besteht, sehr nahe an den Geschäftsprozessen die Compliance-Perspektive einzubringen.
– Der eigentliche Shared Service Bereich übernimmt alle beratenden Aufgaben, wobei hierunter auch definierte Pflichtberatungen (Genehmigungen) zu verstehen sind. Dieser Bereich ist im Wesentlichen Systemgeber und außerdem verantwortlich für die Beantwortung von Rückfragen zum System.
– Das Center of Excellence umfasst die Rechtsexperten, die sich nur mit ausgewählten Rechtsfragen auseinandersetzen. Sie kümmern sich ebenso um das Rechtsmonitoring, über das neue Anforderungen ins Unternehmen getragen werden, wie auch um die Beurteilung von besonders schwierige Einzelsachverhalten, die sie aus dem Shared Service Bereich weitergereicht bekommen.

71 Eine so oder ähnlich gelagerte Aufbauorganisation wird ergänzt um die Festschreibung der erforderlichen Abläufe zwischen den drei Bereichen in den Funktions- und Prozessbeschreibungen.

D. Integrierte Organisationsmodelle für Compliance

II. Integrierte GRC Organisation

Neben der funktional optimierten „Recht & Compliance"-Organisation sind auch **alternative Integrationsmodelle** eine weitere Überlegung wert. Diese ermöglichen einen weiteren Schritt in Richtung Bündelung verschiedener strukturierender Aufgaben hin zur internen Unternehmensentwicklung. 72

Komplexe, global agierende Unternehmen mit unterschiedlichen Geschäftsmodellen erfordern zunehmend eine komplexere Organisation, die vielfältig vernetztes Arbeit erlaubt und dennoch ein zureichendes Maß an Ordnung gewährleistet. In den Unternehmen werden daher unterschiedliche Anstrengungen unternommen, neue Ordnungsmodelle zu entwickeln. Viele Unternehmen entrümpeln derzeit zB ihre Regelungslandschaften, begeben sich auf neue Wege des Risikomanagements (auch mit Hilfe von prädiktiver Analysen, wie sie durch „Big Data" möglich werden). Es werden Prozesslandkarten neu strukturiert, starre Organisationsmodelle aufgebrochen. 73

Für alle Organisationseinheiten, die mit ihren Aufgabenfeldern einen kräftezehrenden Kampf um Wirksamkeit führen, kann dies Anlass sein, sich **in einer integrierten Organisationseinheit zu verbünden**. Selbst wenn hier etablierte und mächtige Administrationsabteilungen wie Finanzen und Personal außen vor bleiben, gehören doch das Risikomanagement, das Richtlinienmanagement, die Organisationsentwicklung, die Nachhaltigkeit und Compliance sowie einiges weitere wie ggf. Qualitätsmanagement, Exportkontrolle etc, zu den möglicherweise innovativen Abteilungen im Unternehmen, die durch ein integriertes Set an Aufgaben gestärkt werden und damit die Governance der Unternehmensleitung stärken. 74

Ein mutiger Schritt in Richtung Unternehmensentwicklung ist also eine **integrierte GRC Organisation**. Hier kommt die – im besten Falle bereits in der Projektphase erprobte – Netzwerkorganisation ins Spiel. Denn was für die integrierte Abteilung „Recht & Compliance" gilt, trifft auf verstärkt auf die Bündelung mehrerer Aufgabenbereiche zu, die sich jeweils nur in Teilausschnitten überschneiden. Darin ist ein erhöhter Kommunikationsaufwand erforderlich, um die unterschiedlichen Anforderungen so aufeinander abzustimmen, dass die Bündelung tatsächlich einen Wert abliefert. Um ein bloßes Nebeneinander der zu integrierenden Bereiche zu erreichen, sind auch mutige Schritte hin zu einer neuen Organisationsform erforderlich, in der die Komplexität der Aufgaben aufeinander abgestimmt werden kann. 75

Das Vorbild für integrierte GRC Organisationen können sog **Multifunktionale Shared Service Konzepte** darstellen. Dabei handelt es sich um die Erweiterung des funktionalen Shared Service Konzepts, in dem zB eine global agierende Abteilung „Recht & Compliance" organisiert werden kann. In der multifunktionalen Ausprägung werden weitere Services integriert und in ihrer Wirkung aufeinander abgestimmt: Ausgehend von beispielsweise einer neuen rechtlichen Anforderungen werden damit verbundene Risiken identifiziert, es werden tangierte Prozesse angepasst, Kontrollen ergänzt (und an anderer Stelle gestrichen!), Richtlinien und korrespondierende Schulungen angestoßen etc. Aber auch eine neue Geschäftsidee kann zum Beispiel über vorhersagende Analysen (predictive analysis) auf mögliche Risiken und ggf. erforderliche organisatorischen Anpassungsbedarfe hinsichtlich Compliance-Anforderungen, Prozessänderungen, Richtlinienergänzungen etc geprüft werden. 76

Multifunktionale Shared Services sind durch den Einsatz von entsprechende IT-Plattformen gekennzeichnet, ohne die die entstehende Komplexität kaum beherrscht werden kann. Die Integration von komplexen Abläufen und mehrdimensionalen Schnittstellen bzw. Abhängigkeiten lässt sich am ehesten durch digitalisierte Arbeitsabläufe bewerk- 77 stellen. Darin werden Vernetzungen realisiert, die durch regelmäßige Abstimmungsrunden und Excel-Tabellen alleine nicht mehr zu erzielen sind.

78 **Digitale Arbeitsabläufe** ersetzen zu einem gewissen Umfang starre Organisationsstrukturen und durch Hierarchie geprägte und legitimierte Vorgaben. Dennoch ist der Kommunikationsaufwand nicht zu unterschätzen, der zum einen vertikal von den lokalen Einheiten bis zur Zentralfunktion und zwischen den funktionalen Perspektiven erforderlich ist.

E. Fazit

79 Compliance in einem Unternehmen sicherzustellen und damit systematisches Fehlverhalten zu verhindern, ist eine komplexe Herausforderung. Natürlich kann diese Aufgabe tatkräftig und mit dem erforderlichen Mut zur Lücke begonnen werden, indem einige sichtbare Maßnahmen eingeführt und verankert werden. Je nach Reifegrad der Compliance-Funktion wird aber die richtige organisatorische Einordnung der Compliance-Funktion in die bestehende Unternehmensstruktur eine entscheidende Bedeutung für die Wirksamkeit von Compliance-Maßnahmen im Unternehmen gewinnen.

80 Die Organisationsform als solche ist nicht entscheidend für die Wirksamkeit von Compliance im Unternehmen. Insofern gibt es nach aller Erfahrung nicht die bestmögliche Compliance-Organisation. Es existieren vielmehr unterschiedliche Voraussetzungen, Erwartungshaltungen und Ausprägungen, die jeweils das Optimum der Compliance-Funktion bestimmen. Es wird dem Compliance Officer gar nichts anderes übrig bleiben, als sich mit der jeweils passenden Organisationsform intensiv zu befassen.

81 Die hier skizzierten Organisationsformen sind nicht notwendigerweise aufeinanderfolgend zu etablieren. In jeder lassen sich jedoch Wirksamkeiten ausprägen, die in einer anderen Form nicht zu verwirklichen sind. Um ein fast alltägliches Beispiel zu nennen: Ein neu ernannter Compliance Officer findet sich in einem Regelbetrieb wieder, der ihn entweder allein im Unternehmen agieren lässt oder eine Integration in ein anderes Ressort vorsieht. Stellt er fest, dass ihm beides keine Möglichkeiten bietet, die Maßnahmen umzusetzen, die für die Ausprägung eines Compliance-Management-Systems erforderlich sind, ist dringend geraten, zunächst ein Projekt aufzusetzen, in dem auch die organisatorischen Rahmenbedingungen eines Projekts etabliert werden. In einem anderen, auch fast alltäglichen Beispiel agieren Compliance Officer auch nach dem – formellen oder schleichenden – Projektende immer noch im Projektmodus und tun zu wenig, um einen Regelbetrieb sicherzustellen. In diesen Fällen kommt es schnell zu Ermüdungserscheinungen in Sachen Compliance, die im schlimmsten Fall zu einem Rückfall in die Bedeutungslosigkeit der Compliance-Funktion führen kann.

82 Integrierte Ansätze können einen innovativen Schritt nach vorne sein. Die Integration erfordert allerdings wiederum neue organisatorische Konzepte, wenn die angestrebte Aufgabenbündelung wirklich gelingen soll. Bevor über diese nachgedacht werden kann, sollte ein stabiler Regelbetrieb ermöglicht sein und die umgebende Unternehmenskultur für entsprechende Veränderungen offen sein. Dann aber sollte eine Compliance-Organisation möglich sein, die vorausschauende Sicherstellung von rechtlichen Anforderungen in den Geschäftsabläufen ermöglicht, anstatt „ex post" den Daumen über eine wunderschöne Geschäftsidee zu senken.

83 Der Compliance Officer ist also regelmäßig gefordert, seine Organisation zu überdenken. Hat er eine klare organisatorische Verortung im Blick, helfen ihm die eingangs

erwähnten Standards in der Ausgestaltung des Ziels. Ehrliche Antworten auf folgende und ähnliche Fragen können helfen, die geeignete Organisationsform in den Blick zu nehmen:

Was ist die Erwartung an die Compliance-Funktion? 84
- Es geht eher um Aufräumen, Krisenintervention und Überwachungsmaßnahmen.
- Es geht eher um rechtliche Beratung und die Fokussierung darauf, dass die Geschäftsbereiche keine Fehler machen.
- Es geht eher um eine beratende Funktion im Rahmen einer optimierten Unternehmensstruktur, in der auch die zukünftige Ausrichtung des Unternehmens eine Rolle spielt.

Was ist der gegenwärtige Ausgangspunkt?
- Sind Compliance-Prozesse schon etabliert und die Funktion der Compliance-Funktion definiert? Welche Eskalations- und Rückhaltmechanismen benötigt das Compliance Office zur Durchsetzung seiner Aufgaben?
- Verfügt die Compliance-Organisation über eine mit anderen administrativen Bereichen vergleichbare Organisationsstruktur? Existiert ein gesicherter Regelbetrieb?
- Wie ist die Akzeptanz von Compliance? Gibt es Veränderungsbedarf?
- Sind bestehende Integrationen effektiv oder sind sie eher ein Nebeneinander in einem Vorstands- oder Geschäftsleitungsressort?

Worin besteht der potentielle Veränderungsbedarf?
- Welche nächste Organisationsform kann angestrebt werden?
- Welche bestehenden Beispiele (Rollenbilder) existieren im Unternehmen bereits?
- Wie innovativ ist die Unternehmenskultur bzw. sind gerade Entwicklungen im Gang, die Veränderungen der Compliance-Organisation begünstigen?
- Weisen Effizienzkriterien auf die Notwendigkeit von Veränderungen der Compliance-Funktion hin?

Wie sieht das nächste Zielbild aus?
- Definition der Aufgaben der Compliance-Funktion entsprechend der Erwartung der Geschäftsleitung!
- Definition der entsprechenden Anforderungen an die Aufbauorganisation (im Regelbetrieb) und Ablauforganisation (Rollen und Verantwortlichkeiten gegenüber anderen Fach- und Geschäftsbereichen)!
- Road Show zur Abstimmung des Organisationsvorschlags.
- Roll Out und Implementierung.

§ 7. Arbeitsrechtliche Stellung und Haftung

Dr. Frank Fabian/Dr. Anja Mengel, LL.M.

Übersicht

	Rn.
A. Arbeitsrechtliche Stellung	1
I. Stellung – Pflichten – Haftung: Eine tragische Verkettung	1
II. Arbeitsrechtliche Pflichten des Compliance Officers	3
1. Quelle der Pflichten	3
2. Externe oder Interne Delegation	4
3. Die Pflichten im Arbeitsvertrag	5
4. Pflichten aus anderen Quellen	7
5. Pflichtendefinition aus der delegierten Compliance-Aufgabe	8
6. Fazit zu den Pflichten	9
B. Haftung gegenüber dem Arbeitgeber	10
I. Die Grundsätze der privilegierten Haftung des Arbeitnehmers gegenüber dem Arbeitgeber	11
II. Haftungsprivileg auch für leitende Angestellte	14
C. Haftung gegenüber Dritten	15
I. Deliktische Haftung gegenüber Dritten	16
II. Deliktische Haftung gegenüber Dritten aus Unterlassen	17
III. Keine Garantenpflicht gegenüber Dritten allein aus Organstellung	18
IV. Keine privilegierte Haftung im Außenverhältnis	19
V. Fazit zur Haftung	20
D. Kündigungsschutz	21
I. Bestandsschutz – Anwendbarkeit des Kündigungsschutzgesetzes	22
1. Status als leitender Angestellter gem. § 14 Abs. 1 KSchG	24
2. Begriff des Compliance Officers	26
3. Status als leitender Angestellter gem. § 5 BetrVG	28
II. Analoger Sonderkündigungsschutz?	30
III. Kein Bedarf für eine gesetzliche Regelung	37
E. Gestaltungsmöglichkeiten im Anstellungsverhältnis	41
I. Inhalt und Umfang der Tätigkeit	42
II. Haftung	46
III. Kündigungsregelungen	48
F. Fazit	51

Literatur: *Baumert*, Handlungssicherheit in der Compliance-Arbeit an Beispielen, CCZ 2013, 265; *BDCO-Positionspapier*, Berufsbild des Compliance Officers – Mindestanforderungen zu Inhalt, Entwicklung und Ausbildung, 2013; *Berufsverband der Compliance Manager*, Berufsfeldstudie Compliance Manager 2013, 2013; *Bürkle*, Grenzen der strafrechtlichen Garantenstellung des Compliance Officers, CCZ 2010, 4; *ders./Fecker*, Business Judgment Rule: Unternehmerischer Haftungsfreiraum für leitende Angestellte, NZA 2007, 598; *Dann/Mengel*, Tanz auf dem Pulverfass – oder: Wie gefährlich leben Compliance-Beauftragte?, NJW 2010, 3265; *Favoccia/Richter*, Rechte, Pflichten und Haftung des Compliance Officers aus zivilrechtlicher Sicht, AG 2010, 137; *Fecker/Kinzl*, Ausgestaltung der arbeitsrechtlichen Stellung des Compliance-Officers – Schlussfolgerungen aus der BSR-Entscheidung des BGH, CCZ 2010, 13; *Groß*, Chief Compliance Officer,

2012; *Gützner/Behr*, Die Haftung von Compliance Officer, Vorstand und Aufsichtsrat bei Rechtsverstößen von Mitarbeitern, DB 2013, 561; *Hauschka*, Zum Berufsbild des Compliance Officers, CCZ 2014, 165; *Heitmann*, Für jedes Problem ein Beauftragter? – Zum Beauftragtenwesen der Bundesrepublik Deutschland, NJW 1996, 904; *Illing/Umnuß*, Die arbeitsrechtliche Stellung des Compliance Managers – insbesondere Weisungsunterworfenheit und Reportingpflichten, CCZ 2009, 1; *Klopp*, Der Compliance Beauftragte, 2012; *Krieger/Günther*, Die arbeitsrechtliche Stellung des Compliance Officers – Gestaltung einer Compliance-Organisation unter Berücksichtigung der Vorgaben im BGH-Urteil vom 17.7.2009, NZA 2010, 367; *Lucius*, Der Standard Compliance Code der österreichischen Kreditwirtschaft, CCZ 2008, 186; *Maschmann*, Corporate Compliance und Arbeitsrecht, 2009; *Meier*, Der Arbeitsvertrag des Compliance-Beauftragten – Rechtliche Notwendigkeiten und Möglichkeiten, NZA 2011, 779; *Meier-Greve*, Zur Unabhängigkeit des sog. Compliance Officers, CCZ 2010, 216; *Mengel*, Compliance und Arbeitsrecht, 2009; *Neufeld*, Arbeitsverträge für Compliance Officer richtig gestalten, Personalführung 1/2013; *Raus/Lützeler*, Berichtspflicht des Compliance Officers – zwischen interner Eskalation und externer Anzeige, CCZ 2012, 96; *Rieble*, Zivilrechtliche Haftung der Compliance-Agenten, CCZ 2010, 1; *Seibt/Cziupka*, 20 Thesen zur Compliance-Verantwortung im System der Organhaftung aus Anlass des Siemens/Neubürger Urteils, DB 2014, 1598; *Thorben*, Der Compliance Beauftragte, 2012.

A. Arbeitsrechtliche Stellung

I. Stellung – Pflichten – Haftung: Eine tragische Verkettung

1   Die Stellung eines Menschen im Beruf sagt viel über ihn aus. Insbesondere glauben wir anhand der Stellung auch seine Verantwortung ableiten zu können. Daraus wiederum sollen die beruflichen Pflichten und dem folgend seine Haftung bei Pflichtverstößen abzulesen sein. Was ist nun überhaupt ein Compliance Officer und was sagt uns also die „Anstellung" als Compliance Officer über seine Pflichten und seine Haftung?

2   **Was ist ein Compliance Officer?** In der Literatur finden sich diverse Versuche einer Definition.[1] Oft wird der Begriff synonym mit Compliance-Manager oder Compliance-Beauftragen verwendet und im Sinne einer Leitungsfunktion für den Bereich Compliance in einem Unternehmen gebraucht.[2] Das Positionspapier eines anderen Bundesverbandes der Compliance Officer enthält ebenfalls keine Definition, nutzt den Begriff Compliance Officer aber wohl eher für Mitarbeiter mit Compliance-Aufgaben.[3] Das 2015 in 2. Auflage erscheinende Nachschlagewerk „Compliance von A bis Z", herausgegeben und bearbeitet von *Dr. Thomas Grützner* und *Dr. Alexander Jakob*, hat dagegen eine konkrete Definition zum Compliance Officer zu bieten. Danach grenzt sich der Compliance Officer vom Compliance-Manager dadurch ab, dass er Vollzeit arbeitet, jedoch an einen Chief Compliance Officer seines Unternehmens oder seiner Organisation berichtet. Andere sehen ihn als direkt unterhalb der Geschäftsleitung angesiedelte verantwortliche Person für die Compliance-Organisation und setzen ihn gleich mit dem „Head of Compliance", dem Chief Compliance Officer oder den Group Chief Compliance Officer.[4] Zusammenfassend ist festzustellen, dass es aktuell weder einheitliche De-

---

[1] *Klopp*, S. 108 f.
[2] *Berufsverband der Compliance Manager*, S. 7, 25.
[3] Auch BDCO Positionspapier – Mindestanforderungen und Leitlinien vom Arbeitskreis „Berufsbild des Compliance-Officers" des Bundesverbandes Deutscher Compliance Officer e.V., 25.8.2013, Ziffer 2.
[4] *Krieger/Günther*, NZA 2010, 367 (369).

finition noch Verständnis zum Begriff und zur Stellung eines Compliance Officers gibt. Die *Volkswagen AG* differenziert den Compliance Officer als Leiter und Verantwortlichen zum Thema Compliance in einem Unternehmen, den Chief Compliance Officer als den Verantwortlichen in der Marke bzw. im Teilkonzern und den Group Chief Compliance Officer als den entsprechend Verantwortlichen in der Konzernobergesellschaft. Für die weiteren Ausführungen wird der Compliance Officer als eine Person gesehen, dem die Verantwortung und die Leitung des Managementthemas Compliance in einem Unternehmen oder einer Organisation übertragen wurde.

II. Arbeitsrechtliche Pflichten des Compliance Officers

1. Quelle der Pflichten

Der Vorstand und die Geschäftsleitung wollen mit der Schaffung einer Compliance-Organisation und damit auch mit der Schaffung der Postition eines Compliance Officers ihre sie jeweils als Organ treffende Verpflichtung zur Herstellung und Überwachung eines funktionierenden Compliance-Systems nachkommen und soweit wie möglich delegieren.[5] Die Übertragung der Pflichten erfolgt somit erstmal nicht durch einen Automatismus, sondern es bedarf eines Delegationsaktes, auf dessen Inhalt es sehr genau ankommt.[6]

2. Externe oder Interne Delegation

Die Delegation zur Schaffung und Überwachung eines funktionierenden Compliance-Systems kann zum einen extern erfolgen, zB an eine auf Compliance spezialisierte Anwaltskanzlei abgegeben oder intern auf einen einzustellenden Compliance Officer übertragen werden.[7] Beides ist grds. möglich und vom unternehmerischen Ermessen gedeckt. Selbstverständlich wird das Ermessen in bestimmten unternehmerischen Größenordnungen und Tätigkeiten sehr eingeschränkt. Daher hat sich in international tätigen Unternehmen die interne Delegation klar als effektivere Lösung durchgesetzt.

3. Die Pflichten im Arbeitsvertrag

Als Akt der Delegation und Quelle der Pflichten ist zuerst der Arbeitsvertrag des internen Compliance Officers zu nennen. Dies setzt voraus, dass der Vertrag zwischen Unternehmen und Compliance Officer überhaupt ein Arbeitsvertrag sein kann. Ein Arbeitsvertrag ist ein Unterfall des Dienstvertrages.[8] Der Unterschied zum freien Dienstvertrag besteht darin, dass sich der Arbeitnehmer zu abhängiger bzw. unselbstständiger Arbeit verpflichtet hat. Sowohl der freie Dienstvertrag als auch der Arbeitsvertrag verpflichtet nur zur Tätigkeit als solche. Im Unterschied zum Werkvertrag wird **kein bestimmtes Arbeitsergebnis bzw. ein Arbeitserfolg geschuldet**.[9] Wird der Compliance Officer tatsächlich in abhängiger und unselbstständiger Weise nur zu einer Tätigkeit und

---

[5] Vgl. nur LG München I DB 2014, 766 (768) und → § 3 Rn. 3 ff.
[6] Vgl. → § 3 Rn. 31 ff.
[7] Vgl. → § 3 Rn. 59 ff.
[8] *Preis*, in: ErfK, § 611 BGB Rn. 3.
[9] BGH NJW 2002, 3323 (3324).

nicht zum Erfolg verpflichtet? Obwohl in der Praxis meist nur der Erfolg zählt, so hat eine Arbeitnehmereigenschaftsrechtsprechung, auch zu besonders verantwortungsvollen Tätigkeiten, nicht dazu geführt, dass all diese Tätigkeiten der „leitenden Spezialisten" im Unternehmen keine Arbeitnehmer sind. Wie beim Chefarzt einer Klinik[10] und beim Flugkapitän[11] führen die differenzierten Abgrenzungskriterien der Rechtsprechung nicht zur Verneinung eines weisungsabhängigen und unselbständigen Arbeitnehmerstatus. Die persönliche Abhängigkeit ergibt sich in solchen Fällen sowohl durch die vollständige örtliche und funktionale Eingliederung in die fremde Arbeitsorganisation des Unternehmens als auch aus der Fremdnützigkeit der Tätigkeit für das Unternehmen. Dies gilt zweifelsfrei auch für den internen Compliance Officer und Leiter einer Unternehmensabteilung Compliance, der damit auch als Arbeitnehmer auf Basis eines Arbeitsvertrages tätig wird.

6 Selbstverständlich können somit in einem Arbeitsvertrag sehr detailliert die Aufgaben und damit auch die Pflichten eines Compliance Officers beschrieben und auf ihn delegiert werden. Diese sind dann aber auch nur vertraglich und somit im beiderseitigen Einverständnis der Vertragsparteien zu ändern, was nicht immer den Anforderungen der sich schnell ändernden Wirtschaftswelt entspricht.[12] Arbeitsanweisungen (wie zB Funktionsbeschreibungen, Vorstandsbeschlüsse zum Compliance-Management-System oder Compliance-Grundsatzregelungen) sind daher oft detaillierte Quelle der Aufgaben und Pflichten eines Compliance Officers, da sie grds. einseitig änderbar sind und dadurch die nötige Flexibilität aufweisen. Dies ist kein Trick, sondern **bei allen Arbeitnehmern wird die arbeitsvertragliche Pflicht durch die Weisung des Arbeitgebers konkretisiert:**[13] Dies ergibt sich nicht zuletzt aus § 106 GewO. Grenzen dieses Weisungsrechtes sind ua die Festlegungen im konkreten Arbeitsvertrag. Es können aber gesetzliche Vorgaben zur Ausgestaltung des Arbeitsverhältnisses den Weisungen Grenzen setzen. Für die Ausgestaltung des Arbeitsvertrages oder insgesamt zu den Aufgaben einer für Compliance verantwortlichen Person gibt es keine allgemein gültigen gesetzlichen Vorgaben.[14] Es gibt im Anwendungsbereich des Wertpapierhandelsgesetzes einige Vorgaben für die „mit der Compliance Funktion beauftragte Mitarbeiter".[15] Diese sind aber branchenspezifisch gesetzlich normiert und lassen sich nicht vollständig generalisieren. Teilweise wird auch vertreten, dass der Arbeitgeber gegenüber dem Compliance Officer gar kein fachliches Weisungsrecht habe.[16] Da aber die Pflichten des Compliance Officers vertikal vom Vorstand delegiert werden, sind sie selbstverständlich weiterhin dispositiv und damit Weisungen sowie Änderungen des delegierenden Organs zugänglich. Nur so kann der Vorstand seine ihn als Organ betreffende, aus dem Legalitätsprinzip hergeleitete Pflicht zur Schaffung und Überwachung eines wirksamen Compliance-Systems nachkommen.

---

[10] BAG AP BGB § 611 Ärzte, Gehaltsansprüche Nr. 24.
[11] BAG BeckRS 1994, 30748366.
[12] *Dann/Mengel*, NJW 2010, 3265 (3268); aA wohl *Hastenrath*, → § 3 Rn. 71 ff.
[13] *Preis*, in: ErfK, § 611 BGB Rn. 233.
[14] *Groß*, S. 69.
[15] Siehe § 33 Abs. 1 WpHG.
[16] *Seibt/Cziupka*, DB 2014, 1598; gegen ein fachliches Weisungsrecht: *Krieger/Günther*, NZA 2010, 367 (370); Übersicht: *Klopp*, S. 193 ff.

4. Pflichten aus anderen Quellen

Neben dem Arbeitsvertrag und dem Weisungsrecht könnte ein **anerkanntes Berufsbild** des Compliance Officers zur Festlegung seines Pflichtenkreises beitragen bzw. im Rahmen der Auslegung herangezogen werden. Ein derartiges anerkanntes Berufsbild ist genau wie eine feste Definition des Compliance Officers aktuell nicht ersichtlich.[17] Es gibt Prüfungsstandards von Wirtschaftsprüfern[18] und diverse Ausführungen zu Mindeststandards von Berufsverbänden und Netzwerken in der Literatur. Meist haben sie aber einen Fokus auf das Managementsystem und nicht auf den leitenden Manager. In einer arbeitsteiligen Wirtschaftsordnung mit ganz unterschiedlichen Unternehmensorganisationen kann dieses Managementsystem aber von mehreren Managern im Rahmen von Compliance Boards, Steuerkreisen oder abgegrenzten Schnittstellen verantwortet werden. Die Anforderungen an ein Compliance-Management-System lassen insofern noch keinen endgültigen Schluss auf die konkreten Pflichten des jeweiligen Compliance Officers zu. Die bereits erwähnte Berufsfeldstudie „Compliance Manager 2013"[19] zeigt ein ganz unterschiedliches Bild von den fast 500 befragten Compliance-Managern, das teilweise sehr von den in der Literatur vorgesehenen Anforderungs- und Inhaltskatalogen zum Compliance-Management-Systemen abweicht. So sind die Erstellung von Compliance-Richtlinien, die Compliance-Risikoanalyse und Schulungen die Kernaufgaben in einer Compliance-Abteilung. Andere, teilweise in der Literatur und Wissenschaft ebenfalls als Kernaufgaben dargestellten Compliance-Tätigkeiten, wie Compliance-Ermittlungen oder Whistleblowing-Systeme, werden von der Mehrzahl der Befragten nicht als Aufgaben einer Compliance-Abteilung identifiziert.[20] Weitere Verbände versuchen aktuell das Berufsbild näher zu umschreiben mit ganz unterschiedlichen Aufgabenzuweisungen.[21] Ein anerkanntes Berufsbild als Leitlinie oder zumindest zusätzliche arbeitsvertragliche Auslegungshilfen bzgl. des Pflichtenkatalogs gibt es derzeit nicht. Begrüßenswert ist in diesem Zusammenhang das Positionspapier des Netzwerks Compliance e. V.[22]

5. Pflichtendefinition aus der delegierten Compliance-Aufgabe

Der Compliance Officer ist **kein gesetzlich Beauftragter**, der seine Pflichten direkt aus dem Gesetz ableitet. Wenn den Arbeitsvertrag ausführende Weisungen und Verantwortungszuordnungen unergiebig sind und das Berufsbild an sich nicht aussagekräftig ist, könnte vielleicht eine Definition oder Festlegung der zu managenden Aufgabe, nämlich Compliance, Klarheit bringen. Wenn klar ist, was Compliance als Aufgabe beinhaltet, ist auch klar, was ein Compliance Officer zu machen hat. Aktuell fehlt es in Deutschland an einer gesetzlichen Festlegung, was die Compliance-Aufgabe beinhaltet, was insofern ein funktionierendes Compliance-Management-System umfassen sollte. Prüfungsstandards von Wirtschaftsprüfern[23] und diverse Ausführungen von Experten geben, wie oben dargestellt, detaillierte Hilfe. Umfassend einordnen lassen sich die Grundelemente eines funktionierenden Compliance-Management-Systems in drei Aufgabenbereiche: Präven-

---

[17] *Fecker/Kinzel*, CCZ 2010, 13 (15).
[18] IDW PS 980.
[19] *Berufsverband der Compliance Manager*, S. 190.
[20] *Berufsverband der Compliance Manager*, S. 190.
[21] *Hauschka*, CCZ 2014, 165.
[22] Siehe → Anhang.
[23] IDW PS 980.

tion, Aufdeckung und Reaktion.[24] Die drei Aufgabenbereiche lassen sich vielleicht noch besser mit (**1.**) **Prävention und Koordination, (2.) Überwachung und Aufdeckung sowie (3.) Reaktion und Sanktion** umschreiben.[25] Diese drei Aufgabenfelder bilden sicherlich den äußeren Rahmen eines Aufgabenfeldes einer Compliance-Abteilung und damit des Compliance Officers. Die grundsätzliche Wirksamkeit dieser drei Elemente hat der Vorstand in gewisser Regelmäßigkeit zu Überwachen und kann sich dabei interner Kontroll- und Überwachungssysteme aber auch externer Wirksamkeitsprüfungen bedienen. Wie die oben dargestellte Berufsfeldstudien offenlegt, sind nicht alle drei Aufgabenbereiche immer der Compliance-Abteilung zugeordnet. In krisengetriebenen Unternehmen hat meist ein neuer Compliance Officer alle drei Aufgabenfelder im Pflichtenkreis, insbesondere weil er sich vorerst aufgrund der aktuellen Krise um weitere Aufdeckung und Reaktion in Form von Kündigungen oder Strafanzeigen kümmern muss. In anderen Unternehmen teilen sich bestimmte Unternehmensabteilungen wegen der vorhandenen Expertise diese Aufgaben und bilden in ihrer Gesamtheit und wirksamen Zusammenarbeit das funktionierende Compliance-Management-System des Unternehmens. So übernimmt zB eine neu errichtete Compliance-Abteilung die Präventions- und Koordinationsaufgabe, die Überwachungs- und Aufdeckungsaufgabe wird dagegen wegen der vorhandenen Investigationserfahrung von der Internen Revision oder der Sicherheitsabteilung wahrgenommen und die Reaktion sowie Sanktion erfolgt durch die Experten der Rechtsabteilung und Personalabteilung. Die eng verzahnte Zusammenarbeit schafft hier mehr Kontrolle und Transparenz und führt ua dazu, dass nicht eine Compliance-Abteilung die Wirksamkeit des von ihm selbst errichteten Compliance-Management-Systems alleine überwacht. Auch die staatlichen Regeleinhaltungsaktivitäten werden so von unterschiedlichen Stellen und Kompetenzprofilen, wie der Staatsanwaltschaft und der Polizei, ausgeführt. Die konkrete unternehmerische Ausgestaltung liegt **im Ermessen des Unternehmens**. Insofern sei hier besonders auf die Ausführungen des Oberstaatsanwalts *Baumert* verwiesen,[26] der richtigerweise feststellt, dass es im Lichte der §§ 30, 130 OWiG nicht zu beanstanden sei, wenn ein Unternehmen die Überwachung einzelner Geschäftsvorfälle der Revisionsabteilung vorbehält, die Schulung der Mitarbeiter hingegen einer Compliance-Abteilung überträgt. Da insofern die Grundelemente eines Compliance-Management-Systems im Unternehmen vom Vorstand auf verschiedenen Schultern verteilt werden kann, können die damit korrespondierenden Pflichten auch unterschiedlich verteilt werden und liegen somit nicht alle immer beim Compliance Officer. Insofern finden wir auch im Compliance-Management-System keinen klaren Pflichtenkatalog des Compliance Officers, sondern es ist im Ergebnis festzustellen, dass der Pflichtenkatalog des Compliance Officers dispositiv ist.

6. Fazit zu den Pflichten

9   Als Quelle des Pflichtenkatalogs bleiben nur die konkrete Beschreibung im Arbeitsvertrag oder die fachlichen und/oder organisatorischen Weisungen des Arbeitgebers im Rahmen der Schaffung und Ausgestaltung des Compliance-Management-Systems.[27] Hat der Vorstand die drei Grundpfeiler des Compliance-Management-Systems auf ein Paar Schultern gelegt, treffen diese Schultern alle diesbezüglichen Einzelpflichten. Hat

---

[24] *Moosmayer*, Compliance Praxisleitfaden, S. 37.
[25] *Groß*, S. 74.
[26] *Baumert*, CCZ 2013, 265 (267).
[27] Vgl. → § 3 Rn. 71 ff.

der Vorstand aber zB die Prävention und Koordination auf einen Compliance Officer delegiert, treffen ihn nur diese konkreten Pflichten. Wenn die Überwachungs- und Aufdeckungsfunktion bzgl. Regelverstöße zB dem Leiter der Revision zugeordnet wurde, so sind dies nicht die Pflichten des Compliance Officers, sondern eben die des Revisionsleiters. Pflichtverstöße bei der Überwachung und der Aufdeckung treffen dann auch nicht den Compliance Officer. Da der Pflichtenkatalog des Compliance Officers dispositiv ist, bedarf es einer individuellen Ausgestaltung durch Vertrag oder Weisung oder einer genauen individuellen Auslegung im Nachhinein, welche Pflichten dem jeweiligen Compliance Officer übertragen worden sind.

B. Haftung gegenüber dem Arbeitgeber

Im Allgemeinen hat der Arbeitnehmer als Compliance Officer dem Arbeitgeber Schadenersatz zu leisten, wenn er 10
- seine arbeitsvertraglichen Pflichten verletzt oder eine deliktische Handlung begeht,
- dem Arbeitgeber ein Schaden entsteht und
- zwischen Verletzungshandlung und Schaden ein Kausalzusammenhang besteht und der Arbeitnehmer die Verletzung zu vertreten hat.[28]

In der Praxis ist die Ermittlung des konkreten Schadens sehr komplex; ua hat das LAG Düsseldorf in einer beachtenswerten Entscheidung Kartellbußen des Unternehmens nicht als erstattungsfähigen Schaden anerkannt.[29] Neben der primär vorkommenden schuldrechtlichen Haftung wegen Verletzung arbeitsvertraglicher Pflichten kommen natürlich auch deliktische Ansprüche wegen unerlaubter Handlung zum Nachteil des Arbeitgebers nach §§ 823 ff. BGB in Betracht. Ansprüche des Arbeitgebers gegenüber einem Compliance Officer wegen § 823 Abs. 1 BGB erfordern die Verletzung eines absolut geschützten Rechts. Selbstverständlich ist denkbar, dass ein Compliance Officer neben vorsätzlichem Handeln auch durch fahrlässiges Handeln und durch Unterlassung gebotener, ihm möglicher und zumutbarer Schutzmaßnahmen adäquat kausal beim Arbeitgeber eine Eigentumsverletzung verursacht.[30] Eher stehen aber Haftungssituationen im Vordergrund, die sich gemäß § 823 Abs. 2 BGB aus der Verletzung eines den Arbeitgeber schützenden Gesetzes ergeben können. In all den Fällen kann auch ein pflichtwidriges Unterlassen des Compliance Officer ggf. deliktische Haftungsansprüche auslösen. Wie genau dieser für ein Unterlassen einzustehen hat und wem gegenüber wird im Rahmen der Betrachtung der Haftung gegenüber Dritten näher beleuchtet. Grundsätzlich ergeben sich aus § 619a BGB aber Besonderheiten im Rahmen dieser zivilrechtlichen Haftung des Arbeitnehmers gegenüber dem Arbeitgeber. Diese Besonderheiten folgen aus der Verantwortung des Arbeitgebers für die Gesamtorganisation des Unternehmens und die damit verbundenen Betriebsgefahren und Betriebsrisiken und der besonderen Schutzbedürftigkeit des wirtschaftlich schwächeren Arbeitnehmers. In der Rechtsprechung des BAG wurden daher **umfangreiche Haftungsprivilegien** festgelegt. Diese gelten unter den entsprechenden Voraussetzungen sowohl für Fälle der vertraglichen, wie auch der deliktischen Haftung.[31]

---

[28] *Schaub*, ArbR-HdB, § 59 Rn. 1.
[29] LAG Düsseldorf v. 20.1.2015 – 16 Sa 458/14, 16 Sa 459/14 und 16 Sa 460/14 (n. rkr.).
[30] BAG BeckRS 1995, 30755012.
[31] BAG BeckRS 1995, 30755012; *Grützner/Behr*, DB 2013, 561 (563).

I. Die Grundsätze der privilegierten Haftung des Arbeitnehmers gegenüber dem Arbeitgeber

11   Die vom BAG herausgearbeiteten Grundsätze zur Beschränkung der Arbeitnehmerhaftung[32] besagen, dass ein Arbeitnehmer **vorsätzlich** verursachte Schäden in vollem Umfang gegenüber dem Arbeitgeber zu tragen hat. Bei **grober Fahrlässigkeit** hat der Arbeitnehmer in aller Regel den gesamten Schaden zu tragen, jedoch können Haftungserleichterungen, die von einer Abwägung im Einzelfall abhängig sind, in Betracht kommen.[33] Bei **normaler Fahrlässigkeit** ist der Schaden in aller Regel zwischen Arbeitnehmer und Arbeitgeber zu verteilen, bei **leichtester Fahrlässigkeit** haftet der Arbeitnehmer dagegen gar nicht. Die Haftungserleichterung kommt dem Arbeitnehmer in allen Fällen betrieblicher Tätigkeit zugute, bei denen er einen Schaden verursacht hat. Die Beschränkung des Haftungsprivilegs auf lediglich gefahrgeneigte Arbeit ist entfallen.[34] Ob und ggf. in welchem Umfang der Arbeitnehmer an den Schadensfolgen zu beteiligen ist, richtet sich aber auch nach der Abwägung der Gesamtumstände, insbesondere von Schadensanlass und Schadensfolgen. Zu den Umständen, denen je nach Lage des Einzelfalles ein unterschiedliches Gewicht beizumessen ist und die im Hinblick auf die Vielfalt möglicher Schadensursachen auch nicht abschließend bezeichnet werden können, gehören der Grad des dem Arbeitnehmer zur Last fallenden Verschuldens, die Gefahrgeneigtheit der Arbeit, die Höhe des Schadens, ein vom Arbeitgeber einkalkuliertes oder durch Versicherung deckbares Risiko, die Stellung des Arbeitnehmers im Betrieb und die Höhe des Arbeitsentgelts, in dem möglicherweise eine Risikoprämie enthalten ist. Auch können unter Umständen die persönlichen Verhältnisse des Arbeitnehmers, wie die Dauer seiner Betriebszugehörigkeit, sein Lebensalter, seine Familienverhältnisse und sein bisheriges Verhalten, zu berücksichtigen sein.[35]

12   Somit könnte dieses Haftungsprivileg auch dem Compliance Officer zugute kommen, zB wenn er fahrlässig im Rahmen einer Risikoanalyse einem bestimmten Unternehmensbereich nur sehr wenig Anti-Korruptionsschulung zukommen ließ, weil er aufgrund eines Missverständnisses davon ausging, dass dieser Bereich keinerlei dienstliche Bezugspunkte zu Unternehmensexternen unterhält. Wenn dann mangels Schulung ein aktiver Bestechungsfall aus dem Bereich mit einem entsprechendem Schaden für das Unternehmen erwächst, muss dieser Schaden abhängig von dem Fahrlässigkeitsgrad nicht oder nicht ganz vom Compliance Officer intern ausgeglichen werden.[36]

13   Die Einführung von **Haftungshöchstgrenzen** in Bezug auf das Arbeitnehmereinkommen wurden bisher von der höchstrichterlichen Rechtsprechung nicht anerkannt, doch stellt *Preis* fest, dass das BAG in keinem Fall nicht vorsätzlicher oder grob fahrlässiger Schadensverursachung einem nicht versicherten Arbeitnehmer eine Schadensquote auferlegt hat, die in absoluten Zahlen ein Jahreseinkommen übersteigt.[37]

---

[32] BAGE 78, 56 = AP BGB § 611 Haftung des Arbeitnehmers Nr. 103.
[33] BAG NJW 2011, 1096 (1097).
[34] *Preis*, in: ErfK, § 619a BGB Rn. 10.
[35] BAG NJW 2011, 1096 (1097); BeckRS 1995, 30755012.
[36] Für Compliance Officer, die auch Syndikusanwälte sind, könnte die zu erwartende Neuregelung für Syndikusanwälte möglicherweise eine Haftungsverschärfung bringen, vgl. FAZ vom 8.7.2015, S. 16.
[37] *Preis*, in: ErfK, § 619a BGB Rn. 18.

II. Haftungsprivileg auch für leitende Angestellte

Noch ungeklärt ist die Frage, ob auch für leitende Angestellte und Personen, die sich per se in leitender Verantwortung um die Verhinderung von Betriebsrisiken kümmern, das Haftungsprivileg auch Anwendung findet. In der Vergangenheit wurde dies zB durch den BGH für einen Justitiar in unklarer Vertragsbeziehung verneint.[38] Mittlerweile neigen sowohl der BGH als auch das BAG dazu, das Haftungsprivileg für leitende Angestellte nicht gänzlich zu verneinen.[39] Der Compliance Officer kann unter Umständen in seiner Funktion klar diese Kriterien eines leitenden Angestellten erfüllen. Warum sollte es aber beim Haftungsprivileg Ausnahmen geben nach Verantwortung und Stellung des Arbeitnehmers? Das Haftungsprivileg hat seinen Wertungsgrund nicht in Stellung oder Aufgabe, sondern in der **allgemeinen Zuordnung der Betriebsgefahr und Betriebsrisiken in die Sphäre des Unternehmens**, also dem Arbeitgeber. Wenn sich die Betriebsrisiken durch fahrlässiges Handeln realisieren, soll dies nicht innerbetrieblich auf den wirtschaftlich schlechter gestellten Arbeitnehmer abgewälzt werden, der ja auch nicht im gleichen Maße wie der Arbeitgeber an den gegenüberstehenden Betriebschancen beteiligt ist. Auch wenn Arbeitnehmer – wie der Compliance Officer – zur Reduzierung der Betriebsrisiken eingestellt werden, hat der Grundsatz Bestand, dass die Betriebsgefahr grds. vom Unternehmer getragen wird. Der Arbeitgeber setzt als Unternehmer im Regelfall für alle seine größten Betriebsgefahren und -risiken, seien es Betriebsrisiken aus Qualitätsmängeln, aus Absatzeinbrüchen oder Risiken aus Regelverstößen, jeweils Führungskräfte oder leitende Angestellte ein. Sie sollen mit hoher Verantwortung und hoher Sachkenntnis diese Risiken so gut wie möglich vermeiden. Eine Erfolgsgarantie zur Verhinderung des Risikos ist mit keinem vereinbart worden. Dies widerspräche auch dem Grundgedanken eines Arbeitsvertrages. Alle leitenden Angestellten partizipieren auf der anderen Seite auch nicht an den Betriebschancen, wie der Arbeitgeber, selbst bei erfolgsabhängigem Bonus. Sie sind weiter fremdnützig tätige Arbeitnehmer und sind daher auch nicht generell am Betriebsrisiko zu beteiligen. Daher ist das Haftungsprivileg auch für Compliance Officer, die leitende Angestellte sind, anzuwenden.[40]

C. Haftung gegenüber Dritten

Auch Dritte könnten sich ggf. an den Compliance Officer mit Schadensersatzansprüchen wenden, zB wenn eine falsche wettbewerbsrechtliche Beratung des Compliance Officers zu einem Wettbewerbsverstoß durch das Unternehmen gegenüber dem dritten Unternehmen geführt hat. Haftung gegenüber Dritten ergibt sich meist aus deliktischen Situationen. Vertragliche Haftungsansprüche würden eine eigene Vertragsbeziehung des Compliance Officers zum Dritten voraussetzen, was wohl eher die absolute Ausnahme ist. Auch die Frage, ob der Arbeitsvertrag des Compliance Officers ein Vertrag mit Schutzwirkung Dritter ist und daraus Direktansprüche herleitbar wären, wird von der herrschenden Meinung verneint.[41] Interessant ist nun, wie sich diese oben genannten de-

---

[38] BGH DB 1969, 2224.
[39] Vgl. *Preis*, in: ErfK, § 619a BGB Rn. 20; *Groß*, S. 220 mwN.
[40] *Klopp*, S. 285; diff. *Bürkle/Fecker*, NZA 2007, 589; *Groß*, S. 225.
[41] *Grützner/Behr*, DB 2013, 561 (564); *Favoccia/Richter*, AG 2010, 137 (145); *Groß*, S. 234.

liktischen Schadensersatzforderungen begründen, ob sie auch bei reinem Unterlassen des Compliance Officers bestehen und ob ein Haftungsprivileg auch in diesen Fällen für den Compliance Officer greift.

I. Deliktische Haftung gegenüber Dritten

16   Ein Anspruch aus § 823 Abs. 1 BGB setzt ein fahrlässiges oder vorsätzliches Verhalten des Compliance Officers voraus, was zur Verletzung eines sog absoluten Rechts (Leben, Körper, Gesundheit, Freiheit, Eigentum) beim Dritten geführt hat. Ein Anspruch des Dritten aus § 823 Abs. 1 BGB kann sich auch aufgrund eines Eingriffs in dessen eingerichteten und ausgeübten Gewerbebetrieb ergeben.[42] Der BGH verlangt dazu aber, dass sich der Eingriff irgendwie gegen den Betrieb als solchen richtet, also betriebsbezogen ist, und nicht nur vom Gewerbebetrieb ablösbare Rechte betrifft.[43] Ebenfalls greifen Haftungsansprüche Dritter, wenn der Compliance Officer durch sein aktives Verhalten zu einer Gesetzesverletzung mit beiträgt und dieses Gesetz gerade ein Schutzgesetz für den Dritten im Sinne des § 823 Abs. 2 BGB darstellt (beispielsweise: § 264a StGB – Kapitalanlagebetrug; § 266 StGB – Untreue).

II. Deliktische Haftung gegenüber Dritten aus Unterlassen

17   Das aber wohl größte Risiko des Compliance Officers liegt darin, dass er bei betriebsbezogenen Straftaten durch Mitarbeiter seines Unternehmens nicht im Rahmen seiner Kompetenzen einschreitet und sich dadurch einer Beihilfe durch Unterlassen nach §§ 27, 13 StGB strafbar macht.[44] Wenn die im Rahmen der Beihilfe durch Unterlassen begangene Straftat ein Schutzgesetz für den Dritten darstellt, so kann dieser möglicherweise daraus direkte Schadensersatzansprüche gegen den Compliance Officer ableiten. Ein Unterlassen kann einem positiven Tun nur gleichgestellt werden, wenn der Täter rechtlich dafür einzustehen hat, dass der tatbestandliche Erfolg nicht eintritt, und das Unterlassen der Verwirklichung des gesetzlichen Tuns entspricht.[45] Wichtig in all den Fällen ist aber, dass der Compliance Officer positive Kenntnis von der Straftat – also der Verletzung des Schutzgesetzes, zB in Form eines Strafgesetzes – hat und er die Straftat nicht verhindert, obwohl er es könnte.[46] Erforderlich ist zusätzlich eine sog Garantenstellung des Compliance Officer, die ihn verpflichtet, den deliktischen Erfolg gegenüber dem Dritten abzuwenden. Eine Garantenstellung kann sich aus vorhergehendem Tun (Ingerenz), Gesetz, Vertrag oder der Inanspruchnahme von Vertrauen ergeben.[47] Für den Compliance Officer kommt die **Garantenstellung** am ehesten aus Vertrag oder Inanspruchnahme von Vertrauen in Betracht, die insofern auch als Garantenstellung aus Gewährübernahme bezeichnet werden kann.[48] Die Übernahme von Überwachungspflichten per Vertrag reicht allein nicht aus. Erforderlich sind auch tatsächliche Umstände, die eine Verpflichtung zur Gewähr gerade für das geschützte Rechtsgut be-

---

[42] LAG Hessen BeckRS 2014, 68181.
[43] BGH NJW 2003, 1040 (1041).
[44] *Grützner/Behr*, DB 2013, 561.
[45] BGHZ 109, 297 (303).
[46] *Grützner/Behr*, DB 2013, 561 (562).
[47] BGH NJW 2010, 1078 (1090).
[48] *Fischer*, § 13 StGB Rn. 36.

gründen.⁴⁹ Die Garantenstellung des Compliance Officers muss gegenüber dem außenstehenden Dritten bestehen, der aus der Verletzung der Pflicht zur Erfolgsabwendung Ansprüche herleitet.⁵⁰ Trotz der klaren Aussage des 5. Strafsenats des BGH in dem bekannten *Berliner Stadtreinigungsurteil*⁵¹ im Rahmen eines obiter dictum, nämlich dass Compliance Officer in der Regel eine Garantenstellung durch Übernahme des Aufgabengebiets „Verhinderung von Straftaten" nach § 13 StGB innehaben, ist dies im Zusammenhang von zivilrechtlichen Ansprüchen neuerdings nicht ganz so klar. Der 5. Strafsenat hatte ausführlich ausgeführt, dass ein Leiter der Innenrevision und Rechtsabteilung einer hoheitlich tätigen Anstalt öffentlichen Rechts auch für den Abrechnungsbetrug eines Vorstandsmitglieds gegenüber Dritten strafrechtlich einzustehen hat, weil er trotz positiver Kenntnis von der Tat nicht eingeschritten ist. Richtigerweise führt er aus, dass allein die Tätigkeit als Leiter der Rechtsabteilung und Leiter der Innenrevision wohl nicht dazu führt, dass eine Garantenstellung vorliegt, die verpflichtet, Straftaten aus dem Unternehmen gegenüber Dritten zu unterbinden.⁵² Er zweifelt hier die Garantenstellung durch Übernahme der Tätigkeit an, obwohl er die Überschneidungen der Tätigkeit eines Innenrevisionsleiters mit denen eines Compliance Officers ausdrücklich erwähnt. Im konkreten Fall führt nur die Tätigkeit als Innenrevisor für eine Anstalt öffentlichen Rechts dazu eine Garantenstellung zu bejahen, da hier, anders als bei privaten Unternehmen, die maßgeblich zur Gewinnerzielung tätig werden, der ordnungsgemäße Gesetzesvollzug eigentliches Kernstück der Tätigkeit sei.⁵³ Damit entfalle nach Ansicht des Strafsenates die Trennung zwischen den Interessen des eigenen Unternehmens einerseits und den Interessen außenstehender Dritter andererseits. Warum dann der Strafsenat bei den Compliance Officern der Wirtschaft regelmäßig zu einer Garantenstellung kommt, da dies die Kehrseite der gegenüber der Unternehmensleitung übernommenen Pflicht, Rechtsverstöße, insbesondere Straftaten, zu unterbinden, ist, ist im Lichte neuerer Rechtsprechung zweier Zivilsenate des BGH neu zu beleuchten.

III. Keine Garantenpflicht gegenüber Dritten allein aus Organstellung

Der 1. Zivilsenat des BGH hat in einer Entscheidung vom 18.6.2014⁵⁴ ausdrücklich festgestellt, dass sich allein aus der Organstellung eines alleinigen Geschäftsführers und seiner allgemeinen Verantwortlichkeit für den Geschäftsbetrieb keine Verpflichtung ergibt, gegenüber Dritten Wettbewerbsverstöße zu verhindern. Der Geschäftsführer wusste in dem Fall von den Wettbewerbsverstößen aus seiner Gesellschaft gegenüber Dritten und ist dann nicht dagegen eingeschritten. Bereits am 10.7.2012 hat der 6. Zivilsenat des BGH mitgeteilt, dass **auch bei einem Vorstandsmitglied nicht allein aus seiner Stellung eine Garantenpflicht gegenüber außenstehenden Dritten abzuleiten** sei, eine Schädigung ihres Vermögens zu verhindern.⁵⁵ In diesem Fall ging es um Untreuetaten gegenüber einem anderen Unternehmen, die der Geschäftsführer kannte, aber nicht unterband. Warum wird nun ein Compliance Officer allein aus seiner Stellung und Tätigkeit durch den 5. Strafsenat eine Garantenstellung gegenüber Dritten zugesprochen?

18

---

⁴⁹ *Fischer*, § 13 StGB Rn. 37.
⁵⁰ BGH DB 2014, 1799 (1800).
⁵¹ BGH NJW 2009, 3173 (3174).
⁵² BGH NJW 2009, 3173 (3175).
⁵³ BGH NJW 2009, 3173 (3175).
⁵⁴ BGH DB 2014, 1799 (1800).
⁵⁵ BGH NJW 2012, 3439 (3441).

Die Zivilsenate führen richterweise aus, dass Organe die Pflicht haben dafür zu sorgen, dass sich die Gesellschaft rechtmäßig verhält und ihren gesetzlichen Pflichten nachkommt. Das beinhaltet generell, alle Rechtsverstöße, auch die Verstöße gegen Gesetze die primär dem Schutz Dritter dienen, im Unternehmen zu verhindern. Diese Legalitätspflicht besteht aber grds. nur der Gesellschaft gegenüber und nicht im Verhältnis zu außenstehenden Dritten.[56] Diese können keine Ansprüche aus der internen Verpflichtung herleiten. Diese umfangreiche Haftungserweiterung bei Bejahung einer Garantenpflicht auch gegenüber Dritten, ergibt sich nicht aus den gesellschaftsrechtlichen Regelungen und ist auch nicht gesetzlich normiert. Warum soll nun diese Einschränkung bei der Organstellung beim Compliance Officer anders sein, wie der Strafsenat offensichtlich annimmt? Der Compliance Officer wird in der Regel dafür eingestellt, dass Vorstand und Geschäftsführung ihren Legalitätspflichten nachkommen und selbstverständlich werden den Compliance Officern dann im jeweiligen konkreten Fall bestimmte Aufgaben und Pflichten per Arbeitsvertrag oder Weisung übertragen, die die Verhinderung von Straftaten von Unternehmensangehörigen verhindern sollen. Dies ergibt sich aus der Delegierung der Legalitätspflichten der Organe gegenüber der Gesellschaft auf den Compliance Officer. Dieser wird nicht tätig, um aus der Funktion selbst heraus die Allgemeinheit vor Betriebsgefahren des Unternehmens zu schützen.[57] Es gibt regelmäßig keinen Anlass, der dazu führt, dass der Vorstand bzw. die Geschäftsleitung durch die Einstellung bzw. Ernennung eines Compliance Officers mehr Aufgaben und Pflichten delegieren wollen, als sie selbst treffen. Auch unabhängig von einer arbeitsvertraglichen Delegation der Organpflichten hat der Compliance Officer durch Übernahme seiner Funktion keine hoheitliche oder in der allgemeinen Verkehrsauffassung bekannte Stellung übernommen, die darüber hinausgeht, für gesetzmäßiges Verhalten im Unternehmen zu sorgen im Rahmen der Legalitätspflicht seines Unternehmens. Allein mit seiner Stellung – so undifferenziert das Berufsbild ist – hat der Compliance Officer auch keine zusätzliche Verantwortung für eine besondere Gefahrenlage für Dritte übernommen und seiner Tätigkeit ist auch keine besondere Orientierung bzgl. einer Schutztätigkeit für Dritten zu entnehmen.[58] Beide Zivilsenate bekräftigen, dass dann eine Außenhaftung über Garantstellung in Frage kommt, wenn besondere Umstände hinzukommen, die die Übernahme von Verantwortlichkeit und Pflichten gegenüber den Rechtsgütern der Anspruch stellenden Dritten manifestieren. Dies ist weder bei Organen noch bei dem zur Umsetzung ihrer internen Legalitätspflichten eingesetzten Compliance Officer regelmäßig der Fall.

IV. Keine privilegierte Haftung im Außenverhältnis

19   Im Außenverhältnis greifen die Grundsätze der privilegierten Arbeitnehmerhaftung, zB dass der Compliance Officer bei leichter Fahrlässigkeit gar nicht selbst haftet, nach der Rechtsprechung des BGH nicht.[59] Da die Privilegierung aus dem besonderen Verhältnis zwischen Arbeitgeber und Arbeitnehmer heraus erwachsen ist, kann es insofern nicht zwischen einem außenstehenden Dritten und einem Arbeitnehmer zu Lasten des Dritten angewandt werden. Dem Compliance Officer steht bei einer Haftung im Außenverhältnis aber ein **Freistellungsanspruch** gegenüber seinem Arbeitgeber zu. Nach An-

---

[56] BGH DB 2014, 1799 (1801).
[57] *Groß*, S. 175.
[58] *Klopp*, S. 274.
[59] BGH NJW 1994, 852 (853).

sicht des BAG ergibt sich aus der Fürsorgepflicht des Arbeitgebers, dass dieser den Arbeitnehmer von der Haftung in dem Maße freistellt, wie der Arbeitnehmer gestanden hätte, wenn der Arbeitgeber der Geschädigte gewesen wäre.[60] Im Rahmen des Freistellungsanspruches ist dann zu prüfen, ob der Compliance Officer mit einfacher Fahrlässigkeit im Rahmen des Arbeitsverhältnis gehandelt hat und damit von allen Ansprüchen des Dritten freigestellt werden kann, ob dieser bei mittlerer Fahrlässigkeit nur die Hälfte erstattet bekommt oder bei grober Fahrlässigkeit ggf. gar nichts. Wie oben dargestellt werden vom *BAG* neben dem Verschuldungsgrad auch die Gesamtumstände in die Beurteilung der Schadensaufteilung einbezogen.[61] Dieselbe Situation und Privilegierung ergibt sich, wenn der Dritte allein den Arbeitgeber im Rahmen der Haftung für den Verrichtungsgehilfen in Anspruch nimmt gemäß 831 BGB. Der besondere Haftungsausgleich zwischen den Gesamtschuldnern nach 840 Abs. 2 BGB findet dann keine Anwendung.[62] Beim Regress des haftenden Arbeitgebers wegen Pflichtverletzung des Compliance Officers gilt dann wieder die Haftungsprivilegierung.

V. Fazit zur Haftung

Dem Arbeitgeber haftet der Compliance Officer für Verletzung seiner konkreten arbeitsvertraglichen Pflichten oder für deliktisches Handeln und Unterlassen nur nach den Grundsätzen der eingeschränkten Arbeitnehmerhaftung, also in der Regel nicht bei leichter Fahrlässigkeit, bei mittlere Fahrlässigkeit nur zum Teil und bei grober Fahrlässigkeit abhängig von den Umständen ggf. vollständig. Dritten gegenüber haftet er ohne Einschränkung für vorsätzliches und fahrlässiges deliktisches Handeln, nicht aber aus Unterlassen. Der Compliance Officer hat **keine Garantenpflichten gegenüber Dritten**. Im Rahmen der Außenhaftung hat er einen Freistellungsanspruch gemäß der privilegierten Haftung gegenüber seinem Arbeitgeber. 20

D. Kündigungsschutz

Für Compliance Officer ist gesetzlich **kein besonderer Kündigungsschutz** geregelt, anders als zB für den Datenschutzbeauftragten in § 4f BDSG, den Immissionsschutzbeauftragten in § 58 Abs. 2 BImSchG oder auch den Wasserschutzbeauftragten in § 66 WHG iVm § 58 BImSchG. Zugleich ist aber für ein funktionierendes Compliance-Konzept als notwendiger Bestandteil gefordert, dass der Compliance Officer bzw. die Compliance-Organisation möglichst unabhängig von den Einflüssen anderer Unternehmensbereiche agiert und ggf. auch die Option zur Eskalation an andere Gremien, wie zB den Aufsichtsrat, hat, wenn seitens der Geschäftsleitung unzulässige Einflüsse ausgeübt werden. In dem Spannungsfeld stellen sich in der Praxis die Fragen, welchen Kündigungsschutz ein (hochrangiger) Compliance Officer ggf. genießt, ob es gar in Analogie zu besonderen gesetzlichen Regelungen für andere „Beauftragte" einen Sonderkündigungsschutz gibt, bzw. welche vertraglichen Gestaltungen üblich sind. 21

---

[60] BAG AP BGB § 611 Haftung des Arbeitnehmers Nr. 94; NZA 1989, 181 (182).
[61] BAG DB 2011, 711 (713); BeckRS 1995, 30755012.
[62] *Schaub*, ArbR-HdB, § 59 Rn. 75.

I. Bestandsschutz – Anwendbarkeit des Kündigungsschutzgesetzes

22 Soweit ein Compliance Officer als Arbeitnehmer tätig ist, wird das Kündigungsschutzgesetz nach einer Beschäftigungsdauer von mehr als sechs Monaten iSv § 1 KSchG faktisch wohl immer anwendbar sein, denn in einem Kleinbetrieb iSv § 23 KSchG (bis einschließlich zehn regelmäßig beschäftigte Arbeitnehmer) wird es die spezielle Funktion des Compliance Officers kaum geben.

23 Soweit jedoch § 14 Abs. 2 KSchG für Organvertreter einschließlich auch besonderer Vertreter im Sinne von § 30 BGB die Anwendung des allgemeinen Kündigungsschutzes ausschließt, gelten auch für Compliance Officer keine Besonderheiten.

1. Status als leitender Angestellter gem. § 14 Abs. 1 KSchG

24 Fraglich kann im Einzelfall allerdings sein, ob die Ausnahmeregelung nach § 14 Abs. 2 KSchG gilt, die für besondere leitende Angestellte den allgemeinen Kündigungsschutz einschränkt. Die Regelung in § 14 Abs. 2 KSchG reduziert den allgemeinen Kündigungsschutz für die „leitenden Angestellten im kündigungsschutzrechtlichen Sinne" dagegen faktisch auf einen **„Abfindungsschutz"**, weil der Arbeitgeber im Fall einer unwirksamen Kündigung dennoch eine Beendigung des Arbeitsverhältnisses erreichen kann, weil die Norm ihm einen Auflösungsantrag nach §§ 9, 10 KSchG ohne besonderen Grund erlaubt. Damit soll der besonderen Vertrauensstellung von den besonderen leitenden Angestellten Rechnung getragen werden.[63] Eine besondere Vertrauensstellung soll typischerweise auch ein Compliance Officer innehaben, so dass § 14 Abs. 2 KSchG ggf. heranzuziehen ist.

25 Allerdings hat die arbeitsrechtliche Rechtsprechung und Praxis zu § 14 Abs. 2 KSchG über die Jahrzehnte nur einen engen Anwendungsbereich für die Ausnahmeregelung ergeben. Bereits nach dem Gesetzeswortlaut sind nur die besonderen leitenden Angestellten erfasst, die zur selbständigen Einstellung oder Entlassung von Arbeitnehmern berechtigt sind, und damit zu weitaus weniger als nach § 5 Abs. 3 BetrVG. Es fallen deshalb alle Leitenden aus dem Anwendungsbereich heraus, die im Innenverhältnis dem Vier-Augen-Prinzip bei solchen Personalentscheidungen unterliegen,[64] in der Praxis somit nahezu alle Angestellten. Zudem muss nach der Rechtsprechung diese Befugnis einen wesentlichen Teil der Tätigkeit des Angestellten ausmachen,[65] sodass klassisch allenfalls insoweit selbständige Betriebs- oder Werksleiter in den Anwendungsbereich fallen. Es ist zwar nicht auszuschließen, dass im Einzelfall auch ein Compliance Officer derartige Personalbefugnisse, zB für seinen Compliance-Bereich hat, und dann § 14 Abs. 2 KSchG anwendbar ist; ein häufiger Fall oder gar der Regelfall wird dies aber nach dem Stand der aktuellen Praxis der deutschen Unternehmen nicht sein.

---

[63] Vgl. nur *Rost*, in: KR, § 14 KSchG Rn. 37; *Biebl*, in: Ascheid/Preis/Schmidt, § 14 KSchG, Rn. 29.

[64] Vgl. nur *Kiel*, in: ErfK, § 14 KSchG Rn. 14, 15.

[65] Vgl. nur BAG DB 2011, 2496; *Rost*, in: KR, § 14 KSchG Rn. 30; *Biebl*, in: Ascheid/Preis/Schmidt, § 14 KSchG, Rn. 22.

D. Kündigungsschutz

2. Begriff des Compliance Officers

Zwar ist der Begriff des Compliance Officers nicht legal und auch in der Praxis nicht einheitlich definiert,[66] im Gegenteil werden sogar viele Begriffe synonym oder auch uneinheitlich für unterschiedliche Funktionen in Unternehmen genutzt.[67] 26

Arbeitsrechtlich kommt es entsprechend den allgemeinen Regeln jedoch nicht auf die Bezeichnung an, die allenfalls ein gewisses Indiz, aber nicht maßgeblich für die arbeitsrechtliche Einordnung als Arbeitnehmer oder leitender Angestellter sein kann. Insoweit ist für die Statusfrage stets auf die **tatsächlichen Verhältnisse** abzustellen, wie sie sich im Einzelfall aus den vertraglichen Vereinbarungen der Vertragspartner, vor allem zu den arbeitsrechtlichen Aufgaben, Funktionen und Kompetenzen, sowie aus der tatsächlichen Durchführung des Arbeitsverhältnisses ergeben.[68] Ist der Compliance Officer danach nicht zur selbständigen Einstellung und Entlassung iSv § 14 Abs. 2 KSchG befugt, ist er kein leitender Angestellter im kündigungsschutzrechtlichen Sinne und genießt den uneingeschränkten allgemeinen Kündigungsschutz, wenn die persönlichen und betrieblichen Voraussetzungen nach § 1 und § 23 KSchG erfüllt sind. 27

3. Status als leitender Angestellter gem. § 5 BetrVG

Ein Compliance Officer kann in der Praxis eher ein leitender Angestellter im betriebsverfassungsrechtlichen Sinne nach § 5 Abs. 3 BetrVG sein. Insoweit kommt in der Praxis häufig für die Compliance Officer, die die Compliance-Organisation eines Unternehmens führen oder zumindest, bei entsprechend großer, auch internationaler, Compliance-Organisation einen wesentlichen Teilbereich leiten, der Tatbestand der bedeutenden Aufgaben iSv § 5 Abs. 3 Nr. 3 BetrVG[69] in Betracht. **Viele amtierende Compliance Officer werden auch die Voraussetzungen für die Anerkennung als leitende Angestellte nach § 5 Abs. 4 BetrVG erfüllen.** 28

Ist der Compliance Officer leitender Angestellter iSv § 5 Abs. 3 oder Abs. 4 BetrVG, besteht im Fall einer Kündigung keine Obliegenheit des Arbeitgebers, vor der Kündigung den Betriebsrat nach § 102 BetrVG anzuhören.[70] Ist allerdings in dem Unternehmen ein Sprecherausschuss gebildet, ist dieser vor einer Kündigung nach § 31 Abs. 2 SprAuG zu unterrichten und anzuhören. 29

II. Analoger Sonderkündigungsschutz?

Die Tätigkeit eines Compliance Officers bewegt sich in einem konfliktanfälligen Spannungsfeld zwischen Aufklärungs- und Loyalitätspflichten. Deshalb erwägen einige Stimmen, die besonderen gesetzlichen Regelungen zum Schutz anderer „Beauftragter" für Compliance Officer analog (und modifizierend) anzuwenden.[71] Die Überlegung ist 30

---

[66] Vgl. bereits → Rn. 2.
[67] Vgl. dazu bereits → Rn. 2 und umfassend → §§ 3–6.
[68] Vgl. zur Feststellung des Arbeitnehmerstatus BAG NZA 1995, 823; *Rost*, in: KR, ArbNähnl. Pers. Rn. 17; *Kiel*, in: ErfK, § 14 KSchG Rn. 11.
[69] Vgl. allgemein dazu *Fitting*, § 5 BetrVG Rn. 391 f.
[70] Vgl. auch *Fecker/Kinzl*, CCZ 2010, 13 (19).
[71] So insbesondere *Meier*, NZA 2011, 779 (781 f.); vgl. auch *Lucius*, CCZ 2008, 186 (189) und *Illing/Umnuß*, CCZ 2009, 1 (6) sowie *Fecker/Kinzl*, CCZ 2010, 13 (19), die im Ergebnis eine Analogie ablehnen, aber vertragliche Sonderregelungen empfehlen; ablehnend zu einer Analogie auch *Dann/Mengel*, NJW 2010, 3265 (3269).

insoweit nicht abwegig, als gerade im Vergleich zu dem besonders starken besonderen Amts- und Kündigungsschutz des Datenschutzbeauftragten nach § 4f BDSG das Fehlen jeglicher Sonderregelung für Compliance Officer auffällt, weil der Datenschutz nach allgemeinem Verständnis für die Compliance-Organisation eines Unternehmens nur ein Teilaspekt neben vielen anderen (wichtigeren) Compliance-Materien ist. So betrachtet ist der Datenschutzbeauftragte für seine Tätigkeit zu einer (untergeordneten) Teilmaterie ungleich stärker kündigungsrechtlich geschützt als Compliance Officer mit einer übergeordneten Gesamtverantwortung; dies wirkt besonders unausgewogen in Unternehmen, in denen der Datenschutzbeauftragte hierarchisch unterhalb des Compliance Officers tätig und ggf. in dessen Compliance-Organisation eingegliedert ist.[72] Aber auch bei gleichrangiger Positionierung bleibt ein Ungleichgewicht, zB bei Kreditinstituten, deren Compliance Officer so systemrelevante Bereiche wie das Bankaufsichtsrecht und die umfangreichen Regelungen zur Geldwäscheprävention mit einer oft sehr großen Zahl an Mitarbeitern verantworten. Unausgewogen wirkt insoweit auch die Vorgabe der sog „Mindestanforderungen an die Compliance-Funktion und die weiteren Verhaltens-, Organisations- und Transparenzpflichten nach §§ 31 ff. WpHG für Wertpapierdienstleistungsunternehmen" der Bundesanstalt für Finanzdienstleistungsaufsicht (MaComp),[73] die in Ziffer BT 1.3.3.4 Nr. 4 zur kündigungsrechtlichen Absicherung der Compliance-Funktion in Kreditinstituten lediglich die Ausdehnung der Kündigungsfrist auf 12 Monate vorsieht, aber keinen erhöhten Schutz vor der Wirksamkeit einer Kündigung.

31 Vor diesem Hintergrund ist der Blick der interessierten Kreise auf die Sondervorschriften für andere Beauftragte, wie insbesondere[74] in § 4f BDSG (Datenschutzbeauftragter), in § 58 BImSchG (Immissionsschutzbeauftragter), § 58d BImSchG (Störfallbeauftragter), in § 21f WHG (Gewässerbeauftragter) und in § 60 Abs. 3 KrWG iVm § 58 BImSchG (Abfallbeauftragter), nachvollziehbar. Das wesentliche Argument für die Gewährung eines besonderen Kündigungsschutzes für Compliance Officer ist das Ziel, dadurch die Unabhängigkeit des Compliance Officers gegenüber der Unternehmensleitung und eine offene, ehrliche Kommunikation mit der Unternehmensführung zu fördern.[75] Vereinzelt wird daher eine Analogie zu den bestehenden Sonderregelungen für andere Beauftragte oder zu den Schutzregelungen in § 84 AktG zugunsten der Compliance Officer oder zumindest eine Mindestbestellzeit mit Ausschluss der ordentlichen Kündigung für die Dauer der Amtszeit angedacht.[76]

32 Die **Voraussetzungen für eine analoge Anwendung der Sondernormen** oder auch nur einer Sondernorm liegen nicht vor.[77] Eine Analogie setzt gemäß § 242 BGB voraus, dass (1.) vergleichbare Interessenlagen in vergleichbaren Situationen bestehen und (2.) für den ungeregelten Fall eine planwidrige Gesetzeslücke vorliegt.[78] Bei genauerer Betrach-

---

[72] Es ist allerdings gesetzlich zwingend eine direkte Berichts- und Eskalationslinie zur Geschäftsleitung erforderlich, vgl. dazu nur *Mengel*, in: Grobys/Panzer, Datenschutzbeauftragter Rn. 23.
[73] MaComp in der Fassung vom 7.8.2014, Bundesanstalt für Finanzdienstleistungsaufsicht, abrufbar unter http://www.bafin.de/SharedDocs/Downloads/DE/Rundschreiben/dl_rs_1004_MaComp_Fassung_aug_2014.pdf?__blob=publicationFile&v=3 (zuletzt abgerufen am 22.6.2015).
[74] Vgl. weiterführend *Heitmann*, NJW 1996, 904 f.
[75] So *Meier*, NZA 2011, 779 (781 f.) und auch *Krieger/Günther*, NZA 2010, 367 (371).
[76] *Illing/Umnuß*, CCZ 2009, 1 (6); *Lucius*, CCZ 2008, 186 (189); *Meier*, NZA 2011, 779 (781).
[77] Im Ergebnis aA *Meier*, NZA 2011, 779 (781 f.); vgl. auch *Meier-Greve*, CCZ 2010, 216 (219 f.), aber ohne ausdrückliche Aussage zum Kündigungsschutz.
[78] Vgl. nur *Larenz/Canaris*, Methodenlehre der Rechtswissenschaft, 3. Aufl. 1995, S. 194 f.; *Canaris*, FS Bydlinski, 2002, S. 47, 82 f.

D. Kündigungsschutz

tung fehlt es für die analoge Anwendung von Sonderkündigungsschutz zugunsten eines Compliance Officer an beiden Voraussetzungen. So ist zwar für den Vergleich der Interessenlagen aller Beauftragten und auch des Compliance Officers festzustellen, dass sie zum einen alle ein besonderes und abgegrenztes Aufgaben- und Tätigkeitsprofil haben, das sich auf die Sicherstellung von rechtstreuem internen und externen Verhalten von Unternehmen bzw. ihren Vertretern richtet. Zum anderen haben alle Beauftragten und auch ein Compliance Officer aufgrund der Natur der Sache Aufgaben zur Sicherstellung von rechtstreuem Verhalten, die gelegentlich (faktisch) in ein Spannungsfeld zu den anderen Interessen im Unternehmen geraten können. Insoweit sind alle Beauftragten wie auch Compliance Officer stärker als andere Arbeitnehmer gefährdet, in Ausübung ihrer Pflichten in Konflikte mit Vorgesetzten oder der Unternehmensleitung zu geraten und ggf. sogar arbeitsrechtliche Konsequenzen gegenwärtigen zu müssen.

Dennoch sind die **Interessenlagen** nicht objektiv vollkommen vergleichbar. Denn der Gesetzgeber hat bisher besonderen Kündigungsschutz für Beauftragte oder Amtsträger, wie Betriebsratsmitglieder usw, immer nur im Zusammenhang mit zwingenden Vorgaben zur Wahl bzw. Bestellung solcher Beauftragten oder Amtsträger gewährt. Die Bestellung eines Compliance Officers ist aber (bisher) nicht gesetzlich als zwingend vorgeschrieben; es besteht sogar keine ausdrückliche Vorgabe zur Implementierung einer Compliance-Organisation; anders ist es nur im Bereich der Anwendung von § 25a Abs. 1 S. 3 Nr. 3 KWG, § 33 Abs. 1 S. 2 Nr. 2 WpHG und der MaComp für Kreditinstitute.[79] Allgemein sind die Geschäftsleitungsorgane zwar anerkanntermaßen für die Compliance des Unternehmens verantwortlich, ohne dass insoweit aber die Bestellung eines Compliance Officers konkret vorgegeben ist.[80] Entsprechendes gilt für die Regelung, dass der Aufsichtsrat einer Aktiengesellschaft sich ua mit der Wirksamkeit des Internen Kontrollsystems und des Internen Revisionssystems gem. § 107 Abs. 3 AktG zu befassen hat. Zwar ist dem Vorstand nach allgemeinen Grundsätzen der Leitungspflichten erlaubt, die Aufgaben zur Sicherstellung von Compliance zu delegieren,[81] und so hat sich in der deutschen Wirtschaft die Praxis weit verbreitet, unterhalb des Vorstands bzw. der Geschäftsführung einen Compliance Officer zentral mit der Einführung und Leitung sowie Fortentwicklung einer Compliance-Organisation zu betrauen. Dies kann insoweit als (eine) „best practice" betrachtet und durchaus ein faktischer Zwang zur Benennung (zumindest) eines Compliance Officers gesehen werden;[82] rechtlich besteht ein solcher Zwang jedoch nicht. Insofern ist die Ausgangslage für die Interessenkonstellation hier nicht vollständig mit den zwingenden gesetzlichen Regelungen zur Bestellung anderer Beauftragter mit Sonderkündigungsschutz vergleichbar.[83]

Dies gilt auch deshalb, weil die gesetzlich geschaffenen Beauftragtenämter ausschließlich oder überwiegend Aufgaben im Bereich der Durchführung öffentlich-rechtlicher Gesetze und Handlungspflichten der Unternehmen haben, wie eben beim Daten-

33

34

---

[79] Vgl. dazu bereits → Rn. 30. Eine Pflicht zur Einrichtung einer Compliance-Organisation ergibt im Übrigen wohl nicht. Auch § 64a VAG spricht (nur) von Geschäftsorganisation und statuiert eine aufsichtsrechtliche Legalitätspflicht. Dieser Begriff wird jedoch mit „Compliance" gleichgesetzt, vgl. *Bürkle*, § 2 R. 6 ff.
[80] Es ist nicht unstrittig, ob die Compliance-Aufgabe sich eher zivilrechtlich (zB aus § 91 Abs. 2 AktG) oder strafrechtlich, aus § 130 OWiG, ableiten lässt; vgl. dazu nur LG München DB 2014, 766 (766 ff.); *Koch*, in: Hüffer, § 91 Rn. 3.
[81] Vgl. nur *Koch*, in: Hüffer, § 91 Rn. 3 mwN.
[82] So *Meier*, NZA 2011, 779 (781).
[83] AA *Meier*, NZA 2011, 779 (781 f.); *Meier-Greve*, CCZ 2010, 216 (219), aber ohne ausdrückliche Aussage zum Kündigungsschutz.

schutz, Immissionsschutz, Gewässerschutz usw. Dies liegt bei Compliance Officern – mangels gesetzlicher Regelung – ebenfalls nicht in vergleichbarem Maße vor. So variieren die Aufgabenzuweisungen in den Unternehmen teils erheblich: Während zB in Kreditinstituten der Aufgabenkreis im Bereich des Aufsichtsrechts und der Geldwäscheprävention ebenfalls stark öffentlich-rechtlich geprägt ist, ist das Aufgabengebiet in anderen Unternehmen weiter gefasst und umfasst auch Themen der (freiwilligen privaten) Corporate Social Responsibility, neben den Kernaufgaben, die fast allen Compliance Officern zugewiesen sind im Bereich der Korruptionsprävention und Verhinderung von Straftaten. Es wird zur Differenzierung zwischen anderen Beauftragten einerseits und den Compliance Officern andererseits auch argumentiert, für die Aufgaben der Compliance Officer sei die Effektivität der Compliance Organisation der Schwerpunkt.[84]

35 Weitergehend muss eine Analogie aber auch daran scheitern, dass es **keine *planwidrige* Gesetzeslücke** für die Funktion der Compliance Officer gibt. Denn gerade das Fehlen jeglicher gesetzlicher Regelung zu den Aufgaben eines Compliance Officers, sogar einer Compliance-Organisation, zeigt, dass der Gesetzgeber nicht allein den Themenbereich des potenziellen Sonderkündigungsschutzes, sondern den gesamten Regelungsbereich bisher auf gesetzlicher Ebene nicht für regelungsbedürftig hält.

36 Schließlich sind die bisher vorliegenden Regelungen zum Sonderkündigungsschutz von Beauftragten arbeitsrechtlich nicht einheitlich und deshalb einer Analogie nicht zugänglich. Zwar stimmen die Sondervorschriften insoweit überein, als alle Beauftragten Schutz vor einer ordentlichen Kündigung des Arbeitsverhältnisses während der Bestellung und für einen anschließenden Zeitraum von einem Jahr erhalten, so dass lediglich die außerordentliche Kündigung des Arbeitsverhältnisses zulässig ist. Aber der Schutz vor Abberufung aus der Funktion ist unterschiedlich geregelt; so ist der Datenschutzbeauftragte nach der Regelung in § 4f Abs. 3 S. 4 BDSG ausdrücklich auch nur bei wichtigem Grund abrufbar, somit faktisch in einer „Ewigkeitsfunktion"; dies liegt bei den anderen gesetzlichen Beauftragten anders, da im Wortlaut der Normen eine Regelung zum Schutz vor Abberufung fehlt.[85]

III. Kein Bedarf für eine gesetzliche Regelung

37 Scheidet eine Analogie zu den bestehenden gesetzlichen Sonderregelungen für Beauftragte aus, stellt sich die Frage, ob der Gesetzgeber tätig werden und die Funktion des Compliance Officers kodifizieren sollte. Dagegen sprechen aus Sicht der Unternehmenspraxis alle Aspekte.

38 1. Compliance Officer haben aufgrund der Delegation ihrer Aufgaben durch die Unternehmensleitung stärker als andere Beauftragte gestaltende Funktionen und insgesamt ist ihr Aufgabengebiet ungleich breiter.[86] Compliance Officer, vor allem soweit sie an der Spitze der Compliance-Organisation eines Unternehmens stehen, haben daher eine hochrangige und besondere Managementfunktion typischerweise direkt unterhalb der Geschäftsleitungsebene. Dies bedeutet eine **besondere Vertrauensstellung**,[87] für die die jeweilige Geschäftsleitung auch, nicht zuletzt mit Blick auf die erforderli-

---

[84] *Illing/Umnuß*, CCZ 2009, 1 (6).
[85] Vgl. dazu auch LAG Düsseldorf v. 29.9.2009 – 6 Sa 492/09 Rn. 83 ff.
[86] Vgl. dazu bereits → Rn. 3 ff.
[87] Vgl. auch BDCO Positionspapier – Mindestanforderungen und Leitlinien vom Arbeitskreis „Berufsbild des Compliance-Officers" des Bundesverbandes Deutscher Compliance Officer e.V., Herbsttagung 2013, S. 1 Nr. 2.

chen gestaltenden Aufgaben, stärkere Flexibilität benötigt und gewährt erhalten sollte als im Hinblick auf die Beauftragten, wie zB den Datenschutzbeauftragten.[88] Da Compliance Officer auch ohne besonderen Kündigungsschutz typischerweise allgemeinen Kündigungsschutz gemäß § 1 KSchG und somit ein bereits hohes Bestandsschutzniveau genießen, bedarf es keiner zusätzlichen Schutzregelung,[89] zumal überdies auch Schutz durch das Maßregelungsverbot gemäß § 612a BGB besteht.[90] Zudem ist fraglich, ob eine Compliance-Organisation überzeugt, die ein Compliance Officer nur mit besonderem Kündigungsschutz leiten kann und will.[91] Schließlich wird ein Compliance Officer neben seinen fachlichen Qualifikationen auch in persönlicher Hinsicht sorgfältig ausgewählt werden und die Unternehmensleitung dabei auf Pflichtbewusstsein, Zuverlässigkeit, Integrität und autonomes Verantwortungsgefühl achten.

2. Das Aufgabenspektrum und die Stellung von Compliance Officern sind im Vergleich der deutschen Unternehmen aktuell sehr stark aufgefächert ebenso wie die Größe der jeweiligen Compliance-Organisation. Beides ist abhängig von der Risikositation, der Größe und Internationalität von Unternehmen, aber auch von branchenspezifischen Anforderungen oder Standards. Es wäre kaum möglich, allen existierenden Konzepten mit einer gesetzlichen Regelung gerecht zu werden. Eine Kodifikation würde daher allenfalls einen „kleinsten (gemeinsamen) Nenner" abbilden können. Dies würde wiederum dem Compliance-Gedanken eher entgegenwirken, weil so ein vermeintlicher Mindeststandard als „hinreichend" empfunden und gerade die individuelle Entwicklung von unternehmensspezifischen Compliance-Konzepten erschwert oder gar verhindert würde. 39

3. Das Arbeitsrecht erlaubt denen, die einen gegenüber der aktuellen Gesetzeslage weitergehenden und besonderen Schutz für Compliance Officer für wünschenswert oder erforderlich halten, derzeit durchaus die individuelle vertragliche Vereinbarung weitergehenden Schutzes. 40

E. Gestaltungsmöglichkeiten im Anstellungsverhältnis

Unabhängig von der Diskussion um eine analoge Anwendung der Sonderkündigungsschutzvorschriften und der Diskussion de lege ferenda sprechen sich daher Teile der Literatur für eine vertragliche Gestaltung besonderen Schutzes für Compliance Officer aus.[92] Überdies können im Anstellungsvertrag eines Compliance Officers auch der Umfang der Funktion und Aufgaben konkret festgelegt oder Haftungsregelungen getroffen werden.[93] 41

---

[88] Vgl. auch *Biebl*, in: Ascheid/Preis/Schmidt, § 14 KSchG Rn. 4.
[89] Vgl. *Dann/Mengel*, NJW 2010, 3265 (3269).
[90] Vgl. zum Anwendungsbereich bei Kündigungen *Preis*, in: ErfK, § 612a BGB Rn. 13.
[91] Vgl. *Dann/Mengel*, NJW 2010, 3265 (3269); aA wohl *Neufeld*, Personalführung 1/2013, 88 (89).
[92] *Hauschka*, CCZ 2014, 165 (170); *Illing/Umnuß*, CCZ 2009, 1 (6); *Meier*, NZA 2011, 779 (781); *Krieger/Günther*, NZA 2010, 367 (371); *Neufeld*, Personalführung 1/2013, 88 (89); wohl auch *Fecker/Kinzl*, CCZ 2010, 13 (19); aA *Dann/Mengel*, NJW 2010, 3265 (3269); *Dendorfer*, in: MAH ArbR, § 35 Rn. 292.
[93] Vgl. bereits → § 3 Rn. 72 ff.

§ 7. Arbeitsrechtliche Stellung und Haftung

I. Inhalt und Umfang der Tätigkeit

42 Für die arbeitsvertragliche Vereinbarung der Aufgaben und Kompetenzen eines Compliance Officers gelten zunächst die allgemeinen arbeitsrechtlichen Erwägungen: Die konkrete Festlegung im Arbeitsvertrag ist beiden Vertragspartnern oftmals zur Klarstellung und „Information" wichtig, arbeitsrechtlich schafft die vertragliche Festschreibung aber Inflexibiliät.[94] Denn je detaillierter die „Stellenbeschreibung" ist, desto eher muss auch bei unwesentlichen Veränderungen wieder eine Einigung für einen Änderungsvertrag erfolgen. Im Streitfall ist nur theoretisch eine Änderungskündigung zu erwägen, fast immer wird sie nicht sozial zu rechtfertigen sein. Zwar kann die Inflexibiliät mit einer entsprechenden Versetzungsklausel verringert werden, aber die praktische Erfahrung zeigt, dass detaillierte Stellen- oder Aufgabenbeschreibungen im Arbeitsvertrag bei Veränderungen eher zu Dissens führen und daher von arbeits*vertraglichen* Festlegungen aus Arbeitgebersicht abzuraten ist.[95] Für Versetzungsklauseln ist wiederum zu beachten, dass weitreichende Versetzungsbefugnisse nach der ständigen Rechtsprechung im Fall betriebsbedingter (Änderungs-) Kündigungen mit entsprechend weiterreichendem Schutz des Arbeitnehmers im Rahmen der Vergleichbarkeitsprüfung zur Sozialauswahl korrespondieren: je weiter die Einsatzmöglichkeiten, desto größer die Gruppe der potenziell vergleichbaren Arbeitnehmer, bis hin zur Vergleichbarkeit im Konzern bei Konzernversetzungsklauseln.[96]

43 Spezifisch für Compliance Officer ist zur arbeitsvertraglichen Aufgabenbeschreibung zu beachten, dass nach der Rechtsprechung des BGH (sowohl in Zivilsachen wie auch in Strafsachen) diese Aufgabenbeschreibungen auch den ggf. für Garantenstellungen bei Haftungsfragen und Straftaten relevanten Pflichtenkreis und damit etwaige Garantenstellungen festlegen.[97] Deshalb wird teilweise empfohlen, Aufgabenbereich und Zuständigkeiten des Compliance Officers **detailliert im Arbeitsvertrag oder in einer separaten Stellenbeschreibung** festzulegen.[98] Allerdings ist die Rechtsprechung richtigerweise nicht so zu verstehen, dass es auf eine schriftliche Aufgabenübertragung ankommt, sondern eine tatsächliche Übertragung im Rahmen der allgemeinen Funktionsübertragung wird rechtlich gleichwertig, allenfalls im Streitfall weniger einfach nachweisbar sein. Es empfiehlt sich daher mit Blick auf eine größere arbeitsrechtliche Flexibilität, *im Vertrag* lediglich im Sinne einer **Generalklausel** allgemein festzulegen,[99] welche Aufgaben der Compliance Officer hat.

---

[94] Vgl. auch bereits → Rn. 5 ff.
[95] AA *Illing/Umnuß*, CCZ 2009, 1 (7); *Neufeld*, Personalführung 1/2013, 88 (88).
[96] Vgl. *Rost*, in: KR, § 2 KSchG Rn. 39.
[97] Vgl. dazu bereits → Rn. 17 ff. sowie BGH NJW 2009, 3173 (3174 f.); NJW 2010, 1078 (1078 ff.); DB 2014, 1799 (1799 ff.) und dazu nur *Rieble*, CCZ 2010, 1 (1 f.) sowie → § 9 Rn. 73 ff. mwN.
[98] *Bürkle*, CCZ 2010, 4; *Krieger/Günther*, NZA 2010, 367 (370); *Raus/Lützeler*, CCZ 2012, 96 (96).
[99] Vgl. auch *Dann/Mengel*, NJW 2010, 3265 (3269); *Krieger/Günther*, NZA 2010, 367 (370). Selbstverständlich können und sollten außerhalb des Vertrages im Zusammenhang mit der Darstellung der Compliance-Organisation weitere und detailliertere Beschreibungen erfolgen; diese sind arbeitsrechtlich dann nach richtiger Ansicht nicht als Vertragsbestandteil, sondern Teil der Unternehmensorganisation einzustufen.

E. Gestaltungsmöglichkeiten im Anstellungsverhältnis

Außerdem ist es für die Praxis fraglich, ob die Herbeiführung einer zivil- oder strafrechtlichen Garantenstellung wirklich gewünscht ist. Insoweit ist die ausführliche (vertragliche) Gestaltung zu Compliance-Pflichten ebenfalls sorgfältig abzuwägen.[100] 44

Der genaue Zuschnitt und der Umfang der Aufgaben für den Compliance Officer eines Unternehmens ist jedenfalls weitgehend frei gestaltbar und kann je nach Compliance-Organisation, Risiko-/Gefahrenlage und Größe des Unternehmens stark variieren.[101] Auch branchenspezifische Unterschiede sind in der Praxis festzustellen. Überdies gibt es große Unterschiede danach, ob ein Unternehmen am Anfang der Implementierung einer Compliance-Organisation steht oder es um die Implementierung einer Organisation in einer Krisenlage geht, oder die Organisation bereits entwickelt und reifer ist. Pauschal werden die typischen Aufgabengebiete bei einem erweiterten Verständnis von Compliance als Managementaufgabe wie folgt skizziert:[102] 45
– Compliance-Kultur
– Compliance-Ziele
– Compliance-Risiken (mit Risikoanalyse)
– Compliance-Programm
– Compliance-Organisation (mit Koordination und Reporting)
– Compliance-Kommunikation (mit Schulung und Training)
– Compliance-Überwachung und Verbesserung (mit Dokumentationen, Regelprüfungen und anlassbezogenen Prüfungen).

II. Haftung

Hat der Compliance Officer eine arbeitsvertragliche Pflicht verletzt oder eine deliktische Handlung begangen, richtet sich die Haftung des als Arbeitnehmer angestellten Compliance Officers gegenüber dem Arbeitgeber bzw. Dritten nach den **allgemeinen arbeitsrechtlichen Regeln**.[103] Insoweit bedarf es keiner besonderen Gestaltung im Anstellungsvertrag. Allerdings ergibt sich nach den gesetzlichen Regeln im Bereich des grobfahrlässigen Verschuldens für Arbeitnehmer für große Schäden keine sichere Haftungsgrenze, sodass jedenfalls theoretisch eine wirtschaftliche Existenzvernichtung droht, zumindest die Gefahr eines langen, belastenden Rechtsstreits im Fall großer Schäden.[104] Da nach den allgemeinen Regeln der Arbeitgeber auch die Obliegenheit hat, zumutbare und übliche Versicherungen zum Schutz von betrieblichen Haftungsfällen abzuschließen, die dann im Schadensfall auch den pflichtwidrig handelnden Arbeitnehmer schützen,[105] ist zumindest für die Leiter der Compliance-Organisation entsprechend stets zu prüfen, ob sie in eine **allgemeine D&O-Versicherung** zugunsten der Geschäftsleitung bzw. der Führungskräfte des Unternehmens einbezogen werden können. Dafür spricht umso mehr, als der Compliance Officer in unmittelbarer Delegation der entsprechenden Compli- 46

---

[100] Vgl. dazu bereits → Rn. 17 ff.
[101] Vgl. nur LG München v. 10.12.2013 – 5 HKO 1387/10 Rn. 89 ff. mwN.
[102] Vgl. nur IDW Prüfungsstandards 980 und dazu *IDW* (Hrsg.), WP-Handbuch 2014, 14. Aufl. 2014, Band II, Kap. M Rn. 31; vgl. auch *Berufsverband der Compliance Manager*, S. 33.
[103] Vgl. dazu bereits → Rn. 10 ff.
[104] Vgl. dazu bereits → Rn. 11 ff. und aus jüngster Zeit: LAG Düsseldorf v. 20.1.2015 – 16 Sa 458/14, 16 Sa 459/14 und 16 Sa 460/14.
[105] Vgl. nur BAG CCZ 2008, 31; DB 1988, 1606; LAG Köln DB 1992, 2093; vgl. auch *Griese*, in: Küttner, § 33 Rn. 17.

ance-Leitungspflichten der Geschäftsleitung tätig wird.[106] Es ist daher auch ein entsprechender Schutz angemessen.[107] Entsprechendes gilt auch für weitere Versicherungen, wie zB eine gesonderte Vermögensschadenspflichtversicherung, soweit der Bereich der Haftung für Unterlassen nicht bereits durch die D&O-Versicherung abgedeckt ist.[108] Es ist allerdings zu bedenken, dass eine (umfassende) Versicherung den Arbeitgeber aus gesellschaftsrechtlichen Gründen oftmals faktisch zur Geltendmachung bzw. zum Versuch der Durchsetzung von Schadensersatzansprüchen zwingt, da die Organe der Gesellschaft stets zur eigenverantwortlichen Prüfung der Sach- und Rechtslage und zur sorgfältigen und sachgerechten Prüfung der Erfolgsaussichten von Schadensersatzforderungen verpflichtet sind. Bei bestehenden Erfolgsaussichten müssen die Organe die Ansprüche auch durchsetzen, es sei denn, es liegen sachliche Gründe vor, die gegen eine Rechtsverfolgung sprechen.[109] Die Versicherung kann sich somit im Ernstfall für den Compliance Officer auch in gewisser Weise als nachteilig erweisen; in der Praxis wird eine Versicherungslösung jedenfalls auch oft abgelehnt.

47 Soweit eine Versicherungslösung nicht möglich oder gewünscht ist, kann im Anstellungsvertrag aber auch allein zwischen den Arbeitsvertragspartnern eine **Vereinbarung zur Haftungsbegrenzung** getroffen werden. Arbeitsrechtlich ist jede Besserstellung gegenüber den gesetzlichen (richterrechtlichen) zwingenden Vorschriften der Arbeitnehmerhaftung[110] ohne Weiteres zulässig. Um einerseits die Unsicherheiten im Bereich des grob fahrlässigen Verschulden, andererseits zur Frage des Haftungsumfangs, die angesichts der Rechtsprechung stets verbleiben, zu beseitigen, bietet sich insbesondere eine Begrenzung (nur) der Höhe nach an. Die Höhe sollte so gewählt werden, dass sie eine Existenzvernichtung verhindert, denn das Interesse des Arbeitgebers kann vorrangig nur auf eine finanzielle Minderung des eigenen Schadens gerichtet sein, die aber Zahlungsfähigkeit (und die Vermeidung einer Privatinsolvenz) voraussetzt. Es erscheint auch sinnvoll, die Haftungsvolumina ggf. nach den Graden der Fahrlässigkeit abzustufen. Eine solche allgemeine und faktisch der besseren Durchsetzbarkeit geringerer Schadensersatzforderungen dienende Vereinbarung ist richtigerweise auch für die Vertreter des Arbeitgebers ein mögliches pflichtgemäßes Verhalten; es wäre nicht richtig, insoweit einen pauschalen Schadensersatzverzicht und damit eine Pflichtwidrigkeit in einem Fall eines bereits eingetretenen Schadensfalls anzunehmen. Denn die Vorabvereinbarung soll letztlich den Compliance Officer nicht umfassend enthaften, sondern vor einer (finanziellen) Existenzvernichtung schützen. Insoweit kann die Zulässigkeitsfrage nicht anders beurteilt werden als für D&O-Versicherungen (für Organe), die – mit Selbstbehalt – auch typischerweise gesellschaftsrechtlich zulässig sind.[111] Dieser Quervergleich bedeutet aber zugleich, dass keine Einschränkung der Haftung für vorsätzliches Verschulden vereinbart werden darf.

---

[106] Vgl. dazu bereits → Rn. 3 ff. mwN.
[107] So auch *Fecker/Kinzl*, CCZ 2010, 13 (20); *Meier*, NZA 2011, 779 (782).
[108] Vgl. dazu auch → § 13 und BDCO Positionspapier – Mindestanforderungen und Leitlinien vom Arbeitskreis „Berufsbild des Compliance-Officers" des Bundesverbandes Deutscher Compliance Officer e.V., Herbsttagung 2013, S. 4 Nr. 20. Problematisch ist für die konkrete Deckungsmöglichkeit, dass D&O-Versicherungen nur Organhandeln/-verschulden abdecken.
[109] Vgl. dazu nur BGH NJW 1997, 1926; *Koch*, in: Hüffer, § 93 Rn. 51.
[110] Vgl. dazu bereits → Rn. 10 ff.
[111] Vgl. dazu nur → § 14 Rn. 52.

E. Gestaltungsmöglichkeiten im Anstellungsverhältnis

III. Kündigungsregelungen

Ist im Einzelfall eine besondere vertragliche Vereinbarung zu Kündigungen gewünscht, steht das bekannte und in vielen Anstellungsverträgen mit leitenden Angestellten praktizierte Instrumentarium zur Verfügung, wie insbesondere die (erhebliche) Verlängerung der gesetzlichen Mindestkündigungsfristen,[112] wie es zB auch die MaComp[113] vorsehen, auf zB 12 oder mehr Monate zum Monats- oder Quartalsende usw. 48

Weitergehend kann die ordentliche Kündigung als solche (befristet für die Dauer der Compliance-Tätigkeit) ausgeschlossen werden oder die ordentliche (personen- und verhaltensbedingte) Kündigung, die sich auf die Tätigkeit oder die funktionsbezogenen Eigenschaften des Compliance Officer beziehen.[114] Aus der Praxis bekannt sind auch Vereinbarungen, die zwar nicht das Kündigungsrecht des Arbeitgebers beschränken, aber für den Fall einer wirksamen Kündigung eine individuelle Abfindung festschreiben, um so eine finanzielle Absicherung zu gewährleisten. 49

Teils wird aus der Praxis vorgeschlagen, die Wirksamkeit einer Kündigung des Arbeitsverhältnisses eines Compliance Officers von der Zustimmung eines Aufsichtsgremiums abhängig zu machen, um durch die Einbindung eines weiteren mutmaßlich unabhängigen Dritten Schutz vor willkürlichen oder maßregelnden Kündigungen zu erreichen.[115] Dazu wird auf eine entsprechende gesetzliche Regelung in § 11a Abs. 2a VAG verwiesen, nach der der verantwortliche Aktuar einer Lebensversicherungsgesellschaft nur durch den Aufsichtsrat oder ein entsprechendes obersten Organ bestellt oder entlassen werden kann.[116] Allerdings ist die Funktion und Situation eines Compliance Officers nicht mit der eines Aktuars einer Lebensversicherung vergleichbar. Während der Aktuar eine öffentlich-rechtliche Kontrollfunktion ausübt und in erster Linie öffentlich-rechtlichen Interessen dient,[117] wird ein Compliance Officer im privatrechtlichen Interesse des Unternehmens und in Delegation von originären Leitungs- und Kontrollaufgaben der Unternehmensleitung tätig.[118] Die Funktion des Compliance Officers ist auch zur Einhaltung und Ausführung der Compliance-Aufgaben der Unternehmensleitung nicht zwingend, sondern beruht auf einer entsprechenden **freiwilligen Organisations- und Delegationsentscheidung der Organmitglieder**. Ist die Position eines Compliance Officers im Unternehmen nicht vorgesehen oder (vorübergehend) nicht besetzt, fällt die Pflicht zur Sicherstellung von Compliance an das vertretungsberechtigte Organ zurück, mithin Vorstand bzw. Geschäftsführung. Vor diesem Hintergrund spricht auch vieles dafür, dass gerade die geschäftsleitenden Organe selbst und allein über Einstellung und Entlassung bzw. Versetzung des Compliance Officers entscheiden dürfen. Im Wesentlichen richtet sich die Funktion und Aufgabe eines Compliance Officers darauf, die Compliance-Aufgaben des geschäftsleitenden Organs (stellvertretend im Rahmen der 50

---

[112] So auch *Neufeld*, Personalführung 1/2013, 88 (89).
[113] Vgl. dazu bereits → Rn. 30.
[114] Vgl. auch *Illing/Umnuß*, CCZ 2009, 1 (7); *Wisswede*, in: Hümmerich/Lücke/Mauer, Arbeitsrecht, 8. Aufl. 2014, § 1 Rn. 208a; *Neufeld*, Personalführung 1/2013, 88 (89).
[115] Vgl. dazu *Fecker/Kinzl*, CCZ 2010, 13 (19); *Illing/Umnuß*, CCZ 2009, 1 (7); *Krieger/Günther*, NZA 2010, 367 (371); *Bürkle*, § 1 Rn. 43 f.
[116] *Fecker/Kinzl*, CCZ 2010, 13 (19); *Illing/Umnuß*, CCZ 2009, 1 (7); *Fecker/Kinzl*, CCZ 2010, 13 (19); *Bürkle*, in: Hauschka, Corporate Compliance, § 8 Rn. 40; *Hauschka*, CCZ 2014, 165 (170).
[117] *Illing/Umnuß*, CCZ 2009, 1 (7).
[118] Vgl. dazu bereits → Rn. 4 ff.

§ 7. Arbeitsrechtliche Stellung und Haftung

Delegation) zu erfüllen und nicht auf eine Kontrolle des Organs. Soweit diese Kontrollfunktion ebenfalls ein (kleiner) Bestandteil der Aufgaben ist, kann statt einem Zustimmungserfordernis den diversen Interessen im Vorfeld einer Einstellung, Versetzung oder Entlassung hinreichend auch durch lediglich eine zwingende vorherige Information des Aufsichtsrats Rechnung getragen werden.[119] Diese Informationspflicht ist dann ebenfalls nicht in den Arbeitsvertrag des Compliance Officers aufzunehmen, sondern allenfalls in das Compliance-Konzept bzw. die Geschäftsordnung des Aufsichtsrats (oder ggf. auch des Vorstands bzw. der Geschäftsführung).

F. Fazit

51   Die arbeitsrechtliche Stellung und Haftung des Compliance Officers unterscheidet sich nicht grundsätzlich von anderen Mitarbeitern in Leitungsfunktionen in einem Unternehmen. Insofern finden auch für den Compliance Officer die arbeitsrechtlichen Schutzvorschriften Anwendung, insbesondere die Regeln über die eingeschränkte Arbeitnehmerhaftung und die allgemeinen Kündigungsschutzvorschriften. Gestaltungsspielraum ergibt sich im Rahmen des Arbeitsvertrages; gesetzliche Sonderregelungen zur Stellung und Haftung sind aktuell nicht notwendig.

---

[119] Vgl. auch *Hauschka*, CCZ 2014, 165 (170); *Illing/Umnuß*, CCZ 2009, 1 (7); *Krieger/Günther*, NZA 2010, 367 (371).

§ 8. Compliance Officer und Mitbestimmung

Dr. Anja Mengel, LL.M.

Übersicht

	Rn.
A. Betriebsverfassungsrechtliche Stellung des Compliance Officers	2
I. Voraussetzungen für den Status als leitender Angestellter	4
II. Status sowie Rechte und Pflichten als leitender Angestellter	7
III. Mitbestimmung bei Einstellung, Ernennung und Versetzung	10
B. Zusammenarbeit mit innerbetrieblichen Organen	12
I. Zusammenarbeit mit dem Betriebsrat	13
1. Zwingende Mitbestimmung	14
a) Mitbestimmung zum Ordnungsverhalten	22
b) Mitbestimmung zu Überwachungseinrichtungen und IT/TK	29
2. Freiwillige Mitbestimmung und Kooperation mit dem Betriebsrat	33
II. Zusammenarbeit mit dem Sprecherausschuss	34
III. Zusammenarbeit mit anderen Stellen im Unternehmen	37
C. Compliance-Regelungen durch Betriebsvereinbarung	39

Literatur: *Berufsverband der Compliance Manager,* Berufsfeldstudie Compliance Manager 2013, 2013; *Fahrig,* Verhaltenskodex und Whistleblowing im Arbeitsrecht, NJOZ 2010, 975; *Fecker/Kinzl,* Ausgestaltung der arbeitsrechtlichen Stellung des Compliance-Officers – Schlussfolgerungen aus der BSR-Entscheidung des BGH, CCZ 2010, 13; *Kort,* Ethik-Richtlinien im Spannungsfeld zwischen US-amerikanischer Compliance und deutschem Konzernbetriebsverfassungsrecht, NJW 2009, 129; *Krieger/Günther,* Die arbeitsrechtliche Stellung des Compliance Officers – Gestaltung einer Compliance-Organisation unter Berücksichtigung der Vorgaben im BGH-Urteil vom 17.7.2009, NZA 2010, 367; *Mahnhold,* „Global Whistle" oder „deutsche Pfeife" – Whistleblowing-Systeme im Jurisdiktionskonflikt, NZA 2008, 737; *Mengel,* Compliance und Arbeitsrecht, 2009; *Mengel/Hagemeister,* Compliance und arbeitsrechtliche Implementierung im Unternehmen, BB 2007, 1386; *Moosmayer/Hartwig,* Interne Untersuchungen, 2012; *Nezmeskal-Berggötz,* Einführung und Inhalte von Ethikrichtlinien in multinationalen Unternehmen, CCZ 2009, 209; *Richardi,* Betriebsverfassungsgesetz, 14. Aufl. 2014; *Schuster/Darsow,* Einführung von Ethikrichtlinien durch Direktionsrecht, NZA 2005, 273; *Wiese/Kreutz/Oetker/Raab/Weber/Franzen/Gutzeit/Jacobs,* Gemeinschaftskommentar zum Betriebsverfassungsgesetz: GK-BetrVG, Band II, 10. Aufl. 2014; *Wisskirchen/Jordan/Bissels,* Probleme bei der Einführung internationaler Verhaltens- und Ethikrichtlinien, DB 2005, 2190; *Wybitul/Böhm,* Beteiligung des Betriebsrats bei Ermittlungen durch Unternehmen, RdA 2011, 362.

Der Compliance Officer eines Unternehmens oder einer Unternehmensgruppe nimmt typischerweise eine herausgehobene Stellung ein; in dieser Stellung hat er in Unternehmen mit Betriebsrat bzw. Gesamt- und Konzernbetriebsrat regelmäßig die Verantwortung für zahlreiche mitbestimmungspflichtige Materien und trifft mit dem Betriebsrat somit als Ansprechpartner und Kooperationspartner für diese Materien zusammen. In diesem Zusammenhang ist auch die eigene persönliche betriebsverfassungsrechtliche Stellung des Compliance Officer interessant.   1

A. Betriebsverfassungsrechtliche Stellung des Compliance Officers

2 Für die betriebsverfassungsrechtliche Stellung des Compliance Officer ist maßgeblich, ob er **leitender Angestellter** iSv § 5 Abs. 3 BetrVG und des Sprecherausschussgesetzes ist. Die obersten und oberen Compliance Officer einer Compliance Organisation sind oftmals auch leitende Angestellte gemäß § 5 Abs. 3 Nr. 3 oder § 5 Abs. 4 BetrVG. Der Status ist jedoch stets im Einzelfall festzustellen.

3 Überdies ist der Begriff des Compliance Officer nicht legal und auch in der Praxis nicht einheitlich definiert,[1] im Gegenteil werden viele Begriffe synonym oder auch uneinheitlich für unterschiedliche Funktionen in Unternehmen genutzt. So ist auch der Begriff des Compliance Managers, des Compliance Beauftragten und des Compliance-Verantwortlichen verbreitet; es werden auch differenzierend Chief Compliance Officer, Legal Compliance Officer usw. benannt. Selbst in der Begriffsbildung der Berufsverbände fehlt es an Einheitlichkeit: Der Bundesverband Deutscher Compliance Officer unterscheidet hierarchisch zwischen Compliance Officer und Chief Compliance Officer, aber der Berufsverband der Compliance Manager verwendet die Bezeichnungen Compliance Officer, Compliance Manager und Compliance-Verantwortlicher eher als Synonyme.[2] Zur Organisationsfragen wird auch der Terminus „Head of Compliance" verwendet, der die Funktionen des Compliance Officer, des Chief Compliance Officer und des Group Compliance Officer umfassen soll.[3]

I. Voraussetzungen für den Status als leitender Angestellter

4 Arbeitsrechtlich kommt es entsprechend den allgemeinen Regeln jedoch nicht auf die Bezeichnung an, die allenfalls ein gewisses Indiz, aber nicht maßgeblich für die arbeitsrechtliche Einordnung als Arbeitnehmer oder leitender Angestellter sein kann. Insoweit ist für die Frage stets auf die **tatsächlichen Verhältnisse** abzustellen, wie sie sich im Einzelfall aus den vertraglichen Vereinbarungen der Vertragspartner, vor allem zu den arbeitsrechtlichen Aufgaben, Funktionen und Kompetenzen, sowie aus der tatsächlichen Durchführung des Arbeitsverhältnisses ergeben.[4]

5 Als der im Unternehmen oberste Compliance Officer nimmt ein Compliance Officer in der Praxis typischerweise nach Arbeitsvertrag und Stellung im Unternehmen oder im Betrieb regelmäßig sonstige Aufgaben wahr, die den Aufgaben leitender Angestellter nach § 5 Abs. 3 Nr. 3 BetrVG entsprechen. Denn dies sind Aufgaben, die für den Bestand und die Entwicklung des Unternehmens oder eines Betriebs von Bedeutung sind und deren Erfüllung besondere Erfahrungen und Kenntnisse voraussetzt,[5] wobei die Entscheidungen in dieser Funktion regelmäßig entweder im Wesentlichen frei von Weisungen getroffen oder maßgeblich beeinflusst werden müssen.[6] Diese Anforderun-

---

[1] Vgl. bereits → § 7 Rn. 2.
[2] Vgl. *Berufsverband der Compliance Manager*, Berufsfeldstudie Compliance Manager 2013, S. 25.
[3] Vgl. auch *Krieger/Günther*, NZA 2010, 367 (369).
[4] Vgl. zum Arbeitnehmerstatus nur BAG NZA 1995, 823; *Rost*, in KR, Arbeitnehmerähnliche Personen Rn. 17; *Kiel*, in: ErfK, § 14 KSchG Rn. 10.
[5] Vgl. nur BAG 5.3.1974, AP Nr. 1 zu § 5 BetrVG 1972.
[6] Vgl. nur BAG 23.1.1986, AP Nr. 32 zu § 5 BetrVG 1972; NZA-RR 2011, 647; *Trümner*, in: DKKW, § 5 BetrVG Rn. 263 ; *Fitting*, § 5 BetrVG Rn. 391 f.

gen können auch erfüllt sein bei Vorgaben insbesondere auf Grund von Rechtsvorschriften, Plänen oder Richtlinien sowie bei Zusammenarbeit mit anderen leitenden Angestellten.[7]

Die Implementierung, Fortentwicklung und Leitung von Compliance-Systemen ist von essentieller Bedeutung für die regelkonforme Organisation und Führung im Unternehmen, somit auch für den Bestand und die Entwicklung des Unternehmens. Die Durchführung dieser Aufgaben bedarf besonderer Kenntnisse und Erfahrungen vor allem zur Unternehmensorganisation und zu diversen Rechtsmaterien. Zudem ist der oberste und sind die oberen Compliance Officer einer Compliance-Organisation oftmals entweder selbst zu weitreichenden Entscheidungen befugt oder nehmen auf diese jedenfalls erheblichen Einfluss. Ein Compliance Officer ist damit regelmäßig als leitender Angestellter iSd Betriebsverfassungsrechts zu qualifizieren; die konkrete Bewertung muss aber in jedem Einzelfall anhand der individuellen Umstände erfolgen. 6

II. Status sowie Rechte und Pflichten als leitender Angestellter

Ist ein Compliance Officer leitender Angestellter, unterfällt er nicht der Zuständigkeit des Betriebsrats, sondern – soweit vorhanden – des Sprecherausschusses im Unternehmen. Insbesondere sind Betriebsvereinbarungen nicht auf ihn anwendbar und die Mitbestimmungsrechte des Betriebsrats zu Personalmaßnahmen gelten nicht. So besteht im Fall einer Kündigung keine Obliegenheit des Arbeitgebers, vor der Kündigung den Betriebsrat nach § 102 BetrVG anzuhören.[8] Ist allerdings in dem Unternehmen ein **Sprecherausschuss** gebildet, ist dieser vor einer Kündigung nach § 31 Abs. 2 SprAuG zu unterrichten und anzuhören. Falls im Zeitpunkt der Kündigung unklar ist, welchen Status der Compliance Officer hat, empfiehlt sich vorsorglich die parallele Beachtung beider Mitbestimmungssysteme.[9] 7

Es gelten auch die weiteren Beteiligungsrechte des Sprecherausschusses zu Personalmaßnahmen nach § 31 SprAuG, allerdings hat der Sprecherausschuss insoweit nur Informationsrechte und keine vollen Mitbestimmungsrechte, so dass der Arbeitgeber bei der Einstellung und Versetzung eines leitenden Compliance Officers im Ergebnis rechtlich frei entscheiden kann. Die Einstufung als leitender Angestellter nach § 5 Abs. 3 BetrVG ist nicht mit der Qualifikation als leitender Angestellter iSv § 14 Abs. 2 KSchG gleichzusetzen;[10] der restriktiv bestimmte Status des leitenden Angestellten iSd Kündigungsschutzrechts wird in der Praxis fast nie erreicht. 8

Im Übrigen zieht der Status als leitender Angestellter iSd Betriebsverfassungsrechts nur wenige besondere arbeitsrechtliche Rechte oder Pflichten nach sind; eine bedeutsame Ausnahme betrifft das gesetzliche Arbeitszeitrecht. Nach § 18 Nr. 1 ArbZG ist das Arbeitszeitgesetz auf leitende Angestellte nicht anwendbar. 9

---

[7] Vgl. dazu nur BAG 29.1.1980, AP Nr. 22 zu § 5 BetrVG 1972; *Trümner*, in: DKKW, § 5 BetrVG Rn. 277; *Fitting*, § 5 BetrVG Rn. 406.
[8] Vgl. auch *Fecker/Kinzl*, CCZ 2010, 13 (19).
[9] Vgl. auch *Linck*, in: Ascheid/Preis/Schmidt, § 31 SprAuG Rn. 4; *Fecker/Kinzl*, CCZ 2010, 13 (19).
[10] Vgl. bereits → § 7 Rn. 24 f.

III. Mitbestimmung bei Einstellung, Ernennung und Versetzung

10 Ist der Compliance Officer nicht als leitender Angestellter zu qualifizieren und besteht im Betrieb ein **Betriebsrat**, so hat der Betriebsrat dagegen gemäß § 99 BetrVG bereits bei der Einstellung bzw. bei der Ernennung eines Compliance Officers ein umfassendes Mitbestimmungsrecht nach den allgemeinen Regeln.[11]

11 Ebenso hat der Betriebsrat nach § 99 BetrVG ein Mitbestimmungsrecht bei einer Versetzung eines Compliance Officers; eine Versetzung liegt nach § 95 Abs. 3 BetrVG vor, wenn der Arbeitgeber dem Arbeitnehmer eine andere Tätigkeit zuweist,[12] insbesondere den Aufgabenbereich des Arbeitnehmers nach Art, Ort, Umfang der Tätigkeit verändert. Die Zuweisung eines neuen Tätigkeitsbereichs ist unter anderem gegeben, wenn dem Arbeitnehmer wesentliche Teilfunktionen neu übertragen werden, die der Gesamttätigkeit ein solches Gepräge geben, dass von einer anderen Tätigkeit ausgegangen werden muss.[13] Im Fall der Bestellung eines Arbeitnehmers zum Datenschutzbeauftragten hat das Bundesarbeitsgericht eine Versetzung iSd § 95 Abs. 3 BetrVG angenommen.[14] Vergleichbar wird auch die erstmalige Bestellung eines Arbeitnehmers zum Compliance Officer oder die Versetzung in die Funktion typischerweise eine mitbestimmungspflichtige Versetzung sein, auch wenn anders als beim Datenschutzbeauftragen die Ernennung für das Unternehmen nicht gesetzlich zwingend ist. Umgekehrt wird auch die Abberufung aus der Funktion als Compliance Officer regelmäßig eine Versetzung iSv §§ 95, 99 BetrVG sein.

B. Zusammenarbeit mit innerbetrieblichen Organen

12 Bei der erstmaligen Implementierung und auch der Fortentwicklung eines etablierten Compliance-Systems wird ein Compliance Officer regelmäßig Kontakt mit diversen innerbetrieblichen Gremien, auch Arbeitnehmervertretungen, haben und mit diesen kooperieren müssen. Denn erstens ist die Aufstellung und Aufrechterhaltung einer funktionierenden Compliance-Organisation im Unternehmen oder Konzern eine Aufgabe, die zwar primär bei der Unternehmensleitung angesiedelt ist, die aber in der Praxis eine Gemeinschaftsaufgabe vieler, auch vieler Funktionen ist.[15] So entspricht es richtigerweise in der Praxis dem „*Tone from the Top*" und der Compliance-Philosophie, die Arbeitnehmervertretungen möglichst als Partner in Compliance-Themen einzubeziehen.[16] Dies ist aber zusätzlich auch eine zwingende rechtliche Vorgabe, soweit bestimmte Compliance-Materien in den Anwendungsbereich der gesetzlich zwingenden Mitbestimmung des Betriebsrats fallen.

---

[11] Vgl. dazu nur BAG NZA 2010, 1302; *Bachner*, in: DKKW, § 99 BetrVG Rn. 13, 38 ff. ; *Fitting*, § 99 BetrVG Rn. 18, 29 ff.
[12] Vgl. nur *Bachner*, in DKKW, § 99 BetrVG Rn. 96.
[13] BAG NZA 1997, 112 (113).
[14] BAG NZA 1994, 1049 (1051).
[15] Vgl. auch → § 7 Rn. 8.
[16] Vgl. dazu auch → § 15 Rn. 6 ff.

B. Zusammenarbeit mit innerbetrieblichen Organen

I. Zusammenarbeit mit dem Betriebsrat

Das Betriebsverfassungsrecht schreibt für Betriebe mit Betriebsräten eine Mindestkooperation des Compliance Officers mit dem Betriebsrat vor, weil in § 87 Abs. 1 BetrVG einige sehr praxisrelevante Tatbestände ein volles Mitbestimmungsrecht festlegen und somit das ordnungsgemäße Unternehmenshandeln gegenüber den Arbeitnehmern an die Zustimmung des Betriebsrats knüpfen. Darüber hinaus sind über die gesetzlichen Mindestanforderungen auch freiwillige weitergehende gemeinsame Regelungen in Form von freiwilligen Betriebsvereinbarungen oder informellen Kooperationen, gerade auch zu Compliance-Themen, arbeitsrechtlich anerkannt und aus der Praxis bekannt.

13

1. Zwingende Mitbestimmung

Besonders praxisrelevant für typische Compliance-Materien ist die Mitbestimmung des Betriebsrats zu dem betrieblichen **Ordnungsverhalten** nach § 87 Abs. 1 Nr. 1 BetrVG und zu technischen **Überwachungseinrichtungen** gemäß § 87 Abs. 1 Nr. 6 BetrVG.[17] Während sich das Mitbestimmungsrecht zum Ordnungsverhalten vor allem bei der Einführung und Veränderung von Verhaltensregeln aller Art, aber auch zu den besonders Compliance-relevanten Themen der Korruptionsvermeidung und dabei vor allem bei Richtlinien zu Geschenken, Corporate Entertainment und Sponsoring auswirkt, erfasst das Mitbestimmungsrecht zu Überwachungseinrichtungen über die heute omnipräsente Datenverarbeitungs- und Telekommunikationstechnik aus Sicht des Compliance Officers fast alles im Bereich der Überwachung und Durchsetzung von Compliance-Regeln sowie interne Untersuchungen dazu.[18]

14

Nach den allgemeinen Regeln zu § 87 BetrVG sind Verhaltensregeln für Mitarbeiter aber nicht pauschal mitbestimmungspflichtig oder mitbestimmungsfrei, sondern es ist nach der jeweiligen einzelnen Regeln die Mitbestimmungspflicht zu untersuchen.[19] Dies gilt nach der Rechtsprechung des Bundesarbeitsgericht auch für eine Zusammenstellung von verschiedenen Compliance-Regeln, die unter dem Oberbegriff „**Ethikrichtlinien**" oder auch „**Code of Conduct**" im Unternehmen oder Konzern typischerweise zusammengefasst und einheitlich niedergelegt und kommuniziert werden, ggf. auch als ein optisch entsprechend aufbereiteter „Kodex".[20]

15

Wesentlich ist für die Praxis auch, dass bereits nach den allgemeinen Regeln ein Mitbestimmungsrecht gemäß § 87 Abs. 1 S. 1 BetrVG ausscheidet, wenn die betreffenden Verhaltensregeln sich für die Arbeitnehmer schon aus gesetzlichen Vorschriften ergeben. Dies ist für viele Compliance-relevante Verhaltensvorgaben in Unternehmen der Fall, vor allem für alle Materien, die auch strafrechtlich oder zB durch Aufsichtsrecht abge-

16

---

[17] Vgl. dazu bereits ausführlich *Mengel*, Kap. 2 Rn. 6 ff., 12 ff.; *Mengel/Hagemeister*, BB 2007, 1386 (1392); *Mengel*, in: Hauschka, Corporate Compliance, § 12 Rn. 58 ff., 63 ff.; *Nezmeskal-Berggötz*, CCZ 2009, 209 (211 f.).

[18] Vgl. dazu nur *Mengel*, Kap. 2 Rn. 6 ff., 12; *Mengel/Hagemeister*, BB 2007, 1386 (1392); *Mengel*, in: Hauschka, Corporate Compliance, § 12 Rn. 58 ff., 63 ff.; *Rudkowski*, NZA 2011, 612 (615).

[19] Vgl. nur BAG NJW 2008, 3731 (3735) – Honeywell und *Kort*, NJW 2009, 129 (130 f.); *Mengel*, Kap. 2 Rn. 10; *Mengel*, in: Hauschka, Corporate Compliance, § 12 Rn. 55, 61; *Mengel/Hagemeister*, BB 2007, 1386 (1392); *Nezmeskal-Berggötz*, CCZ 2009, 209 (211); *Richardi*, in: Richardi, § 87 BetrVG Rn. 196; *Wiese*, in: GK-BetrVG, § 87 BetrVG Rn. 227.

[20] BAG NJW 2008, 3731 (3735) – Honeywell.

deckt sind, wie zB Korruptionsverbote, Insiderhandelsverbote, Kartellverbote, auch Diskriminierungsverbote usw.[21]

17 Das Mitbestimmungsrecht wird aber nur durch inländische gesetzliche Regelungen verdrängt, nicht durch **Vorgaben ausländischer Rechtsordnungen**, so dass sich die Unternehmen, deren Muttergesellschaft oder die selbst zB US-amerikanischen Compliance-Vorgaben unterworfen sind, wie zB dem Sarbanes-Oxley Act oder den Regelungen der US-Börsenaufsichtsbehörde SEC (Securities and Exchange Commission),[22] nicht auf einen Ausschluss des Mitbestimmungsrechts des Betriebsrats nach § 87 BetrVG berufen können.[23]

18 Ein Mitbestimmungsrecht ist allerdings auch (vorübergehend) ausgeschlossen, wenn es bereits ausgeübt und durch eine wirksame ungekündigte Betriebsvereinbarung verbraucht ist; dies ist in der Praxis nicht selten relevant, wenn Compliance-Regeln erstmals eingeführt werden sollen und zu bestimmten Materien bereits Regeln existieren. Die Aktualisierung erfordert dann ggf. die Kündigung oder Aufhebung bestehender Betriebsvereinbarungen oder auch anderer Vereinbarungen mit dem Betriebsrat.

19 Einschränkungen des Mitbestimmungsrechts kann es aber nach allgemeinen Regeln für Tendenzunternehmen und Tendenzbetriebe geben; dies hat das Bundesarbeitsgericht auch speziell zu Compliance-Themen anerkannt.[24]

20 Nicht tauglich ist dagegen die pauschale Regel, dass Pflichten der Arbeitnehmer, die arbeitsvertraglich bereits geregelt sind und nur wiederholt werden oder die vom Direktionsrecht des Arbeitgebers umfasst sind, nicht mitbestimmungspflichtig nach § 87 Abs. 1 Nr. 1 BetrVG seien.[25] Denn gerade auch arbeitsvertragliche Inhalte oder Weisungen des Arbeitgebers, die individualrechtlich zulässig und vom Arbeitnehmer hinzunehmen sind, können dennoch (zusätzlich) mitbestimmungspflichtig sein. Dies gilt insbesondere auch für den Tatbestand nach § 87 Abs. 1 Nr. 1 BetrVG, der das Ordnungsverhalten mitbestimmungspflichtig macht und nur das Arbeitsverhalten mitbestimmungsfrei lässt.

21 Umgekehrt kann aber auch die erteilte Zustimmung des Betriebsrats eine Verhaltenspflicht nicht für Arbeitnehmer verbindlich machen, wenn diese die private Lebensführung der Arbeitnehmer betrifft und somit – wie regelmäßig – der Regelung des Arbeitgebers, aber auch der Zuständigkeit des Betriebsrats entzogen ist.[26] Zulässig können aber gerade auch bei Compliance-Relevanz Regeln sein, die zwar auch privates Verhalten betreffen können, aber schwerpunktmäßig das dienstliche Verhalten regulieren und sachlich durch die Interessen des Unternehmens begründet sind, wie zB Regeln zu Loyalitätspflichten, Vermeidung von Interessenkonflikten und sonstige arbeitsvertragliche (ungeschriebene) Nebenpflichten.[27]

---

[21] Vgl. dazu bereits ausführlich *Mengel*, Kap. 2 Rn. 11; *Mengel/Hagemeister*, BB 2007, 1386 (1392); *Mengel*, in: Hauschka, Corporate Compliance, § 12 Rn. 55, 61; *Nezmeskal-Berggötz*, CCZ 2009, 209 (211).

[22] Vgl. dazu nur *Mahnhold*, NZA 2008, 737 (741); *Dann/Schmidt*, NJW 2009, 1851 ff.

[23] Vgl. nur BAG NZA 2008, 1248 (1252); ebenso *Kort*, NJW 2009, 129 (129); *Nezmeskal-Berggötz*, CCZ 2009, 209 (211).

[24] Vgl. dazu BAG NZA 2003, 166 (166) – Handelsblatt; *Mengel*, Kap. 2 Rn. 22 ff.; *Mengel/Hagemeister*, BB 2007, 1386 (1392); *Mengel*, in: Hauschka, Corporate Compliance, § 12 Rn. 70 ff.

[25] So aber *Kort*, NJW 2009, 129 (131) zu Whistleblowingregelungen.

[26] Vgl. nur BAG NJW 2008, 3731 (3736) – Honeywell; LAG Düsseldorf NZA-RR 2006, 81 (87 f.) – Wal-Mart und auch *Kort*, NJW 2009, 129 (131); *Nezmeskal-Berggötz*, CCZ 2009, 209 (211).

[27] Vgl. LAG Düsseldorf NZA-RR 2006, 81 (84) – Wal-Mart; BAG NJW 2008, 3731 (3736 f.) – Honeywell; *Mengel*, Kap. 2 Rn. 6; *Mengel/Hagemeister*, BB 2007, 1386 (1392); *Mengel*, in: Hauschka, Corporate Compliance, § 12 Rn. 60; *Nezmeskal-Berggötz*, CCZ 2009, 209 (210 f.).

B. Zusammenarbeit mit innerbetrieblichen Organen

a) Mitbestimmung zum Ordnungsverhalten

Compliance-Regeln sollen vor allem das Verhalten der Mitarbeiter von Unternehmen intern und extern gegenüber Kunden, Lieferanten, den Medien und ggf. sogar im privaten Bereich steuern. Daher ist ein zentraler Mitbestimmungstatbestand für Compliance-Systeme die Vorschrift § 87 Abs. 1 Nr. 1 BetrVG, die das sog betriebliche Ordnungsverhalten der Arbeitnehmer betrifft.[28] Davon abzugrenzen ist zunächst nach allgemeinen Regeln das sog Arbeitsverhalten der Arbeitnehmer, somit alle Regeln, die die Arbeitspflicht unmittelbar konkretisieren und abfordern.[29] 22

Diese Unterscheidung ist für Compliance-Regeln sehr praxisrelevant, denn danach sind sehr viele wesentliche Regelungen, die Unternehmen für Compliance-Systeme einführen und auch immer wieder aktualisieren, (insoweit) mitbestimmungsfrei, namentlich alle traditionell als „Arbeitsanweisungen" oder „Fachweisungen" bezeichneten Vorgaben dazu, wie Arbeitnehmer oder bestimmte Arbeitsbereiche organisiert sein und ihre Aufgaben durchführen sollen,[30] wie zB Arbeitsanweisungen für die Erstellung von Angeboten an Kunden, für die Buchhaltung, für die Revision, für die Verwaltung von Kundendaten, für die IT-Sicherheit usw. Zu prüfen ist allerdings stets, ob nicht ein anderer Mitbestimmungstatbestand diese Materien erfasst, insbesondere die Mitbestimmung zu Überwachungseinrichtungen und IT-Themen. 23

In seiner grundlegenden Entscheidung zur Mitbestimmung bei der Einführung eines Ethikkodexes hat das LAG Düsseldorf diese Grundsätze speziell bestätigt und vor diesem Hintergrund beispielsweise Verhaltensvorgaben zu folgenden Themen als (in der konkreten Ausgestaltung) **mitbestimmungsfrei** anerkannt:[31] 24
– Regelungen zur Herausgabe von Pressemitteilungen im Namen des Unternehmens
– die Regelungen zur Einsichtnahme in Personalakten
– Regelungen zum „Schmiergeldverbot" und gesetzlichen Korruptionsverboten
– Regelungen zum Gewaltverbot auf dem Betriebsgelände.

Auch Vorgaben zur Unternehmensorganisation und den einzelnen Unternehmensbereichen zuzuordnende Aufgaben und Kompetenzen sind nicht nach § 87 Abs. 1 Nr. 1 BetrVG mitbestimmungspflichtig.[32] 25

Es ist aber – nach der weitreichenden ständigen Rechtsprechung – das mitbestimmungspflichtige Ordnungsverhalten betroffen, wenn der Arbeitgeber den Arbeitnehmern standardisierte Melde- oder Zustimmungsverfahren vorgibt, wie zB die Vorgabe, Verstöße gegen Gesetze oder Compliance-Regeln nur bestimmten Stellen im Unternehmen auf eine bestimmte Art zu melden; entsprechend sind Vorgaben zu Hinweisgeber- 26

---

[28] Vgl. dazu allgemein nur *Klebe*, in: DKKW, § 87 BetrVG Rn. 53 ff.; *Fitting*, § 87 BetrVG Rn. 64 ff.; *Wiese*, in: GK-BetrVG, § 87 BetrVG Rn. 172 ff. und speziell zu Ethikkodizes BAG NJW 2008, 3731 (3736) – Honeywell.

[29] Vgl. dazu nur BAG NZA 2004, 556 (557); *Klebe*, in: DKKW, § 87 BetrVG Rn. 53 ff.; *Fitting*, § 87 BetrVG Rn. 64 ff.; *Wiese*, in: GK-BetrVG, § 87 BetrVG Rn. 172 ff. und speziell zu Ethikkodizes: BAG NJW 2008, 3731 (3736) – Honeywell.

[30] Vgl. LAG Düsseldorf NZA-RR 2006, 81 (87) – Wal-Mart; *Mengel*, Kap. 2 Rn. 6; *Mengel/Hagemeister*, BB 2007, 1386 (1392); *Mengel*, in: Hauschka, Corporate Compliance, § 12 Rn. 59; *Nezmeskal-Berggötz*, CCZ 2009, 209 (211); *Schuster/Darsow*, NZA 2005, 273 ff.; *Wisskirchen/Jordan/Bissels*, DB 2005, 2190 (2191).

[31] LAG Düsseldorf NZA-RR 2006, 81 (86 f.) – Wal-Mart.

[32] Vgl. LAG Düsseldorf NZA-RR 2006, 81 (84) – Wal-Mart; *Mengel*, Kap. 2 Rn. 7; *Mengel/Hagemeister*, BB 2007, 1386 (1392); *Mengel*, in: Hauschka, Corporate Compliance, § 12 Rn. 59.

systemen und sog Whistleblowing regelmäßig nach § 87 Abs. 1 Nr. 1 BetrVG mitbestimmungspflichtig.³³

27   Aber auch insoweit kann die Mitbestimmungspflicht nach allgemeinen Regeln entfallen, wenn und soweit die Regelung bloßen Gesetzesvollzug anordnet. So hat das Bundesarbeitsgericht ein Mitbestimmungsrecht nach § 87 Abs. 1 Nr. 1 BetrVG zur Einrichtung und zur personellen Besetzung einer Beschwerdestelle iSv § 13 Abs. 1 AGG abgelehnt, aber anerkannt zur Einführung und Ausgestaltung des Verfahrens für die Wahrnehmung des Beschwerderechts.³⁴

28   Entsprechend hat das LAG Düsseldorf in seiner grundlegenden Entscheidung zur Mitbestimmung bei der Einführung eines Ethikkodexes beispielsweise Verhaltensvorgaben zu folgenden Themen als (in der konkreten Ausgestaltung) mitbestimmungspflichtig beurteilt:³⁵
– Regelungen zum Verbot der Annahme von Geschenken und Zuwendungen (über das gesetzliche „Schmiergeldverbot" hinaus)
– Regelungen zum angemessenen, belästigungsfreien und diskriminierungsfreien Verhalten im Betrieb (über das Verbot der Gewaltanwendung und Gewaltandrohung hinaus)³⁶
– Regelungen zum Whistleblowing – Hinweisgebersystem.³⁷

b) Mitbestimmung zu Überwachungseinrichtungen und IT/TK

29   Compliance-Regeln betreffen sehr oft auch die Speicherung und Nutzung von Daten bzw. die Sicherheit von IT- und TK-Systemen; außerdem sind IT- und TK-Systeme sowie die bei ihrer Nutzung anfallenden Daten typischerweise relevant für die laufende Kontrolle zur Einhaltung von Compliance-Regeln bis hin zu anlassbezogenen speziellen Untersuchungen und Internal Investigations. Daher ist der zweite wesentliche Mitbestimmungstatbestand für Compliance-Systeme in der Praxis die Vorschrift § 87 Abs. 1 Nr. 6 BetrVG, die sog „technische Überwachungseinrichtungen", ihre Einführung und Veränderung betrifft. Dieses Mitbestimmungsrecht ist in der modernen Arbeitswelt, die bereits sehr weitgehend digitalisiert ist, abweichend von den ursprünglichen Verhältnissen bei ihrer Einführung 1972 zu einem der weitreichendsten und bedeutendsten Mitbestimmungstatbeständen geworden.³⁸

30   Die Einführung jeder Hardware-/Softwarekombination, jede neue Software, auch bloße Software-Updates sind danach mitbestimmungspflichtig, zumindest, wenn dadurch neue Überwachungsfunktionen eröffnet werden, mithin bei jeder neuen Funktion, die auch neue auswertbare Daten und Informationen liefert. Denn nach der sehr extensiven ständigen Rechtsprechung genügt für die Mitbestimmungspflicht die „objektive Eignung" der Einrichtung zur (automatisierten selbständigen) Überwachung; auf einen Überwachungswillen des Arbeitgebers kommt es nicht an.³⁹

---

³³ Vgl. nur BAG NJW 2008, 3731 (3735) – Honeywell; LAG Düsseldorf NZA-RR 2006, 81 (84) – Wal-Mart; *Fitting*, § 87 BetrVG Rn. 71; *Kania*, in: ErfK, § 87 BetrVG Rn. 21a; *Mengel*, Kap. 2 Rn. 9; *Mengel/Hagemeister*, BB 2007, 1386 (1392); *Mengel*, in: Hauschka, Corporate Compliance, § 12 Rn. 61; *Richardi*, in: Richardi, § 87 BetrVG Rn. 196.
³⁴ BAG NZA 2009, 1049 (1050).
³⁵ LAG Düsseldorf NZA-RR 2006, 81 (85 f.) – Wal-Mart.
³⁶ Vgl. dazu auch BAG NJW 2008, 3731 (3737 f.) – Honeywell.
³⁷ Vgl. dazu auch BAG NJW 2008, 3731 (3737, 3738 f.) – Honeywell.
³⁸ Vgl. dazu allgemein nur *Klebe*, in: DKKW, § 87 BetrVG Rn. 154 ff.; *Fitting*, § 87 BetrVG Rn. 214 ff.; *Wiese*, in: GK-BetrVG, § 87 BetrVG Rn. 482 ff.; *Richardi*, in: Richardi, § 87 BetrVG Rn. 513.
³⁹ Vgl. dazu nur BAG NJW 1976, 261 (262); NZA 2004, 556 (558); *Klebe*, in: DKKW, § 87 BetrVG Rn. 186; *Kania*, in: ErfK, § 87 BetrVG Rn. 55; *Fitting*, § 87 BetrVG Rn. 226; *Wiese*, in: GK-BetrVG, § 87 BetrVG Rn. 507.

B. Zusammenarbeit mit innerbetrieblichen Organen

Bei der Implementierung eines Compliance-Systems ist der Mitbestimmungstatbestand zB bei der Einführung eines Hinweisgebersystems relevant,[40] da dieses in der Praxis regelmäßig auch mit IT- und TK-Techniken arbeitet, wie Telefondiensten oder Meldesystemen per Mail oder das Internet; lediglich ein System zur Meldung mit Papierdokumenten oder in Person wäre mitbestimmungsfrei. Bei allen anderen Systemen werden dagegen eingehende Meldungen stets in elektronischer/digitalisierter Form aufgezeichnet und lassen aufgrund der Erfassung der Daten ggf. eine Identifizierung des Meldenden und dann objektiv eine Verhaltensüberwachung zu;[41] anders wäre es wiederum nur bei einer zwingenden Vorgabe zu nur anonymen Meldungen, bei denen eine Rückkoppelung zur Person des Meldenden technisch stets ausgeschlossen wäre.

31

Das Mitbestimmungsrecht nach § 87 Abs. 1 Nr. 6 BetrVG ist auch zentral für Compliance Officer bei unternehmensinternen Kontrollen und Untersuchungen.[42] Insoweit wird es in der Praxis auch nur selten an dem erforderlichen „kollektiven" Tatbestand fehlen, der für das Mitbestimmungsrecht nach § 87 Abs. 1 BetrVG allgemein erforderlich ist.[43] In Fällen besonders intensiver Kontrollmaßnahmen, wie insbesondere bei der heimlichen **Videoüberwachung** von Arbeitnehmern, die nach der höchstrichterlichen Rechtsprechung (nur) ausnahmsweise zulässig ist, trägt die Mitbestimmung, mithin die erteilte Zustimmung des Betriebsrats dann auch zur datenschutz-/persönlichkeitsrechtlichen Zulässigkeit der Maßnahme bei.[44] Umgekehrt kann aber (auch) eine Beteiligung des Betriebsrats eine datenschutz-/persönlichkeitsrechtlich unzulässige Kontrollmaßnahme nicht wirksam machen.[45]

32

2. Freiwillige Mitbestimmung und Kooperation mit dem Betriebsrat

Über die gesetzlichen Mindestvorgaben der Beteiligung des Betriebsrats hinaus können Arbeitgeber und Betriebsrat auch freiwillig kooperieren sowie insbesondere auch freiwillige Betriebsvereinbarungen schließen.[46] Auf dem Gebiet der Compliance bietet sich dies vor allem im präventiven Bereich an und zur Schulung von Mitarbeitern.[47]

33

---

[40] Vgl. dazu nur BAG NJW 2008, 3731 (3738 f.) – Honeywell; *Fahrig*, NJOZ 2010, 975 (979); *Mengel*, Kap. 2 Rn. 14; *Mengel/Hagemeister*, BB 2007, 1386 (1392); *Mengel*, in: Hauschka, Corporate Compliance, § 12 Rn. 64; *Nezmeskal-Berggötz*, CCZ 2009, 209 (214).

[41] Ebenso *Fahrig*, NJOZ 2010, 975 (979); vgl. auch *Mengel*, Kap. 2 Rn. 14; *Mengel/Hagemeister*, BB 2007, 1386 (1392); *Mengel*, in: Hauschka, Corporate Compliance, § 12 Rn. 64; aA *Wisskirchen/Jordan/Bissels*, DB 2005, 2190 (2192).

[42] Vgl. nur *Weiße*, in: Moosmayer/Hartwig, Interne Untersuchungen, S. 45; *Wybitul/Böhm*, RdA 2011, 362 (363 ff.); *Mengel*, in: Knierim/Rübenstahl/Tsambikakis, Kap. 13 Rn. 57 ff.; *Mengel*, Kap. 4 Rn. 33 f.

[43] Vgl. dazu allgemein *Klebe*, in: DKKW, § 87 BetrVG Rn. 22 f.; *Fitting*, § 87 BetrVG Rn. 14; *Wiese*, in: GK-BetrVG, § 87 BetrVG Rn. 15 ff.; *Richardi*, in: Richardi, § 87 BetrVG Rn. 15 ff.

[44] Vgl. die drei Leitentscheidungen: BAG NJW 2014, 810 ff.; NZA 2008, 1187 ff.; NJW 2005, 313 ff.

[45] Vgl. BAG CCZ 2014, 191 ff. zum Fall einer unzulässigen Spindkontrolle, die in Anwesenheit eines Betriebsratsmitglieds, aber in Abwesenheit des kontrollierten Arbeitnehmers stattfand. Dies ist zu beachten für in der Praxis verbreitete Fälle von E-Mail-Kontrollen unter Beteiligung von Betriebsräten.

[46] Vgl. nur *Klebe*, in: DKKW, § 87 BetrVG Rn. 45 ff.; *Fitting*, § 87 BetrVG Rn. 6.

[47] Bei den inzwischen weit verbreiteten Online-Schulungen ist allerdings regelmäßig ein Mitbestimmungsrecht des Betriebsrats nach § 87 Abs. 1 Nr. 6 BetrVG zu beachten.

II. Zusammenarbeit mit dem Sprecherausschuss

34 Die Aufgaben und Beteiligungsrechte eines Sprecherausschusses bleiben deutlich hinter den Beteiligungsrechten des Betriebsrats zurück. Zu den allgemeinen Aufgaben des Sprecherausschusses gehören die allgemeine Interessenvertretung der leitenden Angestellten gemäß § 25 Abs. 1 S. 1 SprAuG, die Wahrnehmung der Unterrichtungsrechte nach § 25 Abs. 2 SprAuG und das Anhörungsrecht vor Vereinbarungen zwischen Arbeitgeber und Betriebsrat gemäß § 2 Abs. 1 S. 2 SprAuG sowie die Unterstützung von einzelnen leitenden Angestellten nach § 26 SprAuG.[48] Umfassende Mitbestimmungsrechte in sozialen Angelegenheiten, die denen des Betriebsrats nach § 87 Abs. 1 BetrVG vergleichbar und für eine Compliance-Organisation wichtig sind, finden sich im SprAuG nicht.

35 Auch insoweit ist aber eine freiwillige weitergehende Kooperation des Compliance Officers mit dem Sprecherausschuss gesetzlich zulässig und zu (präventiven) Compliance-Themen oftmals sinnvoll.

36 Besteht kein Sprecherausschuss im Unternehmen, werden wesentliche Compliance-Regelungen in der Praxis oftmals zum Gegenstand von allgemeinen arbeitsvertraglichen Bedingungen gemacht,[49] soweit keine einseitigen Arbeitsanweisungen des Arbeitgebers zulässig sind.

III. Zusammenarbeit mit anderen Stellen im Unternehmen

37 Entsprechendes gilt für weitere Stellen im Unternehmen, wie zB bestimmte Beauftragte, die nach gesetzlichen Vorgaben bestimmte spezielle Aufgaben erfüllen, die oftmals Berührungs- oder Überschneidungsbereiche mit Compliance-Aufgaben haben, wie es vor allem bei dem Datenschutzbeauftragten oder auch dem Immissionsschutz-, dem Gewässerschutz- oder dem Umweltschutzbeauftragten der Fall ist.[50]

38 Vor allem mit dem Datenschutzbeauftragten, dessen Aufgaben in § 4g BDSG festgelegt sind und sich insbesondere auch auf eine Vorabprüfung von Datenverarbeitungsverfahren erstrecken, wird ein Compliance Officer in der Praxis regelmäßig Kontakt haben und kooperieren müssen, vor allem soweit es um die Kontrolle von Arbeitnehmerverhalten und die mitbestimmungspflichtigen Materien nach § 87 Abs. 1 Nr. 6 BetrVG geht.

C. Compliance-Regelungen durch Betriebsvereinbarung

39 Compliance-Regeln kann ein Unternehmen arbeitsrechtlich durch drei verschiedene Instrumente für die Arbeitnehmer verbindlich einführen und entwickeln: durch das arbeitgeberseitige Weisungsrecht, durch arbeitsvertragliche Vereinbarungen oder durch Betriebsvereinbarungen; Tarifverträge sind für Compliance-Regelungen weniger gut ge-

---

[48] Vgl. nur *Ehrich*, in: Grobys/Panzer, Stichwortkommentar Arbeitsrecht, 2. Aufl. 2014, Sprecherausschuss Rn. 44.
[49] Vgl. *Nezmeskal-Berggötz*, CCZ 2009, 209 (211 f.).
[50] Vgl. zu den gesetzlich zu bestellenden diversen Beauftragten zum Beispiel *Mengel*, in: Grobys/Panzer, Stichwortkommentar Arbeitsrecht, 2. Aufl. 2014, Datenschutzbeauftragter Rn. 1 ff.

eignet.⁵¹ Diese drei arbeitsrechtlichen Instrumente sind aber nicht für jeden Regelungsgegenstand gleichermaßen gut geeignet oder zulässig, vielmehr empfiehlt sich eine einzelfallbezogene Prüfung und Auswahl des bestgeeigneten Instruments, auch mit Blick auf die jeweilige Ausgangslage im Unternehmen.

Betriebsvereinbarungen bieten sich allerdings oftmals als Lösung an, wenn ein zwingendes Mitbestimmungsrecht des Betriebsrats besteht und es auch im Interesse des Arbeitgebers ist, Pflichten zu Lasten der Arbeitnehmer zu schaffen bzw. unmittelbar (normativ) Rechte zu gewähren. Inhaltlich haben die Betriebspartner für ihre Regelungen dann nach allgemeinen Regeln höherrangige Gesetze, die Verhältnismäßigkeit und Billigkeit gemäß § 75 BetrVG zu beachten; im Fall vom Compliance-Regeln sind konkret oft die Datenschutzgesetze und die Persönlichkeitsrechte als Grenze der Gestaltung relevant.

40

---

⁵¹ Vgl. bereits umfassend *Mengel*, in: Hauschka, Corporate Compliance, § 12 Rn. 2; *Mengel*, S. 11; *Mengel/Hagemeister*, BB 2007, 1386 (1386).

§ 9. Compliance Officer und Strafrecht

Prof. Dr. Jürgen Wessing/Dr. Matthias Dann, LL.M.

Übersicht

	Rn.
A. Strafrechtlich relevantes Handeln von Unternehmensangehörigen	1
I. Kernstrafrecht	4
1. Untreue	5
a) Sonderdelikt	6
b) Vermögensbetreuungspflicht	7
c) Pflichtverletzung	10
aa) Missbrauchstatbestand	11
bb) Treuebruchtatbestand	13
cc) Gravierende Pflichtverletzung	14
dd) Einverständnis	15
d) Vermögensnachteil	17
2. Korruption	19
a) Vorteilsannahme und Bestechlichkeit	20
b) Vorteilsgewährung und Bestechung	23
aa) Vorteilsgewährung	24
bb) Bestechung	25
c) Bestechlichkeit und Bestechung im geschäftlichen Verkehr	26
aa) Bestechlichkeit im Geschäftsverkehr	26
bb) Bestechung im geschäftlichen Verkehr	33
3. Diebstahl, Unterschlagung und Betrug	34
a) Diebstahl und Unterschlagung	35
b) Betrug	36
II. Nebenstrafrecht/Ordnungswidrigkeitenrecht	39
1. Steuerstrafrecht	40
a) Steuerhinterziehung	42
b) Leichtfertige Steuerverkürzung	43
2. Geheimnisverrat und Betriebsspionage	44
a) Geheimnisverrat	45
b) Betriebsspionage	49
3. Kartellrecht	51
a) Kartellstrafrecht	52
b) Kartellordnungswidrigkeitenrecht	56
III. Branchenabhängige Delikte	60
1. Arbeitssicherheit	61
2. Arbeitsstrafrecht	66
3. Umweltdelikte	70
B. Garantenstellung des Compliance Officers	73
I. Arten und Begründung der Garantenstellung – eine Einführung	74
II. Das obiter dictum des BGH zum Compliance Officer	77
III. Reichweite der Geschäftsherrenhaftung	79
1. Grundlagen der Geschäftsherrenhaftung	80
2. Übernahme der Aufgaben des Geschäftsherren durch den Compliance Officer	81
3. Eigenverantwortlichkeit der Mitarbeiter	83

§ 9. Compliance Officer und Strafrecht

	Rn.
4. Strafverhinderungspflicht des Compliance Officers	86
a) Der Betrieb als Gefahrenquelle	86
b) Korrektiv der Betriebsbezogenheit	87
IV. Vertragliche Erfolgsabwendungspflicht	89
V. Reichweite der Handlungspflicht	92
1. Informationspflicht	93
2. Abhilfepflicht	97
3. Anzeigepflicht gegenüber Behörden	98
VI. Quasi-Kausalität	100
VII. Vorsatz und Fahrlässigkeit	101
VIII. Täterschaft und Teilnahme	104
C. Strafbarkeit des Compliance Officers wegen Untreue	106
I. Vermögensbetreuungspflicht	107
II. Pflichtverletzung und Unmittelbarkeitszusammenhang	110
D. Haftung nach §§ 30, 130 OWiG	114
I. Täter sind Betriebs- oder Unternehmensinhaber	115
II. Delegation und Anwendbarkeit des § 9 Abs. 2 S. 1 Nr. 2 OWiG	116
III. Voraussetzungen des § 130 OWiG	119
E. Erkennbarkeit straf- bzw. ordnungswidrigkeitenrechtlich relevanten Verhaltens	122
F. Verringerung des Strafbarkeitsrisikos und Handlungsempfehlungen	125
I. Präventive Handlungsempfehlungen	126
1. Klare Aufgabenfixierung im Arbeitsvertrag/in der Funktionsbeschreibung	126
2. Kontrollmanagement	129
3. Mitarbeiterschulungen	132
4. Absicherung durch Dokumentation	135
II. Repressive Handlungsempfehlungen	137
1. Von einfachen Ermittlungen zu internal Investigations	138
2. Wahrnehmung der Berichtspflichten	139
3. Einschaltung der Staatsanwaltschaft oder anderer Behörden?	146
G. Umgang mit strafprozessualen Ermittlungsmaßnahmen	147
I. Durchsuchung und Beschlagnahme	148
II. Zeugenaussagen/Zeugenvernehmung	156
H. Der Compliance Officer im Strafverfahren	158
I. Verfahren gegen Unternehmensangehörige und Unternehmen	158
1. Der Compliance Officer als Zeuge	158
2. Begleitende Maßnahmen	161
II. Verfahren gegen den Compliance Officer	163
I. Fazit	170

Literatur: *Adam,* Die Begrenzung der Aufsichtspflichten in der Vorschrift des § 130 OWiG, wistra 2003, 285; *Bergmoser,* Integration von Compliance-Management-Systemen, BB Special 4 (zu BB 2010, Heft 50), S. 2; *Bittmann,* Telefonüberwachung im Steuerstrafrecht und Steuerhinterziehung als Vortat der Geldwäsche seit dem 1.1.2008, wistra 2010, 125; *Bosch,* Organisationsverschulden in Unternehmen, 2002; *Böse,* Die Garantenstellung des Betriebsbeauftragten, NStZ 2003, 636; *Brückner,* Die Aufarbeitung von Compliance-Verstößen, BB Special 4 (zu BB 2010, Heft 50), 21; *Buchert,* Der externe Ombudsmann, CCZ 2008, 148; *Bürkle,* Grenzen der strafrechtlichen Garantenstellung des Compliance-Officers, CCZ 2010, 4; *Buse/Bohnert,* Steuerstrafrechtliche Änderungen zur Bekämpfung des Umsatz- und Verbrauchsteuerbetrugs, NJW 2008, 618; *Campos Nave/Bonenberger,* Korruptionsaffären, Cooperate Compliance und Sofortmaßnahmen für den Krisenfall, BB 2008, 734; *ders./Vogel,* Die erforderliche Veränderung von Corporate Compliance-Organisationen im Hinblick auf gestiegene Verantwortlichkeiten des Compliance Officers, BB 2009,

§ 9. Compliance Officer und Strafrecht

2546; *Dann*, Compliance-Untersuchungen in Unternehmen: Herausforderungen für den Syndikus, AnwBl 2009, 81; *ders.*, Zur „Verstrafrechtlichung" eines neuen Berufsbildes – Compliance-Beauftragte am Rande des Nervenzusammenbruchs, ZRFC 2011, 155; *ders./Mengel*, Tanz auf einem Pulverfass – oder: Wie gefährlich leben Compliance-Beauftragte, NJW 2010, 3265; *Dannecker/Dannecker*, Die „Verteilung" der strafrechtlichen Geschäftsherrenhaftung im Unternehmen, JZ 2010, 981; *Deutscher*, Zur Strafbarkeit des Compliance Officers, WM 2010, 1387; *Dierlamm*, Untreue – ein Auffangtatbestand?, NStZ 1997, 534; *von Dietze/Janssen*, Kartellrecht in der anwaltlichen Praxis, 4. Aufl. 2011; *Eidam*, Unternehmen und Strafe, 3. Aufl. 2008; *Engländer/Zimmermann*, Whistleblowing als strafbarer Verrat von Geschäfts- und Betriebsgeheimnissen?, NZWiSt 2012, 328; *Fecker/Kinzl*, Ausgestaltung der arbeitsrechtlichen Stellung des Compliance Officers, CCZ 2010, 13; *Gercke/Kraft/Richter*, Arbeitsstrafrecht, 2012; *Grützner/Leisch*, §§ 130, 30 OWiG – Probleme für Unternehmen, Geschäftsleitung und Compliance-Organisation, DB 2012, 787; Aufl.*Hauschka/Greeve*, Compliance in der Korruptionsprävention – was müssen, was sollen, was können Unternehmen tun, BB 2007, 165; *Heghmanns*, Betrügerische Täuschung durch falsche Abrechnung, ZJS 2009, 706; *Helmrich*, Straftaten von Mitarbeitern zum Nachteil des „eigenen" Unternehmens als Anknüpfungstaten für eine Verbandsgeldbuße, wistra 2010, 331; *Hernández Basualto*, Die Betriebsbezogenheit der Garantenstellung von Leitungspersonen im Unternehmen, FS Frisch, 2013, S. 334; *Illing/Umnuß*, Die arbeitsvertragliche Stellung des Compliance Managers, CCZ 2009, 1; *Kiethe/Hohmann*, Der strafrechtliche Schutz von Geschäfts- und Betriebsgeheimnissen, NStZ 2006, 185; *Koch*, Korruptionsbekämpfung durch Geheimnisverrat?, ZIS 2008, 500; *Kraft/Adamski*, Schwarzarbeit am Bau – Übersicht, Gefahren und Lösungsansätze, NZBau 2011, 321; *Kraft/Winkler*, Zur Garantenstellung des Compliance-Officers, CCZ 2009, 29; *Krieger/Günther*, Die arbeitsvertragliche Stellung des Compliance Officers, NZA 2010, 367; *Krüger*, Beteiligung durch Unterlassen an fremde Straftaten, ZIS 2011, 1; *Kuhn*, Die Garantenstellung des Vorgesetzten, wistra 2012, 297; *Lackhoff/Schulz*, Das Unternehmen als Gefahrenquelle, CCZ 2010, 81; *Lösler*, Spannungen zwischen der Effizienz der internen Compliance und möglichen Reporting-Pflichten des Compliance Officers, WM 2007, 676; *ders.*, Zur Rolle und Stellung des Compliance-Beauftragten, WM 2008, 1098; *Mansdörfer/Trüg*, Umfang und Grenzen der strafrechtlichen Geschäftsherrenhaftung, StV 2012, 432; *Michalke*, Neue Garantenpflichten? – oder: Haftung des Compliance-Officers, AnwBl 2010, 666; *dies.*, Untreue – neue Vermögensbetreuungspflichten durch Compliance-Regeln, StV 2011, 245; *Minoggio*, Firmenverteidigung, 2. Aufl. 2010; *Mosbacher/Dierlamm*, Anm. zu BGH, Urt. v. 17.7.2009 – 5 StR 394/08, NStZ 2010, 268; *Mosiek*, Neues zur Unmittelbarkeit des Untreueschadens, HRRS 2009, 565; *Müller*, Die Sockelverteidigung, StV 2001, 649; *Müller-Gugenberger/Bieneck*, Wirtschaftsstrafrecht, 5. Aufl. 2011; *Nothhelfer*, Die Einführung eines Compliance Management Systems als organisatorischer Lernprozess, CCZ 2013, 23; *Otto*, Die Haftung für kriminelle Handlungen im Unternehmen, Jura 1998, 409; *Park*, Kapitalmarktstrafrecht, 3. Aufl. 2013; *Pauther/de Lamboy*, Aufbau unternehmensinterner Kompetenz- und Wissensressourcen als Compliance Management, Teil 2, CCZ 2011, 146; *Pricewaterhouse Cooper*, Wirtschaftskriminalität 2009; *Quedenfeld/Füllsack*, Verteidigung in Steuerstrafsachen, 4. Aufl. 2012; *Ransiek*, Zur deliktischen Eigenhaftung des GmbH-Geschäftsführers aus strafrechtlicher Sicht, ZGR 1992, 203; *Ransiek*, Zur strafrechtlichen Verantwortung des Compliance Officers, AG 2010, 147; *Rathgeber*, Criminal Compliance, 2012; *Raus/Lützeler*, Berichtspflicht des Compliance Officers zwischen interner Eskalation und externer Anzeige, CCZ 2012, 96; *Rieder/Jerg*, Anforderungen an die Überprüfung von Compliance-Programmen, CCZ 2010, 201; *Rodewald/Unger*, Kommunikation und Krisenmanagement im Gefüge der Corporate Compliance-Organisation, BB 2007, 1629; *Rönnau/Schneider*, Der Compliance-Beauftragte als strafrechtlicher Garant, ZIP 2010, 53; *Rößler*, Ausdehnung von Garantenpflichten durch den BGH?, WM 2011, 918; *Rotsch*, Garantenpflicht aufgrund dienstlicher Stellung, ZJS 2009, 712; *ders.*, Compliance und Strafrecht – Konsequenzen einer Neuentdeckung, FS Samson, 2010, S. 141; *ders.*, Handbuch Criminal Compliance, 1. Aufl. 2015; *Rübenstahl*, Zur „regelmäßigen" Garantenstelllung des Compliance Officers, NZG 2009, 1341; *Saliger*, Gibt es seine Untreuemode?, HRRS 2006, 10; *Satzger*, „Schwarze Kassen" zwischen Untreue und Korruption, NStZ 2009, 297; *Schall*, Grund und Grenzen der strafrechtlichen Geschäftsherrenhaftung, FS Rudolphi, 2004, S. 267; *Schaefer/Baumann*, Compliance-Organisation und Sanktionen bei Verstößen, NJW 2011, 3601; *Schaupensteiner*, Rechtstreue im Unternehmen, NZA-Beil. 2011, 8; *Schemmel*, Die Bedeutung des Wirtschaftsstrafrechts für Compliance Management Systeme und Prüfungen nach dem IDW PS 980, CCZ 2012, 49; *Schlösser*, Die Anerkennung der Geschäftsherrenhaftung durch den BGH, NZWiSt 2012, 281; *Schneider/Gottschaldt*, Offene Grundsatzfragen der strafrechtlichen Verantwortlichkeit von Compliance-Beauftragten in Unternehmen, ZIS 2011, 573; *Schulz/Renz*, Der erfolgreiche Compliance-Beauftragte, BB 2012, 2511; *Schürrle/Olbers*, Praktische Hinweise zu Rechtsfragen bei eigenen Untersuchungen im Unternehmen, CCZ 2010, 178; *Schwarz*, Die strafrechtliche Haftung des Compliance-Beauftragten, wistra 2012, 13; *Seidler*, Zurechenbarkeit umweltdeliktischen Verhaltens bei arbeitsteiligen Betriebsorganisationen, ZUR 2010, 16; *Sieweke*, Zur (notwendigen) Strafbarkeit der vorsätzlich rechtswidrigen Gebührenerhebung zugunsten des Staates, wistra 2009, 340; *Spring*, Die Garantenstellung des Compliance Officers oder: Neues zur Geschäftsherrenhaftung, GA 2010, 222; *Stam*, Das „große Ausmaß" – ein unbestimmter Rechtsbegriff, NStZ 2013, 144; *Stoffers*, Anm. zu BGH, Urt. v. 17.7.2009 – 5 StR 394/08, NJW 2009, 3176; *Streinz*, „Ne bis in idem" bei Sanktionen nach deutschem und europäischem Kartellrecht, Jura 2009, 412; *Thomas*, Anm. zu BGH, Urt. v. 17.7.2009 – 5 StR 394/08, CCZ 2009, 239; *Tiedemann*, Wirtschaftsstrafrecht BT, 3. Aufl. 2011; *Ulber*, Whistleblowing und der EGMR, NZA 2011, 962; *Volk*, Münchener Anwaltshandbuch Verteidigung in Wirtschafts- und Steuerstrafsachen, 2. Aufl. 2013; *Warneke*, Die Garantenstellung von Compliance-Beauftragten, NStZ 2010, 312; *Wessels/Beulke/Satzger*, Strafrecht Allgemeiner Teil, 44. Aufl. 2015; *Wessels/Hillenkamp*, Strafrecht Besonderer Teil 2, 35. Aufl. 2012; *Wessing/Ahlbrecht*, Der Zeugenbeistand, 2013; *ders./Dann*, Deutsch-Amerikanische Korruptionsverfahren, 2013; *ders./Krawczyk*, Grenzen des tatbestandsausschließenden Einverständnisses bei der Untreue, NZG 2011, 1297; *Wittig*, Wirtschaftsstrafrecht, 3. Aufl. 2014; *Wybitul*, Strafbarkeitsrisiken für Compliance-Verantwortliche, BB 2009, 2590; *Zimmermann*, Die straf- und zivilrechtliche Verantwortlichkeit des Compliance Officers, BB 2011, 634.

A. Strafrechtlich relevantes Handeln von Unternehmensangehörigen

1   Die Tätigkeit als Compliance Officer ist gefahrgeneigte Arbeit.[1] Compliance Officer werden immer wieder mit Sachverhalten konfrontiert, die auf Gesetzes- oder Regelverstöße überprüft werden müssen. Laut Pricewaterhouse Cooper besteht der effektivste Schutz gegen Wirtschaftskriminalität aus **Kontrolle und Prävention**.[2] Dies setzt nicht nur voraus, dass der Compliance Officer umfassend über den Sachverhalt informiert wird oder diesen ermittelt bzw. ermitteln lässt, sondern auch, dass er überhaupt erkennen kann, welche Gesetzesverstöße im Raum stehen. Nur wer Normabweichungen erkennt, kann handeln. Handelt der Compliance Officer nicht, so trifft ihn gegebenenfalls das Risiko der eigenen Strafbarkeit.

2   Doch nicht jeder Verstoß gegen ein Strafgesetz ist ohne weiteres zu erkennen. Selbst im sog Kernstrafrecht (den Straftatbeständen im StGB) lässt sich nicht für jede Sachverhaltskonstellation problemlos entscheiden, ob ein Gesetzesverstoß vorliegt. Sorgfältige Rechtsprüfung über die Sachverhaltsermittlung hinaus ist erforderlich. Noch schwieriger wird es im Bereich des Nebenstrafrechts, in dem häufig zwischen straf- und ordnungswidrigkeitenrechtlichen Haftungsrisiken differenziert wird; letztere greifen vielfach bereits bei fahrlässiger Begehungsweise. Wichtig für den Compliance Officer ist es, ein Gespür dafür zu entwickeln, wann die Schwelle zur Strafbarkeit oder zu ordnungswidrigem Verhalten überschritten sein könnte. Ist ihm eine Bewertung des Sachverhalts

---

[1] *Dann/Mengel*, NJW 2010, 3265.
[2] PwC Wirtschaftskriminalität 2009. Sicherheitslage in deutschen Großunternehmen, S. 55, abrufbar unter http://www.pwc.de/de_DE/de/risiko-management/assets/Studie-Wirtschaftskriminal-09.pdf.

A. Strafrechtlich relevantes Handeln von Unternehmensangehörigen

selbst nicht zweifelsfrei möglich, so hat er sich – soweit vorhanden – an die Rechtsabteilung im Unternehmen zu wenden oder externen Rechtsrat hinzuzuziehen.

Auch der nicht juristisch vorgebildete Compliance Officer[3] und der nicht strafrechtlich vorgeprägte Jurist werden sich mit den Vorschriften des Strafrechts intensiv befassen müssen – eine Übersicht zu den primären Problemgebieten schließt sich an.

I. Kernstrafrecht

Am ehesten wird der Compliance Officer mit Vermögens- und Korruptionsdelikten in Berührung kommen.[4] Nach einer Studie von Pricewaterhouse Cooper wurden Unternehmen im Jahr 2009 am häufigsten durch Vermögensdelikte geschädigt – und zwar zu 41%. Korruption und Bestechung machten 13% der Fälle aus.[5] Die Schwierigkeit im Umgang mit diesen Sachverhaltskonstellationen wird – gerade im Rahmen von Untreue- und Korruptionshandlungen – häufig darin liegen, dass die Unternehmensmitarbeiter der Auffassung sind, im Unternehmensinteresse zu handeln. Auch wenn Verhaltenskodices, spezielle Criminal-Compliance-Richtlinien und entsprechend hierauf ausgerichtete Mitarbeiterschulungen sicher dazu beitragen, falsch verstandene Unternehmensloyalität in die richtigen Bahnen zu lenken, wird dennoch die Hauptgefahr der Straftaten aus dem Unternehmen heraus genau in diesem Bereich liegen.

1. Untreue

Der Straftatbestand der Untreue nach § 266 StGB flankiert die klassischen Korruptionsdelikte und hat sich zu einer Art „Auffangtatbestand" entwickelt,[6] einer „catch all" Vorschrift, was vor allem im Zusammenhang mit „Schwarzen Kassen"[7] und „Kick-Back-Zahlungen"[8] eine Rolle spielt. Aber auch korruptionsunabhängige Handlungen, wie zB die Begleichung nichtiger Forderungen[9] oder die Zahlung zu hoher oder nicht vorgesehener Vergütungen,[10] kann den Untreuevorwurf auslösen.

a) Sonderdelikt

Da der Untreuetäter eine besondere Pflichtenstellung gegenüber dem geschädigten Vermögen haben muss, ist die Untreue ein sog Sonderdelikt. Damit kommen all diejeni-

---

[3] Zum Berufsbild beispielsweise: http://www.duw-berlin.de/de/studiengaenge/compliance/berufsbild-compliance-officercompliance-managerin.html.
[4] Allerdings sind, wie das sog Mobbing-Urteil des BGH zeigt, auch Körperverletzungsdelikte denkbar, nur wird dann die Garantenpflicht des Compliance Officers zu verneinen sein, s. BGH NZWiSt 2012, 182. Hierzu später unter → Rn. 87.
[5] PwC, Wirtschaftskriminalität 2009, S. 11 f., abrufbar unter http://www.pwc.de/de_DE/de/risiko-management/assets/Studie-Wirtschaftskriminal-09.pdf.
[6] So bereits *Dierlamm*, NStZ 1997, 534; s. auch *Wittig*, § 20 Rn. 5.
[7] Als „Schwarze Kasse" werden Gelder bezeichnet, die pflichtwidrig vor dem Vermögensinhaber verborgen werden. Die beabsichtigte Verwendung dieser Gelder steht in Beziehung zu den beruflichen oder sonst aufgabenbezogenen Tätigkeiten des die Gelder Verbergenden, vgl. *Satzger*, NStZ 2009, 297 (298).
[8] Bei „Kick-Back-Zahlungen" werden Verträge zu überhöhten Preisen unter verdeckter Einrechnung von Schmiergeldern geschlossen. Der überhöhte Teil fließt unerkannt an einen Vertreter der zahlenden Vertragspartei zurück; vgl. *Greeve*, in: Hauschka, Corporate Compliance, § 25 Rn. 68.
[9] BGH NStZ 2013, 165.
[10] BGH NJW 2006, 522.

gen, die keine solche Vermögensbetreuungspflicht haben, als Täter nicht in Betracht. Allerdings: die Teilnahme an der Untreuehandlung einer Person mit entsprechender Pflichtenstellung ist möglich, wenn diese Person zu einer Untreuehandlung angestiftet oder ihr in irgendeiner Form geholfen wird.

b) Vermögensbetreuungspflicht

7 Die Pflichtenstellung muss die eigenverantwortliche Wahrnehmung fremder Vermögensinteressen von einiger Bedeutung zum Gegenstand haben. Dabei muss die Vermögensbetreuungspflicht nach Maßgabe des Innenverhältnisses eine „wesentliche Pflicht" darstellen und darf nicht bloße Nebenpflicht sein.[11] Die Rechtsprechung betont in diesem Zusammenhang in letzter Zeit immer wieder, dass die Pflicht gerade den Schutz des betreuten Vermögens bezwecken muss.[12] Der 1. Strafsenat ist sogar so weit gegangen, die Vermögensbetreuungspflicht zur vertraglichen Disposition zu stellen, dh einer vertraglichen Pflicht im Wege einer Vereinbarung einen vermögensschützenden Charakter beizumessen.[13] Insofern ist diese Entscheidung gerade auch für den Compliance Officer und sein eigenes täterschaftliches Strafbarkeitsrisiko im Zusammenhang mit § 266 StGB interessant und wird unter → Rn. 106 ff. ausführlicher untersucht.

8 Die Befugnis zur Vermögensbetreuung kann entweder auf Gesetz, auf behördlichem Auftrag oder Rechtsgeschäft beruhen. Während im Falle eines behördlichen Auftrags ein wirksamer Bestellungsakt erfolgen muss, setzt die durch Rechtsgeschäft eingeräumte Befugnis die Wirksamkeit einer Vollmachtserteilung voraus.[14] Hauptanwendungsfall der durch Rechtsgeschäft eingeräumten Befugnis ist die Erteilung einer Vollmacht, in fremdem Namen zu handeln (§ 166 Abs. 2 BGB) und die Ermächtigung, in eigenem Namen über fremde Rechte zu verfügen (§ 185 BGB). Auftragsverhältnisse, Dienst- und Gesellschaftsverträge können solch eine rechtsgeschäftliche Befugnis begründen, aber auch andere vertraglich bestimmte Grundlagen einer Vermögensbetreuungspflicht sind möglich und denkbar und im Einzelfall genau daraufhin zu untersuchen, ob eine Vermögensbetreuungspflicht tatsächlich wirksam begründet wurde.

9 Traditionell werden zu den Vermögensbetreuungspflichtigen gezählt:
– Aufsichtsratsmitglieder einer AG,
– Geschäftsführer einer GmbH,
– geschäftsführende Gesellschafter von BGB-Gesellschaften,
– Vorstandsmitglieder von Parteien,
– Vereinen und AG, Steuerberater,
– Rechtsanwälte,
– Handelsvertreter und
– Treuhänder.[15]

c) Pflichtverletzung

10 Der Untreuetatbestand besteht aus zwei Alternativen: dem Missbrauchs- und dem Treubruchtatbestand. Insoweit divergieren die Anknüpfungspunkte für die festzustellende Pflichtverletzung.

---

[11] *Fischer*, § 266 Rn. 21; *Saliger*, in: SSW-StGB, § 266 Rn. 10.
[12] BGH NJW 2011, 88 (91); NJW 2011, 1747.
[13] BGHSt 56, 203; kritisch zu Recht *Fischer*, § 266 Rn. 21a.
[14] *Wittig*, in: BeckOK StGB, § 266 Rn. 9; *Fischer*, § 266 Rn. 19.
[15] S. hierzu im Einzelnen und mit Rechtsprechungsnachweisen *Fischer*, § 266 Rn. 18; *Kindhäuser*, in: NK-StGB, § 266 Rn. 57 f.

A. Strafrechtlich relevantes Handeln von Unternehmensangehörigen

aa) Missbrauchstatbestand. Beim Missbrauchstatbestand besteht die Tathandlung aus 11
dem Missbrauch einer rechtswirksam eingeräumten Befugnis. Daher hängt die Pflichtverletzung davon ab, ob der Täter sein rechtliches Dürfen im Rahmen des rechtlichen Könnens überschritten hat. Abgrenzend zum Treuebruchtatbestand ist der Missbrauch auf zivilrechtlich oder öffentlich-rechtlich wirksame Verhaltensweisen beschränkt.[16] Insbesondere bei Risikogeschäften ist die Beurteilung der Frage, ob der Handelnde seine Innenberechtigung missbräuchlich überschritten hat, äußerst schwierig, da hier ein weiter Ermessens- und Beurteilungsspielraum besteht. Zu verneinen wird eine Pflichtverletzung regelmäßig sein, wenn man folgende Fragen bejahen kann:
– Orientiert sich die Handlung am Unternehmenswohl?
– Beruht sie auf sorgfältig ermittelten Entscheidungsgrundlagen?
– Ist sie von Verantwortungsbewusstsein getragen?[17]
– Ist sie rechtskonform?

Diese Kategorien geben nur eine erste Orientierungshilfe. Im Einzelfall ist anhand der 12
BGH-Rechtsprechung zu überprüfen, ob eine Pflichtverletzung im Rahmen der Missbrauchsuntreue in Betracht kommt. Die Rechtsprechung hat eine nicht immer widerspruchsfreie Kasuistik herausgearbeitet, die zur Kontrolle der Frage, ob eine Entscheidung oder eine Führungsmaßnahme im Unternehmen in die Untreue führen kann, herangezogen werden muss. Der BGH hat zB in folgenden Fällen eine Missbrauchsuntreue in Erwägung gezogen:
– Zahlung überhöhter Provisionen durch den GmbH-Geschäftsführer an sich selbst;[18]
– Kreditvergabe durch Sparkassenvorstände unter gravierender Verletzung der Prüfungspflicht der Kreditwürdigkeit;[19]
– Zahlung von Sponsorengeldern durch alleinvertretungsberechtigten Vorstandsvorsitzenden einer AG;[20]
– Bewilligung einer Anerkennungsprämie durch den Aufsichtsrat einer AG;[21]
– Einstellung von unqualifizierten Personen für leitende Stellen;[22]
– Abschluss von Lieferverträgen mit unter den Herstellungskosten liegenden Verkaufspreisen durch Handlungsbevollmächtigten einer GmbH;[23]
– Veranlassung der Bezahlung von nichtigen Forderungen.[24]

bb) Treuebruchtatbestand. Im Gegensatz zum Missbrauchstatbestand knüpft der 13
Treuebruchtatbestand nicht an die formale Stellung des Täters zum Vermögen an. Vielmehr ist Anknüpfungspunkt die tatsächliche Macht, auf fremdes Vermögen einzuwirken. Dieser tatsächlichen Einwirkungsmacht muss ein besonderes, schutzenswürdiges Vertrauen in die Wahrnehmung fremder Vermögensinteressen zugrunde liegen.[25] Dabei kommt es nicht auf die wirksame Ausübung externer Rechtsmacht an, auch rechtsunwirksame oder gesetzeswidrige Rechtsgeschäfte können ein faktisches Treueverhältnis begründen. Bei fakischer Geschäftsführung stellt der BGH auf ein Treueverhältnis durch „faktische Dominanz" und die „Entfaltung typischer Geschäftsführeraktivitä-

---
[16] *Saliger*, in: SSW-StGB, § 266 Rn. 21.
[17] S. hierzu mit Rechtsprechungsnachweisen *Wittig*, in: BeckOK StGB, § 266 Rn. 19.
[18] BGH wistra 1987, 65.
[19] BGHSt 47, 148 = NJW 2002, 1211.
[20] BGHSt 47, 187 = NJW 2002, 1585.
[21] BGHSt 50, 331 = NJW 2006, 522.
[22] BGH wistra 2006, 307.
[23] BGH NStZ 2011, 281.
[24] BGH NJW 2013, 401.
[25] *Fischer*, § 266 Rn. 33.

ten" ab.²⁶ Demzufolge ist der Treuebruchtatbestand ausgesprochen weit und muss nach ständiger Rechtsprechung dadurch eingeschränkt werden, dass den Täter eine besonders herausgehobene Pflicht treffen muss, Vermögensinteressen eines Dritten zu betreuen.²⁷ Die pflichtwidrige Handlung besteht dann in der Verletzung einer konkreten Vermögensbetreuungspflicht. Eine solche Verletzung ist dann anzunehmen, wenn der Treunehmer die ihm übertragene Geschäftsbesorgung in vermögensrelevanter Weise nicht oder nicht ordnungsgemäß ausführt.²⁸ Dies wiederum richtet sich akzessorisch zur gesamten Rechtsordnung aus, so dass prinzipiell alle Rechtsnormen als taugliche Quelle einer untreuerelevanten Pflichtverletzung in Betracht kommen.²⁹ Aber nicht nur die einschlägigen Gesetze kommen in Betracht, sondern auch allgemeine Sorgfaltsmaßstäbe, so dass der BGH auch auf die Sorgfalt eines Geschäftsmanns nach § 43 Abs. 1 GmbHG³⁰ oder die eines ordentlichen und gewissenhaften Geschäftsleiters einer Kapitalgesellschaft nach §§ 93 Abs. 1, 116 AktG abstellt.³¹ Einschränkend ist aber zumindest zu fordern, dass die „verletzte Rechtsnorm ihrerseits – wenigstens auch, und sei es mittelbar – vermögensschützenden Charakter hat …".³² Ungeachtet dieser in sich konturlosen Einschränkung ist die Weite des Tatbestandes der Unbestimmtheit des Begriffes der tatsächlichen Handlungsmacht geschuldet.

14   cc) Gravierende Pflichtverletzung. Als weiteres einschränkendes Korrektiv sowohl des Missbrauchs- als auch des Treuebruchtatbestands greift die Rechtsprechung – wieder³³ – darauf zurück, dass eine gravierende Pflichtverletzung gegeben sein muss. Maßstab zur Beurteilung der gravierenden Pflichtverletzung ist das „schutzwürdige Interesse" des Vermögensträgers.³⁴ Da dieses Kriterium keinen Konkretisierungsgewinn bringt, sollte der Compliance Officer zur Bewertung auf die in der Literatur aufgestellten Kriterien zurückgreifen, wie:
– Unangemessenheit im Hinblick auf die Ertrags- und Vermögenslage des Unternehmens
– Verletzung von Informations- und Mitteilungspflichten
– Vorliegen sachwidriger Motive
– Überschreitung von Entscheidungsbefugnissen.³⁵

15   dd) Einverständnis. Die Pflichtwidrigkeit kann durch das Einverständnis des Vermögensinhabers in das Tun des Treunehmers ausgeschlossen werden. Dabei ist ein mutmaßliches oder hypothetisches Einverständis ausreichend.³⁶ Daher hat der Compliance Officer bei in Betracht kommenden Untreuekonstellationen seinen Blick häufig in Rich-

---

²⁶ Vgl. zB BGH NJW 1997, 66 (67); NStZ 1999, 558; NJW 2004, 2761 (2764 f.).
²⁷ *Fischer*, § 266 Rn. 35.
²⁸ *Dierlamm*, in: MüKoStGB, § 266 Rn. 151.
²⁹ *Saliger*, HRRS 2006, 10 (14).
³⁰ BGHSt 3, 23 (24).
³¹ BGHSt 50, 331 (336).
³² BGH NJW 2011, 88 (92).
³³ Zunächst schien es so, als hätten die Strafsenate dieses Kriterium aufgegeben, zB BGH NJW 2006, 522 (526 f.); NJW 2006, 453 (454 f.). Das BVerfG hingegen hielt an dem Kriterium der gravierenden oder evidenten Pflichtverletzung fest (NJW 2010, 3209) mit der Folge, dass auch die Strafsenate vermehrt auf das Kriterium zurückgriffen, vgl. zB BGH NStZ 2010, 700 (702); NStZ 2011, 403 (405).
³⁴ BGH NStZ 2011, 403 (405).
³⁵ Ausführlich hierzu *Dierlamm*, in: MüKoStGB, § 266 Rn. 155 ff.
³⁶ *Fischer*, § 266 Rn. 90; *Saliger*, in: SSW-StGB, § 266 Rn. 45.

tung Unternehmensleitung zu lenken. Wichtigster und häufigster Anwendungsfall in der Praxis ist die Zustimmung zu Risikogeschäften.[37]

Aber auch wenn formal ein Einverständnis vorliegt, ist weiter zu prüfen, ob dieses Einverständnis auch wirksam erteilt wurde.[38] Die Untreuehandlung bleibt nämlich pflichtwidrig, soweit das Einverständnis gesetzeswidrig ist, auf Willensmängeln beruht oder seinerseits pflichtwidrig ist.[39]

16

> **Hinweis:** Gerade die Frage, ob das Einverständnis pflichtwidrig ist, kann im Einzelfall schwierig zu beurteilen sein und der Compliance Officer ist gut beraten, hier genau zu prüfen und bei Zweifeln die Rechtsabteilung zu konsultieren oder externen Rechtsrat einzuholen.[40]

Hinzu kommen weitere Besonderheiten für Organe oder Gesellschafter von Personen- oder Kapitalgesellschaften, da hier sämtliche Gesellschafter bzw. ein Mehrheitsbeschluss des Gesellschaftsorgans über die Erteilung des Einverständnisses entscheiden.[41] Zudem hat der BGH das Einverständnis dann für unwirksam gehalten, wenn die Gesellschaft in ihrer Existenz gefährdet ist.[42]

d) Vermögensnachteil

Ob durch die Untreuehandlung tatsächlich ein Vermögensnachteil entstanden ist, muss im Wege der **Gesamtsaldierung** festgestellt werden, dh indem der Wert des Gesamtvermögens vor und nach der pflichtwidrigen Tathandlung verglichen wird.[43] Daher scheidet ein Vermögensnachteil im Fall einer werthaltigen Kompensation aus, wobei die Tathandlung unmittelbar einen den Verlust aufwiegenden Vermögenszuwachs bewirken muss. Eine solche unmittelbare Schadenskompensation ist laut BGH schon dann gegeben, „wenn keine weitere Handlung mehr hinzutreten muss, damit der kompensationsfähige Vermögenszuwachs entsteht".[44] „Illegal erreichte Vermögensvorteile" sind in eine Kompensationsrechnung nicht einzustellen.

17

Wichtig ist in diesem Zusammenhang, dass das BVerfG die Anforderungen an den Nachweis des Vermögensnachteils erhöht hat. Der Nachteil ist konkret zu ermitteln und darf nicht aus der Erwägung heraus unterbleiben, dass eine konkrete Ermittlung mit praktischen Schwierigkeiten verbunden ist.[45] Insoweit sind die Gerichte aufgefordert, die Schadensfeststellung rational nachvollziehbar zu machen. Ist ein Schaden zahlenmäßig noch nicht fassbar, liegt auch kein Vermögensschaden vor. Dies hat in erster Linie Auswirkungen auf die Verteidigungsstrategie im Falle eines Strafverfahrens.

18

---

[37] Ausführlich hierzu *Saliger*, in: SSW-StGB, § 266 Rn. 47 ff.
[38] *Wessing/Krawczyk*, NZG 2011, 1297.
[39] *Fischer*, § 266 Rn. 92.
[40] Vgl. zur Feststellung eines unwirksamen Einverständnisses BGHSt 34, 379 (387 f.) sowie den Mannesmann-Fall BGH NJW 2006, 522 (525).
[41] Zu einzelnen Fallkonstellationen s. *Dann*, in: Wessing/Dann, § 3 Rn. 75.
[42] Bzgl. BGH NStZ 2009, 153 (154); NJW 2009, 157 (160).
[43] *Fischer*, § 266 Rn. 115; BGH NStZ 2010, 330 (331).
[44] BGH NJW 2011, 88 (93).
[45] BVerfG NJW 2010, 3209 (3215).

> **Hinweis:** Für den Compliance Officer sollte ein schwierig zu ermittelnder Schaden niemals Anlass sein, weitere unternehmensinterne Untersuchungen zu unterlassen und die Handelnden weiter gewähren zu lassen. Vielmehr liegt gute Criminal Compliance auch darin, durch Abstellen von Vorgängen in Graubereichen ein langwieriges Strafverfahren ungewissen Ausgangs von vornherein zu verhindern.

2. Korruption

19 Die Gewährung oder Entgegennahme von kleineren Geschenken und Geschäftsessen gehört in vielen Branchen zum Geschäftsalltag. Insoweit fehlt oft das nötige Unrechtsbewusstsein, dass nicht jedes Geschenk mit Blick auf das Strafrecht bedenkenlos überreicht, nicht jede Einladung angenommen werden darf. Korruption ist das Schlagwort, unter das im engeren Sinne die Bestechungsdelikte nach §§ 299 f., 331 ff. StGB fallen. Bestechungsdelikte werden spiegelbildlich verwirklicht, zum einen durch den Geber (Bestechung), zum anderen durch den Nehmer (Bestechlichkeit). Außerdem kann man differenzieren nach Delikten, in die ein Amtsträger oder für den öffentlichen Dienst besonders Verpflichteter involviert ist und solchen, die im geschäftlichen Verkehr begangen werden.

a) Vorteilsannahme und Bestechlichkeit

20 Die §§ 331, 332 StGB sind die zentralen Strafvorschriften zur Korruptionsbekämpfung im öffentlichen Dienst. Es sind echte Sonderdelikte, deren Täter nur ein **Amtsträger** oder ein **für den öffentlichen Dienst besonders Verpflichteter** sein kann. Nach der Legaldefinition in § 11 Abs. 1 Nr. 2 StGB sind Amtsträger Beamte oder Richter, aber auch Personen, die in einem sonstigen öffentlich-rechtlichen Amtsverhältnis stehen oder sonst dazu bestellt sind, bei einer Behörde oder sonstigen Stelle oder in deren Auftrag Aufgaben der öffentlichen Verwaltung unbeschadet der zur Aufgabenerfüllung gewählten Organisationsform wahrzunehmen. Durch letztere Alternative wird auch die Wahrnehmung von Aufgaben der öffentlichen Verwaltung durch juristische Personen des Privatrechts erfasst, sofern sie von der öffentlichen Hand beherrscht werden.[46] Amtsträger sind daher auch der leitende Angestellte der DB-Netz AG, das Vorstandsmitglied einer Landesbank, der Geschäftsführer der städtischen Energieversorgungs-GmbH oder der Geschäftsführer einer im Alleinbesitz des Kreises befindlichen Müllentsorgungsgesellschaft.[47]

21 Nach § 331 StGB (Vorteilsannahme) muss der Amtsträger oder der für den öffentlichen Dienst besonders Verpflichtete einen Vorteil für sich oder einen Dritten annehmen, fordern oder sich versprechen lassen, eine „Unrechtsvereinbarung" abschließen oder abschließen wollen. Der Amtsträger muss dabei objektiv seinen Willen erkennen lassen, den Vorteil für eine Dienstausübung entgegenzunehmen. Eine konkrete Diensthandlung ist aber für die Verwirklichung von § 331 StGB nicht erforderlich; das allgemeine „geneigt machen" reicht aus. Qualifizierend und strafschärfend wirkt nach § 332 StGB (Bestechlichkeit) die Vorteilsgewährung für eine konkrete, pflichtwidrige Diensthandlung nach entsprechender Unrechtsvereinbarung.

22 Einschränkend gilt für beide Straftatbestände, dass sozialadäquate Zuwendungen aus dem Anwendungsbereich herausfallen.

---

[46] *Fischer*, § 331 Rn. 4a.
[47] Vgl. jew. BGH NJW 2011, 1374; NJW 1983, 2509; NJW 2004, 693; NStZ 2007, 211.

A. Strafrechtlich relevantes Handeln von Unternehmensangehörigen

> **Hinweis:** Die Abgrenzung zwischen erlaubten und unerlaubten Zuwendungen hält aber selbst der BGH für „nicht einfach",[48] so dass der Compliance Officer hier gut beraten ist, die Grenzen beispielsweise im Rahmen einer Korruptionsrichtlinie niedrig zu ziehen. Geringwertige Aufmerksamkeiten wie Werbegeschenke werden als sozialadäquat angesehen, wobei die Wertgrenze bei Zuwendungen an Amtsträger deutlich niedriger liegt als bei Geschäftspartnern. So sieht das OLG Frankfurt die Geringwertigkeitsgrenze bei 50 EUR als „deutlich" überschritten an.[49] Teilweise wird durch interne Informationsblätter und Richtlinien die Wertgrenze auf 15 bzw. 25 EUR festgelegt.[50]

b) Vorteilsgewährung und Bestechung

Gegenstück zur Vorteilsannahme und Bestechlichkeit – und daher für den Compliance Officer von besonderer Bedeutung – sind die Vorteilsgewährung und Bestechung gem. §§ 333, 334 StGB. Sie stellen das Verhalten des Vorteilsgebers unter Strafe. 23

aa) Vorteilsgewährung. Spiegelbildlich zu § 331 StGB stellt die Vorteilsgewährung nach § 333 StGB das entsprechende Grunddelikt auf der Geberseite dar. Täter kann grundsätzlich jeder sein, so dass es nicht auf die Stellung des Täters, sondern auf diejenige des Vorteilsempfängers ankommt. Daher muss der Vorteil gerade einem Amtsträger oder einem für den öffentlichen Dienst besonders Verpflichteten zugute kommen (→ Rn. 20). Tathandlungen sind das Anbieten, Versprechen oder Gewähren von Vorteilen, wobei der Vorteil für die Dienstausübung angeboten, versprochen oder gewährt worden sein muss. Der BGH hat hierzu ausgeführt, dass die nach § 333 StGB erforderliche Unrechtsvereinbarung stets voraussetzt, dass der Vorteilsgeber mit seiner Handlung das Ziel verfolgt, auf die künftige Dienstausübung des Amtsträgers Einfluss zu nehmen oder eine vergangene Dienstausübung zu honorieren.[51] 24

> Auf die Klärung dieser Detailfragen sollte es aber durch entsprechende Richtlinien und Mitarbeiterschulungen nicht mehr ankommen müssen. Vielmehr ist klar von der Unternehmensführung zu kommunizieren, dass Geschenke und Einladungen an Amtsträger jenseits geringwertiger Massewerbeartikel und der üblichen Bewirtung[52] grundsätzlich tabu sind.

bb) Bestechung. Die Bestechung gem. § 334 StGB stellt eine Qualifikationsnorm zur Vorteilsgewährung nach § 333 StGB dar. Spiegelbildlich zu §§ 332 und 331 StGB unterscheidet sich § 334 StGB von § 333 StGB dadurch, dass der Vorteil als Gegenleistung 25

---

[48] BGH NJW 2004, 3569 (3575).
[49] OLG Frankfurt NJW 1990, 2074 (2075).
[50] So zB in einem Informationsblatt für Lehrer in NRW, s. http://www.brd.nrw.de/personalangelegenheiten/pdf/Belohnungen_und_Geschenke21.pdf, S. 4; s. auch Rundschreiben zum Verbot der Annahme von Belohnungen und Geschenken in der Bundesverwaltung http://www.verwaltungsvorschriften-im-internet.de/bsvwvbund_08112004_DI32101701.htm.
[51] BGH NJW 2008, 3580 (3583).
[52] Aber auch die Frage nach der üblichen Bewirtung kann Schwierigkeiten aufwerfen. So ist eine umfangreiche Bewirtung von Vorstandsmitgliedern einer Sparkasse nach BGHSt 31, 264 (279) sozialadäquat, das regelmäßige Freibier an den Polizeibeamten laut BGH NStZ 1998, 194 aber nicht.

für eine konkrete pflichtwidrige Diensthandlung angeboten, versprochen oder gewährt sein muss.[53] Während man sich in den Fällen der Vorteilsgewährung noch darüber streiten kann, ob denn wirklich auch eine Unrechtsvereinbarung vorliegt, ist das in den Bestechungsfällen kaum möglich. Täter kann wiederum jeder sein, Vorteilsempfänger muss dagegen ein Amtsträger oder für den öffentlichen Dienst besonders Verpflichteter sein. Die Pflichtwidrigkeit der Diensthandlung ergibt sich aus einer Abweichung von Rechtssätzen, Dienstvorschriften und Anordnungen, die einem Amtsträger die Vornahme, Unterlassung oder die Modalitäten einer Diensthandlung vorschreiben.[54] Bei gebundenden Entscheidungen ist die objektive Pflichtwidrigkeit der Diensthandlung maßgeblich, bei Ermessensentscheidungen reicht zur Feststellung der Pflichtwidrigkeit bereits eine Entscheidung aufgrund sachwidriger Erwägungen.[55] Der Begriff des Ermessens ist nicht in einem streng verwaltungsrechtlichen Sinn zu verstehen, sondern erfasst alle Situationen, in denen ein Amtsträger mehrere sachlich verschiedene Entscheidungen treffen kann.[56] Beachtet werden muss, dass es nicht darauf ankommt, dass die Diensthandlung tatsächlich pflichtwidrig vorgenommen wird, sondern vielmehr entscheidend ist, dass eine diesbezügliche Unrechtsvereinbarung getroffen wurde.[57]

c) Bestechlichkeit und Bestechung im geschäftlichen Verkehr

26 aa) Bestechlichkeit im Geschäftsverkehr. § 299 Abs. 1 StGB ist ein Sonderdelikt und stellt die Bestechlichkeit von Angestellten und Beauftragten eines Betriebs im geschäftlichen Verkehr unter Strafe. Wesentliches Element dieser Vorschrift ist aber nicht die Erstreckung des Begriffs Bestechlichkeit aus den Amtsträgerdelikten in die Privatwirtschaft hinein. Vielmehr geht es primär um den Schutz des Wettbewerbs und nicht um den Schutz der Lauterkeit des öffentlichen Dienstes sowie das Vertrauen der Allgemeinheit in diese Lauterkeit, da dieser in der Regel Bereiche erfasst, die außerhalb des Wettbewerbs liegen Indes greift auch diese Vorschrift weit: Geschützter geschäftlicher Betrieb iSd Vorschrift ist jede auf gewisse Dauer angelegte betriebliche Tätigkeit im Wirtschaftsleben, die sich durch Austausch von Leistung und Gegenleistung vollzieht.[58] Nur rein privates Handeln wird daher nicht von § 299 Abs. 1 StGB erfasst.[59] Angestellter ist jeder, der zumindest im Rahmen eines faktischen Dienst- oder Auftragsverhältnisses den Weisungen des Geschäftsherrn unterworfen ist.[60] Daher wird der Compliance Officer beim Handeln von Unternehmensmitarbeitern in der Regel davon auszugehen haben, dass diese Angestellte im Normsinne sind.

27 Auch ein geschäftsführendes Vorstandsmitglied einer AG[61] oder der Geschäftsführer einer GmbH[62] sind Angestellte nach § 299 Abs. 1 StGB. Lediglich vollständig weisungsungebundene Führungskräfte, wie zB der Alleingesellschafts-Geschäftsführer oder Be-

---

[53] *Sowada*, in: LK-StGB, § 334 Rn. 7.
[54] BGHSt 47, 295; BGH NStZ-RR 2008, 13 (14).
[55] *Rosenau*, in: SSW-StGB, § 332 Rn. 8; BGHSt 47, 262 (263).
[56] *Kuhlen*, in: NK-StGB, § 332 Rn. 9.
[57] BGH wistra 1999, 271.
[58] *Fischer*, § 299 Rn. 4.
[59] *Fischer*, § 299 Rn. 6.
[60] *Diemer/Krick*, in: MüKoStGB, § 299 Rn. 7.
[61] So konkludent auch die Entscheidung BGH NJW 2009, 89 (Siemens); s. auch *Dannecker*, in: NK-StGB, § 299 Rn. 21 mwN.
[62] BGH NJW 2001, 2102; als Beauftragter iSd § 299 Abs. 1 StGB BGH NJW 2006, 3290 (3298). Letztlich kommt es auf die Einordnung aber nicht an, weil jedenfalls die Täterschaft bejaht wird.

A. Strafrechtlich relevantes Handeln von Unternehmensangehörigen

triebsinhaber können nicht Täter iSd § 299 Abs. 1 StGB sein.[63] Daher entscheidet vielfach die Rechtsform eines Unternehmens über die Täterqualität der Führungsspitze. Der Compliance Officer hat hier genau zu prüfen, inwieweit der jeweils Handelnde Täter dieses Sonderdelikts sein kann.

Beauftragte als Täter des § 299 Abs. 1 StGB sind all diejenigen, die nicht angestellt sind, aber befugtermaßen für den Betrieb tätig sind und aufgrund ihrer Position Einfluss auf eine geschäftliche Entscheidung nehmen können.[64] Sowohl zivilrechtliche Beziehungen als auch ein Verhältnis tatsächlicher Art sind hierfür ausreichend. Auch Freiberufler können Beauftragte iSd § 299 Abs. 1 StGB sein, sofern es um die Beauftragung durch einen anderen geschäftlichen Betrieb geht.[65] 28

Als Mittel der Bestechung kommen Vorteile aller Art in Betracht, dh solche, auf die der Empfänger keinen Rechtsanspruch hat und die seine wirtschaftliche, rechtliche oder persönliche Lage objektiv verbessern.[66] Dieser sehr weite Vorteilsbegriff wird eingeschränkt durch das Merkmal der Sozialadäquanz. Wie auch bei der Amtsträgerbestechung sind sozialadäquate, geringfügige Vorteile, die die Entscheidung nicht beeinflussen können, ausgenommen.[67] Die Wertgrenze der Vorteile ist im Rahmen des § 299 StGB etwas großzügiger zu handhaben, allerdings muss die Gesamtbewertung den betroffenen Geschäftsbereich, die Stellung und Lebensumstände der Beteiligten sowie den Wert des Vorteils miteinbeziehen.[68] 29

> **Hinweis:** Auch hier sollten die Grenzen des grundsätzlich noch sozialadäquaten Vorteils für die Unternehmensmitarbeiter klar kommuniziert werden. Es bietet sich an, eine entsprechende Korruptionsrichtlinie zu verfassen und anhand von Beispielsfällen zu erläutern, wann die Grenze des rechtlich Zulässigen überschritten wird und ein Strafbarkeitsrisiko besteht.

Wichtig ist auch ein Hinweis darauf, dass Drittvorteile von § 299 StGB erfasst werden, wobei aber der Angestellte oder Beauftragte zumindest einen mittelbaren Vorteil aus der Dritt-Zuwendung des Täters ziehen muss.[69] Gerade bei Vorteilen zugunsten des eigenen Unternehmens kann es zu Abgrenzungsschwierigkeiten kommen, sofern die Bevorzugungen vom Angestellten regelmäßig erwartet werden. Erfüllt der Arbeitnehmer hier nur seine arbeitsvertraglichen Pflichten, fällt sein Handeln nicht unter den Tatbestand, beispielsweise, wenn er für die Bevorzugung eines Lieferanten Gegenleistungen wie Rabatte für seinen Geschäftsherrn fordert.[70] 30

Zudem setzt § 299 StGB eine Unrechtsvereinbarung voraus, deren Gegenstand die zukünftige unlautere Bevorzugung eines anderen beim Bezug von Waren oder gewerblichen 31

---

[63] *Rosenau*, in: SSW-StGB, § 299 Rn. 10; ausf. *Dannecker*, in: NK-StGB, § 299 Rn. 21.
[64] *Diemer/Krick*, in: MüKoStGB, § 299 Rn. 5.
[65] *Greeve*, in: Hauschka, Corporate Compliance, § 25 Rn. 27; *Dannecker*, in: NK-StGB, § 299 Rn. 23; BGH NStZ 1997, 540 (541). Vertragsärzte werden nach einer Entscheidung des Großen Strafsenats weder als Beauftragte der Krankenkassen iSv § 299 StGB noch als Amtsträger angesehen, s. BGH NJW 2012, 2530.
[66] BGH NJW 2003, 2996 (2997 f.); zahlreiche Beispiele bei *Dannecker*, in: NK-StGB, § 299 Rn. 36 ff.
[67] *Rosenau*, in: SSW-StGB, § 299 Rn. 20.
[68] *Fischer*, § 299 Rn. 16; *Dannecker*, in: NK-StGB, § 299 Rn. 39 f.
[69] BGHSt 50, 299.
[70] *Fischer*, § 299 Rn. 11a.

§ 9. Compliance Officer und Strafrecht

Leistungen zum Gegenstand hat. Es muss eine Bevorzugung „im Wettbewerb" intendiert sein, wobei nur zukünftige Bevorzugungen erfasst werden, die „mehr oder weniger" konkretisiert sein müssen.[71] Zahlungen zur allgemeinen Klimapflege fallen daher nicht unter § 299 StGB.[72] Unter Bevorzugung versteht der BGH die sachfremde Entscheidung zwischen mindestens zwei Mitbewerbern, sodass eine Wettbewerbslage und die angestrebte Benachteiligung eines Konkurrenten vorausgesetzt werden.[73] Unlauter ist die Bevorzugung, wenn sie geeignet ist, andere Mitbwerber durch die Umgehung von Wettbewerbsregeln und unter Ausschaltung der Konkurrenz zu schädigen.[74] Zudem muss sich die Bevorzugung auf den Bezug von Waren oder gewerblichen Leistungen beziehen.[75]

32   Tathandlungen iSd § 299 Abs. 1 StGB sind das Fordern, Sichversprechenlassen und Annehmen eines Vorteils.

33   **bb) Bestechung im geschäftlichen Verkehr.** Spiegelbildlich zu den Tathandlungen nach § 299 Abs. 1 StGB werden von der Bestechung im geschäftlichen Verkehr gem. § 299 Abs. 2 StGB das Anbieten, Versprechen oder Gewähren eines Vorteils erfasst. Hinsichtlich der weiteren Voraussetzungen kann auf das in → Rn. 26 ff. Gesagte verwiesen werden. Während nach Abs. 1 einschränkend eine Bevorzugung „im Wettbewerb" intendiert sein muss, erfolgt eine Eingrenzung in Abs. 2 dadurch, dass das Handeln „zu Zwecken des Wettbewerbs" erfolgt. Daher kommen als Täter nur Mitbewerber und solche Personen in Betracht, die im Interesse eines Mitbewerbers handeln und für diesen nach außen auftreten.[76] Die Tat muss dabei objektiv geeignet sein, den eigenen oder den Absatz eines Dritten zu steigern oder den Kundenkreis auf Kosten anderer Mitbewerber auszudehnen.[77] Die Tathandlung muss sich auf einen Angestellten oder Beauftragten im Sinne des § 299 Abs. 1 StGB richten.

3. Diebstahl, Unterschlagung und Betrug

34   Während Untreue und Korruptionsdelikte häufig auch im vermeintlichen Unternehmensinteresse begangen werden, richten sich Diebstahl, Unterschlagung und Betrug in der Regel gegen das Unternehmen und dessen Vermögenswerte und -interessen. Angefangen vom Bleistift, der mit nach Hause genommen wird, über die Plünderung von Lagerbeständen bis hin zum Zugriff auf Geld und Konten ist alles denkbar.

> **Hinweis:** Auch hier gilt es, klare Verhaltensregeln zu kommunizieren und den Mitarbeitern zu signalisieren, dass sie sich durch ein solches Verhalten strafbar machen und dies nicht toleriert, sondern angezeigt wird.

a) Diebstahl und Unterschlagung

35   Wann eine Tat als Diebstahl gem. § 242 StGB zu qualifizieren ist, bereitet weniger rechtliche Probleme, als vielmehr Probleme tatsächlicher Art. Denn die Mitarbeiter sind

---

[71] *Dannecker*, in: NK-StGB, § 299 Rn. 42, 44.
[72] *Rosenau*, in: SSW-StGB, § 299 Rn. 22.
[73] BGH NJW 2006, 3290 (3298).
[74] *Fischer*, § 299 Rn. 16.
[75] Ausführlich hierzu *Diemer/Krick*, in: MüKoStGB, § 299 Rn. 17.
[76] *Tiedemann*, in: LK-StGB, § 299 Rn. 20.
[77] *Rosenau*, in: SSW-StGB, § 299 Rn. 29; der BGH lässt hier die subjektive Vorstellung des Täters ausreichen, s. BGHSt 49, 214 (228).

in der Regel keiner ständigen Beobachtung ausgesetzt, sodass so mancher Diebstahl unbemerkt bleiben wird. Diebstahl ist die Wegnahme von Firmeneigentum, wobei man gerade bei Taten im Unternehmen auch häufig von einer Unterschlagung nach § 246 StGB ausgehen wird. Letztere wird dann bejaht, wenn der Mitarbeiter die tatsächliche Verfügungsgewalt über eine Sache hat. Wer nun sich oder einem Dritten Firmeneigentum zueignet, macht sich entweder des Diebstahls oder – bei tatsächlicher Verfügungsgewalt über den Gegenstand – der Unterschlagung strafbar.

b) Betrug

Mit dem Straftatbestand des Betrugs gem. § 263 StGB wird sich ein Compliance Officer ebenfalls häufig auseinanderzusetzen haben. Nach einer Studie von Pricewaterhouse Cooper sind Betrug und Unterschlagung die mit Abstand häufigsten Deliktsrisiken im Unternehmen. 41 % der Unternehmen wurden hierdurch im Jahre 2009 mehrfach geschädigt.[78]

Auch der Betrug richtet sich oftmals gegen das Vermögen des Unternehmens und setzt eine Täuschung über Tatsachen voraus. Durch die Täuschung wird im Wege der Einwirkung auf das intellektuelle Vorstellungsbild eines anderen Menschen eine Fehlvorstellung über Tatsachen erregt.[79] Sie kann mündlich, schriftlich – auch per E-Mail, Internet – oder sogar durch das Fernsehen erfolgen.[80] Der Täuschende muss in dem Bewusstsein handeln, dass die Tatsachenäußerung unrichtig ist.[81] Täuschungsadressat kann aber nur eine natürliche Person sein; juristische Personen oder Personenvereinigungen sind kein tauglicher Täuschungsadressat, obwohl diese vielfach die eigentlichen Betroffenen des Betrugs sind.[82] Im Rahmen von Geschäftsbeziehungen im Unternehmen wird eventuell die konkludente Täuschung relevant werden. Diese setzt voraus, dass der Täter durch sein Verhalten nach der Verkehrsanschauung eine bestimmte Tatsache miterklärt.[83] Bei rechtsgeschäftlichen Beziehungen sind vor allem die Umstände von Bedeutung, die den betreffenden Geschäftstyp – zB Kauf oder Risikogeschäft – kennzeichnen bzw. die Geschäftsgrundlage bilden. Auch die Pflichten- und Risikoverteilung zwischen den Geschäftspartnern spielt eine Rolle.[84] Die Beurteilung, ob tatsächlich eine konkludente Täuschung vorliegt, ist teilweise sehr schwierig. Zahlreiche Einzelfälle sind höchstrichterlich entschieden, hier hilft nur ein Blick in die Kommentare.[85] Bleibt die Beurteilung zweifelhaft, hat der Compliance Officer Rechtsrat einzuholen. Auch durch Unterlassen kann eine Täuschung begangen werden, dann ist jedoch eine betrugsspezifische Garantenpflicht des Täters erforderlich. Den Täter muss in diesem Fall eine vermögensbezogene Aufklärungspflicht treffen, die gerade dem Schutz des Opfers vor vermögensbezogenen Selbstschädigungen im konkreten Fall dient.[86] Wird zB durch das Vertragsverhältnis ein besonderes Vertrauensverhältnis begründet, zu dem besondere Umstände im zwischenmenschlichen Bereich treten, dann ist eine Garantenpflicht aus

---

[78] *PwC*, Wirtschaftskriminalität 2009, S. 19, abrufbar online unter http://www.pwc.de/de_DE/de/risiko-management/assets/Studie-Wirtschaftskriminal-09.pdf.
[79] *Satzger*, in: SSW-StGB, § 263 Rn. 27.
[80] *Wittig*, § 14 Rn. 19.
[81] So jedenfalls die hM, vgl. BGHSt 18, 235 (237); *Wessels/Hillenkamp*, Rn. 492; aA aber zB *Fischer*, § 263 Rn. 14.
[82] *Wittig*, § 14 Rn. 22.
[83] BGHSt 47, 1 (3); ausf. *Fischer*, § 263 Rn. 21 ff.
[84] *Wittig*, § 14 Rn. 31.
[85] ZB bei *Fischer*, § 263 Rn. 23 ff.; *Kindhäuser*, in: NK-StGB, § 263 Rn. 124 ff.
[86] *Satzger*, in: SSW-StGB, § 263 Rn. 48 ff.; *Fischer*, § 263 Rn. 38.

§ 9. Compliance Officer und Strafrecht

38   Durch die Täuschung muss im Getäuschten ein Irrtum erregt oder unterhalten worden sein. In Unternehmen, die in der Regel arbeitsteilig organisiert sind, ist daher zu untersuchen, wer genau die schädigende Verfügung getroffen hat und welche Vorstellungen er dabei hatte.[88] Weitere Betrugsvoraussetzung ist eine Vermögensverfügung, die vorgenommen sein muss. Darunter versteht man jedes Handeln, Dulden oder Unterlassen des Getäuschten, das unmittelbar eine Vermögensminderung bei ihm oder einem Dritten herbeiführt.[89] Die Vermögensminderung kann ein wirtschaftlicher Nachteil jeder Art sein.[90] Nach dem Prinzip der Gesamtsaldierung tritt ein Vermögensschaden dann ein, wenn die Verfügung zu einer nicht durch Zuwachs ausgeglichenen Minderung des wirtschaftlichen Gesamtwertes führt.[91] Schmiergeldzahlungen, die bei Auftragsvergabe oder Vertragsabschlüssen als verdeckte Preisaufschläge weitergegeben werden, begründen zB laut BGH einen Vermögensschaden.[92] Beim Anlagebetrug wird der Schaden bei Wertlosigkeit oder Minderwertigkeit der Anlage bejaht.[93] In subjektiver Hinsicht muss der Betrug in Bereicherungsabsicht erfolgen, dh in der Absicht, sich oder einem Dritten einen rechtswidrigen Vermögensvorteil zu verschaffen. Ein Betrug ist also nicht nur dann anzunehmen, wenn sich der Unternehmensmitarbeiter selbst bereichern will, sondern auch, wenn er – im vermeintlichen Unternehmensinteresse – für Vermögensvorteile des Unternehmens sorgen möchte.

II. Nebenstrafrecht/Ordnungswidrigkeitenrecht

39   Neben dem klassischen Strafrecht wird der Compliance Officer häufig auch mit Rechtsnormen aus dem Nebenstraf- und Ordnungswidrigkeitenrecht konfrontiert. Die Normen, gegen die verstoßen werden kann und die Sanktionen hervorrufen, sind vielfältig. Es kann hier nicht jede Norm besprochen werden, da sich die Einschlägigkeit nach der jeweiligen Branche richtet, in der das Unternehmen tätig wird.[94] Der Compliance Officer muss es sich zur Aufgabe machen, die für sein Unternehmen einschlägigen Vorschriften zu identifizieren und dazu Verhaltensrichtlinien für die Mitarbeiter zu formulieren. Kartellrechtsrichtlinien, Umweltrichtlinien, Steuerrichtlinien und generell Leitlinien zu potentiell strafrechtlich problematischen Bereichen helfen, das Bewusstsein der Mitarbeiter für Strafrechtsrisiken zu schärfen und präventiv zu wirken. Grau ist alle Theorie,[95] deshalb sind auch die spezielle Richtlinien begleitende Mitarbeiterschulungen Pflicht.

---

[87] Beispielsfälle bei *Wittig*, § 14 Rn. 42.
[88] BGH NStZ 2004, 568 (569).
[89] *Satzger*, in: SSW-StGB, § 263 Rn. 87.
[90] *Fischer*, § 263 Rn. 90.
[91] *Fischer*, § 263 Rn. 111.
[92] BGH NStZ 2008, 281.
[93] Ausführlich mit verschiedenen Beispielen *Fischer*, § 263 Rn. 124 ff.
[94] Vgl. ausführlich zu den im Wirtschaftsstraf- und Wirtschaftsordnungswidrigkeitenrecht relevanten Vorschriften *Müller-Gugenberger/Bieneck*, Wirtschaftsstrafrecht, 5. Aufl. 2011, und *Achenbach/Ransiek/Rönnau*, Handbuch Wirtschaftsstrafrecht, 4. Aufl. 2015.
[95] Von dem Fußballtrainer Adi Preißler stammt der oft zitierte Ausspruch: „Grau is alle Theorie – entscheidend is auf'm Platz" in Abwandlung eines Satzes von Mephisto in Goethes Faust.

A. Strafrechtlich relevantes Handeln von Unternehmensangehörigen

1. Steuerstrafrecht

Im Bereich des Steuerstraf- und Ordnungswidrigkeitenrechts muss der Compliance Officer eng mit der Steuerabteilung des Unternehmens zusammenarbeiten. Es bedarf der regelmäßigen Überprüfung der Buchhaltung, um hier jedes Sanktionsrisiko zu vermeiden. Denn neben der klassischen Steuerhinterziehung gem. § 370 AO kann auch die leichtfertige Steuerverkürzung als mindere Schuldform nach § 378 AO als Ordnungswidrigkeit geahndet werden. 40

Besondere Aufmerksamkeit ist „gefahrgeneigten Bereichen" zu widmen, die das Risiko einer Steuerstrafbarkeit in sich tragen. Wer beispielsweise Schmiergelder oder Bestechungsgelder annimmt, sie aber nicht gegenüber den Finanzbehörden angibt, macht sich wegen Steuerhinterziehung strafbar.[96] 41

a) Steuerhinterziehung

Einer Steuerhinterziehung gem. § 370 AO macht sich strafbar, wer unrichtige oder unvollständige Angaben über steuerlich erhebliche Tatsachen gegenüber Finanz- oder anderen Behörden macht (Nr. 1), die Finanzbehörde pflichtwidrig über steuerlich erhebliche Tatsachen in Unkenntnis lässt (Nr. 2) oder die Verwendung von Steuerzeichen und -stemplern unterlässt (Nr. 3). Diese Tathandlungen müssen zur Verkürzung von Steuern oder zur Erlangung nicht gerechtfertigter Steuervorteile geführt haben. Der Straftatbestand des § 370 AO setzt Vorsatz voraus, bei Leichtfertigkeit ist allerdings § 378 AO einschlägig. 2008 wurde die Strafzumessungsregel des § 370 Abs. 3 AO eingeführt, die § 370a AO ersetzt hat.[97] Hiernach wird höher bestraft, wer eines der Regelbeispiele erfüllt. Wichtigste Regelbeispiele sind die Steuerverkürzung in großem Ausmaß (Abs. 3 S. 2 Nr. 1) und die bandenmäßige Hinterziehung (Abs. 3 S. 2 Nr. 5). Nach einer Grundsatzentscheidung des BGH ist ein großes Ausmaß bei einem Hinterziehungsbetrag über 50 000 EUR oder bei einer Gefährdung des Steueranspruchs über 100 000 EUR anzunehmen.[98] Das Regelbeispiel der bandenmäßigen Steuerhinterziehung ist begrenzt auf die Verkürzung von Umsatz- und Verbrauchssteuervorteilen bzw. -steuern. Bandenmäßige Hinterziehung setzt mindestens drei Personen voraus, die sich zur fortgesetzten Begehung von Steuerstraftaten verbunden haben. Sind mehrere Beteiligte in rechtlich anerkannter Weise miteinander verbunden und kommt es im Rahmen dieser legalen Gemeinschaft zur Begehung von Straftaten, so ist eine Abgrenzung danach vorzunehmen, ob eine Bandenabrede besteht, die sich auf ein kriminelles Ziel bezieht und ob die Steuerstraftat selbst zum Zweck des gemeinsamen Handelns wird.[99] 42

b) Leichtfertige Steuerverkürzung

Die leichtfertige Steuerverkürzung gem. § 378 AO ist der Paralleltatbestand zu § 370 AO. Tathandlung und Taterfolg entsprechen sich, lediglich in dem Verschuldensmaßstab der Leichtfertigkeit liegt der Unterschied. Dadurch wird § 378 AO als Auffangtatbestand zu § 370 AO angesehen, wenn ein vorsätzliches Handeln nicht feststellbar ist.[100] Leichtfertigkeit ist ein erhöhter Grad von Fahrlässigkeit und wird dahingehend definiert, dass leichtfertig handelt, wer aus besonderem Leichtsinn oder besonderer 43

---

[96] *Muhler*, in: Müller-Gugenberger/Bieneck, § 43 Rn. 2; BGHSt 49, 317.
[97] Hierzu *Buse/Bohnert*, NJW 2008, 618.
[98] BGHSt 53, 72. Kritisch zum Begriff des großen Ausmaßes *Stam*, NStZ 2013, 144.
[99] *Bittmann*, wistra 2010, 125 f.
[100] BGH wistra 1988, 196.

Gleichgültigkeit fahrlässig handelt.[101] Hinzu kommt die objektivierende Abgrenzung, dass sich dem Täter die Gefahr der Tatbestandsverwirklichung hätte aufdrängen müssen.[102] Den Leichtfertigkeitsvorwurf entkräften kann man durch die Erfüllung von Erkundigungspflichten, die vollständige und zutreffende Unterrichtung des steuerlichen Beraters und die sorgfältige Auswahl und Überwachung von Hilfspersonen.[103]

> **Hinweis:** Überwachungs- und Kontrollmaßnahmen in Buchhaltung und Rechnungswesen des Unternehmens sind daher entscheidende Aufgaben auch des Compliance Officers.

2. Geheimnisverrat und Betriebsspionage

44   Die Wahrscheinlichkeit, dass es im Unternehmen zu Wirtschafts- und Industriespionage kommt, ist zwar im Vergleich zu anderen Wirtschaftsdelikten mit einer Schadenshäufigkeit von 7 % vergleichsweise gering. Jedoch ist das Dunkelfeld hoch und die wirtschaftlichen Auswirkungen lassen sich nur schwer schätzen.[104] Ob der Compliance Officer mit Straftaten in diesem Bereich rechnen muss, wird neben dem vergleichsweise geringen allgemeinen Risiko vor allem auch von der Branche abhängen, in der das Unternehmen tätig ist. Je sensibler die Unterlagen und Informationen sind, mit denen im Unternehmen umgegangen wird, desto höher ist auch das Risiko von Straftaten nach dem UWG.

a) Geheimnisverrat

45   Nach § 17 Abs. 1 UWG macht sich wegen Geheimnisverrats strafbar, wer als Beschäftigter eines Unternehmens ein Geschäfts- oder Betriebsgeheimnis, das ihm im Rahmen des Dienstverhältnisses anvertraut worden oder zugänglich geworden ist, während der Dauer des Dienstverhältnisses verrät. Als echtes Sonderdelikt kann der Geheimnisverrat nur von einem Beschäftigten des Unternehmens begangen werden. Der Begriff des Beschäftigten ist aber weit auszulegen. Neben Arbeitnehmern und Auszubildenden können auch Geschäftsführer und Vorstandsmitglieder juristischer Personen sowie Aufsichtsratsmitglieder, Amtswalter, Insolvenzverwalter oder Testamentsvollstrecker Täter iSd § 17 Abs. 1 UWG sein. Dagegen sind Gesellschafter, Aktionäre und freiberuflich für das Unternehmen tätige Personen keine tauglichen Täter.[105]

46   Tatobjekt ist ein Geschäfts- oder Betriebsgeheimnis. Geschäftsgeheimnisse betreffen den allgemeinen Geschäftsverkehr des Unternehmens, wohingegen Betriebsgeheimnisse den technischen Bereich zum Inhalt haben. Eine trennscharfe Abgrenzung ist nicht erforderlich, da bei beiden die gleichen Kriterien erfüllt sein müssen. Nach der Definition der Rechtsprechung sind vier Kriterien erforderlich, um ein Geschäfts- oder Betriebsgeheimnis zu bejahen:
– Unternehmensbezogenheit, dh das Geheimnis ist dem geschäftlichen Bereich eines konkreten Unternehmens zugeordnet.

---

[101] *Joecks*, in: Franzen/Gast/Joecks, § 378 Rn. 31.
[102] *Kohlmann*, § 378 Rn. 61.
[103] *Krauter*, in: Quedenfeld/Füllsack, Rn. 231.
[104] PwC, Wirtschaftskriminalität 2009, S. 36, abrufbar online unter http://www.pwc.de/de_DE/de/risiko-management/assets/Studie-Wirtschaftskriminal-09.pdf.
[105] *Wittig*, § 33 Rn. 34. Bei den untauglichen Tätern kommt aber eventuell eine Strafbarkeit nach §§ 333 HGB, 404 Abs. 1 Nr. 1 AktG, 85 Abs. 1 GmbHG, 203, 266 StGB in Betracht.

- keine offenkundige Tatsache, dh die Tatsache ist weder den jeweiligen Fachkreisen allgemein bekannt noch leicht zugänglich.
- Geheimhaltungswille, der vermutet wird, soweit nicht offenkundige betriebsinterne Vorgänge vorliegen
- Geheimhaltungsinteresse, dh ein berechtigtes Interesse, das sich spürbar auf die Wettbewerbsfähigkeit des Unternehmens bezieht.[106] Hervorzuheben ist, dass nach – noch – herrschender Meinung ein berechtigtes Geheimhaltungsinteresse auch an sitten- und gesetzeswidrigen Tatsachen besteht.[107]

Geschäfts- und Betriebsgeheimnisse sind beispielsweise: Kundenlisten und -dateien, Konstruktionspläne, Kalkulationen, interne Planungsunterlagen, Angebote auf Ausschreibungen, Vertragsunterlagen und -abschlüsse, Muster, Rezepturen, Herstellungsverfahren, Versuchsprotokolle, Computerprogramme und Bankdaten.[108]

Das als Geschäfts- oder Betriebsgeheimnis zu qualifizierende Geheimnis muss dem Täter als weitere Voraussetzung im Rahmen des Dienstverhältnisses mit der ausdrücklichen oder konkludenten Auflage der Geheimhaltung anvertraut oder sonst im Zusammenhang mit der betrieblichen Tätigkeit zugänglich gemacht worden sein.[109] Tathandlung ist die unbefugte Mitteilung des Geheimnisses an Dritte während der Geltungsdauer des Dienstverhältnisses. Die Mitteilung kann durch positives Tun aber auch durch pflichtwidriges Unterlassen durch Dulden der Kenntnisnahme Dritter erfolgen.[110] Erfolgt die Mitteilung nicht während der Dauer des Dienstverhältnisses, ist § 17 Abs. 1 UWG nicht erfüllt. Allerdings kommt dann eine Strafbarkeit wegen unbefugter Geheimnisverwertung nach § 17 Abs. 2 Nr. 2 UWG in Betracht.[111] Subjektive Voraussetzung des Geheimnisverrats ist neben dem bedingt vorsätzlichen Handeln, dass die Mitteilung zu Zwecken des Wettbewerbs, aus Eigennutz, zugunsten Dritter oder in Schädigungsabsicht erfolgt.[112]

Schließlich muss die Mitteilung des Geheimnisses unbefugt erfolgen; handelt der Täter befugt, so entfällt die Rechtswidrigkeit. Da die herrschende Meinung, wie unter → Rn. 46 erwähnt, grundsätzlich auch gesetzeswidrige Tatsachen als vom Tatbestand des § 17 Abs. 1 UWG erfasst ansieht, können gerade Fälle des externen Whistleblowings problematisch iSd Straftatbestandes sein. Beim externen Whistleblowing wendet sich der Arbeitnehmer direkt an die Strafverfolgungsbehörden, zB um Korruptionsfälle anzuzeigen. Die Strafbarkeit des Whistleblowers hängt entscheidend davon ab, ob die Anzeige des Whistleblowers als Notstandshandlung gem. § 34 StGB gerechtfertigt ist. In der Regel wird vom Arbeitnehmer zu fordern sein, dass er einen internen Abhilfeversuch vornimmt oder dieser aussichtslos erscheint. Die notstandstypische Abwägung verlangt zB bei Korruptionsverdachtsfällen ein wesentliches Überwiegen des geschützten Interesses am fairen Wettbewerb gegenüber dem beeinträchtigten Interesse des Unternehmens an der Geheimhaltung.[113]

---

[106] Ausführlich mit Beispielen *Kiethe/Hohmann*, NStZ 2006, 185 (186 ff.); *Wittig*, § 33 Rn. 37 ff.
[107] Eingehend *Koch*, ZIS 2008, 550 (503).
[108] *Ebert-Weidenfeller*, in: Achenbach/Ransiek/Rönnau, 3. Teil, Kap. 3 Rn. 66; *Wittig*, § 33 Rn. 45.
[109] *Kiethe/Hohmann*, NStZ 2006, 185 (188); *Ebert-Weidenfeller*, in: Achenbach/Ransiek/Rönnau, 3. Teil, Kap. 3 Rn. 75.
[110] *Wittig*, § 33 Rn. 48.
[111] Hierzu ausführlich *Ebert-Weidenfeller*, in: Achenbach/Ransiek/Rönnau, 3. Teil, Kap. 3 Rn. 88 ff.
[112] Zu den Definitionen kurz *Wittig*, § 33 Rn. 51.
[113] *Koch*, ZIS 2008, 500 (503).

b) Betriebsspionage

49 Betriebsspionage nach § 17 Abs. 2 Nr. 1 UWG begeht, wer sich ein Unternehmensgeheimnis unter Einsatz bestimmter Tatmittel unbefugt verschafft oder sichert. Während der Geheimnisverrat aus dem Unternehmen heraus begangen wird, wird Betriebsspionage von außen aus betrieben. Täter kann daher im Gegensatz zu § 17 Abs. 1 UWG jedermann sein. Der Täter muss sich das Geschäfts- oder Betriebsgeheimnis unbefugt verschafft oder gesichert haben. Dazu muss sich der Täter eines der in § 17 Abs. 2 Nr. 1 lit. a–c UWG beschriebenen Tatmittel bedienen, nämlich:
– Anwendung technischer Mittel, wie zB Kopiergeräte, Fotoapparat oder das „Anzapfen" von EDV-Anlagen und Datenleitungen etc
– Herstellung einer verkörperten Wiedergabe des Geheimnisses, wie zB Fotokopien, Übertragung auf Datenträger, Fotografien, Computerausdrucke etc
– Wegnahme einer Sache, in der das Geheimnis verkörpert ist.[114]

50 Der subjektive Tatbestand entspricht dem in § 17 Abs. 1 UWG.

3. Kartellrecht

51 Einen Schwerpunkt der Compliance-Anstrengungen für die meisten Unternehmen wird regelmäßig auch das Kartellrecht bilden.[115] Der Compliance Officer ist daher gut beraten, sich mit den Facetten des Kartellstraf- und Ordnungswidrigkeitenrechts intensiv auseinanderzusetzen.[116]

a) Kartellstrafrecht

52 Das deutsche Kartellstrafrecht beschränkt sich auf die Ausführung wettbewerbsbeschränkender Absprachen bei Ausschreibungen. Geahndet werden können solche Absprachen zum einen nach der Spezialvorschrift des § 298 StGB. Zum anderen kann aber auch eine Betrugsstrafbarkeit im Raum stehen, soweit eine Schädigung des Ausschreibungsveranstalters und ein entsprechender Tätervorsatz nachgewiesen werden können. Sind die Betrugsvoraussetzungen nicht nachweisbar, so kommt das abstrakte Gefährdungsdelikt des § 298 StGB in Betracht. § 298 StGB kann von jedermann begangen werden, der das entsprechende Angebot für das Unternehmen abgibt.[117] Die Tat muss nach § 298 Abs. 1 StGB bei einer Ausschreibung über Waren oder gewerbliche Leistungen begangen worden sein. Dem gleichgestellt ist nach § 298 Abs. 2 StGB die freihändige Vergabe nach Teilnahmewettbewerb. Erfasst sind zum einen alle Vergabeverfahren der öffentlichen Hand, auf die die VOB/A und VOL/A Anwendung finden oder die den Schwellenwert von 5 Mio. EUR überschreiten und den §§ 97 ff. GWB unterliegen.[118] Zum anderen werden Ausschreibungen privater Veranstalter erfasst, sofern das Vergabeverfahren in Anlehnung an die Bestimmungen der VOB/A bzw. VOL/A ausgestaltet ist.[119]

53 Weiterhin setzt § 298 Abs. 1 StGB voraus, dass der Täter aufgrund einer rechtswidrigen Absprache ein Angebot abgibt, dh die Erklärung, eine bestimmte Leistung gegen

---
[114] Weitere Beispiele bei *Wittig*, § 33 Rn. 58.
[115] So auch *Lampert/Matthey*, in: Hauschka, Corporate Compliance, § 26 Rn. 1.
[116] Ausführlich hierzu *Achenbach*, in: Achenbach/Ransiek/Rönnau, 3. Teil, Kap. 4 sowie Kap. 5.
[117] *Fischer*, § 298 Rn. 17.
[118] Genauer hierzu *Hohmann*, in: MüKoStGB, § 298 Rn. 29 ff.; *Wittig*, § 25 Rn. 13 ff.
[119] Zur Feststellung der Ähnlichkeit des privaten Vergabeverfahrens BGH NStZ 2003, 548 mAnm *Greeve*.

A. Strafrechtlich relevantes Handeln von Unternehmensangehörigen

Entgelt unter Einhaltung festgelegter Bedingungen erbringen zu wollen. Ob das Angebot ernst gemeint ist oder nicht ist unerheblich.[120] Das abgegebene Angebot muss auf einer rechtswidrigen Absprache beruhen, dh auf einem Übereinkommen der potenziellen Anbieter über das Verhalten in mindestens einem konkreten Ausschreibungsverfahren oder Teilnahmewettbewerb.[121] Erfasst waren nach früherer Ansicht des BGH aber nur horizontale Absprachen zwischen Anbietern.[122] Ob nach der Neufassung von § 1 GWB durch die 7. GWB-Novelle nun auch vertikale Absprachen erfasst werden, ist in der Literatur nach wie vor umstritten.[123] Der BGH hat sich in einer neueren Entscheidung dafür ausgesprochen, auch Vertikalabsprachen unter § 298 StGB zu subsumieren.[124]

Zudem muss die Absprache rechtswidrig sein, was dann der Fall ist, wenn sie kartellrechtswidrig ist, dh gegen das GWB (§ 1 GWB) oder das europäische Wettbewerbsrecht (Art. 101, 102 AEUV) verstößt.[125] Weitere Voraussetzung ist, dass das Angebot auf der Absprache beruht, dh wenn zwischen ihr und dem Angebot ein Ursachenzusammenhang besteht.[126] Weiterhin muss die Absprache darauf zielen, den Veranstalter zur Annahme eines bestimmten Angebots zu veranlassen. Als subjektive Tatbestandsvoraussetzung ist bedingter Vorsatz hinsichtlich der Abgabe eines Angeborts, deren Beruhen auf einer Absprache, die Ausschreibung und die Rechtswidrigkeit erforderlich.[127] 54

Da der Straftatbestand des § 298 StGB bereits mit der Abgabe eines Angebots vollendet ist, sieht § 298 Abs. 3 StGB eine Regelung zur tätigen Reue vor, die dem Täter die Möglichkeit gibt, von einem wettbewerbswidrigen Angebot vor Beendigung der Tat Abstand zu nehmen.[128] 55

b) Kartellordnungswidrigkeitenrecht

Zunehmende Bedeutung erlangt vor allem das Kartellordnungswidrigkeitenrecht. Hier drohen nicht nur in Deutschland hohe Bußgelder für Unternehmensgruppen (bis zu 10 % des Gesamtumsatzes der Unternehmensgruppe) und die dort verantwortlichen und handelnden Personen (bis zu 1 Mio. EUR). Die persönlich Verantwortlichen können auch mit einem Berufsverbot, Geld- und Haftstrafen belegt werden. Der Skandal um die Zinsmanipulationen internationaler Großbanken hat deutlich gemacht, dass auch von der EU Rekordstrafen drohen, sofern es zu Kartellabsprachen kommt. Die EU verhängte in dem Verfahren gegen die Banken Ende 2013 Rekordstrafzahlungen in Höhe von 1,71 Mrd. EUR; allein auf die Deutsche Bank entfällt eine Bußgeldzahlung von rund 725 Mio. EUR.[129] 56

Das europäische Kartellrecht überlagert weitgehend das deutsche Kartellrecht. Gem. § 81 Abs. 1 GWB sind Verstöße gegen Art. 101 Abs. 1 und 102 AEUV unmittelbar als Ordnungswidrigkeit nach deutschem Recht ahndbar. Sofern gleichzeitig deutsches als auch europäisches Kartellrecht betroffen ist, geht § 81 Abs. 1 GWB vor, so dass für rein 57

---

[120] *Dannecker*, in: NK-StGB, § 298 Rn. 49, 52.
[121] *Wittig*, § 25 Rn. 24 f.
[122] BGHSt 49, 201 (205); BGH NStZ 2006, 687.
[123] Ausführlich und Vertikalabsprachen für § 298 StGB ablehnend *Dannecker*, in: NK-StGB, § 298 Rn. 63 ff.
[124] BGH NJW 2012, 3318.
[125] *Fischer*, § 298 Rn. 12; *Dannecker*, in: NK-StGB, § 298 Rn. 59.
[126] Mit Beispielen *Wittig*, § 25 Rn. 32 f.
[127] Zum Ziel der Absprache und zum Vorsatz *Wittig*, § 25 Rn. 34 ff.
[128] *Fischer*, § 298 Rn. 21.
[129] Vgl. http://www.handelsblatt.com/unternehmen/banken/libor-kartell-eu-laesst-banken-fuer-zins-manipulationen-bluten/9167088.html.

deutsche Verstöße nur ein kleiner Anwendungsbereich übrig bleibt. Zentrale Verbote des materiellen Kartellrechts sind:
- das Kartellverbot nach Art. 101 Abs. 1 AEUV, § 1 GWB,
- das Verbot des Missbrauchs einer marktbeherrschenden Stellung nach Art. 102 AEUV, § 19 GWB und
- die Fusionskontrolle (FKVO Nr. 139/2004, §§ 35 ff. GWB).

58 Da bei Verstößen gegen das europäische Kartellrecht sowohl das deutsche als auch das europäische Kartellbußgeldrecht angewendet werden kann, besteht die Gefahr der doppelten Sanktionierung.[130]

59 **Hinweis:** Das Kartellrecht ist facettenreich und der Compliance Officer ist hier gut beraten, bei den geringsten Verdachtsmomenten eines Verstoßes sofort einzuschreiten. Häufig kann auch bei Kartellrechtsverstößen das Setzen eines Markers beim Bundeskartellamt noch dazu beitragen, Schlimmeres zu verhindern. Denn das Bundeskartellamt hat eine sog Bonusregelung eingeführt, die Bedingungen für eine Kronzeugenbehandlung festlegt, die dann zum Erlass oder zur Rekution von Geldbußen führen.[131] Das Markersystem bedeutet, dass ein reuiges Unternehmen, dass mit der Inanspruchnahme der Kronzeugenregelung durch andere am Kartell Beteiligte rechnet, sich so schnell wie möglich an das Bundeskartellamt wendet. Sobald dort seine Selbstanzeige vorliegt, sichert sich das Unternehmen einen Rang, den es aber nur dann wahrt, wenn es innerhalb einer vom Bundeskartellamt gesetzten Frist den relevanten Sachverhalt vorträgt.[132] Für das Europäische Recht gibt es ebenfalls eine Kronzeugenregelung.[133]

III. Branchenabhängige Delikte

60 Nicht jeder Compliance Officer muss alle möglichen Straftaten und Ordnungswidrigkeiten im Blick haben. Wichtig ist, dass sich der Compliance Officer branchenspezifisch orientiert, informiert und fortbildet. Es kann an dieser Stelle keine umfassende Darstellung des Nebenstrafrechts erfolgen, lediglich einige branchenspezifischen Normen seien erwähnt.

1. Arbeitssicherheit

61 Die Kehrseite der Arbeitssicherheit im Unternehmen sind Gesundheitsschäden, die im Zusammenhang mit der Arbeitsleistung beim Arbeitnehmer stehen. Entweder es kommt durch Arbeitsunfälle zu konkreten Verletzungen oder aber die Gesundheitsschäden treten erst nach längerer Exposition des Arbeitenden gegenüber schädlichen Einflüssen des Arbeitsplatzes auf.[134]

---

[130] Kritisch hierzu *Streinz*, Jura 2009, 412.
[131] Bekanntmachung des BKartA 9/2006, abrufbar unter http://www.bundeskartellamt.de/SharedDocs/Publikation/DE/Bekanntmachungen/Bekanntmachung%20-%20Bonusregelung.pdf?_blob=publicationFile&v=7.
[132] So *von Dietze/Janssen*, Rn. 601.
[133] Ausführlich *von Dietze/Janssen*, Rn. 594 ff.
[134] *Tiedemann*, Rn. 576.

A. Strafrechtlich relevantes Handeln von Unternehmensangehörigen

Während eingetretene Verletzungen schon durch das Kernstrafrecht klassisch nach §§ 223 ff., 229 StGB als vorsätzliche oder fahrlässige Körperverletzung geahndet werden können, sind konkrete Gefährdungen nur für das Baustrafrecht im Strafgesetzbuch erfasst. § 319 StGB erfasst jede Bauarbeit oder -tätigkeit und setzt einen Verstoß gegen die allgemein anerkannten Regeln der Technik voraus. Durch diese Klausel kommen baupolizeiliche und Unfallverhütungsvorschriften zur Anwendung. Daneben regelt § 146 BBergG das Bergbaustrafrecht, §§ 25, 26 ArbSchG enthält eine entsprechende Regelung für das Gewerbestraf- und -ordnungswidrigkeitenrecht. 62

Das Arbeitsschutzgesetz regelt aber nicht nur konkrete Gefährdungen, sondern hat vor allem auch für abstrakte Gefährdungslagen Bedeutung. Auch hier wird wieder auf Einzelanordnungen zurückgegriffen, die die Arbeits- und Betriebssicherheit regeln.[135] Hier hilft nur – je nach gefährdetem Bereich – ein Blick in die ArbeitsstättenVO, AufzugsVO, BaustellenVO, DruckbehälterVO, SprengstoffG, StrahlenschutzVO, JAarbSchG, Geräte- und ProduktsicherheitsG etc. 63

Vorbeugenden Gesundheitsschutz bezwecken schließlich zB das ArbeitszeitG und die FahrpersonalVO. 64

> **Hinweis:** Der Compliance Officer sollte genau eruieren, welche potenzielle Gefährdungslage im Unternehmen entstehen könnte und die einschlägigen Rechtsvorschriften im Kopf haben. Sofern das Unternehmen verstärkt arbeitssicherheitsrechtlichen, branchenspezifischen Risiken ausgesetzt ist, ist eine Verhaltensrichtlinie zu konzipieren. Kontinuierliche Überprüfung der Sicherheitsstandards ist eine Selbstverständlichkeit. 65

2. Arbeitsstrafrecht

Arbeitsstrafrechtliche Regelungen finden sich sowohl im StGB als auch im Nebenstrafrecht. Im Strafgesetzbuch sind folgende Paragrafen dem Arbeitsstrafrecht zuzuordnen: 66
- das Vorenthalten und Veruntreuen von Arbeitsentgelt (§ 266a StGB)
- Lohnwucher nach § 291 Abs. 1 Nr. 3 StGB
- Menschenhandel zum Zweck der Ausbeutung der Arbeitskraft (§ 233 StGB)
- Spesen-, Anstellungs- und Beitragsbetrug nach § 263 StGB.

Daneben flankieren bei der illegalen Beschäftigung von Ausländern die Straftatbestände der §§ 10, 11 SchwarzArbG den § 233 StGB. Diesbezügliche Ordnungswidrigkeiten regelt § 404 SGB III.[136] 67

Nach § 1 AÜG ist die gewerbsmäßige Arbeitnehmerüberlassung grundsätzlich verboten; sie steht aber unter Erlaubnisvorbehalt. Abgrenzungsprobleme der Arbeitnehmerüberlassung entstehen vor allem zum Werkvertrag, zur illegalen Arbeitsvermittlung und zur Beschäftigung eines freien Mitarbeiters.[137] Gem. § 15 Abs. 1 AÜG macht sich strafbar, wer als Verleiher einen Ausländer, der nicht die erforderliche Genehmigung nach § 284 Abs. 1 SGB III oder den erforderlichen Aufenthaltstitel nach § 4 Abs. 3 S. 2 Auf- 68

---

[135] Zur Systematik *Tiedemann*, Rn. 583.
[136] Ausführlich *Wittig*, § 34 Rn. 8 ff.; *Mosbacher*, in: Achenbach/Ransiek, 3. Aufl. 2012, 12. Teil, Kap. 4 Rn. 4 ff.
[137] Kurz *Wittig*, § 34 Rn. 19.

enthG besitzt, ohne Erlaubnis einem Dritten überlässt. § 16 AÜG enthält zudem mehrere Ordnungswidrigkeitentatbestände.[138]

69 | **Hinweis:** Gerade die Baubranche sieht sich verstärkt dem Verdacht der Schwarzarbeit und illegalen Arbeitnehmerüberlassung ausgesetzt.[139] Compliance Officer aus diesem Bereich sollten sich verstärkt im Arbeitsstrafrecht schulen lassen, um sensibel auf Verdachtsmomente reagieren zu können.

3. Umweltdelikte

70 Environmental compliance ist das Stichwort, wenn Umweltrisiken vermindert werden sollen.[140] Realisieren sich Umweltrisiken, so können Straftaten gegen die Umwelt nach den §§ 324 ff. StGB verwirklicht sein. Hierzu zählen:
- die Gewässerverunreinigung nach § 324 StGB,
- die Bodenverunreinigung nach § 324a StGB,
- die Luftverunreinigung nach § 325 StGB,
- das Verursachen von Lärm, Erschütterungen und nichtionisierenden Strahlen nach § 325a StGB,
- der unerlaubte Umgang mit Abfällen nach § 326 StGB,
- das unerlaubte Betreiben von Anlagen nach § 327 StGB,
- der unerlaubte Umgang mit radioaktiven Stoffen und anderen gefährlichen Stoffen und Gütern nach § 328 StGB,
- die Gefährdung schutzbedürftiger Gebiete nach § 329 StGB und
- eine schwere Gefährdung durch Freisetzen von Giften nach § 330a StGB.

71 Daneben finden sich Bußgeldtatbestände in den verschiedenen Umweltschutzgesetzen wie beispielsweise § 62 BImSchG oder § 41 WHG. Welche Anforderungen an eine umweltschutzsichernde Betriebsorganisation zu stellen sind, hängt zB beim Betrieb von Anlagen nach § 3 Abs. 5 BImSchG von der jeweiligen Anlage ab.[141] Grundsätzlich trifft die umweltrechtliche Verantwortung im Betrieb den Betriebsinhaber oder Unternehmer. Allerdings kann durch Pflichtendelegation eine persönliche Pflichtverletzung der eingesetzten Personen entstehen, so dass diese Täter von Straftaten oder Ordnungswidrigkeiten sein können.[142]

72 Arbeitet der Compliance Officer in einer Branche mit Umweltrisiken, so sind auch hier regelmäßige Überprüfungen der Anlagen und Arbeitsvorgänge notwendig. Wegen der weit verstreuten Regelungen in einzelnen Gesetzen und Verordnungen[143] ist zudem eine intensive Rechtsschulung des Compliance Officers erforderlich.

---

[138] Ausführlich *Gercke/Kraft/Richter*, S. 131 ff.
[139] Zur Schwarzarbeit am Bau *Kraft/Adamski*, NZBau 2011, 321.
[140] Ausführlich hierzu *Meyer*, in: Hauschka, Corporate Compliance, § 31 Rn. 1 ff.
[141] Hierzu *Scheidler*, ZUR 2010, 16 (17).
[142] *Scheidler*, ZUR 2010, 16 (19).
[143] Vgl. zB einzelne Vorschriften bei *Meyer*, in: Hauschka, Corporate Compliance, § 31 Rn. 4 ff.

B. Garantenstellung des Compliance Officers

Den Begriff der „gefahrgeneigten Tätigkeit" von → Rn. 1 wieder aufgreifend, liegt nach diesem Blick auf einen – ausgewählten, aber keinesfalls vollständigen – Straftatenkatalog die strafrechtliche Gefährdung des Compliance Officers auf der Hand. Der BGH hat nämlich in einer Entscheidung aus dem Jahr 2009 als Kehrseite der angeblich vom Compliance Officer übernommenen Pflicht zur Verhinderung von Straftaten die persönliche Verantwortlichkeit für die Verhinderung von Rechtsverstößen aufgezeigt.[144] Damit trifft den Compliance Officer das Risiko, selbst für alle im Betrieb verwirklichten Straftaten durch Unterlassen gem. § 13 StGB strafrechtlich zur Verantwortung gezogen zu werden.

73

I. Arten und Begründung der Garantenstellung – eine Einführung

Die meisten Straftatbestände sind so formuliert, dass sie nur durch aktives Tun erfüllt werden können. Nur ganz wenige Normen sind als sog echte Unterlassungsdelikte ausgestaltet, die sich im Verstoß einer Gebotsnorm und im bloßen Unterlassen einer vom Gesetz geforderten Tätigkeit erschöpfen.[145] Unechte Unterlassungsdelikte, um die es im Zusammenhang mit der Strafbarkeit des Compliance Officers geht, sind dagegen Spiegelbild der Begehungsdelikte[146] und setzen neben der Verletzung des Straftatbestands durch Unterlassen eine Garantenstellung nach § 13 StGB voraus. Durch diese Garantenstellung wird die Gleichsetzung des Unterlassens mit dem aktiven Tun legitimiert, da hier der Täter eine über die allgemeine Solidaritätspflicht hinausgehende besondere Verpflichtung zur Abwendung eines tatbestandlichen Erfolges hat. Aus der Garantenstellung folgt sozusagen die Garantenpflicht, aktiv in das Geschehen einzugreifen und nicht tatenlos zuzusehen.[147]

74

Die heute herrschende Literaturauffassung differenziert bei der Garantenstellung nach dem Ursprung des drohenden Gefahrenpotenzials zwischen sog Beschützer- oder Überwachergarant.[148] Beschützergaranten haben besondere Schutzpflichten für bestimmte Rechtsgüter, die sich aus Rechtsnormen, enger natürlicher Verbundenheit, einer Lebens- oder Gefahrengemeinschaft, der freiwilligen Übernahme von Schutz- und Beistandspflichten sowie der Stellung als Organ juristischer Personen oder als Amtsträger ergeben können. Überwachergaranten sind verantwortlich für bestimmte Gefahrenquellen, die sich aus Verkehrssicherungspflichten, einem pflichtwidrigen, gefährlichen Vorverhalten (Ingerenz), aus der Pflicht zur Beaufsichtigung Dritter sowie dem Inverkehrbringen von Produkten ergeben können.[149]

75

Demgegenüber trifft der BGH in der Regel keine explizite Unterscheidung zwischen Beschützer- und Überwachungsgarant, sondern stellt generell auf die Art der besonderen Pflichtenstellung ab, aus der sich eine Garantenstellung ergeben kann.[150] Auch in

76

---

[144] BGHSt 54, 44 = NJW 2009, 3173.
[145] *Wessels/Beulke/Satzger*, Rn. 696. ZB unterlassene Hilfeleistung nach § 323c StGB.
[146] *Wessels/Beulke/Satzger*, Rn. 697.
[147] *Rotsch*, ZJS 2009, 712 (715).
[148] *Rößler*, WM 2011, 918 (920); *Kraft/Winkler*, CCZ 2009, 29 (30).
[149] Zur Einteilung *Wessels/Beulke/Satzger*, Rn. 716.
[150] Vgl. zB BGH NJW 2008, 1897 (1898); NJW 2002, 1887 (1888).

der Entscheidung zur Unterlassensstrafbarkeit des Compliance Officers lässt der BGH die Unterscheidung zwischen Beschützer- und Überwachungspflichten ausdrücklich offen: „Es kann dahinstehen, ob der verbreiteten Unterscheidung von Schutz- und Überwachungspflichten in diesem Zusammenhang wesentliches Gewicht zukommen kann, weil die Überwachungspflicht gerade dem Schutz bestimmter Rechtsgüter dient und umgekehrt ein Schutz ohne entsprechende Überwachung des zu schützenden Objekts kaum denkbar erscheint".[151]

II. Das obiter dictum des BGH zum Compliance Officer

77   In der viel zitierten und besprochenen Entscheidung des BGH zur Strafbarkeit des Compliance Officers[152] ging es eigentlich um die Strafbarkeit eines Leiters der Rechtsabteilung und Innenrevison der Berliner Stadtreinigungsbetriebe, einer Anstalt des öffentlichen Rechts, wegen Beihilfe zum Betrug durch Unterlassen. Der Angeklagte hatte den Vorstandsvorsitzenden bzw. Aufsichtsrat nicht über einen ihm bekannten Berechnungsfehler bei der Festsetzung von Straßenreinigungsgebühren unterrichtet, so dass überhöhte Gebühren erhoben wurden.[153] Nur als obiter dictum, als „nebenbei Gesagtes", nahm der BGH auch zur Strafbarkeit des Compliance Officers Stellung. Generell führte er zunächst aus, dass sich Inhalt und Umfang der Garantenpflicht aus dem konkreten Pflichtenkreis ergebe, den der Verantwortliche übernommen hat. Es komme auf die Zielrichtung der Beauftragung an, also darauf, ob sich die Pflichtenstellung darin erschöpft, unternehmensinterne Prozesse zu optimieren, Pflichtverstöße aufzudecken und künftig zu verhindern oder ob den Beauftragten darüber hinaus eine weitergehende Pflicht trifft, vom Unternehmen ausgehende Rechtsverstöße zu beanstanden und zu unterbinden. Letztere Ausrichtung soll dann nach Ansicht des BGH dem Compliance Officer zukommen. Da dessen Aufgabengebiet „die Verhinderung von Rechtsverstößen, insbesondere auch von Straftaten, die aus dem Unternehmen heraus begangen werden", ist, trifft „derartige Beauftragte ... regelmäßig strafrechtlich eine Garantenpflicht i.S. des § 13 Abs. 1 StGB ..., solche im Zusammenhang mit der Tätigkeit des Unternehmens stehende Straftaten von Unternehmensangehörigen zu verhindern. Dies ist die notwendige Kehrseite ihrer gegenüber der Unternehmensleitung übernommenen Pflicht, Rechtsverstöße und insbesonder Straftaten zu unterbinden".[154]

78   Die Entscheidung des BGH ist von der Literatur ganz unterschiedlich aufgenommen worden. Neben ablehnenden Stimmen[155] meinen andere, der BGH habe nur die Diskussion über die Stellung und Verantwortlichkeit von Compliance Officern anstoßen wol-

---

[151] BGH NJW 2009, 3173 (3174). Kritisch zu dieser fehlenden Einordnung *Dannecker/Dannecker*, JZ 2010, 981 (983).
[152] Vgl. zB *Campos Nave/Vogel*, BB 2009, 2546; *Wybitul*, BB 2009, 2590; *Rübenstahl*, NZG 2009, 1341; *Dannecker/Dannecker*, JZ 2010, 981; *Dann/Mengel*, NJW 2010, 3265; *Spring*, GA 2010, 222; *Michalke*, AnwBl 2010, 666; *Warneke*, NStZ 2010, 312; *Krüger*, ZIS 2011, 1; *Schneider/Gottschaldt*, ZIS 2011, 573.
[153] Neben der bekannten Entscheidung ist auch die Entscheidung des BGH zur Strafbarkeit des Finanzvorstands, der die Korrektur des Fehlers ausdrücklich untersagte, veröffentlicht und besprochen, vgl. BGH NJW 2009, 2900 mAnm *Bittmann*; *Sieweke*, wistra 2009, 340; *Heghmanns*, ZJS 2009, 706.
[154] BGH NJW 2009, 3173 (3174 f.).
[155] ZB *Deutscher*, WM 2010, 1387 (1391); *Stoffers*, NJW 2009, 3176; *Rübenstahl*, NZG 2009, 1341 (1343).

len.¹⁵⁶ Wieder andere sehen in der Entscheidung nur die konsequente Anwendung der Grundsätze zur Überwachung von Gefahrenquellen¹⁵⁷ oder der Grundsätze der Geschäftsherrenhaftung.¹⁵⁸

III. Reichweite der Geschäftsherrenhaftung

Zwar ist die Geschäftsherrenhaftung in der Literatur immer wieder kritisiert worden,¹⁵⁹ allerdings ist eine Berufung auf diese Literaturstimmen angesichts der eindeutigen BGH-Rechtsprechung¹⁶⁰ nicht nur im Berliner Stadtreinigungsbetriebe-Fall, sondern auch im sog Mobbingfall¹⁶¹ wohl aussichtslos. Der Compliance Officer tut daher gut daran, sich der Strafbarkeitsgefahren durch Unterlassung bewusst zu sein und entsprechend gegenzusteuern. Dogmatische Feinheiten werden ihm angesichts des strafrechtlichen Bedrohungspotentials nur begrenzt angelegen sein. 79

1. Grundlagen der Geschäftsherrenhaftung

Nach den Grundsätzen der Geschäftsherrenhaftung hat die Unternehmensleitung generell dafür einzustehen, dass sich die Gesellschaft als Gesamtheit „nach außen rechtmäßig verhält".¹⁶² Daraus folgt die Pflicht nach innen, die der Geschäftsführung unterstellten Mitarbeiter entsprechend zu beaufsichtigen und anzuleiten.¹⁶³ Die Mitarbeiter werden quasi als Gefahrenquelle für Rechtsgüter des Unternehmens und Dritter angesehen, woraus sich eine entsprechende Überwachungspflicht ergibt. Durch die arbeits- und organisationsbezogene Weisungsbefugnis der Unternehmensleitung gegenüber den Mitarbeitern folgt eine entsprechende Pflicht, durch bindende Anweisungen und Kontrollen strafbare Betriebshandlungen zu verhindern.¹⁶⁴ 80

2. Übernahme der Aufgaben des Geschäftsherrn durch den Compliance Officer

Da Compliance Aufgabe der Geschäftsführung ist, treffen Organisations- und Überwachungspflichten und damit auch Strafverhinderungspflichten zunächst den Geschäftsführer selbst bzw. Vorstand. Solche Pflichten können allerdings horizontal oder vertikal delegiert werden und mithin auch auf Compliance Officer verlagert werden. Da 81

---

¹⁵⁶ ZB *Mosbacher/Dierlamm*, NStZ 2010, 268. Dann hat er aber die Wucht seines Antoßes völlig unterschätzt.
¹⁵⁷ So *Ransiek*, AG 2010, 147. Diese Auffassung ist aber höchst zweifelhaft, da der Compliance Officer selbst schließlich keine Gefahrenquelle schafft und auch der BGH in seiner Entscheidung eine Garantenstellung des Innenrevisors aus Ingerenz verneint, vgl. hierzu *Dannecker/Dannecker*, ZR 2010, 981 (982).
¹⁵⁸ Vgl. nur *Dann/Mengel*, NJW 2010, 3265 (3267).
¹⁵⁹ So zB durch das nicht von der Hand zu weisende systematische Argument, die Rechtsprechung würde eine vom Gesetzgeber nicht vorgesehene strafrechtliche Geschäftsherrenhaftung über den Umweg des unechten Unterlassungsdelikts einführen, so *Jeschek*, in: LK-StGB, 10. Aufl., § 13 Rn. 45. Kritisch zur Geschäftsherrenhaftung auch *Spring*, GA 2010, 222 (225 f.).
¹⁶⁰ Schon seit der sog Lederspray-Entscheidung, vgl. BGHSt 37, 106 (123 f.).
¹⁶¹ BGH NJW 2012, 1237.
¹⁶² BGHZ 133, 370 (375).
¹⁶³ *Mansdörfer/Trüg*, StV 2012, 432 (433).
¹⁶⁴ *Schneider/Gottschaldt*, ZIS 2011, 573 (574); *Dannecker/Dannecker*, JZ 2010, 981 (989).

die Rechtsprechung davon ausgeht, dass nach den Grundsätzen der Geschäftsherrenhaftung der Betriebsinhaber oder die Geschäftsleitung Überwachungsgarant für betriebsbezogene Straftaten von Unternehmensangehörigen ist, kann diese Garantenstellung durch Delegation auf den Compliance Officer übergehen.[165] Dabei steht auch eine nur partielle Aufgabenübertragung auf den Compliance Officer einer Garantenbewehrtheit nicht entgegen, soweit die Erfüllung der übernommenen Aufgabe weiterhin für das Rechtsgut dieselbe Bedeutung hat. Etwas anderes gilt nur, wenn die Aufgaben zu stark aufgeteilt werden, zB bei mehreren Personen innerhalb der Compliance-Abteilung eines Großunternehmens. Bei einer sehr begrenzten Aufgabenübertragung auf in der Unternehmenshierarchie unten angesiedelte Personen ohne eigenständigen Entscheidungsspielraum wird eine Garantenstellung fernliegen.[166] Allerdings wird man in einem solchen Fall der Aufsplitterung von Teil-Compliance-Aufgaben dem Chief Compliance Officer eine Garantenstellung zuerkennen müssen.

82   Nicht zu verwechseln ist die Frage nach der prinzipiellen Garantenstellung mit der Frage nach der Reichweite der Garantenpflichten, dh den sich aus der Garantenstellung ergebenden Einschreitungspflichten (hierzu → Rn. 92).

3. Eigenverantwortlichkeit der Mitarbeiter

83   Die Eigenverantwortlichkeit der Mitarbeiter wird im Schrifttum unterschiedlich diskutiert und zur Begrenzung der Haftung von Geschäftsherren herangezogen. Die einen sehen in ihr ein Argument gegen eine Begründung der Geschäftsherrenhaftung aus der Weisungsbefugnis des Betriebsinhabers,[167] die anderen ziehen sie als Begrenzung der Überwachungspflicht heran.[168] Während die Frage, wie die Geschäftsherrenhaftung dogmatisch zu begründen ist, nichts an der Tatsache ändert, dass sie – auf welcher Grundlage auch immer – in der Rechtspraxis zur Anwendung kommt, hätte eine Begrenzung der Überwachungspflicht im Hinblick auf die Eigenverantwortlichkeit der Mitarbeiter durchaus strafbarkeitseinschränkende Wirkung, sofern sich eine solche Argumentation auch vor Gericht durchsetzen würde.

84   Nach dem Eigenverantwortlichkeitsprinzip fehlt es den Vorgesetzten an einer von der Rechtsordnung eingeräumten Aufsichts- und Befehlsgewalt, kraft derer sie das tatsächliche Verhalten ihrer Mitarbeiter im Vorfeld von Straftaten durch Zwangsmittel lenken könnten. Daher könne der Betriebsinhaber auch nicht für das rechtswidrige Verhalten seiner Arbeitnehmer verantwortlich gemacht werden. Eine Verantwortlichkeit lasse sich nur da begründen, wo der Untergebene die Straftat durch Umgang mit einer zum Betrieb gehörenden gefährlichen Sache begehe. Dies wäre beispielsweise bei der Auslieferung mangelhafter Produkte, dem Handel mit jugendgefährdenden Schriften oder bei umweltgefährdenden Tätigkeiten der Fall.[169]

85   Einer solchen Einschränkung ist aber im Ergebnis nicht zu folgen. Auch wenn der die Straftat begehende Mitarbeiter für sein deliktisches Verhalten selbst verantwortlich ist und eine eigene Strafbarkeit begeht, so ändert dies nichts an dem Bestand besonderer innerbetrieblicher Subordinationsverhältnisse, die den Leitungspersonen eine betriebli-

---

[165] *Schneider/Gottschaldt*, ZIS 2011, 573 (574); *Campos Nave/Vogel*, BB 2009, 2546 (2549).
[166] Hierzu insgesamt *Dannecker/Dannecker*, JZ 2010, 981 (990).
[167] *Bosch*, S. 166 ff. (224); *Ransiek*, ZGR 1992, 203 (220).
[168] *Otto*, Jura 1998, 409 (411); teilw. auch *Ransiek*, ZGR 1992, 203 (221); anders letzterer aber in AG 2010, 147 (151).
[169] *Otto*, Jura 1998, 409 (411, 413); *Ransiek*, ZGR 1992, 203 (221).

B. Garantenstellung des Compliance Officers

che Herrschaftsmacht verschaffen, die sie zur Überwachung dieser Herrschaftssphäre zwingt und sie verpflichtet, dass von ihr keine betriebsbezogenen Gefahren ausgehen.[170] Eigenverantwortlichkeit und Geschäftsherrenhaftung schließen sich demnach nicht aus.

4. Strafverhinderungspflicht des Compliance Officers

a) Der Betrieb als Gefahrenquelle

Eine Garantenpflicht kommt prinzipiell nur für Straftaten in Betracht, die von der „Gefahrenquelle Betrieb" herrühren.[171] Da die Geschäftsherrenhaftung die Garantenpflicht daraus herleitet, Gefahrenquellen im eigenen Herrschaftsbereich zu überwachen, ist zwangsläufig der Betrieb insgesamt als eine zu überwachende und die Garantenstellung der Leitungspersonen auslösende Gefahrenquelle anzusehen. Eine Einschränkung, nach der nur die Gefahren, die von besonders gefährlichen Betrieben ausgehen, zu verhindern sind, ist abzulehnen.[172] 86

b) Korrektiv der Betriebsbezogenheit

Aus der Pflicht zur Überwachung der „Gefahrenquelle Betrieb" ergibt sich als einschränkendes Korrektiv, dass sich diese Überwachungspflicht naturgemäß nur auf die Verhinderung betriebsbezogener Straftaten erstrecken kann.[173] Schon das obiter dictum des BGH zur Strafbarkeit des Compliance Officers stellte einschränkend fest, dass das Aufgabengebiet des Compliance Officers die Verhinderung von Straftaten ist, „die aus dem Unternehmen heraus begangen werden".[174] Konkretisiert und näher ausgeführt wird diese Beschränkung durch die Mobbing-Entscheidung des BGH. Danach beschränkt sich die Garantenpflicht des Betriebsinhabers „auf die Verhinderung betriebsbezogener Straftaten und umfasst nicht solche Taten, die der Mitarbeiter lediglich bei Gelegenheit seiner Tätigkeit im Betrieb begeht".[175] „Betriebsbezogen ist eine Tat dann, wenn sie einen inneren Zusammenhang mit der betrieblichen Tätigkeit des Begehungstäters oder mit der Art des Betriebs aufweist."[176] Die Zuwiderhandlung des Mitarbeiters stellt sich quasi als Konkretisierung der defizitären Unternehmensorganisation dar.[177] Für Mobbing und Körperverletzung unter Kollegen lehnte der BGH dann im konkreten Fall eine Betriebsbezogenheit ab.[178] 87

Soweit darüber hinausgehend bei der Betriebsbezogenheit bereits auf die betriebstypische Gefahr abgestellt wird, die sich aus der Arbeits- bzw. Betriebsgemeinschaft als sozial abgegrenzten Raum ergibt und somit auch Mobbing erfasst ist, ist dem nicht zuzustimmen.[179] Damit verliert die Betriebsbezogenheit als Einschränkungskriterium ne- 88

---

[170] S. diese und weitere Argumentationsstränge umfassend bei *Schall*, FS Rudolphi, 2004, S. 267 (272 ff.).
[171] *Dannecker/Dannecker*, JZ 2010, 981 (990) mwN.
[172] *Schall*, FS Rudolphi, 2004, S. 267 (277 f.); *Dannecker/Dannecker*, JZ 2010, 981 (991).
[173] So schon *Schall*, FS Rudolphi, 2004, S. 267 (279).
[174] BGH NJW 2009, 3173 (3175).
[175] BGH NJW 2012, 1237. Kritisch *Schlösser*, NZWiSt 2012, 281 (285); *Kuhn*, wistra 2012, 297 (298).
[176] BGH NJW 2012, 1237 (1238); die genaue Ausgestaltung der Betriebsbezogenheit ist in der Literatur allerdings (auch im konkreten Fall) umstritten, vgl. zB die Diskussion bei *Hernández Basualto*, FS Frisch, 2013, S. 334 (338 ff.).
[177] *Mansdörfer/Trüg*, StV 2012, 432 (436).
[178] BGH NJW 2012, 1237 (1238 f.).
[179] So aber *Kuhn*, wistra 2012, 297 (298).

ben der generellen Herleitung der Garantenstellung aus dem Betrieb als Gefahrenquelle an Bedeutung. Denn in diesem Sinne wird ein Betriebsbezug generell anzunehmen sein, sofern die Straftat in irgendeiner Weise aus dem Unternehmen räumlich, zeitlich oder örtlich heraus begangen wird. Ein einschränkender Charakter wäre dem Merkmal der Betriebsbezogenheit dann nicht mehr zu entnehmen.

IV. Vertragliche Erfolgsabwendungspflicht

89   Daneben kommt auf allen Hierarchieebenen des Unternehmens – und somit ebenfalls für den Compliance Officer – eine auf Vertrag gegründete Garantenstellung in Betracht.[180] Der BGH hat mehrfach entschieden, dass Verträge eine Garantenstellung iSd § 13 Abs. 1 StGB begründen können, soweit die vertragliche Pflicht auch tatsächlich übernommen wurde.[181] Dabei kommt es auf die inhaltliche Ausgestaltung des Vertrages an, ob es sich um Überwachungspflichten im Hinblick auf die Begehung von Straftaten durch Mitarbeiter oder um Pflichten handelt, die Rechtsgüter des Unternehmens vor einer Beeinträchtigung von außen zu schützen.[182]

90   Ob und wie umfassend eine Garantenstellung begründet wird, ist durch Auslegung des Arbeitsvertrags und der Stellenbeschreibung zu ermitteln. Moralische und faktisch übernommene Pflichten reichen für sich allein nicht aus, vielmehr ist neben der vertraglichen Rechtspflicht kumulativ eine tatsächliche Übernahme erforderlich.[183]

91   **Hinweis:** Da sich der Umfang der Garantenpflichten grundsätzlich aus dem Arbeitsvertrag ergibt,[184] kommt ihm eine wichtige Begrenzungsfunktion zu. Der Compliance Officer sollte daher ganz genau prüfen, wie konkret seine Überwachungspflichten im Vertrag definiert sind beziehungsweise für welchen Bereich diese bestehen. Stellenbeschreibungen, die vielfach eine Anlage zu Arbeitsverträgen sind, werden sonst leicht zu Anknüpfungspunkten strafrechtlicher Ermittlungen.

V. Reichweite der Handlungspflicht

92   Was genau der Compliance Officer tun muss, um seiner Verhinderungspflicht betriebsbezogener Straftaten nachzukommen, hängt von den an ihn delegierten Aufgaben, mithin der innerbetrieblichen Zuständigkeitsverteilung, ab.[185] Daher ist – es sei noch einmal betont – in erster Linie der Arbeitsvertrag maßgebend. Soweit ein konkreter Anfangsverdacht für eine Straftat in dem von ihm zu verantwortenden Bereich des Unternehmens vorliegt, muss der Compliance Officer Maßnahmen zur Aufklärung einleiten und ein entsprechendes Handlungsprogramm entwickeln, zB Mitarbeiterbefragung, Datenauswertung etc.[186]

---

[180] *Schneider/Gottschaldt*, ZIS 2011, 573 (575).
[181] BGH NJW 2001, 453; NJW 2002, 1887 (1888).
[182] *Schneider/Gottschaldt*, ZIS 2011, 573 (575).
[183] *Schneider/Gottschaldt*, ZIS 2011, 573 (575) mwN. Anders aber zB *Wybitul*, BB 2009, 2590 (2592).
[184] Anders wohl *Rotsch*, § 4 Rn. 24, der einen zivilrechtlichen Vertrag zur Begründung einer Garantenpflicht nicht für ausreichend hält.
[185] *Bottmann*, in: Park, Kap. 2 Rn. 55.
[186] Ausf. *Dann*, AnwBl 2009, 84.

B. Garantenstellung des Compliance Officers

1. Informationspflicht

Die Handlungspflicht des Compliance Officers besteht vor allem darin, dem Vorstand bzw. zuständigen Vorstandsmitglied oder dem Geschäftsführer entsprechend Bericht zu erstatten und umfassend zu informieren.[187] Eine strafbewehrte Pflicht, darüber hinaus den Aufsichtsrat zu informieren, besteht dagegen nicht.[188]

Gibt es mehrere Mitarbeiter einer Compliance-Abteilung, so reduziert sich die Informationspflicht für diesen nachgeordneten Bereich darauf, den abteilungsführenden Chief Compliance Officer auf die Verdachtsfälle aufmerksam zu machen.[189]

Der Zeitpunkt, zu dem der Vorstand/Geschäftsführer informiert werden muss, ist einzelfallabhängig und hängt von der Schwere der Tat und den drohenden Schäden ab.[190] Bei im Raum stehenden Kartellrechtsverstößen wird man daher früher zu reagieren haben, als beim Verdacht eines einfachen Diebstahls. Sofern nicht Kronzeugenregelungen wie in Kartellfällen eine sehr frühe Information erforderlich machen, sollte sich ein Tatverdacht durch Ermittlungen bereits deutlich konkretisiert haben, damit Arbeitsbereich und involvierter Personenkreis benannt werden können.

Steht der Vorstand oder Geschäftsführer selbst unter Verdacht, so muss sich der Compliance Officer zunächst an ein anderes Mitglied des Geschäftsleitungsorgans wenden.[191] Ist auch dieses involviert, so hat der Compliance Officer den Vorsitzenden des Aufsichtsgremiums zu unterrichten.[192] Existiert eine solche Funktion nicht, so muss sich der Compliance Officer an die Gesellschafter wenden.[193] Will er das nicht, bleibt ihm nur noch die Kündigung.

93

94

95

96

2. Abhilfepflicht

Dagegen trifft den Compliance Officer grundsätzlich[194] keine Pflicht, direkt gegen den betreffenden Mitarbeiter einzuschreiten. Die Pflicht zur Abwendung des strafrechtlichen Erfolgs wird auf die physisch reale Möglichkeit der zur Rettung des bedrohten Rechtsguts erforderlichen Handlung begrenzt.[195] Maßstab und Grundlage sind hier vertraglich geschuldete oder gesetzlich vorgesehene Handlungsoptionen.[196] Der Arbeitsvertrag begrenzt insoweit die Garantenpflichten des Compliance Officers. Sieht dieser lediglich Berichtspflichten vor, macht sich der Compliance Officer nicht strafbar, soweit er dieser Pflicht nachkommt. Daran ändert auch das unter → Rn. 77 geschilderte obiter dictum des BGH nichts – eine mit dem Begriff des Compliance Officers verknüpfte allgemeine gesetzliche Pflicht zur Abwendung von Straftaten aus dem Betrieb eines Unternehmens heraus existiert nicht. Ob die Straftat des Mitarbeiters hierdurch verhindert wird, ist dann unerheblich, dh den Compliance Officer trifft keine über die Be-

97

---

[187] *Lösler*, WM 2008, 1098 (1104); *Rönnau/Schneider*, ZIP 2010, 53 (60).
[188] *Rönnau/Schneider*, ZIP 2010, 53 (60).
[189] *Wessing/Dann*, in: Volk, § 4 Rn. 234.
[190] *Bottmann*, in: Park, Kap. 2 Rn. 57.
[191] *Bürkle*, in: Hauschka, Corporate Compliance, § 8 Rn. 30; *Wessing/Dann*, in: Volk, § 4 Rn. 234.
[192] *Raus/Lützeler*, CCZ 2012, 96 (99).
[193] *Wessing/Dann*, in: Volk, § 4 Rn. 234.
[194] Jenseits der allgemeinen Pflichten aus § 138 StGB.
[195] BGHSt 47, 318 (320); *Roxin*, Strafrecht AT, Bd. 2, § 31 Rn. 15 mwN.
[196] *Schneider/Gottschaldt*, ZIS 2011, 573 (576).

richtspflicht hinausgehende Abhilfeverpflichtung.[197] Mangels entsprechender Weisungskompetenz und der fehlenden Sanktionsbefugnis gegenüber den Mitarbeitern ist eine Abhilfepflicht abzulehnen.[198] Kommt der zuständige Vorstand/Geschäftsführer seiner Abhilfepflicht nicht nach, ist dies für die Strafbarkeitserwägungen gegenüber dem Compliance Officer irrelevant.

3. Anzeigepflicht gegenüber Behörden

98   Ebensowenig gibt es eine allgemeine Pflicht für den Compliance Officer, die für die entsprechenden Pflichten-/Strafrechtsverstöße zuständige Behörde einzuschalten.[199] Nur für spezielle Bereiche existieren gesetzliche Vorschriften, die eine Anzeigpflicht begründen können, zB in § 11 GwG, § 6 SubvG, § 11a VAG, § 81a SGB V. Im Ausland ist dagegen auch die Nichtanzeige von Wirtschaftsstraftaten teilweise mit Strafe bedroht. Bei internationalen Sachverhalten hat der Compliance Officer daher besonderes Augenmerk auf national bestehende Anzeigepflichten zu lenken. So ist man zB als Vertragspartner von US-Bundesbehörden in den USA verpflichtet, nach der US Federal Acquisation Regulation die Verletzung des US-Bundesstrafrechts im Rahmen der Geschäftsbeziehungen zur Anzeige zu bringen, sofern hinreichende Beweise vorliegen.[200] Im Einzelfall wird es hier regelmäßig erforderlich sein, Rechtsrat ausländischer Kanzleien einzuholen.

99   Sind keine spezialgesetzlichen Anzeigepflichten gegenüber Behörden vorhanden, so hat der Compliance Officer nur in eng umgrenzten Ausnahmefällen das Recht zu externem Whistleblowing, dh das Recht, entsprechende Sachverhalte bei den Behörden anzuzeigen. Voraussetzung ist in jedem Fall, dass er einen innerbetrieblichen Abhilfeversuch vorgenommen hat. Des Weiteren muss ein noch fortbestehendes oder andauerndes rechtswidriges Verhalten trotz Information der Vorgesetzten durch den Compliance Officer nicht unterbunden worden sein. Nicht zur Anzeige berechtigt ist der Compliance Officer unseres Erachtens aber dann, wenn eine Straftat bereits in der Vergangenheit abgeschlossen ist und keine Wiederholungsgefahr besteht. Dann überwiegt das Geheimhaltungsinteresse des Unternehmens, ein Recht auf Whistleblowing ist nicht gegeben.[201]

VI. Quasi-Kausalität

100   Die Überprüfung der Quasi-Kausalität hat bei einer Unterlassungsstrafbarkeit immer zu erfolgen. Es geht um die Frage, ob die Straftat des Mitarbeiters mit an Sicherheit grenzender Wahrscheinlichkeit unterblieben wäre, wenn der Compliance Officer aktiv geworden wäre. Es bedarf also der Prognose, wie sich die vom Compliance Officer pflichtgemäß informierte Person verhalten hätte.[202] Zu fragen ist also, ob die zu informierende Person aufgrund dieser Information die Zuwiderhandlung nicht unter-

---

[197] *Deutscher*, WM 2010, 1387 (1392); *Rübenstahl*, NZG 2009, 1341 (1342); *Schneider/Gottschaldt*, ZIS 2011, 573 (577).
[198] *Bottmann*, in: Park, Kap. 2 Rn. 56; *Rönnau/Schneider*, ZIP 2010, 53 (60).
[199] *Bürkle*, CCZ 2010, 4 (10); *Rönnau/Schneider*, ZIP 2010, 53 (60); *Wessing/Dann*, in: Volk, § 4 Rn. 235.
[200] *Moosmayer*, Praxisleitfaden Compliance, S. 109.
[201] So schon *Wessing/Dann*, in: Volk, § 4 Rn. 235; auch *Rodewald/Unger*, BB 2007, 1629 (1632). Anderer Auffassung zB *Engländer/Zimmermann*, NZWiSt 2012, 328 (333).
[202] *Bottmann*, in: Park, Kap. 2 Rn. 59; *Wessing/Dann*, in: Volk, § 4 Rn. 238.

bunden hätte oder ob sie sich zu einem rechtmäßigen Verhalten hätte motivieren lassen. Auch wenn sich eine pauschale Antwort auf diese Frage verbietet[203] und die Umstände des Einzelfalls entscheidend sind, ist doch zu bedenken, dass jedenfalls der bloße Einwand, der Vorstand oder Geschäftsführer hätte die Maßnahme trotz Information pflichtwidrig unterlassen, den Compliance Officer nicht entlastet.[204] Denn eine bloße Unterstellung pflichtwidrigen Verhaltens genügt nicht, vielmehr muss sich anhand von Indizien eine mit an Sicherheit grenzende Wahrscheinlichkeit ergeben, dass das gebotene Verhalten ausgeblieben wäre. Sind solche Indizien nicht vorhanden, ist ein pflichtgemäßes bzw. eigene Interessen wahrendes Verhalten der anderen zu unterstellen.[205] Ohne gegenteilige Indizien wird daher zunächst die Annahme stehen, der korrekt informierte Vorstand oder Geschäftsführer wäre gegen die Straftaten eingeschritten. Dies schon allein deshalb, weil er sich sonst seinerseits einer strafrechtlichen Haftung ausgesetzt hätte.[206]

VII. Vorsatz und Fahrlässigkeit

Geht es um Wirtschaftsstraftaten so kann der Compliance Officer nur dann belangt werden, wenn er vorsätzlich gehandelt hat, dh von der Verwirklichung eines entsprechenden Straf- oder Ordnungswidrigkeitentatbestands Kenntnis hatte und die Verwirklichung zumindest billigend in Kauf nahm. Billigend in Kauf nehmen wird von der Rechtsprechung auch dann bejaht, wenn der Täter den Erfolg zwar für möglich hält, ihm dieser zwar höchst unerwünscht ist, er sich jedoch damit abgefunden hat.[207] Liegen beispielsweise gesicherte Erkenntnisse über strukturelle Verfehlungen vor und reagiert der Compliance Officer trotz naheliegender Wiederholungsgefahr nicht darauf, so wird der Vorsatz zu bejahen sein.[208] 101

Auch eine Teilnahme, in der Regel Beihilfe, kann nur vorsätzlich erfolgen (s. zur Teilnahme gleich → Rn. 104 ff.). Zwar muss der Gehilfe keine Einzelheiten der Haupttat kennen, er muss allerdings zumindest über deren wesentlichen Merkmale Bescheid wissen.[209] Fehlt es am Vorsatz, so kommt nur eine fahrlässige Begehung in Betracht. Erforderlich ist hierzu, dass die in Rede stehende Tat laut Gesetz überhaupt fahrlässig begehbar ist. 102

Soweit fahrlässige Delikte im Raum stehen, wie zB Umweltdelikte, Körperverletzungsdelikte etc, kann neben einer Unterlassungsstrafbarkeit auch eine eigene Fahrlässigkeitstat des Compliance Officers gegeben sein. Hierzu muss er aber selbst eine objektive und subjektive Sorgfaltspflichtverletzung begangen haben. Außerdem ist eine Abgrenzung der Verantwortungsbereiche der als strafbare Täter in Betracht kommenden Unternehmensmitarbeiter vorzunehmen.[210] 103

---

[203] *Rathgeber*, S. 323.
[204] *Rönnau/Schneider*, ZIP 2010, 53 (61); *Bottmann*, in: Park, Kap. 2 Rn. 59; aA *Böse*, NStZ 2003, 636 (641).
[205] *Fischer*, § 13 Rn. 39; *Stree/Bosch*, in: Schönke/Schröder, § 13 Rn. 62.
[206] *Dann/Mengel*, NJW 2010, 3265 (3268).
[207] BGH NStZ 2007, 700 (701); *Wessels/Beulke/Satzger*, Rn. 221.
[208] *Thomas*, CCZ 2009, 239 (240); *Dann/Mengel*, NJW 2010, 3265 (3268).
[209] *Wybitul*, BB 2009, 2590 (2591).
[210] *Deutscher*, WM 2009, 1882 (1387).

VIII. Täterschaft und Teilnahme

104 Problematisch und im Einzelnen umstritten ist die Frage, wie bei unechten Unterlassungsdelikten zwischen Täterschaft und Teilnahme zu differenzieren ist.

105 Die Rechtsprechung stellt iSd subjektiven Theorie auf die innere Haltung des Unterlassenden zur Begehungstat des anderen und zum Taterfolg ab. Wer sich mit dem Taterfolg identifiziert und ihn als „eigenen will" ist Unterlassungstäter, wer sich dem Haupttäter unterordnet und lediglich mit Gehilfenvorsatz handelt, macht sich der Behilfe durch Unterlassen strafbar.[211] Auch in der Entscheidung zur Unterlassungsstrafbarkeit des Innenrevisors der Berliner Stadtreinigungsbetriebe hat der BGH ausgeführt, dass dieser „lediglich mit Gehilfenvorsatz" gehandelt und sich dem Haupttäter „ersichtlich untergeordnet" habe.[212] Dies ist konsequent, weil der Angeklagte keinerlei Weisungsbefugnis gegenüber dem Haupttäter, einem Vorstandsmitglied, hatte.[213] Danach würde ein Compliance Officer in der Regel „nur" als Gehilfe durch Unterlassen nach §§ 13, 27 StGB iVm dem jeweils verwirklichten Straftatbestand strafrechtlich zur Verantwortung gezogen. Daran ändert sich auch nichts, wenn man zusätzlich eine wertende Gesamtbetrachtung aller Umstände, die von der Vorstellung des Compliance Officers erfasst waren, zur Beurteilung der inneren Haltung heranzieht.[214] Spielen neben der inneren Willensrichtung auch Tatherrschaftsaspekte[215] eine Rolle, so ist – wie gesagt – mangels Weisungsrecht eine Täterschaft des Compliance Officers ebenfalls ausgeschlossen.

C. Strafbarkeit des Compliance Officers wegen Untreue

106 Genauso wenig, wie sich eine strafbewehrte Pflicht zur Errichtung eines Compliance-Systems allein aus dem Untreuetatbestand herleiten lässt, genauso wenig lässt sich allein aus einem Verstoß gegen aufgestellte Compliance-Regelungen im Unternehmen eine Untreuestrafbarkeit begründen.

I. Vermögensbetreuungspflicht

107 Erforderlich ist eine Vermögensbetreuungspflicht des Compliance Officers, die ihm ausdrücklich als Hauptpflicht übertragen wurde.[216] Dagegen kann sich allein aus einer arbeitsrechtlichen Übertragung einer unspezifischen Compliance-Funktion eine strafbewehrte Vermögensbetreuungspflicht nicht herleiten lassen.[217]

---

[211] So schon seit dem sog Wirtshaus-Fall in BGH NJW 1966, 1763; hierzu *Krüger*, ZIS 2011, 1 (3).
[212] BGH NJW 2009, 3173 (1375).
[213] So auch *Dannecker/Dannecker*, JZ 2010, 981 (987). Kritisch zum Rückfall in die subjektive Theorie *Krüger*, ZIS 2011, 1 (3).
[214] So auch in der Entscheidung BGH NJW 2009, 3173 (1375). Vgl. die weiteren Hinweise bei *Krüger*, ZIS 2011, 1 (3 Fn. 18).
[215] Ausführlich zum Tatherrschaftsgedanken in der Literatur *Krüger*, ZIS 2011, 1 (4 ff.). Wegen der eindeutigen Positionierung des BGH kann eine Auseinandersetzung mit den unterschiedlichen Argumentationsmustern und Differenzierungsansätzen an dieser Stelle unterbleiben.
[216] *Dann*, ZRFC 2011, 155 (156).
[217] *Michalke*, StV 2011, 245 (251).

C. Strafbarkeit des Compliance Officers wegen Untreue

Um darüber befinden zu können, ob den Compliance Officer im konkreten Fall eine Vermögensbetreuungspflicht trifft, sind seine konkreten Handlungspflichten zu untersuchen und danach zu fragen, ob er vermögensrelevante Befugnisse hat.[218] Kann der Compliance Officer beispielsweise fachlich weisungsunabhängig agieren, hat er einen Ermessensspielraum oder gar ein eigenes Budget, so spricht dies für eine Vermögensbetreuungspflicht.[219] Hat der Compliance Officer aber lediglich Organisations- bzw. Beratungspflichten, so wird ihm nur eine Beobachtungs- und Eskalationsposition eingeräumt sein, nicht aber eine Entscheidungsposition.[220]

108

Ob reine Überwachungs- und Kontrollpflichten ausreichen, um eine Vermögensbetreuungspflicht zu begründen, ist umstritten. Während die Literatur dies in der Regel ablehnt,[221] spricht die Entscheidung des BGH zum Innenrevisor und Compliance-Beauftragten dafür, dass Garanten- und Vermögensbetreuungspflichten quasi Vor- und Rückseite einer Medaille sind.[222] Der BGH hatte in seinem Urteil jedenfalls ohne weitere Begründung festgestellt, dass den Angeklagten nicht nur Garantenpflichten, sondern auch „eine Vermögensbetreuungspflicht gegenüber seinem Dienstherren" treffe.[223] Dies ist nur konsequent, da Compliance der Haftungsvermeidung und damit auch dem Erhalt des Unternehmensvermögens dient. Dadurch übt der Compliance Officer seine Funktion im Vermögensinteresse des Arbeitgebers aus.[224]

109

II. Pflichtverletzung und Unmittelbarkeitszusammenhang

Die praktische Frage, ob der Compliance Officer im Einzelfall tatsächlich eine Vermögensbetreuungspflicht hat, wird aber dadurch relativiert, dass daneben noch eine gravierende Pflichtverletzung und ein Unmittelbarkeitszusammenhang zwischen Pflichtverletzung und Schaden zu verlangen ist, um eine Strafbarkeit nach § 266 StGB zu begründen.

110

Wie bereits ausgeführt (→ Rn. 14) muss als einschränkendes Korrektiv sowohl des Missbrauchs- als auch des Treuebruchtatbestands eine *gravierende* Pflichtverletzung gegeben sein. Maßstab zur Beurteilung der gravierenden Pflichtverletzung ist das „schutzwürdige Interesse" des Vermögensträgers.[225] Da der Compliance Officer bei seiner Tätigkeit einem nicht zu unterschätzenden Fehleinschätzungsrisiko unterliegt,[226] ist es nur konsequent, das seit des Beschlusses des BVerfG wieder vermehrt von der BGH-Rechtsprechung eingesetzte Einschränkungsmerkmal der gravierenden Pflichtverletzung[227] auch beim Compliance Officer anzuwenden. Eine gravierende Pflichtverletzung des Compliance Officers wird aber nur in seltenen Fällen zu bejahen sein, da er insoweit von sachwidrigen Motiven geleitet sein müsste, eine Unangemessenheit im Hinblick auf die Ertrags- und Vermögenslage des Unternehmens gegeben oder Entscheidungsbefugnisse im Einzelnen überschritten sein müssten.[228]

111

---

[218] *Wessing/Dann*, in: Volk, § 4 Rn. 241; *Esser*, in: AnwK-StGB, § 266 Rn. 314.
[219] *Dann*, ZRFC 2011, 155 (156).
[220] *Schulz*, wistra 2012, 13 (17); *Schulz/Renz*, BB 2012, 2511 (2517).
[221] *Dierlamm*, in: MüKoStGB, § 266 Rn. 88 mwN.
[222] Zu dieser Einschätzung auch *Wessing/Dann*, in: Volk, § 4 Rn. 231.
[223] BGH NJW 2009, 3173 (3175).
[224] So schon *Rotsch*, FS Samson, 2010, S. 141 (144 f.); *Dann*, ZRFC 2011, 155 (156).
[225] BGH NStZ 2011, 403 (405).
[226] Hierzu *Dann*, ZRFC 2011, 155 (156).
[227] BVerfG NJW 2010, 3209 (3215); BGH NStZ 2010, 700 (702); NStZ 2011, 403 (405).
[228] Zu den einzelnen Kriterien *Dierlamm*, in: MüKoStGB, § 266 Rn. 155 ff.

112 Weitere Strafbarkeitsvoraussetzung ist ein Unmittelbarkeitszusammenhang zwischen Pflichtverletzung und Schaden. Dieser fehlt, sobald ein notwendiger und nicht gewollter Zwischenschritt vor dem Schadenseintritt liegt.[229] Solche Zwischenschritte können in der Begehung oder Aufdeckung einer Straftat zu sehen sein. Nutzt ein Mitarbeiter oder Dritter vermeidbare Schwachstellen des Compliance-Systems für Straftaten zulasten des Unternehmens aus, so ist der hieraus resultierende Schaden nicht unmittelbar durch die Fehler bei der Feinjustierung des Systems verursacht worden. Eine Untreuestrafbarkeit aufgrund systembezogener Nachlässigkeit kommt grundsätzlich erst dann in Betracht, wenn gleichzeitig vermögensrelevante Regelverstöße in Kauf genommen werden, mit deren Aufdeckung der Compliance Officer rechnet oder wenn diese Nachlässigkeit an sich genügt, um eine wie auch immer geartete Unternehmenssanktion zu verhängen.[230]

113 Dennoch sollte der Compliance Officer sich nicht in Sicherheit wiegen. Die Rechtsprechung gerade zur Strafbarkeit wegen Untreue ist alles andere als geklärt. Allerdings kann man zumindest die Regel aufstellen, dass derjenige, der sich keiner Garantenpflichtverletzung schuldig gemacht hat, wegen des gleichen Sachverhalts wohl auch nicht wegen einer Untreuestrafbarkeit zu belangen ist.

D. Haftung nach §§ 30, 130 OWiG

114 Kommt es zu betriebsbezogenen Straftaten oder Ordnungswidrigkeiten, die durch gehörige Aufsicht hätten verhindert werden können, so kann diese Aufsichtspflichtverletzung eine Ordnungswidrigkeit nach § 130 OWiG darstellen und eine Geldbuße von bis zu 1 Mio. EUR verhängt werden.

I. Täter sind Betriebs- oder Unternehmensinhaber

115 Allerdings sanktioniert § 130 OWiG zunächst nur die Aufsichtspflichtverletzung durch den Inhaber eines Betriebs oder Unternehmens.[231] Betriebsinhaber ist derjenige, dem die Erfüllung der den Betrieb oder das Unternehmen treffenden Pflichten obliegt. Dabei kommt es weder auf eine Eigentümerstellung noch auf eine bestimmte Kapitalbeteiligung an, sondern lediglich darauf, ob die Person zur Einhaltung einer betriebsbezogenen Pflicht berufen ist. Betriebsinhaber kann nur eine natürliche Person sein. Ist Betriebsinhaber formal eine juristische Person, so gilt die für diese juristische Person handelnde natürliche Person als Betriebsinhaber iSd § 130 OWiG.[232]

II. Delegation und Anwendbarkeit des § 9 Abs. 2 S. 1 Nr. 2 OWiG

116 Im Rahmen ihrer Organisationsverantwortlichkeit kann und muss der Betriebsinhaber die Wahrnehmung von Aufsichtspflichten delegieren, was insbesondere auch auf

---

[229] BGH NJW 2009, 3173 (3175); *Mosiek*, HRRS 2009, 565 f.
[230] *Dann*, ZRFC 2011, 155 (156).
[231] Zu § 130 OWiG im Haftungssystem des Unternehmensstrafrechts s. *Adam*, wistra 2003, 285 (287).
[232] *Grützner/Leisch*, DB 2012, 787 (788). *Niesler*, in: Graf/Jäger/Wittig, § 130 Rn. 18.

den Compliance Officer geschieht.²³³ Relevant wird daher die Zurechnungsnorm des § 9 OWiG, nach der Organisationspflichten des Betriebsinhabers auf die dort genannten Unternehmensvertreter übergehen. Für den Compliance Officer ist § 9 Abs. 2 S. 1 Nr. 2 OWiG bedeutsam. Nach dieser Vorschrift wird die Verantwortung auf solche Personen übergeleitet, die von einem Betriebsinhaber ausdrücklich beauftragt sind, dessen Aufgaben in eigener Verantwortung wahrzunehmen. Daher kommt wiederum dem Aufgabenbereich des Compliance Officers Bedeutung zu. Kernaufgabe ist die Erarbeitung und Aufrechterhaltung einer Compliance-Struktur sowie eine angemessene Reaktion auf Compliance-Verstöße, dh der Compliance Officer hat regelmäßig die Aufgabe, Rechtsverletzungen im und aus dem Unternehmen heraus zu vermeiden.²³⁴ Da Compliance heute nach einhelliger Auffassung notwendiger Bestandteil guter Unternehmensführung ist,²³⁵ kann mit dieser Aufgabe der Compliance Officer ausdrücklich iSv S. § 9 Abs. 2 S. 1 Nr. 2 OWiG beauftragt werden.

Eine wirksame Delegation ist von zwei Voraussetzungen abhängig. Zunächst muss dem Compliance Officer unmissverständlich zu verstehen gegeben worden sein, dass ihm künftig die Wahrnehmung eines bestimmten Aufgabenkreises obliegt.²³⁶ Ob dies tatsächlich der Fall ist, ist anhand der Gesamtumstände zu klären, wobei insbesondere die Stellenausschreibung, der Arbeitsvertrag oder interne Richtlinien heranzuziehen sind.²³⁷ Weitere Voraussetzung gem. § 9 Abs. 2 S. 1 Nr. 2 OWiG ist, dass dem Compliance Officer eine eigenverantwortliche Aufgabenwahrnehmung obliegt. Dies bedeutet, dass er von sich aus die erforderlichen Maßnahmen ergreifen kann, ohne sich diese im Vorfeld absegnen zu lassen. Dies wird in der Regel zumindest für den Compliance Officer der Fall sein, der Entscheidungsbefugnisse hat und seine Tätigkeit eigenverantwortlich ausüben kann. Ist er dagegen weisungsgebunden und kann unmittelbar in seine Kontrolltätigkeit eingegriffen werden, so ist eine eigenverantwortliche Aufgabenwahrnehmung zu verneinen.²³⁸ Dies wird insbesondere dann anzunehmen sein, wenn es sich um nachgeordnete Mitarbeiter einer größeren Compliance Abteilung handelt. Verantwortlich ist hier der Chief Compliance Officer, der zugleich wohl auch als Abteilungsleiter gem. § 9 Abs. 2 Nr. 1 OWiG zu qualifizieren ist.²³⁹ 117

Festzuhalten ist, dass zumindest der mit entsprechender Machtfülle ausgestattete Compliance Officer von der Zurechnungsnorm des § 9 Abs. 2 S 1 Nr. 2 OWiG erfasst wird und damit als Verantwortlicher iSd § 130 OWiG anzusehen ist. 118

III. Voraussetzungen des § 130 OWiG

Damit kommt § 130 OWiG zur Anwendung, der eine allgemeine, bußgeldbewehrte Aufsichtspflicht normiert. Ordnungswidrig handelt der Compliance Officer, wenn er vorsätzlich oder fahrlässig Aufsichtsmaßnahmen unterlässt, die erforderlich sind, um in dem Betrieb oder Unternehmen Zuwiderhandlungen gegen Pflichten zu verhindern, die 119

---

²³³ *Zimmermann*, BB 2011, 634 (635); *Bürkle*, in: Hauschka, Corporate Compliance, § 8 Rn. 9.
²³⁴ *Dann/Mengel*, NJW 2010, 3265 f.; *Dann*, ZRFC 2011, 155 (157).
²³⁵ S. zB Ziff. 4.1.3 des DCGK oder auch gesetzliche Bestimmungen wie §§ 91 Abs. 2 AktG, 33 Abs. 1 WpHG ua.
²³⁶ *Rogall*, in: KK-OWiG, § 9 Rn. 79.
²³⁷ Vgl. auch *Dann*, ZRFC 2011, 155 (157).
²³⁸ *Rogall*, in: KK-OWiG, § 9 Rn. 79 f.; *Dann*, ZRFC 2011, 155 (157).
²³⁹ *Schmid*, in: Müller-Guggenberger/Bieneck, § 30 Rn. 104 f.

§ 9. Compliance Officer und Strafrecht

den Inhaber bzw. kraft Delegation den Compliance Officer treffen und deren Verletzung mit Strafe oder Geldbuße bedroht ist. Objektive Bedingung der Verfolgbarkeit ist daher, dass eine solche tatbestandsmäßige und rechtswidrige Zuwiderhandlung tatsächlich begangen wurde, dh es wird eine sog Anknüpfungstat, ein Verstoß gegen einen Straftat- oder Ordnungswidrigkeitentatbestand vorausgesetzt.[240] Hinzukommen muss, dass diese Anknüpfungstat durch eine andere als die wegen der Verletzung der Aufsichtspflicht zu sanktionierende Person begangen worden ist. Außerdem muss es sich um einen Verstoß gegen betriebsbezogene Pflichten handeln.[241] Im Zusammenhang mit dem Vorwurf der Garantenpflichtverletzung wird regelmäßig eine entsprechende Anknüpfungstat vorhanden sein.

120 Weitere Voraussetzung ist, dass der Compliance Officer eine Aufsichtspflicht verletzt hat. Welche konkreten Aufsichtspflichten bestehen, wird durch Richterrecht konkretisiert. In der Praxis ist festzustellen, dass von der Zuwiderhandlung auf die unzureichende Prävention geschlossen wird, ohne weitere Kriterien als Entscheidungshilfe hinzuzuziehen. Es wird lediglich ausgeführt, welche Maßnahmen im Einzelfall hätten ergriffen werden müssen, nicht aber, was grundsätzlich erforderlich gewesen wäre.[242]

121 Insoweit ist auch dann, wenn eine Garantenpflichtverletzung im Einzelfall zu verneinen ist, der Compliance Officer bei in seinem Aufsichtsbereich begangenen Straftaten und Ordnungswidrigkeiten in der Regel nach § 130 OWiG zur Verantwortung zu ziehen. Er sollte diese mit hohem Bußgeld behaftete Rechtsnorm daher stets im Blick haben und alles daran setzen, Rechtsverstöße innerhalb seines Zuständigkeitsbereichs zu vermeiden und präventive Wirkungsmechanismen zu installieren.

E. Erkennbarkeit straf- bzw. ordnungswidrigkeitenrechtlich relevanten Verhaltens

122 Wie aber kann der Compliance Officer straf- und ordnungswidrigkeitenrechtlich relevantes Verhalten erkennen? Diese Frage geht Hand in Hand mit den präventiven Handlungsempfehlungen (sogleich → Rn. 126 ff.). Zunächst muss der Compliance Officer branchenspezifische Risiken identifizieren und dann durch ein entsprechendes Kontrollmanagement regelmäßig eine konkrete Risikoanalyse durchführen. Wichtig ist, dass er die Wirtschaftsstraftatbestände mit ihren einzelnen Voraussetzungen ebenso kennt wie die branchenrelevanten Spezialstraf- und -ordnungswidrigkeitentatbestände. Erst so wird es ihm möglich, entsprechende Gefährdungslagen oder Rechtsverstöße bei den regelmäßigen Kontrollen zu erkennen. Bei komplexen oder bei in rechtlicher Hinsicht schwierig zu beurteilenden Sachverhalten muss der Compliance Officer entscheiden, ob die Hinzuziehung eines Spezialisten erforderlich ist oder ob Erfahrung und Expertise im Unternehmen vorhanden ist.

123 Dies kann insbesondere für die Frage relevant werden, ob der Compliance Officer sich eventuell auf einen unvermeidbaren Verbotsirrtums nach § 17 StGB bzw. § 11 Abs. 2 OWiG berufen kann. Danach handelt der Compliance Officer trotz rechtswidriger Verwirklichung eines Tatbestands ohne Schuld, wenn er berechtigter Weise davon

---

[240] *Grützner/Leisch*, DB 2012, 787 (788); *Schaefer/Baumann*, NJW 2011, 3601 (3604).
[241] Ausf. *Helmrich*, wistra 2010, 331 (332 f.); s. auch → Rn. 87.
[242] Kritisch *Schaefer/Baumann*, NJW 2011, 3601 (3604); *Hauschka/Greeve*, BB 2007, 165 (166).

ausging, dass sein Tun oder Unterlassen nicht gegen die durch verbindliches Recht erkennbare Werteordnung verstößt.[243] Die Frage ist also, ob sich der Compliance Officer zum einen darauf verlassen kann, wenn Expertenwissen zu der Einschätzung kommt, es lägen keine straf- und ordnungswidrigkeitenrechtlich relevanten Sachverhalte vor. Zum anderen geht es darum, ob der Compliance Officer bei Beauftragung von Experten davon ausgehen kann, alles Erforderliche getan zu haben, um seinen Aufsichts- und Kontrollpflichten zu genügen.

Der Verbotsirrtums muss unvermeidbar gewesen sein, da nur dann eine Strafbarkeit gänzlich entfällt. Ist der Verbotsirrtums dagegen vermeidbar, so kann die Strafe gemildert werden. An die Unvermeidbarkeit werden hohe Anforderungen gestellt.[244] Im Zweifel trifft den Compliance Officer nach ständiger Rechtsprechung des BGH eine Erkundigungspflicht,[245] dh er hat die Auskunft einer sachkundigen, unvoreingenommenen Person einzuholen, die mit der Auskunftserteilung keinerlei Eigeninteresse verfolgt und die Gewähr für eine objektive, sorgfältige, pflichtgemäße und verantwortungsbewusste Auskunftserteilung bietet.[246] Insoweit ist bei der Suche nach unternehmensinterner Expertise immer darauf zu achten, dass das Expertenwissen in einer Abteilung gesucht wird, die mit Sicherheit nicht in die in Frage stehenden Geschehensabläufe involviert ist. Bestehen Zweifel, so sollte sich der Compliance Officer an externe Rechtsanwälte wenden.[247] Dabei ist aber zu bedenken, dass eher zur Absicherung als zur Klärung bestellte „Gefälligkeitsgutachten" von Rechtsanwälten oder Rechtslehrern als Grundlage glaubhafter Verbotsirrtümer ausscheiden.[248] Vielmehr muss eine ergebnisoffene Beauftragung erfolgen. Auch an die konkrete Auswahl des juristischen Fachberaters sind hohe Anforderungen zu stellen.[249] Der Rechtsanwalt muss hinreichend spezialisiert und erfahren sein, wobei sich der Compliance Officer vergewissern muss, dass der Rechtsanwalt fundiert und sorgfältig arbeitet. Eine Pflicht zur genauen Beurteilung und Nachprüfung der Ergebnisse trifft den Compliance Officer dagegen nicht.[250] Kommt also der gewissenhafte, sorgfältig arbeitende und hinreichend spezialisierte Rechtsberater zur Einschätzung, dass kein strafrechtlich/ordnungswidrigkeitenrechtlich relevantes Verhalten vorliegt bzw. der Compliance Officer seiner Aufsichtspflicht genügt hat, so befindet sich der Compliance Officer im unvermeidbaren Verbotsirrtums, sollte sich das in Frage stehende Verhalten später doch als Straftat oder Ordnungswidrigkeit darstellen. Er kann in diesem Fall weder strafrechtlich noch ordnungswidrigkeitenrechtlich belangt werden.

F. Verringerung des Strafbarkeitsrisikos und Handlungsempfehlungen

Compliance-Systeme werden installiert und etabliert, um strafbares Verhalten zu unterbinden bzw. erst gar nicht aufkommen zu lassen. Im Unternehmen gut gelebte Compliance wird daher auch den Compliance Officer von Strafbarkeitsrisiken befreien. Prävention ist das Schlagwort, die greifen muss, um Straftaten zu vermeiden.

---

[243] *Fischer*, § 17 Rn. 3.
[244] BGH NJW 2013, 93 (96); *Neumann*, in: NK-StGB, § 17 Rn. 60.
[245] *Fischer*, § 17 Rn. 9 mit zahlreichen Rspr.nachweisen.
[246] BGH NJW 1995, 204 (205); *Schemmel*, CCZ 2012, 49 (52).
[247] *Dann/Mengel*, NJW 2010, 3265 (3268).
[248] *Fischer*, § 17 Rn. 9a.
[249] *Schemmel*, CCZ 2012, 49 (52); *Rieder/Jerg*, CCZ 2010, 201 (203).
[250] *Schemmel*, CCZ 2012, 49 (52); *Joecks*, in: MüKoStGB, § 17 Rn. 56, 59.

§ 9. Compliance Officer und Strafrecht

I. Präventive Handlungsempfehlungen

1. Klare Aufgabenfixierung im Arbeitsvertrag/in der Funktionsbeschreibung

126   Je klarer die Aufgaben des Compliance Officers definiert sind, desto bewusster kann er sich hierauf konzentrieren und Strafbarkeits- und Haftungsrisiken vermeiden. Wichtig ist, dass sich das Aufgabengebiet für einen Compliance Officer am Machbaren und Zumutbaren orientiert.[251] Enthält die Arbeitsplatzbeschreibung zu viel Aufgabenfelder oder ist sie zu allgemein gehalten und dadurch umfassend, wird der Compliance Officer – je nach Größe des Unternehmens – schnell an seine Grenzen stoßen.

127   Generell muss der Compliance Officer darauf achten, dass eine schriftliche Fixierung der Stellenanforderungen erfolgt.[252] Wo und wie die Aufgaben konkretisiert und seine Befugnisse festgelegt werden, ist letztlich Sache des Arbeitgebers. Vielfach wird sich eine solche Tätigkeitsbeschreibung nicht im Arbeitsvertrag, sondern in einer allgemeinen Funktionsbeschreibung oder Arbeitsanweisung finden, da letztere einseitig geändert werden kann.[253] Funktion und Aufgabenbereiche sollten schriftlich möglichst genau festgelegt werden.[254] Außerdem empfiehlt es sich, nicht nur die Verantwortlichkeit des Compliance Officers, sondern auch seine Kompetenzen klar zu regeln.[255] So kann zum Beispiel das Recht des Compliance Officers schriftlich fixiert werden, in Ausnahmefällen direkt den Aufsichtsrat oder Prüfungsausschuss einzuschalten.[256]

128   Ob darüber hinaus arbeitsvertraglich ein besonderer Kündigungsschutz einzuräumen ist, wird kontrovers diskutiert. Unserer Meinung nach ist dies nicht unbedingt erforderlich, da das Maßregelungsverbot gem. § 612a BGB und das allgemeine Kündigungsschutzrecht den Compliance Officer bereits hinreichend vor willkürlichen und unangemessenen Reaktionen schützt.[257]

2. Kontrollmanagement

129   Das A und O guter Prävention ist ein funktionierendes Kontrollmanagement. Compliance ist kein einmaliger, sondern ein fortlaufender Prozess, so dass die eingeführten Compliance-Maßnahmen einer kontinuierlichen Fortführung, Überprüfung und Aktualisierung bedürfen.[258] Wie das Kontrollmanagement ausgestaltet ist, hängt vor allem von der Unternehmensgröße und der Unternehmensstruktur ab. So kann bei Aktienunternehmen die Compliance-Kontrolle in Routine-Prozesse des Risiko-Überwachungssystems nach § 91 Abs. 2 AktG integriert werden, bei größeren Unternehmen können Compliance-Maßnahmen in Aufgabenprozesse der Internen Revision integriert werden. Häufig können Kontrollmaßnahmen auch in einzelne Abteilungen ausgelagert werden: Steuerstrafbarkeitsrisiken werden durch die Steuerabteilung, Korruptionsrisiken durch

---

[251] *Michalke*, AnwBl 2010, 666 (669).
[252] *Krieger/Günther*, NZA 2010, 367 (370); *Dann/Mengel*, NJW 2010, 3265 (3268).
[253] *Dann/Mengel*, NJW 2010, 3265 (3268).
[254] *Wybitul*, BB 2009, 2590 (2593); *Michalke*, AnwBl 2010, 666 (669).
[255] *Wybitul*, BB 2009, 2590 (2593).
[256] *Dann/Mengel*, NJW 2010, 3265 (3268).
[257] *Dann/Mengel*, NJW 2010, 3265 (3269); zu den unterschiedlichen Positionen s. *Krieger/Günther*, NZA 2010, 367 (371); *Illing/Umnuß*, CCZ 2009, 1 (6).
[258] *Lampert*, in: Hauschka, Corporate Compliance, § 9 Rn. 34.

F. Verringerung des Strafbarkeitsrisikos und Handlungsempfehlungen

die Beschaffungsabteilung überprüft etc. Bei Stellenbesetzungen kann im Personalbereich ein „Compliance Screenig" von Mitarbeitern in sensiblen Positionen eingeführt werden.[259] Wichtig ist eine klare organisatorische Strukturierung. Die notwendige enge Verzahnung mit operativen Unternehmenseinheiten ist notwendig, erschwert aber manchmal die genaue Zuweisung von Verantwortlichkeit. Daher ist eine klare Aufgaben- und Verantwortungszuteilung wichtig und erforderlich.[260]

Neben einer eventuellen Aufteilung von Kontrollprozessen müssen die Zuständigkeit des Compliance Officers, Berichtslinien und Durchgriffsrechte aufbauorganisatorisch verankert werden.[261] Der Compliance Officer muss die Berichte der involvierten Abteilungen auswerten und der Geschäftsleitung Vorschläge für Maßnahmen machen, die aus den gewonnenen Informationen abzuleiten sind.[262] 130

Erforderlich ist auch, dass der Compliance Officer regelmäßig Mitarbeiterbefragungen durchführt und Geschäftsvorgänge überprüft. Zumindest stichprobenartige und teilweise unangekündigte Überprüfungen sorgen dafür, dass der Compliance Officer seinen Aufsichts- und Überwachungspflichten nachkommt.[263] 131

3. Mitarbeiterschulungen

Damit Compliance im Unternehmen auch gelebt wird, reicht es nicht, Verhaltenskodizes und Richtlinien auf die Internetseite zu stellen oder den Mitarbeitern kommetarlos auszuhändigen. Darüber hinaus müssen die Mitarbeiter entsprechend geschult werden.[264] Prinzipiell müssen allen Unternehmensmitarbeitern die gesetzlichen Vorgaben und die Anforderungen an das eigene Handeln präsent sein und bleiben.[265] Die Schulungen und Informationen müssen bedarfsgerecht sein.[266] Nicht jeder Fließbandarbeiter benötigt eine Intensivschulung im Kartellrecht. Schulungsinhalt und Schulungsteilnehmer sind daher aufeinander abzustimmen. Der Schulungsinhalt orientiert sich am Arbeitsumfeld des Schulungsteilnehmers. 132

Der Compliance Officer hat allerdings nur dafür Sorge zu tragen, dass die Mitarbeiter entsprechend ihres Bedarfs geschult werden. Wer die Schulung letztlich durchführt – ob Mitarbeiter der Rechtsabteilung, der Compliance Abteilung oder externe Rechtsanwälte – ist unerheblich. Wichtig ist, dass die Mitarbeiter durch die Schulungen in die Lage versetzt werden, sich gemäß den internen Unternehmensrichtlinien und gesetzestreu zu verhalten. Auch muss in den Schulungen kommuniziert werden, dass die Mitarbeiter sich in Zweifelsfällen an den Compliance Officer wenden können. Gegebenenfalls kann eine entsprechende unternehmensinterne Helpline eingerichtet werden.[267] 133

Wie die Schulungen im Einzelnen ausgestaltet werden, obliegt dem Unternehmen. Es ist häufig eine Frage der Kapazitäten und der Menge der zu schulenden Mitarbeiter, ob die Schulungen als Präsenzveranstaltung oder im Rahmen von E-Learning-Modulen 134

---

[259] *Bergmoser*, BB Special 4 (zu BB 2010, Heft 50), 2 (5).
[260] *Wybitul*, BB 2009, 2590 (2592).
[261] *Bergmoser*, BB Special 4 (zu BB 2010, Heft 50), 2 (5).
[262] *Bürkle*, in: Hauschka, Corporate Compliance, § 8 Rn. 25.
[263] *Lampert*, in: Hauschka, Corporate Compliance, § 9 Rn. 34; BGH NStZ 1986, 34 f.
[264] Hierzu ausführlich → § 4 Rn. 47 ff.
[265] *Lampert*, in: Hauschka, Corporate Compliance, § 9 Rn. 34.
[266] *Bürkle*, in: Hauschka, Corporate Compliance, § 8 Rn. 26.
[267] *Bürkle*, in: Hauschka, Corporate Compliance, § 8 Rn. 26.

ausgestaltet werden.²⁶⁸ Wichtig ist, dass nicht nur eine einmalige Schulung stattfindet, sondern regelmäßig Auffrischungskurse angeboten werden.²⁶⁹

4. Absicherung durch Dokumentation

135   Die Compliance-Maßnahmen sind umfassend, sorgfältig und präzise zu dokumentieren.²⁷⁰ Denn im Ernstfall einer gerichtlichen Auseinandersetzung nützen die besten Compliance-Maßnahmen nichts, wenn sich ihre Durchführung nicht mehr beweisen lässt.²⁷¹ Es empfiehlt sich die Erfassung aller gemeldeten Compliance-Vorfälle in einer zentralen Datenbank.²⁷² Dabei muss nachvollziehbar sein, dass sich der Compliance Officer im Rahmen des Zumutbaren um eine aktive Zusammenstellung der entscheidungserheblichen Fakten bemüht und eine objektive Bewertung anhand anerkannter Rechtsmaßstäbe durchgeführt hat. Der Compliance Officer sollte auf eine getrennte Aktenführung Wert legen, dh für einen Vorgang möglichst nur ein Aktenzeichen vergeben. Er hat darauf zu achten, dass in den Berichten keine unterschiedlichen Sachverhalte vermischt bzw. zusammengeführt werden. Dadurch wird es möglich, auf ganz spezifische Herausgabeverlangen der Ermittlungsbehörden zu reagieren und nicht durch zu umfangreiche Aktenführung Zufallsfunde zu produzieren, die zu einer unnötigen Ausweitung der Ermittlungen führen.²⁷³

136   Nicht nur die Compliance-Maßnahmen sind zu dokumentieren, sondern auch die Verteilung von Zuständigkeiten und Verantwortung im Unternehmen.²⁷⁴ Dies schließt die Dokumentation der Berichtswege mit ein.²⁷⁵ Dadurch kann der Compliance Officer sich leichter einer Haftung entziehen. Kann er zB nachweisen, dass er seinen Berichtspflichten nachgekommen ist und die Unternehmensleitung nicht reagiert hat, so wird er strafrechtlich nicht zur Verantwortung zu ziehen sein.²⁷⁶ Daher sollte er zumindest eine Aktennotiz fertigen, sofern er die Geschäftsführung über Rechtsverstöße im Unternehmen informiert hat, um zu dokumentieren, dass er seinen Handlungspflichten nachgekommen ist.

II. Repressive Handlungsempfehlungen

137   Decken präventive Maßnahmen und Kontrollen Compliance-Verstöße auf, so ist eine angemessene Reaktion unverzichtbar. Compliance-Systeme werden nur ernst genommen, wenn die Nichtbeachtung der Regeln spürbare Folgen hat. Welche repressive Maßnahmen – ob arbeits-, zivil- und oder strafrechtlicher Natur – eingeleitet werden,

---

²⁶⁸ Zu den Schulungsmöglichkeiten *Nothhelfer*, CCZ 2013, 23; ausf. zu den Vor- und Nachteilen *Pauther/de Lamboy*, CCZ 2011, 146 (147 ff.).
²⁶⁹ *Lampert*, in: Hauschka, Corporate Compliance, § 9 Rn. 34; *Wessing/Dann*, in: Volk, § 4 Rn. 188.
²⁷⁰ S. ausführlich *Wybitul*, BB 2009, 2590 (2593); *Lampert*, in: Hauschka, Corporate Compliance, § 9 Rn. 34; *Bürkle*, CCZ 2010, 4 (8).
²⁷¹ *Wessing/Dann*, in: Volk, § 4 Rn. 195 ff.
²⁷² *Inderst*, in: Inderst/Bannenberg/Poppe, Kap. 4 Rn. 96.
²⁷³ *Dann/Mengel*, NJW 2010, 3265 (3268).
²⁷⁴ *Wessing/Dann*, in: Volk, § 4 Rn. 197.
²⁷⁵ *Lösler*, WM 2007, 676 (678); *Raus/Lützeler*, CCZ 2012, 96 (98).
²⁷⁶ S. → Rn. 139 ff. sowie *Raus/Lützeler*, CCZ 2012, 96 (100).

F. Verringerung des Strafbarkeitsrisikos und Handlungsempfehlungen

ist Sache des Arbeitgebers[277] und somit nicht Gegenstand dieses auf die Handlungsempfehlungen des Compliance Officers zugeschnittenen Kapitels.

1. Von einfachen Ermittlungen zu internal Investigations

Werden dem Compliance Officer Verdachtsfälle von Rechtsverstößen gemeldet oder diese im Rahmen präventiver Kontrollen aufgedeckt, so hat er diesen Verdachtsfällen nachzugehen. Wie umfangreich die Aufklärungsarbeit betrieben wird, ist mit Rücksprache der Geschäftsleitung festzulegen. Der Vorstand kann hier in freiem Ermessen entscheiden, in welchem Umfang unternehmensinterne Ermittlungen erforderlich sind.[278] Nicht in jedem Fall werden aufwendige internal investigations notwendig sein (s. hierzu ausführlich → § 12 Rn. 66). Intensität des Verdachts und der Rechtsgutverletzung werden auch über Intensität der Nachforschungen entscheiden. In den Fällen, in denen eine Revisionsabteilung zur Verfügung steht, sollte diese die Sachaufklärung durchführen. Sie ist dann in der Rolle des Staatsanwaltes, in die der Compliance Officer nicht kommen sollte. Er muss auch in Zukunft darauf vertrauen können, dass ihm problematische Sachverhalte aus dem Unternehmen heraus offen gelegt werden. Wenn er als Verfolger, nicht als Verhinderer von Straftaten auftritt, wird das nicht mehr möglich sein. 138

2. Wahrnehmung der Berichtspflichten

Der Compliance Officer muss Berichtspflichten nachkommen, sofern er von einem Verstoß gegen die unternehmensinternen Richtlinien oder gesetzlichen Vorschriften erfährt. 139

Üblicherweise werden die bestehenden Berichtslinien entweder im Arbeitsvertrag oder in Funktions- oder Arbeitsanweisungen festgelegt. Direkter Vorgesetzter des Compliance Officers wird regelmäßig ein Mitglied der Geschäftsleitung sein, da die Geschäftsleitung die originäre Compliance-Funktion inne hat, die lediglich auf den Compliance Officer delegiert worden ist.[279] Eine gesetzliche Pflicht zur direkten Berichterstattung an den Aufsichtsrat besteht dagegen nicht.[280] Allerdings kann eine solche Pflicht, in Ausnahmefällen direkt den Aufsichtsrat einzuschalten, im Arbeitsvertrag oder einer Arbeitsanweisung schriftlich fixiert werden[281] und ist dann natürlich auch wahrzunehmen. 140

Der Compliance Officer sollte darauf achten, dass ihm vom Unternehmen mit Übernahme seiner Aufgaben konkrete Leitlinien für den Verdachtsfall an die Hand gegeben werden. Ist dies nicht vorgesehen, so ist ein solcher Handlungsplan zu erstellen und als Arbeitsanweisung den Unterlagen hinzuzufügen. Darin muss genau definiert werden, welche Verstöße einer Meldepflicht unterliegen und wann sich der Verdacht einer Pflichtverletzung derart verdichtet hat, dass er den zuständigen Vorgesetzten zu informieren hat.[282] Das schützt den CO vor Vorwürfen, er habe nicht an den Richtigen oder zur falschen Zeit berichtet. 141

---

[277] Hierzu *Schaupensteiner*, NZA-Beil. 2011, 8 (11); *Schürrle/Olbers*, CCZ 2010, 178 (181 f.); *Dendorfer*, in: MAH ArbR, § 35 Rn. 258 ff.
[278] *Wagner*, CCZ 2008, 9 (16); *Nestler*, in: Knierim/Rübenstahl/Tsambikakis, § 1 Rn. 12.
[279] *Raus/Lützeler*, CCZ 2012, 96 (97); *Rodewald/Unger*, BB 2007, 1629 (1631).
[280] So aber *Lackhoff/Schulz*, CCZ 2010, 81 (82); wie hier *Raus/Lützeler*, CCZ 2012, 96 (97).
[281] S. → Rn. 89 ff.; *Dann/Mengel*, NJW 2010, 3265 (3268).
[282] *Raus/Lützeler*, CCZ 2012, 96 (98); *Fecker/Kinzl*, CCZ 2010, 13 (17).

§ 9. Compliance Officer und Strafrecht

142 Im Verdachtsfall muss der Compliance Officer jedenfalls so rechtzeitig berichten, dass das zuständige Organ gegebenenfalls Compliance-Maßnahmen einleiten und anordnen kann.[283]

143 Problematisch sind die Fälle, in denen Rechtsverstöße aus der Geschäftsleitung heraus begangen werden oder von denen die Geschäftsleitung Kenntnis erlangt, jedoch untätig bleibt. Bleibt der zuständige Vorgesetzte untätig oder steht er gar selbst im Verdacht, so hat sich der Compliance Officer zunächst an ein anderes Mitglied der Geschäftsleitung oder den Vorsitzenden zu wenden und diesem von dem Sachverhalt zu berichten. Hierzu ist der Compliance Officer auch ohne ausdrückliche Berichtslinie im Arbeitsvertrag oder der Arbeitsanweisung befugt, da die Überwachung der Mitglieder der Geschäftsleitung durch die anderen Mitglieder der Geschäftsleitung erfolgt.[284]

144 Auch wenn den Compliance Officer keine Pflicht trifft, im Konfliktfall direkt den Aufsichtsrat zu konsultieren, so wird doch in der Literatur diskutiert, ob er zumindest hierzu befugt ist. Zwar widerspricht der Direktkontakt zwischen Compliance Officer und Aufsichtsrat dem klassischen Rollenverständnis, jedoch wird mangels entgegenstehender Regelungen von der herrschenden Meinung zumindest im Ausnahmefall – der bei straffälligem Verhalten der Geschäftsleitung oder deren Untätigkeit im Verdachtsfall vorliegen wird – die Möglichkeit des direkten Berichtswegs bejaht.[285] Soweit die Rechtsprechung eine arbeitsrechtlich sanktionslose Meldung an Ermittlungsbehörden bejaht, muss eine Meldung an ein Aufsichtsorgan als milderes Mittel jedenfalls zulässig sein.

145 Arbeitet der Compliance Officer nicht in einer AG, sondern zB in einer GmbH, so kann er sich bei straffälligem Verhalten der Geschäftsleitung oder deren Untätigbleiben unmittelbar an die Gesellschafter wenden. Die Gesellschafter übernehmen grundsätzlich die Kontrolle der Geschäftsleitung einer GmbH,[286] auch in Fällen strafrechtlicher Krisen.

3. Einschaltung der Staatsanwaltschaft oder anderer Behörden?

146 Versagt die interne Berichtslinie, so stellt sich die Frage, ob der Compliance Officer berechtigt ist, externe Stellen über Rechtsverstöße im Unternehmen zu informieren. Wir haben unter → Rn. 98 f. bereits ausgeführt, dass eine entsprechende Anzeigepflicht nur in gesetzlich ausdrücklich geregelten Fällen besteht. Darüber hinaus gibt es keine allgemeine Verpflichtung des Compliance Officers, Rechtsverletzungen extern zu melden. Auch ein Recht zur externen Anzeige besteht nur unter bestimmten Voraussetzungen (s. → Rn. 98).

G. Umgang mit strafprozessualen Ermittlungsmaßnahmen

147 Verdachtsfälle von Straftaten im Unternehmen werden aber nicht nur im Rahmen präventiver Compliance-Überwachung und interner Ermittlungen aufgedeckt, die Staatsanwaltschaft wird auch von sich aus tätig, sofern gem. § 160 Abs. 1 StPO eine Strafanzeige vorliegt oder sie auf anderem Wege Verdacht von einer Straftat erhält.

---

[283] *Illing/Umnuß*, CCZ 2009, 1 (5); *Raus/Lützeler*, CCZ 2012, 96 (97).
[284] *Bürkle*, CCZ 2010, 1 (5); *Raus/Lützeler*, CCZ 2012, 96 (98).
[285] Ausführlich *Raus/Lützeler*, CCZ 2012, 96 (99) mwN.
[286] *Raus/Lützeler*, CCZ 2012, 96 (99).

G. Umgang mit strafprozessualen Ermittlungsmaßnahmen

§ 161 StPO ist die Ermächtigungsgrundlage für Ermittlungen jeder Art, so dass die Strafverfolgungsbehörden das Ermittlungsverfahren frei gestalten können.[287] Verlangt die Staatsanwaltschaft Auskunft von Personen, so ist diese Auskunft zunächst einmal freiwillig. Bei verweigerter Auskunft kommen nur förmliche Ermittlungshandlungen wie Zeugenvernehmung oder die Anordnung von Durchsuchung und Beschlagnahme in Betracht.[288] Ob und in welchem Umfang das Unternehmen freiwillig kooperiert und Auskünfte erteilt oder ohne entsprechende Anordnung Unterlagen herausgibt, ist eine Frage des Einzelfalls. Ohne Rücksprache hat jedenfalls der Compliance Officer den Ermittlungsbehörden keine Unterlagen zur Verfügung zu stellen.

I. Durchsuchung und Beschlagnahme

148 Kooperiert das Unternehmen nicht freiwillig, kann die Staatsanwaltschaft auf die klassischen Mittel der Strafprozessordnung zurückgreifen. Beweismittel, die nicht freiwillig herausgegeben werden, können auf Anordnung hin und unter bestimmten Voraussetzungen beschlagnahmt werden (§§ 94 ff. StPO). Regelmäßig geht der Beschlagnahme eine Durchsuchung voraus (§§ 102 ff. StPO).

149 Sind Ermittlungen der Staatsanwaltschaft bekannt, so sollten Vorkehrungen für den Fall getroffen werden, dass eine Durchsuchung stattfindet. Der Compliance Officer hat daher die potentiell vom Verfahren oder dessen Abwicklung betroffenen Personen zu informieren, um Irritationen und Verunsicherungen zu vermeiden bzw. klein zu halten. Dem Empfang, Vorstands- oder Geschäftsführungssekretariat, Buchhaltung, EDV, Revisions- und Complianceabteilung sowie den jeweils im Fokus der Ermittlung stehenden Abteilungen ist eine Checkliste/Durchsuchungsanweisung auszuhändigen, auf der die wesentlichen Anweisungen und Informationen zusammengestellt sind. Der in den konkreten Ermittlungssachverhalt involvierte Personenkreis ist darüber hinaus darauf hinzuweisen, dass Durchsuchungen sich auch auf das private Umfeld ausdehnen können und sich gegebenenfalls auch auf die Privatwohnung erstrecken.[289]

150 Checklisten/Durchsuchungsanweisungen sind Verhaltensanweisungen für den Ernstfall und beinhalten zB Regelungen zur Kontaktaufnahme zu Beratern innerhalb und außerhalb des Unternehmens und prozessuale Rechte und Pflichten. Differenzieren und insoweit speziell ausrichten kann man in der Durchsuchungsanweisung auch nach gefährdeten und ungefährdeten Personen. Erstere müssen eine intensivere Anweisung erhalten und sinnvollerweise über die Aufklärung allgemeiner Zeugenrechte und -pflichten hinaus auch über Beschuldigtenrechte informiert werden. Auch sollten ihnen die Adressdaten eines als Zeugenbeistand/Verteidiger zur Verfügung stehenden Anwaltes genannt werden.[290]

151 Kommt es tatsächlich zu einer Durchsuchung, so ist zunächst der Unternehmensverteidiger zu konsultieren. Dieser hat die Durchsuchung zu begleiten. Der Compliance Officer sollte sich davor hüten, in die Rolle des Unternehmensverteidigers zu schlüpfen. Dennoch ist es ihm natürlich unbenommen, zusammen mit diesem die formale Richtigkeit des Durchsuchungsbeschlusses sowie den in ihm niedergelegten Vorwurf zu prüfen.[291]

---

[287] *Schmitt*, in: Meyer-Goßner/Schmitt, § 161 Rn. 1, 7.
[288] *Schmitt*, in: Meyer-Goßner/Schmitt, § 161 Rn. 2.
[289] *Kempf/Schilling*, in: Volk, § 10 Rn. 110 ff.
[290] *Kempf/Schilling*, in: Volk, § 10 Rn. 113.
[291] *Campos/Nave/Bonenberger*, BB 2008, 734 (738).

152 Während des Durchsuchungsvorgangs sollten die beteiligten Personen kooperieren. Kooperation bedeutet aber nicht, jegliche Ausweitung der Durchsuchung zu tolerieren. Vielmehr ist stets zu überprüfen, ob sich die Durchsuchung noch im Rahmen der Durchsuchungsanordnung hält oder nicht. Wesentliche Aufgabe des hinzugezogenen Rechtsanwalts ist es dann, bei entsprechender Überschreitung der Durchsuchungsanordnung entgegenzuwirken und eine weitergehende Durchsuchung zu verhindern.

153 Die Durchsuchung kann sich auf die Geschäftsräume, Papier- und elektronische Dokumente beziehen.[292] Durch § 110 Abs. 3 StPO wird auch die Durchsicht auf externen Speichermedien möglich. Voraussetzung ist allerdings, dass ohne eine Durchsicht der Verlust beweiserheblicher Daten zu erwarten und der externe Speicherplatz von dem durchsuchten PC aus zugänglich ist.[293]

154 Die Durchsuchung wird in der Regel auch die Beschlagnahme von Gegenständen zur Folge haben. Werden umfangreiche Dokumente beschlagnahmt, so ist es erforderlich, zumindest die für die Arbeitsfähigkeit des Unternehmens unbedingt notwendigen Unterlagen zu kopieren.[294] Sofern Datenbestände beschlagnahmt werden sollen, ist insbesondere der Verhältnismäßigkeitsgrundsatz zu beachten. Der Abbau der gesamten EDV-Anlage wird in der Regel nicht erfolderlich sein, zumeist wird eine Datensicherung vor Ort ausreichen. Werden einzelne PC's oder Laptops beschlagnahmt, so ist auch hier dafür Sorge zu tragen, dass die für den Arbeitsablauf notwendigen Dateien als Kopie gesichert werden.

155 Auch sog „ruhende E-Mails" auf dem PC des Mitarbeiters oder Providers können beschlagnahmt werden.[295] Während des Sendevorgangs sind allerdings die Spezialvorschriften der §§ 100a, 100b StPO einschlägig.[296]

II. Zeugenaussagen/Zeugenvernehmung

156 Häufig ist bei Durchsuchungen das Phänomen anzutreffen, dass die Mitarbeiter das Bedürfnis haben, es den Ermittlungsbeamten recht und ihnen gefällige Aussagen zu machen. Die Aussagen aus der Durchsuchungssituation heraus sind unzuverlässig und oft falsch. Dennoch kommt ihnen oftmals als „Erstaussage" eine große Bedeutung vor Gericht zu. Daher sollte man Anhörungen aus der Durchsuchung heraus unbedingt verhindern. Dazu muss man die potentiellen Zeugen auf ihre Rechte hinweisen, worunter auch das Recht auf Zeugnisverweigerung und Hinzuziehung eines Zeugenbeistands zählen.[297]

157 Klar ist aber auch, dass den Strafverfolgungsbehörden der Zeugenbeweis zur Verfügung steht (§§ 48 ff. StPO). Solange die Ermittlungsbeamten der Polizei den Zeugen vernehmen wollen, ist diese Vernehmung aber für den Zeugen freiwillig. Er muss nicht aussagen, schon gar nicht im Rahmen der Durchsuchung. Vor der Staatsanwaltschaft hat der Zeuge allerdings gem. § 161a StPO zur Vernehmung zu erscheinen. Die Staatsanwaltschaft muss also nicht auf die Ergebnisse interner Mitarbeiterbefragungen zu-

---

[292] *Schmitt*, in: Meyer-Goßner/Schmitt, § 102 Rn. 7, § 110 Rn. 1.
[293] *Schmitt*, in: Meyer-Goßner/Schmitt, § 110 Rn. 6.
[294] *Brückner*, BB Special 4 (zu BB 2010, Heft 50), 21 (25).
[295] Die lange umstrittene Frage, auf welcher Ermächtigungsgrundlage die Beschlagnahme von E-Mails beim Provider erfolgt, ist seit 2009 höchstrichterlich geklärt, s. BVerfG NJW 2009, 2431; BGH NJW 2010, 1297.
[296] BVerfG NJW 2008, 822 (825).
[297] *Kempf/Schilling*, in: Volk, § 10 Rn. 113.

rückgreifen, sondern kann eigene Zeugenvernehmungen durchführen. Dies wird sie in der Regel auch tun. Daher ist es strategisch sinnvoll, schon einer polizeilichen Zeugenvernehmung in Begleitung eines Zeugenbeistands Folge zu leisten. Dies gilt für den einfachen Mitarbeiter genauso wie für den Compliance Officer.

H. Der Compliance Officer im Strafverfahren

I. Verfahren gegen Unternehmensangehörige und Unternehmen

1. Der Compliance Officer als Zeuge

Sagt der Compliance Officer als Zeuge in Verfahren gegen Unternehmensangehörige oder sogar das Unternehmen aus, so kann er sich ebensowenig wie Syndikusanwälte oder Justiziare auf ein Zeugnisverweigerungsrecht nach § 53 Abs. 1 Nr. 3 StPO berufen.[298] Allerdings hat er ein Auskunftsverweigerungsrecht gem. § 55 StPO auf alle Fragen, deren Beantwortung ihn oder einen in § 52 Abs. 1 StPO bezeichneten Angehörigen der Gefahr aussetzen würde, wegen einer Straftat oder einer Ordnungswidrigkeit verfolgt zu werden. Um dies – gerade im Hinblick auf die Unterlassensstrafbarkeit oder Haftung aus § 130 OWiG – beurteilen zu können, bedarf auch der juristisch vorgebildete Compliance Officer einer umfassenden und externen, weil objektiven, Rechtsberatung. Er sollte daher unbedingt darauf dringen, bei Zeugenvernehmungen von einem Zeugenbeistand begleitet zu werden und diesen noch vor der Vernehmung konsultieren.

158

Schon bei der Abgabe eines zusammenhängenden Berichts gem. § 69 Abs. 1 S. 1 StPO kann der Compliance Officer hinsichtlich einzelner Tatsachen oder Sachverhaltskomplexe die Auskunft verweigern.[299] Zu beachten ist aber, dass das Auskunftsverweigerungsrecht beweisthemabezogen ist und nur die Themenkomplexe umfasst, die die Verfolgungsgefahr für den Compliance Officer oder dessen Angehörigen beinhalten. Insgesamt kann der Compliance Officer eine Aussage nur dann verweigern, wenn diese mit einem möglicherweise strafbaren oder ordnungswidrigen eigenen Verhalten in einem so engen Zusammenhang steht, dass nichts übrig bleibt, was er ohne Strafverfolgungsgefahr aussagen könnte.[300] Zu beachten ist aber auch, ob der Compliance Officer einer Schweigepflicht nach § 203 StGB[301] unterliegt. Um sich hier strafrechtlich abzusichern, muss er gegebenenfalls eine schriftliche Entbindungserklärung einholen. Doch auch wenn nicht von der Schweigepflicht entbunden wird, können den Compliance Officer gegebenenfalls Aussagepflichten treffen. Hier muss sich der Compliance Officer möglichst schon im Vorfeld mit dem Zeugenbeistand beraten.[302]

159

Ist der Compliance Officer sicher, sich nicht selbst einem Verfolgungsrisiko auszusetzen, und hat er sich durch anwaltlichen Rat entsprechend abgesichert, hat er wahrheitsgemäß auszusagen. Er muss aber ausschließlich zum Beweisthema aussagen. Vermutungen, Beurteilungen und Bewertungen hat er ebenso zu unterlassen, wie über das Beweisthema hinausgehende Schilderungen neuer Sachverhalte. Der Compliance Offi-

160

---

[298] *Buchert*, CCZ 2008, 148; *Rogall*, in: SK-StPO, § 53 Rn. 85.
[299] *Schmitt*, in: Meyer-Goßner/Schmitt § 55 Rn. 2; *Ignor/Bertheau*, in: Löwe/Rosenberg, § 55 Rn. 5.
[300] *Eisenberg*, StPO, Rn. 114 f.; *Burhoff*, Rn. 248.
[301] Beispielsweise im Gesundheitswesen § 203 Abs. 1 Nr. 6 StGB.
[302] Zu den Sonderfällen *Minoggio*, Rn. 589; *Wessing/Ahlbrecht*, Rn. 418.

§ 9. Compliance Officer und Strafrecht

cer sollte sich bei der Vernehmung vor Augen halten, dass seine Aussage schriftlich in der Ermittlungsakte niedergelegt wird und so durch Arbeitgeber und Mitarbeiter eingesehen werden kann. Falsche Mutmaßungen oder gar Denunziationen können nicht nur zu betrieblichem Unfrieden führen, sondern sogar arbeitsrechtliche Maßnahmen nach sich ziehen. Der Compliance Officer tut daher – wie man es nur jedem Zeugen raten kann – gut daran, sich auf Tatsachenaussagen zu beschränken und sich nur zu Fragen zu äußern, die in seinen Zuständigkeitskomplex fallen und seiner unmittelbaren Kenntnis unterliegen.[303] Erinnert er einen Sachverhalt nicht mehr, so kann die Erklärung abgegeben werden, sich nach Aufarbeitung und Durchsicht der Unterlagen schriftlich zu äußern.[304]

2. Begleitende Maßnahmen

161   Da der Compliance Officer weder die beschuldigten Unternehmensmitarbeiter noch das Unternehmen anwaltlich vertritt, kommt ihm im Rahmen des Strafverfahrens gegen diese höchstens eine Zuarbeiterrolle zu. Die Beschuldigten werden durch Individualverteidiger, das Unternehmen als Nebenbeteiligte vom Unternehmensverteidiger vertreten. Diese sind für Verteidigungsstrategien – eventuell unter Bildung einer Sockelverteidigung – zuständig.[305] Die Funktion des Compliance Officers beschränkt sich darauf, Einblicke in das bestehende Compliance-System und in gegebenenfalls bereits durchgeführte interne Ermittlungen und Ermittlungsergebnisse zu gewähren. Da die primäre Aufgabe des Compliance Officers auf Prävention ausgerichtet ist, sollte er sich bei der repressiven Aufarbeitung in Zurückhaltung üben. Seine Vertrauensstellung könnte sonst Schaden nehmen und den zukünftig aussagewilligen Mitarbeiter vielleicht davon abhalten, ihn in Verdachtsfällen weiterhin zu informieren.

162   Die Koordinierung des Verfahrens und der Verfahrensbeteiligten sollte dem Unternehmensverteidiger bzw. in größeren Wirtschaftsstrafverfahren mit zahlreichen externen Beratern einem eigens etablierten Projektmanager/Verfahrensmanager überlassen werden.[306]

II. Verfahren gegen den Compliance Officer

163   Wird ein Ermittlungsverfahren gegen den Compliance Officer eingeleitet, so ist er nicht mehr Zeuge, sondern Beschuldigter. Als Beschuldigter hat er nach § 137 StPO das Recht, in jeder Lage des Verfahrens einen Verteidiger zur Unterstützung hinzuzuziehen. Dieses Recht sollte er auch wahrnehmen. Der Strafverteidiger kann gem. § 147 Abs. 1 StPO[307] schon im Ermittlungsverfahren Akteneinsicht beantragen. Aufgrund der Komplexität von Wirtschaftsstrafverfahren und um eine effektive Verteidigung zu ermöglichen, muss der „Kampf" um eine frühzeitige Akteneinsicht zunächst im Vordergrund der Verteidigungstätigkeit stehen.[308] Denn ohne Kenntnis der konkreten Tatvorwürfe und

---

[303] *Wessing/Ahlbrecht*, Rn. 420; *Minoggio*, Rn. 568 ff.
[304] *Eidam*, Rn. 2945; *Wessing/Ahlbrecht*, Rn. 420.
[305] *Müller*, StV 2001, 649.
[306] Zu den einzelnen Projektorganisationsmöglichkeiten s. *Idler/Knierim/Waeber*, in: Knierim/Rübenstahl/Tsambikakis, § 4 Rn. 38 ff.
[307] Im Ordnungswidrigkeitsverfahren gilt das Akteneinsichtsrecht über die Verweisung in § 46 Abs. 1 OWiG entsprechend.
[308] *Minoggio*, Rn. 831, 848.

H. Der Compliance Officer im Strafverfahren

der diese stützenden Beweismittel kann die Entscheidung über Reden und Schweigen nicht seriös getroffen werden. Dennoch wird häufig die Akteneinsicht bis zum Abschluss der Ermittlungen wegen Gefährdung des Untersuchungszwecks versagt.[309] Der Verteidiger muss hier hartnäckig bleiben; teilweise kann die Bearbeitung des Akteneinsichtsgesuchs beschleunigt werden, wenn eine Stellungnahme zur Sache im Fall der Gewährung angekündigt wird. Dies kann im Interesse der Staatsanwaltschaft liegen, sofern sie bei ihren Ermittlungen auf Sachverhaltsschilderungen des Compliance Officers angewiesen ist.[310]

Weiterhin ist zu überlegen, ob und inwieweit sich mit den Individualverteidigern und dem Unternehmensverteidiger abzustimmen ist. Um eine richtige Einschätzung vornehmen zu können, muss der Compliance Officer seinen Verteidiger umfassend über die in Frage stehenden Sachverhalte, die involvierten Personen und ihre jeweilige Beteiligung informieren. Nur ein gut und wahrheitsgemäß informierter Verteidiger kann die richtige Entscheidung treffen. **164**

Im Gegensatz zur idealerweise umfassenden Information des Verteidigers steht das Verhalten gegenüber Vernehmungspersonen. Der Beschuldigte muss prinzipiell nichts sagen. Ihn trifft noch nicht einmal eine Wahrheitspflicht.[311] Sagt er aber die Unwahrheit, so ist er nicht von einer (weiteren) Strafbarkeit freigestellt, wenn die Unwahrheit als solche Straftatbestände wie beispielsweise den der falschen Verdächtigung gem. § 164 StPO erfüllt. Diese prozessualen Grundsätze besagen aber nichts über die praktischen Vor- oder Nachteile wahrer oder unwahrer Aussagen des Beschuldigten. Gerade in Wirtschaftsstrafverfahren, die – zumindest in Teilen – häufig auf eine konsensuale Verfahrensbeendigung ausgerichtet sind, ist oft kooperatives Verhalten des Beschuldigten gefordert – sei es in seinem Interesse, sei es in dem des Unternehmens. Der Compliance Officer hat dann durch seine Aussage zur Aufklärung der Tatvorwürfe beizutragen. Stellt sich die Aussage bei einer Überprüfung als falsch heraus, so wird sich eine signalisierte Bereitschaft zur Verfahrenseinstellung erledigt haben. **165**

Gefördert wird die Bereitschaft zum Dialog durch die Vorschrift des § 160b StPO, nach der auch im Ermittlungsverfahren Rechtsstandpunkte und Sachverhaltssichtweisen abgestimmt werden können.[312] Erst wer die Ziele der Staatsanwaltschaft kennt, wird strategische Maßnahmen wirkungsvoll initialisieren können. Hinzu kommt, dass Missverständnissen bereits zu Beginn der Ermittlungen entgegengetreten werden kann. Haben sich diese dagegen festgesetzt, so wird ein Gegensteuern immer schwieriger.[313] In Gesprächen mit der Staatsanwaltschaft kann auch über die Begrenzung des Verfahrensstoffs nach §§ 154 ff. StPO debattiert werden. Hiernach kann der Verfahrensstoff auf bestimmte Vorwürfe konzentriert und die Beteiligung/Unterlassung des Compliance Officers in Relation zu den anderen Straftaten im Unternehmen gesetzt werden.[314] **166**

Zu Vernehmungen jeglicher Art – sei es durch Polizeibeamte, Staatsanwälte oder Richter – sollte sich der Compliance Officer von seinem Verteidiger begleiten lassen. Während für staatsanwaltschaftliche und richterliche Vernehmungen ein Anwesenheitsrecht des Verteidigers gesetzlich vorgesehen ist (§§ 168c, 163 Abs. 3 StPO), ist ein solches für polizeiliche Vernehmungen nicht ausdrücklich geregelt. Faktisch kann das An- **167**

---

[309] Beispiele bei *Schmitt*, in: Meyer-Goßner/Schmitt, § 147 Rn. 21.
[310] *Wessing*, in: Wessing/Dann, § 6 Rn. 35; *Minoggio*, Rn. 846 ff.
[311] BGH NStZ 2005, 517 (518); *Schmitt*, in: Meyer-Goßner/Schmitt, § 136 Rn. 18.
[312] *Schmitt*, in: Meyer-Goßner/Schmitt, § 160b Rn. 1.
[313] Zu diesem sog Ankereffekt s. http://de.wikipedia.org/wiki/Ankerheuristik.
[314] *Pfordte*, in: Dölling/Duttge/Rössner, § 154 Rn. 1, 6; *Schmitt*, in: Meyer-Goßner/Schmitt, § 154 Rn. 3.

wesenheitsrecht aber durchgesetzt werden, indem dem Vernehmenden signalisiert wird, dass der Beschuldigte nur im Beisein seines Verteidigers erscheinen und aussagen wird.³¹⁵ Auch der juristisch geschulte Compliance Officer sollte sich eines Beistandes bedienen. Gerade wer gewohnt ist, selbst zu gestalten und anderen auf Augenhöhe entgegenzutreten, ist in der Situation einer Vernehmung hoffnungslos unterlegen. Er kennt weder die ungeschriebenen Regeln noch die psychologischen und verfahrensmäßigen Regeln³¹⁶ einer Vernehmung.

168 Eine andere Frage ist, ob der Compliance Officer die Kronzeugenregelung nach § 46b StGB in Anspruch nehmen will. Bei Wirtschaftsstraftaten wird sich zumeist eine Anknüpfungstat gemäß dem Straftatenkatalog in § 100a Abs. 2 StPO finden lassen. Kann sich der Compliance Officer erfolgreich auf die Kronzeugenregelung berufen, so ist seine Strafe nach § 49 Abs. 1 StGB zu mildern. Die Berufung auf § 46a StGB muss freiwillig und vor Eröffnung des Hauptverfahrens durch Beschluss erfolgen.³¹⁷ Zu bedenken bleibt jedoch, dass die Offenlegung des ganzen Ausmaßes strafrechtlich relevanter Handlungen trotz Milderungsmöglichkeit der Kronzeugenregelung per Saldo zu einer höheren Individualstrafe führen kann. Bevor man also diesen Schritt wagt, ist auf jeden Fall eine sorgfältige Analyse und Prüfung zusammen mit dem Verteidiger vorzunehmen. Daneben sind Konsequenzen am Arbeitsplatz zu bedenken. Zwar ist nach einer Entscheidung des EGMR selbst die Strafanzeige von Rechtsverstößen im Unternehmen kein Kündigungsgrund mehr,³¹⁸ jedoch wird hierdurch vielfach das Arbeitsumfeld vergiftet sein. Dies gilt insbesondere für Compliance Officer, denen eine besondere Vertrauensstellung im Unternehmen zukommt.

169 Kommt es trotz aller Bemühungen zu einem Hauptverfahren, so stehen dem Compliance Officer alle Rechte und Pflichten als Angeklagter zur Verfügung. Kernstück des Hauptverfahrens ist die Hauptverhandlung, in der unabhängig von den vorangegangenen Ermittlungen noch einmal sämtliche Beweise erhoben werden.³¹⁹ Generelle Aussagen über die Vertretung der Interessen des Compliance Officers in der Hauptverhandlung verbieten sich angesichts der jeweils individuellen Ausrichtung im Einzelfall.³²⁰

I. Fazit

170 Der Compliance Officer ist im Rahmen seiner Tätigkeit hauptsächlich den allgemeinen Regeln auch des Strafrechts unterworfen, insofern ergeben sich keine Besonderheiten. Allerdings ist seine Verantwortung im Rahmen des ihm vertraglich zugeschriebenen Verantwortungsbereiches zugleich Anknüpfungspunkt für den Vorwurf von Unterlassungstaten. Wenn er seine Aufgaben nicht oder nur (fahr)lässig wahrnimmt, droht ihm Strafbarkeit.

---

[315] *Dahs*, Rn. 232.
[316] Stichwort „erlaubte List".
[317] Zu den Voraussetzungen im Einzelnen vgl. *Fischer*, § 46b Rn. 8 ff.
[318] EGMR NJW 2011, 3501; hierzu auch *Ulber*, NZA 2011, 962.
[319] *Meyer-Goßner*, in: Meyer-Goßner/Schmitt, § 261 Rn. 6 ff.
[320] Zur Verteidigung in der Hauptverhandlung ausführlich *Malek*, Rn. 207 ff.

§ 10. Zusammenarbeit mit Ombudsleuten und Whistleblower-Systeme

Dr. Rainer Buchert

Übersicht

	Rn.
A. Einleitung	1
B. Hinweisgebersysteme im Überblick	3
C. Ombudsleute	16
I. Die Entwicklung des Ombudsmann-Systems	18
II. Rechtliche Einordnung externer Ombudspersonen	20
1. Zivilrechtlich	21
2. Strafrechtlich – strafprozessrechtlich	24
3. Datenschutzrechtlich	30
III. Aufgaben, Rechte und Pflichten externer Ombudspersonen	37
IV. Auswahl von Ombudspersonen – Anforderungsprofil	45
V. Vertrag mit der Ombudsperson	52
VI. Besondere Probleme	55
1. Umgang mit anonymen Hinweisen	56
2. Strafbarkeitsrisiken für Hinweisgeber und Ombudspersonen	63
3. Beschlagnahme von Unterlagen einer Ombudsperson	72
4. Rechtsberatung durch Ombudspersonen	77
D. Andere Hinweisgebersysteme	80
E. Verantwortlichkeiten des Compliance Officers im Zusammenhang mit Hinweisgebersystemen	87
I. Der Compliance Officer als interner Ansprechpartner	91
II. Der Compliance Officer im Dialog mit Ombudspersonen	92
III. Datenschutzrechtliche Aspekte	98
F. Fazit und Ausblick	112

Literatur: *Bernhard*, Rechte und Pflichten externer Ombudspersonen, CCZ 2014, 152 ff.; *Bock*, Criminal Compliance, 2011; *Böhm*, Non-Compliance und Arbeitsrecht, 2011; *C. Buchert*, Der Irrweg der EU – Kommission – Zu den Überlegungen über die Einführung einer staatlichen Whistleblower-Prämie, CCZ 2013, 144 ff.; *R. Buchert*, Der externe Ombudsmann – ein Erfahrungsbericht, CCZ 2008, 148 ff.; *ders.*, Erfahrungen als Ombudsmann für Korruptionsbekämpfung, Kriminalistik 2006, 666 ff.; *Gräfin v. Galen*, Anmerkung zu Beschluss vom 15.10.2010 – 608 Qs 18/10, NJW 2011, 945 ff.; *Goeckenjan*, Die neuen Strafvorschriften nach dem sog. Trennbankengesetz, wistra 2014, 201 ff.; *Goers*, Der Ombudsmann als Instrument unternehmensinterner Kriminalprävention, 2010; *v. Heinrich ua* (Hrsg.), Festschrift für Roxin, 2011; *Ignor/Jahn*, Der Staat kann auch anders – Die Schweizer Daten-CDs und das deutsche Strafrecht, NJW 2010, 390 ff.; *Jahn/Kirsch*, Anmerkung zu LG Mannheim, Beschluss vom 3.7.2012 – 24 Qs 1, 2/12, NStZ 2012, 718 ff.; *Jakob*, Rezension Schimmel/Ruhmannseder/Witzigmann, Hinweisgebersysteme, 2012, WiJ 2012, 286 ff.; *Joussen*, Sicher Handeln bei Korruptionsverdacht, 2010; *Mosbacher/Dierlamm*, Anmerkung zu BGH, Urteil vom 17.07.2009 – 5 StR 394/08, NStZ 2010, 268 ff.; *Schemmel/Ruhmannseder/Witzigmann*, Hinweisgebersysteme, 2012; *Schuster*, Anmerkung zu LG Hamburg, Beschluss vom 15.10.2010 – 608 Qs 18/10, NZWiSt 2012, 28 ff.; *ders.*, Anmerkung zu LG Mannheim, Beschluss vom 3.7.2012 – 24 Qs 1/12; 24 Qs 2/12, NZWiSt 2012, 431 ff.; *ders.*, Zur

§ 10. Zusammenarbeit mit Ombudsleuten und Whistleblower-Systeme

Beschlagnahme von Unterlagen aus unternehmensinternen Ermittlungen im Kartellbußgeldverfahren, NZKart 2013, 191 ff.; *Többens*, Wirtschaftsspionage und Konkurrenzausspähung in Deutschland, NStZ 2000, 505 ff.; *Wybitul*, Whistleblowing – datenschutzkonformer Einsatz von Hinweisgebersystemen? – Für und Wider zum rechtskonformen Betrieb, ZD 2011, 18 ff.

A. Einleitung

1   Der Compliance Officer ist zum einen unternehmensintern „der" Ansprechpartner für Mitarbeiter, die einen Hinweis auf Verdachtsfälle von Straftaten oder sonstige Compliance-Verstöße geben möchten. Zum anderen wird er, soweit die Zuständigkeiten intern nicht anders geregelt sind[1], mit Hinweisgebersystemen arbeiten müssen, wenn das Unternehmen ein solches eingerichtet hat. Insofern ist er typischerweise das Pendant zu einer externen Ombudsperson[2] und Empfänger vertraulicher Berichte. Betreibt das Unternehmen ein technisches Hinweisgebersystem werden die darüber generierten Hinweise bei dem Compliance Officer oder seinem Büro eingehen, wo sie bearbeitet werden müssen.

2   Ein Compliance Officer sollte mit Hinweisgebersystemen nicht nur arbeiten, sondern auch das Selbstverständnis haben, sie mitzugestalten und weiterzuentwickeln. Das setzt voraus, dass er sich mit den rechtlichen Rahmenbedingungen dazu auseinandersetzt und die Erfahrungen der Praxis für seine konkrete Aufgabenstellung zu nutzen vermag.

B. Hinweisgebersysteme im Überblick

3   Es kann als gesicherte Erfahrungstatsache gelten, dass viele Straftaten in Wirtschaftsunternehmen – sowohl Wirtschaftsstraftaten als auch Straftaten der sog Allgemeinkriminalität – ohne Hinweise aus der Mitarbeiterschaft, von Geschäftspartnern oder sonstigen Dritten nicht aufgeklärt werden können. Das gilt primär für Korruptionsdelikte, die als „opferlose Straftaten" von zwei Tätern geprägt sind, aber auch für andere Delikte. Zu den Erfahrungen der Praxis gehört aber auch, dass Hinweisgeber („Whistleblower") oftmals Repressalien ausgesetzt sind, wenn sie in Unternehmen auf einen Verdacht von Straftaten oder auf Missstände hinweisen.[3] Daher gibt es gute Gründe, neben den internen Ansprechpartnern – Vorgesetzte, Compliance Officer, den Leitern von Revision, Personal- oder Rechtsabteilung – noch externe Wege anzubieten, auf denen vertrauliche Hinweise gegeben werden können. Alle dazugehörigen, denkbaren Institu-

---

[1] Für das Hinweisgebersystem zeichnet sich bisweilen auch die Revision verantwortlich, vor allem dann wenn eine Arbeitsteilung dahingehend erfolgt ist, dass sie für interne Ermittlungen und der Compliance-Bereich für Grundsatzfragen, strategische Maßnahmen und Fortbildung zuständig ist.
[2] In diesem Beitrag wird überwiegend der Begriff „Ombudsperson" gebraucht, im Einzelfall je nach Kontext auch „Ombudsmann", „Ombudsfrau" oder Ombudsleute. Die verschiedenen Begriffe meinen jedoch das Gleiche und werden daher im Folgenden synonym verwendet.
[3] Beispielhaft sei der Fall der Tierärztin Herbst genannt. Sie wurde durch die Aufdeckung der Anfänge des deutschen BSE-Skandals 1994 bekannt. Ein Fernsehinterview, mit dem sie den Sachverhalt öffentlich machte, hatte die Folge, dass der amtlichen Tierärztin für Fleischhygiene gekündigt wurde.

B. Hinweisgebersysteme im Überblick

tionen und Einrichtungen werden ungeachtet ihrer Unterschiedlichkeit unter dem Begriff Hinweisgebersysteme zusammengefasst. Hinweisgebersysteme sind wiederum als wichtiger Baustein oder gar Herzstück eines Compliance-Management-Systems zu begreifen. Sie ermöglichen eine verstärkte Aufklärung von Straftaten und schweren Unregelmäßigkeiten mit oft hohem Schadenspotential zum Nachteil des Unternehmens. Vermieden werden dadurch unmittelbare wirtschaftliche Schäden und Ruf- und Reputationsschäden mit oft weitreichenden Folgen. Neben der Aufklärung einer Straftat ist immer auch zu sehen, dass damit die Fortsetzung weiterer Schädigungen unterbunden wird und eine generalpräventive Wirkung eintritt. Hinweisgebersysteme sind zugleich ein wichtiges Instrument zur Risikofrüherkennung.

Es gibt verschiedene Möglichkeiten, wie vertrauliche Hinweise generiert und entgegengenommen werden können.[4] Diese verschiedenen Vorgehensweisen können alternativ, parallel oder in Kombination erfolgen. Die wesentlichen Hinweisgebersysteme sind externe Ombudspersonen und IT-gestützte Systeme. Call-Center spielen eine untergeordnete Rolle und stellen in der Regel keine akzeptable Lösung dar, weil sie weder dem Schutzbedürfnis des Hinweisgebers noch den fachlichen Aufgabenstellungen Rechnung tragen.[5]

Fast alle Unternehmen haben außerdem interne Ansprechpartner benannt, meist innerhalb der Compliance-Abteilung, die telefonisch oder per E-Mail unmittelbar angesprochen werden können.[6]

Auch wenn keine eindeutige Rechtspflicht zur Einrichtung dieser Systeme besteht, können sich solche Verpflichtungen im Einzelfall de facto gleichwohl aufdrängen.[7] Maßgebend dafür ist vor allem die Struktur und das jeweilige konkrete Gefährdungs- und Risikopotential eines Unternehmens.[8] Erhöhte Rechtspflichten zur Einrichtung eines Hinweisgebersystems können sich aber auch daraus ergeben, dass es in der Vergangenheit in einem Unternehmen bereits zu Straften gravierender Art gekommen ist.

Ein risikobasierter Compliance-Ansatz findet sich gesetzlich – das ist derzeit die Ausnahme – bei Finanz- und Kreditinstituten in den §§ 25c, 25d und § 25f KWG.[9] Ihnen ist auch ausdrücklich vorgegeben, einen Prozess zu gewährleisten, der es Mitarbeitern unter Wahrung der Vertraulichkeit ihrer Identität ermöglicht, Verstöße gegen die Verordnung (EU) Nr. 575/2013 oder gegen dieses Gesetz oder die aufgrund dieses Gesetzes erlassenen Rechtsverordnungen, sowie etwaige strafbare Handlungen innerhalb des Unternehmens an eine geeignete Stelle zu berichten (§ 25a Abs. 1 S. 6 Nr. 3 KWG).

Unter dem Aspekt des Rechts auf freie Meinungsäußerung hat der EGMR die Bedeutung von Hinweisen von Mitarbeitern auf mögliche Straftaten hervorgehoben.[10] Deutsche Arbeitsgerichte verlangen in diesem Zusammenhang jedoch nach wie vor, dass Hinweisgeber zunächst (in zumutbarer Weise) interne Wege nutzen, um Abhilfe zu schaffen, ehe sie sich über ihre gegenüber dem Arbeitgeber bestehende Treue-

---

[4] Einen Kurzüberblick über die unterschiedlichen Meldeverfahren bieten *Pauthner-Seidel/Stephan*, in: Hauschka, Corporate Compliance, § 27 Rn. 111 ff.
[5] *Buchert*, CCZ 2008, 148.
[6] Ob man dies als Hinweisgebersystem bezeichnen sollte, sei dahingestellt.
[7] Anschaulich dazu *Wybitul*, ZD 2011, 118.
[8] Die Branche, die konkrete Art der Geschäftstätigkeit, die Größe eines Konzerns, seine Internationalität und Aktivitäten in bestimmten Ländern sind ua Indizien für die Gefahr von Rechtsverstößen.
[9] S. in diesem Zusammenhang auch die grundlegenden Ausführungen zu den neuen Strafvorschriften nach dem sog Trennbankengesetz bei *Goeckenjan*, wistra 2014, 201.
[10] EGMR Urt. v. 21.7.2011 – 28274/08 – Heinisch.

pflicht[11] hinwegsetzen und die Öffentlichkeit oder Strafverfolgungsbehörden informieren dürfen. Besteht ein Hinweisgebersystem, wird der Mitarbeiter regelmäßig verpflichtet sein es in Anspruch zu nehmen. Vor diesem arbeitsrechtlichen Hintergrund sind Hinweisgebersysteme auch als wesentlicher Beitrag zu sehen, Hinweise auf Straftaten und Unregelmäßigkeiten „im Unternehmen zu halten".

9 Die organisatorischen Anforderungen an Hinweisgebersysteme sind so unterschiedlich wie es Unternehmen sind. Kleine mittelständische Unternehmen können sich mit einfacheren Strukturen begnügen als große, global agierende Firmen. So wie das Compliance-Management-System maßgeschneidert sein muss, so bedarf es auch bei Hinweisgebersystemen der Anpassung an Größe, Struktur und Risikopotentiale.

10 Essentielle Anforderungen an Hinweisgebersysteme sind hingegen klare Regelungen,

- wer Hinweise abgeben darf/soll,
- auf welchem Wege dies möglich ist,
- und welche Rechtsverstöße und Unregelmäßigkeiten gemeldet werden sollen.

11 Es muss also entschieden werden, ob nur Mitarbeiter das Hinweisgebersystem nutzen sollen oder es auch Dritten, wie zB Geschäftspartnern, zur Verfügung stehen soll. Die gesetzliche Verpflichtung von Unternehmensverantwortlichen, „alle verfügbaren Informationsquellen" auszuschöpfen, um Risiken zu erkennen,[12] aber auch Erfahrungen der Praxis sprechen dafür, alle potentiellen Hinweisgeber zuzulassen. Die mitunter geäußerte Sorge, dass diese weite Öffnung eine Flut von Hinweisen beschert, ist regelmäßig unbegründet. Das Argument, mit der Beschränkung auf Mitarbeiter Kundenbeschwerden zu vermeiden, lässt sich mit guter Kommunikation bei der Umsetzung entkräften. Es gibt auch keinen Erfahrungssatz dahingehend, dass ein uneingeschränkter Zugang zum Hinweisgebersystem das Risiko eines Missbrauchs erhöht. Man sollte sich einfach klarmachen, dass jede Einschränkung die Möglichkeiten reduziert, wichtige Hinweise zu erlangen. Die Praxis zeigt, dass immerhin etwa ein Drittel aller Hinweise von externen Personen stammen.[13]

12 Oftmals werden Hinweisgebersysteme in zwei Schritten implementiert. Zunächst wird nur die Belegschaft informiert, zB im Intranet und/oder über andere unternehmensinterne Kommunikationskanäle. Später erfolgt dann die Information über das Internet/die Homepage und Schreiben an Geschäftspartner. Der damit verbundene oftmals hohe Aufwand rechtfertigt in jedem Fall ein solches Vorgehen.

13 Schließlich gilt es seitens des Unternehmens klarzumachen, welche Rechts- und Ordnungsverstöße im Fokus stehen sollen. Dabei sollte eine Eingrenzung auf Kernthemen erfolgen. Das ist zum einen eine ganz praktische Frage, weil ein Hinweisgebersystem keine Einrichtung für Beschwerden sein und kein Kummerkasten werden soll. Solche Mitteilungen können diesen wichtigen Kommunikationsweg verstopfen oder zumindest sehr belasten. Wichtiges kann dabei unter die Räder kommen. Eine fehlende oder unzureichende Fokussierung auf Straftaten und schwere Unregelmäßigkeiten ist nicht nur unprofessionell. Sie ist zugleich datenschutzrechtlich bedenklich, weil damit regelmäßig

---

[11] Diese ergibt sich aus § 241 Abs. 2 BGB.
[12] Sie ergibt sich aus der Sorgfaltspflicht des Vorstands oder Geschäftsführers §§ 93 AktG, 43 GmbHG; s. auch BGH NJW 2008, 333.
[13] *Buchert/Jacob-Hofbauer*, in: Knierim/Rübenstahl/Tsambikakis, 8. Kap. Rn. 49.

gegen den Grundsatz der Verhältnismäßigkeit verstoßen wird.[14] Gehen über das Hinweisgebersystem überwiegend arbeitsrechtliche Sachverhalte und allgemeine Beschwerden ein, sollte der Compliance Officer die Beschreibung der Meldeinhalte dringend überprüfen und sie ggf. präzisieren.

Bei der Kommunikation der Meldeinhalte empfiehlt sich daher beispielsweise die auch Laien verständliche Formulierung, dass man über das Hinweisgebersystem „Verdachtsfälle von Korruption, anderen wirtschaftskriminellen Straftaten oder ähnlich schwere Unregelmäßigkeiten, die das Unternehmen schädigen können, melden kann". Damit sind Beschwerden und Bagatellfälle deutlich ausgegrenzt.

Über aus dem jeweiligen Arbeits- und Pflichtenkreis sich ergebende Meldeverpflichtungen arbeitsrechtlicher Art hinaus sollte man Mitarbeiter nicht generell zur Abgabe von Hinweisen verpflichten.[15] Richtiger ist es, sie in geeigneter Weise dazu zu ermutigen.[16]

C. Ombudsleute

Von Systemen für Hinweisgeber, auch Whistleblower genannt, hat sich die inzwischen sehr verbreitete Institution des Ombudsmanns am stärksten durchgesetzt und vor allem bei der Korruptionsbekämpfung bewährt.[17] Der Begriff Ombudsmann ist wenig glücklich gewählt. Die hier in Rede stehende Funktion hat nichts mit einem Schlichter[18] zu tun, was aber angesichts von vorhandenen institutionellen Ombudsmännern mit solchen Aufgaben, zB bei Versicherungen und Banken, nicht selten missverstanden und in der Folge verwechselt wird. Treffender wäre der Begriff Vertrauensanwalt, der sich aber nicht etabliert hat. Zum anderen gibt es zwischenzeitlich eine Reihe von Frauen in diesen Funktionen, was dazu führt, dass statt Ombudsmann zunehmend Vokabeln wie Ombudsperson oder Ombudsstelle gebraucht werden, nur vereinzelt auch Ombudsfrau.

Ombudspersonen stehen also außerhalb eines Unternehmens, sind aber dennoch Bestandteil ihrer Compliance-Struktur, ohne jedoch irgendwelchen Weisungen oder Kontrollen durch das Unternehmen zu unterliegen. Die Weisungs- und Kontrollfreiheit eines Ombudsmanns/einer Ombudsfrau ist sogar ein wesentliches Kriterium.

I. Die Entwicklung des Ombudsmann-Systems

Als erstes großes Unternehmen hat im Jahre 2000 die Deutsche Bahn AG zwei Ombudsmänner berufen und in diesem Zusammenhang ein Compliance-System geschaffen.[19] Auch wenn dieses heute rückblickend insgesamt eher rudimentär erscheint, war

---

[14] Das ist oft der Fall, wenn über Hinweisgebersysteme personenbezogene Daten erhoben werden, obwohl es sich nur um Beschwerden oder Bagatellsachverhalte handelt.
[15] Instruktiv zu Mitwirkungspflichten eines Arbeitnehmers bei der Aufklärung von compliance-relevanten Sachverhalten vgl. *Böhm*, S. 147 ff.
[16] Dabei empfiehlt sich, auf die Loyalität der eigenen Mitarbeiter zu setzen und nicht finanzielle Motive zu fördern. Zur Problematik von Prämienzahlungen vgl. *C. Buchert*, CCZ 2013, 144.
[17] *Jakob*, WiJ 2012, 286 (287) mwN.
[18] Ursprünglich kommt der Begriff Ombudsmann aus dem Schwedischen und beschreibt einen Vermittler/Schlichter in streitigen Angelegenheiten.
[19] Näher dazu *Buchert*, Kriminalistik 2006, 666 (667).

das eine Pionierleistung, die für die interne Bekämpfung von Korruption und anderen Wirtschaftsdelikten Maßstäbe gesetzt hat. Infolge einer „Zero-Tolerance-Politik" konnte die Bahn bald über eine Vielzahl eingeleiteter Strafverfahren berichten. Schon nach kurzer Zeit war es ihr auch gelungen, aufgrund der Hinweise an die Ombudsmänner hohe Schadenersatzforderungen zu realisieren. Sie nutzte diese Hinweise auch, um bei einem dringenden Tatverdacht Zulieferer von weiteren Auftragsvergaben zu sperren, was sich als durchaus scharfes Schwert erwies.

19 Dem Beispiel der Deutschen Bahn AG folgte Anfang 2006 die Volkswagen AG. Das Unternehmen hatte erstmals ein Hinweisgeber-System mit zwei Ombudsleuten auch international ausgerollt und erfolgreich weltweit implementiert, während das System der Bahn noch rein national ausgerichtet war. Der „Siemens-Skandal" 2007 brachte dann Dynamik in die weitere Entwicklung. Eine Vielzahl von großen Unternehmen mandatierte in den Folgejahren sukzessive Ombudsmänner, während der Mittelstand nur zögerlich folgte und auch heute zum Teil noch nicht einmal von der Notwendigkeit eines Compliance-Management-Systems überzeugt ist. Zwischenzeitlich haben auch einige Behörden Ombudsleute berufen. Gleichzeitig erweiterte sich das ursprünglich vor allem auf Korruption und ihre Begleitdelikte fixierte Spektrum dahingehend, dass der Fokus nun auf alle wirtschaftskriminelle Handlungen, Kartelldelikte und auch Straftaten allgemeiner Art gerichtet ist.[20]

II. Rechtliche Einordnung externer Ombudspersonen

20 Der Rechtsrahmen, in dem eine Zusammenarbeit zwischen Compliance Officer und Ombudsperson stattfindet, wird wesentlich durch die rechtliche Einordnung von Ombudsmännern und Ombudsfrauen hinsichtlich ihrer Aufgaben, Rechte und Pflichten bestimmt.

1. Zivilrechtlich

21 Zunächst ist festzuhalten, dass eine Ombudsperson von dem Unternehmen mandatiert wird. Das Mandatsverhältnis besteht daher ausschließlich zwischen dem beauftragenden Unternehmen und der Ombudsperson in Form eines Geschäftsbesorgungsvertrags. Auch dienstvertragliche Elemente mögen sich damit verbinden.[21] In dieses Mandatsverhältnis ist der Hinweisgeber als Dritter einbezogen. Zu ihm besteht aber keinesfalls ein Mandatsverhältnis. Man könnte allerdings von einem Vertrag mit Schutzwirkung für Dritte sprechen, weil dem Hinweisgeber der Schutz seiner Identität versichert und darauf fußend ein Angebot besonderer Vertraulichkeit unterbreitet wird.[22] Angesichts der berufsständisch verankerten und zugleich strafbewehrten anwaltlichen Verschwiegenheitspflicht,[23] dem anwaltlichen Zeugnisverweigerungsrecht[24] und dem grundsätzlichen Verbot einer Beschlagnahme anwaltlicher Akten[25] kann ein Hinweisgeber der Ombudsperson berechtigt hohes Vertrauen entgegenbringen, was in

---

[20] *Buchert/Jacob-Hofbauer*, in: Knierim/Rübenstahl/Tsambikakis, 8. Kap. Rn. 32.
[21] S. dazu auch schon BGH NJW 2004, 2817.
[22] *Schemmel/Ruhmannseder/Witzigmann*, S. 172; *Buchert*, CCZ 2008, 150.
[23] § 43a Abs. 2 BRAO und § 2 BerufsO, § 203 StGB.
[24] § 53 Abs. 1 Nr. 3 StPO.
[25] § 160a Abs. 1 StPO.

C. Ombudsleute

der Praxis auch regelmäßig der Fall ist. Man kann pointiert sagen, dass auf diesem Vertrauen und dem absoluten Schutz der Identität des Hinweisgebers das gesamte System beruht.

> **Hinweis:** Um dieses Vertrauen nicht in Zweifel zu ziehen, sollte das Unternehmen unwiderruflich auf Auskunfts- und Herausgabeansprüche aus dem Geschäftsbesorgungsvertrag (§ 675 iVm §§ 666, 667 BGB) verzichten und dies intern auch kommunizieren.[26]

22

Eine bisweilen geforderte Ausnahmeregelung für Hinweisgeber, die nachweislich bewusst unwahre Tatsachen behaupten,[27] erscheint – abgesehen von den Schwierigkeiten tatsächlicher Art in der Beweisführung – innerhalb eines Ombudssystems rechtlich nicht ohne weiteres möglich, da die auf § 203 StGB fußende Verschwiegenheitspflicht nicht disponibel ist und nur wenige Ausnahmen kennt. Dies sind im Wesentlichen gesetzliche Offenbarungspflichten und Befugnisse[28] und der rechtfertigende Notstand (§ 34 StGB). Die Wahrnehmung berechtigter Interessen erscheint als Rechtfertigungsgrund zweifelhaft. Die aufgeworfene Frage reduziert sich indes auf einen mehr akademischen Streit. Denn die Praxis zeigt, dass Personen, die sich der Ombudsperson anvertrauen, grundsätzlich nicht denunzieren.[29] In Einzelfällen, in denen ein solcher Verdacht aufkommt, ist der die Verleumdung (§ 187 StGB) voraussetzende Vorsatz in der Regel nicht beweisbar oder der Hinweisgeber nicht bekannt, weil der Hinweis anonym gegeben wurde.

23

2. Strafrechtlich – strafprozessrechtlich

Aus dem Voranstehenden ergibt sich bereits, dass die externe Ombudsperson dem strafrechtlichen Geheimnisschutz des § 203 StGB unterliegt. Der Schutzbereich des Privatgeheimnisses ist weit auszulegen. Umfasst sind Tatsachen aller Art, die zum persönlichen Lebensbereich gehören, aber auch Betriebs- und Geschäftsgeheimnisse. Dies gilt auch, soweit Mitarbeiter eines Unternehmens an einer Straftat beteiligt sind. Das Geheimhaltungsinteresse des Hinweisgebers ist auch bei einem illegalen Geheimnis zu bejahen.[30]

24

Die strafbewehrte Geheimhaltungspflicht entfällt auch nicht dadurch, dass zu dem Hinweisgeber kein Mandatsverhältnis begründet wird. Zwar stimmt die aus § 203 StGB resultierende Schweigepflicht mit dem Zeugnisverweigerungsrecht des § 53 StPO nicht überein.[31] Dem Geheimnisschutz des § 203 StGB unterfallen aber auch „Drittgeheimnisse", die ein Anwalt in seiner beruflichen Eigenschaft erfährt. Für das Zeugnis-

25

---

[26] *Hild*, AnwBl 2010, 641.
[27] *Bernhard*, CCZ 2014, 152; *Schemmel/Ruhmannseder/Witzigmann*, S. 173.
[28] Beispielhaft §§ 138 StGB, 807 ZPO, 159 Abs. 1 StPO, 202, 203 SGB VII, 100 SGB X, 31, 31a AO, weiterhin das TerrorismusbekämpfungsG, das GwG, das TKG und Regelungen zur Datenübermittlung.
[29] Dem Verfasser sind in 15-jähriger Berufspraxis bei rund 2000 Hinweisen und Hinweisgebern keine nachweislichen Fälle von Denunzierungen bekanntgeworden, soweit mit den Hinweisgebern persönliche Gespräche geführt worden sind.
[30] BGH NJW 2005, 2408.
[31] Das Zeugnisverweigerungsrecht geht weiter, weil es sich auch auf Tatsachen beziehen kann, die keine Geheimnisse sind.

§ 10. Zusammenarbeit mit Ombudsleuten und Whistleblower-Systeme

verweigerungsrecht wiederum ist der maßgebliche Gesichtspunkt, dass sich ein Hinweisgeber dem Ombudsmann „anvertraut". Genau dieses Anvertrauen wird durch § 53 StPO geschützt und steht nicht zur Disposition.

26   Auch wenn dem Unternehmen aufgrund der Nichtpreisgabe der Identität des Hinweisgebers ein Schaden droht – das wird bisweilen zB der Fall sein, wenn dadurch Schadensersatzansprüche nicht geltend gemacht werden können – bleibt es bei der Geheimhaltungspflicht. Ein wie auch immer geartetes Unternehmensinteresse ist regelmäßig nicht geeignet, einen Rechtfertigungsgrund gem. § 34 StGB (Notstand) zu begründen.

27   Nur in wenigen extrem Einzelfällen kann die Geheimhaltungspflicht durchbrochen werden. Selbst die Anzeigepflicht nach § 138 StGB ist für anwaltliche Ombudspersonen durch § 139 Abs. 3 S. 2 noch eingeschränkt. Die insoweit in Betracht kommenden Tatbestände[32] spielen in der Compliance-Praxis jedoch praktisch keine Rolle.[33] Sollten sie dennoch einmal Relevanz erlangen, ist das anwaltliche Zeugnisverweigerungsrecht kein Rechtfertigungsgrund.

28   Gegenüber Ermittlungsbehörden können sich Ombudspersonen mit anwaltlichen Privilegien grundsätzlich auf ihr Zeugnisverweigerungsrecht nach § 53 Abs. 1 S. 1 Nr. 3 StPO berufen, das durch das Beschlagnahmeverbot von § 97 StPO des § 160a StPO flankiert wird.[34] Dieses Zeugnisverweigerungsrecht gilt nicht nur für den Bereich der Rechtsberatung, sondern für alle sonstigen Tätigkeiten, die die besondere Vertrauensstellung eines Anwalts begründen.[35] Daher wird auch die Tätigkeit der Ombudsperson von diesem Privileg umfasst, obwohl sie regelmäßig keine Rechtsberatung darstellt.[36]

29   Im Ergebnis hat die anwaltliche Ombudsperson ein umfassendes Zeugnisverweigerungsrecht, das im Hinblick auf § 203 StGB zu einer Zeugnisverweigerungspflicht wird. Würde die Ombudsperson dennoch aussagen, würde dies neben der Strafbarkeit ggf. Schadensersatzansprüche auslösen, weil eine solche Aussage ungeachtet des rechtlichen Verstoßes wohl verwertbar ist.[37] In 15-jähriger Ombudsmann-Praxis hat der Verfasser allerdings keinen einzigen Fall erlebt, in dem Ermittlungsbehörden das Ansinnen hatten, ihn in einem Ombudsfall als Zeugen zu hören.[38]

3. Datenschutzrechtlich

30   Ombudspersonen erheben und nutzen personenbezogene Daten gemäß § 3 Abs. 1 BDSG, wenn sie Hinweise entgegennehmen. Datenschutzrechtlich stellt sich die Frage, ob die Erhebung, Verarbeitung und Nutzung personenbezogener Daten durch eine Ombudsperson eine Auftragsdatenverarbeitung nach § 11 BDSG darstellt oder ob insoweit von einer Funktionsübertragung auszugehen ist. Eine Auftragsdatenverarbeitung wäre für die Ombudsperson unkomplizierter, weil sie keine eigene Rechtsgrundlage benötigt und die gesamte datenschutzrechtliche Verantwortung bei dem Unternehmen läge, das

---

[32] Schwere Straftaten, wie zB Geiselnahme, erpresserischer Menschenraub oder Tötungsdelikte.
[33] So auch *Bernhard*, CCZ 2014, 152.
[34] Das Verhältnis beider Vorschriften ist bekanntermaßen noch nicht geklärt, vgl. LG Mannheim StV 2013, 616 mAnm *Jahn/Kirsch*, NStZ 2012, 718; *Schuster*, NZWiSt 2012, 431.
[35] BVerfGE 38, 323 und BGHSt 9, 61.
[36] Ebenso *Goers*, S. 127 und *Bernhard*, CCZ 2014, 156; näher zur Frage einer Rechtsberatung durch den Ombudsmann → Rn. 77 f.
[37] BGHSt 18, 146 (147).
[38] Der Hinweisgeber ist bei Ermittlungsverfahren als Zeuge meist entbehrlich, *Buchert*, Kriminalistik 2006, 667.

sie mandatiert. Soweit diese Auffassung vertreten wird,[39] stehen dem anerkannte Abgrenzungskriterien recht eindeutig entgegen. Wesentlich erscheint: Das Privileg eines Dienstleisters, Auftragsdatenverarbeitung zu betreiben, rechtfertigt sich nur über eine geringe Gefahr von Rechtsverletzungen infolge und bei entsprechender Kontrolle und Aufsicht. Von einer solchen Überwachung kann bei einer Ombudsperson aber keine Rede sein. So sprechen insbesondere die Selbständigkeit der anwaltlichen Ombudsperson und fehlende Weisungsbefugnisse und Kontrollen durch den Auftraggeber für eine Funktionsübertragung. Es ist daher bei der Erhebung, Verarbeitung und Nutzung personenbezogener Daten durch die externe Ombudsperson von eigenverantwortlichem Handeln iSv § 3 Abs. 7 BDSG auszugehen.

Müssen nun die Vorgaben der §§ 28 und 32 BDSG von Ombudspersonen beachtet werden? Das formale Argument, dass Betroffene keine Beschäftigten der Ombudsperson sind, wird dem Sinn und Zweck schwerlich gerecht. Da die externe Ombudsperson im Auftrag des Unternehmens handelt, das sie mandatiert hat, müssen für sie wohl auch gleiche datenschutzrechtliche Vorgaben gelten. Insbesondere die Anknüpfung des § 32 Abs. 1 BDSG an ein Beschäftigungsverhältnis stützt diese Sichtweise.[40]   31

Die umstrittene Frage, ob als Erlaubnistatbestand § 28 Abs. 1 S. 1 Nr. 2 BDSG oder § 32 BDSG maßgebend ist, bedarf hier keiner Vertiefung.[41] Letztlich muss sich die Ombudsperson strikt an dem Grundsatz der Verhältnismäßigkeit orientieren. Er kommt in den genannten Vorschriften durch den Begriff der „Erforderlichkeit" klar zum Ausdruck. Die Maßnahme muss danach geeignet und angemessen sein und das mildeste Mittel darstellen.[42]   32

Dies hat vor allem die Folge, dass Bagatellsachverhalte, die der Ombudsperson gemeldet werden, in der Regel nicht dem Unternehmen übermittelt werden dürfen. Maßgebend ist dabei im Einzelfall, ob der durch die Datenerhebung und -übermittlung erfolgende Eingriff in die Rechte eines Dritten – in der Regel einer Person, die einer Unregelmäßigkeit beschuldigt wird – verhältnismäßig ist. Dies wird bei kleineren Unregelmäßigkeiten, zB einem einmaligen Verstoß gegen interne Richtlinien ohne Schadensfolgen, regelmäßig zu verneinen sein. Bei einem Verdacht auf Straftaten mit geringem Unrechtsgehalt oder wenn es um lange zurückliegende, weniger schwerwiegende Straftaten geht, wird es zumindest zweifelhaft sein und einer sorgfältigen Prüfung bedürfen. Als Orientierung können die Leitlinien der Artikel-29-Datenschutzgruppe der EU-Kommission aus 2006 gelten.[43] Die Ombudsperson ist gut beraten, die in diesen Fällen zur Entscheidung führenden Abwägungen zu dokumentieren. Der Compliance Officer sollte offen dafür sein, Grenzfälle gemeinsam zu diskutieren, was ohne Namensnennung regelmäßig ohne Rechtsverletzung möglich ist.   33

---

[39] *Schemmel/Ruhmannseder/Witzigmann*, S. 280 ff.; wohl auch *Bernhard*, CCZ 2014, 154 (155).
[40] So auch *Wybitul*, ZD 2011, 121.
[41] § 28 Abs. 1 S. 1 Nr. 2 BDSG ist in jedem Falle ein tragfähiger Erlaubnistatbestand. Auch eine Betriebsvereinbarung kommt als Rechtsgrundlage in Betracht, soweit es um die Erhebung von personenbezogenen Daten von Mitarbeitern des Unternehmens geht.
[42] S. BAG Urt. v. 20.6.2013 – 2 AZR 546/12, NZA 2014, 143.
[43] Stellungnahme 1/2006 zur Anwendung der EU-Datenschutzvorschriften auf interne Verfahren zur Meldung mutmaßlicher Missstände in den Bereichen Rechnungslegung, interne Rechnungslegungskontrollen, Fragen der Wirtschaftsprüfung, Bekämpfung von Korruption, Banken- und Finanzkriminalität.

§ 10. Zusammenarbeit mit Ombudsleuten und Whistleblower-Systeme

34   Dem Compliance Officer muss bewusst sein, dass datenschutzrechtliche Verstöße durch die Ombudsperson dem Unternehmen zugerechnet werden und beispielsweise auch zu Beweisverwertungsverboten führen können.[44]

35   Zur Eigenverantwortung der Ombudsperson gehört nach hier vertretener Ansicht grundsätzlich auch die Entscheidung über die Information des Betroffenen zur Erhebung seiner personenbezogenen Daten (§ 33 Abs. 1 BDSG). Hier wird sich die Ombudsperson oftmals auf den Ausnahmetatbestand des § 33 Abs. 2 Nr. 3 BDSG berufen und davon absehen können. Soweit keine Ausnahme von der Benachrichtigungspflicht gegeben ist, kann es sachgerechter und diplomatischer sein, wenn vertraglich vereinbart wird, dass die Unterrichtung durch das Unternehmen erfolgt.

36   Der Pflicht zur Löschung personenbezogener Daten nach Zweckerfüllung (§ 35 Abs. 2 Nr. 3 BDSG) gilt nicht für die anwaltliche Ombudsperson, weil die gesetzlichen Aufbewahrungspflichten eines Anwalts vorgehen (§ 35 Abs. 3 Nr. 1 BDSG). Das hat aus Unternehmenssicht den Charme, dass die Ombudsperson oftmals über einen längeren Zeitraum über Unterlagen zu einem Compliance-Sachverhalt verfügt als das Unternehmen. Sollen solche Daten nach längerer Zeit dem Unternehmen nochmals zur Verfügung gestellt werden, muss seitens der Ombudsperson allerdings erneut geprüft werden, ob diese Datenübermittlung gerechtfertigt ist.

III. Aufgaben, Rechte und Pflichten externer Ombudspersonen

37   Externe Ombudspersonen haben primär die Aufgabe, Hinweise auf Rechtsverstöße und Unregelmäßigkeiten mit Bezug auf das Unternehmen, das sie mandatiert hat, vertraulich entgegenzunehmen und unter bestimmten rechtlichen Voraussetzungen[45] an eine von dem Auftraggeber bestimmte Stelle zu berichten. Abgesehen von datenschutzrechtlichen Grenzen kommt ihnen aber keine Filterfunktion dergestalt zu, dass sie selbst entscheiden können, ob ein Sachverhalt berichtet wird oder nicht.[46] Die fachliche Einordnung eines Sachverhalts findet beim Empfänger statt.[47] Das ist in den meisten Fällen der Compliance Officer oder das Compliance-Büro. Hauptzweck der Einschaltung von Ombudspersonen ist, dass die Identität des Hinweisgebers geschützt und die von ihm übermittelten Informationen ohne Nennung seines Namens weitergegeben werden können.

38   Daher sollte ein selbständiger Rechtsanwalt[48] oder eine selbständige Rechtsanwältin mit dieser Aufgabe betraut werden, um potentiellen Hinweisgebern die Angst zu nehmen, dass es aufgrund einer Offenlegung ihrer Identität zu Repressalien kommt. Solche Benachteiligungen von (bekanntgewordenen) Hinweisgebern sind, wie man regelmäßig den Medien entnehmen kann, durchaus an der Tagesordnung und reichen nach den

---

[44] S. dazu → Rn. 87 ff.
[45] Wesentliche Voraussetzungen sind die Entbindung von der anwaltlichen Verschwiegenheitspflicht und eine datenschutzrechtliche Rechtsgrundlage, insbesondere die Beachtung der Verhältnismäßigkeit.
[46] Ausnahmen stellen wirre oder von erkennbar Geisteskranken stammende Hinweise dar. Vor allem Personen aus dem Kreis schizophrener Erkrankungsformen suchen bisweilen die Kommunikation mit Ombudsleuten.
[47] Zu weitgehend insoweit *Goers*, S. 83 ff.
[48] Wirtschaftsprüfer haben zwar gleiche Privilegien wie Anwälte, können aber regelmäßig Hinweise hinsichtlich ihrer strafrechtlichen, arbeitsrechtlichen und zivilrechtlichen Relevanz nicht beurteilen. Gleicher Auffassung *Schemmel/Ruhmannseder/Witzigmann*, S. 171.

C. Ombudsleute

Erfahrungen des Verfassers von Mobbing über arbeitsrechtliche Sanktionen bis zu Entlassungen. In Einzelfällen waren auch schon Nötigungen und Erpressungen zu verzeichnen.

Auch wenn die Ombudsperson mit Zustimmung des Hinweisgebers und nach Befreiung von der anwaltlichen Verschwiegenheitspflicht anonymisierte Berichte verfasst, muss sie darauf achten, dass der in Rede stehende Sachverhalt nicht so strukturiert ist, dass allein seine Mitteilung Rückschlüsse auf den Hinweisgeber zulässt. Soweit dies zu befürchten ist – diese Frage sollte mit dem Hinweisgeber ausdrücklich erörtert werden – muss dieser auf das Risiko seiner Enttarnung hingewiesen werden. Ihm muss auch klar sein, welches Restrisiko er je nach Sachverhalt und der Kenntnis anderer dazu eingeht. Ggf. können Details eines Sachverhalts im Bericht an das Unternehmen weggelassen werden, wenn (nur) dadurch der Schutz der Identität gewährleistet werden kann. Da ein Ombudssystem vom Vertrauen getragen ist, das Hinweisgeber in es setzen, ist eine entsprechende Erörterung unabdingbar, die insoweit auch Beratungscharakter haben kann. Das System wird nur Bestand haben und funktionieren, wenn der Schutz der Identität des Hinweisgebers erste und höchste Priorität hat. Diesem Grundsatz muss sich (fast) alles unterordnen. 39

Neben dem Schutz der Identität des Hinweisgebers besteht auf dessen Seite regelmäßig auch ein Beratungsbedarf. 40

„Schätze ich die verdachtsbegründeten Umstände richtig ein?

Was wird durch meinen Hinweis ausgelöst?

Was passiert mit der Person, die ich ‚beschuldige'? Ich möchte nicht, dass der Betreffende entlassen wird."

Mit solchen und ähnlichen Fragen und Äußerungen wird die Ombudsperson regelmäßig konfrontiert. Oft besteht auch die Sorge auf Hinweisgeberseite, sich durch bisheriges Schweigen selbst strafbar gemacht zu haben.

„Entstehen mir Kosten?

Habe ich mit Konsequenzen zu rechnen, wenn ich mich irre?"

sind weitere typische Fragen, die Hinweisgeber bewegen. Ombudspersonen haben daher im Zusammenhang mit der Entgegennahme vertraulicher Hinweise auch die Aufgabe, potentielle Hinweisgeber zu dem Verfahren und den Abläufen zu beraten. Der Beratungs- und Betreuungsbedarf und seine kompetente Erfüllung ist ein ganz zentraler Punkt.[49] Darin liegt auch die Stärke des Ombudssystems und zugleich die Schwäche internetbasierter Systeme.[50]

Neben der Entgegennahme vertraulicher Informationen ist es auch Aufgabe von Ombudsleuten diese Informationen auf Schlüssigkeit zu prüfen und durch gezielte Fragen den Sachverhalt möglichst vollständig zu erfassen. Damit ist gemeint, dass das Wissen des Hinweisgebers „ausgeschöpft" werden sollte. Eine Erfahrungstatsache ist, dass dies oftmals erst in einem zweiten Gespräch möglich ist. Hinweisgeber sind Zeugen und 41

---

[49] Das betont auch *Joussen*, S. 25.
[50] So bereits *Buchert/Jacob-Hofbauer*, in: Knierim/Rübenstahl/Tsambikakis, 8. Kap. Rn. 38.

§ 10. Zusammenarbeit mit Ombudsleuten und Whistleblower-Systeme

Zeugen versäumen bisweilen wichtige Details anzusprechen, weil sie sie vergessen oder gerade nicht parat haben oder weil sie ihnen zunächst keine Bedeutung schenken. In bedeutenden oder komplexen Fällen sollte der Compliance Officer daher darauf hinwirken, dass ein zweites Gespräch mit dem Hinweisgeber geführt wird. Dazu können Fragen formuliert werden, die die Ombudsperson erneut an den Hinweisgeber herantragen und bei einem weiteren Zusammentreffen mit diesem erörtern kann.

42 Betont sei an dieser Stelle, dass nach erster Kontaktaufnahme per Telefon oder E-Mails grundsätzlich persönliche Gespräche mit Hinweisgebern erfolgen sollen. Sie schaffen erst die notwendige Vertrauensgrundlage und ermöglichen eine vertiefte Kommunikation. Sie werden von Hinweisgeberseite regelmäßig sehr begrüßt und nur äußerst selten abgelehnt. Dieser Grundsatz kann vernachlässigt werden, wenn der in Rede stehende Hinweis einen Bagatellsachverhalt oder Informationen betrifft, die erkennbar geringere Bedeutung haben. In diesen Fällen werden das persönliche Gespräch und der damit verbundene Reiseaufwand der Ombudsperson oft unverhältnismäßig sein.[51]

43 Neben der Ausschöpfung des Hinweisgebers als Informationsquelle sollte die Ombudsperson auch dessen Glaubwürdigkeit prüfen und soweit möglich dazu eine erste Einschätzung abgeben. Kommt er zB zu dem Ergebnis, dass die Motivation des Hinweisgebers stark persönlich unterlegt ist, er beispielsweise Rachemotive erkennen lässt, so wird der Compliance Officer durch diese Information in die Lage versetzt, den Vorgang mit erhöhter Sensibilität anzugehen.[52]

44 Eine Ombudsperson kann ihrer Aufgabe nur gerecht werden, wenn sie für potentielle Hinweisgeber auf allen üblichen Kommunikationswegen gut und unmittelbar erreichbar ist. Anwaltssekretariate mit „Abfangjägern" sind insoweit unangebracht. Auch Anrufer, die ihren Namen nicht sagen wollen, müssen ohne Rückfragen mit der Ombudsperson verbunden werden. Idealerweise sollte eine unmittelbare persönliche Erreichbarkeit der Ombudsperson gegeben sein, auch außerhalb üblicher Bürozeiten, da Hinweisgeber typischerweise Anrufe von ihrer Arbeitsstelle aus vermeiden. Anrufe nach 18.00 Uhr oder an Samstagen oder Sonntagen sind keine Seltenheit.

IV. Auswahl von Ombudspersonen – Anforderungsprofil

45 Compliance Officer werden oftmals vor die Aufgabe gestellt sein, selbst ein Hinweisgebersystem zu installieren, wesentliche Voraussetzungen dafür zu schaffen oder daran mitzuwirken. Soweit es um die Auswahl von Ombudspersonen geht, können sie sich an einem Anforderungsprofil[53] orientieren, das wie folgt skizziert werden kann:

- Zugelassener Rechtsanwalt oder Rechtsanwältin
- Gute Kenntnisse im Strafrecht, Strafprozessrecht, Zivilrecht, Arbeitsrecht, Datenschutzrecht, wesentlichen Teilen des GmbH- und Aktienrechts und unternehmensspezifischen Rechtsbereichen

---

[51] Grundsätze der Ökonomie haben nach hier vertretener Auffassung auch bei der Aufklärung von Unregelmäßigkeiten Geltung.

[52] Erfahrungsgemäß haben Hinweisgeber ganz überwiegend altruistische Motive. Soweit in Einzelfällen Rache oder Vergeltung eine Rolle spielen, gibt es keinen Erfahrungssatz dahingehend, dass derart motivierte Hinweise häufiger unzutreffend wären.

[53] Eingehend zum Anforderungsprofil eines Ombudsmanns auch *Schemmel/Ruhmannseder/Witzigmann*, S. 171 und *Buchert*, CCZ 2008, 151 (152).

C. Ombudsleute

- Vertraut mit Abläufen in Wirtschaftsunternehmen, ggf. der Branche
- Vertraut mit unternehmensinternen Recherchen, deren Voraussetzungen, Möglichkeiten und Grenzen (Internal Investigation)
- Vertraut mit kriminalistischen Methoden der Ermittlungsbehörden
- Erfahrung im Umgang mit Staatsanwaltschaft, Polizei, Zoll
- Erfahrungen auf strafrechtlichem Gebiet als Anwalt/Verteidiger
- Erfahrungen im Compliance-Bereich
- Gewährleistung möglichst umfassender Erreichbarkeit (24/7)
- Gewährleistung einer adäquaten Vertretung bei Verhinderung
- Sprachen – deutsch/englisch als Grundvoraussetzung
- Einfühlungsvermögen/psychologische Grundkenntnisse
- Betriebswirtschaftliches Grundverständnis
- Hohe soziale Kompetenz
- Reputation.

Fachanwälte für Strafrecht und „Strafrechtler" sind sicher besonders prädestiniert, die Aufgabe eines Ombudsmanns oder einer Ombudsfrau zu übernehmen.[54] 46

Bei der Auswahl verschiedener Bewerber oder in Frage kommender Personen sollten nur freie Anwälte als Ombudspersonen in Betracht gezogen werden.[55] Diese sollten wirtschaftlich unabhängig sein, dh eine Reihe von anwaltlichen Mandaten haben und nicht ihren wesentlichen Lebensunterhalt aus dem zu vergebenden Mandat bestreiten müssen. Berufsanfänger werden schon mangels Erfahrung regelmäßig ausscheiden.

Keinesfalls sollte **eine Kanzlei** als Ombudsstelle fungieren, indem unterschiedliche Anwälte sich eingehender Hinweise annehmen. Die Ombudsperson muss stets individualisiert sein, ein „Gesicht" haben. Dabei ist es durchaus möglich, zwei Anwälte als Ombudspersonen zu benennen.[56] 47

Eine räumliche Nähe zum Unternehmen sollte in kleineren Städten oder ländlich geprägten Regionen die Ausnahme sein. Unternehmensferne Ombudspersonen verdienen dann den Vorzug, um jedem Anschein einer unangemessenen Nähebeziehung eine Absage zu erteilen oder dem Verdacht von „Klüngeleien" entgegenzuwirken. Auch sollte nicht ein Anwalt mandatiert werden, der das Unternehmen in anderen Rechtsangelegenheiten bereits vertritt. Dies sind nicht unwesentliche Voraussetzungen für eine Vertrauensbasis mit potentiellen Hinweisgebern. 48

Die Honorierung einer anwaltlichen Ombudsperson besteht in der Regel aus einer Grundpauschale für Erreichbarkeit auch außerhalb üblicher Bürozeiten, Aktenführung und technische Sicherheitseinrichtungen oder entsprechenden Vorkehrungen. Hinzu kommen aufwandsbezogene Vergütungen in der Regel nach Stundensätzen und der Ersatz von Aufwendungen, zB für Reisekosten oder Übersetzungen. 49

Bei der Auswahl und der Entscheidung über die Mandatierung werden je nach Unternehmensstruktur verschiedene Organisationseinheiten, wie zB Revision, Rechts- und Personalabteilung, mitwirken. Der Betriebsrat muss nicht zwingend beteiligt werden, 50

---

[54] AA insoweit *Joussen*, S. 28, der Zivilrechtler bevorzugen will, Strafverteidiger sogar ablehnt.
[55] Syndikusanwälte kommen nicht in Betracht, da sie die notwendigen anwaltlichen Privilegien für diese Aufgabenstellung nicht haben, so bereits *Buchert*, Kriminalistik 2006, 666; EuGH v. 14.9.2010 – C-550/07, DB 2010, 2218; s. auch BGH NJW 2000, 1645.
[56] Wo es sich anbietet können eine Ombudsfrau und ein Ombudsmann als Ombudspersonen fungieren. Hinweisgeber können sich dann an die Person wenden, der sie das größere Vertrauen entgegenbringen.

weil das Unternehmen durch die bloße Beauftragung eines Ansprechpartners für vertrauliche Hinweise keine verbindliche Regelung zum Ordnungsverhalten seiner Arbeitnehmer gem. § 87 Abs. 1 Nr. 1 BetrVG aufstellt. Er sollte aber grundsätzlich eingebunden werden, weil das der Sache förderlich ist. Oftmals wird es sinnvoll sein, die Ombudsperson zu bitten, sich in dem Gremium und in der Runde der Entscheidungsträger vorzustellen.

51 Vorstand oder Geschäftsleitung müssen abschließend über die Berufung der Ombudsperson entscheiden. Dem Compliance Officer kommt dabei besondere Beratungsfunktion zu.

V. Vertrag mit der Ombudsperson

52 Der Vertrag zwischen dem Unternehmen und dem Ombudsmann/der Ombudsfrau sollte die bereits dargelegten rechtlichen Fragen klarstellen und notwendige Detailregelungen zu seinem Pflichtenkreis[57] sowie zur Zusammenarbeit mit dem Unternehmen enthalten.

53 Wesentliche Inhalte eines solchen Ombudsvertrags sind:

- eine Präambel, die den Vertragszweck beschreibt
- die Festlegung, ob und ggf. welche Tochterfirmen in den Vertrag einbezogen werden
- die Stellung der Ombudsperson im Verhältnis zu Hinweisgebern
- die Beschreibung der Aufgaben und Pflichten der Ombudsperson
- höchstpersönliche Leistungserbringung – Vertretungsregelung
- die Art und Weise der Gewährleistung von Vertraulichkeit
- der Verzicht des Unternehmens auf Herausgabe anwaltlicher Unterlagen
- die Sicherstellung der Erreichbarkeit der Ombudsperson
- das Spektrum dessen, was Gegenstand von Hinweisen sein soll
- die Festlegung, wer Hinweise geben kann (Nur Mitarbeiter? Auch Dritte?)
- die Festlegung, wer Adressat der Berichte der Ombudsperson ist
- eine Berichts-Regelung für den Fall, dass sich ein Hinweis auf den Compliance Officer oder ein Organ des Unternehmens bezieht
- die Festlegung von Kommunikationskanälen und die Art und Weise der Berichterstattung
- die Verfahrensweise bei eingehenden Hinweisen in fremden Sprachen
- Vergütung und Kostenerstattung
- die Form der Rechnungslegung unter Beachtung der anwaltlichen Verschwiegenheitspflicht
- datenschutzrechtliche Fragen (Verantwortlichkeiten)
- Vertragsdauer, Kündigungsfristen.

54 Diese Aufzählung ist naturgemäß nicht abschließend und kann dem Compliance Officer oder der zuständigen Rechtsabteilung nur eine grobe Orientierung geben. Etwaigen Besonderheiten eines Unternehmens ist entsprechend Rechnung zu tragen.

---

[57] *Bernhard*, CCZ 2014, 153.

VI. Besondere Probleme

Der Compliance Officer sollte besondere Problemstellungen kennen, die sich in dem Arbeitsspektrum der Ombudsperson und in der Zusammenarbeit mit ihr ergeben können.

1. Umgang mit anonymen Hinweisen

Nach Erfahrungen des Autors gehen anonyme Hinweise tendenziell – zum Teil deutlich – zurück, wenn ein Unternehmen ein Ombudssystem einführt. Würde das System von Hinweisgeberseite immer richtig verstanden, dürfte es dann eigentlich gar keine anonymen Hinweise mehr geben, weil die anwaltliche Ombudsperson die Identität von Hinweisgebern verlässlich zu schützen vermag. Dennoch gibt es in diesem System immer auch (noch) anonyme Hinweise, was die große Angst von Hinweisgebern belegt, Nachteile zu erleiden. Diese Quote ist unterschiedlich, dürfte aber durchschnittlich bei 15–20 % liegen.

Es gibt Hinweisgeber, die nach dem Erstkontakt mit dem Ombudsmann oder doch im Verlauf des Dialogs mit ihm ihre Anonymität aufgeben, nachdem sie Vertrauen gefasst haben. Fälle, in denen es bei einer Anonymität bleibt, sind in der Mehrzahl solche, bei denen es nur ein anonymes Schreiben oder anonyme E-Mail gibt und ein Dialog nicht möglich ist.

Auch bei anonymen Hinweisen ist der Hinweisgeberschutz von zentraler Bedeutung. Der Compliance Officer als Empfänger solcher Informationen sollte daher von dem Ombudsmann keine Details verlangen, die Ermittlungsansätze zur Feststellung der Identität bieten, wie zB das Originalschreiben oder die Briefumschläge (Ermittlungsansätze insbesondere Schrift, Ausdrucksweise, Poststempel, Papier, Briefmarke, DNA-Spuren, Fingerabdrücke). Meldet sich der Hinweisgeber in der Folgezeit noch einmal offen unter Namensnennung, hat die Ombudsperson, die in dieser Weise Rückschlüsse auf den Hinweisgeber zulässt, nicht nur Vertrauen verspielt, sondern möglicherweise gegen ihre Verschwiegenheitspflicht verstoßen.

Anwaltliche Ombudspersonen haben bei der Weitergabe von anonymen Hinweisen einige Punkte zu beachten, auf die der Compliance Officer auch hinwirken sollte. Zum einen besteht mangels gemeinsamer Erörterung und einer ersten Einschätzung nach persönlichem Gespräch eine erhöhte Gefahr der Denunzierung/Verleumdung. Anonyme Hinweise bedürfen daher eines besonders sensiblen Umgangs sowohl auf Seiten der Ombudsperson, als auch auf Seiten des Compliance Officers. Zum anderen muss vor Weitergabe einer anonymen Mitteilung seitens der Ombudsperson geklärt sein, ob sie der anwaltlichen Verschwiegenheitspflicht unterliegt. Einige wenige Beispiele von anonymen Schreiben mögen die Fragestellungen verdeutlichen:

Beispiel 1: „Hallo, bei der Firma XY geht es ja drunter und drüber, besonders im Bereich des Einkaufs, den Herr H. unter sich hat. Korruption ist da kein Fremdwort. Der langt ganz schön zu. Die Spatzen pfeifen es vom Dach und die Mitarbeiter wundern sich schon lange nicht mehr. Schämen Sie sich eigentlich nicht, für so einen Sauladen zu arbeiten?"

> Beispiel 2: „In der Unterabteilung XYZ passieren seltsame Dinge. Die eigenartige Symbiose zwischen Herrn B. und seinem Mitarbeiter Sch. aus der Abteilung ABC ist eine ernstere Betrachtung wert. Eine Folge ist der wundersame Aufstieg des Herrn Sch. zum Teamleiter, nachdem er gerade mal drei Monate mit Bahnfahrt hier ist. Seit dieser nicht nachvollziehbaren Beförderung – es gibt keine ansatzweise Leistung für diese Gehaltsposition – ist das Stimmungs-Barometer aller Kollegen im Keller. Darüber hinaus ist schon zu früheren Zeiten an Überstunden und freien Tagen von Herrn H. manipuliert worden. Na raten Sie mal von wem! Jeder anständige Mitarbeiter hofft, dass das Unternehmen aus dem bekannten früheren Skandal gelernt hat und solche Machenschaften, wenn sie zu beweisen sind, gnadenlos ahndet. Handeln Sie endlich!"

60 In jedem Einzelfall muss geprüft werden, wie ein anonymes Schreiben zu interpretieren ist. Dabei stellt sich – zB bei dem Beispiel 1 die Frage, ob sich der Verfasser der Ombudsperson überhaupt „anvertrauen" oder – was hier naheliegender ist – nur eine Meinungsäußerung abgeben will. Anonyme Schreiben sind auch dahingehend zu interpretieren, ob der Hinweisgeber eine Befreiung von der Verschwiegenheitspflicht erklären will. Recht eindeutig ist das, wenn die Ombudsperson direkt oder mittelbar dazu aufgefordert wird, Ermittlungen einzuleiten oder für eine Aufklärung oder Sanktion zu sorgen, wie in Beispiel 2.

61 Zweifelhaft erscheint eine solche Befreiung von der anwaltlichen Verschwiegenheitspflicht im

> Beispiel 3: „Sehr geehrter Herr ..., ich möchte Ihnen mitteilen, dass mein Vorgesetzter J.K. seit geraumer Zeit durch Manipulation bei der Auftragsvergabe dafür sorgt, dass sein Spezi Fritz Schmidt, von der XY GmbH, alle Aufträge bekommt. Erst sind es die günstigsten Angebote, dann kommen später satte Nachträge, die J.K. alle durchwinkt. Wenn Sie das weitergeben, weiß mein Chef sofort, woher das kommt. Ich habe große Angst um meinen Arbeitsplatz. Was soll ich machen?"

62 Eine Entbindung von der Verschwiegenheitspflicht allein schon darin zu erblicken, dass sich jemand an die Ombudsperson wendet, ist lebensfremd. Dem steht schon entgegen, dass Hinweisgeber oftmals einen ausgeprägten Beratungsbedarf haben. Bisweilen, wenn auch selten, entscheiden sie sich nach einem Gespräch mit dem Ombudsmann auch dahingehend, den Hinweis nicht freizugeben. Im Interesse des Hinweisgebersystems und seiner Funktion müssen solche vereinzelten Fälle hingenommen werden.

2. Strafbarkeitsrisiken für Hinweisgeber und Ombudspersonen

63 Bei möglichen Strafbarkeitsrisiken wird regelmäßig darauf abgehoben, dass Hinweisgeber sich wegen übler Nachrede oder Verleumdung strafbar machen können. Bisweilen wird empfohlen, vorsorglich zu kommunizieren, dass nachweisliche Verleumdungen streng geahndet werden. Insoweit wurde unter → Rn. 23 bereits dargelegt, dass solche Fälle in der Praxis ohne Relevanz sind und das Unterfangen kaum realisierbar ist. Es wäre auch nicht klug es zu versuchen.

C. Ombudsleute

Wichtiger erscheint es, das Augenmerk auf eine oft übersehene Vorschrift zu lenken, 64
die alle Beteiligten in dem Prozess in Schwierigkeiten bringen kann. Die Rede ist von
§ 17 UWG. Deutlich wird das an folgendem Beispiel:

> **Beispiel 4:** Ein Angestellter eines Zulieferers berichtet der Ombudsperson von betrügerischen Vorgängen zum Nachteil des Unternehmens, das die Ombudsperson mandatiert hat. Der Hinweis erscheint glaubhaft, die Person glaubwürdig. Die schlüssige Darstellung lässt einen Millionenschaden als wahrscheinlich erscheinen. Der Hinweisgeber übergibt an die Ombudsperson Informationen und Daten, die seinen Hinweis angeblich belegen.

Hier hat sich der Hinweisgeber nach herrschender Meinung gem. § 17 Abs. 1 UWG 65
strafbar gemacht, da danach auch ein illegales Geheimnis geschützt wird. Die Vorschrift dient ausschließlich dem Schutz des Unternehmens und soll sicherstellen, dass Geschäfts- und Betriebsgeheimnisse nicht nach außen dringen. Sie ist daher aus dem Blickwinkel des betroffenen Unternehmens zu beurteilen.[58]

Der Sachverhalt ist aber zugleich auch eine Falle für die Ombudsperson. Gibt sie 66
diese Beweismittel unreflektiert an ihren Auftraggeber weiter, macht sie sich möglicherweise nach § 17 Abs. 2 UWG strafbar. Je nach Sachverhalt kann sich auch der Compliance Officer als Täter oder Teilnehmer darin verstricken, wenn ihm die nötige Sensibilität für die Problematik fehlt. Seine Aufforderung an die Ombudsperson, erhaltenes Beweismaterial an ihn weiterzugeben, könnte nämlich eine Anstiftung darstellen.

Dagegen ist der Tatbestand des § 17 UWG zu verneinen, wenn ein Mitarbeiter des 67
Unternehmens, das die Ombudsperson mandatiert hat, dieser ein Betriebs- oder Geschäftsgeheimnis anvertraut. Es fehlt an dem Merkmal der Unbefugtheit.[59] Durch die Einrichtung des Hinweisgebersystems kann außerdem eine Zustimmung des Unternehmens zur Weitergabe unterstellt werden,[60] zumal der Hinweis in der Sphäre des Unternehmens verbleibt.[61]

Eine Strafbarkeit für Hinweisgeber ist auch nach den Vorschriften der §§ 203 und 68
353b StGB denkbar. Bei § 203 StGB ist der Kreis tauglicher Täter wesentlich enger gezogen, hinsichtlich des Tatobjekts aber weiter. Besondere Probleme werfen Konstellationen auf, bei denen die Hinweisgeber selbst zur Verschwiegenheit verpflichtet sind.

Bei Amtsträgern musste die Gefährdung wichtiger öffentlicher Interessen hinzutreten, was eher selten der Fall sein wird. 69

Im Nebenstrafrecht können Fälle des Geheimnisverrats von den §§ 404 Abs. 1 S. 1 70
AktG, von 85 Abs. 1 GmbHG oder 120 Abs. 1 BetrVG erfasst sein. Täter können Vorstände, Aufsichtsräte, Geschäftsführer oder Betriebsräte sein.

In der Praxis stellt § 17 UWG für Ombudspersonen und Compliance Officer sicherlich die größte Gefahr dar, sich strafbar zu machen. 71

---

[58] Vgl. *Többens*, NStZ 2000, 505 (506); *Ignor/Jahn*, JuS 2010, 391; eingehend zur Problematik auch *Erb*, FS Roxin, 2011, S. 1003 (1005), der diesbezüglich zu Recht eine teleologische Reduzierung des Wortlauts für geboten hält und dafür votiert, rechtswidrige Geheimnisse nicht dem Schutzbereich des § 17 UWG zu unterstellen.
[59] *Buchert/Jacob-Hofbauer*, in: Knierim/Rübenstahl/Tsambikakis, 8. Kap. Rn. 54.
[60] So auch *Schemmel/Ruhmannseder/Witzigmann*, S. 95 f.
[61] C. *Buchert*, CCZ 2013, 144.

3. Beschlagnahme von Unterlagen einer Ombudsperson

72 Der anwaltliche Ombudsmann/die Ombudsfrau ist nach zutreffender Ansicht umfassend vor einer Beschlagnahme von Akten geschützt.[62] Insoweit greift neben § 97 StPO, der dann zur Anwendung kommt, wenn ein Mandant Beschuldigtenstatus hat,[63] das allgemeine Erhebungsverbot des § 160a Abs. 1 StPO.[64] Die Erhebungsverbote ergänzen sich also, sie schränken sich nicht ein. Das Erhebungsverbot kann nur bei Verstrickung durchbrochen werden oder wenn die Ombudsperson selbst den Status eines Beschuldigten erlangt, zB wenn ein Verstoß gegen § 17 Abs. 2 UWG vorliegt.

73 Der Compliance Officer muss sich jedoch darüber im Klaren sein, dass Berichte, Anlagen und etwaige Gegenstände eines Hinweisgebers, die der Ombudsmann dem Unternehmen zusendet oder übergibt, dann unter den jeweiligen strafprozessualen Voraussetzungen einer Beschlagnahme unterliegen.[65]

74 Der anwaltliche Ombudsmann/die Ombudsfrau wird durch § 160a StPO vor einer Beschlagnahme von Akten grundsätzlich geschützt.[66] Dieser Grundsatz kann praktisch nur durchbrochen werden, wenn die Ombudsperson selbst den Status eines Beschuldigten erlangt, zB wenn ein Verstoß gegen § 17 Abs. 2 UWG im Raum steht.

75 Der Compliance Officer muss sich darüber im Klaren sein, dass Berichte, Anlagen und etwaige Gegenstände eines Hinweisgebers, die der Ombudsmann dem Unternehmen zusendet oder übergibt, unter den jeweiligen strafprozessualen Voraussetzungen einer Beschlagnahme unterliegen.[67]

> **Hinweis:** Versuche dies dadurch zu unterbinden, dass diese Post als „Anwaltspost vertraulich" bezeichnet oder mit dem Aufdruck „legal privilege" versehen wird, können eine Beschlagnahme nicht verhindern. Eine Auslagerung kompletter Vorgänge oder gar von Unterlagen, die nicht von der Ombudsperson stammen oder keinen Bezug zu ihrer Funktion und ihrem Aufgabenbereich aufweisen, sollte nicht in Erwägung gezogen werden. Ein solches Vorgehen dürfte als Umgehungsversuch und missbräuchlich zu werten sein und vor einer Beschlagnahme nicht schützen.[68]

76 Sollte es also bei Hinweisen schwerwiegende Verdachtsmomente gegen das Unternehmen und seine Mitarbeiter geben, zB kartellrechtliche Verstöße[69] – so sollten diese

---

[62] Zur Beschlagnahmefreiheit von Unterlagen aus „Internal Investigations" vgl. LG Mannheim StV 2013, 616 mAnm *Jahn/Kirsch*, NStZ 2012, 718; *Schuster*, NZWiSt 2012, 431; zum Ganzen auch *Ballo*, NZWiSt 2013, 46. Überholt ist hingegen LG Hamburg NZWiSt 2012, 26 mAnm *Schuster*.
[63] So die wohl noch hM, vgl. *Schmitt*, in: Meyer-Goßner/Schmitt, § 97 Rn. 10; aA *Jahn/Kirsch*, StV 2011, 151 (153); *Krekeler*, NStZ 1987, 199 (201), die ua darauf verweisen, dass in § 97 Abs. 1 Nr. 3 StPO der Beschuldigte nicht genannt wird.
[64] *Gräfin von Galen*, NJW 2011, 945; *Knierim*, FD-StrafR 2011, 314177; *Schuster*, NZWiSt 2012, 28 (30); *ders.*, NZWiSt 2012, 431.
[65] Beschlagnahmefrei wären nur Unterlagen, die ein Beschuldigter oder sein Anwalt zur Verteidigung in einem Strafverfahren gefertigt hat. Zur Frage, wann dies im Rahmen einer Unternehmensverteidigung der Fall sein kann, vgl. *Schuster*, NZKart 2013, 191 (193 f.).
[66] Zum Verhältnis des § 160a zu § 97 StPO s. *Schuster*, NZWiSt 2012, 424 ff.
[67] Beschlagnahmefrei wären nur Unterlagen, die ein Beschuldigter oder sein Anwalt zur Verteidigung in einem Strafverfahren gefertigt hat.
[68] So jedenfalls LG Mannheim NStZ 2012, 716.
[69] Speziell zur Beschlagnahme von Unterlagen im Kartellbußgeldverfahren *Schuster*, NZKart 2013, 191.

C. Ombudsleute

am besten zunächst nur mündlich zwischen der Ombudsperson und dem Compliance Officer erörtert oder der Bericht dazu zumindest abgestimmt werden. Darauf sollte der Compliance Officer rechtzeitig hinwirken. Im Einzelfall kann auch daran gedacht werden, Berichte der Ombudsperson nach Kenntnisnahme wieder an sie zurückzugeben. Der Compliance Officer sollte auch darauf hinwirken, dass die Ombudsperson in sensiblen Fällen keine E-Mails schreibt, die möglicherweise einmal belegen, dass das Unternehmen von bestimmten Rechtsverstößen frühzeitig Kenntnis erlangt hat.

4. Rechtsberatung durch Ombudspersonen

Nicht selten wird von einem Hinweisgeber der Wunsch geäußert, dass die Ombudsperson ihn rechtlich berät und – zB in einem anstehenden arbeitsgerichtlichen Verfahren oder einem Strafprozess – anwaltlich vertritt. Dies würde für den seinem Auftraggeber verpflichteten Ombudsmann regelmäßig zu einem Interessenkonflikt führen. Ein vertraulicher Rechtsrat kann eine Ombudsperson auch in den Tatbestand des Parteiverrats (§ 356 StGB) führen. Der Hinweisgeber ist zwar grundsätzlich nicht Partei,[70] er kann diese Eigenschaft aber erlangen, wenn die Ombudsperson über die beschriebene Betreuung hinaus seine rechtlichen Interessen in derselben Rechtssache wahrnimmt. Die insoweit bestehende Grenze muss genauestens eingehalten werden. Indiz für ihre Überschreitung ist das Entstehen eines Interessengegensatzes. Unbedenklich ist es, wenn der Ombudsmann mit dem Hinweisgeber in einem Dialog bleibt und ihn in Abstimmung mit dem Unternehmen über unternehmensseitig eingeleitete Maßnahmen oder Ergebnisse der Untersuchung unterrichtet.[71] Die Ombudsperson darf aber keine Rechtspositionen des Hinweisgebers vertreten oder für ihn Kontakt mit Strafverfolgungsbehörden aufnehmen. Auch nach längerem Zeitablauf bleibt die Ombudsperson als Rechtsvertreter für den Hinweisgeber gesperrt, solange es sich um dieselbe Rechtssache handelt. Die Ombudsperson kann dem Hinweisgeber aber einen anderen Anwalt empfehlen. Dieser kann unter bestimmten Voraussetzungen[72] zwar aus der gleichen Kanzlei kommen, die Optik erscheint dennoch wenig glücklich.

77

Unproblematisch ist es, wenn die Ombudsperson das Unternehmen, dem sie als Ombudsmann oder Ombudsfrau dient, rechtlich berät. Das ist eher Regel als Ausnahme und insbesondere der Fall, wenn es darum geht, Hinweise rechtlich einzuordnen und zu entscheiden, wie damit umzugehen ist. Vor allem kleinere und mittelständische Unternehmen, die über keine eigene Rechtsabteilung verfügen oder aus anderen Gründen fachlichen Rat benötigen, werden eine entsprechende Beratung durch die Ombudsperson erwarten. Auch Beratungen zum Compliance-Management-System sind naheliegend und problemlos möglich. Ein Unternehmen profitiert von den Erfahrungen einer Ombudsperson vor allem dann, wenn diese mehrere Firmen aus unterschiedlichen Branchen betreut.

78

Die Ombudsperson sollte aber nicht in Entscheidungen eingebunden werden, die das Vertrauen potentieller Hinweisgeber tangieren.[73] Das wäre zB der Fall, wenn sie über die Sanktionierung offenbarter Rechtsverstöße mitentscheiden würde.

79

---

[70] *Goers*, S. 47.
[71] *Buchert*, Kriminalistik 2006, 667.
[72] Die Geheimhaltung muss in geeigneter Weise sichergestellt werden.
[73] So auch *Bernhard*, CCZ 2014, 154 (157).

D. Andere Hinweisgebersysteme

80   Andere Hinweisgebersysteme sind vor allem IT-basierte Whistleblowing Hotlines, die sich vor allem in den letzten zehn Jahren – am Anfang nur zögerlich – etabliert haben. Hier gibt es unterschiedliche Anbieter und sehr unterschiedliche Standards. Vor allem große, international agierende Unternehmen bedienen sich dieser Systeme, in bisher wenigen Einzelfällen zusätzlich und parallel zu Ombudsleuten. Das marktführende System wird seit Jahren auch vom Landeskriminalamt Niedersachsen und nun auch vom Landeskriminalamt Baden-Württemberg betrieben.

81   Diese Form von Whistleblowing-System ist eine ASP-basierte Web-Portalsoftware mit einer vom Nutzer bestimmten Auswahl von Funktionen. Sie ermöglicht die Abgabe, Entgegennahme, Bearbeitung und Beantwortung namentlicher oder nicht personalisierbarer Hinweise auf einem speziell gesicherten Server. Durch Vorgaben in den Meldeformularen und Meldeabläufen wird eine strukturierte Abgabe von Hinweisen sichergestellt. Der Hinweisgeber wird informiert, warum sein Hinweis erwünscht ist, welche Hinweise die Behörde oder das Unternehmen entgegennimmt und wie er unter Wahrung seiner Identität mit der Empfängerseite in Kontakt treten kann. Dazu kann er sich einen sog Postkasten einrichten, über den ein vertraulicher Dialog möglich ist. Der Hinweisgeber hat es hier in der Hand, seine Identität zu verbergen oder sie offenzulegen. Das System ist so angelegt, dass durch Verschlüsselungstechniken eine Rückverfolgung des Hinweises zum Absender nicht möglich ist. Auch der Übertragungsweg ist technisch besonders gesichert. Hinweisabgabe und -bearbeitung erfolgen online und sind daher orts- und zeitunabhängig.

82   Ein Vorteil eines solchen IT-basierten Systems ist, dass eingehende Hinweise technisch bereits strukturiert werden können. Durch gezielte Fragen werden relevante Informationen abgefragt. Filtermechanismen können unerwünschte Themen, zB Mobbing, ausgrenzen. Über ein Case Management (Fallübersicht, Fallbearbeitung) können neue Fälle erfasst und Ergebnisse und Maßnahmen des Bearbeitungsprozesses festgehalten und ausgewertet werden. Eingegangene Meldungen können aus der Meldungsbearbeitung direkt in die Fallbearbeitung übertragen werden. Relativ einfach können in der Folge Berichte und Statistiken erstellt werden.[74] Ein Vorteil dieser Anwendung ist auch, dass sie auf Hinweise in vielen verschiedenen Sprachen ausgerichtet werden kann. Systemunterstützte Übersetzungen von Hinweisen in Fremdsprachen erleichtern die Kommunikation und die Bearbeitung.

83   Zum Teil wird auch als Vorteil verbucht, dass IT-basierte Systeme ein niederschwelliges Angebot darstellen, dessen sich Hinweisgeber ggf. eher bedienen als einer Ombudsperson. Andererseits werden dadurch auch verstärkt Beschwerden und Hinweise allgemeiner Art an das Unternehmen herangetragen, was tatsächlich wie (datenschutz-)rechtlich unerwünscht ist.[75] Zu konstatieren ist in diesem Zusammenhang aber auch, dass die „Facebook-Generation" solche Kommunikationsformen wohl bevorzugt und sich nicht ohne weiteres andere Kommunikationsformen aufzwingen lässt.[76] Insoweit bleibt die weitere Entwicklung abzuwarten.

84   Als Nachteil von IT-gestützten Hinweisgebersystemen kann gelten, dass sie in der Kommunikation der persönlich-menschlichen Komponente entbehren, was vor dem

---

[74] Näher dazu *Tur*, in: Wieland/Steinmeyer/Grüninger, Ziff. 3.3.3.5.
[75] Zu den Vor- und Nachteilen IT-gestützter Systeme auch *Joussen*, S. 24 ff.
[76] *Buchert/Jacob-Hofbauer*, in: Knierim/Rübenstahl/Tsambikakis, 8. Kap. Rn. 28.

E. Verantwortlichkeiten im Zusammenhang mit Hinweisgebersystemen

Hintergrund des regelmäßig vorhandenen Beratungsbedarfs von Hinweisgebern kritisch zu sehen ist. Kritisch sehen mitunter auch Aufsichtsbehörden diese Systeme, weil sie – zumindest incidenter – dazu auffordern oder doch wenigstens dazu ermutigen, Hinweise anonym abzugeben. Das ist ausdrücklich unerwünscht[77] und entspricht nicht der Grundvorstellung von Datenschützern, die eine Datenerhebung „nach Treu und Glauben" fordern.[78]

Soweit solche Systeme es ermöglichen oder den Hinweisgeber bereits dazu auffordern, mit der Erstmeldung auch Anhänge zu übersenden, ist dies im Hinblick auf die herrschende Meinung zu § 17 UWG nicht unproblematisch, weil sich der außerhalb des Unternehmens stehende Hinweisgeber dadurch strafbar machen kann. Bei einem Ombudssystem kann dieser Gefahr durch Beratung begegnet werden. 85

Bei IT-basierten Systemen sind die Empfänger in der Regel Stellen im Unternehmen, insbesondere der Compliance Officer oder das Compliance-Büro. Bearbeiter müssen entsprechend fachkundig sein oder diese Aufgabe an kompetente Stellen „outsourcen". Vereinzelt gibt es zwischenzeitlich auch die Variante, dass vom Unternehmen beauftragte Anwälte die eingehenden Meldungen entgegennehmen, beantworten und bewerten. Dann bestehen andere rechtliche Gegebenheiten.[79] 86

E. Verantwortlichkeiten des Compliance Officers im Zusammenhang mit Hinweisgebersystemen

Bei der Ausgestaltung und dem Betrieb von Hinweisgebersystemen trägt das Unternehmen die Verantwortung für die Einhaltung einschlägiger Rechtsvorschriften. Dies fällt regelmäßig in den Pflichtenkreis des Compliance Officers. Bei den einzelnen Hinweisgebersystemen sind eine Reihe von tatsächlichen und rechtlichen Fragen behandelt worden, die auch für den Compliance Officer Relevanz haben. Daher werden im Folgenden nur noch einige wenige Aspekte ergänzend beleuchtet. 87

Spätestens seit dem Compliance Officer-Urteil des BGH ist klargestellt, dass Compliance-Verantwortliche eine (auf sie delegierte) Rechtspflicht trifft, Straftaten aus dem Unternehmen zu verhindern.[80] Das schließt nach hier vertretener Auffassung die Verpflichtung ein, bestehende Hinweisgebersysteme in adäquater Form zu nutzen. Das bedeutet auch, dass solche Systeme gepflegt und durch nachhaltige Innenwerbung und Schulungen ihre Vitalität erhalten werden muss. 88

Es wird oft vernachlässigt, die Erfolge von Hinweisgebersystemen angemessen zu kommunizieren. Das ist nicht nur eine Frage der Transparenz, sondern stärkt auch das Vertrauen in solche Einrichtungen.[81] 89

---

[77] *Wybitul*, ZD 2011, 121.
[78] So die Artikel-29-Datenschutzgruppe der EU-Kommission in ihrer Stellungnahme 1/2006, vgl. → Rn. 33.
[79] ZB das Erfordernis einer Befreiung von der anwaltlichen Verschwiegenheitspflicht.
[80] Vgl. Obiter Dictum des 5. Strafsenats des BGH zur Garantenstellung des sog Compliance Officers, BGH Urt. v. 17.7.2009 – 5 StR 394/08 sowie die Anmerkungen hierzu von *Mosbacher/Dierlamm*, NStZ 2010, 268 (269); *Warnecke*, NStZ 2010, 312 (316) und *Bock*, S. 324 ff., die aus den Ausführungen des BGH betreffend des Compliance Officers zutreffend auf die Verantwortlichkeit des eigentlichen Geschäftsherrn als umfassenden Beherrscher der betrieblichen Gefahrquellen schließen.
[81] *Buchert*, CCZ 2008, 152.

90 Compliance Officer müssen schließlich auch sicherstellen, dass Hinweisgebersysteme in ihrer Ausgestaltung und bei ihrem Betrieb organisatorischen und rechtlichen Anforderungen entsprechen.

I. Der Compliance Officer als interner Ansprechpartner

91 Wird der Compliance Officer von Mitarbeitern angesprochen, sollte er die Voraussetzungen schaffen, dass vertrauliche Gespräche möglich sind. Das betrifft zum einen die räumlichen Gegebenheiten. Zum anderen sollte sich der Compliance Officer arbeitsrechtlich zusichern lassen, dass er bei vertraulichen Informationen die Identität eines Hinweisgebers gegenüber seinen Vorgesetzten und der Unternehmensleitung grundsätzlich nicht offenlegen muss. Dies setzt voraus, dass der Arbeitgeber insoweit auf sein arbeitsvertragliches Auskunftsrecht verzichtet. Bedenken, dass dies mit der Leitungsverantwortung für die Compliance-Organisation nicht vereinbar ist,[82] werden nicht geteilt. Dem Mitarbeiter sollte aber nicht vorgegaukelt werden, dass ihm ein absoluter Schutz seiner Identität gewährt werden kann. Denn kommt es – warum auch immer – zu einem Strafverfahren, muss der Compliance Officer ggf. als Zeuge vor der Staatsanwaltschaft oder in einem Gerichtsverfahren umfassende Angaben machen und dabei auch die Identität des Mitarbeiters offenlegen, da ihm anwaltliche Privilegien fehlen. Verlangt der Mitarbeiter erkennbar nach der Sicherheit, dass seine Identität geschützt wird, sollte ihn der Compliance Officer – ehe er sein Anliegen thematisiert und darlegt(!) – an die Ombudsperson verweisen. Im Interesse des Systems sollte er der Versuchung widerstehen, den Mitarbeiter als Informationsquelle zu betrachten.

II. Der Compliance Officer im Dialog mit Ombudspersonen

92 Der Erfolg der Arbeit einer Ombudsperson hängt ganz entscheidend davon ab, wie sie an das Unternehmen angebunden und dort adaptiert wird.[83]

93 Hat das Unternehmen eine Ombudsperson berufen, ist in der Regel der Compliance Officer ihr Ansprechpartner und der Empfänger ihrer Berichte. Dabei sind die unter → Rn. 37 ff. bereits aufgezeigten Regeln und Besonderheiten zu beachten. Insbesondere sollte der Compliance Officer nur Berichte entgegennehmen, die – soweit sie personenbezogene Daten und einen Verdacht von Straftaten durch Mitarbeiter enthalten – jederzeit Strafverfolgungsbehörden in die Hände fallen können. Es muss das Bewusstsein gegeben sein, dass alle Unterlagen, die von der anwaltlichen Ombudsperson in den Herrschaftsbereich und in die Obhut des Unternehmens gelangen, einer richterlichen Beschlagnahme unterliegen können.

94 Der Compliance Officer sollte der Ombudsperson regelmäßig eine Rückmeldung zu den Ergebnissen interner Ermittlungen geben.[84] Aufgrund ihrer Verschwiegenheitspflicht können auch vertrauliche Informationen erfolgen.

95 Rückmeldungen an Hinweisgeber sollten aus arbeitsrechtlichen und datenschutzrechtlichen Gründen zwischen dem Compliance Officer und der Ombudsperson sorg-

---

[82] *Schemmel/Ruhmannseder/Witzigmann*, S. 168.
[83] So auch *Joussen*, S. 35.
[84] Das kann in standardisierter Form erfolgen, wird aber oft nur durch individuelle Mitteilungen oder im Rahmen regelmäßiger Besprechungen möglich sein.

E. Verantwortlichkeiten im Zusammenhang mit Hinweisgebersystemen

fältig abgestimmt werden und regelmäßig keine Einzelheiten enthalten. Taktisch-operative Gründe, zB bevorstehende strafprozessuale Maßnahmen wie eine Durchsuchung, können Rückmeldungen an Hinweisgeber – zumindest temporär – entgegenstehen.

Der Zusammenarbeit förderlich ist es, wenn der Compliance Officer die Ombudsperson auch regelmäßig über Sachverhalte und Hinweise informiert, die bei ihm direkt eingegangen oder im Unternehmen bekanntgeworden sind. Oft stellt sich dabei heraus, dass Teilinformationen sowohl bei der Ombudsperson als auch beim Unternehmen vorhanden sind und dadurch Puzzleteile qualitativ verdichtete Erkenntnisse ergeben. Daher sollte der Compliance Officer dafür sorgen, dass die Ombudsperson regelmäßig als Gast zu internen Fall-Besprechungen eingeladen und an dem Informationsaustausch beteiligt wird.

96

Unabhängig von konkreten Fällen sollte der Compliance Officer außerdem einen regelmäßigen Erfahrungsaustausch mit der Ombudsperson pflegen und dafür sorgen, dass sie auch über Compliance-Maßnahmen des Unternehmens auf dem Laufenden bleibt.

97

III. Datenschutzrechtliche Aspekte

Nicht nur die Ombudsperson, sondern auch das Unternehmen und der Compliance Officer als Empfänger vertraulicher Hinweise müssen bei der Erhebung und Verwendung personenbezogener Daten die einschlägigen Vorschriften beachten. Bei Verletzungen datenschutzrechtlicher Vorschriften drohen Schadensersatzansprüche, hohe Bußgelder und Reputationsverluste. Schwere Verstöße sind nach § 44 BDSG strafbar. Umfassende Kenntnisse im Datenschutzrecht sind daher für einen Compliance Officer unabdingbar.

98

Bei der Bearbeitung von Hinweisen, die Mitarbeiter des Unternehmens betreffen, ist insbesondere § 32 BDSG zu beachten. Die Vorgaben zum Umgang mit Beschäftigungsdaten gelten auch, soweit personenbezogene Daten nicht in automatisierter Form erhoben, verarbeitet oder genutzt werden. In dem Spannungsverhältnis zwischen Aufklärungspflicht und Datenschutz geht es im Wesentlichen um die notwendigen Abwägungen der Interessen der verantwortlichen Stelle, also des Unternehmens, und der von dem Hinweis betroffenen Person.

99

Stellt sich heraus, dass Mitarbeiter zu Unrecht in einen Verdacht geraten sind, ist es Aufgabe des Unternehmens und insoweit auch des Compliance Officers nach Benachrichtigung des Betroffenen ggf. Unterstützung bei einer notwendigen Rehabilitation anzubieten.[85]

100

Von verschiedenen Rechtsfolgen, die bei Verstößen gegen das BDSG eintreten können, sollen hier vor allem die Beweisverwertungsverbote hervorgehoben werden. Spätestens seit dem „Höschen-Urteil" des BAG[86] sollte die notwendige Sensibilität bei den Stellen gegeben sein, die mit internen Ermittlungen betraut sind oder diese zu verantworten haben.

101

Bei Konzernen stellt sich die Frage, ob Hinweise, die über ein Hinweisgebersystem erhoben worden sind, an eine zentrale Stelle, zB bei der Holding, weitergegeben werden dürfen, wenn sie selbständige Konzerntöchter betreffen. In gleicher Weise stellt sich umgekehrt die Frage, ob Hinweise, die bei der zentralen Stelle eingegangen sind, an Kon-

102

---

[85] S. dazu auch *Buchert/Jacob-Hofbauer*, in: Knierim/Rübenstahl/Tsambikakis, 8. Kap. Rn. 85.
[86] BAG v. 20.6.2013 – 2 AZR 546/12.

zerntöchter weitergegeben werden dürfen. Hintergrund dieser Fragestellungen ist, dass in einem Verbund von Unternehmen die einzelne Konzerntochter als verantwortliche Stelle im Sinne des BDSG angesehen wird. Dies spitzt sich auf die Frage zu, ob die jeweilige Übermittlung den eigenen Zweck des übermittelnden Unternehmens dient (§ 28 Abs. S. 1 Nr. 2 BDSG). Dies wird man nur bejahen können, wenn es um schwerwiegende Verdachtsfälle geht, zB um Korruptionsstraftaten, die das gesamte Unternehmen tangieren.[87] Ansonsten sollte es dafür eine Betriebsvereinbarung geben oder eine abgestimmte Zuweisung der Aufgabe an eine bestimmte Stelle, zB das zentrale Compliance-Büro.[88]

103 Auch für eine mandatierte Ombudsperson muss Klarheit geschaffen werden, ob sie personenbezogene Daten bei einem Tochterunternehmen erheben und an den Chef Compliance Officer in der Holding oder einem Zentralbereich weitergeben darf. Notfalls müssen alle Tochterunternehmen den Vertrag mit der Ombudsperson unterzeichnen, was bei großen Konzernen an Grenzen stoßen kann.

104 Unternehmen mit „sehr selbständigen Töchtern" legen oft Wert darauf, dass Hinweise auf Straftaten oder schwere Unregelmäßigkeiten nur an das jeweilige Tochterunternehmen berichtet werden. Dann muss das im Vertrag mit der Ombudsperson auch so geregelt werden.

105 Soweit der Compliance Officer mit IT-gestützten Hinweisgebersystemen arbeitet, ist regelmäßig eine Auftragsdatenverarbeitung gegeben. Das setzt allerdings voraus, dass der Dienstleister, der das System zur Verfügung stellt, keinen Zugriff auf die bei ihm gespeicherten Daten hat. Nach § 11 Abs. 1 S. 1 BDSG bleibt das Unternehmen als verantwortliche Stelle für die Einhaltung aller datenschutzrechtlichen Vorschriften verantwortlich.

106 Anders liegen die Dinge wohl, soweit Unternehmen Anwälte mit der Bearbeitung von Hinweisen beauftragt haben, die über IT-gestützte Hinweisgebersysteme erlangt werden. Bei dieser Konstellation kommt es vor allem darauf an, ob die potentiellen Hinweisgeber davon Kenntnis haben und davon auszugehen ist, dass sie sich bewusst einem Anwalt „anvertrauen". Weiterhin spielt eine Rolle, ob die Anwälte Weisungen oder Kontrollen unterliegen und ob das Unternehmen, zB durch den Compliance Officer, die eingehenden Hinweise „mitlesen" kann. Nach diesen Kriterien entscheidet sich, ob eine Auftragsdatenverarbeitung vorliegt oder ob die beauftragten Anwälte eigenverantwortlich handeln.

107 Das Unternehmen – und hier regelmäßig der Compliance Officer – ist nicht nur für die Bearbeitung von Hinweisen verantwortlich. Ihm obliegen auch die Benachrichtigungspflichten und die Löschung von Daten.

108 Unerheblich ist dabei, ob diese personenbezogenen Daten von der Ombudsperson stammen, über ein IT-basiertes Hinweisgebersystem generiert wurden oder auf anderen Wegen unmittelbar bei dem Compliance Officer eingegangen sind. Tendenziell gehen viele Unternehmen mit den Löschungspflichten eher großzügig um. Grundsätzlich sind personenbezogene Daten zu löschen, sobald ihre Speicherung zur Zweckerfüllung nicht mehr erforderlich ist (§ 35 Abs. 2 Nr. 3 BDSG).

109 Die folgenden **Aufbewahrungsfristen** können für Compliance Officer eine Orientierung darstellen. So können:

---

[87] *Wybitul*, ZD 2011, 121.
[88] Wenn selbständige Konzerntöchter nicht in den Vertrag mit der Ombudsperson einbezogen sind, könnte sich auch die Frage aufdrängen, ob eine Strafbarkeit nach § 17 Abs. 2 UWG im Raum steht.

- Hinweise ohne einen Verdacht auf Straftaten oder relevante Feststellungen sechs Monate bis zu maximal einem Jahr nach Prüfungsabschluss und
- Hinweise mit relevanten Feststellungen, zB Straftaten, schwere Unregelmäßigkeiten oder markante Prozessschwächen – bis zu sechs Jahre nach Prüfungsabschluss aufbewahrt werden.

Die Sechs-Jahres-Frist lehnt sich an die Regelung der Aufbewahrungsfristen für Handelsbriefe in § 257 HGB und an die MaRisk der BaFin[89] an. Letztlich bedarf es aber immer einer **Prüfung des Einzelfalls**, so dass sich kürzere wie auch längere Aufbewahrungsfristen ergeben können. Eine sofortige Vernichtung kann zB geboten sein, wenn es sich um einen Bagatellsachverhalt ohne Ermittlungsansätze handelt oder um einen anonymen Hinweis, der ohne tatsächliche Anhaltspunkte und völlig unglaubhaft ist. Längere Fristen von bis zu 10 Jahren sind sicher vertretbar bei Straf- oder arbeitsgerichtlichen Verfahren. 110

Anwaltliche Ombudsleute werden aus Haftungsgründen ihre Handakten (§ 50 BRAO) regelmäßig zehn Jahre aufbewahren.[90] 111

F. Fazit und Ausblick

Hinweisgebersysteme weisen komplexe Strukturen auf, die mit sehr unterschiedlichen rechtlichen Fragen verknüpft sind. Der in der Verantwortung stehende Compliance Officer benötigt daher eine **fundierte Fachkunde**. Seine vorzugsweise juristische Ausbildung bedarf insoweit fachspezifischen Ergänzungen. 112

Die Mandatierung von Ombudspersonen und die Installation technischer Hinweisgebersysteme haben unterschiedliche rechtliche Rahmenbedingungen und Abläufe. Welchem System der Vorzug zu geben ist, entscheidet sich nach den **individuellen Gegebenheiten des Unternehmens**. Es ist nicht nur eine Frage des Bedarfs und der Kosten, sondern auch der Unternehmensphilosophie. Beide Systeme weisen markante Unterschiede auf und kommen vor allem alternativ in Betracht. Einige Unternehmen betreiben sie auch parallel. Ungeachtet dessen werden sie bisweilen dergestalt miteinander verknüpft, dass ein freier Rechtsanwalt die durch das IT-basierte System generierten Hinweise erstbearbeitet, entsprechend aufbereitet und unter den aufgezeigten rechtlichen Voraussetzungen an den Compliance Officer weitergibt – vielleicht ein Indiz dafür, dass neben der Gewinnung von Informationen dem Umgang mit Hinweisen und der oft vernachlässigten Hinweisbearbeitung die gebotene prominentere Bedeutung zukommt. 113

Besteht noch kein Hinweisgebersystem, ist es Aufgabe des Compliance Officers auf seine **sachgerechte Implementierung** hinzuwirken. Mit Ombudspersonen sollte er einen vertrauensvollen Dialog und einen regelmäßigen Erfahrungsaustausch pflegen. Dem besonderen Vertrauensverhältnis ist Rechnung zu tragen. 114

Hinweisgebersysteme sind heute als **wesentliches Element von Compliance-Management-Systemen** etabliert. Sie sind keine Kür, sondern – in unternehmensspezifischer adäquater Form – längst Pflicht mit nachweisbaren Vorteilen; Vorteile, die man Mitarbeitern auch verdeutlichen muss. Es scheint, als würde ihre weitere Entwicklung vor allem dadurch geprägt, dass sich die Einstellung zu „Whistleblowing" in unserer Gesellschaft 115

---

[89] Mindestanforderungen an das Risikomanagement (MaRisk), Rundschreiben der BaFin 11/2010 v. 15.12.2010.
[90] Dazu *Dahms*, NJW-Spezial 2005, 93.

§ 10. Zusammenarbeit mit Ombudsleuten und Whistleblower-Systeme

sukzessive wandelt. Stand es lange als Synonym für eine Form von Denunzierung, scheint es dieses (unzutreffende) Label zunehmend abzustreifen.

116 Wenn es gelingt, Mitarbeitern im Rahmen eines Compliance-Management-Systems Wertvorstellungen zu vermitteln und ihre Eigenverantwortung zu stärken, statt sie nur mit Regelwerken zu überziehen, basieren Hinweise zu Straftaten und Unregelmäßigkeiten auf **gelebter Loyalität**. Mit dieser Botschaft sind Unternehmen auf dem richtigen Weg.

§ 11. Der Compliance Officer im Konzern

Dr. Eike Bicker, LL.M.

Übersicht

	Rn.
A. Einführung	1
B. Die konzernweite Dimension von Compliance	7
C. Mindestanforderungen an Compliance im Konzern	11
I. Konzernweite Risikoanalyse	12
II. Weitere Anforderungen an die Konzern-Compliance	19
1. Begründung einer Zuständigkeit für die konzernweite Compliance	20
2. Angemessene Ressourcenausstattung der Konzern-Compliance-Funktion	23
3. Erstellung und Bekanntmachung konzernweiter Compliance Richtlinien und „tone from the top"	24
4. Konzernweite Compliance Berichterstattung	26
5. Konzernweite Überwachung und Kontrolle	28
D. Umsetzung der Konzern-Compliance und gesellschaftsrechtliche Grenzen	30
I. Vertragskonzern	30
II. GmbH-Konzern	34
III. Faktischer AG-Konzern	35
1. Keine Einflussrechte	35
2. Begrenzte Auskunftsrechte	37
3. Compliance-Dienstleistungsvereinbarungen im Konzern	41
4. Doppelmandate	43
5. „Sanfte Klammerwirkung" durch Compliance Committees und Konferenzen	45
6. Compliance Delegates	48
E. Verbleibende Compliance-Verantwortung der Leitungsorgane der Tochtergesellschaft	51
F. Fazit und Praxisempfehlung für dezentrale Konzernstrukturen	55

Literatur: *Assmann/U.H. Schneider*, Wertpapierhandelsgesetz, Kommentar, 6. Aufl. 2012; *Bachmann*, Gesellschaftsrecht in der Diskussion, 2007; *Baumbach/Hopt*, Handelsgesetzbuch, Kommentar, 36. Aufl. 2014; *Emmerich/Habersack*, Aktien- und GmbH-Konzernrecht, 7. Aufl. 2013; *Fleischer* (Hrsg.), Handbuch Vorstandsrecht, 2006; *Graumann*, Controlling – Begriff, Elemente, Methoden und Schnittstellen, 3. Aufl. 2011; *Knoll/Kaven,* Handbuch Compliance Management, 2010; *Krieger/U.H. Schneider* (Hrsg.), Handbuch Managerhaftung, 2. Aufl. 2010; *Löbbe*, Unternehmenskontrolle im Konzern, 2003; *Lutter/Krieger,* Rechte und Pflichten des Aufsichtsrats, 5. Aufl. 2008; *Schimansky/Bunte/Lwowski* (Hrsg.), Bankrechts-Handbuch, 4. Aufl. 2011; *K. Schmidt/Lutter*, Aktiengesetz, Kommentar, 2. Aufl. 2010; *Spindler/Stilz* (Hrsg.), Kommentar zum Aktiengesetz, 2. Aufl. 2010.

A. Einführung

1   In der Compliance-Praxis ist der Konzern die Regel, nicht die Ausnahme. Dies lässt sich ua darauf zurückführen, dass Compliance-Risiken vor allem bei international operierenden Unternehmen anzutreffen sind, die typischerweise als Konzerne strukturiert sind. Daher wäre eine Darstellung der Stellung des Compliance Officers unvollständig, wenn sie nicht auch die Konzerndimension von Compliance in den Blick nehmen würde. Hierbei sind die konzernrechtlichen Besonderheiten zu beachten, die nicht nur dem Aufbau der Compliance-Struktur, sondern auch der täglichen Arbeit Grenzen setzen können.

2   Wie *Mutter/Kruchen*[1] zu Recht herausstellen, lassen sich in diesem Zusammenhang zwei Denkansätze in der juristischen Literatur ausmachen: Eine Auffassung stellt sich dem Phänomen des Konzerns ganz pragmatisch und fordert die konzernweite Durchsetzung von Compliance anhand der *tatsächlichen* Einflussmöglichkeiten ein.[2] Andere differenzieren nach den *rechtlichen* Einflussmöglichkeiten und tragen dabei dem Prinzip der rechtlichen Vielheit im Konzern Rechnung.[3] Die konzernrechtlich gezogenen Grenzen dürfen demnach nicht durch öffentliches Aufsichtsrecht übersprungen werden.

3   Auch die Rechtsprechung scheint nicht einheitlich. Während der für das Gesellschaftsrecht zuständige II. Zivilsenat des Bundesgerichtshof stets die jeweiligen gesellschaftsrechtlichen Besonderheiten im Konzern betont,[4] nimmt der EuGH eine pragmatische Sichtweise ein und legt den Unternehmensbegriff des § 130 OWiG jedenfalls für kartellrechtliche Sachverhalte sehr weit aus.[5] Demzufolge soll ein Unternehmen im Sinne des europäischen Kartellrechts jede „wirtschaftliche Einheit" sein, unabhängig von der Rechtsform und der Art ihrer Finanzierung.[6] In Konzernsachverhalten kann der gesamte Unternehmensverbund als wirtschaftliche Einheit verstanden werden. Die EuGH-Rechtsprechung ist dabei geprägt vom europarechtlichen effet utile, der im Zweifel national(gesellschafts)rechtliche Dogmatik ignoriert. Eine ähnliche Sichtweise nahm das Bundeskartellamt im *ETEX*-Fall[7] sowie die Staatsanwaltschaft München I im *Siemens*-Fall[8] ein.

4   Die Diskussion ist hier noch nicht abgeschlossen. Es deutet sich aber an, dass jedenfalls in der Praxis zwischen den gesellschaftsrechtlichen Organisations- und Überwa-

---

[1] *Mutter/Kruchen*, in: Bürkle, § 3 Rn. 2.
[2] Vgl. Nachweise bei *Mutter/Kruchen*, in: Bürkle, § 3 Rn. 2.
[3] *Bicker*, AG 2012, 542 (551); *Fett/Gebauer*, FS Schwark, 2009, S. 375; *U.H. Schneider*, NZG 2010, 1201 (1204 ff.); *Spindler*, WM 2008, 905 (916) (im Zusammenhang mit § 25a Abs. 1a KWG); *Mutter/Kruchen*, in: Bürkle, § 3 Rn. 3; *Grundmeier*, Der Konzern 2012, 487 (494 ff.).
[4] Vgl. zB BGH NZG 2013, 984; NJW 2007, 3285; NJW 1993, 1200; MittBayNot 1992, 57.
[5] Vgl. zB EuGH Urt. v. 1.7.2010 – C-J04/08, Slg. 2010, I-06375 – Knauf Gips KG.
[6] So auch zB EuGH Urt. v. 21.09.1999 – C-210/07, Slg. 1999, I-6121 – Maatschappij Drijvende Bokken BV; EuGH Urt. v. 21.9.1999 – C-67/96, Slg. 1999, I-5751 – Albany International BV; EuGH Urt. v. 23.4.1999 – C-41/90, Slg. 1991, 1979 – Macrotron.
[7] Vgl. den Fallbericht des Bundeskartellamts in Sachen *ETEX*, abrufbar unter http://www.bundeskartellamt.de/wDeutsch/download/pdf/Kartell/Kartell12/Kartell_Fallberichte_12/B01-200-06-P2-2012.pdf. Die *ETEX Holding-GmbH* wurde als Obergesellschaft der tatsächlich handelnden Gesellschaft zunächst ebenfalls über §§ 130, 30 OWiG wegen Verletzung der Aufsichtspflicht in Anspruch genommen. Das Bundeskartellamt hob den Bußgeldbescheid gegen die *ETEX Holding-GmbH* dann aber „aus tatsächlichen Gründen" wieder auf, vgl. *Bosch*, NJW 2013, 1857 (1860).
[8] Vgl. den Bußgeldbescheid der Staatsanwaltschaft München I vom 15.12.2008 gegen die Siemens AG, als Entwurf abrufbar unter http://www.siemens.com/press/pool/de/events/2008-12-PK/MucStaats.pdf.

chungspflichten einerseits (bei Verletzung droht hier eine zivilrechtliche Haftung der Verwaltungsorgane) und der ordnungs- und damit öffentlich-rechtlichen Aufsichtspflichten gemäß § 130 OWiG andererseits unterschieden werden muss (bei Verletzung drohen hier Bußgelder oder sonstige staatliche Sanktionen gegenüber den Leitungsorganen und dem „Unternehmen").

Eine ordnungsrechtliche Sanktionierung des Unterlassens von konzernweiten Aufsichtsmaßnahmen setzt gemäß §§ 130, 30 OWiG zwar eine entsprechende Aufsichts*möglichkeit* voraus. Wohl im Gegensatz zu einer möglichen zivilrechtlichen Organhaftung gemäß §§ 93 Abs. 1, 116 AktG oder § 43 Abs. 2 GmbHG dürfte die das Straf- und Ordnungswidrigkeitenrecht beherrschende **faktische** Betrachtungsweise Strafgerichte und Behörden veranlassen, bereits rein **tatsächliche** Einfluss- und Auskunftsmöglichkeiten im Konzern ausreichen zu lassen, um eine Aufsichtsmöglichkeit im Sinne von § 130 OWiG zu begründen.[9] Dogmatisch ist das allerdings sehr zweifelhaft und es bleibt zu hoffen, dass sich auch bei den Strafgerichten und Behörden die Einsicht durchsetzt, dass ordnungsrechtliche Aufsichtspflichten nur innerhalb der gesellschaftsrechtlichen Möglichkeiten anerkannt werden können.[10] In jedem Fall dürfte eine zivilrechtliche Haftung gemäß §§ 93 Abs. 1, 116 AktG oder § 43 Abs. 2 GmbHG nur dann in Betracht kommen, wenn **rechtliche** Einflussnahme- und Auskunftsmöglichkeiten pflichtwidrig unterlassen wurden.

Für den Compliance Officer im Konzern bedeutet dieser Befund, dass er im Zweifel auf die **tatsächlichen** Einfluss- und Auskunftsmöglichkeiten der Muttergesellschaft abstellen sollte, um etwaige Haftungsrisiken für die Muttergesellschaft, für deren Verwaltungsorgane und zuletzt auch für sich selbst zu vermeiden. Wie noch zu zeigen sein wird, können diese tatsächlichen Einflussnahme- und Auskunftsmöglichkeiten auch vertraglich und organisatorisch abgesichert werden, damit der „Durchgriff" für Aufsichtsmöglichkeiten im Sinne des § 130 OWiG – zumindest bis auf weiteres – gesichert ist.

B. Die konzernweite Dimension von Compliance

Im Konzern sind zunächst die Geschäftsleiter der einzelnen Konzernunternehmen verpflichtet, für rechtmäßiges Verhalten innerhalb ihrer jeweiligen Gesellschaft zu sorgen (Legalitäts- und Legalitätskontrollpflicht).[11] Nach heute überwiegender Auffassung beschränkt sich die Compliance-Verantwortung der Leitungsorgane der Konzernmutter jedoch nicht auf das eigene Unternehmen, sondern erstreckt sich auch auf dessen in- und ausländische[12] Tochter- und Enkelgesellschaften.[13]

---

[9] Der ursprüngliche Bußgeldbescheid im Fall *ETEX* lässt eine solche Tendenz erkennen, vgl. *Grundmeier*, Der Konzern 2012, 487 (497).

[10] In diese Richtung auch *Spindler*, WM 2008, 905 (916) (im Zusammenhang mit § 25a Abs. 1a KWG; *Mutter/Kruchen*, in: Bürkle, § 3 Rn. 3; *Grundmeier*, Der Konzern 2012, 487 (494 ff.).

[11] *Bicker*, AG 2012, 542 (543 ff.) mwN; *ders.*, AG 2014, 8.

[12] *Bürkle*, BB 2007, 1797 (1799); *Fleischer*, CCZ 2008, 1 (6).

[13] *Verse*, ZHR 175 (2011), 401; *Fleischer*, CCZ 2008, 1 (3 ff.); *ders.*, in: Spindler/Stilz, § 91 Rn. 59; *Bicker*, AG 2012, 542 (548 ff.); *U.H. Schneider*, NZG 2009, 1321 (1324 ff.); *Bürkle*, in: Hauschka, Corporate Compliance, § 8 Rn. 64; *Kremer/Klahold*, in: Krieger/U.H. Schneider, § 21 Rn. 15; *Lutter*, FS Goette, 2011, S. 289 (291 ff.); kritisch zu einer konzernweiten Compliance-Verantwortung des Muttervorstands *Hüffer*, FS Goette, 2011, S. 299 (306 f.); *Koch*, WM 2009, 1013 (1017 ff.).

8 Diese konzernweite Compliance-Pflicht wird teilweise aus § 91 Abs. 2 AktG, teilweise aus dem Eigeninteresse der Konzernobergesellschaft an einer Schadensabwehr abgeleitet. Rechtsdogmatisch tritt hier die langjährige Diskussion um Inhalt und Grenzen der „Konzernleitungspflicht" zu Tage.[14] Als gesichert kann mittlerweile gelten, dass die Geschäftsleitung einer Konzernobergesellschaft die Pflicht gegenüber ihrer Gesellschaft hat, sorgfältig und gewissenhaft die Beteiligungsrechte in den Tochtergesellschaften auszuüben, die Entwicklungen im Konzernverbund unter Wirtschaftlichkeits- und Zweckmäßigkeitserwägungen zu beobachten und Schäden bei den Konzernunternehmen vorzubeugen.[15]

9 Aus dieser konzernweiten Schadensabwendungs- und gleichzeitigen Überwachungspflicht folgt die Pflicht, geeignete konzernweite Kontrollmaßnahmen einzurichten, die für ein rechtmäßiges Verhalten auch auf der Ebene der Tochtergesellschaften sorgen.[16] Ziff. 4.1.3 Deutscher Corporate Governance Kodex deutet ebenfalls in diese Richtung, wonach der Vorstand für die Einhaltung der gesetzlichen Bestimmungen und der unternehmensinternen Richtlinien zu sorgen hat und auf deren Beachtung durch die Konzernunternehmen hinwirkt (Compliance). Die Compliance-Überwachungspflicht gilt unabhängig davon, ob der Konzern zentral oder dezentral geführt wird; Inhalt und Grenzen dieser Pflicht werden allerdings durch die jeweilige Konzernstruktur bestimmt.[17]

10 Ob darüber hinaus die Compliance-Pflicht nicht nur gegenüber der Muttergesellschaft, sondern auch gegenüber den Tochter- und Enkelgesellschaften besteht, ist nicht abschließend geklärt. Die herrschende Meinung in der Literatur lehnt eine solche gesellschaftsübergreifende Konzernleitungspflicht zu Recht ab.[18]

C. Mindestanforderungen an Compliance im Konzern

11 Die vorstehenden Ausführungen haben ergeben, dass für die Geschäftsleitung der Muttergesellschaft eine konzernweite Compliance-Pflicht dem Grunde nach besteht. Damit ist jedoch noch nicht gesagt, dass stets ein umfassendes konzernweites Compliance-Management-System einzurichten ist. Wie in der Einzelgesellschaft steht auch hier der Konzerngeschäftsleitung gemäß § 93 Abs. 1 S. 2 AktG ein weites unternehmerisches Ermessen zu, „wie" sie die Konzern-Compliance sicherstellt und welche einzelnen Compliance-Maßnahmen konzernweit ausgerollt werden sollen.[19] Die Business Judgement Rule ist hier grundsätzlich eröffnet, wobei die Entscheidung über die Ausgestaltung der Compliance-Organisation – wie jede Organisationsentscheidung gemäß § 93 Abs. 1 S. 2 AktG – eine „angemessene Informationsgrundlage" erfordert.

---

[14] Vgl. hierzu grundlegend *Hommelhoff*, Die Konzernleitungspflicht, 1982.
[15] Vgl. *Fleischer*, in: Spindler/Stilz, § 76 Rn. 71; *Spindler*, in: MüKoAktG, § 76 Rn. 52 f.; *Krieger*, in: MHdB GesR IV, § 69 Rn. 24.
[16] *Verse*, ZHR 175 (2011), 401; *U.H. Schneider*, NZG 2009, 1321 (1324); *Fleischer*, DB 2005, 759; *ders.*, CCZ 2008, 1 (3); *U.H. Schneider/S H. Schneider*, ZIP 2007, 2061.
[17] *U.H. Schneider*, NZG 2009, 1321 (1326); *ders.*, FS 100 Jahre GmbHG, 1992, S. 473 (485 ff.); *Fleischer*, CCZ 2008, 1 (4); *Löbbe*, S. 181 ff.
[18] *U.H. Schneider*, NZG 2009, 1321 (1325); *Fleischer*, CCZ 2008, 1 (3); *ders.*, in: Spindler/Stilz, § 76 Rn. 77; *Bachmann*, S. 156.
[19] Vertiefend zu Ermessensspielräumen bei Compliance-Maßnahmen *Bicker*, ZWH 2013, 473.

C. Mindestanforderungen an Compliance im Konzern

I. Konzernweite Risikoanalyse

Das bedeutet zunächst, dass die Geschäftsleitung der Muttergesellschaft (oder sofern bereits bestellt: der Group Compliance Officer kraft Delegation) eine sorgfältige, systematische und konzernweite Risikoanalyse durchführen muss, um (1.) einen Überblick zu den wesentlichen Compliance-Risiken zu erhalten, (2.) die Erforderlichkeit und Ausgestaltung der Compliance-Organisation zu prüfen und (3.) bei Erforderlichkeit einer Compliance-Organisation die entsprechenden Compliance-Maßnahmen und Kontrollprozesse auch im Zusammenspiel mit den übrigen konzernweiten Governance-Einheiten (typischerweise Interne Revision, Recht, Steuern, Risikomanagement, Finance & Accounting) zu definieren und gemäß einem Maßnahmeplan nach Prioritäten umzusetzen (Compliance Road Map). 12

„Wie" die Geschäftsleitung (und kraft Delegation der Group Compliance Officer) die Risikoanalyse durchführt, steht wiederum grundsätzlich im unternehmerischen Ermessen. Hierbei sind unterschiedliche Methoden denkbar, wie zB ein Self-Assessment mittels Fragebögen oder eine quantitative und qualitative Analyse zB mittels Interviews und der Auswertung von Unternehmensdaten. Auch eine Kombination verschiedener Methoden ist denkbar. Ab einer bestimmten Unternehmensgröße empfiehlt sich eine bottom-up-Analyse, die in regelmäßigen Abständen – insbesondere nach Veränderungen der Geschäftsstrategie, wesentlichen Zu- und Verkäufen sowie wesentlichen Compliance-Verdachtsfällen – erneut durchzuführen ist. 13

Allgemein kann festgehalten werden, dass ein Compliance-Risiko immer dann besteht, wenn im Rahmen der Geschäftstätigkeit ein Rechtsverstoß oder Schadenseintritt droht. Compliance-Risiken können Auswirkungen auf verschiedene Ebenen haben: Es kann sich um finanzielle Risiken (in Geld messbare Auswirkungen), Reputationsrisiken und regulatorisch-existenzvernichtende Risiken (zB beim Entzug von Betriebsgenehmigungen) für das Unternehmen selbst oder um individuelle Risiken für Organmitglieder (zB Schadensersatzverpflichtungen, Bußgelder, Geld- oder Freiheitsstrafe) handeln. 14

Innerhalb der Risikobewertung bedarf es bei jedem Einzelrisiko der Identifizierung zweier Kriterien:[20] Zum einen ist – soweit möglich – die potentielle Schadenshöhe bei Verwirklichung eines Risikos zu ermitteln. Zum anderen gilt es, die Wahrscheinlichkeit festzustellen, mit der ein Risiko eintreten kann.[21] Anhand der beiden Kriterien Schadenshöhe und Eintrittswahrscheinlichkeit lassen sich wesentliche Risiken dadurch erkennen, dass die zu erwartende Schadenshöhe, die Eintrittswahrscheinlichkeit oder gar beide Kriterien einen bestimmten Schwellenwert (die von dem Unternehmen festgesetzte Risikoneigung) überschreiten. Die Risikoanalyse zielt damit nicht auf konkrete Einzelfälle, sondern auf die Erfassung typisierter Risiken.[22] 15

Zu den zentralen Risikobereichen, die im Wege einer konzernweiten Compliance-Risikoanalyse systematisch zu ermitteln sind, gehören typischerweise (aktive und passive) Korruptionsrisiken, Kartellrisiken (insbesondere horizontale Kartellrisiken), Exportkontrollrisiken (soweit anwendbar) sowie mittlerweile wohl auch Geldwäscherisiken. 16

Jeder der zentralen Risikobereiche verfügt über eine Vielzahl von Risikoausprägungen, die zur Ermittlung des quantitativen und qualitativen Compliance-Risikos herangezogen werden sollten. Diese können zB sein: 17

---

[20] *Knoll/Kaven*, Til II, 4.1.3.3.
[21] *Graumann*, VI.3.4.3.
[22] *Bicker*, ZWH 2013, 473 (475).

Anti-Korruption	Wettbewerbs- & Kartellrecht	Geldwäsche
AKTIVE Korruption	**Wettbewerb (HORIZONTAL)**	**Geldwäsche**
• Regionale Struktur • Kundenstruktur • Geschäftspartner • Regulierung • Incentivierung • Verfahren in der Vergangenheit	• Wettbewerberkontakte • Anzahl Marktteilnehmer • Innovationsgrad	• Geschäftsaktivitäten in Embargo-/Risikoländer • Zahlungsmodalitäten
PASSIVE Korruption	**Wettbewerb (VERTIKAL)**	
• Einkaufsregion • Beauftragungsart • Einkaufsorganisation • Incentivierung	• Exklusivvereinbarungen • Preisbindung	
	Marktmissbrauch	
	• Marktanteil • Marktzutrittsschranken • Konstanz der Marktanteile	

18   Ebenso wie bei größeren Einzelunternehmen verdichtet sich bei Konzernen das unternehmerische Ermessen typischerweise dahingehend, dass die Einrichtung eines Compliance-Systems aufgrund der Risikoanalyse angezeigt ist.[23] Ist die Einrichtung eines Compliance-Systems erforderlich, dient die Risikoanalyse als „angemessene Informationsgrundlage" dafür, wie die erkannten Risiken kontrolliert und überwacht werden.

II. Weitere Anforderungen an die Konzern-Compliance

19   Auch wenn die Ausgestaltung des Compliance-Systems grundsätzlich im unternehmerischen Ermessen der Konzernleitung liegt, lassen sich in der Rechtsprechung und Literatur – ähnlich wie bei Einzelunternehmen[24] – bestimmte Grundpflichten oder Mindestanforderungen für den Konzernvorstand bestimmen, die in jedem Fall erfüllt sein müssen.[25] Diese sollen im Folgenden unter → Rn. 20 ff. kurz vorgestellt werden.

1. Begründung einer Zuständigkeit für die konzernweite Compliance

20   Der Gesamtgeschäftsleitung der Konzernmutter obliegt es zunächst, eine Zuständigkeit für die konzernweite Compliance zu begründen.[26] Diese Pflicht ergibt sich unmittelbar aus der Konzernleitungspflicht in dem unter → Rn. 7 dargestellten Sinn. Hierfür

---

[23] *Fleischer*, CCZ 2008, 1 (3); *ders.*, § 8 Rn. 43; *ders.*, in: Spindler/Stilz, § 91 Rn. 50; *ders.*, AG 2003, 291 (299); *U.H. Schneider*, ZIP 2003, 645 (648 f.); *ders./S.H. Schneider*, ZIP 2007, 2061 (2062); *Bicker*, ZWH 2013, 473 (474); *ders.*, AG 2012, 542 (544); *Kremer/Klahold*, ZGR 2010, 113 (120); *Lutter/Krieger*, Rn. 72; *Reichert/Ott*, ZIP 2008, 2173 (2174); *Liese*, BB Special 5 (zu BB 2008, Heft 25), 17 (18 ff.); *Eisele/Faust*, in: Schimansky/Bunte/Lwowski, § 109 Rn. 95; *Koch*, in: Hüffer, § 76 Rn. 16; *Dreher*, FS Hüffer, 2010, S. 161 (168); *Hauschka*, in: Bankrechtstag 2008, S. 103 (116 f.); *Mertens/Cahn*, in: KK-AktG, § 91 Rn. 36; *Winter*, FS Hüffer, 2010, 1103 (1105); zurückhaltend noch *Bürkle*, BB 2005, 565 (568 ff.); *Hauschka*, ZIP 2004, 877 (880 ff.).
[24] Ausführlich *Bicker*, ZWH 2013, 473.
[25] *U.H. Schneider*, NZG 2009, 1321 (1325 f.); *Verse*, ZHR 175 (2011), 401 (414 ff.); *Bicker*, AG 2012, 542 (550).
[26] *U.H. Schneider*, NZG 2009, 1321 (1326).

C. Mindestanforderungen an Compliance im Konzern

sollte – wie auch im nicht verbundenen Unternehmen – eine Zuständigkeitsverteilung auf Geschäftsleiterebene (horizontale Delegation) und sodann auf Mitarbeiterebene (vertikale Delegation) vorgenommen werden. Auf der Mitarbeiterebene ist ein Konzern-Compliance-Beauftragter oder Group Compliance Officer zu benennen, der mit einem *klaren Mandat* und *klaren Berichtslinien* ausgestattet ist.

Weitere allgemeine Vorgaben zur Ausgestaltung der Compliance-Organisation im Konzern gibt es nicht. Die jeweilige Compliance-Organisationsstruktur hat sich der Organisationsstruktur im Konzern anzupassen und ist in sie einzugliedern. Bei international tätigen, tief gestaffelten Konzernen können neben divisionalen auch regionale Compliance-Organisationen erforderlich sein.[27] Hierbei ist eine Matrix-Organisation oder eine autonome Compliance-Organisation denkbar.[28] Zwingender Mindeststandard ist jedoch, dass die regionalen, divisionalen oder funktionalen Compliance-Beauftragten über den Konzern-Compliance-Beauftragten in eine durchgängige bis zur Konzerngeschäftsleitung reichende Berichtslinie eingebunden sind,[29] wobei die konzernrechtlichen Einflussnahme- und Auskunftsmöglichkeiten zu berücksichtigen sind (siehe sogleich unter → Rn. 30 ff.

Entscheidet sich die Konzerngeschäftsleitung für eine autonome und „durchgestochene" Konzern-Compliance-Organisation, ist darauf zu achten, dass sämtliche Konzerngesellschaften ihr jeweiliges arbeitsrechtliches Weisungsrecht gegenüber ihren eigenen Compliance-Beauftragten auf den Konzern-Compliance-Beauftragten zumindest mitübertragen, damit letzterer die Compliance-Organisation auch zentral führen kann.

2. Angemessene Ressourcenausstattung der Konzern-Compliance-Funktion

Auf Ebene der Konzernmutter ist die Konzern-Compliance-Funktion mit angemessenen personellen und finanziellen Ressourcen auszustatten, damit sie ihre – konzernweiten – Aufgaben auch erfüllen kann.[30] Für die Erstellung des Budgetvorschlags ist der Group Compliance Officer zuständig, der hierbei die Ergebnisse der Risikoanalyse zu berücksichtigen hat.

3. Erstellung und Bekanntmachung konzernweiter Compliance Richtlinien und „tone from the top"

Es ist eine Tendenz in Rechtsprechung und Literatur festzustellen, die einen – konzernweit – geltenden Verhaltenskodex oder verbindliche Grundsatz-Compliance-Richtlinien fordert, die von der Konzerngeschäftsleitung zu erlassen und bekannt zu machen sind.[31] Auch hier sind jedoch die gesellschaftsrechtlichen Einwirkungsgrenzen zu beachten. Denn im Grundsatz muss die Geschäftsleitung jeder Konzerngesellschaft den Kodex oder die Compliance-Richtlinie für die jeweilige Gesellschaft verbindlich erklären. Wegen der großen Breitenwirkung eines konzernweiten Kodex ist zu empfehlen, genügend Flexibilität für die lokalen Rechtsvorgaben vorzusehen. Insbesondere können die arbeitsrechtlichen Compliance-Vorgaben je nach Rechtsordnung erheblich voneinander

---

[27] *Fleischer*, CCZ 2008, 1 (6).
[28] Vgl. ausführlich hierzu *Bicker*, AG 2012, 542 (547 ff.).
[29] *Fleischer*, CCZ 2008, 1 (6).
[30] *Verse*, ZHR 175 (2011), 401 (416).
[31] *Reichert/Ott*, ZIP 2009, 2173 (2174); *Hauschka/Greeve*, BB 2007, 165 (167 ff.); *U.H. Schneider*, ZIP 2003, 645 (649).

abweichen und sich teilweise sogar widersprechen. Dem kann in der Praxis durch die Erstellung von allgemeinen Grundsätzen, die allen anwendbaren Rechtsordnungen zugrunde liegen, Rechnung getragen werden.

25 | **Hinweis:** Der Verhaltenskodex sollte in allen im Konzern üblicherweise verwandten Sprachen, zumindest aber in englischer und deutscher Sprache veröffentlicht werden.[32]

4. Konzernweite Compliance Berichterstattung

26   Ein zentrales Element der Konzern-Compliance ist die Errichtung eines konzernweiten Compliance-Berichtssystems.[33] Ein solches Berichtssystem muss sicherstellen, dass die Geschäftsleitung der Muttergesellschaft in regelmäßigen Abständen und bei Bedarf ad hoc über die Umsetzung der Compliance-Richtlinien, über gravierende Rechtsverletzungen sowie ergriffene Sanktionsmaßnahmen informiert ist.[34]

27   Der Group Compliance Officer sollte unabhängig von seiner jeweiligen direkten Berichtlinie (zB zum Group General Counsel) einen direkten Zugang zur Konzerngeschäftsleitung und auch eine Eskalationsmöglichkeit an den Aufsichtsratsvorsitzenden oder den Vorsitzenden des Audit Committees haben. Dies ist schon aus Gründen der eigenen Haftungsvermeidung empfehlenswert, wenn dem Compliance Officer – abhängig von seinem jeweiligen übertragenen Aufgabenbereich – eine Garantenpflicht iSv § 13 StGB zukommen kann.[35] In diesem Fall dürfte Voraussetzung für eine Enthaftung sein, dass er sämtliche interne Berichts- und Eskalationsmöglichkeiten unter Wahrung der Vertraulichkeit ausnutzt.[36] Nach einer im Vordringen befindlichen Auffassung gehört es auch aus Sicht des Aufsichtsrats zu den Grundsätzen einer guten Corporate Governance, dass zumindest der Aufsichtsratsvorsitzende oder der Vorsitzende des Audit Committees den Group Compliance Officer kennt und mit ihm Kontakt hält.[37] Andernfalls steht zu befürchten, dass im Konfliktfall, also insbesondere wenn ein rechtswidriges Verhalten eines Mitglieds der Geschäftsleitung im Raum steht, die erforderlichen Informationen nicht oder nicht rechtzeitig zum Kontrollorgan gelangen. Um etwaige Loyalitätskonflikte in Person des Compliance Officers gegenüber der Geschäftsleitung zu vermeiden, kann es sich anbieten, die Existenz und die Ausübung des direkten Informationsrechts zwischen Aufsichtsrat und Compliance Officer in einer allgemeinen Informationsordnung zu regeln.[38]

---

[32] *Bicker*, AG 2012, 542 (546).
[33] *Bicker*, AG 2012, 542 (550).
[34] *Fleischer*, CCZ 2008, 1 (6); *U.H. Schneider*, NZG 2009, 1321 (1326); *Verse*, ZHR 175 (2011), 401 (417); *Kremer/Klahold*, in: Krieger/U.H. Schneider, § 21 Rn. 47 ff.
[35] Vgl. BGH NJW 2009, 3173 (3175); *Warneke*, NStZ 2010, 312; *Bürkle*, CCZ 2010, 4 (8 ff.); *Lackhoff/Schulz*, CCZ 2010, 81 (87 f.); *Krieger/Günther*, NZA 2010, 367 (371).
[36] BGH NJW 2009, 3173 (3175); *Lackhoff/Schulz*, CCZ 2010, 81 (87 f); *Bürkle*, CCZ 2010, 4 (9); *Illing/Umnuß*, CCZ 2009, 1 (4 ff.).
[37] *Habersack*, AG 2014, 1 (6 f.); *Habersack*, in: MüKoAktG, § 111 Rn. 68; *Kropff*, FS Raiser, 2005, S. 225 (242 f.); aA *Hoffmann-Becking*, ZGR 2011, 136 (152 f.); *Manger*, NZG 2010, 1255 (1256); *Koch*, in: *Hüffer*, § 90 Rn. 11; *Fleischer*, in: Spindler/Stilz, § 111 Rn. 43.
[38] *Habersack*, AG 2014, 1 (7); s. ferner den Vorschlag einer Vereinbarung über Direktkontakte mit den Leitern des Controlling, des Rechnungswesens, der internen Revision und der Compliance von *Arbeitskreis Externe und Interne Überwachung*, DB 2011, 2101 (2104); dazu *Roth*, ZGR 2012, 343 (357 f.).

D. Umsetzung der Konzern-Compliance und gesellschaftsrechtliche Grenzen

5. Konzernweite Überwachung und Kontrolle

Die Geschäftsleitung der Konzernmutter – und damit auch der Group Compliance Officer kraft Delegation – müssen schließlich auch regelmäßig prüfen, ob die konzernweiten Compliance-Vorgaben in den Konzerngesellschaften umgesetzt werden, Compliance-Risiken rechtzeitig erkannt und Gegenmaßnahmen eingeleitet werden. Eine solche Kontrolle kann durch (unangekündigte) Stichproben *(Compliance Audits)* in Abstimmung zwischen dem Konzern-Compliance-Beauftragten und den jeweiligen Konzerngesellschaften durchgeführt werden (zu den konzernrechtlichen Grenzen → Rn. 30 ff.[39] 28

Im Übrigen wird man unterscheiden müssen, ob der Konzern zentral oder dezentral geführt wird: Bei dezentraler Konzernleitung hat die Konzerngeschäftsleitung dafür zu sorgen, dass die Tochtergesellschaften eine Compliance-Organisation einrichten und betreiben.[40] Die lokale Compliance-Organisation muss in die konzernweite Compliance-Organisation durch ein entsprechendes Berichtswesen integriert sein. Bei zentral geführten Konzernen, in denen wesentliche Unternehmensfunktionen durch die Konzernspitze ausgeübt werden und sie tief in das operative Tagesgeschäft der Tochtergesellschaften eingreift, bestehen weitergehende Pflichten. In diesem Fall wird die Konzerngeschäftsleitung nicht nur für die Errichtung einer entsprechenden Compliance-Organisation auf Ebene der Tochtergesellschaften zu sorgen haben. Darüber hinaus dürfte es auch seine Pflicht sein, für eine angemessene Umsetzung der Compliance-Vorgaben im Konzern und ggf. Sanktionen bei den Tochtergesellschaften zu sorgen.[41] 29

D. Umsetzung der Konzern-Compliance und gesellschaftsrechtliche Grenzen

I. Vertragskonzern

Sind die Tochtergesellschaften durch einen Beherrschungsvertrag mit der Muttergesellschaft verbunden, können die Konzern-Compliance-Vorgaben unproblematisch durch das Weisungsrecht gemäß § 308 Abs. 1 AktG durchgesetzt werden.[42] Der Ausspruch einer Weisung hat zur Folge, dass der Vorstand der Tochtergesellschaft (entgegen dem Grundsatz der eigenverantwortlichen Leitung iSd § 76 Abs. 1 AktG) dem Willen der Muttergesellschaft Folge leisten muss (§ 308 Abs. 2 S. 1 AktG).[43] Falls nichts Abweichendes im Beherrschungsvertrag vereinbart wurde, umfasst das Weisungsrecht den gesamten Bereich der Unternehmensführung der abhängigen Gesellschaft. 30

Es ermöglicht damit Anordnungen in organisatorischen Angelegenheiten (beispielsweise wie die Compliance-Organisation auf der Ebene der abhängigen Gesellschaft organisiert ist), zur Durchführung von Compliance-Überwachungs- und Kontrollmaßnahmen sowie zur Duldung von diesen Maßnahmen.[44] Sofern diese Compliance- 31

---

[39] *Fleischer*, CCZ 2008, 1 (6); *Verse*, ZHR 2011 (175), 401 (417); *Kremer/Klahold*, in: Krieger/ U.H. Schneider, § 21 Rn. 66.
[40] *U.H. Schneider*, NZG 2009, 1321 (1326); *Bicker*, AG 2012, 542 (550 f.).
[41] *U.H. Schneider*, NZG 2009, 1321 (1326); *Bicker*, AG 2012, 542 (550 f.).
[42] *Grundmeier*, Der Konzern 2012, 487 (495); *Bicker*, AG 2012, 542 (551).
[43] Zu den vertraglichen und gesetzlichen Grenzen des Weisungsrechts, vgl. *Koch*, in: Hüffer § 308 Rn. 13 f. mwN.
[44] *Lutter*, FS Goette, 2011, S. 289 (293).

Maßnahmen als „nachteilig" iSd § 308 Abs. 1 S. 2 AktG für die abhängige Gesellschaft qualifiziert werden sollten, dürften sie jedoch im Regelfall verhältnismäßig sein. Darüber hinaus erlaubt das Weisungsrecht auch die Einrichtung einer Berichtslinie von der Tochter- zur Muttergesellschaft. Mit dem Weisungsrecht ist ein Auskunftsrecht über alle für die Ausübung dieses Rechts relevanten Umstände verbunden.[45]

32 Dem Auskunftsrecht der Muttergesellschaft steht auch nicht die Verschwiegenheitspflicht des Vorstands der Tochtergesellschaft gemäß § 93 Abs. 1 S. 3 AktG entgegen. Sie ist im Vertragskonzern bei der Weitergabe von Informationen, die einen Funktionsbezug zu Herrschaft und Leitung aufweisen, nicht anwendbar.[46]

33 Sind auch die Enkel- und Urenkelgesellschaften über Beherrschungsverträge miteinander verbunden („durchlaufende Beherrschungsverträge"), bestehen die dargestellten Einfluss- und Beherrschungsmöglichkeiten im Wege der Durchleitung der Weisungen auch gegenüber diesen Gesellschaften.[47]

II. GmbH-Konzern

34 Sofern die Tochtergesellschaften in der Rechtsform einer GmbH organisiert sind, ist eine volle Durchgriffsmöglichkeit zur Vorgabe und Überwachung von Compliance-Grundsätzen auch ohne Begründung eines Beherrschungsvertrags gegeben. Die erforderlichen Einflussnahmerechte sind über das Weisungsrecht der Gesellschafterversammlung gemäß § 37 GmbHG abgesichert. Zudem bestehen umfassende Informationsrechte aus § 51a GmbHG, die die konzernweite Compliance-Berichterstattung ermöglichen.[48]

III. Faktischer AG-Konzern

1. Keine Einflussrechte

35 Im faktischen AG-Konzern sind dagegen die Einflussnahme- und Auskunftsrechte begrenzt. Im Gegenteil: Der Vorstand der Tochtergesellschaft leitet sie gemäß § 76 Abs. 1 S. 1 AktG „unter eigener Verantwortung". Es fehlt an einem rechtlich abgesicherten Weisungsrecht, das diesen Grundsatz wie in § 308 Abs. 2 S. 1 AktG überlagert. Es besteht somit keine Möglichkeit, die Umsetzung von Aufsichtsmaßnahmen und die Durchführung von entsprechenden Compliance-Kontrollen unmittelbar zu erzwingen. In der Praxis gibt es jedoch tatsächliche Einflussmöglichkeiten durch die Personalhoheit der Muttergesellschaft über die Besetzung des Aufsichtsrats sowie über eine Einflussnahme in der Hauptversammlung.

36 § 76 Abs. 1 AktG untersagt es dem Tochtervorstand auch nicht, die Vorstellungen der Muttergesellschaft umzusetzen. Er ist vielmehr *berechtigt*, die Hinweise zur Konzern-Compliance umzusetzen, wenn sie im Interesse der Tochtergesellschaft und ihren

---

[45] *Krieger*, in: MHdb GesR IV, § 70 Rn. 151; *Emmerich*, in: Emmerich/Habersack, § 308 Rn. 39; *Fleischer*, § 18 Rn. 43; *Langenbucher*, in: K. Schmidt/Lutter, § 308 Rn. 3.
[46] *Fleischer*, ZGR 2009, 505 (536); *Lutter*, ZIP 1997, 613 (616 f.); *Götz*, ZGR 1998, 524 (535 f.).
[47] *Grundmeier*, Der Konzern 2012, 487 (496).
[48] *Mutter/Kruchen*, in: Bürkle, § 3 Rn. 22.

D. Umsetzung der Konzern-Compliance und gesellschaftsrechtliche Grenzen

Beteiligungen liegen. Typischerweise liegt es im Interesse der Tochtergesellschaft, eine effektive Konzern-Compliance umzusetzen und diese Maßnahmen zu integrieren. Hierdurch kann der Tochtervorstand seine eigene Compliance-Pflicht, die gegenüber der Tochtergesellschaft besteht, erfüllen. Zwar entfällt seine Überwachungspflicht nicht vollständig, sie wird aber modifiziert:[49] je stärker er die Kontrolle durch die Konzern-Compliance zulässt und sie auch entsprechend umgesetzt wird, desto weniger intensiv ist seine eigene Überwachungspflicht. Wenn der Tochtervorstand daher zur Erfüllung seiner eigenen Compliance-Pflicht auf die Muttergesellschaft zurückgreift, wird er wohl auch dazu verpflichtet sein, die eigene Organisation mit der Konzern-Compliance-Organisation zu vernetzen und die Konzernvorgaben entsprechend umzusetzen.[50]

2. Begrenzte Auskunftsrechte

Im faktischen Aktienkonzern fehlt es auch an einem grundsätzlichen Auskunftsanspruch der Muttergesellschaft und damit des Group Compliance Officers gegenüber den Tochtergesellschaften. Sofern es sich allerdings um Informationen handelt, die gemäß § 294 Abs. 3 S. 2 HGB für die Aufstellung des Konzernabschlusses und des Konzernlageberichts erforderlich sind, besteht ein solcher Auskunftsanspruch. Dieser Auskunftsanspruch wird in der Praxis häufig weit ausgelegt. Zumindest dann, wenn Erkenntnisse aus Compliance-Verdachtsfällen, behördlichen Untersuchungen oder internen Ermittlungen konzernbilanzielle Auswirkungen haben können, dürften diese Informationen vom Auskunftsanspruch erfasst sein. Bei ausländischen Tochtergesellschaften kann dieses Auskunftsrecht mit entgegenstehendem ausländischem Recht kollidieren. In diesem Fall ist eine Interessenabwägung bei grundsätzlicher Vorrangigkeit des Rechnungslegungsinteresses vorzunehmen.[51] 37

Teilweise wird aus § 90 Abs. 1 Nr. 1, Abs. 3 AktG und § 91 AktG ein passives Informationsrecht des Konzernvorstands gegenüber den Tochtergesellschaften jedenfalls im Hinblick auf diejenigen Informationen gefolgert, über die der Konzernvorstand seinerseits dem Konzernaufsichtsrat berichten muss.[52] Aber auch wenn die Muttergesellschaft und somit der Group Compliance Officer nur einen eingeschränkten Rechtsanspruch auf Informationen zu Compliance-Maßnahmen in der Tochtergesellschaft hat, ist der Tochtervorstand im Rahmen seines pflichtgemäßen Ermessens *berechtigt*, der Konzern-Compliance Auskünfte zu erteilen. Dem steht nach überzeugender hM weder die Verschwiegenheitspflicht gemäß § 93 Abs. 1 S. 2 AktG[53], noch bei börsennotierten Gesellschaften das Verbot der Weitergabe von Insiderinformationen nach § 14 Abs. 1 Nr. 2 WpHG entgegen,[54] zumindest jeweils dann nicht, wenn Informationen weitergegeben werden, die für die sachgemäße Konzernleitung erforderlich sind. 38

Ist die Weitergabe von Informationen an die Konzernleitung für die Tochtergesellschaft nachteilig (zB weil die Informationsbeschaffung und -aufarbeitung Kosten verursacht), ist der Tochtervorstand hierzu nur berechtigt, wenn dieser Nachteil ausgleichsfähig ist und ausgeglichen wird. Im Regelfall dürfte aber der „Nachteil" durch die 39

---

[49] *Bicker*, AG 2012, 542 (551) und → Rn. 51 ff.
[50] *Fleischer*, CCZ 2008, 1 (6); *Verse*, ZHR 175 (2011), 401 (415).
[51] *Pfaff*, in: MüKoHGB, § 294 Rn. 39; *Merkt*, in: Baumbach/Hopt, § 294 Rn. 3.
[52] *Kropff*, in: MüKoAktG, § 311 Rn. 299; *Mutter/Kruchen*, in: Bürkle, § 3 Rn. 28.
[53] *Wiesner*, in: MHdb GesR IV, § 25 Rn. 41; *Koch*, in: Hüffer, § 131 Rn. 38; *Decher*, ZHR 1994 (158), 473 (483 ff.).
[54] *Assmann*, in: Assmann/U.H. Schneider, § 14 Rn. 94 mwN.

§ 11. Der Compliance Officer im Konzern

„Vorteile" des Informationsflusses kompensiert werden, da die Durchsetzung einer effektiven Konzern-Compliance auch der Tochtergesellschaft zugute kommt (→ Rn. 36).

40 Fraglich ist, ob Minderheitsaktionäre über ihr Auskunftsrecht gemäß § 131 Abs. 4 S. 1 AktG Informationen verlangen können, die die Tochtergesellschaft an die Konzern-Compliance der Muttergesellschaft weitergegeben hat. Wäre das der Fall, wäre die konzernweite Compliance-Berichterstattung nicht funktionsfähig, da der Vorstand der abhängigen Gesellschaft das Informationsverlangen zur Abwendung von Schäden der Gesellschaft verweigern müsste. Gemäß § 131 Abs. 4 S. 1 AktG können Aktionäre alle Informationen verlangen, die einem anderen Aktionär „in seiner Eigenschaft als Aktionär" außerhalb der Hauptversammlung gegeben wurden. Nach hM, die nicht unumstritten ist, sind jedoch Informationsweitergaben im faktischen Konzern dem Anwendungsbereich des § 131 Abs. 4 S. 1 AktG entzogen.[55] Eine höchstrichterliche Entscheidung des BGH steht hierzu noch aus. Um etwaige Risiken zu vermeiden, kann es sich anbieten, eine Compliance-Dienstleistungsvereinbarung zwischen Mutter und Tochter abzuschließen.[56] Dann wäre der Informationsaustausch nicht der Aktionärseigenschaft geschuldet, sondern die Gesellschaft würde ihre vertraglichen Pflichten gegenüber ihrem Vertragspartner erfüllen. § 131 Abs. 4 S. 1 AktG wäre bereits vom Wortlaut her nicht mehr einschlägig.

3. Compliance-Dienstleistungsvereinbarungen im Konzern

41 Um das Zusammenspiel zwischen Konzern-Compliance und originären Compliance-Pflichten des Tochtervorstands festzulegen, kann der Tochtervorstand – ohne Verstoß gegen § 76 Abs. 1 AktG – eine entsprechende Dienstleistungsvereinbarung im Hinblick auf die operative Umsetzung von Compliance abschließen.[57] Seine grundsätzliche Überwachungspflicht, ob die Konzern-Compliance in angemessener Weise und ausreichend effektiv die Compliance in „seiner" Gesellschaft sicherstellt, bleibt bestehen (vgl. auch → Rn. 51 ff.). Der Abschluss eines solchen Dienstleistungsvertrags kann auch nicht in einen Beherrschungsvertrag iSd § 291 AktG umgedeutet werden, was Abfindungsrechte von Minderheitsaktionären in einem Spruchverfahren begründen würde. Denn solche Compliance-Dienstleistungsvereinbarungen betreffen keine originären unternehmerischen Bereiche, die es der Muttergesellschaft ermöglichen würden, eine auf „*das Gesamtinteresse der verbundenen Unternehmen ausgerichtete Zielkonzeption*"[58] durchzusetzen.

42 Mit dem Abschluss einer solchen Compliance-Dienstleistungsvereinbarung wären zum einen Rechte und Pflichten der einzelnen Konzerngesellschaften mit der Umsetzung einer effektiven Konzern-Compliance klar geregelt. Zum anderen würde hierdurch das Risiko vermieden werden, etwaigen Minderheitsaktionären Auskünfte zu Compliance-Sachverhalten zu schulden, die im Konzern „nach oben" gemeldet wurden.

4. Doppelmandate

43 Die Besetzung des Aufsichtsrats der Tochtergesellschaft mit Vorstandsmitgliedern der Muttergesellschaft ist geübte Praxis. Sie sichert die Personalhoheit der Muttergesell-

---

[55] LG Düsseldorf AG 1992, 461 (462); LG München I Der Konzern 2007, 448 (455 f.); LG Saarbrücken AG 2006, 89 (90); *Koch*, in: Hüffer, § 131 Rn. 38 mwN.
[56] So auch *Mutter/Kruchen*, in: Bürkle, § 3 Rn. 35.
[57] *Mutter/Kruchen*, in: Bürkle, § 3 Rn. 36.
[58] Sog materielle Abgrenzung, KG AG 2001, 186 f.; *Mutter/Kruchen*, in: Bürkle, § 3 Rn. 36.

D. Umsetzung der Konzern-Compliance und gesellschaftsrechtliche Grenzen

schaft und kann ein effektives Mittel sein, Konzern-Compliance-Vorgaben durchzusetzen. Da der Aufsichtsrat für die Bestellung der Vorstandsmitglieder in der Tochtergesellschaft sowie den Abschluss des Anstellungsvertrags zuständig ist, kann er effektiv etwaige Compliance-Verstöße und Organisationsverschulden auf Vorstandsebene sanktionieren.

Allerdings ist bei Doppelmandaten zu berücksichtigen, dass das jeweilige Mandat so auszuüben ist, dass der Mandatsträger jeweils ausschließlich im betreffenden Amt tätig wird. Ihn treffen daher grundsätzlich Verschwiegenheitspflichten gegenüber dem entsendenden Aktionär. Allerdings lässt die wohl hM insofern eine Ausnahme zu, dass solche Informationen an den Vorstand der Muttergesellschaft weitergegeben werden können, die für die sachgemäße Konzernleitung erforderlich sind.[59] Ähnlich wie bei §§ 394, 395 AktG wandert in diesen Fällen der Geheimnis- und Vertraulichkeitsschutz „nach oben"; die Verantwortung dafür geht auf die Organe der Muttergesellschaft über.

44

5. „Sanfte Klammerwirkung" durch Compliance Committees und Konferenzen

Eine konzernweite Compliance-Struktur wird außerdem gefördert, indem Compliance Committees errichtet und regelmäßig Konferenzen abgehalten werden.

45

Compliance Committees ermöglichen es, auch bei komplexen und weitläufigen Unternehmensmodellen eine übergreifende Compliance-Organisation zu implementieren. Ein Compliance Committee ist typischerweise besetzt mit dem Chief Compliance Officer und den jeweiligen Leitern der Fachabteilungen (zB Recht, Revision, Finanzen und Personal), die dann gemeinsam gegenüber der Geschäftsleitung die Verantwortung der Compliance-Abläufe übernehmen.[60] So wird gewährleistet, dass die Compliance-Verantwortung bis in den operativen Bereich delegiert und die Koordination der Compliance-Aufgaben dennoch zentral gebündelt wird. Hinsichtlich der Ausgestaltung der Committees sind dabei die länderspezifischen Regelungen zu beachten.

46

Um eine Compliance-Koordination über die einzelnen Gesellschaften hinaus auf Konzernebene zu erreichen, empfiehlt sich zur Unterstützung der bereits erläuterten Berichtslinien in einem regelmäßigen Turnus (zB jährlich) Konferenzen abzuhalten, bei denen die jeweiligen Chief Compliance Officer an den Group Compliance Officer berichten und sich darüber austauschen, ob die errichteten Compliance-Prozesse funktionieren und wie sie eventuell weiterentwickelt werden können.

47

6. Compliance Delegates

Der Group Compliance Officer im faktischen Konzern kann des Weiteren durch Compliance Delegates unterstützt werden. Im Gegensatz zu einem Compliance Officer sind diese aber nicht primär dem Tätigkeitsfeld Compliance zugeteilt, sondern übernehmen die Compliance-Verantwortung unterstützend und begleitend zu ihrem sonstigen Aufgabenbereich. Der Erfolg der Aufgabenwahrnehmung hängt insofern maßgeblich davon ab, wie gut sich diese in das bestehende Alltagsgeschäft und System einfügen lässt.

48

Fraglich ist, nach welchen Kriterien Compliance Delegates auszuwählen sind. Klar ist, dass der Kandidat nicht bereits durch Fehlverhalten aufgefallen sein darf.[61] Darüber

49

---

[59] *Hoffmann-Becking*, in: MHdb GesR IV, § 33 Rn. 48; *Lutter/Krieger*, § 6 Rn. 282; *Mertens*, in: KK-AktG, § 116 Rn. 39.
[60] *Moosmayer*, Compliance Praxisleitfaden, S. 35 f.
[61] *Marschlich*, in: Hauschka, Formularbuch Compliance, § 7 Rn. 3.

hinaus sollte er möglichst über Branchenkenntnis verfügen und eine gewisse Seniorität mitbringen, die ihm sowohl Expertise als auch Erfahrung, Belastbarkeit und Respekt eingebracht hat. Teilweise wird aufgrund dessen der CEO der jeweiligen konzernangehörigen Organisationseinheit vorgeschlagen. Dafür spricht auch, dass die Umsetzung der Compliance-Prozesse ohnehin in seinen Pflichtenkreis fällt. Er hat außerdem die Aufgabe, erfolgreich und nachhaltig zu wirtschaften und kann im Alltagsgeschäft aufzeigen, dass das Streben nach Umsatz und Marge nicht im Widerspruch zu den errichteten Compliance-Prozessen steht. Freilich muss berücksichtigt werden, dass durch seine Leitung der Einheit und die gleichzeitige Kontrolle darüber ein Interessenskonflikt nicht auszuschließen ist. Je nach Persönlichkeit mag die Wahrnehmung von Compliance Aufgaben neben den zahlreichen sonstigen Pflichten auch völlig in den Hintergrund treten. Dies alles ist in die Abwägung bei der Auswahl einzubeziehen. Außerdem ist möglichen Interessenkonflikte im Rahmen der Kontrollen und Prozesse und insbesondere bei der Durchführung von Ermittlungsmaßnahmen in Verdachtsfällen Rechnung zu tragen, zB durch Zuweisung von Zuständigkeiten an die Mitarbeiter, die primär der Compliance-Organisation angehören.

50 Bei der Ausgestaltung der Position ist grundsätzlich jedoch eine gewisse Unabhängigkeit des Compliance Delegate zur Unternehmensleitung zu wahren. So ist er zwar stets aufgrund seines Arbeitsverhältnisses weisungsgebunden. Durch verschiedene Schutzmaßnahmen muss aber sichergestellt werden, dass er seinen Compliance-Aufgaben ohne jegliche Einschränkungen nachgehen kann. Dabei ist zu empfehlen, dass der Chief Compliance Officer zustimmen muss, sobald ein Compliance Delegate ernannt oder abberufen wird. Auch ist möglicherweise die Leistungsbeurteilung hinsichtlich der wahrgenommenen Compliance-Aufgaben dem Chief Compliance Officer zu übertragen.[62] Als Teil der Leistungsbeurteilung und zur Manifestation einer „durchgestochenen" Organisation haben sich in der Praxis auch regelmäßige Feedback-Runden zwischen dem Chief Compliance Officer (oder gar dem Group Compliance Officer) und seinen Compliance Delegates, etwa in Form von Vier-Augen-Gesprächen, bewährt.

E. Verbleibende Compliance-Verantwortung der Leitungsorgane der Tochtergesellschaft

51 Trotz der Konzern-Compliance-Verantwortung auf Ebene der Muttergesellschaft wird die Compliance-Verantwortung der Leitungsorgane auf Ebene der Tochter- und Enkelgesellschaften *nicht suspendiert*. Vielmehr bleiben die Leitungsorgane der Konzerngesellschaft gegenüber ihren jeweiligen Gesellschaften originär verantwortlich; sie müssen ihrerseits für die Einhaltung rechtmäßiger Zustände in ihrem Unternehmen sorgen.[63]

52 Das bedeutet jedoch nicht, dass nunmehr jede Tochtergesellschaft eine eigenständige Compliance-Organisation aufbauen muss und kostspielige Doppelungen begründet würden. Vielmehr ist die Geschäftsleitung einer Konzerngesellschaft berechtigt, auf die

---

[62] *Marschlich*, in: Hauschka, Formularbuch Compliance, § 7 Rn. 3.
[63] *Fleischer*, CCZ 2008, 1 (6); *Goette*, ZHR 175 (2011), 388 (393); *Verse*, ZHR 175 (2011), 401 (415); *Hüffer*, FS G.H. Roth, 2011, S. 299 (306 f.); *Bürkle*, in: Hauschka, Corporate Compliance, § 8 Rn. 70.

Compliance-Organisation der Muttergesellschaft zurückzugreifen.[64] Sie muss sich in diesem Fall jedoch zunächst selbst davon überzeugen, dass die konzernweiten Compliance-Vorgaben auch in der jeweiligen Tochtergesellschaft angemessen und ausreichend sind (Informationsgrundlage der Business Judgement Rule). Greift sie nach dieser Eignungsprüfung auf die Compliance-Organisation der Konzernmutter zurück, ist sie dann auch verpflichtet, ihre Compliance-Strukturen mit der Konzern-Compliance-Organisation zu vernetzen und die Konzernvorgaben entsprechend umzusetzen.[65] Hierfür ist erforderlich, dass die Geschäftsleitung der Tochter die Konzern-Compliance-Vorgaben im eigenen Unternehmen glaubwürdig und nachhaltig kommuniziert. Sie hat zudem in regelmäßigen Abständen zu prüfen, ob die Compliance-Vorgaben der Konzernmutter im eigenen Unternehmen auch befolgt und angewendet werden. Fehlt es an einer hinreichenden Kontrolle der Konzern-Compliance durch die Konzernmutter, muss die Geschäftsleitung der Tochtergesellschaft ihre Compliance-Anstrengungen verstärken, um etwaige Kontrolldefizite auszugleichen.[66] Dies bedeutet regelmäßig eine personelle und finanzielle Aufstockung der Ressourcen in der Compliance-Funktion der Tochtergesellschaft.

Im Ergebnis bleibt also die Compliance-Verantwortung der Leitungsorgane der Tochtergesellschaften grundsätzlich bestehen, wird aber *modifiziert*: Je dezentraler der jeweilige Konzern organisiert ist und je fragmentarischer und lückenhafter die Kontrolle der Konzern-Compliance durch die Konzernspitze ausfällt, desto höher sind die Compliance-Pflichten der Leitungsorgane in den Tochtergesellschaften. Dagegen sinkt die Intensität der Überwachungspflichten ab, je zentraler die Konzern-Compliance organisiert ist und je stärker die Kontrolle durch die Konzernspitze ausfällt. 53

Selbst bei einer effektiven Konzern-Compliance ist die Geschäftsleitung der Tochtergesellschaft jedoch gehalten, ein Mindestmaß an Compliance-Ressourcen bei der eigenen Gesellschaft vorzuhalten, um die Kontrolle über die Informationen an die Konzernspitze zu behalten und notfalls selbst Compliance-Pflichten übernehmen zu können.[67] Es besteht noch keine Einigkeit, wie diese personelle Mindestausstattung auszusehen hat.[68] 54

F. Fazit und Praxisempfehlung für dezentrale Konzernstrukturen

Compliance hat eine konzernweite Dimension. Das bedingt, dass die Geschäftsleitung der Konzernmutter grundsätzlich auf die Einhaltung der Compliance-Vorgaben durch die Tochter- und Enkelgesellschaften hinzuwirken hat. Die jeweiligen rechtlichen Einflussmöglichkeiten der Konzernmutter und damit des Group Compliance Officers hängen von der jeweiligen Konzernstruktur ab. 55

Insbesondere bei dezentral geführten Konzernen wird häufig die eigenständige unternehmerische und organisatorische Verantwortung der einzelnen Geschäftsbereiche und Regionen betont, die zumeist in eigenständigen rechtlichen Einheiten organisiert sind. In der Praxis stoßen hier die Bemühungen aus der zentralen Compliance-Abteilung so- 56

---

[64] *Casper*, in: Bankrechtstag 2008, S. 139 (171 f.); *Spindler*, WM 2008, 905 (916).
[65] *Fleischer*, CCZ 2008, 1 (6); *Verse*, ZHR 175 (2011), 401 (415).
[66] *Spindler*, WM 2008, 905 (916).
[67] *Spindler*, WM 2008, 905 (916).
[68] Vgl. einerseits *Spindler*, WM 2008, 905 (916), andererseits *Casper*, in: Bankrechtstag 2008, S. 139 (172).

§ 11. Der Compliance Officer im Konzern

wohl tatsächlich als auch rechtlich (mangels disziplinarischer oder gesellschaftsrechtlicher Weisungsrechte) an ihre Grenzen. Gleichzeitig ist eine deutliche Tendenz in der Rechtsprechung erkennbar, dass eine Entlastung des Konzernvorstands (und damit auch des Chief oder Group Compliance Officers) mit dem Hinweis auf die tatsächliche und rechtliche Selbständigkeit der Geschäftsbereiche und Regionen abgelehnt wird. Das LG München I[69] fordert hier, dass eine Organisationsform zu wählen ist, die die Durchsetzung der Konzern-Compliance sicherstellt.

57 Um diese konfligierenden Interessen auszutarieren, hat sich bei dezentralen Konzernstrukturen die Einführung einer konsequenten Matrix-Compliance-Struktur in der Praxis bewährt. Wesentliche Elemente hierbei sind:

58 **1. Errichtung einer zentralen Konzern-Compliance-Funktion zur Steuerung der Compliance-Matrix-Organisation:**
 – Ernennung eines Chief oder Group Compliance Officers auf Ebene der Muttergesellschaft;
 – „eindeutiger Kopf" für die gesamte, weltweite Compliance-Organisation;
 – klare Zuweisung von Verantwortlichkeiten;
 – klare Berichtslinien zur Geschäftsleitung und „dotted line" zum Aufsichtsrat

59 **2. Einführung von Compliance Officern oder Delegates in den Geschäftsbereichen und den Regionen:**
 – Verantwortliche in den Geschäftsbereichen und in den Regionen sind näher am Geschäft;
 – gesteigerte Wahrnehmung als *trusted advisor* bei den Geschäftsverantwortlichen;
 – sind mit den jeweilgen geschäfts- bzw. landesspezifischen Risiken vertraut;
 – kennen lokale (rechtliche) Besonderheiten und können in den Landessprachen operieren;
 – Kapazität (Vollzeit oder Teilzeit) abhängig vom Risikoprofil, aber Bündelung der Compliance-Aufgabe auf jeweils einen zentralen Ansprechpartner empfehlenswert.

60 **3. Die matrix-organisatorische Einbettung kann wie folgt ausgestaltet sein:**
 – Dem Chief oder Group Compliance Officer obliegt die inhaltliche Steuerung der globalen Compliance-Funktion, dh er hat den *funktionalen* Durchgriff auf die Compliance Officer oder die Compliance Delegates in den Geschäftsbereichen und Regionen für ihren Compliance-Verantwortungsbereich.
 – Die *disziplinarische* Führung der dezentralen Compliance-Verantwortlichen liegt bei dem jeweiligen Arbeitgeber (dh Geschäftsbereich oder Regionalorganisation).
 – Die Auswahl, Ernennung, Incentivierung und ggf. Abberufung der dezentralen Compliance-Verantwortlichen erfolgt in Abstimmung zwischen dem jeweiligen Arbeitgeber und dem Chief oder Group Compliance Officer.
 – Durch die *funktionale* Berichtslinie zum Chief oder Group Compliance Officer wird die Unabhängigkeit in der Entscheidungsfindung in der Matrix gewährleistet.

61 Das Organigramm einer solchen Matrix-Compliance-Organisation könnte wie folgt aussehen:

---

[69] LG München I NZG 2014, 345 (347 f.).

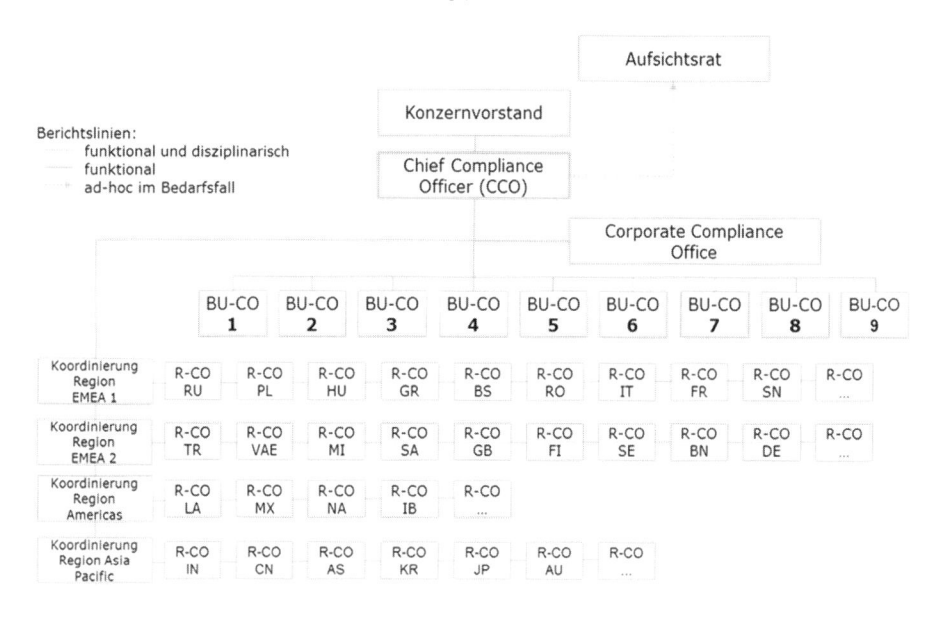

F. Fazit und Praxisempfehlung für dezentrale Konzernstrukturen

Berichtslinien:
— funktional und disziplinarisch
— funktional
⋯ ad-hoc im Bedarfsfall

```
                                    Aufsichtsrat
                                         ⋮
                              Konzernvorstand
                                         │
                         Chief Compliance Officer (CCO)
                                         │
                                Corporate Compliance Office
                                         │
  ┌─────┬─────┬─────┬─────┬─────┬─────┬─────┬─────┐
BU-CO BU-CO BU-CO BU-CO BU-CO BU-CO BU-CO BU-CO BU-CO
  1     2     3     4     5     6     7     8     9
```

Koordinierung									
Region EMEA 1	R-CO RU	R-CO PL	R-CO HU	R-CO GR	R-CO BS	R-CO RO	R-CO IT	R-CO FR	R-CO SN	R-CO …
Region EMEA 2	R-CO TR	R-CO VAE	R-CO MI	R-CO SA	R-CO GB	R-CO FI	R-CO SE	R-CO BN	R-CO DE	…
Region Americas	R-CO LA	R-CO MX	R-CO NA	R-CO IB	…					
Region Asia Pacific	R-CO IN	R-CO CN	R-CO AS	R-CO KR	R-CO JP	R-CO AU	R-CO …			

Die direkten Berichtslinien an den Chief oder Group Compliance Officer könnten wie folgt aussehen: **62**

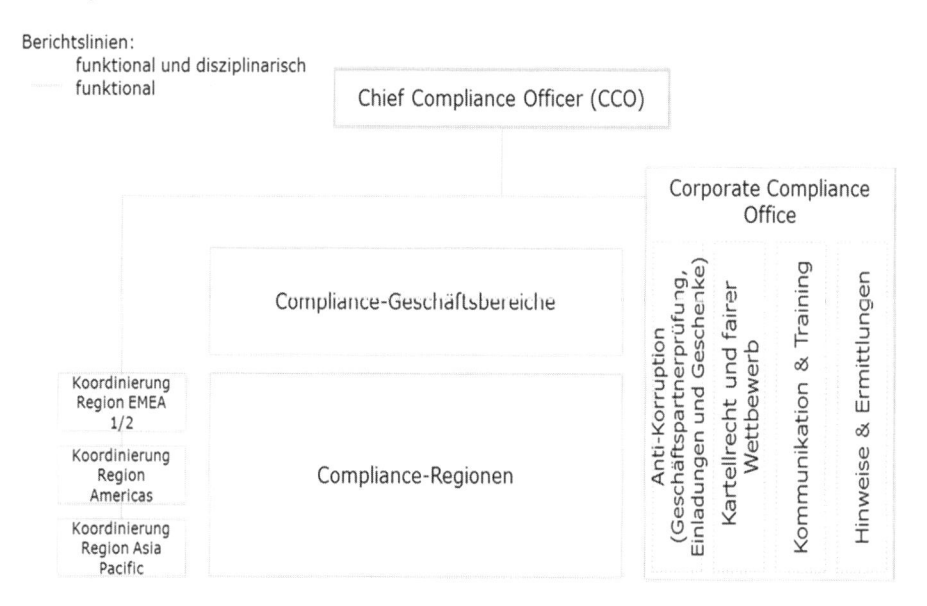

Berichtslinien:
— funktional und disziplinarisch
— funktional

```
                    Chief Compliance Officer (CCO)
                                 │
                      Corporate Compliance Office
   ┌──────────────────────────┬──────────────────────────────────────┐
   │  Compliance-Geschäftsbereiche │ Anti-Korruption (Geschäftspartner-
   │                               │ prüfung, Einladungen und Geschenke)
   │                               │ Kartellrecht und fairer Wettbewerb
   │                               │ Kommunikation & Training
   │                               │ Hinweise & Ermittlungen
   ├───────────────────────────────┤
Koordinierung Region EMEA 1/2     │
Koordinierung Region Americas     │  Compliance-Regionen
Koordinierung Region Asia Pacific │
```

Sofern keine gesellschaftsrechtlichen Weisungsrechte „entlang der Kette" bestehen, empfiehlt es sich, mit den Geschäftsleitungen der Tochter- und Enkelgesellschaften die Einrichtung einer solchen Matrix-Compliance-Organisation zu vereinbaren. In der Praxis werden Konfliktfälle, sofern sie sich nicht auf der jeweiligen Ebene sachlich lösen lassen, an die nächst höhere Ebene und ggf. bis zum Konzernvorstand über den Chief **63** oder Group Compliance Officer eskaliert. Die Durchsetzung erfolgt dann in letzter Konsequenz faktisch über die Personalhoheit der Muttergesellschaft in den jeweiligen Gremien der Tochtergesellschaften.

64   Die rechtliche Grenze ist hier allerdings erreicht, wenn die Art und Weise der Durchsetzung von einzelnen Compliance-Maßnahmen oder Personalentscheidungen zur Ernennung, Abberufung oder Incentivierung von dezentralen Compliance-Beauftragten nicht mehr mit den Interessen der jeweiligen Tochtergesellschaft übereinstimmen. Eine solche Grenze dürfte jedoch nur in absoluten Ausnahmesituationen anzunehmen sein, da im Regelfall die konsequente Durchsetzung von Compliance der Sorgfaltspflicht des Geschäftsleiters der jeweiligen Tochter- oder Enkelgesellschaft entspricht und im Unternehmensinteresse liegt. Lokale rechtliche Besonderheiten sind hierbei jedoch zu berücksichtigen, die insbesondere Prüfungshandlungen durch die Konzern-Compliance Grenzen setzen können (zB datenschutz- oder arbeitsrechtliche Grenzen). Diese lokalen Grenzen sind selbstverständlich zu beachten.

65   Innerhalb dieses hier aufgezeigten organisatorischen und rechtlichen Rahmens lassen sich in aller Regel die angesprochenen Konfliktsituationen angemessen lösen.

§ 12. Die Rolle des Compliance Officers in der Internal Investigation

Prof. Dr. Jürgen Wessing/Dr. Matthias Dann, LL.M.

Übersicht

	Rn.
A. Einleitung	1
B. Rechtliche Grundlagen der Internal Investigations	3
I. Recht oder Pflicht zu internen Ermittlungen	4
1. An der US-Börse notierte deutsche Unternehmen	4
2. Deutsche Unternehmen mit Geschäftstätigkeit im Vereinigten Königreich	6
3. Deutsche Unternehmen ohne Auslandsbezug	7
II. Unterlagen-, EDV- und E-Mail-Auswertung	11
1. Dienstliche Unterlagen und Dateien	12
2. Private Unterlagen und elektronische Dokumente	13
a) Erlaubte Privatnutzung	14
b) Verbotene Privatnutzung	19
3. Büroräume des verdächtigen Arbeitnehmers	22
III. Mitarbeiterbefragung	23
1. Teilnahmepflicht des Arbeitnehmers	24
2. Auskunftspflichten des Arbeitnehmers	25
3. Verwertbarkeit der Aussage im Strafverfahren und Beschlagnahme	30
4. Amnestiezusagen	31
5. Durchführung der Mitarbeiterbefragung	33
C. Mitwirkende Personen	36
I. Unternehmensanwalt/-verteidiger	37
II. Projektleiter und Projektteam	41
III. Geschäftsleitung/Vorstand	43
IV. Revision	47
V. Rechtsabteilung	51
VI. Anwälte betroffener Mitarbeiter	52
VII. Berater aus anderen Rechtsgebieten	56
VIII. Der Compliance Officer	58
D. Organisation interner Ermittlungen	66
I. Grundsätzliche Ausgestaltung	66
1. Intern geführte Ermittlungen	67
2. Extern geführte Ermittlungen	68
II. Ausgangssituation	69
III. Projektplanung und Organisation	72
IV. Durchführung	76
1. Beweissicherung	76
a) Schriftliche und elektronische Dokumente	78
b) Mitarbeiterbefragungen	80
2. Auswertung	86
3. Strategiefindung	87
V. Verlaufskontrolle	89
VI. Ergebnis	93

§ 12. Die Rolle des Compliance Officers in der Internal Investigation

	Rn.
E. Beteiligung der Strafverfolgungsbehörden	96
I. Kontakt und Kooperation	96
II. Ermittlungsmaßnahmen der Staatsanwaltschaft	99
III. Verständigung	102
F. Umsetzung der Erfahrungen aus internen Ermittlungen	105

Literatur: *Annuß/Pelz,* Amnestieprogramme – Fluch oder Segen?, BB Special 4 (zu BB 2010, Heft 50), 14; *Bay* (Hrsg.), Handbuch Internal Investigations, 2013; *Behrens,* Internal Investigations: Hintergründe und Perspektiven anwaltlicher „Ermittlungen" in deutschen Unternehmen, RIW 2009, 22; *Berkenbusch,* Grenzüberschreitender Informationsaustausch im Banken-, Versicherungs- und Wertpapieraufsichtsrecht, 2004; *Bittmann/Molkenbur,* Private Ermittlungen, arbeitsrechtliche Aussagepflicht und strafprozessuales Schweigerecht, wistra 2009, 373; *Böhm,* Strafrechtliche Verwertbarkeit der Auskünfte von Arbeitnehmern bei unternehmensinternen Untersuchungen, WM 2009, 1923; *Breßler/Kuhnke/Schulz/Stein,* Inhalte und Grenzen von Amnestien bei Internal Investigations, NZG 2009, 721; *Bürkle,* Compliance und Revision im Versicherungssektor nach Solvency II, CCZ 2012, 220; *Byers/Mößner,* Die Nutzung des Web 2.0 am Arbeitsplatz, BB 2012, 1665; *Dann,* Compliance-Untersuchungen im Unternehmen: Herausforderung für den Syndikus, AnwBl 2009, 84; *ders.,* Zur „Verstrafrechtlichung" eines neuen Berufsbildes – Compliance-Beauftragte am Rande des Nervenzusammenbruchs?, ZRFC 2011, 155; *ders./Gastell,* Geheime Mitarbeiterkontrollen, NJW 2008, 2945; *ders./Schmidt,* Im Würgegriff der SEC?, NJW 2009, 1851; *Deister/Geier,* Der UK Bribery Act 2010 und seine Auswirkungen auf deutsche Unternehmen, AnwBl 2009, 84; *dies./Rew,* Business as usual? – Die Leitlinien zum UK Bribery Act 2010 sind veröffentlicht, CCZ 2011, 81; *Diller,* Der Arbeitnehmer als Informant, Handlanger und Zeuge im Prozess des Arbeitgebers gegen Dritte, DB 2004, 313; *Engelhart,* Die neuen Compliance-Anforderungen der BaFin (MA Comp), ZIP 2010, 1832; *Fleischer,* Corporate Compliance im aktienrechtlichen Unternehmensverbund, CCZ 2008, 1; Fleischer, Aktienrechtliche Compliance-Pflichten im Praxistest: Das Siemens/Neubürger-Urteil des LG München I, NZG 2014, 321; *Fritz/Nolden,* Unterrichtungspflichten und Einsichtsrechte des Arbeitnehmers im Rahmen von unternehmensinternen Untersuchungen, CCZ 2010, 170; *Göpfert/Merten/Siegrist,* Mitarbeiter als „Wissensträger" – Ein Beitrag zur aktuellen Compliance-Diskussion, NJW 2008, 1703; *Graeff/Schröder/Wolf,* Der Korruptionsfall Siemens, 2009; *Grobys/Panzer,* Stichwortkommentar Arbeitsrecht, 2012; *Habersack,* Grund und Grenzen der Compliance-Verantwortung des Aufsichtsrats der AG, AG 2014, 1; *Horrer/Patzschke,* Strafrechtlicher Umgang mit Fremdzahlungen von Geldbußen, -strafen und -auflagen durch Unternehmen für ihre Mitarbeiter, CCZ 2013, 94; *Ignor,* Rechtsstaatliche Standards für interne Erhebungen in Unternehmen, CCZ 2011, 143; *Jahn,* Ermittlungen in Sachen Siemens/SEC, StV 2009, 41; *Kahlenberg/Schwinn,* Amnestieprogramme bei Compliance-Untersuchungen im Unternehmen, CCZ 2012, 81; *Klengel/Mückenberger,* Internal Investigations – typische Rechts- und Praxisprobleme unternehmensinterner Ermittlungen, CCZ 2009, 81; *Kömpf/Kunz,* Kontrolle der Nutzung von Internet und E-Mail am Arbeitsplatz in Frankreich und in Deutschland, NZA 2007, 1341; *Lindemann/Simon,* Betriebsvereinbarungen zu E-Mail-, Internet- und Intranet-Nutzung, BB 2001, 1950; *Lützeler/Müller-Sartori,* Die Befragung des Arbeitnehmers – Auskunftspflicht oder Zeugnisverweigerungsrecht?, CCZ 2011, 19; *Minoggio,* Firmenverteidigung, 2. Aufl. 2010; *Momsen,* Internal Investigations zwischen arbeitsrechtlicher Mitwirkungspflicht und strafprozessualer Selbstbelastung, ZIS 2013, 508; *Moosmayer/Hartwig,* Interne Untersuchungen, 2012; *Nadeborn,* Dienstliche E-Mails – auswerten oder löschen? Betrachtungen zum „Fall Mappus", ZWH 2014, 294; *Reeb,* Internal Investigations, 2011; *Reichert/Ott,* Non Compliance in der AG, ZIP 2009, 2173; *dies.,* Die Zuständigkeit von Vorstand und Aufsichtsrat zur Aufklärung von Non Compliance in der AG, NZG 2014, 241; *Rödiger,* Strafverfolgung von Unternehmen, Internal Investigations und strafrechtliche Verwertbarkeit von „Mitarbeitergeständnissen", 2012; *Rübenstahl,* Internal Investigations (Unternehmensinterne Ermittlungen) – status quo Teil 1, WiJ 2012, 17; *Schaefer/Baumann,* Compliance-Organisation und Sanktionen bei Verstößen, NJW 2011, 3601; *Schiemann,* Compliance-Verantwortliche unter Generalverdacht? Durchsuchungsanordnung für die Privatwohnung eines Prokuristen, NZG 2014, 657; *Stünner,* Das Berufsbild des Compliance Officers, CCZ 2014, 91; *Thü-*

sing, Arbeitnehmerdatenschutz und Compliance, 2010; *Wagner*, „Internal Investigations" und ihre Verankerung im Recht der AG, CCZ 2009, 8; *Walther/Zimmer*, Mehr Rechtssicherheit für Compliance-Ermittlungen, BB 2013, 2933; *Wessing*, Der Einfluss von Compliance, Revision und firmeninternen Ermittlungen auf die Strafverteidigung im Rechtsstaat, in: 25 Jahre Arbeitsgemeinschaft Strafrecht des Deutschen Anwaltvereins, 2009, S. 907; *Wessing*, Der Unternehmensverteidiger, FS Mehle, 2009, S. 665; *Wessing*, Praktische Probleme des Unternehmensanwaltes als Verteidiger, WiJ 2012, 1; *ders./Ahlbrecht*, Der Zeugenbeistand, 2013; *ders./Dann*, Deutsch-Amerikanische Korruptionsverfahren, 2013; *Wybitul*, E-Mail-Auswertung in der betrieblichen Praxis – Handlunsempfehlungen für Unternehmen, NJW 2014, 3605; *ders./Böhm*, Beteiligung des Betriebsrats bei Ermittlungen durch Unternehmen, RdA 2011, 362.

A. Einleitung

Eine interne Untersuchung kann für ein Unternehmen eine echte Belastungsprobe sein. Das gilt auch für die Compliance-Funktion bzw. den Compliance Officer. Denn ist eine solche Untersuchung durch die Geschäftsleitung angestoßen worden, so bedeutet dies aus Sicht einiger Strafverfolger, dass Regelverstöße zumindest nicht ganz fernliegend sind und das Compliance-System sowie möglicherweise auch die Compliance-Funktion versagt haben könnten. Hat der Compliance Officer gar ihm übertragenen Handlungspflichten verletzt, so droht ihm darüber hinaus eine eigene Strafverfolgung (s. → § 9 Rn. 73 ff.).[1] Leitet in diesen Fällen der Compliance Officer die internen Untersuchungen, so besteht die grundsätzliche Gefahr von den Untersuchungszweck gefährdenden Einflussnahmen. Prämisse einer ernstzunehmenden internen Untersuchung ist aber deren Objektivität. Es gilt, jeden Zweifel an der Zuverlässigkeit und Aussagekraft der Untersuchungsergebnisse von vornherein zu verhindern.[2] Anderenfalls droht dem Unternehmen ein immenser materieller und immaterieller Schaden.[3] Darüber hinaus ist zu bedenken, dass eine aktive Mitwirkung des Compliance Officers an vorderster Front zu Konfrontationen mit Mitarbeitern führen kann, die späterer Compliance-Arbeit hinderlich sein kann. 1

Welche Erwägungen bei der Beteiligung des Compliance Officers an internen Untersuchungen zu beachten sind, soll in diesem Kapitel beleuchtet werden (vgl. insbesondere → Rn. 36 ff.). Zu diesem Zweck wird zunächst der rechtliche Rahmen von internen Ermittlungen dargestellt, bevor auf die praktische Umsetzung und die Rolle der einzelnen Beteiligten eingegangen wird. 2

B. Rechtliche Grundlagen der Internal Investigations

Internal Investigations sind private „Ermittlungsmaßnahmen" in Unternehmen bzw. unternehmensinterne Untersuchungen, die dazu dienen, strafrechtliche und sonstige Verstöße von Unternehmensmitarbeitern systematisch aufzuklären.[4] In Deutschland be- 3

---

[1] BGH NJW 2009, 3173; *Dann/Mengel*, NJW 2010, 3265.
[2] *Idler/Waeber*, in: Knierim/Rübenstahl/Tsambikakis, § 20 Rn. 39.
[3] *Idler/Waeber*, in: Knierim/Rübenstahl/Tsambikakis, § 20 Rn. 15.
[4] *Reeb*, S. 4. Zu den unterschiedlichen Definitionsansätzen *Nestler*, in: Knierim/Rübenstahl/Tsambikakis, § 1 Rn. 19 ff.

kannt geworden sind Internal Investigations ua durch den Siemenskandal.[5] Siemens als an der US-Börse notiertes Aktienunternehmen musste sich in den USA wegen Korruptionsvorwürfen verantworten. Da hohe Sanktionszahlungen drohten, war Siemens gezwungen mit dem US-Justizministerum und der SEC zu kooperieren und den Sachverhalt durch interne Untersuchungen umfassend aufzuklären. Zwar führten allein diese Ermittlungen zu Kosten in dreistelliger Millionenhöhe, jedoch gelang es Siemens durch seine Internal Investigations nicht nur, existenzbedrohend hohe Sanktionszahlungen nach US-Recht zu vermeiden, sondern auch seinen Imageschaden gegenüber der Öffentlichkeit in Grenzen zu halten.[6] Dies führte dazu, dass auch andere Unternehmen bei dem Verdacht betriebsbezogener Straftaten und Ordnungswidrigkeiten eigene Untersuchungen einleiten und selbstverständlich immer noch einleiten, zumal auch das deutsche Recht positives Nachtatverhalten gem. § 46 StGB honoriert. Mindestens 16 der 20 im Jahr 2011 umsatzstärksten Unternehmen haben Systeme zur Durchführung interner Ermittlungen in ihre jeweilige Organisation integriert.[7]

I. Recht oder Pflicht zu internen Ermittlungen

1. An der US-Börse notierte deutsche Unternehmen

4   Sind deutsche Unternehmen an der US-Börse notiert, so unterliegen sie auch in Deutschland der strafrechtlichen Kontrolle durch das U.S. Department of Justice (DOJ) und der Aufsicht der U.S. Securities and Exchange Commission (SEC). Letztere hat die Befugnis, erhebliche zivilrechtliche Sanktionen zu verhängen und Empfehlungen zur Anklageerhebung oder strafrechtlichen Sanktionierung gegenüber dem DOJ auszusprechen, soweit Korruptionsvorwürfe im Raum stehen.[8] Soll von Sanktionen abgesehen oder diese gemildert werden, so erscheint umfassende Kooperation mit den US-Behörden unabdingbar. Die deutschen Unternehmen sind prinzipiell auch bereit, umfangreich aufzuklären und ihre Untersuchungsergebnisse weiterzuleiten. Mit diesem faktischen Druck zwecks Kostenminimierung korrespondiert aber keine entsprechende Verpflichtung. Rechtshilferechtlich können Ermittlungen im Unternehmen nicht erzwungen werden. Allerdings ist es möglich, Unterlagen aus internen Ermittlungen im Rahmen sonstiger Rechtshilfe zu beschlagnahmen und Mitarbeiter im Wege der Rechtshilfe zu befragen. Häufig wird eine Zeugenvernehmung im Rechtshilfeweg als zu umständlich und langwierig wahrgenommen, so dass seitens der US-Behörden ein gesteigertes Interesse besteht, entsprechende „Interview-Protokolle" aus einer internen Untersuchung übermittelt zu bekommen.[9]

5   Zwischenstaatliche Kooperation wird allerdings auch durch das multilaterale Memorandum of Understanding der International Organization of Securities Commissions (MMoU) möglich. Auch wenn dieses Abkommen keine durchsetzbaren Ansprüche oder Verpflichtungen begründet, so dient es doch der Gewährleistung größtmöglicher Unterstützung.[10]

---

[5] *Rödiger*, S. 2 ff.; *Wolf*, in: Graeff/Schröder/Wolf, S. 9 ff.
[6] Statt vieler anderer vgl. nur *Jahn*, StV 2009, 41.
[7] *Nestler*, in: Knierim/Rübenstahl/Tsambikakis, § 1 Rn. 37 Rn. 105.
[8] Ausf. *Wessing*, in: Wessing/Dann, § 2 Rn. 93; s. auch *Reeb*, S. 22.
[9] Zu den rechtshilferechtlichen Aspekten ausf. *Ahlbrecht*, in: Wessing/Dann, § 11 Rn. 1 ff., 52 f. Vgl. auch *Dann/Schmidt*, NJW 2009, 1851.
[10] Ausf. *Wessing*, in: Wessing/Dann, § 6 Rn. 96; *Berkenbusch*, S. 59 ff.

B. *Rechtliche Grundlagen der Internal Investigations*

2. Deutsche Unternehmen mit Geschäftstätigkeit im Vereinigten Königreich

Der Bribery Act des Vereinigten Königreichs erstreckt den Anwendungsbereich seiner Antikorruptionsvorschriften auf Unternehmen und Partnerschaften, die in Großbritannien zumindest teilweise geschäftlich tätig sind. Es ist also noch nicht einmal erforderlich, dass die Unternehmen einen Sitz in Großbritannien haben oder dort gegründet worden sind. Ausreichend ist vielmehr eine Niederlassung oder auch nur eine intensive Handelstätigkeit mit Großbritannien.[11] Ein Sanktionsrisiko deutscher Unternehmen mit Bezug ins Vereinigte Königreich ist somit gegeben, eine Rechtspflicht zur Aufklärung durch interne Ermittlungen besteht aber auch hier nicht. Faktisch wird der Druck auf Unternehmen aber dadurch aufgebaut, dass sie sich gem. § 7 Abs. 2 UKBA gegen den Vorwurf, Bestechungshandlungen nicht verhindert zu haben, durch den Einwand adäquater Vorbeugemaßnahmen verteidigen können. Dieser Einwand umfasst nach einer vom Ministry of Justice herausgegebenen Auslegungshilfe auch ständige Überwachungs- und Überprüfungsmaßnahmen.[12] Hierunter fallen auch interne Ermittlungen bei entsprechenden Verdachtsfällen.

6

3. Deutsche Unternehmen ohne Auslandsbezug

In Deutschland zielen viele einzelgesetzliche Regelungen auf die Durchführung präventiver Maßnahmen, mit denen letztlich zentrale Geschäftsleitungspflichten erfüllt werden. So verpflichtet § 91 Abs. 2 AktG den Vorstand zur Einrichtung eines Überwachungssystems, um den Fortbestand der die Gesellschaft gefährdenden Entwicklungen früh zu erkennen. Eine Pflicht zur repressiven Sachverhaltsaufklärung enthält die Vorschrift jedoch nicht. Aus § 76 Abs. 1 AktG folgt jedoch die Leitungsaufgabe des Vorstands, für die Einhaltung der Gesetze und unternehmensinternen Richtlinien zu sorgen. Diese Verpflichtung bliebe wirkungslos, wenn daraus nicht auch die Forderung erwachsen würde, im Verdachtsfall tätig zu werden und den Sachverhalt zu ermitteln.

7

Neben § 76 Abs. 1 AktG finden sich andere spezialgesetzliche Regelungen, die als Kehrseite von Compliance-Maßnahmen die Aufklärungsarbeit im Verdachtsfall festlegen. So begründen § 33 WpHG und § 25a KWG ein Gebot zur Nachforschung bei konkreten Anlässen für Banken und Wertpapierdienstleister.[13] Für Versicherungsunternehmen ergibt sich die Verpflichtung für ein angemessenes Risikokontrollmanagement und eine enstprechende Aufklärungsverpflichtung aus § 64a VAG und der Richtlinie Solvency II.[14]

8

Dagegen gibt es für die GmbH als solche weder spezialgesetzliche Vorschriften zur Einrichtung von Compliance-Systemen noch zur Sachverhaltsaufklärung im Verdachtsfall.[15] Doch auch die nach deutschem Recht nicht gesetzlich verpflichteten Unternehmen ergreifen Compliance- und Überprüfungsmaßnahmen, da der Unternehmensleitung nach § 130 OWiG Sanktionen für den Fall drohen, dass Regelverstöße im Unternehmen eintreten und Aufsichtsmaßnahmen zur Verhinderung unterlassen worden sind.

9

---

[11] Zum UK-Bribery Act s. *Deister/Geier*, CCZ 2011, 12 ff.
[12] *Deister/Geier/Rew*, CCZ 2011, 81 (86 ff.); *Deister/Geier*, CCZ 2011, 12 (15 ff.).
[13] *Engelhart*, ZIP 2010, 1832.
[14] Zur Richtlinie vgl. *Bürkle*, CCZ 2012, 220 (221).
[15] Insbesondere kann aus § 43 Abs. 1 GmbHG keine so weitreichende Verpflichtung für alle Unternehmen abgeleitet werden, str.: wie hier ua *Schaefer/Baumann*, NJW 2011, 3601; aA *Potinecke/Block*, in: Knierim/Rübenstahl/Tsambikakis, § 2 Rn. 67.

§ 12. Die Rolle des Compliance Officers in der Internal Investigation

10   Soweit also keine spezialgesetzliche Regelung eine Aufklärungspflicht vorschreibt, trifft die Unternehmen ein faktischer Zwang zwecks Vermeidung von Sanktionszahlungen. Wie diese Aufklärungsarbeit im Einzelfall auszusehen hat, ist damit aber noch nicht festgeschrieben; vielmehr hat das Unternehmen hier einen weiten Ermessensspielraum,[16] den es unter Berücksichtigung folgender Kriterien ausfüllen sollte: Erforderlichkeit, Angemessenheit und Zumutbarkeit. Kostenintensive Internal Investigations werden nicht immer erforderlich sein. Sofern die Sachverhaltsaufklärung ausnahmsweise auch durch Einzelgespräche erfolgen kann, hat das Unternehmen damit seinen Aufklärungspflichten Genüge getan. Der Umfang der Ermittlungsarbeit kann sich an der Intensität des Verdachts und der Folgenschwere der Rechtsgutsverletzung orientieren: Je intensiver der Verdacht und je schwerer die vermutete Rechtsgutsverletzung, desto intensiver sind die Nachforschungen zu betreiben.

II. Unterlagen-, EDV- und E-Mail-Auswertung

11   Wer Sachverhaltsaufklärung betreiben will, benötigt in aller Regel Einsicht in Unterlagen, um diese auswerten und auf Rechtsverstöße hin überprüfen zu können. Neben schriftlichen Dokumenten sind dies im Computerzeitalter vermehrt auch elektronische Daten und E-Mails.

1. Dienstliche Unterlagen und Dateien

12   Das Unternehmen als Arbeitgeber hat grundsätzlich das Recht, Arbeitspapiere, Geschäftsunterlagen und dienstliche Dokumente – sowohl in Papier- als auch elektronischer Form – herauszuverlangen, auch wenn diese vom Arbeitnehmer erstellt wurden. Denn der Arbeitgeber ist Eigentümer sämtlicher Arbeitsmittel, der Arbeitnehmer dagegen nur Besitzdiener.[17] Nach § 667 iVm § 675 BGB ist der Arbeitnehmer verpflichtet, alles herauszugeben, was er im Rahmen der Erbringung seiner Arbeitsleistung erlangt.

2. Private Unterlagen und elektronische Dokumente

13   Der Zugriff auf private Schriftstücke und Dateien ist dagegen nicht so unproblematisch. Differenziert werden muss in zweierlei Hinsicht: Erster Prüfungsfilter ist die Frage, ob private Unterlagen und elektronische Dokumente vom Arbeitgeber erlaubt oder verboten sind. Zweiter Filter nach dieser Differenzierung ist die Frage, ob der Arbeitnehmer verdächtig ist oder nicht. Die Eingriffsbefugnisse des Arbeitgebers divergieren je nach Einordnung der in Frage stehenden Schriftstücke und Dateien.

a) Erlaubte Privatnutzung

14   Hat der Arbeitgeber die Privatnutzung erlaubt oder auch nur geduldet, so sind private Unterlagen des **nicht verdächtigen Arbeitnehmers** sowohl in Papier- als auch in elektronischer Form aufgrund des Persönlichkeitsrechts geschützt und dem Zugriff des Arbeitgebers entzogen. Werden dann im Rahmen von Sachverhaltsermittlungen Dokumente und Dateien eingesehen, so ist darauf zu achten, dass der Zugriff auf Privatdaten vermieden wird. Der nicht verdächtige Arbeitnehmer kann bei einer entsprechenden

---

[16] *Wagner*, CCZ 2009, 8 (12); *Behrens*, RIW 2009, 22 (29).
[17] Vgl. *Preis*, in: ErfK, § 611 Rn. 754; *Fritz/Nolden*, CCZ 2010, 170 (171).

B. Rechtliche Grundlagen der Internal Investigations

Untersuchung aber angewiesen werden, seine privaten Daten zu kennzeichnen, damit diese ausgefiltert werden können.[18] Ist eine Ausfilterung nicht möglich, so hat der Arbeitgeber eine Einwilligung des Arbeitnehmers in die Kontrollen einzuholen.[19] Wird diese nicht erteilt, so kann der Arbeitgeber auf die Dateien des nicht verdächtigen Arbeitnehmers nicht zugreifen.

Die Zulässigkeit des Zugriffs auf die **Emails** des Arbeitnehmers wird besonders kontrovers diskutiert. Hat der Arbeitgeber die private Nutzung der Email-Infrastruktur gestattet, wurde in der Vergangenheit die Zulässigkeit des Zugriffs auf die Emails eines unverdächtigen Arbeitnehmers in der Literatur überwiegend verneint, da der Arbeitgeber gegenüber dem Arbeitnehmer Anbieter von Telekommunikationsdiensten und damit gem. § 88 Abs. 2 TKG an das Fernmeldegeheimnis gebunden sei.[20] Die Kontrolle der Nutzungsinhalte privater E-Mails und des Internets sei daher unzulässig und könne eine Strafbarkeit wegen Verletzung des Fernmeldegeheimnisses begründen.[21] Im Lichte jüngerer, unterinstanzlicher Rechtsprechung ist diese Ansicht aber in Zweifel zu ziehen: zuletzt hatte das VG Karlsruhe im „Fall Mappus"[22] über eine Klage auf Löschung von Arbeitskopien des Outlook-Postfaches des Klägers zu entscheiden. Zwar gab das VG der Klage zum Teil statt, begründete seine Entscheidung jedoch mit den Bestimmungen des Landesdatenschutzgesetzes Baden-Württembergs und stellte ausdrücklich fest, dass sich der Kläger nicht auf die Schutzbestimmungen des Telekommunikationsgesetzes berufen könne.[23] Dagegen spreche bereits, dass ein Arbeitgeber kein Dienstanbieter iSd § 88 TKG sei.[24] Zwar hatte der Arbeitgeber die private Nutzung der Email-Infrastruktur ausdrücklich untersagt. Selbst wenn er diese gestattet hätte, stünde der Gesetzeszweck des Telekommunikationsgesetzes aber einer Heranziehung des § 88 TKG entgegen.[25] Dies ergebe sich bereits aus § 1 TKG: Ziel des Gesetzes sei es demnach, die Rechtsbeziehungen zwischen dem Staat und den Telekommunkationsanbietern bzw. den Diensteanbietern untereinander zu regeln.[26] Unternehmensinterne Rechtsbeziehungen, wie die zwischen Arbeitgeber und Arbeitnehmer, seien hingegen nicht vom Regelungsziel des Gesetzes erfasst, so dass es zwischen Arbeitgeber und Arbeitnehmer an der notwendigen Beziehung fehle, die eine Qualifizierung als „Dienstanbieter" und „Dritter" iSd Telekommunikationsgesetzes gestatte.[27]

Mit seinem Urteil bewegt sich das VG in einer Reihe weiterer unteristanzlicher Urteile. Bereits das LAG Niedersachsen[28] und das LAG Brandenburg[29] hatten die Diensteanbietereigenschaft und damit die Anwendbarkeit des TKG ua mit der Begründung verneint, dass der Arbeitgeber weder geschäftsmäßig Telekommunikationsleistungen

---

[18] *Lindemann/Simon*, BB 2001, 1950 (1955).
[19] *Mengel*, in: Grobys/Panzer, 61 Compliance Rn. 15; zur möglichen Regelung über eine Betriebsvereinbarung s. *Lindemann/Simon*, BB 2001, 1950 (1955).
[20] Vgl. *Panzer-Heemeier*, in: Grobys/Panzer, Elektronische Kommunikationsmittel Rn. 17 mwN; aA *Thüsing*, Rn. 226 ff.
[21] Zum Meinungsstand insgesamt *Walther/Zimmer*, BB 2013, 2933 f.
[22] VG Karlsruhe Urt. v. 27.5.2013 – 2 K 3249/12, NVwZ-RR 2013, 797; die Berufung gegen das Urteil wird beim VGH Mannheim unter dem Az. 1 S 1352/13 geführt.
[23] VG Karlsruhe Urt. v. 27.5.2013 – 2 K 3249/12, NVwZ-RR 2013, 797 (800).
[24] VG Karlsruhe Urt. v. 27.5.2013 – 2 K 3249/12, NVwZ-RR 2013, 797 (801).
[25] VG Karlsruhe NVwZ-RR 2013, 797.
[26] VG Karlsruhe NVwZ-RR 2013, 797.
[27] VG Karlsruhe NVwZ-RR 2013, 797.
[28] LAG Niedersachsen Urt. v. 31.5.2010 – 12 Sa 875/09, NZA-RR 2010, 106.
[29] LAG Brandenburg Urt. v. 16.2.2011 – 4 Sa 2132/10, NZA-RR 2011, 342.

erbringe, noch an diesen mitwirke[30]. Zudem spreche die verfassungsrechtliche Rechtsprechung gegen die Anwendwendbarkeit des § 88 TKG: Dieser dient genau wie Art. 10 GG dem Schutz des Fernmeldegeheimnisses. Ist dessen Schutzbereich nicht eröffnet, kommt eine Anwendung des § 88 TKG nicht in Betracht.[31] Da das BVerfG den Schutzbereich des Fernmeldegeheimnisses nicht auf „die außerhalb eines laufenden Kommunikationsvorgangs im Herrschaftsbereich des Kommunikationsteilnehmers gespeicherten Inhalte und Umstände der Kommunikation"[32] erstreckt, unterfallen die nach Abschluss des Vorgangs gespeicherten Emails nicht dem Schutzbereich des TKG.[33] Dies bedeutet im Ergebnis, dass Arbeitgebervertreter im Rahmen von Compliance-Ermittlungen beim Zugriff auf gespeicherte Emails des Arbeitgebers zumindest im Hinblick auf § 88 TKG und § 206 StGB einem deutlich geringeren Strafbarkeitsrisiko ausgesetzt sind.[34]

17 Zu beachten ist allerdings weiterhin, dass ein Zugriff auf Emails des Arbeitnehmers gem. § 32 Abs. 1 S. 2 BDSG zur Aufdeckung von Straftaten verhältnismäßig sein muss. Ist der Verhältnismäßigkeitsgrundsatz im Falle eines konkret verdächtigen Arbeitnehmers gewahrt, so wird man die Einsicht in dessen private Dokumente und Dateien aber als gerechtfertigt ansehen können.[35] Dies gilt auch bei privaten E-Mails, soweit der Arbeitgeber konkrete Hinweise darauf hat, dass innerhalb der privaten Nutzung dienstbezogene Straftaten begangen, vorbereitet oder besprochen werden.[36] In der Regel wird die Beurteilung der Verhältnismäßigkeit erhebliche Kenntnisse im Datenschutzrecht voraussetzen und stark vom jeweiligen Einzelfall abhängig sein.[37]

18 Beim Verhältnismäßigkeitsgrundsatz ist abzuwägen, ob die Einsicht überhaupt zur Sachverhaltsaufklärung geeignet und des Weiteren erforderlich und angemessen ist oder ob mildere Mittel in Betracht kommen, die den Untersuchungszweck ebenso effektiv verwirklichen würden.[38] Können zB durch bloße Einsicht in dienstliche Unterlagen die Vorwürfe ebenfalls konkretisiert werden, so ist die Einsicht in private Dokumente nicht erforderlich. E-Mails mit offenkundig ausschließlich privatem Inhalt dürfen gar nicht erst gesichtet werden.[39]

b) Verbotene Privatnutzung

19 Ist die Privatnutzung verboten und auch nicht durch betriebliche Übung gebilligt,[40] so muss der Arbeitgeber keine Vorkehrungen treffen, um private Dateien von einer Kontrolle auszunehmen. Grundsätzlich darf er ein vertragsgerechtes Verhalten seiner Mitarbeiter unterstellen und davon ausgehen, dass keine privaten Dateien vorhanden sind.[41] Zunächst darf der Arbeitgeber also vollkommen ungehindert recherchieren und Ermittlungen anstellen.

---

[30] LAG Brandenburg Urt. v. 16.2.2011 – 4 Sa 2132/10, NZA-RR 2011, 342 (343).
[31] VGH Kassel Beschl. v. 19.5.2009 – 6 A 2672/08.Z, NJW 2009, 2470 (2472).
[32] BVerfG Urt. v. 16.6.2009 – 2 BvR 902/06, NJW 2009, 2431 (2432).
[33] VG Karlsruhe, Urt. v. 27.05.2013 – 2 K 3249/12, NVwZ-RR 2013, 797 (800 f.).
[34] So *Walther/Zimmer*, BB 2013, 2933 (2937); ebenfalls *Nadeborn*, ZWH 2014, 294 (296); für den Zugriff auf Chatprotokolle siehe LAG Hamm Urt. v. 10.7.2012 – 14 Sa 1711/10, BeckRS 2012, 71605.
[35] *Thüsing*, Rn. 276.
[36] *Mengel*, in: Grobys/Panzer, Compliance Rn. 16.
[37] *Wybitul*, NJW 2014, 3605 (3610).
[38] *Wybitul*, NJW 2014, 3605 (3610).
[39] *Wybitul*, NJW 2014, 3605 (3610).
[40] Zur Billigung durch betriebliche Übung s. *Lindemann/Simon*, BB 2001, 1950 (1953).
[41] *Mengel*, in: Grobys/Panzer, Compliance Rn. 15.

Dies ändert sich aber, sobald der Arbeitgeber trotz Verbots auf private Dokumente 20
und Dateien des Arbeitnehmers stößt. In diesem Fall greift das Persönlichkeitsrecht des
Arbeitnehmers mit der Folge, dass die Privatdaten des **unverdächtigen Arbeitnehmers**
nicht weiter verwendet werden dürfen, sofern er nicht in eine Auswertung einwilligt.
Dagegen ist beim **verdächtigen Arbeitnehmer** eine Einsichtnahme bei vorrangigem Interesse des Arbeitgebers gerechtfertigt. Dies ist beim konkreten Verdacht einer Straftat des
Arbeitnehmers gegeben.[42]

Auch bei verbotener Privatnutzung gelten aber die allgemeinen Bestimmungen des 21
Datenschutzrechts, so dass auch hier der Arbeitgeber nicht von einer Verhältnismäßigkeitsprüfung im konkreten Einzelfall entbunden ist und sein Kontrollinteresse gegen
das Recht des betroffenen Mitarbeiters auf informationelle Selbstbestimmung abzuwägen hat.[43]

3. Büroräume des verdächtigen Arbeitnehmers

Dem verdächtigen Arbeitnehmer kann im Laufe der internen Ermittlungen der Zu- 22
gang zu seinem Büroraum verweigert werden, da er lediglich Besitzdiener seines Büros
ist. Durch Ausübung seines Hausrechts kann der Arbeitgeber den Zutritt des Arbeitnehmers verweigern.[44] Als Anspruchsgrundlagen kommen §§ 823, 859 ff., 903 f., 1004,
227 BGB in Betracht.[45] Da der Arbeitgeber vor ungerechtfertigten betriebsbezogenen
Eingriffen zu schützen ist, dient die Absperrung des Büroraums auch der Beweissicherung, um die Entwendung belastender Dokumente zu verhindern.

III. Mitarbeiterbefragung

Neben der Sichtung und Auswertung des Datenmaterials sind Mitarbeiterbefragun- 23
gen das wichtigste Instrument der Sachverhaltsaufklärung im Rahmen interner Ermittlungen. Obwohl dem Aufklärungsinteresse des Arbeitgebers schutzwürdige Belange des
Arbeitnehmers entgegenstehen können, gibt es doch keine grundsätzlichen arbeitsrechtlichen und strafverfahrensrechtlichen Bedenken gegen die Zulässigkeit solcher Mitarbeiterbefragungen nach deutschem Recht.

1. Teilnahmepflicht des Arbeitnehmers

Ein Arbeitnehmer ist grundsätzlich verpflichtet, an Personalgesprächen teilzuneh- 24
men, die sich auf die Arbeitsleistung sowie auf Ordnung und Verhalten im Betrieb beziehen.[46] In Mitarbeitergesprächen im Rahmen interner Ermittlungen zwecks Aufdeckung von Straftaten und Pflichtverletzungen geht es um eben diese Inhalte, so dass
eine Teilnahmepflicht besteht.[47] Eine Teilnahme kann – auch vom verdächtigen Arbeitnehmer – grundsätzlich nicht verweigert werden. Allerdings muss das Personalgespräch billigem Ermessen entsprechen, dh ein sachlicher Anlass bestehen und die An-

---

[42] *Dann/Gastell*, NJW 2008, 2945 (2947); *Kömpf/Kunz*, NZA 2007, 1341 (1345).
[43] *Wybitul*, NJW 2014, 3605 (3607).
[44] BAG NZA 2009, 1347; *Byers/Mößner*, BB 2012, 1665 (1668).
[45] *Thüsing*, Rn. 352; BAG NZA 2009, 1347 (1350).
[46] BAG NJW 2009, 3115 (3116).
[47] *Lützeler/Müller-Sartori*, CCZ 2011, 19 (22).

hörung nach Ort, Termin und Dauer angemessen sein. Rein schickanöse Gespräche oder Gespräche außerhalb der Arbeitszeit oder zur Unzeit können dagegen verweigert werden.[48]

2. Auskunftspflichten des Arbeitnehmers

25 Der Arbeitnehmer hat aber nicht nur die Pflicht, an Mitarbeiterbefragungen teilzunehmen, sondern auch auf Fragen entsprechende Auskunft zu erteilen. Der Umfang der Auskunftsverpflichtung richtet sich danach, ob die Befragung den eigenen vertraglichen Aufgabenbereich des Arbeitnehmers berührt oder nicht.

26 Ist der **vertragliche Aufgabenbereich** des Arbeitnehmers betroffen, so richtet sich seine Auskunftspflicht nach §§ 675, 666 BGB analog. Danach trifft den Arbeitnehmer die Verpflichtung, Fragen des Arbeitgebers vollständig und wahrheitsgemäß zu beantworten.[49] Dies gilt nach überwiegender Meinung in Rechtsprechung und Literatur selbst dann, wenn der Arbeitnehmer sich durch seine Auskunft selbst einer strafbaren Handlung bezichtigen muss.[50] Der Grundsatz der Selbstbelastungsfreiheit schütze nur vor staatlich veranlasstem Aussagezwang, nicht aber im rein arbeitsrechtlichen Bereich.[51]

27 **Außerhalb des vertraglichen Aufgabenbereichs** leitet sich die Auskunftspflicht des Arbeitnehmers aus der allgemeinen arbeitsvertraglichen Treuepflicht gem. § 242 BGB ab. Hier bestehen nur eingeschränkte Auskunftspflichten des Arbeitnehmers. Eine Auskunftspflicht außerhalb des vertraglichen Aufgabenbereichs ist nur dann gegeben, wenn
– der Arbeitgeber ein berechtigtes und schützenswertes Interesse an der Beantwortung der Frage hat,
– das Interesse sich aus einem Zusammenhang mit dem bestehenden Aufgabenbereich des Arbeitnehmers und dessen sonstigen Pflichtenbindung ergibt und
– die Auskunftspflicht keine übermäßige Belastung des Arbeitnehmers darstellt, dh insbesondere nicht unverhältnismäßig in sein Persönlichkeitsrecht eingreift.[52]

28 Während die ersten beiden Voraussetzungen im Rahmen interner Ermittlungen zumeist zu bejahen sind – der Arbeitgeber hat ein berechtigtes Interesse an der Aufklärung und Abwehr vermuteter Straftaten und bei drohenden Schäden und Gefahren lässt sich ein Zusammenhang zwischen Aufgabenbereich und Pflichtenbindung leicht herstellen –, liegt der Schwerpunkt der Abwägung in der Regel bei der Prüfung des Verhältnismäßigkeitsgrundsatzes. Abwägungskriterien sind die Verantwortlichkeitsstufe des Arbeitnehmers, die drohende Schadenshöhe oder Schwere der Rechtsgutsverletzung, das Mitverschulden sowie die Möglichkeit anderer Mittel zur Schadensabwehr.[53] Ergibt eine solche Abwägung, dass der Arbeitnehmer gem. § 242 BGB zur Auskunft verpflichtet ist, so ist auch diese Auskunftspflicht umfassend, so dass der Arbeitnehmer die Auskunft vollständig und wahrheitsgemäß zu erteilen hat.[54] Außerhalb des eigenen Aufgabenbereichs wird allerdings eine Auskunft des Arbeitnehmers bei Selbstbelastung unzumutbar

---

[48] *Lützeler/Müller-Sartori*, CCZ 2011, 19 (22).
[49] *Dann/Schmidt*, NJW 2009, 1851 (1852); BGH NJW-RR 1989, 614.
[50] BGHZ 41, 318 (323); *Jahn*, StV 2009, 41 (44); *Bittmann/Molkenbur*, wistra 2009, 373 (376).
[51] OLG Karlsruhe NStZ 1989, 287; *Bittmann/Molkenbur*, wistra 2009, 373 (376). Kritisch hierzu ua *Dann/Schmidt*, NJW 2009, 1851 (1854).
[52] BAG NZA 1996, 637 (638).
[53] *Diller*, DB 2004, 313 (314); *Kienast*, in: Wessing/Dann, § 8 Rn. 8.
[54] *Klengel/Mückenberger*, CCZ 2009, 81 (82).

und unverhältnismäßig sein. Hier darf der Arbeitnehmer die Auskunft ohne arbeitsrechtliche oder zivilrechtliche Konsequenzen verweigern.[55]

Im Rahmen interner Ermittlungen werden häufig nicht der Arbeitgeber bzw. dessen Vertreter die Mitarbeiterbefragungen durchführen, sondern externe private „Ermittler". Auch gegenüber diesen ist der Arbeitnehmer zur Auskunft verpflichtet, da der Arbeitgeber grundsätzlich befugt ist, seine Aufgabe zu delegieren und dementsprechend auch an externe private Ermittler oder Rechtsanwälte zu übertragen.[56]

3. Verwertbarkeit der Aussage im Strafverfahren und Beschlagnahme

Die Frage, ob im Rahmen interner Ermittlungen erteilte Auskünfte der Mitarbeiter im späteren Strafverfahren verwertet werden können, ist höchstrichterlich derzeit noch nicht geklärt. Während ein Arbeitsgericht ein solches Verwertungsverbot für das Strafverfahren aus verfassungsrechtlichen Erwägungen heraus bejahte, stellte ein Strafgericht die Verwertbarkeit auch von selbstbelastenden Aussagen der Arbeitnehmer fest.[57] Das Strafgericht verneinte auch ein Beschlagnahmeverbot mit der Begründung, § 97 Abs. 1 Nr. 3 StPO schütze allein das Vertrauensverhältnis des Beschuldigten im Strafverfahren zu einem von ihm persönlich in Anspruch genommenen Berufsgeheimnisträger; das Vertrauensverhältnis zwischen dem Arbeitnehmer und dem vom Unternehmen beauftragten Berufsgeheimnisträger werde dagegen nicht erfasst. Dagegen hat das LG Mannheim § 97 Abs. 1 Nr. 3 StPO verfassungskonform ausgelegt und auf das Verhältnis zwischen Nichtbeschuldigten und seinem Anwalt für anwendbar erklärt.[58] Wie sich andere Gerichte positionieren werden, bleibt abzuwarten. Um ein Beweisverwertungsverbot iSd LG Mannheim zu aktivieren, müssen die Mitarbeiterprotokolle aber auf jeden Fall aus dem Unternehmen entfernt und beim Rechtsanwalt hinterlegt werden.

4. Amnestiezusagen

Um die Bereitschaft zu kooperativem Aussageverhalten im Rahmen von Mitarbeiterbefragungen auch bei Gefahr der Selbstbelastung zu erhöhen, kann es sich in geeigneten Einzelfällen anbieten, Amnestiezusagen zu treffen. Hierin kann sich der Arbeitgeber verpflichten, auf etwaige Schadensersatzansprüche zu verzichten, von Kündigungen abzusehen und/oder den Mitarbeiter von Verfahrens- und Anwaltskosten freizustellen.[59] Solche Mitarbeiteramnestien sind grundsätzlich möglich,[60] auch die Übernahme von Geldstrafen, Geldbußen und Geldauflagen durch das Unternehmen sind prinzipiell zulässig.[61] Allerdings ist hier von Unternehmensseite zu prüfen, ob solche Zahlungsverpflichtungen als pflichtgemäß iSv § 93 Abs. 1 AktG, § 43 Abs. 1 GmbHG anzusehen sind. Ist dies nicht der Fall, so kann die Unternehmensleitung ein Untreuevorwurf tref-

---

[55] BAG NJW 2009, 1897; *Dann/Schmidt*, NJW 2009, 1851 (1854).
[56] *Göpfert/Merten/Siegrist*, NJW 2008, 1703 (1706); *Bittmann/Molkenbur*, wistra 2009, 373 (376).
[57] LAG Hamm Urt. v. 3.3.2009 – 14 Sa 1689/08, BeckRS 2009, 74015; LG Hamburg NJW 2011, 942.
[58] LG Mannheim NStZ 2012, 713 (717).
[59] Zum Inhalt im Einzelnen *Kahlenberg/Schwinn*, CCZ 2012, 81 (83); *Böhm*, WM 2009, 1923 (1929).
[60] *Grundmann*, in: MüKoBGB, § 276 Rn. 182; *Annuß/Pelz*, BB Special 4 (zu BB 2010 Heft 50), 14 (16).
[61] *Horrer/Patzschke*, CCZ 2013, 94.

fen. Gegebenenfalls ist hier die Zustimmung aller Gesellschafter bzw. der Geschäftsführung oder des Vorstands einzuholen.[62]

32   Nicht zur Disposition des Unternehmens steht aufgrund des Legalitätsprinzips dagegen die Frage, ob Strafverfolgungsmaßnahmen gegen den Mitarbeiter eingeleitet werden. Hier kann das Unternehmen dem Mitarbeiter lediglich zusichern, dass das Unternehmen die Strafverfolgungsbehörden auf die Kooperation und Aussagebereitschaft des Mitarbeiters hinweist. Auch eine Zusage, von sich aus auf eine Strafanzeige zu verzichten, ist denkbar. Allerdings ist das Unternehmen an eine solche Zusage nicht gebunden, so dass diese für den Arbeitnehmer nicht wirklich von Wert ist.[63]

5. Durchführung der Mitarbeiterbefragung

33   Werden Mitarbeiterbefragungen durchgeführt, so gilt die Strafprozessordnung nicht. Allerdings hat sich die Befragung an die allgemeinen Gesetze zu halten, insbesondere nach rechtsstaatlichen Grundsätzen auszurichten. Die Bundesrechtsanwaltskammer hat Standards für Mitarbeiterbefragungen im Rahmen interner Ermittlungen festgelegt,[64] die jedoch keinen rechtsverbindlichen Charakter, sondern nur indizielle Bedeutung für eine etwaige Berufsrechtswidrigkeit des befragenden Anwalts haben.[65] Die Befolgung der Thesen stellt aber sicher, dass tragfähige und belastbare Ermittlungsergebnisse produziert werden, die auch von der Staatsanwaltschaft akzeptiert werden.[66] Nach den Standards der BRAK ist folgendes zu beachten:
– der Anschein „amtlichen" Handelns ist zu vermeiden
– dem Unternehmensanwalt stehen keine Eingriffs- und Zwangsbefugnisse zu
– der Mitarbeiter hat das Recht auf Hinzuziehung eines Zeugenbeistands
– unlautere Einwirkungen und unzulässige Methoden – in Anlehnung an § 136a StPO – sind zu unterlassen
– der Mitarbeiter darf keinem unzulässigen Zwang ausgesetzt, bedrängt, getäuscht, bedroht oder eingeschüchtert werden
– der Mitarbeiter ist zu belehren, dass die Aufzeichnung der Befragung eventuell an (Strafverfolgungs-)Behörden weitergegeben und dort zu seinem Nachteil verwendet wird
– stehen Amnestieprogramme im Raum, so ist der Mitarbeiter zu belehren, dass das Unternehmen keine strafrechtliche Amnestie gewähren kann.[67]

34   Betreffen Mitarbeiterbefragungen nicht nur Einzelfälle, sondern haben einen kollektiven Bezug, so hat der Betriebsrat ein Informationsrecht nach § 80 Abs. 2 BetrVG. Danach ist der Betriebsrat darüber zu informieren, dass eine Befragung stattfindet, an welchen Standorten Mitarbeiter betroffen sind, wie viele Mitarbeiter befragt werden sollen, was Gegenstand der Befragung sein wird und wie die Gespräche stattfinden sollen.[68] Ein darüber hinausgehendes Mitbestimmungsrecht des Betriebsrats gem. § 87 Abs. 1 Nr. 1

---

[62] *Annuß/Pelz*, BB Special 4 (zu BB 2010 Heft 50), 14 (17); *Fischer*, § 266 Rn. 113.
[63] *Breßler/Kuhnke/Schulz/Stein*, NZG 2009, 721 (727).
[64] BRAK-Stellungnahme 35/2010, S. 9 ff.; abrufbar unter http://www.brak.de/zur-rechtspolitik/stellungnahmen-pdf/stellungnahmen-deutschland/2010/november/stellungnahme-der-brak-2010-35.pdf.
[65] *Rübenstahl*, WiJ 2012, 17 (19 f.); *Tsambikakis*, in: Knierim/Rübenstahl/Tsambikakis, § 7 Rn. 44.
[66] *Ignor*, CCZ 2011, 143 (146).
[67] BRAK-Stellungnahme 35/2010, S. 9 ff.
[68] *Wybitul/Böhm*, RdA 2011, 362 (364).

C. Mitwirkende Personen

BetrVG scheidet unseres Erachtens aus, da bei der Mitarbeiterbefragung generell das Arbeitsverhalten tangiert ist.[69] Allerdings ist die Rechtslage bislang nicht eindeutig geklärt und es gibt andere Stimmen, die ein diesbezügliches Mitbestimmungsrecht bejahen.[70] Da der Betriebsrat bei Nichtbeteiligung zumindest die Möglichkeit hat, interne Ermittlungen vorläufig im Wege der einstweiligen Verfügung zu stoppen,[71] sollte das Unternehmen den Betriebsrat gut informieren und sicherheitshalber auch ohne entsprechende Verpflichtung beteiligen.

Die BRAK-Standards empfehlen eine schriftliche Dokumentation der Mitarbeiterbefragung und die Gewährung der Einsichtnahme des Mitarbeiters in ein entsprechendes Protokoll.[72]

35

> **Hinweis:** Um Streit über den Inhalt der Mitarbeiterbefragung zu vermeiden, können die Gesprächsprotokolle unterschrieben werden. Auch wenn der Wert von Mitarbeiterbefragungen zum Teil in der Dokumentation liegt, sollten unseres Erachtens die Niederschriften nicht den Umfang von Vernehmungsprotokollen annehmen, die Ermittlungsbeamte anfertigen. Durch Vermeidung einer vernehmungsähnlichen, eventuell bedrohlich wirkenden Situation wird eine offene Kommunikation möglich. Es ist daher ausreichend, dass sich der Befragende bzw. eine diesen begleitende Person Notizen über das Gespräch macht. Ausführliche, gar wortgetreue Mitschriften sind nicht erforderlich.

C. Mitwirkende Personen

An internen Untersuchungen ist zumeist eine Vielzahl an Personen beteiligt: die Leitungsebene des Unternehmens ist einzubinden, ebenso das zuständige Aufsichtsgremium, die für Compliance-Themen zuständigen Organisations- und Facheinheiten sind zu involvieren und bei groß angelegten internen Ermittlungen sind auch externe Berater und Rechtsanwälte einzuschalten. Wichtig ist neben einer sorgfältigen Planung und Koordination der Aufgaben vor allem eine umfassende Kommunikation zwischen den beteiligten Akteuren. Bindeglied sollte hier aber nicht der Compliance Officer, sondern der Unternehmensanwalt/-verteidiger sein. Wie sich ein Compliance Officer sinnvoll in eine interne Untersuchung einbringen kann, hängt von seinem eigenen Rollenverständnis und dessen Kompatibilität mit anderen Funktionsträgern in einem solchen Prozess ab. Grundsätzlich wird man sagen können, dass ein Compliance Officer gut beraten ist, sich eher im Hintergrund zu halten und die Einhaltung der für eine interne Untersuchung geltenden Regeln zu überwachen. Je stärker ihn eine Untersuchung persönlich betreffen kann, desto mehr Distanz sollte er wahren. In großen Unternehmen dürfte das deutlich einfacher sein als in mittleren und kleineren, wo die Tendenz bestehen könnte, die Compliance-Funktion als „Allzweckwaffe" einzusetzen. Zugespitzt könnte man sagen, dass seine Hauptaufgaben im Vorfeld und im Anschluss liegen: ein-

36

---

[69] So auch *Göpfert/Merten/Siegrist*, NJW 2008, 1703 (1708).
[70] *Klug*, in: Knierim/Rübenstahl/Tsambikakis, § 7 Rn. 92; *Wybitul/Böhm*, RdA 2011, 362 (365).
[71] Zu den rechtlichen Möglichkeiten des Betriebsrats *Wybitul/Böhm*, RdA 2011, 362 (363).
[72] BRAK-Stellungnahme 35/2010, S. 11.

mal in der rechtzeitigen Implementierung eines rechtssicheren und akzeptierten Handlungsrahmens für die Durchführung einer internen Untersuchung und zum anderen in der adäquten Umsetzung der Erkenntnisse, die für die Anpassung des Compliance-Systems relevant sind.

I. Unternehmensanwalt/-verteidiger

37 In Wirtschaftsstrafverfahren drohen dem Unternehmen über das Instrumentarium der Verbandsgeldbuße gem. § 30 OWiG und des Drittverfalls gem. § 73 Abs. 3 StGB selbst erhebliche Sanktionszahlungen, so dass es gut beraten ist, sich eines eigenen Unternehmensstrafverteidigers zu bedienen. Schon im Ermittlungsverfahren kann sich das Unternehmen gem. § 434 Abs. 1 S. 1 StPO von einem Rechtsanwalt vertreten lassen.[73] Daher kann der Unternehmensverteidiger die Vertretung des Unternehmens auch in den – gegebenenfalls parallel zum Ermittlungsverfahren – geführten internen Ermittlungen übernehmen. Der Unternehmensanwalt vertritt die Interessen des Unternehmens, von den internen Ermittlungen über ein eventuell sich anschließendes oder begleitendes Ermittlungsverfahren bis hin zu einem Hauptverfahren, das es zu verhindern gilt. In geeigneten – überschaubaren – Fällen wird es der Unternehmensverteidiger sein, der die Koordination der internen Ermittlungen und die Kommunikation mit den (Strafverfolgungs-) Behörden übernimmt. Ist bereits ein Ermittlungsverfahren eingeleitet, so unterliegt die Korrespondenz zum Unternehmensverteidiger zudem dem Beschlagnahmeschutz der §§ 97, 148 StPO.[74] Gegenüber intern geführten Untersuchungen besteht damit der Vorteil, dass die gewonnenen Ergebnisse nicht ohne weiteres in die Hände von Staatsanwaltschaft und Polizei gelangen können. Da in einigen Verdachtsfällen eine gesteigerte Gefahr besteht, dass früher oder später auch ein Bußgeldverfahren gegen das Unternehmen eingeleitet wird, sollte als Zweck der internen Untersuchung auch die Verteidigung gegen eine potentielle Unternehmensgeldbuße dokumentiert werden.

38 Dem Compliance Officer kommt nach unserem Verständnis ua die Aufgabe zu, den Unternehmensverteidiger umfassend zu informieren und zu unterstützen. Er sollte sich aber davor hüten, selbst in die Rolle des internen Ermittlers zu schlüpfen. Dies kann nicht nur seine Vertrauensstellung gegenüber den Mitarbeitern unterminieren, sondern ihn gegebenenfalls auch des Verdachts aussetzen, eigene versäumte Aufsichtspflichten vertuschen zu wollen. Neutralität bei internen Ermittlungen ist daher für den Compliance Officer oberstes Gebot.

39 Ist die Rolle des Compliance Officers selbst Gegenstand der internen Ermittlungen, so sollte frühzeitig die Einschaltung eines eigenen Verteidigers in Betracht gezogen werden. Dieser kann die Mitwirkung des Compliance Officers – vor allem im Hinblick auf Informationsweitergabe – gegenüber dem Unternehmensverteidiger so koordinieren, dass dieser sich nach Abschluss der internen Ermittlungen nicht in einer desaströsen Ausgangslage für ein anschließendes Straf- oder Ordnungswidrigkeitenverfahren befindet (s. → § 9 Rn. 163 ff.), gleichzeitig aber seinen arbeitsvertraglichen Mitwirkungspflichten nachkommen kann. Auf diese Weise kann zudem zwischen Unternehmens- und Individualverteidiger frühzeitig die Möglichkeit einer Sockelverteidigung in Betracht gezogen werden.

---

[73] *Meyer-Goßner*, in: Meyer-Goßner/Schmitt, § 434 Rn. 1.
[74] *Wessing*, WiJ 2012, 1 (5); *ders.*, FS Mehle, 2009, S. 665 (678 ff.).

C. Mitwirkende Personen

Ganz grundsätzlich ist bei Ermittlungen im Unternehmen zu beachten, dass die Unternehmensinteressen und die individuellen Interessen einzelner Mitarbeiter sich konträr gegenüberstehen können.[75] Dies gilt in Compliance-Fällen genauso für den Compliance Officer. 40

II. Projektleiter und Projektteam

Während in kleineren internen Ermittlungen durchaus der Unternehmensverteidiger zugleich Projektleiter sein kann, sollten größere, umfassende interne Ermittlungen durch einen eigenständigen, von der Unternehmensverteidigung getrennten, Projektleiter oder gar einem Projektteam begleitet werden. Gerade wenn neben strafrechtlichen Aspekten andere rechtliche Gesichtspunkte zu bedenken und umfangreiche Entscheidungen inhaltlicher und organisatorischer Art zu treffen sind, sollte ein separater Projektleiter beauftragt werden. Dieser ist dann eigenverantwortlich für die operative Abwicklung der Internal Investigations zuständig.[76] Ist unter der Ebene des Projektleiters ein ganzes Projektteam beteiligt, so müssen sich dort ergänzende Fähigkeiten und interdisziplinärer Sachverstand bündeln, um die internen Ermittlungen verantwortungsvoll und reibungslos zu begleiten. Die Projektmitarbeiter sollten keinesfalls ausschließlich aus dem Unternehmen rekrutiert werden, sondern externer Sachverstand durch die Beauftragung von Rechts- und Ermittlungsspezialisten sowie IT-Beratern eingeholt werden. 41

Auch der Compliance Officer oder ein Mitglied der Compliance-Abteilung sollte seinen Platz im Projektteam haben, um sein Strukturwissen und seine Expertise in Sachen Criminal Compliance einbringen zu können. 42

III. Geschäftsleitung/Vorstand

Unabdingbar ist auch die Einbindung der Geschäftsleitung bzw. des Vorstands in interne Ermittlungen. Compliance ist zentrale Aufgabe der Unternehmensleitung und damit „Chefsache".[77] Erhält die Geschäftsleitung Kenntnis von Compliance-Verstößen, so trifft sie die Pflicht, diese zu untersuchen und ggf. umfassende interne Ermittlungen einzuleiten. Unterlässt sie dies, drohen ihr haftungsrechtliche Konsequenzen.[78] 43

Doch auch wenn die Geschäftsleitung oder der Vorstand entsprechende Ermittlungen im Unternehmen anstößt, so sind diese im Kreise der Unternehmensführung dennoch alles andere als beliebt. Denn die Durchführung interner Ermittlungen kostet Geld und Ansehen und ist mit einer gewissen Unruhe innerhalb des Unternehmens verbunden. Zudem wird die Durchführung interner Ermittlungen häufig von einer gewissen Skepsis begleitet und ein eigener Individualverteidiger beauftragt, der die Entscheidungen des Unternehmensanwalts oder Projektleiters ständig überprüfen soll. Problematisch wird es dann, wenn der von der Geschäftsleitung beauftragte Individualverteidiger in die Position des Unternehmensverteidigers drängt. Dies ist in jedem Fall zu unterbinden, da dadurch eine objektive interne Ermittlung gefährdet wird. Die Individualverteidiger 44

---

[75] *Wessing*, 25 Jahre Arbeitsgemeinschaft Strafrecht des Deutschen Anwaltvereins, S. 907 (916).
[76] Ausf. hierzu *Idler/Knierim/Waeber*, in: Knierim/Rübenstahl/Tsambikakis, § 4 Rn. 63 ff.
[77] *Fleischer*, NZG 2014, 321 (323).
[78] Vgl. *Schiemann*, NZG 2014, 657 (658); *Reichert/Ott*, NZG 2014, 241 (242).

sind den individuellen Interessen ihrer Mandanten verpflichtet. Diese können konform zu denen des Unternehmens laufen, müssen dies aber nicht.

45 Wichtig ist, dass die internen Ermittlungen in Abstimmung mit dem Geschäftsführer/Vorstand und gegebenenfalls deren Individualverteidiger geführt werden. Da der Compliance Officer in der Regel allein dem Vorstand gegenüber berichtsfähig und berichtspflichtig ist,[79] sollte im Sinne einer objektiven internen Ermittlung diese Kommunikation nur noch über einen objektiven und unbefangenen Personenkreis geführt werden. Dies gilt vor allem auch deshalb, weil einzelne Vorstände und die Geschäftsleitung selbst Gegenstand der Untersuchung sein können. Für den Fall, dass dahingehende Anzeichen bestehen, sollten frühzeitig entsprechende Berichtswege eingerichtet werden. In der Regel wird der Compliance-Beauftrage in diesen Fällen an den Vorstandsvorsitzenden oder den Leiter des jeweiligen Aufsichtsorgans zu berichten haben.[80] Wie unter → § 9 Rn. 127 bereits angesprochen, empfiehlt es sich bereits bei Festlegung des Aufgabengebiets des Compliance Officers eine schriftlich fixierte Regelung zu treffen, die es dem Compliance Officer gestattet, in Ausnahmefällen direkt an Aufsichtsrat und/oder Prüfungsausschuss zu berichten.[81] Die Aufgabe des Aufsichtsrates besteht auch darin, sicherzustellen, dass der Vorstand seiner Compliance-Verantwortung nachkommt und diesbezügliche Pflichtverletzungen des Vorstandes aufgedeckt, abgestellt und geahndet werden.[82]

46 Wie wichtig eine derartige Regelung sein kann, steht spätestens seit der Siemens/Neubürger Entscheidung[83] des LG München I fest: im dortigen Fall blieb der Vorstand trotz interner Hinweise auf ein System „schwarzer Kassen" untätig und unterließ eine Aufklärung des Sachverhalts und die Überarbeitung des offensichtlich unzureichenden Compliance-System. Nach den Feststellungen des Gerichts hatte der verdächtige Mitarbeiter zudem gegenüber den Abschlussprüfern und dem Personalausschuss des Aufsichtsrates gedeckt.[84] Aufgrund korruptiver Verhaltensweisen von Mitarbeitern sah sich der Konzern später mit Bußgeldzahlungen in Milliardenhöhe konfrontiert. Um eine derartige Situation zu vermeiden, sollten Compliance-bezogene Themen und Untersuchungsergebnisse im Untersuchungsfall grundsätzlich an einen unabhängigen Personenkreis kommuniziert werden, der selbst nicht Gegenstand der Untersuchung sein kann.[85] In Betracht kommen hier Unternehmensverteidiger, Aufsichtsorgan und Projektleiter.

IV. Revision

47 Da die Funktion von Compliance im Unternehmen in der Prävention liegt, ist die Aufklärung und Verfolgung von Compliance-Fällen zunächst der Innenrevision zugewiesen.[86] Werden interne Ermittlungen ohne externe Berater geführt, so ist die Revisionsabteilung die Schaltzentrale zur Koordinierung der Untersuchung. Sind externe Berater mit einbezogen, so kommt der Revisionsabteilung als neutraler Instanz ebenfalls

---

[79] *Stünner*, CCZ 2014, 91 (92).
[80] *Dann*, ZRFC 2011, 155.
[81] *Dann/Mengel*, NJW 2010, 3265 (3268).
[82] *Habersack*, AG 2014, 1 (2 f.).
[83] LG München I Urt. v. 10.12.2013 – 5 HK O 1387/10, BeckRS 2014, 01998 (Volltext), NZG 2014, 345 ff. (auszugsweise).
[84] LG München I Urt. v. 10.12.2013 – 5 HK O 1387/10, NZG 2014, 345 (347).
[85] *Idler/Waeber* in: Knierim/Rübenstahl/Tsambikakis, § 20 Rn. 39.
[86] *Wessing*, 25 Jahre Arbeitsgemeinschaft Strafrecht des Deutschen Anwaltvereins, S. 912.

starke Bedeutung zu. Durch ihren klassischen Aufgabenbereich, eingeführte Prozesse im Unternehmen zu überprüfen (wozu auch die Überprüfung der Funktionsfähigkeit und Wirksamkeit der Compliance-Funktion gehört![87]), hat sie Einblick in Abläufe und Strukturen und ist somit wichtiger Kommunikationspartner, falls Ermittlungen extern durchgeführt werden. Außerdem wird ihr vielfach die Rolle des Initiators interner Ermittlungen zukommen, da die Revision möglichst unangemeldet turnusmäßig die Einhaltung von Regeln zu überprüfen hat.[88] Kommt sie zu der Einschätzung, dass Verhaltensweisen von Mitarbeitern strafrechtsrelevant sind, muss sie sich in Absprache mit der Compliance-Abteilung und der Geschäftsführung überlegen, in welchem Rahmen entsprechende Aufklärungsmaßnahmen betrieben werden.

Erhält der Compliance Officer Kenntnis oder Hinweise auf Regelverstöße im Unternehmen, hat er dies der Revisionsabteilung mitzuteilen und ihr die notwendigen Informationen über die für den Untersuchungsgegenstand maßgeblichen Compliancestrukturen zu liefern. Gleichzeitig darf er keinen Einfluss auf die Führung der internen Untersuchung nehmen, da anderenfalls deren Objektivität und damit das Untersuchungsziel gefährdet sind. Die Rolle des Compliance Officers reduziert sich daher darauf, Untersuchungen seitens der Revisionsabteilung anzustoßen.[89] Zumindest hat er aber sicherzustellen, dass die Innenrevision die Verfolgung und Sanktionierung von potentiellen Verstößen „über alle Bereiche und Hierarchien hinweg und unter Beachtung des Grundsatzes der Gleichbehandlung praktiziert" und nicht etwa aus Opportunitätserwägungen davon absieht.[90] Nicht vergessen werden darf letztlich, dass eine interne Ermittlung ihrerseits Compliance-Sachverhalte nicht nur aufzudecken, sondern auch selbst zu produzieren vermag. Der Compliance Officer hat daher darauf zu achten, dass bei der Durchführung der internen Ermittlung wiederum das geltende (Arbeits-, Datenschutz- und Straf-) Recht eingehalten wird.[91]

48

Bestehen konkrete Anhaltspunkte für Compliance-relevante Verfehlungen des Compliance Officers, sollte dieser die Mandatierung eines Individualverteidigers in Betracht ziehen, der die Kommunikation gegenüber der repressiv tätigen Revisionsabteilung koordinieren kann. In einer derartigen Situation wird der Compliance Officer kaum selbst beurteilen können, wie er seinen arbeitsvertraglichen Mitwirkungspflichten nachkommen kann ohne sich in eine für die spätere Verteidigung desaströse Ausgangslage zu versetzen.

49

Erst nach Abschluss der Untersuchungen durch die Innenrevision sollte zusammen mit dem Compliance Officer bzw. der Compliance-Abteilung auf Grundlage des Untersuchungsergebnisses die Notwendigkeit von Verbesserungen im Compliance-System erörtert und das Compliance-System entsprechend angepasst werden.

50

V. Rechtsabteilung

Werden tatsächlich Rechtsverstöße ermittelt bzw. liegen diese nahe, so muss die Rechtsabteilung in die internen Ermittlungen einbezogen werden. In der Rechtsabteilung bündelt sich der juristische Sachverstand, so dass die Mitarbeiter in der Lage sind, unternehmensspezifische/branchenspezifische Rechtsverstöße zu identifizieren. Denn die

51

---

[87] *Hauschka/Galster/Marschlich*, CCZ 2014, 242 (246).
[88] *Hauschka*, in: Hauschka, Corporate Compliance, § 1 Rn. 29.
[89] *Wessing*, 25 Jahre Arbeitsgemeinschaft Strafrecht des Deutschen Anwaltvereins, S. 914.
[90] *Stünner*, CCZ 2014, 91 f.
[91] *Hauschka/Galster/Marschlich*, CCZ 2014, 242 (248).

Mitarbeiter verfügen in der Regel über ein erhebliches Know-how bezüglich der speziell für das Unternehmen geltenden Gesetze, Verordnungen, Leitlinien und Verhaltensanforderungen sowie über das Unternehmen selbst.[92] Ihnen kommt daher eine entscheidende Rolle bei der rechtlichen (Erst-)Bewertung zu. Diese Bewertung muss an das Projektteam, die Unternehmensleitung und den Unternehmensverteidiger übermittelt werden. Die rechtliche Bewertung kann nicht nur den ausermittelten Sachverhalt betreffen, sondern schon im Vorfeld in einer Art Risikoanalyse erste Informationen über Strukturen und gefährdete Bereiche liefern. Insofern ist auch eine Ab- bzw. Rücksprache mit der Compliance-Abteilung notwendig, da beiden Abteilungen überschneidende Kompetenzen zukommen.

VI. Anwälte betroffener Mitarbeiter

52 Werden im Rahmen interner Ermittlungen eine Vielzahl an Mitarbeitern befragt, so werden häufig auch eine Fülle an Rechtsanwälten mit der Wahrnehmung deren Interessen betraut. Neben dem klassischen Individualverteidiger des beschuldigten Arbeitnehmers werden Arbeitsrechtler oder Zeugenbeistände beauftragt.

53 Soweit Individualvereidiger die Interessen von beschuldigten Mitarbeitern wahrnehmen, ist an eine Sockelverteidigung zu denken, um eine gemeinsame Strategie für Mitarbeiter und Unternehmen festzulegen.[93] In jedem Fall ist eine Koordination des Verteidigungsverhaltens erforderlich. Aufgrund seiner Unabhängigkeit gegenüber den Unternehmensmitarbeitern sollte die Koordination vom Unternehmensverteidiger übernommen werden, da er von den Strafverfolgungsbehörden eher als Partner im Ermittlungsverfahren akzeptiert wird als der allein dem Interesse seines Mandanten verpflichtete Individualverteidiger.[94]

54 Stehen arbeitsrechtliche Verfehlungen oder Konsequenzen im Raum, so wird sich der Arbeitnehmer von einem arbeitsrechtlich ausgewiesenen Rechtsanwalt beraten lassen. Auch hier ist eine gute Kommunikation notwendig. Vielfach kann die Angst vor vermuteten Kündigungen genommen und so die Aussagebereitschaft des Mitarbeiters gesteigert werden.

55 Intensiv geführte Mitarbeiterbefragungen werden zunehmend auch im Beisein von Zeugenbeiständen durchgeführt,[95] zumal der Rechtsausschuss der Bundesrechtsanwaltskammer die Möglichkeit der Hinzuziehung eines Zeugenbeistands als Standard von Mitarbeiterbefragungen festgelegt hat.[96] Anerkannt ist, dass ein Zeugenbeistand mehrere Zeugen im Rahmen eines Verfahrens beraten kann.[97] Zeichnet sich allerdings ab, dass ein Mitarbeiter möglicherweise ein sog gefährdeter Zeuge ist und zum Beschuldigten eines Strafverfahrens werden kann, so sollten solche Mitarbeiter einen separaten Zeugenbeistand, möglichst auch mit Strafverteidigungskompetenz zur Seite gestellt bekommen.

---

[92] *Dann*, AnwBl 2009, 84.
[93] *Minoggio*, Rn. 490 ff.
[94] *Wessing*, in: Wessing/Dann, § 6 Rn. 50.
[95] Ausführlich zum Zeugenbeistand im Rahmen interner Ermittlungen s. *Wessing/Ahlbrecht*, Rn. 381 ff.
[96] BRAK-Stellungnahme 35/2010, These 3 mit Begründung, S. 9 ff.
[97] LG Heilbronn NStZ 2004, 100; AG Neuss StraFo 1999, 139.

C. Mitwirkende Personen

VII. Berater aus anderen Rechtsgebieten

Im Rahmen interner Ermittlungen ist keinesfalls nur strafrechtlichen Gesichtspunkten nachzugehen. Häufig sind zivilrechtliche, versicherungsrechtliche und arbeitsrechtliche Fragestellungen sowie branchenspezifische Besonderheiten zB aus dem Vergabe- und Kartellrecht berührt. Können die besonderen Fragestellungen nicht mit Experten aus der eigenen Rechtsabteilung geklärt werden, so ist für externen Rechtsrat zu sorgen. Hier hat der Unternehmensverteidiger bzw. Projektleiter zu erkennen, wann Verzahnungen mit anderen Rechtsgebieten weitere Expertise benötigen und durch eine enge Zusammenarbeit und Kommunikation mit den weiteren Beratern das Gesamtverhalten abzustimmen. 56

Insbesondere in Korruptionsfällen müssen neben strafrechtlichen Konsequenzen auch in Frage stehende zivilrechtliche Schadensersatzansprüche geprüft werden. Haben Verdachtsfälle eventuell wettbewerbsrechtliche Auswirkungen, so sind Konsequenzen aus dem Kartellstrafrecht und -ordnungswidrigkeitenrecht zu bedenken. Drohende erhebliche Bußgeldzahlungen im mehrstelligen Millionenbereich und die Möglichkeit, aufgrund frühzeitiger Anzeige bei der Kartellbehörde Bußgeldzahlungen zu entgehen oder diese zu minimieren, sollten Anlass sein, hier einen Experten zu Rate zu ziehen. Aufgrund der hochkomplexen, schwierigen Materie des Kartellrechts wird die Rechtsabteilung allein mit einer kartellrechtlichen Begutachtung des Sachverhalts regelmäßig überfordert sein. 57

VIII. Der Compliance Officer

Auch wenn die Beteiligung des Compliance Officers an internen Ermittlungen durchaus Konfliktpotential bietet, kommen ihm hierbei auch ureigene Aufgaben zu. Wie bei jeder im Unternehmen durchgeführten Maßnahme ist auch bei internen Ermittlungen auf die **Einhaltung der einschlägigen rechtlichen Vorschriften** zu achten. Dies sind insbesondere die des Arbeits-, Datenschutz- und Strafrechts,[98] aber etwa auch die des Betriebsverfassungsgesetzes.[99] Daneben sind stets Verletzungen des allgemeinen Persönlichkeitsrechts betroffener Mitarbeiter zu verhindern.[100] 58

Verstöße gegen datenschutzrechtliche Vorgaben etwa können sowohl für die internen Ermittler als auch für das Unternehmen Haftungsfälle produzieren. Im Falle des § 43 Abs. 2 BDSG kann dies ein Bußgeld von bis zu 300 000 EUR bedeuten. Nicht zu vergessen sind schließlich auch die Reputationsschäden, die mit dem Bekanntwerden von datenschutzrechtlichen Verfehlungen im Rahmen interner Ermittlungen verbunden sein können.[101] 59

Sofern gegen seine Einbeziehung keine Bedenken bestehen, sollte der Compliance Officer den Mitarbeitern des Unternehmens auch während der laufenden internen Untersuchung als Ansprechpartner für bei der Durchführung der Untersuchung begangene Gesetzes- und Regelverstöße zur Verfügung stehen. Um Haftungsfälle von vornherein 60

---

[98] Vgl. → Rn. 48.
[99] *Park*, in: Volk, § 11 Rn. 70 f.
[100] *Park*, in: Volk, § 11 Rn. 58 ff.
[101] *Wybitul*, in: Knierim/Rübenstahl/Tsambikakis, § 11 Rn. 4; man denke nur an die Negativberichterstattung betreffend die verdeckte Mitarbeiterüberwachungen durch verschiedene Supermarkt- und Einzelhandelsketten.

zu vermeiden, empfiehlt es sich für den Compliance Officer, einen **Verhaltenskodex** zu erstellen, der für alle an den Untersuchungen beteiligten Personen verbindliche Handlungsanweisungen vorgibt.[102] Der Kodex sollte insbesondere folgende Verhaltensanweisungen enthalten:[103]

– Ausdrückliche Verpflichtung zur Einhaltung sämtlichen Rechts;
– Objektive und sachgerechte Führung der Untersuchung (wozu auch die Vermeidung von Vorverurteilungen und die Sicherstellung des Umgangs mit Interessenkonflikten zählen; gleichzeitig sollte sichergestellt werden, dass die Ermittlungen nicht aus Opportunitätserwägungen eingestellt, sondern über alle Bereiche und Hierachien hinweg unterschiedslos geführt werden[104]);
– Wahrung der Rechte des Betroffenen, insbesondere des Rechts auf Anhörung; dem Betroffenen sollte die Möglichkeit eingeräumt werden, einen Rechtsanwalt zu seiner Aussage hinzuzuziehen und ggf. auch ein Mitglied des Betriebsrates;
– Pflicht zur Geheimhaltung; Weitergabe von Informationen nur soweit notwendig; zugleich Gewährleistung der Vertraulichkeit von Betroffenen- und Zeugenaussagen;
– Pflicht zur Protokollierung; Betroffenen müssen die Protokolle ihrer Aussagen zur Verfügung gestellt werden und sie sollten die Möglichkeit haben, diese zu korrigieren;
– Schutz der Identität von Hinweisgebern, wozu auch der Schutz vor Vergeltungsmaßnahmen zählt (Whistleblower Protection);
– Schutz der Privatssphäre des Betroffenen;
– Einhaltung datenschutzrechtlicher Vorgaben, auch der unternehmenseigenen (notfalls unter Einbeziehung des Datenschutzbeauftragten).

61 Zum letzten Punkt zählt insbesondere auch die Sicherstellung des ausschließlich rechtskonformen Zugriffs auf die Emails und Dateien des Betroffenen.[105] Neben den Handlungsgeboten können im Kodex auch ausdrückliche Verbote für einzelne Ermittlungsmaßnahmen aufgeführt werden.[106]

62 Grundsätzlich sollte der Compliance Officer stets die **Verhältnismäßigkeit von internen Ermittlungen** im Allgemeinen im Auge haben. Diese betrifft vor allem den Umfang und die Kosten der Untersuchungen und sollte auch vor dem Hintergrund der mitunter belastenden Auswirkungen interner Ermittlungen auf die Arbeitsfähigkeit des Unternehmens erfolgen.[107]

63 Sofern keine Interessenkonflikte bestehen, **berichtet** der Compliance Officer die Ergebnisse interner Ermittlungen **an Vorstand und Geschäftsführung**. Dabei hat er die notwendigen (personellen) Konsequenzen darzustellen und insbesondere darzulegen, welche Compliance-Maßnahmen zu treffen sind, um zukünftige Risiken zu vermeiden.[108] Auch hier sollte der Compliance Officer allerdings sicherstellen, dass eine Wei-

---

[102] "Je mehr interne Erhebungen an den rechtsstaatlichen Standards eines staatlichen, justizförmigen Verfahrens ausgerichtet sind, umso tragfähiger und belastbarer sind ihre Ergebnisse", BRAK-Stellungnahme 35/2010, S. 10; abrufbar unter http://www.brak.de/zur-rechtspolitik/stellungnahmen-pdf/stellungnahmen-deutschland/2010/november/stellungnahme-der-brak-2010-35.pdf.
[103] Eingehend hierzu die Ausführungen von *Burgard*, in: Moosmayer/Hartwig, S. 159 ff.
[104] *Hauschka/Galster/Marschlich*, CCZ 2014, 242 (248).
[105] Vgl. → Rn. 11 ff.
[106] Hierzu *Burgard*, in: Moosmayer/Hartwig, S. 167 ff.; zu den notwendigen rechtlichen Standards der Durchführung einer Mitarbeiterbefragung vgl. bereits → Rn. 33.
[107] *Dann*, AnwBl 2009, 84 (85); zur Verlaufskontrolle siehe → Rn. 81 ff.
[108] *Hauschka/Galster/Marschlich*, CCZ 2014, 242 (247); zur Umsetzung der Erfahrungen aus internen Ermittlungen siehe → Rn. 97 ff.

tergabe von Ermittlungsergebnissen im Unternehmen nur kontrolliert und – gerade auch im Hinblick auf die Unsicherheiten über das Bestehen oder Nichtbestehen eines Beschlagnahmeschutzes – nur soweit erforderlich erfolgt.[109]

Nach der konkreten Krisenbewältigung ist der Compliance Officer schließlich für die Umsetzung der sich aus dem Untersuchungsergebnis für die Neuorganisation des Compliance-Systems ergebenden Erkenntnisse mitverantwortlich.[110] 64

Zusammenfassend bleibt festzuhalten, dass der Compliance Officer in internen Untersuchungen **wichtige Überwachungsaufgaben** hat. 65

D. Organisation interner Ermittlungen

I. Grundsätzliche Ausgestaltung

Es gibt, wie bereits erwähnt, zwei Möglichkeiten eine Sachverhaltsermittlung durchzuführen. Die eine besteht darin, die Ermittlungen ausschließlich mit unternehmensinternen Mitarbeitern durchzuführen, die andere besteht darin, Unterstützung von außen einzuholen und externe Ermittler und Berater einzuschalten. 66

1. Intern geführte Ermittlungen

Wird die Sachverhaltsaufklärung ohne fremde Unterstützung betrieben, so wird sie von der unternehmenseigenen Innenrevision durchgeführt.[111] Diese Untersuchungen werden allerdings nicht als klassische Internal Investigations im engeren Sinn verstanden, sondern als innerbetriebliche Maßnahmen, die natürlich nicht mit der gleichen positiven Publizitätswirkung verbunden sind, wie groß angelegte Ermittlungen durch externe Berater.[112] 67

2. Extern geführte Ermittlungen

Daher wird als wesentliches Element von Internal Investigations die Hinzuziehung externer Berater und Ermittler angesehen,[113] auch wenn, wie gesagt, vor allem überschaubare interne Ermittlungen auch ohne externe Expertise auskommen. Insbesondere große Unternehmen, aber zunehmend auch der Mittelstand, bedienen sich mittlerweile externer Berater, wie zB spezialisierten Rechtsanwälten, Wirtschaftsprüfern oder IT-Spezialisten.[114] Ab einem gewissen Umfang ist dies auch gar nicht anders möglich, um effektive, vollständige Aufklärungsarbeit leisten zu können. 68

---

[109] Hierzu auch *Dann*, AnwBl 2009, 84 (87).
[110] *Idler/Waeber*, in: Knierim/Rübenstahl/Tsambikakis, § 20 Rn. 41.
[111] *Behrens*, RiW 2009, 22 (23).
[112] *Nestler*, in: Knierim/Rübenstahl/Tsambikakis, § 1 Rn. 25.
[113] *Jahn*, StV 2009, 41 (42); *Nestler*, in: Knierim/Rübenstahl/Tsambikakis, § 1 Rn. 24.
[114] *Behrens*, RiW 2009, 22 (23); *Momsen*, ZIS 2011, 508 (511).

II. Ausgangssituation

69 Liegen Anhaltspunkte für Gesetzes- und/oder Regelverstöße aus dem Unternehmen heraus vor, so müssen interne Ermittlungen eingeleitet werden, um den Verdachtsmomenten nachzugehen, den Sachverhalt aufzuklären und weitere Schäden zu vermeiden.[115] Anhaltspunkte liefert bestenfalls die Revisions- oder Compliance-Abteilung im Rahmen turnusmäßiger Überprüfungen, auch etablierte Whistleblower-Systeme[116] können den Anstoß für interne Ermittlungen geben. Ungünstigste Ausgangssituation ist sicherlich ein Ermittlungsverfahren der Staatsanwaltschaft oder gar ausländischer Behörden wie dem DOJ oder der SEC.

70 Je nach Ausgangssituation variiert nicht nur die grundsätzliche Ausgestaltung als intern oder extern geführte Ermittlung, sondern auch die Projektplanung und Organisation. Geht es lediglich um Eigenrecherchen zwecks Optimierung bestehender Compliance-Systeme, um die Überprüfung geringer, durch interne Kontrollen, aufgekommene Verdachtsmomente oder gar um die Zuarbeit für bereits ermittelnde (Strafverfolgungs-)Behörden? Es versteht sich von selbst, dass die jeweilige Ausgangssituation auch den Umfang, Aufwand und Dauer der internen Ermittlungen bestimmt.

71 Bevor die Ermittlungen beginnen, muss der Rahmen des zu ermittelnden Sachverhalts und der betroffenen Rechtsnormen abgesteckt werden.[117] Im Straf- und Ordnungswidrigkeitenrecht stehen bei Internal Investigations häufig Korruptionsdelikte, Untreue und Aufsichtspflichtverletzungen im Unternehmen im Fokus (ausführlich → § 9 Rn. 1 ff.). Sind über diese und andere strafrechtliche Normen hinaus andere Rechtsgebiete tangiert, so muss zusätzlich zu strafrechtlicher Rechtsberatung Expertise aus dem jeweiligen Rechtsgebiet rechtzeitig eingeholt bzw. in die Ermittlungen integriert werden.

III. Projektplanung und Organisation

72 Interne Ermittlungen müssen – wie andere Großprojekte in der Wirtschaft auch – organisatorisch geplant werden. Je umfangreicher die Ermittlungen voraussichtlich werden, desto umfangreicher muss auch die Projektplanung ausfallen. Je mehr Personen beteiligt sind, desto detaillierter hat die Projektplanung zu erfolgen.

73 Es gibt drei unterschiedliche Grundformen der Projektorganisation, die sich nach Art der Kompetenzzuweisung unterscheiden.[118] Es ist nicht Sache des Compliance Officers, sondern Aufgabe des Unternehmensverteidigers bzw. Projektleiters, über die Form der Projektorganisation zu befinden. Der Compliance Officer kann allerdings wertvolle Informationen darüber liefern, wer von den Unternehmensmitarbeitern sinnvoller Weise in das Projektteam aufgenommen werden sollte.

74 Neben dem Projektteam ist ein Ermittlungsplan zu erstellen, der neben der Frage, was genau zu ermitteln ist, auch die Arbeitsabläufe in zeitlicher, räumlicher und personeller Hinsicht festlegt.[119] Erst dadurch wird es möglich, die Verwirklichung der Zielvorgaben im laufenden Prozess zu überprüfen. Es empfiehlt sich eine Anordnung der

---

[115] *Rödiger*, S. 27; *Behrens*, RiW 2009, 22 (26).
[116] Ausführlich hierzu → § 10 Rn. 1 ff.
[117] *Ignor*, CCZ 2011, 143 (144 f.); *Wisskirchen/Glaser*, DB 2011, 1392.
[118] Ausführlich *Idler/Knierim/Weber*, in: Knierim/Rübenstahl/Tsambikakis, § 4 Rn. 41 ff.
[119] *Wybitul*, BB 2009, 606 (609).

D. *Organisation interner Ermittlungen*

Teilaufgaben nach sachlich-logischen Kriterien auf einem Zeitstrahl. Dabei haben die internen Ermittlungen folgende Phasen zu durchlaufen:
– Projektorganisation und Ablaufplanung
– Beweismittelsicherung
– Sachverhaltsermittlung
– Strategiefindung und
– Umsetzung.

Wichtig ist in allen Phasen die enge Zusammenarbeit und Kommunikation zwischen den beteiligten Personen.[120] Nur so ist gewährleistet, dass alle am Projekt Beteiligten den gleichen Erkenntnisstand haben und die Handlungsabläufe wirksam aufeinander abgestimmt werden können. Bewährt hat sich ein verpflichtender telefonischer Jour fix, um alle Beteiligten auf ein gleiches Informationsniveau zu bringen.[121]

75

IV. Durchführung

1. Beweissicherung

Während die rechtliche Seite der Beweissicherung bereits unter → Rn. 11 ff. erörtert wurde, geht es hier um die praktische Durchführung. Bevor mit der Beweissicherung begonnen wird, muss eine Eingrenzung des zu ermittelnden Sachverhalts vorgenommen werden. Daran richtet sich die Beweissicherung aus. Es ist nicht das ganze Unternehmen auf den Kopf zu stellen, wenn ein Arbeitnehmer im Verdacht steht, sich an Lagerbeständen vergriffen zu haben. Art und Ausmaß des Vorwurfs bestimmen auch Art und Ausmaß der Beweissicherung im Rahmen interner Ermittlungen.

76

Ist der Rahmen der Beweissicherung durch den Projektplan festgesteckt, so hat die Beweissicherung innerhalb dieses Rahmens umfassend und vollständig zu erfolgen. Dies ist von der Unternehmensleitung und auch vom Compliance Officer gegenüber den Mitarbeitern eindeutig zu kommunizieren.

77

a) Schriftliche und elektronische Dokumente

Die zusammengetragenen schriftlichen und elektronischen Dokumente sind in einer Untersuchungsakte verfügbar zu machen, wobei es sich angesichts der in der Regel überwiegend elektronischen Dateien anbietet, eine entsprechende Datenbank zu installieren. In diese sind dann auch eingescannte und digitalisierte Papierdokumente zu übertragen. Damit bleiben die Originale als Beweismittel erhalten und gewährleisten so neben der eventuellen Verfügbarkeit für Ermittlungsbehörden auch eine weitere Verfügbarkeit für die Arbeitsprozesse im Unternehmen. Die Digitalisierung hat den Vorteil, dass auch bei riesigen Datenmengen bestimmte Wort- oder Zahlenkombinationen per Suchfunktion herausgefiltert werden können und so die Auswertungsarbeit erleichtern.[122]

78

Wegen der drohenden Beschlagnahme sollte die elektronische Datenbank außerhalb des unternehmensinternen IT-Systems gespeichert werden.[123] Über die elektronische Datenbank hinaus empfehlen *Idler/Knierim/Waeber*[124] die Einrichtung eines umfassenden

79

---

[120] *Wybitul*, BB 2009, 606 (609).
[121] *Wessing*, in: Wessing/Dann, § 7 Rn. 77; *Pauthner/de Lamboy*, CCZ 2011, 146 (155).
[122] *Singelnstein*, NStZ 2012, 593 (598).
[123] *Strecker/Reutter*, in: Knierim/Rübenstahl/Tsambikakis, § 24 Rn. 24; *Wisskirchen/Glaser*, DB 2011, 1392 (1395).
[124] *Idler/Knierim/Waeber*, in: Knierim/Rübenstahl/Tsambikakis, § 4 Rn. 131.

b) Mitarbeiterbefragungen

80 Vor der Mitarbeiterbefragung ist ein Befragungsteam zusammenzustellen, das nicht nur die rechtlichen Rahmenbedingungen kennen, sondern auch die praktischen Fähigkeiten zur Durchführung einer Befragung besitzen muss. Die Befragenden dürfen in keinem beruflichen oder persönlichen Näheverhältnis zu den befragten Mitarbeitern stehen und sollten in Aussagepsychologie und Vernehmungslehre geschult sein.

81 Um die Mitarbeiterbefragung zeitlich und inhaltlich nicht ausufern zu lassen, ist eine Eingrenzung des Sachverhalts vorzunehmen und zu überlegen, welche Informationen des Mitarbeiters überhaupt relevant sind. Um dies einschätzen zu können, geht die Beweissicherung und Auswertung der Dokumente den Mitarbeiterbefragungen in der Regel voraus.[125] Ausnahmen ergeben sich nur dann, wenn schon vor der Beweissicherung konkrete Verdachtsmomente gegen einzelne Mitarbeiter im Raum stehen. Die Erstellung eines Fragenkatalogs kann das Mitarbeiterinterview erleichtern, allerdings darf nicht zwanghaft daran festgehalten werden.[126] Der Interviewer muss flexibel und offen sein, da sich aus der Gesprächssituation weitere oder andere Fragen ergeben können. Exakt planen und voraussehen lässt sich eine Befragung nie.

82 Neben der inhaltlichen Vorbereitung sind auch die äußeren Rahmenbedingungen, also Vernehmungsort, Zeitpunkt, Auswahl und Anzahl der Teilnehmenden vor der Befragung festzulegen.[127] Außerdem muss vor der Befragung feststehen, wie das Mitarbeitergespräch zu dokumentieren ist. Je nachdem, ob man im Projektplan festgeschrieben hat, dass nur einige Stichworte zu machen sind oder ein Wortprotokoll oder gar Tonband- bzw. Videoaufzeichnungen zu fertigen sind, muss gegebenenfalls die benötigte Ausstattung zur Verfügung stehen.[128]

83 Vor der Befragung hat man den Mitarbeiter über seine Rechte zu belehren.[129] Nach den von der Bundesrechtsanwaltskammer aufgestellten Standards umfasst dies den Hinweis, dass der Mitarbeiter einen eigenen Anwalt hinzuziehen darf und die Aufzeichnungen der Befragung gegebenenfalls an Behörden weitergeleitet und dort zu seinem Nachteil verwendet werden können. Sind Amnestieprogramme geplant, so hat darüber hinaus die Belehrung zu erfolgen, dass das Unternehmen keine strafrechtliche Amnestie gewähren kann. Wird die Befragung – in welcher Form auch immer – aufgezeichnet, so sollte der Mitarbeiter über sein Recht belehrt werden, Einsicht in das Protokoll zu nehmen und dieses zu genehmigen.[130]

84 Der Befragende muss darüber hinaus gleich von Beginn der Befragung an deutlich machen, dass er weder amtliche Verhörsperson noch persönlicher Rechtsbeistand des Mitarbeiters ist,[131] um Missverständnisse von vornherein zu vermeiden. Des Weiteren muss der Interviewer nach der Belehrung den Zweck der Befragung mitteilen und den in Frage stehenden Sachverhalt grob umreißen.[132] Die Befragung an sich gleicht von ihrer Struktur her der strafprozessualen Vernehmung, dh zuerst werden die Personalien

---

[125] Zur erforderlichen Aktenkenntnis vor der Vernehmung *Artkämper/Schillig*, S. 126.
[126] *Tsambikakis*, in: Knierim/Rübenstahl/Tsambikakis, § 7 Rn. 33.
[127] *Hermanutz/Litzcke/Kroll/Adler*, S. 12.
[128] Zu den Vor- und Nachteilen *Tsambikakis*, in: Knierim/Rübenstahl/Tsambikakis, § 7 Rn. 75.
[129] *Dann*, AnwBl 2009, 84 (88).
[130] BRAK-Stellungnahme 35/2010, These 3 mit Begründung, S. 10 f.
[131] BRAK-Stellungnahme 35/2010, These 3 mit Begründung, S. 9; *Dann*, AnwBl 2009, 84 (88).
[132] *Wisskirchen/Glaser*, DB 2011, 1447.

des Arbeitnehmers aufgenommen, dann hat dieser einen zusammenhängenden Bericht abzugeben und danach beginnt die eigentliche Befragung.[133]

Wie bereits gesagt, ist die Mitarbeiterbefragung in der Regel schriftlich zu dokumentieren. Dazu sind Ort und Tag der Befragung sowie der Name des befragten Mitarbeiters und die Namen weiterer mitwirkender und anwesender Personen anzugeben. Wie umfangreich der Inhalt der Befragung protokolliert wird, ist dagegen nicht pauschal zu beantworten. Wir sind der Auffassung, dass eine stichwortartige Mitschrift ausreichend ist. Protokolliert man umfangreicher, so ist eine Unterschrift des Mitarbeiters unter das Protokoll sinnvoll, um den Beweiswert zu erhöhen.[134]

2. Auswertung

Sind die Akten und Dateien gesammelt und gespeichert worden, so sind sie auszuwerten, dh alle rechtlich relevanten Aspekte auszufiltern und zu dokumentieren. Gleiches gilt für die Protokolle der Mitarbeitergespräche. Sind die Untersuchungsergebnisse zusammengefasst und entsprechende Berichte gefertigt, so müssen diese durch Spezialisten bewertet werden: Der Strafverteidiger prüft die strafrechtliche Relevanz des ausermittelten Sachverhalts, der Wirtschaftsprüfer in Betracht kommende Bilanzierungs- und Buchhaltungsfragen, der Vergaberechtsspezialist Rechtsfragen im Zusammenhang mit öffentlichen Ausschreibungen und Möglichkeiten der Selbstreinigung, der Kartellrechtler mögliche Konflikte wettbewerbsrechtlicher Art und die Frage einer eventuellen Zusammenarbeit mit der Kartellbehörde usw.

3. Strategiefindung

Je umfassender Internal Investigations geführt werden, desto mehr Themenkomplexe und Rechtsgebiete sind vermutlich tangiert. Dies führt bereits bei der Auswertung zu einer Verzahnung diversen Sachverstands externer Berater (→ Rn. 52 ff.). Oberstes Gebot ist daher, dass alle Beteiligten ihre Bewertungen und Ergebnisse miteinander teilen und ständig kommunizieren. Erst dann ist eine wirksame Strategiefindung möglich. Nicht alles, was zB strafrechtlich sinnvoll ist, ist unter zivilrechtlichen Aspekten geboten. Nicht selten führen vorschnelle Zugeständnisse im Strafverfahren in der Hoffnung auf Einstellung des Verfahrens unter Auflagen zu weitreichenden Schadensersatzforderungen, die vor dem Zivilgericht eingeklagt werden. Insofern zweigen vom Königsweg für ein Rechtsgebiet oft Sackgassen für andere Rechtsgebiete ab. Es gilt daher, zunächst durch einen offenen Austausch des jeweiligen Expertenwissens, die Sackgassen deutlich zu machen und nach einer Strategie zu suchen, die zum bestmöglichen Gesamtergebnis führt.

Auch der Compliance Officer ist bei der Auswertung und Strategiefindung zu beteiligen. Für ihn können sich hier wichtige Hinweise ergeben, wie das Compliance-System verbessert werden kann.[135] Nur durch eine umfangreiche Beteiligung in die Ermittlungen ist es möglich, Erfahrungen und Erkenntnisse aus den internen Ermittlungen präventiv für die Zukunft umzusetzen (s. → Rn. 105 f.).

---

[133] So auch *Tsambikakis*, in: Knierim/Rübenstahl/Tsambikakis, § 7 Rn. 62.
[134] *Tsambikakis*, in: Knierim/Rübenstahl/Tsambikakis, § 7 Rn. 76.
[135] *Engelhardt*, in: Bay, Kap. 11 Rn. 1 ff.

V. Verlaufskontrolle

89 Eng mit der Strategiefindung hängt die Verlaufskontrolle zusammen. Dort werden während des gesamten Projektverlaufs die sich ergebenden Sachverhaltsbesonderheiten überprüft und die Strategie bei Veränderungen entsprechend angepasst. Hierzu muss die Umsetzung des Arbeitsplans kontinuierlich protokolliert werden.

90 Wichtigste Aufgabe der Verlaufskontrolle ist die Terminüberwachung. Können veranschlagte Termine nicht eingehalten werden, so ist nach den Ursachen zu suchen und gegebenenfalls durch eine Aufstockung des Personals oder längere Arbeitszeiten entgegenzusteuern.[136] Ist dies nicht möglich, so ist zu überlegen, inwieweit sich die Zeitverschiebung auf Folgeprojekte auswirkt und eventuell eine Korrektur vorzunehmen.

91 Weitere Aufgabe der Verlaufskontrolle ist ein Kostencontrolling, dh es ist stets zu überprüfen, ob das Projektbudget eingehalten wird. Dazu sind die tatsächlich angefallenen Kosten den geplanten Kosten gegenüberzustellen und bei Abweichungen nach den Ursachen zu suchen und entsprechende Gegenmaßnahmen zu ergreifen. Ist dies nicht möglich, so muss die Unternehmensführung informiert werden, damit das Budget an die Erfordernisse angepasst werden kann.[137]

92 Daneben dient die Verlaufskontrolle auch der Qualitätssicherung. Denn nur durch eine ständige Verlaufskontrolle können Schwachstellen aufgedeckt und Kosten und Durchführung der internen Ermittlungen optimiert werden.[138]

VI. Ergebnis

93 Sind die Internal Investigations abgeschlossen, so ist ein Abschlussbericht zu fertigen, der idealerweise aus fünf Abschnitten besteht.
1. Der erste Abschnitt enthält die Mitteilung des Untersuchungsgegenstands, dh aus welchem Anlass und zu welchem Sachverhalt ermittelt wurde sowie die Mitteilung der Untersuchungsbasis, dh welche Unterlagen ausgewertet und welche Mitarbeiter befragt wurden.
2. Der zweite Abschnitt besteht aus einer Zusammenfassung des ausermittelten Sachverhalts, wobei der Sachverhalt chronologisch wiedergegeben werden sollte.
3. In einem dritten Abschnitt findet die Beweiswürdigung statt, worauf
4. im vierten Abschnitt die rechtliche Bewertung folgt.
5. Im fünften Abschnitt werden (Handlungs-) Empfehlungen ausgesprochen.[139]

94 Für den Compliance Officer bedeutsam ist vor allem der fünfte Abschnitt, in dem regelmäßig Empfehlungen ausgesprochen werden, welche Maßnahmen unter Berücksichtigung der Ermittlungsergebnisse zu ergreifen sind. Neben Handlungsempfehlungen im Umgang mit Staatsanwaltschaft und Behörden können dies nicht nur Empfehlungen arbeitsrechtlicher, zivilrechtlicher oder sonstiger Art, sondern auch Empfehlungen zur Optimierung des Compliance-Systems, zur Reorganisation betroffener Abteilungen oder gar nur Neuinstallation eines Compliance-Systems sein.

---

[136] *Idler/Knierim/Waeber*, in: Knierim/Rübenstahl/Tsambikakis, § 4 Rn. 114; *Scheunemann/Hellfritzsch*, in: Bay, Kap. 6 Rn. 46.
[137] *Idler/Knierim/Waeber*, in: Knierim/Rübenstahl/Tsambikakis, § 4 Rn. 117.
[138] *Idler/Knierim/Waeber*, in: Knierim/Rübenstahl/Tsambikakis, § 4 Rn. 118 f.
[139] In Anzahl und Reihenfolge der Abschnitte abweichend allerdings *Wisskirchen/Glaser*, DB 2011, 1447 (1451).

Nach der Abgabe des Abschlussberichts sollte ein Abschlussgespräch stattfinden, in 95
dem Verständnisfragen geklärt werden und gegebenenfalls die konkrete Umsetzung der
Handlungsempfehlungen besprochen werden kann.[140] Es bietet sich an, dass neben dem
Compliance Officer der Projektleiter die Umsetzung der Maßnahmen begleitet und weiterhin
beratend tätig wird. Die Umsetzung der Maßnahmen hat schnell zu erfolgen und
es ist nach außen deutlich zu machen, dass das Unternehmen nicht nur die ermittelte
Pflichtverletzung sanktionieren und abstellen will, sondern in Zukunft aufgrund der Erkenntnisse
aus den internen Ermittlungen ein wirksameres und effektiveres Compliance-System
installiert.

E. Beteiligung der Strafverfolgungsbehörden

I. Kontakt und Kooperation

Ob und wie die Staatsanwaltschaft über interne Ermittlungen informiert wird, ist 96
eine Frage des Einzelfalls. Ungünstigste Ausgangslage ist die, dass die Staatsanwaltschaft
zB durch Strafanzeige Kenntnis von Verdachtsfällen im Unternehmen erlangt und
ein Ermittlungsverfahren einleitet. Ist dies geschehen und stehen interne Ermittlungen
ganz am Anfang, dann wird der Kontakt in der Regel von der Staatsanwaltschaft ausgehen
und sie primär eigene Ermittlungen anstellen. Inwieweit sie professionellen Untersuchungen
durch externe Ermittler aufgeschlossen gegenübersteht, ist wiederum von
Staatsanwaltschaft zu Staatsanwaltschaft unterschiedlich. Während einige hier Manipulationen
des Ermittlungsergebnisses im Interesse des Unternehmens befürchten, schätzen
andere interne Ermittlungen als Arbeitserleichterung und weitere Aufklärungsmöglichkeit.
Ob das Unternehmen selbstständig interne Ermittlungen durchführt und diese
an die Staatsanwaltschaft weiterleitet oder ob die Staatsanwaltschaft eigene Ermittlungen
durchführt, die in unterschiedlicher Intensität vom Unternehmen unterstützt werden,
hängt also von der jeweiligen Praxis der Staatsanwaltschaft am Ortssitz des Unternehmens
ab.[141]

Ist ein Ermittlungsverfahren noch nicht eingeleitet worden, so stellt sich für das Un- 97
ternehmen selbst die Frage, ob es proaktiv auf die Staatsanwaltschaft zugehen sollte.
Stehen die internen Ermittlungen noch ganz am Anfang und sind sehr unspezifisch bzw.
kommen überhaupt nur Pflichtverletzungen außerhalb des Strafrechts in Betracht, so ist
ein Zugehen auf die Staatsanwaltschaft wenig sinnvoll. Sind allerdings Sachverhalte berührt,
die andere Behörden auf den Plan rufen – zB Kartellbehörde, BaFin oder Finanzbehörde
– so ist auch hier zu erwägen, wann diese zu informieren sind, um Schäden vom
Unternehmen abzuwenden. Sind andere Behörden bereits involviert, so ist es nur eine
Frage der Zeit, wann bei flankierenden strafrechtlichen Verdachtsmomenten (was in der
Regel der Fall sein wird) die Staatsanwaltschaft von den internen Ermittlungen Kenntnis
erlangt. Hier sollte man möglichst parallel den Kontakt zur Staatsanwaltschaft suchen.
Sind andere Behörden noch nicht beteiligt, so ist abzuwarten, ob die internen Untersuchungen
überhaupt Straftaten aufdecken und wie weit die Verstöße reichen.
Sobald die Ermittlungen zu der Erkenntnis führen, dass der strafrechtlich relevante
Sachverhalt nicht nur einen einzelnen Mitarbeiter betrifft oder das Unternehmen selbst

---
[140] *Idler/Knierim/Waeber*, in: Knierim/Rübenstahl/Tsambikakis, § 4 Rn. 174.
[141] *Engelhardt*, in: Bay, § 11 Rn. 14; *Gädigk*, in: Knierim/Rübenstahl/Tsambikakis, § 19 Rn. 20.

durch die Straftat begünstigt wurde, ist die Staatsanwaltschaft zu informieren, um jeden Verdacht der Vertuschung zu vermeiden.

98 Steht die Staatsanwaltschaft internen Ermittlungen skeptisch genüber, so ist es dem Unternehmen dennoch unbenommen, eigene Ermittlungen durchzuführen. Grundsätzlich steht es jederman frei, im Rahmen der geltenden Gesetze Sachverhalte selbst zu ermitteln oder durch private Dritte ermitteln zu lassen.[142] Allerdings sollte auch hier der Kontakt zur Staatsanwaltschaft gesucht und ein kommunikativer Austausch mit den Ermittlungsbehörden angestrebt werden. Insbesondere ist darauf hinzuweisen, dass die staatlichen Ermittlungen nicht behindert, sondern gefördert werden sollen und dass das Unternehmen verpflichtet ist, derartige interne Untersuchungen durchzuführen.

II. Ermittlungsmaßnahmen der Staatsanwaltschaft

99 Die Strafverfolgungsbehörden sind gem. § 161 StPO dazu ermächtigt, Ermittlungen jeder Art durchzuführen, dh das Ermittlungsverfahren frei zu gestalten.[143] Die Strafverfolgungsbehörden können also behördliche Auskunft oder auch Auskunft von Privatpersonen verlangen. Eine Auskunft von Privatpersonen ist aber freiwillig, sie kann nur durch förmliche Ermittlungsmaßnahmen wie die Zeugenvernehmung (vor der Staatsanwaltschaft oder dem Gericht) erzwungen werden.

100 Kooperiert das Unternehmen nicht freiwillig und gibt auf Anfrage keine Unterlagen heraus, so kommen auch hier nur förmliche Ermittlungsmaßnahmen wie Durchsuchung und Beschlagnahme in Betracht.[144] Eine freiwillige Herausgabe kommt vor allem dann in Betracht, wenn dadurch eine Begrenzung des Verfahrensstoffs, eine Einstellung durch Auflagen oder eine Berücksichtigung bei der Strafzumessung erwirkt werden kann. Gerade letzteres ist fast immer der Fall, so dass sich eine Kooperation zumeist auszahlt. Allerdings muss das Unternehmen auch zivilrechtliche Konsequenzen mit einbeziehen, wenn es über den Umfang der freiwillig herauszugebenden Unterlagen nachdenkt. Die Strafakte kann spätestens vor Gericht nach § 406e StPO von den Geschädigten eingesehen werden, was bedeutet, dass die Erkenntnisse der Strafakte auch dem zivilrechtlichen Schadensersatzkläger offen stehen. Dennoch, ist zu befürchten, dass die Unterlagen ohnehin im Wege einer Durchsuchungs- und Beschlagnahmeanordnung herausgegeben werden müssen, so zahlt sich eine freiwillige Herausgabe in jedem Fall aus.

101 Um Wiederholungen zu vermeiden wird hinsichtlich Durchsuchsuchung, Beschlagnahme und Zeugenvernehmung auf die Ausführungen in → § 9 Rn. 147 f. verwiesen.

III. Verständigung

102 Wie gesagt, kann schon im Ermittlungsverfahren durch Kontakt zur und Kooperation mit der Staatsanwaltschaft versucht werden, eine Begrenzung des Verfahrensstoffs oder gar die Einstellung unter Auflagen zu erwirken. Vom Gesetzgeber wurde die Bereitschaft zum Dialog 2009 durch Schaffung der Vorschrift des § 160b StPO gefördert. Danach kann bereits im Ermittlungsverfahren der Stand des Verfahrens zwischen Staatsanwaltschaft und Verfahrensbeteiligten erörtert werden. Diese schon vorher übli-

---

[142] *Bittmann/Molkenbur*, wistra 2010, 373 (374).
[143] *Schmitt*, in: Meyer-Goßner/Schmitt, § 161 Rn. 1, 7.
[144] *Schmitt*, in: Meyer-Goßner/Schmitt, § 161 Rn. 2; ausführlich auch → § 9 Rn. 147 f.

che Praxis wurde 2009 auf eine normative Grundlage gestellt, das BVerfG hat mittlerweile die Verfassungsgemäßheit der Regelungen festgestellt.[145]

Da Wirtschaftsstrafverfahren in der Regel sehr umfangreich sind, wird es häufig auch im Interesse der Staatsanwaltschaft liegen, im Wege der Verständigung den Verfahrensstoff zu begrenzen oder das Verfahren unter Auflagen einzustellen (§§ 153a, 154 StPO).[146] Allerdings ist gem. § 160b S. 2 StPO darauf zu achten, dass solche Absprachen stets transparent zu halten und zu dokumentieren sind.[147] 103

Schließlich ist kontinuierlich zu kommunizieren, dass die Aufklärung nicht zuletzt auch durch die internen Ermittlungen des Unternehmens stattgefunden hat. Dies muss als positives Nachtatverhalten im Rahmen der Strafzumessung nach § 46 StGB berücksichtigt werden, falls es doch zu einem Hauptverfahren kommt. Durch Aufklärung und die hierdurch bedingte Schärfung oder Erneuerung des Compliance-Systems sinkt die Notwendigkeit spezialpräventiver Sanktionen gegen das Unternehmen. 104

F. Umsetzung der Erfahrungen aus internen Ermittlungen

Ein – insbesondere für den Compliance Officer – ganz wichtiger Punkt ist der, wie die Erfahrungen aus internen Ermittlungen entsprechend umgesetzt werden. Decken die Internal Investigations (Straf-) Rechtsverstöße auf, so müssen im Rahmen der Remediation gezielt korrigierende, verbessernde Maßnahmen ergriffen werden. Es handelt sich hier quasi um eine reaktive Governance und Compliance-Methode zur planmäßigen Lösung von systemimmanenten, strukturellen Problemen.[148] Die Remediation als Sofortmaßnahme kommt anlassbezogen direkt bei Vorliegen eines negativen Compliance Befundes zum Einsatz.[149] Für das Unternehmen besteht eine Rechtspflicht zur Implementierung einer nachhaltigen Compliance Organisation (§§ 76 Abs. 1, 93 Abs. 1 AktG).[150] Darüber hinaus besteht nach überwiegender Literaturansicht bei der Aufdeckung von Regelverstößen eine Pflicht zur systematischen Revision bestehender Compliance-Strukturen und Beseitigung der festgestellten Mängel. Die Unternehmensführung hat kein Entschließungsermessen, sondern lediglich einen Gestaltungsspielraum, wie sie das Compliance-System anpasst oder neu ausrichtet.[151] 105

Zunächst ist ein Projektteam zusammenzustellen, dass die Reorganisation des Compliance-Systems übernimmt. Der (Chief) Compliance Officer hat das Team zu leiten und eng mit dem Projektleiter der internen Ermittlungen bzw. dem Unternehmensanwalt zusammenzuarbeiten. Es versteht sich von selbst, dass die strafbaren Handlungen bereits im Rahmen interner Ermittlungen, dh so schnell wie möglich, abzustellen sind. Ob dies tatsächlich der Fall ist, hat das Projektteam zu überprüfen. Bestehen Missstände fort, so hat das Projektteam sofort Gegenmaßnahmen einzuleiten, um die Schwachstellen oder identifiziertes Fehlverhalten abzustellen. Im Anschluss daran sind die Korrekturmaßnahmen auf Vollständigkeit und Wirksamkeit zu überprüfen. Daneben hat der Compli- 106

---

[145] *Meyer-Goßner*, in: Meyer-Goßner/Schmitt, § 160b Rn. 1; BVerfG NJW 2013, 1058 (1061).
[146] *Patzak*, in: BeckOK StPO, § 160b Rn. 3.
[147] BGH NStZ 2012, 347 (348).
[148] *Idler/Waeber*, in: Knierim/Rübenstahl/Tsambikakis, § 20 Rn. 6 f.
[149] *Idler/Waeber*, in: Knierim/Rübenstahl/Tsambikakis, § 20 Rn. 16.
[150] *Fleischer*, CCZ 2008, 1 f.
[151] *Reichert/Ott*, ZIP 2009, 2173 (2176 f.); *Idler/Waeber*, in: Knierim/Rübenstahl/Tsambikakis, § 20 Rn. 22.

ance Officer einen Aktionsplan zu erstellen, der das weitere Vorgehen sowie die Umsetzung der Compliance-Maßnahmen in Abstimmung mit dem Vorstand festschreibt. Um effektive Compliance-Maßnahmen etablieren zu können, muss das Projektteam nach systematischen Mustern innerhalb der Schwachstellen suchen, um diese effizient und dauerhaft auflösen zu können.[152] Anschließend ist das Compliance-System unter Berücksichtigung der Erkenntnisse anzupassen. Ist eine Anpassung nicht möglich, muss ein neues Organisationsmodell gefunden werden (ausführlich → § 6 Rn. 60 ff.).

Hinweis: Wichtig ist, bereits begleitend zu den Maßnahmen zu kommunizieren, dass die Unternehmensführung regelkonformem Verhalten einen hohen Stellenwert beimisst, der von den leitenden Angestellten vorgelebt wird. Richtlinien, regelmäßige Newsletter und Schulungen müssen die Mitarbeiter sensibilisieren und dafür sorgen, dass Missverständnisse und regelwidriges Verhalten in Zukunft vermieden werden. Der Compliance Officer hat deutlich zu machen, dass er bei Fragen und Problemen jederzeit als Ansprechpartner zur Verfügung steht. Sind Änderungen im Compliance-System etabliert, so sind die Mitarbeiter damit vertraut zu machen. Regelmäßige Kontrollen müssen überwachen, ob das Compliance-System funktioniert. Gegebenenfalls ist im fortlaufenden Prozess das System weiter anzupassen und zu optimieren.

---

[152] Ausführlich *Idler/Waeber*, in: Knierim/Rübenstahl/Tsambikakis, § 20 Rn. 72 ff.

§ 13. Der Compliance Officer in regulierten Finanzsektoren

Dr. Jürgen Bürkle

Übersicht

	Rn.
A. Einleitung	1
B. Rechtsumfeld der Unternehmen	5
I. Regulierung	6
1. Europäische Regulierung	7
2. Europäische Rechtssetzungstechnik im Finanzsektor	14
3. Charakteristika europäischer Regulierung im Finanzsektor	15
a) Konflikte mit nationalem Recht	15
b) Prinzipienbasierte Regulierung	18
c) Proportionalität	23
d) Auslegung europäischen Rechts	25
II. Europäisches und nationales Aufsichtsrecht	28
1. Wertpapiersektor	30
a) Organisation	33
b) Aufgaben	35
2. Versicherungssektor	37
a) Organisation	38
b) Aufgaben	41
3. Investmentsektor	42
a) Organisation	43
b) Aufgaben	44
4. Bankensektor	46
a) Organisation	47
b) Aufgaben	49
5. Bewertung	51
III. Beaufsichtigung	55
1. Europäische Beaufsichtigung	55
a) Aufgaben und Befugnisse der ESA	58
b) Compliance-Leitlinien	61
2. Nationale Beaufsichtigung	62
IV. Produkte	66
1. Reguliertes Rechtsprodukt	67
2. Vertrauensprodukt	70
3. Rechtsprechung	72
4. Produktüberwachung	75
C. Rechtsumfeld der Compliance Officer	78
I. Status des Compliance Officers	78
II. Qualifikation des Compliance Officers	81
III. Aufsichtsbehördliche Eingriffe	84
1. Bestellungsverweigerung	85
2. Auskunftsverlangen	86
3. Verwarnung	87
4. Abberufungsverlangen	91
5. Tätigkeitsverbot	94
IV. Prävention	96
D. Trends	101

§ 13. Der Compliance Officer in regulierten Finanzsektoren

Literatur: *Ahlbrecht,* Banken im strafrechtlichen Regulierungfocus, BKR 2014, 98; *Annuß,* Risikomanagement und Vergütungspolitik, NZA-Beilage 4/2014, 121; *Apfelbacher/Metzner,* Mitglied im Aufsichtsorgan eines Kreditinstituts im Jahr 2013, AG 2013, 773; *Armbrüster,* Aufsichtsrecht überlagert Aktienrecht, KSzW 2013, 10; *ders.,* Die neuen Vorgaben zur Managervergütung im Versicherungssektor, VersR 2011, 1; *ders.,* Haftung der Geschäftsleiter bei Verstößen gegen § 64a VAG, VersR 2009, 1293; *Becker,* ESMA-Leitlinien „Vergütungsgrundsätze und -verfahren (MiFID)" und BT 8 der MaComp, BKR 2014, 151; *Begner,* Die Verordnung über den Einsatz von Mitarbeitern in der Anlageberatung, als Vertriebsbeauftragte oder als Compliance-Beauftragte, BKR 2012, 35; *Beisheim/Grutschnig,* Banking Compliance, in: Wieland/Steinmeyer/Grüninger (Hrsg.), S. 1057; *Binder,* Vorstandshandeln zwischen öffentlichem und Verbandsinteresse, ZGR 2013, 760; *ders.,* Verbesserte Krisenprävention durch paneuropäische Aufsicht?, GPR 2011, 34; *Birnbaum/Kütemeier,* In der Diskussion – die MaComp, WM 2011, 293; *Blaurock,* Neuer Regulierungsrahmen für Ratingagenturen, EuZW 2011, 608; *Boldt/Büll/Voss,* Implementierung einer Compliance-Funktion in einer mittelständischen Bank unter Berücksichtigung der Mindestanforderungen an das Risikomanagement, CCZ 2013, 248; *Brand,* Konfliktherde des § 54a KWG, ZVglRWiss 2014, 142; *Buck-Heeb,* Aufklärungspflicht über Innenprovision, unvermeidbarer Rechtsirrtum und die Überlagerung durch Aufsichtsrecht, WM 2014, 1601; *Bürkle,* Zur Compliance-Verantwortung des Aufsichtsrats in Versicherungsunternehmen, FS E. Lorenz, 2014, S. 101; *ders.,* Auswirkungen von EIOPA-Leitlinien auf die Compliance in Versicherungsunternehmen, VersR 2014, 925; *ders.,* Aufsichtsrechtliches Legal Judgment, VersR 2013, 245; *ders.,* Compliance und Revision im Versicherungssektor nach Solvency II CCZ 2012, 220; *ders.,* Europarechtliche Vorgaben für die interne Governance im Versicherungssektor, WM 2012, 878; *ders.,* Compliance in (deutschen) Versicherungsunternehmen, VR 1/2012, 45; *ders.,*Vorgaben der Richtlinie Solvabilität II für die Compliance in Versicherungsunternehmen, in: Looschelders/Michael (Hrsg.), Düsseldorfer Vorträge zum Versicherungsrecht 2010, 2011, S. 1; *ders.,* Die Compliance-Praxis im Finanzdienstleistungssektor nach Solvency II, CCZ 2008, 50; *ders.,* Die rechtliche Dimension von Solvency II, VersR 2007, 1595; *von Buttlar,* Die Stärkung der Aufsichts- und Sanktionsbefugnisse im EU-Kapitalmarktrecht, BB 2014, 451; *Cahn/Müchler,* Produktinterventionen nach MiFID II: Eingriffsvoraussetzungen und Auswirkungen auf die Pflichten des Vorstands von Wertpapierdienstleistungsunternehmen, BKR 2013, 45; *Casper,* Der Compliance-Beauftragte – unternehmensinternes Aktienamt, Unternehmensbeauftragter oder einfacher Angestellter, FS K. Schmidt, 2009, S. 199; *Cekin,* Einsatzverbote der BaFin gemäß § 34d WpHG und arbeitsrechtliche Konsequenzen, BKR 2014, 236; *Ceyssens,* Teufelskreis zwischen Banken und Staatsfinanzen – Der neue europäische Bankaufsichtsmechanismus, NJW 2013, 3704; *Cichy/Behrens,* Sanierungspläne als zentrales Element zur Verhinderung künftiger Bankenkrisen, WM 2014, 438: *Deutsche Bundesbank,* Der Start in die Bankenunion, Monatsbericht Oktober 2014, 45; *Dierks/Sandmann/Herre,* Das neu überarbeitete COSO-Rahmenwerk für interne Kontrollsysteme und die Konsequenzen für die deutsche Unternehmenspraxis, CCZ 2013, 164; *Dinov,* Europäische Bankenaufsicht im Wandel, EuR 2013, 593; *Dreher,* Die Zusammenlegung von Rechtsabteilung und Compliance-Funktion bei Versicherungsunternehmen im Solvency II-System, FS E. Lorenz, 2014, S. 119; *ders.,* Begriff, Aufgabe und Rechtsnatur der versicherungsaufsichtsrechtlichen Compliance, VersR 2013, 929; *ders.,* Die aufsichtsbehördliche Kontrolle der Inhaber von Schlüsselfunktionen nach Solvency II und künftigem VAG, VersR 2012, 1061; *ders./Wandt,* Solvency II in der Rechtsanwendung 2014, 2014; *dies.,* Solvency II in der Rechtsanwendung 2013, 2014; *dies.,* Solvency II in der Rechtsanwendung 2012, 2012; *Eisele,* Compliance nach der Umsetzung der Finanzmarktrichtlinie und Securisierungskrise, FS Scheidl, 2009, S. 43; *Engelhart,* Die neuen Compliance-Anforderungen der BaFin (MaComp), ZIP 2010, 1832; *Engert,* Die Regulierung der Vergütung von Fondsmanagern, ZBB 2014, 108; *Eufinger,* Das Gesetz zur Bekämpfung von Steuerstraftaten im Bankenbereich – Neue Anforderungen an die Compliance, CCZ 2014, 237; *ders.,* Kartellrechtliche Compliance im Bankensektor, WM 2014, 1113; *Forst,* Kündigung oder Freistellung von Arbeitnehmern nach Erlass eines Beschäftigungsverbotes gem. § 34d Abs. 4 WpHG?, ZBB 2013, 163; *Goeckenjan,* Die neuen Strafvorschriften nach dem sog. Trennbankengesetz (§ 54a KWG und § 142 VAG), wistra 2014, 201; *Gal/Sehrbrock,* Die Umsetzung der Solvency II-Richtlinie durch die 10. VAG-Novelle, 2013; *Gurlit,* Informationsfreiheit und Verschwiegenheitspflicht der BaFin, NZG 2014, 1161; *dies.,* Handlungsformen der Finanzaufsicht, ZHR 2013, 862; *Hartig,* Abweichkultur und Befolgungsdruck bei Leitlinien der europäischen Aufsichtsbehörden im Finanzbereich, BB 2012, 2959;

§ 13. Der Compliance Officer in regulierten Finanzsektoren

ders., Die Befugnisse von EZB und ESRB auf dem Gebiet der Finanzstabilität, EuZW 2012, 775; *Hell,* Die Prüfung der Compliance-Funktion im Sinne der MaComp, WPg 2013, 482; *Hemeling,* Compliance in Erst- und Rückversicherungsunternehmen, CCZ 2010, 21; *ders./Lange,* Aktuelle Herausforderungen des Versicherungskonzernrechts, VersR 2014, 1283; *Hense/Renz,* Die Wandlung der Compliance-Funktion im Wertpapierdienstleistungsunternehmen, CCZ 2008, 181; *Herdegen,* Europäische Bankenunion: Wege zu einer einheitlichen Bankenaufsicht, WM 2012, 1889; *Herkströter/Kimmich,* Produktinformationsblätter im Lichte des neuen BaFin-Rundschreibens, WM 2014, 9; *Hirner,* Einführung in die besondere Bedeutung von Compliance für die Versicherungswirtschaft, VR 9/2011, 25; *Hopt,* Die Verantwortlichkeit von Vorstand und Aufsichtsrat, ZIP 2013, 1797; *Insam/Heisterhagen/Heinrichs,* Neue Vergütungsregulungen für Manager von Kapitalverwaltungsgesellschaften, DStR 2014, 913; *ders./Hinrichs/Hörtz,* InstitutsVergV 2014, WM 2014, 1415; *Klebeck/Kolbe,* Aufsichts- und Arbeitsrecht im KAGB, BB 2014, 707; *ders./Zollinger,* Die Compliance-Funktion nach der AIFM-Richtlinie, BB 2013, 459; *Koch,* Geschichte des Rechts der Versicherungsvermittlung in Deutschlad, VersR 2014, 916; *König,* Aufsichtsrechtliche Anforderungen an die Compliance, ZfgG 2014, 77; *Kort,* Die Regelungen von Risikomanagement und Compliance im neuen KAGB, AG 2013, 582; *Kreße,* Mehrsprachigkeit im Recht der Europäischen Union, ZRP 2014, 11; *Kubiciel,* Die Finanzmarktkrise zwischen Wirtschaftsstrafrecht und politischem Strafrecht, ZIS 2013, 53; *Kuthe/Zipperle,* MaComp – Ein Compliance-Standard für alle?, CFL 2011, 337; *Lange,* Product Governance – Neue Anforderungen für die Konzeption und den Vertrieb von Finanzprodukten, DB 2014, 1723; *Langenbucher,* Vorstandshaftung und Legalitätspflicht in regulierten Branchen, ZBB 2013, 16; *dies.,* Bausteine eines Bankgesellschaftsrechts, ZHR 176 (2012), 652; *Lehmann/Manger-Nestler,* Einheitlicher Europäischer Aufsichtsmechanismus: Bankenaufsicht durch die EZB, ZBB 2014, 2; *dies.,* Das neue europäische Finanzaufsichtssystem, ZBB 2011, 2; *Leyens/Schmidt,* Corporate Governance im Aktien-, Bankaufsichts- und Versicherungsaufsichtsrecht, AG 2013, 53; *Lingemann/Otte,* Bonuszahlungen und Freiwilligkeitsvorbehalt, NJW 2014, 2400; *Lösler,* Die Mindestanforderungen an Compliance und die weiteren Verhaltens-, Organisations- und Transparenzpflichten nach §§ 31 ff. WpHG (MaComp), WM 2010, 1917; *ders.,* Zur Rolle und Stellung des Compliance-Beauftragten, WM 2008, 1098; *ders.,* Spannungen zwischen der Effizienz der interen Compliance und möglichen Reporting-Pflichten des Compliance-Officers, WM 2007, 676; *Louven/Ernst,* Fit, Proper and „Compliant": Gesteigerte Sorgfaltsanforderungen an Vorstände und Aufsichtsräte in der Versicherungswirtschaft, VersR 2014, 151; *Lunk/Besenthal,* Die neuen EU-Regelungen zu Banker-Boni, NZG 2013, 1010; *Marcelli,* Solvency II: Das Governance-System in der Versicherungsgruppe, ZVersWiss 2014, 68; *Merkelbach,* Neue Vergütungsregulungen für Banken, WM 2014, 1990; *Michael,* Maßstäbe und Proportionalität der Compliance in Versicherungsunternehmen, in: Looschelders/Michael (Hrsg.), Düsseldorfer Vorträge zum Versicherungsrecht 2012, 2013, S. 2; *Michel,* Die neue Europäische Bankaufsichtsbehörde, DÖV 2012, 728; *Morath,* Verbraucherschutz im Finanzdienstleistungsbereich, GewArch 2014, 282; *Mülhert/Wilhelm,* Risikomanagement und Compliance im Finanzmarktrecht, ZHR 2014, 502; *Niermann,* Die Compliance-Organisation im Zeitalter der MaComp, ZBB 2010, 400; *Niewerth/Rybarz,* Änderung der Rahmenbedingungen für Immobilienfonds, WM 2013, 1154; *Patz,* Verkaufsprospektpflichten für offene inländische Investmentvermögen, BKR 2014, 271; *Pohlmann,* Aufsichtsrechtliche Anforderungen an Schlüsselfunktionsträger in Versicherungsunternehmen, in: Looschelders/Michael (Hrsg.), Düsseldorfer Vorträge zum Versicherungsrecht 2012, 2013, S. 29; *Preuße/Seitz/Lesser,* Konkretisierung der Anforderungen an Produktinformationsblätter nach § 31 Abs. 3a WpHG, BKR 2014, 70; *Reese/Ronge,* Aufgaben und Struktur der Compliance-Funktion in Versicherungsunternehmen unter besonderer Berücksichtigung von Solvency II, VersR 2011, 1217; *Renz/Rohde-Liebenau,* Die Hinweisgeber-Regelungen des § 25a KWG, BB 2014, 692; *ders./Sartowski,* Anlageberater, Vertriebsbeauftragte und Compliance-Beauftragte, CCZ 2012, 78; *Rößler/Yoo,* Die Einführung des § 34d WpHG durch das AnsFuG aus aufsichts- und arbeitsrechtlicher Sicht, BKR 2011, 377; *Rötting/Lang,* Das Lamfalussy-Verfahren im Umfeld der Neuordnung der europäischen Finanzaufsichtsstrukturen, EuZW 2012, 8; *Rutig,* Die EZB in der europäischen Bankenunion, ZHR 2014, 442; *Sacarcelik,* Europäische Bankenunion: Rechtliche Rahmenbedingungen und Herausforderungen der einheitlichen europäischen Bankenaufsicht, BKR 2013, 353; *Saria,* Grenzen der Auslagerung unter Solvency II, VR 9/2013, 27; *dies.,* Compliance nach Solvency II, VR 11/2011, 21; *Sasserath-Alberti,* Aufgaben und Befugnisse von EIOPA: Möglichkeiten und Grenzen der Leitlinienbefugnis nach Art. 16 EIOPA-VO, in: Dreher/Wandt (Hrsg.), Solvency II in der Rechtsanwendung, 2013, S. 147; *dies.*, Single Rulebook – Theorie und Praxis, EuZW 2012, 641; *dies./Hartig,* EIOPA-Verordnung: Rechtliche Harausforderungen für die Praxis, VersR 2012, 524; *Saul/Esser,* Zusammenspiel von Interner Revision und Compliance-Funktion in Kreditinstituten, ZIR 2013, 3; *Schäfer,* Die MaComp und die Aufgaben der Compliance, BKR 2011, 87; *ders.,* Die MaComp und das Erfordernis der Unabhängigkeit, Wirksamkeit und Dauerhaftigkeit von Compliance, BKR 2011, 45; *Schmieszek/Langner,* Der Pranger: Instrument moderner Finanz- und Wirtschaftsregulierung?, WM 2014, 1893; *Schork/Reichling,* Der strafrechtliche Schutz des Risikomanagements durch das sog. Trennbankengesetz, CCZ 2013, 269; *Schröder,* Keine Strafbarkeitsrisiken für verantwortungsvoll handelnde Geschäftsleiter, WM 2014, 100; *Sonder,* Rechtsschutz gegen Maßnahmen der neuen europäischen Finanzaufsichtsagenturen, BKR 2012, 8; *Spindler,* Compliance im Gesellschaftsrecht, RW 2013, 292; *ders.,* Compliance in der multinationalen Bankengruppe, WM 2008, 905; *Stern,* Interne Governance im europäischen Bankaufsichtsrecht, ZFR 2012, 59; *Thelen-Pischke/Sawahn,* Regulatorische Agenda 2013 für Vorstände und Aufsichtsräte, Kreditwesen, 2013, S. 72; *Tröger,* Konzernverantwortung in der aufsichtsunterworfenen Finanzbranche, ZHR 2013, 475; *Veil,* Europäische Kapitalmarktunion, ZGR 2014, 544; *ders.,* Europäisches Insiderrecht 2.0, ZBB 2014, 85; *ders.,* Compliance-Organisation in Wertpapierdienstleistungsunternehmen im Zeitalter der MiFID, WM 2008, 1093; *ders.,* Anlageberatung im Zeitalter der MiFID, WM 2007, 1821; *Velte/Buchholz,* Regulierung der Aufsichtsratstätigkeit durch das CRD IV-Umsetzungsgesetz, ZBB 2013, 300; *Walla,* Die Europäische Wertpapier- und Marktaufsichtsbehörde (ESMA), BKR 2012, 265; *Wallach,* Umsetzung der AIFM-Richtlinie in deutsches Recht, RdF 2013, 92; *Weber-Rey,* Das Gruppeninteresse als Leitungsinstrument im Bankkonzern, AG 2014, R223; *dies.,* Festung Unternehmen oder Systeme von Schlüsselfunktionen, AG 2013, 365; *dies.,* Gesellschafts- und aufsichtsrechtliche Herausforderungen an die Unternehmensorganisation, AG 2008, 345; *dies./Horak,* Europäischer Finanzsektor und Gesetzgebungsverfahren, WM 2013, 721; *Wilm,* Die ordnungsgemäße Geschäftsorganisation einer Versicherung, GS Gruson, 2009, S. 465; *Wollenhaupt/Beck,* Das neuen Kapitalanlagegesetzbuch, DB 2013, 1950; *Wolf,* Zur Aufgabenverteilung zwischen den Governance-Funktionen bei Versicherungsunternehmen nach Solvency II, VersR 2013, 678; *ders.,* Der Compliance-Officer – Garant, hoheitlicher Beauftragter oder Berater im Unternehmensinteresse, BB 2011, 1353; *Wolff/Schroeren/Martin:* Durchführung einer Risikoanalyse gemäß den MaComp und Zusammenspiel mit den Anforderungen an die Compliance-Funktion durch die 4. MaRisk-Novelle, CCZ 2014, 86; *Wymeersch,* Das neue europäische Finnazmarktregulierungs- und Aufsichtssystem, ZGR 2011, 443; *Zetsche,* Fondsregulierung im Umbruch, ZBB 2014, 86; *Zingel,* Stellung und Aufgaben von Compliance nach den MaComp, BKR 2010, 500; *Zürn/Rappensberger/Brämswig,* Institus-Vergütungsverordnung: Referentenentwurf der Novelle, DB 2013, 2681.

A. Einleitung

1   Dieses Kapitel des Handbuchs beleuchtet die besondere Situation des **Compliance Officers** (Leiter der Compliance-Funktion oder gesetzlicher Compliance-Beauftragter) im Bankensektor, Versicherungssektor, Wertpapiersektor und Investmentsektor. Die vergleichende Betrachtung der durchaus **divergierenden** Compliance-Vorgaben in diesen Sektoren hat zwei Aspekte: Sie bietet erstens Anhaltspunkte für eine effektive und effiziente Compliance im eigenen Finanzsektor, indem sinnvolle Vorgaben aus anderen Sektoren (modifiziert) übernommen werden. Zweitens lassen sich rechtsvergleichend überzogene (informelle) Anforderungen von Behörden oder Prüfern in den eigenen Sektoren vermeiden, indem auf ebenfalls fehlende oder reduzierte Vorgaben in den anderen Sektoren verwiesen werden kann.

2   In allen regulierten Finanzsektoren agieren die Unternehmen und die Compliance Officer innerhalb eines **besonderen** Rechtsumfeldes. Diese engmaschige Regulierung und

behördliche Überwachung der Tätigkeit wirkt sich nicht nur auf die Unternehmen, sondern zugleich signifikant auf die Organisation der **Compliance-Funktion** sowie auf die Stellung, Aufgaben und Verantwortung des **Compliance Officers** aus. Die Regulierung führt zu einer ausgeprägten Verrechtlichung der Unternehmensorganisation sowie zu tiefen Eingriffen in unternehmensinterne Strukturen, Systeme und Abläufe.

Die aufsichtsrechtliche Regulierung und die aufsichtsbehördliche Überwachung der Unternehmen, der Compliance-Funktion und der Compliance Officer in den verschiedenen Sektoren der Finanzwirtschaft führt zudem zu einschneidenden **Interventionsmöglichkeiten** der Aufsichtsbehörden, die nicht nur die Unternehmen und deren Organe sondern auch den Compliance Officer direkt betreffen können. Die Compliance gewinnt daher in den regulierten Sektoren der Finanzindustrie für die Unternehmen und zugleich für den Compliance Officer eine deutlich gesteigerte Bedeutung 3

Obwohl auf dem Feld der Compliance somit eine Reihe von sektorenübergreifenden Gemeinsamkeiten bestehen, weisen die Vorgaben in den einzelnen Sektoren beachtliche **Unterschiede** auf. Diese divergierenden Compliance-Vorgaben sind Ausdruck der unterschiedlichen Geschäftsmodelle, die zu abweichenden Compliance-Risikoprofilen und damit in Teilen zu einer **sektorenspezifischen** Compliance führen, die eine homogene Compliance in allen Finanzsektoren ausschließt. Der bei allen Gemeinsamkeiten daher stets zu beachtende sektorenspezifische Ansatz ist zudem durch die ungleiche **Harmonisierungsintensität** der für die Compliance zentralen Regulierung auf europäischer Ebenen bedingt. 4

B. Rechtsumfeld der Unternehmen

Das spezielle Rechtsumfeld der Compliance im Finanzsektor wird durch die drei Faktoren Regulierung, Beaufsichtigung und Produkte geprägt. Der Begriff **Regulierung** wird nachfolgend in Abgrenzung zur Beaufsichtigung ausschließlich für die Compliance-Vorgaben verwendet, die auf der Normsetzung der Legislative oder der abgeleiteten Normsetzung der Behörden (exekutive Rechtssetzung) beruhen. Erfasst wird somit die Rechtssetzung auf europäischer und nationaler Ebene im Rahmen des regulären Gesetzgebungsverfahrens sowie die Durchführungsrechtssetzung der Europäischen Kommission und die Verordnungen der BaFin, die aufgrund entsprechender Ermächtigungen der Legislative erlassen wurden. 5

I. Regulierung

Die rechtlichen Rahmenbedingungen für die Compliance und damit zugleich für die Compliance Officer im Finanzsektor sind extrem komplex. Diese Komplexität wird dadurch ausgelöst, dass der Finanzsektor auf europäischer Ebene eng reguliert ist, dass ergänzende nationale Regelungen eingreifen sowie europäische und nationale Aufsichtsbehörden als zusätzlich Akteure die Praxis beeinflussen. 6

1. Europäische Regulierung

Die europäische Regulierung bildet die Basis für die Compliance in den Finanzsektoren. Daher ist es für den Compliance Officer in der Praxis wichtig, diese Rechtsgrund- 7 lagen und generell die Besonderheiten des europäischen Rechts zu kennen, zumal beides ihn auch in **eigener** Sache betrifft.

8   Das **Europäische Primärrecht** enthält zwar keine direkten Vorgaben für die Compliance im Finanzsektor, beeinflusst aber dennoch maßgeblich den Rechtsrahmen in dem sich der Compliance Officer bewegt. Aus dem europäischen Primärrecht lassen sich zudem **Abwehrrechte** gegen überzogene Regulierung und unverhältnismäßiges Verwaltungshandeln ableiten, die beide vor allem für die Beratungstätigkeit des Compliance Officers wichtig sind. Derartige Abwehrrechte finden sich in den Europäischen Verträgen, der Europäischen Grundrechtecharta und der Europäischen Menschenrechtskonvention.

9   Die **Europäischen Verträge**, also der Vertrag über die Europäische Union (EUV)[1] und der Vertrag über die Arbeitsweise der Europäischen Union (AEUV)[2], bilden gemeinsam die Basis für die supranationale Rechtsordnung. Diese Verträge sind für die Compliance bedeutsam, da aus ihnen die **Ermächtigung** für eine europäische Regulierung abzuleiten sein muss und weil sie die Anforderungen an ein ordnungsgemäßes europäisches **Gesetzgebungsverfahren** sowie die **Wirkung** europäischer Rechtsakte regelt.

10 Im AEUV sind die vier europäischen **Grundfreiheiten** im Hinblick auf den freien Verkehr von Waren, Personen, Dienstleistungen und Kapital im Binnenmarkt (Art. 26 Abs. 1 AEUV) normiert, die nur unter engen Voraussetzungen durch nationale Vorgaben eingeschränkt werden können[3] und somit zugleich die unternehmerische Freiheit im Finanzsektor sichern.

11 Das europäische Pimärrecht wird durch die **Europäische Grundrechtecharta (GRC)**[4] ergänzt, die zunehmend Bedeutung erlangt, da der EuGH von einem weiten Anwendungsbereich der europäischen Grundrechte ausgeht, die eingreifen sollen, sobald nationales Recht europäischen Unsprungs betroffen ist.[5] Noch weitgehend ungeklärt ist hier das Verhältnis der europäischen zu den nationalen Grundrechten.[6] Zu den europäischen Grundrechten tritt die **Europäische Menschenrechtskonvention (EMRK)**[7], die Rechtsschutz durch Beschwerden zum Europäischen Gerichtshof für Menschenrechte (EMGR)[8] ermöglicht.

12 Die Europäischen Grund- und Menschenrechte sind nicht nur als geschützte Rechtspositionen des vom Compliance Officer beratenen Unternehmens wichtig. Sie beeinflussen zugleich die Stellung und die **Abwehrmöglichkeiten** des Compliance Officers selbst, im Hinblick auf Maßnahmen der Aufsichtsbehörde oder des Unternehmens. Dabei kann es durchaus von Vorteil sein, dass mit der GRC und dem GG zwei Grundrechtskataloge existieren, die im Detail unterschiedlichen Schutz gewährleisten, da sich der Compliance Officer im Einzelfall auf das für ihn günstigere Regelwerk stützen kann. Daher dient die intensive Beschäftigung mit den supranationalen Rechtsgrundlagen ebenfalls dem **Selbstschutz** der Compliance Officer.[9]

---

[1] Abdruck der konsolisierten Fassung in ABl. 2012 C 326/13.
[2] Abdruck der konsolidierten Fassung in ABl. 2012 C 115/47.
[3] Überblick dazu bei *Herdegen*, Europarecht, 16. Aufl. 2014, § 14 Rn. 3 ff.
[4] Zur GRC *Huber*, NJW 2011, 2385; *Lenaerts*, EuR 2012, 3.
[5] EuGH NZA 2014, 1325; NJW 2013, 1415; dazu *Kirchhof*, EuR 2014, 267 (269 ff.); *Rabe*, NJW 2013, 1407; *Voßkuhle*, NJW 2013, 1329 (1330); relativierend BVerfG NJW 2013, 1499.
[6] Dazu *Lenaerts*, AnwBl 2014, 772 und *Masing*, AnwBl 2014, 786.
[7] VG Frankfurt a.M. VersR 2012, 358 (360); zur EMRK *Obwexer*, EuR 2012, 115.
[8] Dazu *Lenz*, AnwBl 2014, 398.
[9] Zur Anwenbdarkeit der GRC im Bereich des Strafrechts *Risse*, HRRS 2014, 93.

B. Rechtsumfeld der Unternehmen

Auf der Basis des europäischen Primärrechts erfolgt die konkrete Regulierung der Tätigkeit im Finanzsektor durch das Europäische Sekundärrecht mittels Richtlinien und Verordnungen. Wesentlich ist die **Harmonisierungsintensität**, die das europäische Sekundärrecht in dem jeweiligen Rechtsakt vorsieht. Wenn hier das Unionsrecht eine Vollharmonisierung beabsichtigt, dürfen die Mitgliedstaaten im Anwendungsbereich des europäischen Rechtsakts Erleichterungen, aber auch keine Verschärfungen gegenüber den Vorgaben der Richtlinie vorsehen oder beibehalten, es sei denn, die Richtlinie selbst würde den Mitgliedstaaten entsprechende Optionen einräumen.[10] Daher entfaltet dennoch überschießendes nationales Recht („gold plating") keine Bindungswirkung für die Normadressaten, somit ebenfalls nicht für die Aktivitäten des Compliance Officers. Wegen der Vereinheitlichung auf europäischer Ebene, die gleichfalls die europäischen und nationalen Aufseher bindet, können diese Aufsichtsbehörden für ihre Verwaltungspraxis keine **Norminterpretation** vornehmen, die dem vollharmonisierten Unionsrecht widerspricht.

13

2. Europäische Rechtssetzungstechnik im Finanzsektor

Neben dem materiellen Aspekt der europäischen Regulierung kommt dem formellen Aspekt des ordnungsgemäßen Zustandekommens europäischer Regelwerke erhebliche Bedeutung zu. Denn die rechtliche Verbindlichkeit für die nationalen Normadressaten hängt auch davon ab, dass die formellen Voraussetzungen der Rechtssetzung eingehalten werden. Die europäische Rechtssetzung vollzieht sich im Bereich der Finanzsektoren mittlerweile durchgängig nach dem **Lamfalussy-Verfahren** in seiner durch den Vertrag von Lissabon modifizierten Form.[11] Danach existieren zwei europäische Ebenen verbindlicher Rechtssetzung, eine europäische Ebene vorbereitender Rechtssetzungsaktivitäten sowie eine Überwachungsebene.[12]

14

– Auf der ersten Ebene (**Level 1**) formulieren im Trilog zwischen Rat, Parlament und Kommission verabschiedete Basisrechtsakte in Form von Richtlinien oder Verordnungen die grundlegenden Vorgaben. Vorgaben in Richtlinien sind bezüglich ihres Ziels für die Mitgliedstaaten verbindlich und müssen von diesen innerhalb der jeweils eingeräumten Umsetzungsfrist in das nationale Recht transformiert werden (Art. 288 Abs. 3 AEUV). Europäische Verordnungen gelten dagegen ohne zwischengeschalteten Umsetzungsakt in den Mitgliedstaaten direkt und unmittelbar (Art. 288 Abs. 2 AEUV).

– Auf der zweiten Ebene (**Level 2**) folgen dann Durchführungsmaßnahmen der EU-Kommission als delegierte Rechtsakte (Art. 290 AEUV) oder als Durchführungsrechtsakte (Art. 291 AEUV).[13] Diese Durchführungsmaßnahmen können als Durchführungsrichtlinien oder als Durchführungsverordnungen ergehen.[14] Durch einen delegierten Rechtsakt im Rahmen ihrer exekutiven Rechtssetzung kann die Kommission die Regelungen des Basisrechtsakts auf Level 1 konkretisieren oder ergänzen, allerdings nur in unwesentlichen Punkten (Art. 290 Abs. 1 AEUV).

---

[10] *Bürkle*, VersR 2011, 1469 (1473); *Dreher/Lange*, VersR 2011, 825 (830).
[11] Dazu *Edenharter*, DÖV 2011, 645; *Rötting/Lang*, EuZW 2012, 8; *Sydow*, JZ 2012, 157; *Veil*, ZGR 2014, 544 (551 ff.).
[12] Dazu *Bürkle*, in: FKBP, Solvabilität II Rn. 121 ff.; *Krämer*, in: Dreher/Wandt, 2012, S. 5 ff.; *Weber-Rey/Horak*, WM 2013, 721; speziell zur MiFID-Regulierung *Franck*, BKR 2012, 1 (2 ff.).
[13] Dazu *Edenharter*, DÖV 2011, 645.
[14] Zu den Grenzen der exekutiven Durchführungsrechtssetzung der Europäischen Kommission *Bueren*, EuZW 2012, 167.

– Auf der dritten Ebene (**Level 3**) erfolgt dann keine Rechtsetzung mehr.[15] Hier haben die europäischen Aufsichtsbehörden im Finanzsektor (European Supervisory Authorities – ESA) aber eine wichtige Aufgabe; denn sie machen der Kommission bezüglich deren exekutiver Rechtsetzung auf Level 2 Vorschläge für verbindliche Rechtsakte (Level 2.5), von denen die Kommission nur ausnahmsweise abweichen soll.[16] Diese erstaunliche Bindung einer rechtsetzenden Instanz an eine behördliche Empfehlung wird von der Europäischen Kommission kritisch gesehen. Wie die Praxis im Wertpapiersektor zeigt,[17] ist die Kommission durchaus in der Lage, sich gegen die Meinung der ESMA zu behaupten; für die anderen Sektoren wird nichts anderes gelten.
– Auf der vierten Ebene (**Level 4**) überwacht schließlich die Europäische Kommission die Umsetzung und die Anwendung des europäischen Aufsichtsrechts. Die Kommission ist daher potenzieller Adressat von Hinweisen bzw. Beschwerden der regulierten Unternehmen im Hinblick auf eine europarechtswidrige nationale Rechtsetzung oder eine europarechtswidrige Verwaltungspraxis der nationalen und europäischen Aufsichtsbehörden.

3. Charakteristika europäischer Regulierung im Finanzsektor

a) Konflikte mit nationalem Recht

15 Das europäische Aufsichtsrecht genießt auch im Finanzsektor grundsätzlich **Anwendungsvorrang** gegenüber kollidierendem nationalem Recht. Unklar ist aber immer noch, wie Konfliktlagen zwischen europäischem Aufsichtsrecht und nationalem Recht aufzulösen sind. Denn neben dem Anwendungsvorrang im Bereich des Aufsichtsrechts führt die europäische Regulierung im Finanzsektor zu einer Reihe von Konflikten mit dem nationalen deutschen Recht.

16 Ein erstes Konfliktfeld betrifft das **Gesellschafts- und Konzernrecht**. Hier sehen einige europäische Direktiven vor, dass die Compliance-Vorgaben im Finanzsektor innerhalb der Gruppe oder gar innerhalb des Finanzkonglomerats einheitlich formuliert und umgesetzt werden müssen. Diese Vorgabe kollidiert mit dem deutschen Konzernrecht, jedenfalls soweit eine faktische Konzernierung ohne rechtlich fundierte Weisungsbefugnisse und Informationsrechte des herrschenden Unternehmens vorliegt.[18]

17 Ein weiteres Konfliktfeld entsteht im Bereich des **Arbeitsrechts**, konkret im Hinblick auf die europarechtsbasierten Vorgaben für die Vergütung. Hier entstehen Friktionen im Hinblick auf die geforderte Anpassung individualvertraglicher Vergütungsvereinbarungen sowie zugleich im Hinblick auf die kollektiven Mitbestimmungs- und Mitwirkungsrechte des Betriebsrats bzw. des Sprecherausschusses im Bereich der Vergütung und der Leistungsbeurteilung.

b) Prinzipienbasierte Regulierung

18 Seit einiger Zeit existiert auf europäischer Ebene der Trend zu einer stärker prinzipienbasierten aufsichtsrechtlichen Regulierung. Die konkreten Folgen des prinzipienba-

---

[15] *Bürkle*, VersR 2007, 1595 (1597); *Reese/Ronge*, VersR 2011, 1217 (1219); *Wandt*, VW 2007, 473.
[16] So übereinstimmend jeweils der 22. Erwägungsgrund der drei ESA-Verordnungen.
[17] *Sasserath-Alberti*, in: Dreher/Wandt, 2013, S. 129, 143 Fn. 42; *Veil*, ZGR 2014, 544 (554 Rn. 51).
[18] Dazu für den Versicherungssektor *Mutter/Kruchen*, in: Bürkle, § 3.

sierten Aufsichtsrechts sind noch nicht in allen Einzelheiten ausgeleuchtet.[19] Losgelöst von Charakter und Inhalt der prinzipienbasierten Regulierung ergibt sich jedoch faktisch der Befund, dass die **Rechtsunsicherheit** merklich zunehmen wird. Denn die künftig prinzipienbasiertere Regulierung zeichnet sich im Gegensatz zur aktuellen primär regelbasierten Regulierung durch die häufige Verwendung unbestimmter Rechtsbegriffe wie „angemessen" oder „geeignet" aus. Zwar gab es im Aufsichtsrecht schon bislang auslegungsbedürftige Termini und Generalklauseln; diese waren aber weniger zahlreich und bezogen sich primär auf die Überwachungsbefugnisse der Aufsichtsbehörden, jedoch nicht auf organisatorische Vorgaben für die beaufsichtigten Unternehmen.

Diese prinzipienbasiertere Regulierung fordert von den Unternehmen, deren Geschäftsleitern und dem dortigen Compliance Officer eine **Selbsteinschätzung** im Hinblick auf die Auslegung und Anwendung der Prinzipien des europäischen Aufsichtsrechts. Die aufsichtsrechtliche Selbsteinschätzung wird in den regulierten Finanzsektoren allerdings mit durch die zunehmende Zahl der insgesamt regulierten Unternehmensaktivitäten, durch die wachsende **Regulierungsintensität** und die **Komplexität** der Regulierung sowie durch die **Rechtsanwendungsprobleme** wegen der auf verschiedenen Regelungsebenen verteilten Normen erschwert[20]. Hinzu kommt das erhöhte europäische **Regulierungstempo** durch die beschleunigte exekutive (Änderungs-)Rechtsetzung der EU-Kommission auf Ebene 2 des Lamfalussy-Verfahrens, nicht zuletzt initiiert durch Regulierungsvorschläge der drei neuen Europäischen Aufsichtsbehörden (European Supervisory Authorities – ESA). Zudem fehlen für die Unternehmen und die Compliance Officer rechtlich fundierte Absicherungsmechanismen, wie sie zum Beispiel im Kartellrecht mit der behördlichen Entscheidung über einen fehlenden Anlass zum Tätigwerden (§ 32c GWB) existieren. 19

Diese Besonderheiten der europäischen Rechtssetzung und ihrer nationalen Transformation erhöhen signifikant die Gefahr der **versehentlichen Non-Compliance** in den Unternehmen. Selbst der nationale Gesetzgeber verliert hier teilweise den Überblick und sieht sich zu einer permanenten Korrektur gezwungen, um handwerkliche Fehler auszubügeln. Beispielhaft dafür steht diese Aussage in einem Gesetzentwurf: „Mit dem Gesetz sollen im Wesentlichen redaktionelle Änderungen im Nachgang zur Umsetzung der komplexen EU- bzw. internationalen Vorgaben am Ende der 17. Legislaturperiode erfolgen."[21] 20

Soweit die Unternehmen und dort tätige Personen Adressaten vager prinzipienbasierter Normen sind, führt dies für sie somit zu erheblicher Unsicherheit in der Auslegung und Anwendung des (Aufsichts-) Rechts.[22] Die größere unternehmerische Freiheit des prinzipienbasierten Rechts[23] ändert zudem nichts an der zwingenden Verpflichtung der Geschäftsleiter, bei ihrer Tätigkeit die Vorgaben des europäischen und nationalen Aufsichtsrechts einzuhalten. Die Geschäftsleiter müssen daher diese Vorgaben befolgen und 21

---

[19] Zur prinzipienbasierten Regulierung etwa *Bürkle*, Tagungsband zum 30. und 31. Münsteraner Versicherungstag, 2014, S. 1; *Eilert*, ZVersWiss 2012, 621; *U.H. Schneider*, GS Gruson, 2009, 369; *Wandt*, Prinzipienbasiertes Recht und Verhältnismäßigkeitsgrundsatz, 2012; *Weber-Rey*, ZGR 2010, 543 (562 ff.).

[20] *Langenbucher*, ZBB 2013, 16 (19); *Saria*, VR 2011, 21 (22).

[21] Entwurf eines Gesetzes zur Anpassung von Gesetzen auf dem Gebiet des Finanzmarktes vom 5.5.2014, BT-Drs. 18/1305.

[22] *Dreher*, VersR 2008, 998 (1000 f.); *Saria*, VR 11, 21 (23); *Sehrbrock/Gal*, CFL 2012, 104 (142); *Wandt/Sehrbrock*, FS Schneider, 2011, S. 1395 (1398).

[23] BT-Drs. 16/6518, 10.

umsetzen, somit **eigenverantwortlich** entscheiden, wie prinzipienbasierte Normeninhalte auszulegen und anzuwenden sind.

22   Hier wird von den Geschäftsleitern und damit zugleich von dem diese Personen beratenden Compliance Officer also eine vorgelagerte und komplexe aufsichtsrechtliche **Selbsteinschätzung** gefordert, die zwangsläufig einen Beurteilungsspielraum auslöst.[24] Diese ex-ante-Einschätzung ist dann Gegenstand der ex-post-Kontrolle durch Aufsichtsbehörden und Gerichte. Für diesen Prozess der Selbsteinschätzung bietet sich in prozeduraler Hinsicht die Orientierung an der zivilrechtlichen Rechtsprechung an,[25] die zu einer Legal Jugdment Rule führt.[26]

c) Proportionalität

23   Für die Auslegung und die Rechtsanwendung des europäischen Aufsichtsrechts muss individuell und situativ der primärrechtliche Verhältnismäßigkeitsgrundsatz des Unionsrechts berücksichtigt werden.[27] Dieser allgemeine unionsrechtliche Verhältnismäßigkeitsgrundsatz wird speziell für das Aufsichtsrecht durch das **Proportionalitätsprinzip** konkretisiert,[28] das als speziellerer und höherrangiger Rechtsgrundsatz zudem den deutschen Verhältnismäßigkeitsgrundsatz verdrängt.

24   Somit kommt es entscheidend auf die Risiken an, die aus Wesensart, Umfang und Komplexität der individuellen Tätigkeit resultieren; diese bestimmen das jeweilige und aktuelle **Compliance-Risikoprofil** des Unternehmens. Daher haben Standards, die allgemeine Inhalte zur Compliance-Organisation und zum Compliance Officer enthalten, allenfalls eingeschränkte Bedeutung. Wesentlich ist vielmehr eine adäquate **Analyse** des unternehmensspezifischen Non-Compliance-Risikos, die bei wesentlichen externen oder internen Rechtsänderungen erneut durchgeführt werden muss.

d) Auslegung europäischen Rechts

25   Bei der Norminterpretation ist stets die Provenienz der jeweiligen Regelung zu berücksichtigen. Die Begriffe, die aufgrund umgesetzter europäischer Richtlinien sowie als Folge unmittelbar und direkt wirkender europäischer Verordnungen zu interpretieren sind, stellen **autonome** Begriffe des Unionsrechts dar.[29] Bei diesen Begriffen handelt es sich um eigenständige Termini des Unionsrechts, die somit ohne Rückgriff auf nationales Recht ausschließlich nach den vom EuGH entwickelten Maßstäben und Kriterien interpretiert werden dürfen.[30]

26   Auf die rein nationale Auslegung solcher – vermeintlich deutscher Begriffe – durch deutsche Gerichte, durch deutsche Aufsichtsbehörden oder durch deutsche Literatur kommt es daher nicht entscheidend an. Denn der EuGH wird aufgrund der Vorlagepflicht der nationalen Gerichte letzter Instanz (Art. 267 AEUV) alle europarechtsbasierten Rechtsfragen in den regulierten Sektoren im Rahmen von **Vorabentscheidungsverfahren** entscheiden.[31]

---

[24] *Armbrüster*, ZVersWiss 2011, 639 (651); *Bürkle*, VersR 2013, 792; *Dreher*, ZVersWiss 2012, 381 (416).
[25] BGH NZG 2011, 1271 (1273) – ISION.
[26] Ausführlich dazu *Bürkle*, VersR 2013, 792.
[27] Dazu *Trstenjak/Beyren*, EuR 2012, 265.
[28] Dazu *Michael*, in: Michael/Looschelders, S. 2 (9 ff.); *Wandt/Sehrbrock*, VersR 2012, 802.
[29] *Brand*, VersR 2013, 1 (6); *Dreher*, ZVersWiss 2012, 381 (421).
[30] *Brand*, VersR 2013, 1 (6); *Dreher*, ZVersWiss 2012, 381 (421); *Lüttringhaus*, EuZW 2011, 822 (823).
[31] Zur Vorlagepflicht nationaler Gerichte BVerfG VersR 2014, 1485; zum Vorabentscheidungsersuchen *Latzel/Streinz*, NJOZ 2013, 97.

B. Rechtsumfeld der Unternehmen

Die Compliance Officer müssen sich auch in ihrem wohlverstandenen eigenen Interesse daher zwingend mit der speziellen **Auslegungstechnik** des EuGH vertraut machen, die sich in wesentlichen Aspekten deutlich vom deutschen Interpretationsinstrumentarium **unterscheidet**. Das gilt etwa für die Bedeutung der in den verschiedenen Amtssprachen veröffentlichten Rechtstexte[32] oder für die Auslegung über den Wortlaut hinaus[33]. 27

II. Europäisches und nationales Aufsichtsrecht

Direkt wirkende Vorgaben für die Compliance finden sich mit wachsender Tendenz auf der Ebene des europäischen **Sekundärrechts**. Hier wurden für fast alle Sektoren im Laufe der Zeit konkrete Normen für die Compliance und die Compliance-Funktion gesetzt. Die europarechtlichen Vorgaben in Richtlinien werden in die nationalen sektorenspezifischen Aufsichtsgesetze transformiert; Vorgaben in europäischen Verordnungen gelten direkt und unmittelbar, schlagen sich daher nicht in den nationalen Gesetzestexten nieder. 28

Das einschlägige nationale Aufsichtsrecht im Finanzsektor dient großteils der Umsetzung der europarechtlichen Compliance-Vorgaben in den jeweiligen unionsrechtlichen Direktiven. Daneben finden sich teilweise aber auch nationale **überschießende** Vorgaben und Regelungen, die zum Teil an aufsichtsbehördliche Verlautbarungen anknüpfen. In zeitlicher Abfolge finden sich folgende Vorgaben für die Compliance-Organisation und die Compliance-Funktion in den einzelnen Finanzsektoren: 29

1. Wertpapiersektor

Als erster Sektor wurden im Wertpapiersektor auf Basis der MiFID-Richtlinie verbindlichen Compliance-Vorgaben eingeführt; diese Regulierung ist der europäische Ursprung der Compliance im Finanzsektor. Die konkreten Vorgaben enthält die MiFID Durchführungsrichtlinie vom 10.8.2006.[34] Dort gibt Art. 6 die Installation einer **Compliance-Funktion** mit definierten Aufgaben vor und enthält zugleich das Erfordernis der Benennung eines qualifizierten **Compliance-Beauftragten**. Die Vorgaben wurden kürzlich durch die MiFID II-Richtlinie[35] und die MiFID II Verordnung[36] aktualisiert, allerdings ohne weitergehend konkrete Vorgaben für die Compliance; daher bleibt der Inhalt von Art. 6 der Durchführungs-RL weiterhin relevant. 30

Die MiFID II-RL regelt aber einen für die Compliance-Organisation mittelbar wichtigen Aspekt im Hinblick auf das interne **Whistleblowing**. Denn nach dem dortigen Art. 73 Abs. 2 müssen die Mitgliedstaaten die Unternehmen verpflichten, Verfahren einzurichten, damit die Mitarbeiter potenzielle oder tatsächliche Verstöße **intern** über einen speziellen, unabhängigen und eigenständigen Weg melden können. Als interner Adressat derartiger Meldungen bietet sich die Compliance-Funktion an. 31

Im Wertpapiersektor hat der Gesetzgeber die europäischen Richtlinienvorgaben für die Compliance und die Compliance-Funktion in das WpHG und konkretisierend in die 32

---

[32] Dazu EuGH NZG 2013, 787 (788 Rn. 38) – Bankinter; DB 2012, 1496 – Geltl.
[33] Dazu BGH VersR 2014, 817 (819 Rn. 20 ff.).
[34] Richtlinie 2006/73/EG der Kommission vom 10.8.2006, ABl. 2006 L 241/26.
[35] Richtlinie 2014/65/EU vom 15.5.2014, ABl. 2014 L 173/349.
[36] Verordnung (EU) Nr. 600/2014 vom 15.5.2014, ABl. 2014 L 173/84.

WpDVerOV transformiert; daraus ergeben sich sowohl organsiatorische als auch operative Anforderungen.

a) Organisation

33 Die europarechtlichen Vorgaben formulieren folgende Organisationsanforderungen:
– Grundsätze, Mittel und Verfahren zur Sicherstellung der Einhaltung der Pflichten aus dem WpHG (§ 33 Abs. 1 S. 2 Nr. 1 WpHG)
– dauerhafte, wirksame und unabhängige Compliance-Funktion (§ 33 Abs. 1 S. 2 Nr. 1 WpHG)
– keine Beeinträchtigung der Unabhängigkeit der Compliance-Funktion durch Vergütung (§ 12 Abs. 4 S. 4 WpDVerV)
– Berücksichtigung von Art, Umfang und Komplexität des Geschäfts sowie von Art und Spektrum der angebotenen Wertpapierdienstleistungen bei Compliance und Compliance-Funktion (§ 33 Abs. 1 S. 3 WpHG)

34 Als personales Element der Compliance-Organisation muss das Unternehmen einen Compliance-Beauftragten benennen (§ 12 Abs. 4 S. 1 WpDVerV) und diesen vor seinem Tätigkeitsbeginn der BaFin anzeigen (§ 34d Abs. 3 S. 1 WpHG). Dann prüft die Aufsichtsbehörde die gesetzlich geforderte Sachkunde und Zuverlässigkeit (§ 34d Abs. 3 S. 1 WpHG) des Compliance-Beauftragten. Zudem müssen alle mit der Compliance-Funktion betrauten Personen die für eine ordnungsgemäße und unabhängige Aufgabenerfüllung erforderliche Fachkenntnisse aufweisen. Für die aufsichtsrechtlichen Qualifikationsanforderungen enthält die WpHGMaAnzV ergänzende Regelungen.[37] Das in der Compliance-Funktion tätige Personal muss weiter die zur wirksamen Aufgabenerfüllung erforderlichen Mittel und Kompetenzen besitzen sowie Zugang zu allen tätigkeitsrelevanten Informationen haben (§ 12 Abs. 4 S. 3 WpDVerV).

b) Aufgaben

35 Zu den Organisationsanforderungen kommen folgende konkrete Vorgaben für die Tätigkeit im Bereich der Compliance hinzu:
– Überwachung und Bewertung der Grundsätze und Vorkehrungen sowie der Maßnahmen zur Behebung von Defiziten (§ 12 Abs. 3 S. 1 Nr. 1 WpDVerV)
– Bericht an die Geschäftsleitung und das Aufsichtsorgan über die Angemessenheit und Wirksamkeit der eingesetzten Grundsätze, Mittel und Verfahren (§ 33 Abs. 1 S. 1 Nr. 5 WpHG)
– Beratung und Unterstützung der Mitarbeiter (§ 12 Abs. 3 S. 1 Nr. 2 WpDVerV)
– Vorabzustimmung bei bestimmten Mitarbeitergeschäften durch Rechtsabteilung oder Compliance-Funktion (§ 33b Abs. 5 Nr. 2 WpHG).
– Berechtigung zu vorläufigen Maßnahmen bei konkreter Gefahr der Beeinträchtigung von Kundeninteressen (§ 12 Abs. 3 S. 3 WpDVerV); aus diesem Recht folgt die spiegelbildliche Pflicht zum Tätigwerden.

36 Charakteristisch für die konkreten und speziellen Compliance-Vorgaben im Wertpapiersektor ist der Umstand, dass sich das rechtliche Tätigkeitsgebiet der Compliance-Funktion und des Compliance-Beauftragten auf einen begrenzten Umfang bezieht und nur die Compliance im Hinblick auf Vorgaben im WpHG umfasst.

---

[37] Dazu etwa *Begner*, BKR 2012, 35.

2. Versicherungssektor

Im Versicherungssektor findet sich die europarechtliche Anknüpfung in der sog Solvency II-Richtlinie vom 25.11.2009.[38] Die Richtlinie sieht als Bestandteil des Internen Kontrollsystems in Art. 46 Abs. 1 für alle Erst- und Rückversicherungsunternehmen eine obligatorische **Compliance-Funktion** vor. Für die Compliance-Funktion gelten die übergeordneten organisatorischen Vorgaben des versicherungsspezifischen internen Governance-Systems,[39] weiter die allgemeinen Anforderungen für alle Governance-Funktionen sowie die speziellen Anforderungen für die Compliance-Funktion; zudem muss die Compliance-Funktion verschiedene aufsichtsrechtlich spezifizierte Aufgaben erfüllen.[40] Die relevanten Vorgaben finden sich europarechtlich auf Level 1 in der Solvency II-Richtlinie (**RL**) und auf Level 2 in der Verordnung der Kommission (**VO**)[41] sowie national im neuen Versicherungsaufsichtsgesetz (**VAG**)[42]. 37

a) Organisation

In organisationsrechtlicher Hinsicht gelten zunächst die allgemeinen Governance-Anforderungen. Die interne Governance zielt darauf ab ein **solides** und **vorsichtiges Management** der Geschäftstätigkeit zu gewährleisten (Art. 41 Abs. 1 RL). Das System und somit auch die Compliance-Funktion als deren Element muss wirksam sein, also über die nötigen Kompetenzen und Ressourcen verfügen, um die zugewiesenen Aufgaben erledigen zu können. Die Vorgabe nach einer eindeutigen Trennung von Zuständigkeiten tangiert vor allem die Beziehungen zu den anderen drei Governance-Funktionen (Risikomanagement, Versicherungsmathematik und Interne Revision). Schließlich sehen die europäischen Governance-Vorgaben Qualifikationsanforderungen für den Compliance Officer und entsprechende Anzeigepflichten gegenüber der BaFin vor. 38

Jenseits konkreter Regelungen gilt der aufsichtsrechtliche Grundsatz der Organisationsfreiheit. Solche konkreten Regelungen ergeben sich ergänzend zur RL aus den für **alle** Governance-Funktionen geltenden Vorgaben aus Level 2, die in Art. 268 VO Folgendes vorsehen: 39
– Vorkehrungen zur objektiven, fairen und unabhängigen Erfüllung der Aufgaben
– Letztverantwortung der Geschäftsleiter und direkter Berichtsweg der Funktionen dorthin
– Uneingeschränkte Kommunikationsmöglichkeit mit allen Mitarbeitern und uneingeschränkter Zugang zu allen Informationen, soweit aufgabenrelevant
– Notwendige Autorität, Ressourcen und Expertise für die Erfüllung der Aufgaben
– Ad-hoc-Berichtspflicht bei allen größeren Problemen im Verantwortungsbereich
Die Verordnung sieht in Art. 260 Abs. 1 VO zwei weitere organisatorische Vorgaben **speziell** für die Compliance-Funktion vor:
– Compliance-**Leitlinie**: Diese Leitlinie dokumentiert die Verantwortung, Kompetenzen und Berichtspflichten der Compliance-Funktion.

---

[38] Richtlinie 2009/138/EG vom 25.11.2009, ABl. 2009 L 339/1; ausführlicher Überblick bei *Bürkle*, in: FKBP, Solvabilität II, S. 919 ff.
[39] Dazu *Bürkle*, WM 2012, 878.
[40] Umfassender Überblick bei *Bürkle*, in: Bürkle, § 2 Rn. 104 ff.
[41] Delegierte VO (EU) 2015/35 der Kommission v. 10.10.2014, ABl. 2015 L 12/1.
[42] Geändert durch Gesetz zur Modernisierung der Finanzaufsicht über Versicherungen v. 1.4.2015, BGBl. 2015 I, 434 ff.

§ 13. Der Compliance Officer in regulierten Finanzsektoren

– Compliance-**Plan**: Dieser Plan dokumentiert die vorgesehenen Aktivitäten der Compliance-Funktion unter Berücksichtigung aller relevanten Aktivitäten des Unternehmens und deren Risikoexposition.

40 Die RL definiert den Begriff „Funktion" als eine interne Kapazität zur Übernahme praktischer Aufgaben (Art. 13 Nr. 29 RL); sie ist somit eine unternehmensinterne Funktion. Aus diesem **funktionsorientierten** Ansatz folgt, dass nicht nur bei kleinen, sondern auch bei den anderen Unternehmen keine Pflicht besteht, eine eigenständige Einheit zu installieren; so sind **dezentrale** Organisationen oder die **Verbindung** mit anderen Bereichen (etwa Recht) möglich.[43] Daher ergeben sich für den Compliance Officer beachtliche Spielräume und Einflussmöglichkeiten im Hinblick auf seine Vorschläge für die Organisation der Compliance-Funktion in Abhängigkeit vom individuellen Risikoprofil des jeweiligen Unternehmens.

b) **Aufgaben**

41 Auf der Basis von Art. 46 RL lassen sich in der Compliance-Praxis schlagwortartig zunächst vier Tätigkeitsfelder der Compliance-Funktion unterscheiden:[44]
– **Überwachungsfunktion**: Überwachung der Einhaltung der Anforderungen (Art. 46 Abs. 1 RL, § 29 Abs. 1 VAG)
– **Beratungsfunktion**: Beratung der Geschäftsleiter im Hinblick auf die Einhaltung der gemäß der Solvency II-RL erlassenen Rechts- und Verwaltungsvorschriften (Art. 46 Abs. 2 RL, § 29 Abs. 2 S. 1 VAG)
– **Frühwarnfunktion**: Bewertung möglicher Auswirkungen von Änderungen des Rechtsumfelds (Art. 46 Abs. 2 RL, § 29 Abs. 2 S. 2 VAG)
– **Risikokontrollfunktion**: Identifikation und Bewertung des Risikos der Einhaltung gesetzlicher Vorschriften (Art. 46 Abs. 2 RL, § 29 Abs. 2 S. 2 VAG)
Als weitere Aufgabe gibt die Durchführungsverordnung ein **Compliance-Assessment** in Form einer Bewertung der Angemessenheit der präventiven Maßnahmen, die zur Vermeidung von Rechtsverstößen ergriffen wurden (Art. 260 Abs. 2 VO) vor.

3. **Investmentsektor**

42 Im Investmentsektor enthalten die OGAW-Regulierung und die AIFM-Regulierung konkrete Vorgaben für die Compliance und die Compliance-Funktion. Diese weitgehend identischen Regelungen finden sich in Art. 10 der OGAW-Durchführungsrichtlinie vom 1.7.2010[45] und in Art. 61 der AIFM-Durchführungsverordnung der Europäischen Kommission vom 19.12.2012[46], die auf der AIFM-Richtlinie vom 8.6.2011 basiert.[47]

a) **Organisation**

43 Im Hinblick auf die Organisation der Compliance fordern die europäischen Durchführungsrechtsakte:
– Installation einer ständigen und wirksamen Compliance-Funktion
– ausreichende Befugnisse und Ressourcen sowie Qualifikationsanforderungen

---

[43] Ausführlich zum Verhältnis der Compliance-Funktion zur Rechtsabteilung am Beispiel des Versicherungssektors *Dreher*, FS E. Lorenz, 2014, S. 119.
[44] *Bürkle*, VersR 2007, 1595 (1600); *Korinek/Schadler-Liebl*, VR 2011, 30 (32 f.); *Gal/Sehrbrock*, S. 36; *Wolf*, VersR 2013, 678 (680); aA *Dreher*, VersR 2013, 929 (934).
[45] Richtlinie 2010/43/EU vom 1.7.2010, ABl. 2010 L 176/42.
[46] Delegierte Verordnung (EU) Nr. 231/2013, ABl. 2013 L 83/1.
[47] Richtlinie 2011/61/EU vom 8.6.2011, ABl. 2011 L 174/1; dazu *Weitnauer*, BKR 2011, 143.

- Trennung von den zu überwachenden Bereichen in personeller und funktionaler Hinsicht
- Vergütungsregelungen, die nicht zur Beeinträchtigung der Objektivität führen
- Bestellung eines Compliance-Beauftragten.

b) **Aufgaben**

Der Compliance-Beauftragte hat nach den Durchführungsregelungen folgende Aufgaben: 44
- Überwachung und regelmäßige Bewertung der Angemessenheit und Wirksamkeit der Maßnahmen im Hinblick auf das Compliance-Risiko
- Beratung und Unterstützung der Geschäftsleiter und Mitarbeiter
- Verantwortung für die Compliance-Funktion und die Berichterstattung an die Geschäftsleitung.

Die **nationalen** Regelungen im KAGB und in der KAVerOV enthalten keine weiteren 45 wesentlichen Regelungen speziell für die Compliance-Organisation oder konkret für die Compliance-Funktion.[48]

4. Bankensektor

Für den Bankensektor finden sich auf der Ebene des europäischen Sekundärrechts 46 **keine** ausdrücklichen und konkreten Vorgaben für die Compliance oder die Compliance-Funktion. Sowohl die aktuelle CRD IV-Richtlinie[49] als auch die CRR-Verordnung[50] enthalten keine entsprechenden spezifischen Regelungen. Vorgaben finden sich allerdings im nationalen Recht.

a) **Organisation**

§ 25a Abs. 1 S. 3 Nr. 3 c) KWG sieht seit dem CRD IV-Umsetzungsgesetz[51] eine obli- 47 gatorische **Compliance-Funktion** vor. Wie bereits gezeigt, existiert dafür keine Verpflichtung aufgrund des europäischen Sekundärrechts. Der deutsche Gesetzgeber hat hier vielmehr rein national motiviert eine unverbindliche Leitlinie der EBA[52] in das verbindliche deutsche Aufsichtsrecht aufgenommen.[53] Die Compliance-Funktion stellt im Rahmen der Aufbauorganisation ein Element des internen Kontrollverfahrens dar, das seinerseits Bestandteil des aufsichtsrechtlichen Risikomanagementsystems ist.

Mit der regulatorischen Vorgabe einer obligatorischen Compliance-Funktion soll den 48 Risiken entgegengewirkt werden, die sich aus der Nichteinhaltung der rechtlichen Regelungen und Vorgaben ergeben können. Allerdings enthält das Gesetz selbst keine weitergehende Konkretisierung zur Organisation und zur Tätigkeit der Compliance-Funktion. Näheres ergibt sich nur aus der Gesetzesbegründung und auch dort nur ansatzweise. Jedoch betont die Begründung im Hinblick auf die Organisation der Compliance – wie im Versicherungsaufsichtsrecht – die **funktionale** Bedeutung und leitet daraus ab, dass gerade bei kleineren Unternehmen keine eigenständige Compliance-Organisationseinheit erforderlich ist.

---

[48] Zu den europarechtlichen und den nationalen Vorgaben *Kort*, AG 2013, 582.
[49] Richtlinie 2013/36/EU vom 26.6.2013, ABl. 2013 L 176/338.
[50] Verordnung (EU) Nr. 575/13 vom 26.6.2013, ABl. 2013 L 176/1.
[51] Gesetz zur Umsetzung der Richtlinie 2012/36/EU und zur Anpassung des Aufsichtsrechts an die Verordnung (EU) Nr. 575/13 vom 28.8.2013, BGBl. I 3395.
[52] EBA Guidelines on Internal Governance vom 27.9.2011.
[53] So die Regierungsbegründung vom 15.10.2012, BT-Drs. 17/10974, S. 85 zu Nummer 48.

b) Aufgaben

49 Aus der Gesetzesbegründung ergeben sich drei **Tätigkeitsgebiete** für die Compliance-Funktion;[54] sie soll danach
– die institutionalisierten Vorkehrungen zur Einhaltung der für das Institut wesentlichen rechtlichen Regelungen und Vorkehrungen bewerten,
– deren Qualität und Angemessenheit sichern und überwachen sowie
– die Geschäftsleiter bei der Ausgestaltung der unternehmensinternen Vorkehrungen unterstützen.

50 Eine ordnungsgemäße Organisation setzt zudem voraus, dass die Möglichkeit besteht, Gesetzesverstöße **intern** zu melden (§ 25 Abs. 1 S. 6 Nr. 3 KWG);[55] für solche Meldungen kann organisatorisch die Compliance-Funktion als Adressat vorgesehen werden.

5. Bewertung

51 Die Vorgaben für die Organisation und die Tätigkeit des Compliance Officers in den verschiedenen Finanzsektoren weisen eine Reihe von grundlegenden Übereinstimmungen auf. Daneben existieren zugleich wesentliche **Unterschiede** im Detail. So macht der Gesetzgeber im Wertpapier- und Versicherungssektor sehr eingehende Vorgaben, während er sich im Banken- und Investmentsektor eher auf eine rudimentäre Regulierung beschränkt. Das wirkt sich zum Beispiel auf den Compliance Officer aus, der in einem Unternehmen arbeitet, das sowohl die KWG-Compliance als auch die WpHG-Compliance gewährleisten muss. Hier empfiehlt es sich für den Compliance Officer genau auf die unterschiedlich strengen Vorgaben zu achten und nicht in der alltäglichen Praxis (versehentlich) den konkreteren und haftungsträchtigeren WpHG-Maßstab zugleich im Bereich der KWG-Compliance anzuwenden.[56]

52 Für die Organisation und Tätigkeit im Bereich der WpHG-Compliance sind insbesondere die **Berichtspflicht** des Compliance Officers (auch) an den Aufsichtsrat und seine Befugnis zu internen **Maßnahmen** beachtlich. Für den Wertpapiersektor und den Versicherungssektor werden sich in der Praxis die aufsichtsrechtlichen **Qualifikationsanforderungen** für den Compliance Officer, verbunden mit der Anzeigepflicht gegenüber der BaFin, auswirken; das Gleiche gilt für die sich anschließende behördliche **Tätigkeitskontrolle**, die zu personenbezogenen aufsichtsbehördlichen Maßnahmen gegenüber dem Compliance Officer führen kann.

53 Die aufsichtsrechtlichen Vorgaben fordern keine **Sanktionsbefugnisse** des Compliance Officers, wie sie das LG München I im Neubürger-Urteil zivilrechtlich angenommen hat.[57] Selbst die weitgehenden Interventionsmöglichkeiten für den Compliance Officer im Rahmen der WpHG-Compliance sind nur punktueller Natur und haben als Vetorechte nur temporären Charakter. **Weisungsbefugnisse** des Compliance Officers werden im Finanzsektor ebenfalls nicht gefordert; hier genügen das Eskalationsrecht und die damit verbundene Eskalationspflicht zur Geschäftsleitung.[58]

54 Neben den Vorgaben in den jeweiligen aufsichtsrechtlichen Basisgesetzen finden sich noch weitere Regelungen, die Stellung und Aufgabe des Compliance Officers betreffen.

---

[54] BT-Drs. 17/10974, S. 85 zu Nummer 48.
[55] Dazu *Renz/Rhode-Liebenau*, BB 2014, 692.
[56] So zutreffend *Mülbert/Wilhelm*, ZHR 2014 (178), 502 (529).
[57] LG München I ZIP 2014, 570 (574).
[58] *Mülbert/Wilhelm*, ZHR 2014 (178), 502 (522).

B. Rechtsumfeld der Unternehmen

So muss etwa die Compliance-Funktion im Bereich der **Vergütung** überwachen, dass unternehmensintern Compliance-Strukturen installiert sind, die eine Aufhebung oder Einschränkung der Risikoorientierung der aufsichtsrechtlichen Vergütungsvorgaben verhindern (§ 8 Abs. 2 S. 4 InstVergV). Außerdem darf die Wirksamkeit der Tätigkeit der Compliance-Funktion und des Compliance Officers nicht durch variable Vergütungsbestandteile beeinträchtigt werden.

III. Beaufsichtigung

1. Europäische Beaufsichtigung

Als Konsequenz aus der Finanzmarktkrise wurde auf europäischer Ebene zum 1. Januar 2011 im Verordnungsweg[59] mit dem Europäischen Finanzaufsichtssystem (ESFS)[60] eine neue Aufsichtsarchitektur geschaffen.[61] Dieses System besteht aus den nationalen Aufsichtsbehörden, dem Europäischen Ausschuss für Systemrisiken (ESRB)[62], den drei Europäischen Finanzaufsichtsbehörden sowie dem behördenübergreifenden Gemeinsamen Ausschuss der Europäischen Aufsichtsbehörden (Joint Committee). Bei den drei neuen Europäischen Aufsichtsbehörden (**ESA**) handelt es sich um
– die EBA[63] als Bankenaufsichtsbehörde
– die EIOPA[64] als Versicherungsaufsichtsbehörde
– die ESMA[65] als Wertpapier- und Marktaufsichtsbehörde.

55

Damit folgt der europäische Gesetzgeber im Gegensatz zur nationalen Allfinanzaufsicht durch die BaFin dem Ansatz einer separaten Aufsichtsstruktur, die mit drei getrennten Aufsichtsbehörden **sektorenspezifisch** konzipiert ist. Die drei neuen Aufsichtsbehörden hat der europäische Gesetzgeber insbesondere gestützt auf Art. 114 AEUV zur Harmonisierung des Binnenmarkts errichtet. Der EuGH hat dies für die Leerverkaufsverbote der ESMA im Anwendungsbereich der Leeverkaufsverordnung als zulässige Ermächtigungsgrundlage angesehen;[66] offen ist freilich weiterhin, ob Art. 114 AEUV auch in anderen Konstellationen als Basis weiterer ESA-Aktivitäten ausreicht.[67]

56

Neben dem ESFS wurde speziell im Bankensektor anschließend noch der Einheitliche Aufsichtsmechanismus (Single Supervisory Mechanism – **SSM**) installiert; diese Neure-

57

---

[59] Verordnung (EU) Nr. 1092/2010 des Europäischen Parlaments und des Rates vom 24.11.2010 über die Finanzaufsicht der Europäischen Union auf Makroebene und zur Errichtung eines Europäischen Ausschusses für Systemrisiken, ABl. 2001 L 331/1.

[60] European System of Financial Supervision.

[61] Dazu etwa *Baur/Bögl*, BKR 2011, 177; *Binder*, GPR 2011, 34; *Hopt*, NZG 2009, 1401; *Kämmerer*, NVwZ 2011, 1281; *Klinger*, RdW 2011, 582; *Lehmann/Manger-Nestler*, EuZW 2010, 87; *Möllers*, NZG 2010, 285; *Raschauer*, ZFR 2011, 198; *Schmitz-Lippert*, BaFinJournal 12/2010, S. 10; *Wymeersch*, ZGR 2011, 443.

[62] European Systemic Risk Board.

[63] European Banking Authority; zur EBA *Michel*, DÖV 2011, 728.

[64] European Insurance and Occupational Pensions Authority; zur EIOPA etwa *Gal*, ZVersWiss 2013, 325; *Keune*, ZVersWiss 2014, 7; *Ohler*, ZVersWiss 2012, 431; *Sasserath-Albertig/Hartig*, VersR 2012, 542.

[65] European Securities and Market Authority; zur ESMA etwa *Hoffmann/Detzen*, DB 2011, 1261; *Walla*, BKR 2012, 265; *Zülch/Hoffmann/Detzen*, EWS 2011, 167; *Veil*, ZGR 2014, 545 (557 ff.).

[66] EuGH VersR 2014, 441.

[67] *Manger-Nestler*, GPR 2014, 141 (142); *Weismann*, ZFR 2014, 123 (127).

gelung führt dazu, dass die Überwachung der Institute (Banken und Wertpapierfirmen) teilweise nicht mehr von den nationalen Aufsichtsbehörden, sondern von der **EZB** übernommen wird.[68] Diese Regulierung führt zu zahlreichen offenen Fragen. Kritisch ist etwa die ausreichende demokratische Legitimation der EZB in ihrem neuen Tätigkeitsfeld sowie dadurch ausgelöste Interessenkonflikte.[69] Problematisch ist ferner die konkrete Aufgabenverteilung zwischen EZB und EBA[70] sowie zwischen EZB und BaFin[71] und nicht zuletzt der Rechtsschutz der Unternehmen.

a) Aufgaben und Befugnisse der ESA

58 Die konkreten Rechtsgrundlagen für die Tätigkeit der drei ESA normieren drei getrennte europäische Verordnungen, die EBA-VO[72], die EIOPA-VO[73] und die ESMA-VO[74]. Diese drei ESA-Verordnungen weisen einen vergleichbaren Aufbau und einen im Wesentlichen identischen Inhalt auf; allerdings gibt es in einzelnen Regelungen signifikante Unterschiede zwischen den sektorenbezogenen ESA-Verordnungen.

59 Die Abgrenzung der Aktivitäten der ESA zu denen der nationalen Aufsichtsbehörden folgt dem Prinzip der Sachnähe. Die nationalen Aufseher überwachen die Unternehmen im **Tagesgeschäft** auf der Basis des nationalen Verwaltungverfahrensrechts. Die ESA befassen sich dagegen mit übergreifenden Grundsatzthemen sowie mit der **Überwachung** und Koordination der nationalen Aufseher, um eine kohärente Aufsichtspraxis zu gewährleisten.

60 In definierten Ausnahmefällen (Verletzung europäischen Rechts, Krisenfall, Streitschlichtung) können die ESA aber auch **direkt** gegenüber den nationalen Unternehmen agieren und rechtlich verbindliche Aktivitäten entfalten. Ein normiertes europäisches Verwaltungsverfahrensrecht, das die einzelnen Aktivitäten der ESA und den Rechtsschutz der Unternehmen im Detail regeln würde,[75] existiert bislang nicht.

b) Compliance-Leitlinien

61 Die drei ESA haben in ganz **unterschiedlicher Intensität** aufsichtsbehördliche Leitlinien zur Compliance in den jeweiligen Sektoren veröffentlicht. Die ESMA hat eine

---

[68] Instruktiver Überblick im Monatsbericht der Deutschen Bundesbank, Oktober 2014, S. 45; dazu weiter *Ceyssens*, NJW 2013, 3704; *Dinov*, EuR 2012, 593; *Hartig*, EuZW 2012, 775; *Herdegen*, WM 2012, 1889; *Ladler*, GPR 2013, 328; *Lehmann/Manger-Nestler*, ZBB 2014, 2; *Manger-Nestler/Böttner*, EuR 2014, 621; *Rutig*, ZHR 2014, 442; *Sacarcelik*, BKR 2013, 353; *Schneider*, EuZW-Beilage 1/2014, 3.
[69] Dazu Deutsche Bundesbank, Monatsbericht Oktober 2014, S. 45, 49 f.
[70] Dazu *Gurlit*, EuZW-Beilage 1/2014, 14.
[71] Dazu *Neumann*, EuZW-Beilage 1/2014, 9.
[72] Verordnung (EU) Nr. 1093/2010 des Europäischen Parlaments und des Rates vom 24.11.2010 zur Errichtung einer Europäischen Aufsichtsbehörde (Europäische Bankenaufsichtsbehörde), zur Änderung des Beschlusses Nr. 716/2009/EG und zur Aufhebung des Beschlusses 2009/79/EG der Kommission, ABl. 2010 L 331/12.
[73] Verordnung (EU) Nr. 1094/2010 des Europäischen Parlaments und des Rates vom 24.11.2010 zur Errichtung einer Europäischen Aufsichtsbehörde (Europäische Aufsichtsbehörde für das Versicherungswesen und die betriebliche Altersversorgung), zur Änderung des Beschlusses Nr. 716/2009/EG und zur Aufhebung des Beschlusses 2009/79/EG der Kommission, ABl. 2010 L 331/48.
[74] Verordnung (EU) Nr. 1095/2010 des Europäischen Parlaments und des Rates vom 24.11.2010 zur Errichtung einer Europäischen Aufsichtsbehörde (Europäische Wertpapier- und Marktaufsichtsbehörde), zur Änderung des Beschlusses Nr. 716/2009/EG und zur Aufhebung des Beschlusses 2009/79/EG der Kommission, ABl. 2010 L 331/84.
[75] Zum Rechtsschutz am Beispiel der EIOPA *Gal*, in: Dreher/Wandt, 2014, S. 11.

umfangreiche und detaillierte Leitlinie speziell zur Compliance publiziert.[76] Die EBA hat dagegen keine separate Leitlinie herausgegeben, sondern den Aspekt der Compliance lediglich im Rahmen ihrer Governance-Leitlinie[77] behandelt. Wiederum abweichend hat die EIOPA im Kontext ihres Entwurfs der (Vorbereitungs-) Leitlinien[78] für den Versicherungssektor kommuniziert, dass neben der existierenden Regulierung auf Level 1 und Level 2 keine weitergehenden Inhalte speziell für die Compliance vorgesehen sind.[79]

2. Nationale Beaufsichtigung

Die sektorenspezifisch zum Teil wesentlichen Unterschiede der Regulierung im Hinblick auf die Compliance und die Compliance-Funktion führen in der Praxis zu Problemen, wenn das Aufsichtsrecht – wie im Banken- und Versicherungssektor – in **Konzernen** eine einheitliche Unternehmensorganisation fordert.[80] Besonders schwierig ist die aufsichtsrechtskonforme Organisation in **Finanzkonglomeraten**, bei denen die teilweise heterogene Regulierung mehrerer Sektoren aufeinandertrifft. 62

Zu diesen sektorenspezifischen Unterschieden zählt auch die Aufsichtspraxis der BaFin, die sich in ihren **Mindestanforderungen** manifestiert. Derartige Mindestanforderungen (Ma) entfalten allerdings weder für die Gerichte noch für die beaufsichtigten natürlichen und juristischen Personen eine externe rechtliche Bindungswirkung. Sie stellen lediglich behördliche **Norminterpretationen** dar, die nur die Behörde selbst binden können.[81]

Solche Mindestanforderungen bewirken jedoch eine Ermessensbindung der BaFin über den Gleichbehandlungsgrundsatz und den Vertrauensgrundsatz; daher bilden sie einen **safe harbour** bezogen auf mögliche aufsichtsbehördliche Sanktionen. Allerdings gilt hier einschränkend der verwaltungsrechtliche Grundsatz „keine Gleichbehandlung im Unrecht", dh eine rechtswidrige Interpretation der BaFin begründet kein schutzwürdiges Vertrauen der Aufsichtsobjekte. Die MaComp können zudem Verwaltungsgerichte nicht präjudizieren oder gar binden und stellen zudem keinen sicheren Hafen im Hinblick auf die gesellschaftsrechtliche und strafrechtliche Verantwortung dar. Mindestanforderungen der BaFin entfalten jedoch trotz ihrer rechtlichen Unverbindlichkeit rechtliche Wirkungen, denn sie sind in aufsichtsrechtlichen Zweifelsfragen Bestandteil des **Auslegungsprogramms** der Compliance Officer.[82] Die Einbeziehung unverbindlicher Behördenäußerungen ist auch deshalb geboten, weil die Rechtsprechung derartige Verlautbarungen neben Literaturmeinungen bei der Auslegung aufsichtsrechtlicher Begriffe ebenfalls berücksichtigt.[83] 63

---

[76] Leitlinien zu einigen Aspekten der MiFID-Anforderungen an die Compliance-Funktion vom 25.6.2012.
[77] EBA Guidelines on Internal Governance vom 27.9.2011.
[78] EIOPA Final Report on Public Consultation Nr. 17/008 vom 29.9.2013.
[79] *Bürkle*, in: Bürkle, § 2 Rn. 127 ff.
[80] Dazu *Dreher/Ballmaier*, in: Dreher/Wandt, 2013, S. 49; *Krauel/Klie*, WM 2010, 1735; *Mutter/Kruchen*, in: Bürkle, § 3; *Spindler*, WM 2008, 905; *Tröger*, ZHR 2013 (177), 475.
[81] VGH Kassel WM 2007, 392 (393); *Bürkle*, VersR 2009, 866 (868); *Eilert*, ZVersWiss 2012, 621 (625); *Langenbucher*, ZBB 2013, 16 (21); *Leyens/Schmidt*, AG 2013, 533 (535); *Spindler*, RW 2013, 296.
[82] *Armbrüster*, VersR 2009, 1293 (1298); *Bürkle*, VersR 2009, 866 (872); *Veil*, ZGR 2014, 544 (597).
[83] BGH NZG 2014, 189 (190).

§ 13. Der Compliance Officer in regulierten Finanzsektoren

64 Mindestanforderungen der BaFin, die sich auf die Compliance beziehen, finden sich aber nicht in allen Sektoren. Im Wertpapiersektor hat die BaFin **MaComp** veröffentlicht, die permanent aktualisiert werden.[84] Die aktuellen MaComp haben einen Umfang von 119 Seiten, so dass aus der gesetzlichen Regelung des WpHG eine behördliche Interpretation und Konkretisierung in einem vielfachen Umfang resultiert. Wie diese Praxis mit dem Ansatz der prinzipienbasierten Rechtssetzung und proportionalen Beaufsichtigung in Einklang zu bringen sein soll, bleibt unklar. Die MaComp führen zu einer gesteigerten Beeinflussung der Unternehmen durch die Praxis der Aufsichtsbehörden. Wie weit die faktische Wirkung der MaComp reicht, zeigt die Tatsache, dass sogar bereits ein Kommentar zu dieser aufsichtsbehördlichen Auslegung vorliegt.[85]

65 Im merklichen Gegensatz zum Wertpapiersektor existieren für den Bankensektor keine speziellen Compliance-Anforderungen der BaFin, sondern nur eine kurze Passage innerhalb der **MaRisk BA**[86], die auf knapp einer Seite die Compliance-Funktion abhandeln. Im Versicherungssektor gibt es **keine** aufsichtsbehördlichen Äußerungen zu Mindestanforderungen der BaFin, weder als separate MaComp noch als Bestandteil der MaRisk VA. Aufgrund der Vollharmonisierung durch das Projekt Solvency II wären solche Mindestanforderungen ab 2016 weder sinnvoll noch zulässig.[87]

> **Hinweis:** Ganz grundsätzlich sollten derartige Mindestanforderungen nicht unbesehen als Grundlage für die Compliance-Praxis übernommen werden. Im Hinblick auf die vorrangigen zwingenden rechtlichen Vorgaben und die Proportionalität, die auf das jeweilige Risikoprofil abstellt, erscheinen vielmehr Abweichungen von Behördenmeinungen geboten. Eine derartige **Abweichungskultur**,[88] wie sie auch in Ziffer 3.10 DCGK verankert ist, fördert gerade unter Compliance-Aspekten die intensive Beschäftigung mit den individuellen Gegebenheiten anstelle eines unkritischen und pauschalen Abhakens genereller aufsichtsbehördlicher Vorstellungen.[89] Damit wird zugleich der künftig prinzipienbasiertere Regulierungsansatz des europäischen Aufsichtsrechts berücksichtigt.

IV. Produkte

66 Die von den Unternehmen des Finanzsektors angebotene Dienstleistung beruht auf einem unsichtbaren Produkt, das der Kunde nicht mit Händen greifen kann. Er kann den Inhalt der Dienstleistung nur „begreifen", indem die Unternehmen die Einzelheiten des Produkts möglichst genau und verständlich beschreiben. Hinzu kommt eine indivi-

---

[84] Rundschreiben 4/2010: Mindestanforderungen an die Compliance-Funktion und die weiteren Verhaltens- Organisations- und Transparenzpflichten nach §§ 31 ff. WpHG für Wertpapierdienstleistungsunternehmen (MaComp), download der aktuellen Fassung unter www.bafin.de; zu den MaComp etwa *Birnbaum/Kütemeier*, WM 2011, 293; *Engelhart*, ZIP 2010, 1832; *Lösler*, WM 2010, 1917; *Kuthe/Zipperle*, CFL 2011, 337; *Niermann*, ZBB 2010, 400; *Schäfer*, BKR 2011, 87; *ders.*, BKR 2011, 45; *Zingel*, BKR 2010, 500.
[85] *Krimphove/Kruse*, MaComp, 2013.
[86] Rundschreiben 10/2012 (BA) vom 14.12.2012: Mindestanforderungen an das Risikomanagement – MaRisk; download der aktuellen Fassung unter www.bafin.de.
[87] *Dreher*, VersR 2013, 929 (932 f.).
[88] Dazu *Hartig*, BB 2012, 2959.
[89] *Bürkle*, VersR 2014, 529 (533).

B. Rechtsumfeld der Unternehmen

duelle Beratung der einzelnen Kunden, verbunden mit gesetzlichen und richterrechtlichen Anforderungen an den **Beratungsprozess** und an die **Qualifikation** der Berater bzw. der Vermittler.

1. Reguliertes Rechtsprodukt

Die virtuelle Dienstleistung der Unternehmen im Finanzsektor basiert auf einer Beschreibung der Eigenschaften des Produkts sowie der vereinbarten gegenseitigen Rechte und Pflichten der Vertragsparteien. Wesentlich und entscheidend für das Produkt ist aber letztlich die **vertragliche Vereinbarung** über Inhalt, Spezifika, Risiken und Chancen des Produkts sowie über die gegenseitigen Bindungen der Vertragspartner. Die grundlegenden Vorgaben hierfür finden sich zunächst in den einschlägigen Gesetzen und Verordnungen. 67

Hier weist die **Regulierungsdichte** in den einzelnen Finanzsektoren aber beträchtliche Unterschiede auf, die den Umfang der Compliance und die Tätigkeit des Compliance Officers beeinflussen; so gibt es im Versicherungssektor mit dem Versicherungsvertragsgesetz (VVG) und der Verordnung über die Informationspflichten bei Versicherungsverträgen (VVG-InfV) detaillierte Vorgaben zum Vertragsrecht, die etwa im Bankensektor fehlen. 68

Die endgültige **rechtsverbindliche** Konkretisierung des Produkts erfolgt dann in allen Finanzsektoren zudem erst durch die individuellen Vereinbarungen in den Vertragsdokumenten. Daher sind die virtuellen Produkte zugleich komplex und erklärungsbedürftig.[90] Es existiert des Weiteren eine umfangreiche Regulierung im Hinblick auf Produktinformationsblätter (PIB)[91] oder Prospektpflichten.[92] 69

2. Vertrauensprodukt

Der virtuelle Charakter der Finanzdienstleistung führt nicht nur zum Zwang einer rechtlichen Konkretisierung, sondern ebenso zum Erfordernis des **Kundenvertrauens** vor und während der Vertragsbeziehung. Denn auch nach Vertragsschluss bleibt das Produkt schwer verständlich. Dabei gehen die Kunden teilweise langjährige Bindungen ein und sichern zum Teil existenzbedrohende Risiken ab. Die unsichtbare Gegenleistung der Unternehmen besteht dagegen nur in dem **Versprechen**, in der Zukunft bei Vorliegen der vereinbarten Voraussetzungen eine bestimmte Leistung zu erbringen. 70

Der daher mit dem Vertragsabschluss untrennbar verbundene **Vertrauensvorschuss** der Kunden gründet sich auf ihre Erwartung, dass sich das Unternehmen vertrags- und gesetzeskonform verhalten wird. Einer solchermaßen **auf Rechtskonformität basierenden** Vertrauensbeziehung kommt außerdem ein besonderer Stellenwert zu, weil zwischen Vertragsabschluss und Leistung des Unternehmens relativ lange Zeiträume liegen können. So kann sich etwa im Versicherungssektor die Vertragsdauer über mehrere Jahrzehnte erstrecken, zB bei Versicherungsverträgen, die eine lebenslange Rentenzahlung garantieren. 71

---

[90] *Wandt*, FS Hübner, 2012, S. 341 (343).
[91] Dazu etwa *Herkströter/Kimmich*, WM 2014, 9; *Preuße/Seitz/Lesser*, BKR 2014, 79.
[92] Dazu etwa *Patz*, BKR 2014, 271.

3. Rechtsprechung

72 Die bereits umfangreichen gesetzlichen Anforderungen an Information, Aufklärung, Beratung und Dokumentation werden durch die Rechtsprechung ergänzt, die zum Teil über die gesetzlichen Anforderungen hinausgehende vertragsrechtliche (Neben-) Pflichten annimmt; dabei sind die Kriterien der Rechtsprechung, die **richterrechtliche** Informations-, Aufklärungs- und Beratungspflichten kreiert, nicht immer hinreichend klar, wie etwa die „Kick-Back-Rechtsprechung" des BGH[93] zeigt.

73 Hinzu kommt, dass die Frage umstritten ist, ob und inwieweit **aufsichtsrechtliche** Gebote und Verbote sich auf die vertragsrechtlichen Pflichten der beaufsichtigten Unternehmen auswirken. Das hat der 11. Senat des BGH kürzlich wegen des „im Bereich des – aufsichtsrechtlichen – Kapitalanlagerechts nahezu flächendeckend vom Gesetzgeber verwirklichten Transparenzgedankens hinsichtlich der Zuwendungen Dritter" angenommen.[94] Unbeantwortet bleibt freilich für die Praxis und den Compliance Officer die grundsätzliche Frage, wann ein derart nahezu flächendeckendes aufsichtsrechtliches Prinzip vorliegt, das die Rechtsstellung der Unternehmen aus dem schuldrechtlichen Vertrag beeinflusst und zusätzliche Pflichten auslöst.[95]

74 Häufig werden auch Produkten aus den einzelnen Sektoren in sachlichem **Zusammenhang** angeboten; das steigert die Komplexität und führt zu rechtlichen Herausforderungen. Beispiele sind etwa kreditfinanzierte Lebensversicherungen[96] oder die Absicherung von Krediten durch Lebensversicherungen[97]. Auch die Judikatur kann im Produktbereich zu unerwarteten Effekten führen; so hat der BGH eine richterliche Umqualifizierung von Lebensversicherungsverträgen in Anlageprodukte vorgenommen; das führt unter Umständen zu einer gesetzlich nicht vorgesehenen Zurechnung von Maklerverhalten zulasten des Versicherungsunternehmens[98] und zu Problemen im Hinblick auf das aufsichtsrechtliche Verbot „versicherungsfremder Geschäfte".

4. Produktüberwachung

75 Aufgrund der stark rechtlich geprägten „Produktion" sowie der eingeschränkten oder gänzlich ausgeschlossenen Möglichkeit des „Produktrückrufs" gewinnt die Einhaltung der insoweit relevanten Vorgaben und damit die **vertragsrechtliche Compliance** für die Unternehmen des Finanzsektors eine ungleich größere Bedeutung als in den meisten anderen Branchen. Die daraus resultierende Überwachung der angebotenen Produkte erfolgt extern und intern.

76 Elemente der externen Überwachung sind die Rechtsprechung und die Aufsichtsbehörden. Urteile der Gerichte betreffen regelmäßig eine Vielzahl von Fallgestaltungen mit entsprechender **Breitenwirkung** und erheblichen wirtschaftlichen sowie bilanziellen Folgen; daneben geht mit negativen Urteilen im Hinblick auf Produkte stets eine Beeinträchtigung der **Unternehmensreputation** einher. Ganz direkte und kurzfristige Auswirkungen

---

[93] Dazu etwa *Buck-Heeb*, WM 2014, 1601 (1602); *Lippe/Voigt*, BKR 2011, 151; *Nobbe*, BKR 2011, 302.
[94] BGH BKR 2014, 370 (373 Rn. 35); dazu *Balzer/Lang*, BKR 2014, 377; *Buck-Heeb*, WM 2014, 1601.
[95] *Balzer/Lang*, BKR 2014, 377 (379); *Heun-Rehn/Lang/Ruf*, NJW 2014, 2909 (2911 ff.).
[96] Dazu *Pielsticker*, BKR 2013, 368.
[97] Dazu *Göhrmann*, BKR 2014, 409.
[98] BGH VersR 2013, 1237 („Wealthmaster Noble"); dazu mit beachtlichen Argumenten kritisch *Werber*, VersR 2014, 412; *Oelkers/Wendt*, BKR 2014, 89.

auf die Geschäftstätigkeit können behördliche **Produktinterventionen** in Form von Warnungen oder Untersagungen entfalten.[99] Im Zusammenhang mit derartigen behördlichen Eingriffen stellt sich dann zugleich die Frage nach Amtshaftungsansprüchen,[100] die von der Compliance-Funktion thematisiert und geprüft werden können; das bietet eine weitere Gelegenheit, den Wertbeitrag der Compliance-Funktion zu verdeutlichen.

Im Hinblick auf die interne Überwachung liegt ein zentraler Beitrag der Compliance-Funktion im Hinblick auf die Prävention in der Einbindung in den **Produktentwicklungsprozess**. Gleichfalls wichtig sind die Aktivitäten im Bereich der **Produktüberwachung**, bei denen es gilt, produktrelevante rechtliche Entwicklungen auf Ebene der Gesetzgebung und der Rechtsprechung zu erkennen, zu analysieren und Vorschläge für notwendige Produktmodifikatioen zu machen. Die entsprechenden Aktivitäten der Compliance-Funktion setzen ein vertieftes **Verständnis** für die Konstruktion und Wirkungsweise der Produkte und für die jeweils eingesetzten Vertriebskanäle voraus. Die Aktivitäten der ESA im Bereich „product governance"[101] bestätigen die Bedeutung entsprechender Aktivitäten der Compliance-Funktion im Rahmen der unternehmensspezifischen Produkte.

C. Rechtsumfeld der Compliance Officer

I. Status des Compliance Officers

Auf Basis des nationalen Rechts wird die Frage thematisiert, ob der Compliance Officer einen **Unternehmensbeauftragten** iSd öffentlichen Rechts darstellt. Ein solcher Status hätte unter anderem Folgen für die Weisungsbefugnisse der Geschäftsleiter. Da die Compliance-Funktion im Finanzsektor jedoch auf europäischer Grundlage beruht, kommt es für die Frage des Status des Compliance Officers vorrangig auf das Unionsrecht an. Das europäische Aufsichtsrecht im Finanzsektor ordnet die Compliance-Funktion und den Compliance Officer eindeutig als Elemente der **internen** Governance der Unternehmen ein.

Der Compliance Officer agiert somit im **Unternehmensinteresse**; soweit seine Aktivitäten Dritte, zB Kunden betreffen, handelt es sich dabei um reine **Rechtsreflexe** aus der Tätigkeit für das Unternehmen, die zudem keine externe Verantwortung auslösen. Als integraler Bestandteil der internen Governance ist der Compliance Officer zudem kein Instrument und kein „verlängerter Arm" der BaFin, zumal er zur Aufsichtsbehörde keinen gesetzlich vorgeschriebenen funktionsbezogenen Außenkontakt hat.

Daher wird das Weisungsrecht der Geschäftsleiter gegenüber dem Compliance Officer durch dessen aufsichtsrechtliche Funktion nicht eingeschränkt. Die Geschäftsleiter tragen weiterhin die nicht delegationsfähige Letztverantwortung für das (aufsichts-)rechtskonforme Unternehmensverhalten. (Nur) an ihre **rechtmäßigen** Weisungen ist der Compliance Officer gebunden[102] – auch der Compliance Officer im Finanzsektor.

---

[99] Dazu *Cahn/Muschler*, BKR 2014, 45.
[100] Dazu *Tremmel/Luber*, NJW 2013, 262.
[101] Joint Position der ESA on Manufacturers Product Oversight and Governance Processes, JC-2013-77.
[102] *Bürkle*, in: Hauschka, Corporate Compliance, § 8 Rn. 33; *Kort*, FS Roth, 2011, S. 407 (408); *Lösler*, WM 2008, 1198 (1103); *Rönnau/Schneider*, ZIP 2010, 53 (57).

II. Qualifikation des Compliance Officers

81 Das Aufsichtsrecht sieht in einigen Sektoren **obligatorische** Qualifikationsanforderungen für den Compliance Officer vor. Ein Wertpapierdienstleistungsunternehmen darf einen Mitarbeiter nur dann zum Compliance-Beauftragten bestellen, wenn dieser über die für die Tätigkeit erforderliche **Sachkunde** und **Zuverlässigkeit** verfügt (§ 34d Abs. 3 WpHG). Das Unternehmen muss der BaFin den Mitarbeiter anzeigen, bevor der Mitarbeiter die Tätigkeit aufnimmt. Ändern sich die angezeigten Verhältnisse, ist die BaFin unverzüglich zu informieren.

82 In Versicherungsunternehmen müssen Personen, die Schlüsselaufgaben wahrnehmen, **zuverlässig** und fachlich **geeignet** sein (§ 24 Abs. 1 VAG); das betrifft auch den Compliance Officer. Er muss über aufgabenbezogene theoretische und praktische Kenntnisse in Versicherungsgeschäften verfügen; dabei haben Art, Umfang und Komplexität der Risiken, die mit dem Geschäftsbetrieb des Unternehmens verbunden sind, Einfluss auf die erforderliche fachliche Eignung. Hier besteht ebenfalls eine Anzeigepflicht des Versicherungsunternehmens gegenüber der BaFin bezüglich der Person des Compliance Officers.

83 Die Frage der Qualifikation beschränkt sich allerdings nicht auf die Aufnahme der Tätigkeit als Compliance Officer. Das bringt im Versicherungsaufsichtsrecht die Solvabilität II-Richtlinie in Art. 42 mit dem Begriff „jederzeit" klar zum Ausdruck. Daraus folgt, dass den Compliance Officer eine **Fortbildungspflicht** trifft, bei der ihn das Unternehmen, das ihn bestellt hat, unterstützen muss.

> **Hinweis:** Es empfiehlt sich, die einzelnen Fortbildungsmaßnahmen aussagekräftig zu dokumentieren, damit der Compliance Officer nachweisen kann, wie er seine Fortbildungspflicht erfüllt hat.

III. Aufsichtsbehördliche Eingriffe

84 Die aufsichtsbehördlichen Eingriffsbefugnisse gegenüber dem Compliance Officer sind in den einzelnen Finanzsektoren unterschiedlich normiert und knüpfen im Wesentlichen an die aufsichtsrechtlichen Qualifikationsanforderungen und Aufgaben der Compliance-Funktion im Allgemeinen und des Compliance Officers im Besonderen an. So bietet das WpHG der BaFin Ermächtigungsgrundlagen für **personenbezogene** Eingriffe in Form von Verwarnung, Abberufungsverlangen und Tätigkeitsverbot, als deren Adressat auch der Compliance Officer in Betracht kommt;[103] das VAG wird dieselben Sanktionsmöglichkeiten ebenfalls direkt gegenüber dem Compliance Officer eröffnen.

1. Bestellungsverweigerung

85 Die obligatorische Anzeige des vorgesehenen Compliance Officers bei der BaFin löst dort einen Prüfprozess aus. Wenn die Aufsichtsbehörde die Bestellung als Compliance Officer untersagt, kann der Betroffene Widerspruch einlegen und bei dessen Erfolglosigkeit anschließend **Verpflichtungsklage** erheben. In Betracht kommt zudem ein Schadens-

---

[103] Dazu etwa *Cetin*, BKR 2014, 236; *Forst*, ZBB 2013, 163; *Däubler*, AuR 2012, 380; *Halbleib*, WM 2011, 673; *Rößler/Yoo*, BKR 2011, 377.

ersatzanspruch, da die **Amtshaftung** gegenüber direkt von Verfügungen betroffenen Personen durch den gesetzlichen Amtshaftungsausschluss (§ 4 Abs. 4 FinDAG) nicht eingeschränkt wird.[104]

2. Auskunftsverlangen

Die Aufsichtsbehörde ist befugt, von den Beschäftigten der überwachten Unternehmen **Auskünfte** über alle Geschäftsangelegenheiten sowie **Vorlage** oder Übersendung von Geschäftsunterlagen zu verlangen (§ 44 Abs. 1 S. 1 KWG, § 305 Abs. 1 Nr. 1 VAG-E).[105] Dieses Auskunfts- und Einsichtsrecht ist für den Compliance Officer nicht nur kritisch, wenn es um sein eigenes Verhalten geht, sondern auch, wenn das Verhalten der Geschäftsleiter im Anschluss an eine Beratung oder Empfehlung des Compliance Officers betroffen ist. In diesen Fällen tut der Compliance Officer gut daran, das behördliche Verlangen vor dessen Erfüllung genau zu prüfen und die in den genannten Normen jeweils eingeräumten **Auskunftsverweigerungsrechte** im Hinblick auf seine potenzielle strafrechtliche Garantenstellung im Blick zu behalten.

86

3. Verwarnung

Gegenstand der Verwarnung durch die BaFin ist die Feststellung des entscheidungsrelevanten Sachverhalts und des hierdurch begründeten Verstoßes (§ 303 Abs. 1 S. 2 VAG); sie ist damit ein belastender **Verwaltungsakt**.[106] Die Verwarnung des Compliance Officers ist sowohl im WpHG als auch im VAG vorgesehen; allerdings gelten hier jeweils unterschiedliche Voraussetzungen für diesen behördlichen Eingriff.

87

Im Wertpapiersektor werden Tatsachen vorausgesetzt, aus denen sich ergibt, dass der **Compliance Officer** gegen bestimmten Bestimmungen des WpHG verstoßen hat, deren Einhaltung er bei der Durchführung seiner Tätigkeit beachten muss (§ 34d Abs. 4 S. 1 Nr. 2a) WpHG). Das VAG sieht die Möglichkeit zur Verwarnung dagegen dann vor, wenn das **Versicherungsunternehmen** gegen aufsichtsrechtliche Bestimmungen, gegen das Versicherungsvertragsgesetz, das Geldwäschegesetz, europarechtliche Vorgaben oder gegen Anordnungen der Aufsichtsbehörde verstößt (§ 303 Abs. 1 S. 1 VAG).

88

Während also das WpHG die aufsichtsbehördliche Verwarnung an dem persönlichen Rechtsverstoß des Compliance Officers festmacht, kann nach dem VAG allein der Rechtsverstoß des Versicherungsunternehmens die Verwarnung des Compliance Officers rechtfertigen. Die Regelung im VAG verkennt allerdings, dass die **Letztverantwortung** für die Aufsichtsrechtskonformität des Unternehmensverhaltens die Geschäftsleiter trifft und der Compliance Officer gar nicht über rechtlich fundierte Möglichkeiten verfügt, diese Rechtskonformität zuverlässig zu gewährleisten.

89

Da die Verwarnung die (obligatorische) **Vorstufe** zu weitergehenden massiven Sanktionen wie Abberufungsverlangen und Tätigkeitsverbot darstellt, sollte der Compliance Officer diesen Eingriff sehr kritisch prüfen und im Zweifel nicht akzeptieren. **Abwehrmöglichkeiten** bieten die der Verwarnung vorgeschaltete Anhörung sowie Widerspruch und Anfechtungsklage nach Erlass der Verwarnung. Den vorläufigen Rechtsschutz sollte der Compliance Officer ebenfalls im Blick behalten, da das gerügte (vermeintlich) rechtswidrige Verhalten kurz nach der Verwarnung erneut vorliegen kann.

90

---

[104] BVerwG AG 2012, 253 (254 Rn. 16); BT-Drs. 12/7918, 100.
[105] Zu Einzelheiten des Anspruchs *Zietsch/Weigand*, WM 2013, 1785.
[106] BT-Drs. 18/2956, 91.

4. Abberufungsverlangen

91   Ein behördliches Abberufungsverlangen ermöglicht § 34d Abs. 4 S. 1 WpHG im Wertpapiersektor und § 303 Abs. 2 VAG im Versicherungssektor. Mit diesem an den Vorstand des Unternehmens gerichteten Verwaltungsakt verlangt die Aufsichtsbehörde, den Compliance Officer aus seiner Funktion zu **entfernen**. Dieser Verwaltungsakt entfaltet zugleich Drittwirkung und bietet somit Rechtsschutzmöglichkeiten für den Compliance Officer.

92   Diese Eingriffsmöglichkeit besteht für die nationale Aufsichtsbehörde im Wertpapiersektor wenn Tatsachen vorliegen, aus denen sich ergibt, dass der Compliance Officer die geforderten **Qualifikationsvoraussetzungen** nicht mehr erfüllt (§ 34d Abs. 4 S. 1 Nr. 1 WpHG) oder dass er gegen Bestimmungen im WpHG **verstoßen** hat, die er bei seiner Tätigkeit beachten muss (§ 34d Abs. 4 S. 1 Nr. 2 WpHG). Im Versicherungssektor ermöglicht § 303 Abs. Nr. 1 VAG für die Aufsichtsbehörde die Möglichkeit, die Abberufung des Compliance Officers zu verlangen, wenn Tatsachen vorliegen, aus denen sich ergibt, dass die Person die aufsichtsgesetzlichen **Qualifikationsanforderungen** nicht mehr erfüllt.

93   In diesem Fall kommt für den Compliance Officer Rechtsschutz in zwei Varianten in Betracht:
1. Er kann gegen die innerbetriebliche Umsetzung des Abberufungsverlangens gegen das Unternehmen **arbeitsrechtlich** vorgehen.
2. Er kann aufgrund des drittbelastenden Charakters des behördlichen Abberufungsverlangens **verwaltungsrechtlich** aktiv werden, also Widerspruch einlegen und Anfechtungsklage, verbunden mit einem Antrag auf einstweiligen Rechtsschutz, erheben.

Welcher der beiden Wege erfolgversprechender ist, hängt stark von der **individuellen** faktischen und rechtlichen Position des Compliance Officers ab; so wird bei einem leitenden Angestellten ein Kündigungsschutzprozess, der nur einen Abfindungsschutz gewährleistet, im Regelfall nicht das Mittel der Wahl sein. Es mag andererseits auch Fälle geben, in denen es vorteilhaft sein kann, parallel arbeitsrechtlichen und verwaltungsrechtlichen Rechtsschutz anzustreben.

5. Tätigkeitsverbot

94   Neben dem Abberufungsverlangen stellt das aufsichtsbehördliche Tätigkeitsverbot im Wertpapier- und Versicherungssektor die zweite massive Sanktion dar, die in das Grundrecht der Berufsfreiheit des Compliance Officers eingreift und aufgrund seiner Ausstrahlungswirkung einem faktischen **Berufsverbot** nahekommt. Die Reaktionsmöglichkeiten des Compliance Officers ensprechen denen im Fall des Abberufungsverlangens.

95   Diesen Eingriff ermöglicht § 34d Abs. 4 S. 1 Nr. 2 b) WpHG, wenn Tatsachen vorliegen, aus denen sich ergibt, dass der Compliance Officer gegen Bestimmungen im WpHG **verstoßen** hat, deren Einhaltung er bei der Durchführung seiner Tätigkeit beachten muss. In diesem Fall kann die BaFin dem Wertpapierdienstleistungsunternehmen für eine Dauer von **bis zu zwei Jahren** untersagen, den Mitarbeiter als Compliance Officer einzusetzen. Im Versicherungssektor ermöglicht § 303 Abs. 2 VAG der Aufsichtsbehörde dem Compliance Officer die Ausübung seiner Tätigkeit zu untersagen, wenn Tatsachen vorliegen, aus denen sich ergibt, dass er die gesetzlichen **Qualifikationsvoraussetzungen** nicht (mehr) erfüllt. Eine zeitliche Begrenzung des Tätigkeitsverbots ist hier jedoch gesetzlich nicht vorgesehen; dagegen bestehen erhebliche verfassungsrechtliche Bedenken.

IV. Prävention

Die beachtlichen Gefahren für den Compliance Officer zwingen ihn zu präventiven Maßnahmen in eigener Sache. Neben einer adäquaten Ausgestaltung des Arbeitsvertrags[107] kommen speziell folgende Maßnahmen in Betracht: 96

Zunächst geht es um Prävention durch **Dokumentation**. Auch wenn das im Unternehmensalltag oft schwierig und lästig ist, stellt die Dokumentation der Aktivitäten des Compliance Officers in wesentlichen Situationen die eigentlich zentrale Schutzmaßnahme dar. Eine aussagekräftige und betriebssichere Dokumentation schützt vor zivil- und strafrechtlicher Haftung sowie vor arbeitsrechtlichen und behördlichen Maßnahmen. 97

Der Compliance Officer sollte zudem über einen Pool von qualifizierten **Rechtsanwälten** verfügen, die er je nach Fachgebiet mandatieren kann; eine Vorauswahl ist neben dem Aspekt des Zeitdrucks auch deshalb notwendig, weil Interessenkollisionen des Rechtsberaters im Hinblick auf eine eventuelle Tätigkeit für den Arbeitgeber des Compliance Officers bestehen können. 98

Sinnvoll ist es auch, das persönliche Umfeld über das richtige Verhalten bei Durchsuchungen der Privaträume des Compliance Officers durch Ermittlungsbehörden zu informieren, insbesondere bezüglich der Herausgabe von Gegenständen und der Beantwortung von Fragen. Wer in Extremszenarien denkt, kann nahestehende Personen zudem auf eine **Verhaftung** des Compliance Officers mit anschließender Untersuchungshaft vorbereiten. 99

Ein weiteres wesentliches Element der persönlichen Vorsorge- und Risikostrategie ist auch der Abschluss einer für den Compliance Officer geeigneten **Versicherung**.[108] Da hierbei sehr genau auf den jeweiligen Deckungsumfang, auf Ausschlüsse und weitere vertragliche Besonderheiten zu achten ist, lohnt sich die Beratung durch entsprechend qualifizierte Experten vor Abschluss der Versicherungsverträge, damit im Ernstfall adäquater Schutz besteht, der vor allem auch eine Abwehrdeckung umfassen sollte, nicht zuletzt im Hinblick auf aufsichtsbehördliche Maßnahmen gegen den Compliance Officer. 100

D. Trends

Der Megatrend in allen Finanzsektoren betrifft die **Ausweitung des Verbraucherschutzes**. Der Referentenentwurf zum Kleinanlegerschutzgesetz sieht vor, den kollektiven Verbraucherschutz als Aufgabe der BaFin explizit in § 4 Abs. 1a FinDAG zu verankern.[109] Der RefE sieht im VermAnlG Änderungen der Produktvorgaben, der Produktinformation und intensivierte Kontrollen durch die BaFin vor. Im WpHG sollen nach dem RefE Produktinterventionen der BaFin ermöglicht und Anforderungen an die „product governance" normiert werden. Weiter Aktivitäten in diesem Bereich werden auf der Basis des Koalitionsvertrages anlaufen, etwa die Installation eines Finanzmarktwächters. 101

---

[107] Dazu *Fecker/Kinzl*, CCZ 2010, 13 (19 f.).
[108] Dazu ausführlich → § 8.
[109] Dazu *Jesch/Siemko*, BB 2014, 2570.

§ 13. Der Compliance Officer in regulierten Finanzsektoren

102 Ein weiterer wesentlicher Trend betrifft die strafrechtliche Sanktionierung. Hier werden auf nationaler Ebene aufsichtsrechtliche Straftatbestände geschaffen, wie etwa § 54a KWG und § 142 VAG durch das sog Trennbankengesetz.[110] Hinzu kommen auf der Basis von Art. 83 Abs. 2 AEUV[111] Verwaltungs- und Strafrechtssanktionen auf europäischer Ebene.[112] Die zunehmende Kriminalisierung des Managements wirkt sich wegen der vom 5. Strafsenat des BGH angenommenen Garantenstellung[113] auch auf die Compliance Officer aus.[114] Der Fall des Leiters einer Rechtsabteilung, der im Rahmen „klassischer" Compliance-Aktivitäten mögliche Verstöße intern aufklären wollte und sich deswegen mit Verdächtigungen und Durchsuchungen konfrontiert sah, zeigt hier plastisch, dass Ermittler und Gerichte rechtsstaatliche Grenzen nicht immer beachten; erst das BVerfG hat wegen eindeutiger Grundrechtsverstöße die Illegalität der gerichtlich abgesegneten Durchsuchung der Privatwohnung des Unternehmensjuristen festgestellt.[115] Die Lage der Compliance Officer im Finanzsektor wird zudem dadurch problematischer, dass das zunehmend prinzipienbasierte Aufsichtsrecht mit strafrechtlichen Grundwertungen, wie etwa dem Bestimmtheitsgebot, nicht immer in Einklang steht.[116] Eine vertiefte Beschäftigung mit den spezifischen strafrechtlichen Vorgaben im Finanzsektor, die tendenziell zunehmen werden,[117] ist daher für die Compliance Officer auch im eigenen Interesse wichtig.

103 Last but not least wird sich die **Regulierung** auf europäischer Ebene weiter fortsetzen und intensivieren. Die Hoffnung, dass sich die Qualität der Rechtssetzung steigern und sich der Umfang der Vorgaben reduzieren wird, stirbt zwar zuletzt, aber solange die Devise „viel hilft viel" gilt, erscheint die Chance auf Qualitätsverbesserungen und Komplexitätsreduzierung gering.[118] Die Aktivitäten der **ESA** auf zum Teil fragwürdiger europarechtlicher Grundlage werden weiter zunehmen und sich auf die Praxis spürbar auswirken, zumal wenn die **BaFin** sie ihrer Verwaltungspraxis zugrunde legt. Es wird eine wichtige Aufgabe für die Compliance-Funktion sein, die wirklich zwingenden rechtlichen Vorgaben zu identifizieren und diese im Hinblick auf das unternehmensindividuelle Risikoprofil zu implementieren. Dabei müssen überzogene Anforderungen des Regulators und der Aufseher wirklich kritisch betrachtet werden, um das Überleben im „Regulierungstsunami"[119] zu sichern.

---

[110] Dazu *Ahlbrecht*, BKR 2014, 98; *Brand*, ZVglRWiss 2014, 142; *Chicy/Cziupka/Wiersch*, NZG 2013, 846; *Goeckenjan*, wistra 2014, 201; *Schork/Reichling*, CCZ 2013, 209; *Schröder*, WM 2014, 10.
[111] Zur damit verbundenen Europäisierung des Strafrechts *Schröder*, HRRS 2013, 253.
[112] Dazu am Beispiel des Kapitalmarktrechts *Krause*, CCZ 2014, 248; *Seibt/Wollenschläger*, AG 2014, 593; *Veil*, ZBB 2014, 1657; *von Buttlar*, BB 2014, 451.
[113] BGH NJW 2009, 3173 (3175 Rn. 27); dazu etwa *Fecker/Kinzl*, CCZ 2010, 13; *Rönnau/Schneider*, ZIP 2010, 53.
[114] Zu den Grenzen dieser Garantenstellung *Bürkle*, CCZ 2010, 4.
[115] BVerfG NJW 2014, 1650.
[116] Zu diesem Spannungsverhältnis *Kasiske*, ZIS 2013, 257.
[117] Exemplarisch zum geplanten Gesetz von Steuerstraftaten im Bankbereich *Eufinger*, CCZ 2014, 237.
[118] Exemplarisch zu den Defiziten und Problemen *Jung*, GPR 2014, 241.
[119] So plastisch *Mülbert*, ZHR 176 (2012), 369.

§ 14. Versicherungsschutz für Compliance Officer

Dr. Rebecca Julia Koch

Übersicht

	Rn.
A. Private und vom Unternehmen platzierte Policen	1
I. Privater Versicherungsschutz	4
1. Vermögensschadenhaftpflichtversicherung für den „Syndikusanwalt"	4
2. Privater Rechtsschutzversicherungsschutz	8
a) Anwendungsbereich der privaten Arbeits-/Berufsrechtsschutzversicherung	9
aa) Immaterielle Rechte	13
bb) Kartell- und Wettbewerbsrecht	14
cc) Kapitalanlagen	15
dd) Vergabe von Darlehen/Spiel- oder Wettverträgen	16
b) Anwendungsbereich der Anstellungsvertrags-Rechtsschutzversicherung	19
c) Anwendungsbereich der privaten Vermögensschadenrechtsschutzversicherung	23
d) Anwendungsbereich der privaten Strafrechtsschutzversicherung	25
3. Haftpflichtversicherung	28
4. Vermögensschadenhaftpflicht-Policen für Compliance-Funktionen	30
II. Betrieblicher Versicherungsschutz	35
1. Betriebshaftpflichtversicherung	36
a) Personenschäden/Sachschäden	39
b) Reine Vermögensschäden	41
aa) Mitversicherung von Vermögensschäden in Ziffer 6.12 AVB BHV	44
bb) Verletzung von Datenschutzgesetzen, Ziffer 6.12.3 AVB BHV	46
cc) Schäden im Zusammenhang mit der Übertragung elektronischer Daten, Ziffer 6.13 AVB BHV	50
2. D&O-Versicherung	52
a) Kreis der versicherten Personen	53
b) Versicherung für fremde Rechnung	56
aa) D&O-Verschaffungsklauseln im Anstellungsvertrag	57
bb) Nichtigkeit des D&O-Versicherungsvertrags nach § 142 BGB	59
c) Versicherungssumme	63
aa) Regulierungspriorität	65
bb) Kostenanrechnung	66
d) Ausschlüsse	70
aa) Vorsatz und wissentliche Pflichtverletzung	71
bb) Umweltausschluss	75
cc) Ausschluss für Vertragsstrafen, Kautionen, Bußgelder ua	77
dd) Dienstleistungsausschluss	81
e) Subsidiarität/Anderweitiger Versicherungsschutz	85
aa) Zeitlich nacheinander abgeschlossene Verträge	86
bb) Versicherung gleichartiger Risiken durch unterschiedliche Personen	87
3. Strafrechtsschutzversicherung	92

§ 14. Versicherungsschutz für Compliance Officer

Rn.
  a) Versicherungsumfang 96
  b) Widerspruchsrecht der Versicherungsnehmerin 101
 4. Cyber-Policen 102
B. Zusammenfassung 109

Literatur: *Armbrüster*, Verteilung nicht ausreichender Versicherungssummen in D&O-Innenhaftungsfällen, VersR 2014, 1 ff.; *van Bühren*, Handbuch Versicherungsrecht, 5. Aufl. 2012; *ders./Plote*, ARB, Kommentar, 3. Aufl. 2013; *Dahnz*, Strafrecht und Strafrechtsschutzversicherung, VP 2010, 45 ff.; *Favoccia/Richter*, Rechte, Pflichten und Haftung des Compliance-Officers aus zivilrechtlicher Sicht, AG 2010, 137 ff.; *Franz*, Der gesetzliche Selbstbehalt in der D&O-Versicherung nach dem VorstAG – Wie weit geht das Einschussloch in der Schutzweste der Manager?, DB 2009, 2764 ff.; *Gädtke*, Schutz gutgläubiger Organmitglieder bei Anfechtung des Versicherers, r+s 2013, 313 ff.; *Gola/Schomerus*, BDSG, Kommentar, 12. Aufl. 2015; *Grützner/Behr*, Die Haftung von Compliance-Officer, Vorstand und Aufsichtsrat bei Rechtsverstößen von Mitarbeitern, DB 2013, 561 ff.; *Hendricks*, Vermögensschadenrechtsschutz gegen D&O – Ein Wettbewerb in nicht vorhandenem Markt, VW 1994, 1548 ff.; *Ihlas*, Directors & Officers Liability, 2. Aufl. 2009; *Kammerer-Galahn*, Compliance – Herausforderung für Unternehmensleiter und deren Rechtsberater, AnwBl 2009, 77 ff.; *Koch*, Die Rechtsstellung der Gesellschaft und des Organmitglieds in der D&O-Versicherung (I), GmbHR 2004, 18 ff.; *ders.*, Die Rechtsstellung der Gesellschaft und des Organmitglieds in der D&O-Versicherung (II) – Rechtsstellung des Organmitglieds gegenüber der Gesellschaft, GmbHR 2004, 160 ff.; *Langheid*, Das Wissen der Manager ist ihrem Unternehmen zuzurechnen, VW 2012, 1768 ff.; *ders./Wandt*, Münchener Kommentar Versicherungsrecht, 2011; *Looschelders/Pohlmann*, Kommentar zum VVG, 2. Aufl. 2011; *Mayer*, Kein wirksamer Ausschluss des Anfechtungsrechts wegen arglistiger Täuschung in der D&O-Versicherung, VP 2012, 12 ff.; *Münster*, Riskanter Job, Unternehmensjurist 2011, 32 f.; *Olbrich*, Die D&O-Versicherung, 2. Aufl. 2007; *Prölss/Martin*, Versicherungsvertragsgesetz, Kommentar, 29. Aufl. 2015; *Rieble*, Zivilrechtliche Haftung der Compliance-Agenten, CCZ 2010, 1. f.; *Schaffland/Wiltfang*, Loseblattkommentar Bundesdatenschutzgesetz, Stand 2013; *Schiel*, Des Pudels Kern: Was die D&O-Versicherung wirklich leisten kann, Der Aufsichtsrat 2013, 58 ff.; *Schilling*, D&O-Versicherung und Managerhaftung für Unternehmensleiter und Aufsichtsräte, 2. Aufl. 2007; *Schulze Schwienhorst/Koch*, Die Versicherung der obligatorischen Selbstbeteiligung, VW 2010, 424 f.; *Seitz*, Vorsatzausschluss in der D&O-Versicherung – endlich Licht im Dunkeln!, VersR 2007, 1476 ff.; *Simitis*, Bundesdatenschutzgesetz, Kommentar, 8. Aufl. 2014; *Steinkühler/Wilhelm*, Gesellschaftsrechtliche und arbeitsrechtliche Problembeziehungen zur D&O-Versicherung – (Teil II), VP 2005, 142 ff.; *Stockmeier*, Die Haftpflichtversicherung des Internet-Nutzers, 2005; *Terno*, Wirksamkeit von Kostenanrechnungsklauseln, r+s 2013, 577 ff.; *Thomas*, Die Haftungsfreistellung von Organmitgliedern, 2010; *Vorrath*, „Wissentliche Pflichtverletzung" in den D&O-Versicherungsbedingungen, VW 2006, 151 ff.; *Wilhelm/Becker*, Unwirksamkeit der Anrechnung von Abwehrkosten auf die Versicherungssumme in D&O-Versicherungsverträgen?, VP 2013, 27 ff.

A. Private und vom Unternehmen platzierte Policen

1   Die Risiken aus der Tätigkeit des Compliance Officers können in unterschiedliche Versicherungsverträge übertragen werden. Einerseits sind die typischen Versicherungen des Unternehmens zu beachten. In diesen Versicherungsverträgen können neben Haftungsrisiken des Unternehmens auch persönliche Haftungsrisiken des Compliance Officers abgesichert sein. Andererseits sollen nachfolgend auch die privaten Policen des Compliance Officers zur Absicherung seiner beruflichen Tätigkeit vorgestellt werden.

2   Die Risiken aus der Tätigkeit des Compliance Officers ergeben sich im Wesentlichen aus Schadensersatzforderungen und Kosten für die Wahrnehmung eigener rechtlicher Interessen. Das Risiko, Schuldner eines Schadensersatzanspruchs zu sein, kann existen-

A. Private und vom Unternehmen platzierte Policen

ziell sein. Es können nicht nur zivilrechtliche Schadensersatzforderungen vom eigenen Dienstherrn erhoben werden, sondern auch Schadensersatzforderungen Dritter gegenüber dem Compliance Officer entstehen.

Kostenrisiken sind denkbar aus der strafrechtlichen Verteidigung bei Ermittlungsverfahren (Rechtsanwaltskosten, Gutachterkosten, Gerichtskosten etc)[1] oder aus der Wahrnehmung von rechtlichen Interessen in Verwaltungsverfahren, beispielsweise bei einem Streit über die fachliche Qualifikation oder die persönliche Zuverlässigkeit eines Compliance Officers in der Finanzdienstleistungswirtschaft.[2]

I. Privater Versicherungsschutz

1. Vermögensschadenhaftpflichtversicherung für den „Syndikusanwalt"

Zunächst mag der Blick auf die sog „Syndikusanwalts-Deckung" auf der Hand liegen. Juristen, die als Rechtsanwalt zugelassen sind, müssen gem. § 51 Abs. 1 S. 1 BRAO eine Vermögensschadenhaftpflichtversicherung vorhalten. Diese Versicherung deckt das anwaltliche Berufsrisiko. Es handelt sich um eine Haftpflichtversicherung. Sie stellt den Versicherungsnehmer von berechtigten Ansprüchen frei. Unberechtigte Ansprüche werden auf Kosten des Versicherers abgewehrt, § 100 VVG.

Die besonderen Risikobeschreibungen erfassen die „gesetzliche Haftpflicht des Versicherungsnehmers aus der gegenüber seinem Auftraggeber freiberuflich ausgeübten Tätigkeit als Rechtsanwalt".[3] Ob die Tätigkeit als Compliance Officer als Rechtsanwaltstätigkeit qualifiziert werden kann, kann offengelassen werden. Jedenfalls wird sie regelmäßig nicht freiberuflich, sondern im Rahmen eines Arbeits- oder Anstellungsvertrags ausgeübt. Insofern fällt die Tätigkeit nicht unter den Versicherungsgegenstand der „Syndikusanwalts-Deckung".

Zusätzlich enthalten diese Policen typischerweise einen ausdrücklichen Ausschluss für Haftpflichtansprüche aus der Tätigkeit des Versicherungsnehmers als Angestellter oder als Leitungsorgan von juristischen Personen. Eine individuell zu vereinbarende Zusatzregelung mag grundsätzlich möglich sein.[4] In der Praxis lässt sich allerdings feststellen, dass die Bereitschaft der Versicherer, derartige individuelle Lösungen aufzunehmen, gering ist. Das lässt sich mit der vergleichsweise geringen Prämie der Syndikus-Policen begründen.

> **Hinweis:** Es besteht kein Versicherungsschutz für die Tätigkeit als angestellter Compliance Officer aus der typischen Vermögensschadenhaftpflichtversicherung für Syndikusanwälte bzw. Rechtsanwälte im Nebenberuf.

2. Privater Rechtsschutzversicherungsschutz

Anders als die Vermögensschadenhaftpflichtversicherung leistet die (private) Rechtsschutzversicherung nur Kostenersatz für die Wahrnehmung rechtlicher Interessen. Aus

---

[1] Vielbeachtetes Strafverfahren BGH DB 2009, 2143 ff.; *Grützner/Behr*, DB 2013, 561 (567).
[2] Beispielhaft für die Versicherungswirtschaft §§ 25 iVm 297 VAG.
[3] Vgl. *Hartmann*, in: van Bühren, § 10 Rn. 143.
[4] Vgl. *Münster*, Unternehmensjurist 2011, 32 (33).

§ 14. Versicherungsschutz für Compliance Officer

der Rechtsschutzversicherung ergibt sich kein Anspruch auf Freistellung von Schadensersatzforderungen.

a) Anwendungsbereich der privaten Arbeits-/Berufsrechtsschutzversicherung

9   Die Rechtsschutzversicherung kann für unterschiedliche Lebensbereiche abgeschlossen werden. In Betracht kommt hier die sog „Arbeits- oder Berufsrechtsschutzversicherung". Diese private Rechtsschutzversicherung erstattet Rechtskosten für die Interessenwahrnehmung bei Streitigkeiten über den Arbeitsvertrag. Für Mitglieder in Leitungsorganen wird über die Arbeitsrechtsschutzversicherung hingegen kein Versicherungsschutz gewährt. Für Leitungsorgane wird eine sog „Anstellungsvertrags-Rechtsschutzversicherung" angeboten.[5]

10   Wird dem Arbeitnehmer in Compliance-Funktion ordentlich oder außerordentlich gekündigt, so greift der Versicherungsschutz ein. Dasselbe gilt für den Fall einer Abmahnung. Erstattet werden Anwaltskosten des Rechtsanwalts, den der Compliance Officer selbst zur Wahrnehmung seiner rechtlichen Interessen beauftragen darf.

11   Wird der Compliance Officer auf Ersatz eines Schadens wegen einer Pflichtverletzung im Rahmen des Arbeitsvertrags in Anspruch genommen, ist der Anwendungsbereich der typischen Arbeitsrechtsschutzversicherung eröffnet.[6] Der ausdrückliche Ausschluss gem. Ziffer 3.2.3 ARB 2012[7] für die Wahrnehmung rechtlicher Interessen zur Abwehr von Schadensersatzansprüchen greift nicht. Erfüllt wird der Ausnahmetatbestand eines Schadensersatzanspruchs, der auch auf Vertragsverletzungen beruht, vgl. Ziffer 3.2.3 ARB 2012. Insofern ist die Abwehr von Schadensersatzansprüchen aus dem pflichtwidrig ausgeübten Arbeitsverhältnis grundsätzlich vom Gegenstand einer typischen Arbeits- oder Berufsrechtsschutzversicherung erfasst.

12   Bei der privaten Arbeits-/Berufsrechtsschutzversicherung greifen jedoch unter Umständen andere Ausschlusstatbestände.

13   **aa) Immaterielle Rechte.** Bemerkenswerte Ausschlüsse im Wirkungsbereich eines Compliance Officers betreffen „Streitigkeiten in ursächlichem Zusammenhang mit Patent-, Urheber-, Marken-, Geschmacks-/Gebrauchsmusterrechten und sonstigen Rechten aus geistigem Eigentum", vgl. Ziffer 3.2.6 ARB 2012. Nach hM soll der Streitgegenstand adäquat kausal im Sinne eines sachlichen Ursachenzusammenhangs sein.[8] Ein Schadensersatzanspruch des Arbeitgebers gegen den Compliance Officer ist denkbar, wenn das Unternehmen einen teuren Patentrechtsstreit führen muss, weil die Compliance-Organisation den rechtsfehlerfreien Umgang mit Patenrechten nicht ermöglicht hat. Diese Streitigkeit dürfte dann wohl einen ursächlichen Zusammenhang mit Patentrechten haben. Die Verletzung von Immaterialgüterrechten führt in der Industrie typischerweise zu aufwändigen Verfahren mit hohen Streitwerten. Das mit dem ausgeschlossenen Umstand eingetretene Risiko dürfte damit auch mit Blick auf vertragliche Schadensersatzansprüche des Arbeitgebers gegen den Compliance Officer vergleichsweise hoch sein und sich somit „als typische Riskoerhöhung, die zur Aufnahme des Ausschlusses geführt hat"[9], realisieren.

14   **bb) Kartell- und Wettbewerbsrecht.** Ein weiterer beachtlicher Ausschluss nimmt „Streitigkeiten aus dem Kartell- oder sonstigen Wettbewerbsrecht" vom Versicherungsschutz

---

[5] Vgl. dazu → Rn. 19 ff.
[6] *Armbrüster*, in: Prölss/Martin, § 2 ARB Rn. 18.
[7] Musterbedingungen ARB 2012 (Stand: Oktober 2014) des GDV zu finden unter www.gdv.de.
[8] *Armbrüster*, in: Prölss/Martin, § 3 ARB Rn. 5.
[9] *Plote*, in: van Bühren/Plote, § 3 ARB Rn. 2.

A. Private und vom Unternehmen platzierte Policen

aus, vgl. Ziffer 3.2.7 ARB 2012. Ein Schadensersatzanspruch des Arbeitgebers stellt keine Streitigkeit aus dem Kartell- oder Wettbewerbsrecht dar. Die Streitigkeit ist als arbeitsrechtlicher Streit zu qualifizieren. Diesem können Kartellverstöße, die durch eine fehlerhafte Compliance-Organisation begünstigt oder ermöglicht wurden, zugrunde liegen. Da hier aber nicht auf einen Ursachenzusammenhang abgestellt wird, dürfte der Ausschluss für Kartell- und Wettbewerbsrecht nicht eingreifen.

cc) **Kapitalanlagen.** Wiederum einschlägig mag der Ausschluss für „Streitigkeiten in ursächlichem Zusammenhang mit dem Erwerb, der Veräußerung, der Verwaltung und der Finanzierung von Kapitalanlagen" sein, vgl. Ziffer 3.2.8 ARB 2012. Zur Aufgabe von Compliance Officern in Finanzdienstleistungsunternehmen kann beispielsweise die Einrichtung einer Compliance-Organisation im Assetmanagement gehören. Entsteht ein arbeitsrechtlicher Schadensersatzanspruch gegen den Compliance Officer, zB aus einem Verstoß gegen Anlagerichtlinien, dürfte der og Ausschluss an dieser Stelle greifen. 15

dd) **Vergabe von Darlehen/Spiel- oder Wettverträgen.** Ebenfalls vom Versicherungsschutz ausgeschlossen sind Schadensersatzansprüche aus „dem ursächlichen Zusammenhang mit der Vergabe von Darlehen, Spiel- oder Wettverträgen oder Gewinnzusagen", vgl. Ziffer 3.2.9 ARB 2012. 16

Auch hier wird wieder auf den Ursachenzusammenhang abgestellt. Der Ausschluss erfasst also alle adäquaten Zusammenhänge. Dabei kann insbesondere die pflichtwidrige Vergabe von Darlehen problematisch sein. 17

Zusammenfassend lässt sich festhalten: Eine private Rechtsschutz-Police kann Teile des Kostenrisikos abdecken. Eine Freistellung von Schadensersatzforderungen umfasst sie hingegen nicht. Der Arbeitsrechtsschutz bietet zudem keinen Schutz, wenn Dritte den Compliance Officer aus einer Garantstellung für das Unternehmen auf Schadensersatz in Anspruch nehmen. Es fehlt in diesem Fall an dem erforderlichen Streit aus dem Arbeitsvertrag. Der arbeitsrechtliche Anspruch auf Freistellung gegen den Arbeitgeber wiederum dürfte dem Arbeitsrechtsschutz unterliegen. Ferner bieten diese Policen typischerweise keinen Versicherungsschutz für Kosten aus der Interessenwahrnehmung gegenüber Aufsichtsbehörden bei Berufsverboten. 18

Hinweis: Die private Arbeits-/Berufsrechtsschutzversicherung übernimmt Kosten, die durch Streitigkeiten aus dem Arbeitsverhältnis entstehen. Diese Policen versichern nur Arbeitnehmer – keine Leitungsorgane. Die Abwehr von Schadensersatzansprüchen Dritter ist nicht gedeckt.

---

b) Anwendungsbereich der Anstellungsvertrags-Rechtsschutzversicherung

Leitungsorgane können besondere Rechtsschutz-Policen zur Absicherung von Streitigkeiten aus dem Anstellungsverhältnis abschließen.[10] Diese Policen sind typischerweise deutlich teurer als Arbeitsrechtsschutz-Policen. Hintergrund sind die höheren Kosten, die durch Streitigkeiten zwischen Leitungsorganen und deren Dienstherrn verursacht werden. So führen die Zuständigkeit der Kammer für Handelssachen am Land- 19

---

[10] Vgl. *Hendricks*, VW 1994, 1548 (1553).

§ 14. Versicherungsschutz für Compliance Officer

gericht, hohe Streitwerte, spezialisierte Rechtsanwälte sowie kostspielige Gutachten zu einem erheblichen Anstieg der Kosten.[11] Versicherer zeichnen aus diesen Gründen die Anstellungsvertrags-Rechtsschutz-Policen für besonders exponierte Leitungsorgane wie Vorstände von Banken und börsennotierten Unternehmen nur nolens volens.

20 Die weitreichender konzipierten Anstellungsvertrags-Rechtsschutz-Policen übernehmen auch Kosten aus der rechtlichen und steuerrechtlichen Beratung bei Aufhebungsverträgen. Die Selbstbeteiligung des Versicherungsnehmers liegt häufig bei 1000 EUR und mehr.

21 Ausschlüsse für bestimmte Risiken finden sich typischerweise nicht. Es existiert allerdings in der Regel auch kein Versicherungsschutz für die Wahrnehmung rechtlicher Interessen bei Berufsverboten oder behördlichen Abberufungen. Gegenstand der Versicherung ist allein der Streit aus dem Anstellungsvertrag.

22 Erhebt der Dienstherr einen Schadensersatzanspruch wegen einer Pflichtverletzung im Rahmen des des Anstellungsvertrags,[12] so kann eine Kostenübernahme erfolgen. Erhebt der Dienstherr einen gesetzlichen Schadensersatzanspruch etwa nach § 93 Abs. 2 AktG, so besteht aus dieser Police hingegen kein Versicherungsschutz.

> **Hinweis:** Kosten aus Streitigkeiten mit dem eigenen Dienstherrn können Vorstandsmitglieder und Geschäftsführer mit einer Anstellungsvertrags-Rechtsschutzversicherung absichern.

c) Anwendungsbereich der privaten Vermögensschadenrechtsschutzversicherung

23 Für den Fall gesetzlicher Schadensersatzansprüche gemäß § 93 Abs. 2 AktG, § 43 Abs. 2 GmbHG oder § 34 Abs. 2 GenG stehen besondere Vermögensschadenrechtsschutz-Policen bereit. Leitungsorgane können diese Policen auf eigene Kosten abschließen. Die Vermögensschadenrechtsschutz-Police wird typischerweise als Teil eines Rechtsschutzpakets für Leitungsorgane angeboten – zusammen mit Anstellungsvertrags- und Strafrechtsschutzversicherung.

24 Die Kosten aus der Wahrnehmung rechtlicher Interessen bei einem gesetzlichen Schadensersatzanspruch gegen Leitungsorgane werden ebenso in der D&O-Versicherung (Directors and Officers Liablity Insurance) abgedeckt. Insofern empfiehlt sich die private Absicherung des Kostenrisikos dann, wenn das Leitungsorgan Zweifel an der Risikotragfähigkeit der D&O-Versicherung hat oder eine Summenausschöpfung durch Kollegen befürchtet. Ferner kann die Einrichtung dann als sachgerecht erachtet werden, wenn dem Leitungsorgan wenige oder keine Informationen zur D&O-Versicherung des Unternehmens vorliegen.

d) Anwendungsbereich der privaten Strafrechtsschutzversicherung

25 Auch die Kosten von Ermittlungsverfahren bei Straf- und Ordnungswidrigkeiten können für eigene Rechnung der Leitungsorgane oder auch Arbeitnehmer versichert werden.

26 In besonders weitreichenden Policen können Kosten aus dem Streit bei behördlichen Abberufungsverfahren und Berufsverboten mitversichert sein. Diese Themen sind aus

---
[11] Vgl. *Schilling*, S. 49 ff.
[12] Versicherungsfall ist der dem VN vorgeworfene Verstoß: OLG Köln VersR 2008, 1489 (1490).

A. Private und vom Unternehmen platzierte Policen

Sicht von Compliance-Verantwortlichen in Banken, Versicherungen und sonstigen unter Aufsicht stehenden Unternehmen relevant.

Teilweise werden diese Policen auch als Ergänzung zu einer unternehmensfinanzierten Strafrechtsschutz-Police platziert. In diesen Fällen greift die private Deckung dann ein, wenn das Unternehmen dem Rechtsschutz aus der von ihr finanzierten Police widersprochen hat.[13]

3. Haftpflichtversicherung

Grundsätzlich kommt die Haftpflichtversicherungssparte zur Kompensation von Haftungsansprüchen in Frage. Die private Haftpflichtversicherung deckt jedoch das Risiko der Haftung aus dem beruflichen Bereich nicht, vgl. Ziffer 1 BBR Privathaftpflicht.[14]

Damit lässt sich zusammenfassen: Die klassischen Policen, die von Privatpersonen zur Absicherung ihrer Lebensrisiken vorgehalten werden, eignen sich zur Übertragung von Risiken aus der Tätigkeit als Compliance Officer nur eingeschränkt. Während im Bereich der Übernahme von Rechtskosten Versicherungsmöglichkeiten bestehen, gibt es zur Kompensation von Schäden in den marktüblichen Konzepten keinen Versicherungsschutz.

4. Vermögensschadenhaftpflicht-Policen für Compliance-Funktionen

Das Angebot von privaten Berufshaftpflichtlösungen für Angestellte in Compliance-Funktionen war lange Zeit unzulänglich. Die Produktentwicklung der Anbieter hatte auf die arbeitsrechtliche Haftungsprivilegierung von Personen mit Compliance-Funktionen verwiesen.[15] Ferner wurde gegen die Mitversicherung von Risiken im Innenverhältnis zwischen Arbeitgeber und Arbeitnehmer die Sorge vor einem kollusiven Zusammenwirken zu Lasten des Versicherers vorgebracht. Für Leitungsorgane wurde die D&O-Versicherung als angemessenes Versicherungskonzept angesehen.

Neuartige Berufshaftpflichttarife wollen für Arbeitnehmer und teilweise auch für Leitungsorgane in Compliance-Funktionen nunmehr Versicherungslösungen schaffen. Es ist möglich, angestellte Arbeitnehmer in Compliance-Verantwortung zu versichern. Dies gilt sowohl für Dritthaftungsszenarien als auch für die Haftung gegenüber dem eigenen Arbeitgeber.

Es handelt sich um Vermögensschadenhaftpflichtversicherungen, die die Tätigkeit des Compliance Officers versichern. Die Versicherung bezieht sich dabei regelmäßig im Schwerpunkt auf die Abwehr und Kompensation zivilrechtlicher Schadensersatzansprüche. Es können auch verwaltungsrechtliche Verfahren zur Wahrnehmung von Interessen gegenüber Aufsichtsbehörden mitversichert sein. Der Markt für diese neuen Formen der Berufshaftpflichtversicherungen ist sehr klein und im Wesentlichen geprägt von weniger als fünf Anbietern. Daher sind die Versicherungsprämien in Relation zur unternehmensfinanzierten D&O-Versicherung höher. Es werden in etwa die Prämien aus der Berufshaftpflichtversicherung für Rechtsanwälte herangezogen und teilweise übertroffen. Das

---

[13] Vgl. dazu → Rn. 101 ff.
[14] Unverbindliche Bekanntgabe des GDV zu finden unter http://www.gdv.de/wp-content/uploads/2015/03/12–Muster-Bedingungsstruktur–IX–Privathaftpflicht–2015.pdf (abgerufen: Juni 2015).
[15] Zu den Grundsätzen der Arbeitnehmerhaftung vgl. BAG NZA 2004, 649 (650).

§ 14. Versicherungsschutz für Compliance Officer

Risiko wird vergleichsweise kritisch gesehen. Versicherungssummen von über 5 oder 10 Mio. EUR sind nur sehr schwierig zu platzieren. Hintergrund ist die Sorge der Versicherer vor kollusivem Zusammenwirken des Versicherungsnehmers mit dem Anspruchssteller, dem er immerhin über einen Arbeitsvertrag verbunden ist. Ferner wird kritisch gesehen, dass der versicherte Compliance Officer auf Grund seines Versicherungsschutzes Haftungsansprüche an sich zu ziehen vermag („Magnetwirkung des Haftpflichtversicherungsschutzes").

33 Der Einsatz derartiger Policen kann sich dann empfehlen, wenn es keinen Schutz über Unternehmens-Policen gibt.

34 Wird allerdings dasselbe Risiko auch über eine Unternehmens-Police versichert, so ist das Verhältnis der beiden Versicherungsverträge zueinander zu berücksichtigen. Es empfiehlt sich ein Blick auf die Gestaltung der Subsidiaritätsklauseln.[16]

II. Betrieblicher Versicherungsschutz

35 Die privaten Versicherungslösungen können zwar materiell für eine Übertragung des persönlichen Haftungsrisikos sorgen. Der Höhe nach sind diese Policen aber oftmals unzureichend. Arbeitnehmer in Compliance-Funktionen sind in der Lage dem Unternehmensvermögen oder auch Dritten sehr hohe Schäden zuzufügen. Diese können aktuell über private Policen nicht ausgeglichen werden. Insofern ist zu untersuchen, inwiefern sich typische betriebliche Versicherungen anbieten, das Haftungsrisiko des Compliance Officers, der nicht auf Leitungsorganebene angesiedelt ist, aufzunehmen.

1. Betriebshaftpflichtversicherung

36 Die Betriebshaftpflichtversicherung deckt grundsätzlich das Haftungsrisiko des Unternehmens. Dabei sind typischerweise die Risiken aus der Betriebsstätte, Produkthaftungsrisiken oder auch Umweltrisiken versichert.[17] Daneben ist auch die persönliche gesetzliche Haftpflicht sämtlicher Mitarbeiter und Organmitglieder versichert, vgl. § 102 Abs. 1 VVG. Der Schadensersatzanspruch eines Dritten, der sich gegen den Compliance Officer richtet, wäre damit grundsätzlich erfasst.

37 Ansprüche aus dem Innenverhältnis hingegen, die seitens des Arbeitgebers gegen den Compliance Officer geltend gemacht werden, sind nicht Gegenstand der Versicherung, vgl. Ziffer 7.3 AVB BHV[18].

38 Damit ist der Versicherungsschutz für Compliance-Verantwortliche nur im Fall von **Drittansprüchen** grundsätzlich in der Betriebshaftpflichtversicherung eröffnet.

a) Personenschäden/Sachschäden

39 Die Betriebshaftpflichtversicherung schützt allerdings in erster Linie vor einer Haftung wegen Personen- oder Sachschäden, also vor Schäden, bei denen Personen verletzt oder Sachen beschädigt werden. Versichert sind dabei auch Folgeschäden, wie etwa Heilbehandlungskosten bei Personenschäden oder Betriebsunterbrechungen als Folge von Sachschäden. Kommt es beispielsweise zur Nichtbeachtung von Sicherheitsbestimmungen beim Betrieb von Baustellen, Anlagen oder Maschinen, kann dies zu Personen-

---

[16] Dazu unter → Rn. 85 ff.
[17] Vgl. *Schulze Schwienhorst*, in: Looschelders/Pohlmann, § 102 Rn. 8 mwN.
[18] Musterbedingungen AVB BHV (Stand: August 2014) des GDV zu finden unter www.gdv.de.

schäden führen. Ein Anspruch gegen einen verantwortlichen Compliance Officer oder einen Arbeitssicherheitsbeauftragten erscheint denkbar.

> **Beispiel:** So kann sich ein Verstoß gegen Umweltvorschriften auf ein benachbartes Grundstück auswirken und hier entsprechenden Sachschaden anrichten. Der geschädigte Dritte wird in erster Linie das Unternehmen in Anspruch nehmen. Denkbar können in dieser Konstellation aber auch Ansprüche gegen verantwortliche Personen sein.

Die klassischen Betriebshaftpflichtversicherungen haben nur einen eingeschränkten Wirkungsgrad in Bezug auf die Versicherung reiner Vermögensschäden. Reine Vermögensschäden sind solche Schäden, bei denen gerade kein Personen- oder Sachschaden eingetreten ist.[19]

> **Hinweis:** Die persönliche gesetzliche Haftpflicht von Compliance Officern ist in der betrieblichen Haftpflichtversicherung typischerweise mitversichert. Schwerpunkt des Versicherungsschutzes sind dabei Personen- und Sachschäden.

b) Reine Vermögensschäden

Die besondere Ausprägung von Compliance-Risiken hängt grundsätzlich vom Geschäftsfeld des Unternehmens ab. Der Schwerpunkt von Compliance-Risiken dürfte allerdings bei Schäden liegen, denen gerade kein Sach- oder Personenschaden vorausgeht. Dies gilt insbesondere für Finanzdienstleistungsunternehmen. Aber auch in Industrieunternehmen sind Schadensszenarien denkbar, denen gerade kein Personen- oder Sachschaden innewohnt.

> **Beispiele:** Schäden aus der Verletzung von Datenschutzgesetzen, aus unlauterer Werbung, aus Kartellverstößen oder Verstößen gegen das Steuerrecht.

Die Betriebshaftpflichtversicherung ist im Schwerpunkt auf die Versicherung von Personen- und Sachschäden ausgerichtet, vgl. Ziffer 3.1 AVB BHV.

Ausnahmen für diesen Grundsatz können in folgenden Regelungen zur Betriebshaftpflichtversicherung festgestellt werden.

aa) **Mitversicherung von Vermögensschäden in Ziffer 6.12 AVB BHV.** Mit dieser Klausel wird zunächst der Anwendungsbereich der Haftpflichtversicherung für Vermögensschäden eröffnet. Es gibt zu diesem Deckungsbaustein allerdings einen umfassenden Ausschlusskatalog[20]. Damit entfaltet der Baustein über die Mitversicherung von Vermögensschäden in der Betriebshaftpflichtversicherung in der Praxis nur einen sehr eingeschränkten Deckungsbereich. Mit Blick auf Compliance-Risiken fallen folgende Ausschlüsse besonders auf:

---

[19] *Lücke*, in: Prölss/Martin, AHB Ziff. 1 Rn. 37.
[20] Ziffer 6.12.2 Abs. 1–12 AVB BHV (Stand: August 2014) zu finden unter www.gdv.de.

§ 14. Versicherungsschutz für Compliance Officer

– Ansprüche wegen Vermögensschäden aus der Verletzung von Persönlichkeitsrechten und Namensrechten, gewerblichen Schutzrechten und Urheberrechten sowie des Kartell- oder Wettbewerbsrechts[21]
– Ansprüche aus Anlage-, Kredit-, Versicherungs-, Grundstücks-, Leasing- oder ähnlichen wirtschaftlichen Geschäften, aus Zahlungsvorgängen aller Art, aus Kassenführung sowie aus Untreue oder Unterschlagung[22]
– Ansprüche aus
  - Rationalisierung und Automatisierung
  - Datenerfassung, -speicherung, -sicherung, -wiederherstellung
  - Austausch, Übermittlung, Bereitstellung elektronischer Daten.[23]

45   Es sind somit praktisch keine Compliance-Risiken denkbar, die unter dieser Regelung versichert wären.

46   **bb) Verletzung von Datenschutzgesetzen, Ziffer 6.12.3 AVB BHV.** Etwas günstiger kann der Versicherungsschutz unter einer weiteren Klausel beurteilt werden, die sich ebenfalls auf die Versicherung von Vermögensschäden in der Betriebshaftpflichtversicherung bezieht.

47   Mitversichert ist mit Ziffer 6.12.3 „abweichend von den Ziffern 6.12.2 und 7.9 die gesetzliche Haftpflicht des Versicherungsnehmers wegen Vermögensschäden aus der Verletzung von Datenschutzgesetzen durch **Verwendung** personenbezogener Daten". In älteren Bedingungen war die Regelung einschränkender formuliert. Vorausgesetzt wurde die „Verletzung von Datenschutzgesetzen durch **Missbrauch** personenbezogener Daten".[24] Mit diesem Versicherungsbaustein zielen die Versicherer auf die Mitversicherung von Schadensersatzansprüchen nach § 7 BDSG.[25] Vom Versicherungsschutz erfasst sind dabei auch Schadensersatzansprüche der Versicherten untereinander. Wenn also Arbeitnehmer den Arbeitgeber und den Datenschutzbeauftragten wegen einer Datenschutzverletzung in Anspruch nehmen, entfaltet dieser Baustein seine Wirkung.

48   Nicht vom Versicherungsschutz erfasst sind vertragliche Schadensersatzansprüche etwa aus dem Vorwurf der Verletzung der Netzwerksicherheit als vertraglicher Nebenpflicht.

> **Beispiel:** „Identitätsdiebstahl" durch Dritte. Dabei dringen unberechtigte Dritte in die Netzwerksysteme des Unternehmens ein und gelangen an Bankdaten oder andere personenbezogene Daten der Kunden, die sie dann im Weiteren missbräuchlich verwenden.

49   Die Betriebshaftpflichtversicherung kompensiert dabei aber nur den Schaden aus der zivilrechtlichen Haftung. Bei Datenschutzverstößen kann sich die Geldbuße aus einem Straf- oder Ordnungswidrigkeitenverfahren oder auch ein Reputationsschaden als höheres Risiko darstellen. Diese Risiken sind in der Betriebshaftpflichtversicherung typischerweise nicht versicherbar. Hier bieten sich „Cyber-Policen" oder Policen zur Absicherung von Reputationsschäden an.

---

[21] Ziffer 6.12.2 Abs. 8 AVB BHV (Stand: August 2014) zu finden unter www.gdv.de.
[22] Ziffer 6.12.2 Abs. 6 AVB BHV (Stand: August 2014) zu finden unter www.gdv.de.
[23] Ziffer 6.12.2 Abs. 7 AVB BHV (Stand: August 2014) zu finden unter www.gdv.de.
[24] S. dazu *Stockmeier*, S. 31.
[25] Näher dazu *Simitis*, in: Simitis, § 7 Rn. 50.

> **Hinweis:** Zumindest die zivilrechtliche Haftung aus Verstößen gegen das Bundesdatenschutzgesetz ist im Rahmen der Betriebshaftpflichtversicherung versichert. Wichtig ist dabei eine ausreichend hohe Versicherungssumme für reine Vermögensschäden.

cc) Schäden im Zusammenhang mit der Übertragung elektronischer Daten, Ziffer 6.13 AVB BHV. Ein weiterer Baustein, der zu einer Mitversicherung von reinen Vermögensschäden in der Betriebshaftpflichtversicherung führt, ist der sog „Internet-Zusatzbaustein".[26] Mit dieser Klausel trägt die Versicherungswirtschaft seit 2004 dem Umstand Rechnung, dass aus der Nutzung von Internet-Technologien eine Haftung für reine Vermögensschäden Dritter entstehen kann.[27] Zum einen können sich aus dem Bereithalten einer Website eines Unternehmens Risiken wie die Verletzung von Marken-, Urheber- oder sonstigen gewerblichen Schutzrechten ergeben. Zum anderen birgt die Benutzung von Kommunikations- und Nachrichtendiensten ein Risiko.

50

> **Beispiele:** Der Verlust von Daten oder die Übertragung von Schadsoftware (Viren, Würmer, Trojaner) durch E-Mail-Verkehr.

Nach den Versicherungsbedingungen ist es nicht beachtlich, ob ein Vermögens- oder ein Sachschaden herbeigeführt wird. Für die unter dieser Klausel eingeschlossenen Schäden steht pauschal eine limitierte Versicherungssumme bereit. Diese Summe ist typischerweise deutlich geringer als die Basis-Versicherungssumme des Vertrags. Die Versicherungsunternehmen sind vorsichtig und sehr risikobewusst beim Bereitstellen dieser Versicherungssumme. Typischerweise ist die Aufnahme dieses Bausteins nicht mit einer Prämienanhebung verbunden. Hintergrund ist die Nullstellung in den AHB, die erst seit 2004 durch einen ausdrücklichen Ausschluss für Risiken aus der Internetnutzung den Zusatzbaustein erforderlich macht. Das Risiko muss also ausdrücklich mit der genannten Klausel und der dafür zur Verfügung gestellten Versicherungssumme versichert werden.

51

> **Hinweis:** Aufgrund der Compliance-Risiken im Zusammenhang mit der IT-Sicherheit bietet sich der Blick auf die „Internet-Zusatzklausel" an. Hier ist insbesondere auf eine sachgerechte Versicherungssumme zu achten.

2. D&O-Versicherung

Es darf festgehalten werden, dass die Betriebshaftpflichtversicherung nur teilweise und zurückhaltend in der Lage ist, Vermögensschäden aus Compliance-Risiken zu versichern. Insofern ist es sinnvoll, sich dem Unternehmensversicherungsschutz zuzuwenden, mit dem Vermögensschäden versichert werden. Die D&O-Versicherung bietet diesbezüglich Deckung und benennt Haftpflichtansprüche auf Grund reiner Vermö-

52

---

[26] Vgl. auch Zusatzmusterbedingungen des GDV zur Betriebshaftpflichtversicherung für die Nutzer von Internet-Technologien, Stand: Januar 2015.
[27] Vgl. dazu *Stockmeier*, S. 30 f. mwN.

gensschäden als Versicherungsgegenstand. Sie ist grundsätzlich eine Haftpflichtversicherung, die Unternehmen für ihre Leitungs- und Aufsichtsorgane abschließen. Versichert wird die persönliche gesetzliche Haftpflicht aus der Organfunktion gegenüber dem eigenen Unternehmen und auch gegenüber Dritten. Eine gesetzliche Pflicht des Unternehmens zum Abschluss einer D&O-Versicherung besteht bislang nicht.[28]

Die D&O-Versicherung ist eine Vermögensschadenhaftpflichtversicherung, sodass zusätzlich zu den Allgemeinen Versicherungsbedingungen die Bestimmungen der §§ 100 ff. VVG gelten.[29] Die Leistungspflicht der D&O-Versicherer liegt in der Prüfung der Haftpflichtfrage, in der Abwehr unberechtigter und in der Kompensation berechtigter Schadensersatzansprüche.

a) Kreis der versicherten Personen

53 Grundsätzlich ist die D&O-Versicherung für Leitungsorgane von juristischen Personen konzipiert. Damit sind Geschäftsführer oder Vorstandsmitglieder in Compliance-Funktionen regelmäßig vom Versicherungsschutz erfasst.[30]

54 Die D&O-Versicherung hat in ihrer jüngeren Vergangenheit aber auch zahlreiche Erweiterungen erfahren, insbesondere Einschlüsse weiterer Personenkreise aus den Versicherungsnehmer-Unternehmen. Einige Bedingungswerke erweitern den Kreis der versicherten Personen auf „leitende Angestellte". Dabei ist streitig, wann ein Compliance Officer als „leitender Angestellter" zu qualifizieren ist.[31] Diese Begrifflichkeit reicht nicht aus, um die mit Compliance-Aufgaben beauftragten Personen vom D&O-Versicherungsschutz zu erfassen. Insbesondere Datenschutzbeauftragte sind oftmals gerade nicht leitende Angestellte.[32]

55 Für Arbeitnehmer mit besonderer Risikoexponierung aus ihrer Funktion gegenüber Dritten oder für Arbeitnehmer, die abgeleitete Organverantwortung wahrnehmen, bietet sich die ausdrückliche Aufnahme in die D&O-Versicherung an. So sind in den aktuellen D&O-Policen die Compliance Officer auch begrifflich vom Versicherungsschutz erfasst. Jeder Anbieter von D&O-Policen operiert allerdings mit seinen eigenen „durchgeschriebenen"[33] Bedingungswerken, ohne auf die GDV-Empfehlung[34] oder auf andere Allgemeine Bedingungen zur Versicherung von Vermögensschäden abzustellen. Im GDV-Konzept Stand Mai 2013 ist der Compliance Officer nicht versichert. Insofern empfiehlt es sich, die Mitversicherung der Compliance-Funktionen im Bedingungswerk der Unternehmens-D&O-Versicherung sicherzustellen. Eine prämienseitige Auswirkung dürfte sich nicht zeigen. Der D&O-Versicherer dürfte – ebenso wie die Unternehmensleitungsorgane – ein Interesse an der Mitversicherung, und damit auch an einer sachgerechten Vertretung und Verteidigung im Schadenfall haben. Die D&O-Risikoträger kalkulieren regelmäßig nicht mit einer separaten Inanspruchnahme eines Compliance Officers. Es dürfte in einem Schadenszenario, in dem der Compliance Officer

---

[28] *Franz*, DB 2009, 2764 (2773); *Koch*, GmbHR 2004, 160 (167 f.) mwN.

[29] *Kammerer-Galahn*, AnwBl 2009, 77 (83).

[30] Vgl. Musterbedingungen AVB-AVG (Stand: Mai 2013) des GDV zu finden unter www.gdv.de.

[31] Vgl. *Favoccia/Richter*, AG 2010, 137 (144); *Rieble*, CCZ 2010, 1 (2); BGH NJW 2001, 3124 (3124).

[32] Vgl. *Gola/Klug/Körffer*, in: Gola/Schomerus, § 4f Rn. 33, 47.

[33] Das sind Bedingungswerke, die nicht in der typischen Haftpflicht-Systematik auf anderen, allgemeineren Bedingungswerken, aufgebaut sind.

[34] Allgemeine Versicherungsbedingungen für die Vermögensschadenhaftpflichtversicherung von Aufsichtsräten, Vorständen und Geschäftsführern (AVB-AVG), zu finden auf der Website des GDV unter www.gdv.de (Stand: Mai 2013).

betroffen ist, häufig auch zu einem Anspruch gegen die Geschäftsleitung kommen. Begrifflich sollte sichergestellt sein, dass die Personen mit Compliance-Funktionen eindeutig dokumentiert werden – und zwar unabhängig davon, ob sie leitende Angestellte sind (Compliance Officer, Datenschutzbeauftragte, Geldwäschebeauftragte, etc). Es ist nicht erforderlich, die Personen namentlich zu nennen. Die D&O-Versicherung stellt auf die Versicherung des Managements als Ganzes ab. Eine namentliche Nennung empfiehlt sich aus steuerrechtlichen Gründen nicht.[35]

> **Hinweis:** Der Compliance Officer sollte ausdrücklich in den Kreis der versicherten Personen aufgenommen werden. Die Mitversicherung „leitender Angestellter" reicht nicht aus.

b) Versicherung für fremde Rechnung

Die D&O-Versicherung, die Unternehmen für ihr Management abschließen, ist nach herrschender Meinung eine Versicherung für fremde Rechnung nach §§ 43 ff. VVG.[36] Da es sich um einen Vertrag zugunsten Dritter handelt, sind nachrangig zu diesen Vorschriften die allgemeinen Regelungen der §§ 328 f. BGB anwendbar.[37] Das Unternehmen hat die Verfügungsbefugnis über die Police. Den materiellen Anspruch auf Versicherungsschutz haben die versicherten Personen – typischerweise auch ohne im Besitz des Versicherungsscheins zu sein. Insofern wird zulässig[38] von der Anforderung des § 44 Abs. 2 VVG abgewichen. 56

aa) D&O-Verschaffungsklauseln im Anstellungsvertrag.

Das Unternehmen gestaltet den Versicherungsschutz für die versicherten Personen. Insofern empfiehlt es sich im Arbeitsvertrag des Compliance Officers Anforderungen an die Mitversicherung in der D&O-Versicherung aufzunehmen. So enthalten auch Anstellungsverträge von Vorstandsmitgliedern Regelungen zur Versicherung der „beruflichen" Haftung aus der Organstellung.[39] In den Arbeitsverträgen von Arbeitnehmern in Compliance-Funktionen sind diese noch nicht verbreitet, aber empfehlenswert.[40] 57

Es ist dabei beachtlich, sog „qualifizierte D&O-Klauseln" aufzunehmen. Diese versprechen nicht nur einen unbestimmten Versicherungsschutz, sondern stellen konkrete Anforderungen an den Versicherungsschutz in inhaltlicher und zeitlicher Hinsicht sowie an die Höhe der Versicherungssumme. Oftmals enthalten qualifizierte D&O-Klauseln auch eine genaue Gestaltung des Selbstbehalts nach § 93 Abs. 2 S. 3 AktG.[41] Dieser gesetzliche Selbstbehalt gilt für Vorstandsmitglieder in Compliance-Funktion in Aktiengesellschaften oder in Gesellschaften, auf die das Aktienrecht Anwendung findet.[42] Für Compliance Officer, die als Arbeitnehmer angestellt sind, gilt kein gesetzlicher Pflichtselbstbehalt in der D&O-Versicherung. 58

---

[35] Vgl. zur steuerrechtlichen Behandlung der D&O-Versicherung *Thomas*, S. 517.
[36] *Voit*, in: Prölss/Martin, AVB-AVG Ziff. 1 Rn. 6.
[37] *Koch*, GmbHR 2004, 18 (23).
[38] *Prölss/Klimke*, in: Prölss/Martin, § 44 Rn. 27.
[39] Vgl. auch *Steinkühler/Wilhelm*, VP 2005, 142 ff. mwN.
[40] Vgl. auch *Armbrüster*, VersR 2014, 1 (8).
[41] *Schulze Schwienhorst/Koch*, VW 2010, 424 (425).
[42] Bsp.: VVaG (§ 35 Abs. 3 S. 1 VAG), Anstalten des öffentl. Rechts mit Satzungsverweis, SE.

> **Hinweis:** Die D&O-Versicherung ist als Versicherung für fremde Rechnung konzipiert. Anforderungen des Compliance Officers an die Qualität und Quantität des Versicherungsschutzes können sachgerecht im Arbeits- bzw. Anstellungsvertrag geregelt werden.
> Beachtlich sind Probleme zwischen den Parteien des Versicherungsvertrags, die sich negativ auf den Versicherungsschutz auswirken können.

59 bb) **Nichtigkeit des D&O-Versicherungsvertrags nach § 142 BGB.** Aus der Konstellation der Versicherung für fremde Rechnung entsteht für die Versicherten ein weiteres Risiko. Der Versicherungsvertrag kann nach Anfechtung des Versicherers wegen arglistiger Täuschung ex tunc nichtig sein.[43] In einigen Konzepten verzichten Versicherer auf das Recht zur Anfechtung wegen arglistiger Täuschung.[44] Im Gegenzug wird der Versicherungsschutz jenen, die tatsächlich getäuscht haben, im Rahmen eines Risikoausschlusses versagt. Damit soll für jede gutgläubige versicherte Person der Versicherungsschutz erhalten werden.

60 Ob derartige Klauseln zum Schutz gutgläubiger Versicherter wirksam sind, ist streitig. Der BGH hat für eine ähnliche Regelung in einer Valorenversicherung entschieden, dass der Verzicht auf das Gestaltungsrecht der Anfechtung bei arglistiger Täuschung nicht möglich sei.[45]

61 Personen, die unter einer unternehmensfinanzierten D&O-Versicherung versichert sind, sollten daher das Risiko von Einwänden des Versicherers aus vertragsrechtlichen Problemen zwischen den Vertragsparteien beachten.

62 In Betracht kommen beispielsweise:
– Verzug mit Versicherungsprämien
– Nichterfüllung von Obliegenheiten
– vorvertragliche Anzeigepflichtverletzungen
– arglistige Täuschungen.

> **Hinweis:** Die Ausgestaltung der D&O-Versicherung als Versicherung für fremde Rechnung birgt für Versicherte die grundsätzliche Gefahr von Leistungsstörungen, auf die sie selbst keinen Einfluss haben.

c) **Versicherungssumme**

63 Aus der Sicht Compliance-Verantwortlicher ist zu bedenken, dass die Versicherungssumme in der D&O-Versicherung regelmäßig der Höhe nach begrenzt ist. Diese Summe wird typischerweise auch nur einmal im Versicherungsjahr zur Verfügung gestellt.[46] Zudem teilen sich alle Versicherten, also Vorstandsmitglieder, Aufsichtsratsmitglieder, leitende Angestellte und Compliance-Verantwortliche der Versicherungsnehmerin und aller mitversicherten Tochterunternehmen die Versicherungssumme.

---

[43] So im sog Comroad-Urteil s. OLG Düsseldorf NJW-RR 2006, 1260.
[44] Zum sog Whitehat-Prinzip vgl. *Gädtke*, r+s 2013, 313 (322); *Mayer*, VP 2012, 12 (15).
[45] BGH NJW 2012, 296 (298) – Heros II.
[46] Bei kleineren Versicherungssummen unter 10 Mio. EUR gibt es auch Anbieter, die die Versicherungssumme zweifach maximiert im Versicherungsjahr anbieten.

A. Private und vom Unternehmen platzierte Policen

In der Praxis werden vermehrt Stimmen laut, die vor diesem Hintergrund eine Individual-Police für jeden einzelnen Träger eines Haftungsrisikos befürworten.[47] Solange jedoch die Gesamt-Police bevorzugt wird, ergibt sich die Problematik, dass es im Schadensfall zu Verteilungsproblemen kommen kann, wenn die Versicherungssumme zu knapp bemessen ist.[48]

aa) Regulierungspriorität. Wenn mehrere Versicherungsfälle innerhalb eines Jahres eintreten, stellt sich die Frage, nach welcher Priorität reguliert wird. D&O-Ansprüchen liegt typischerweise ein komplexer Sachverhalt zu Grunde. Der D&O-Versicherer prüft die Haftpflichtfrage, verteidigt unberechtigte und kompensiert berechtigte Ansprüche. Der Zeitraum zwischen Anspruchserhebung und abschließender Abwehr bzw. Kompensation des Anspruchs kann dabei sehr lang sein. Für derartige Szenarien sehen einige Bedingungswerke sog „Prioritätsklauseln" vor. Danach werden Ansprüche gegen Vorstandsmitglieder der Versicherungsnehmerin mit Priorität reguliert, im Anschluss folgen Ansprüche gegen Aufsichtsratsmitglieder. Ansprüche gegen mitversicherte (leitende) Angestellte werden regelmäßig zuletzt reguliert.

bb) Kostenanrechnung. Beachtlich ist ferner, dass die Kosten zur Abwehr unberechtigter Schadensersatzansprüche regelmäßig auf die Versicherungssumme angerechnet werden. Ziffer 4.3 Abs. 1 S. 2 AVB-AVG enthält eine derartige Kostenanrechnungsklausel. Die in der Praxis verwendeten D&O-Bedingungen im aktuellen Markt enthalten ähnliche Regelungen zur Kostenanrechnung auf die Versicherungssumme.

Die Zulässigkeit der Anrechnung von Verteidigungskosten auf die Versicherungssumme ist streitig. In einem Urteil vom 9.6.2011 entschied das Oberlandesgericht Frankfurt a. M., dass eine Kostenanrechnungsklausel, die als Allgemeine Versicherungsbedingung gestaltet ist, gegen das Transparenzgebot gem. § 307 Abs. 1 S. 2 BGB verstoße.[49] Ferner liege darin auch ein Verstoß gegen „das gesetzliche Leitbild des § 150 Abs. 2 VVG a.F.". Insofern liege auch eine unangemessene Benachteiligung vor, die zu einer Unwirksamkeit der Klausel führe, § 307 Abs. 1 S. 1 BGB iVm § 307 Abs. 2 Nr. 1 BGB.[50] Dagegen wird vorgebracht, dass die Anrechnungsklausel als Beschreibung der Hauptleistungspflicht des Versicherers keiner Inhaltskontrolle unterliegen kann.[51] Ferner habe der Versicherer im Vertrauen auf die Kostenanrechnung die Prämie kalkuliert.[52]

Für die Annahme einer unangemessenen Benachteiligung iSv § 307 Abs. 2 Nr. 1 BGB ist entscheidend, wie weitreichend die Abweichung der Kostenanrechnungsklausel vom gesetzlichen Leitbild in § 101 Abs. 2 S. 1 VVG ist.[53] *Terno* kommt dabei zu dem Ergebnis, dass die Kostenanrechnung zu einer erheblichen, den Interessen der Versicherten deutlich widerstreitenden Abweichung vom gesetzlichen Leitbild führe. Die Branchenüblichkeit[54] räumt die Unangemessenheit nach § 307 Abs. 1 S. 1 BGB nicht aus[55]. Auch ändern durch Kostenanrechnung günstiger kalkulierte Prämien nichts an der unangemessenen Benachteiligung.[56]

---

[47] Vgl. *Schiel*, Der Aufsichtsrat 2013, 58 ff.
[48] Vgl. *Armbrüster*, VersR 2014, 1 (8) mwN.
[49] OLG Frankfurt a.M. r+s 2011, 509 (512).
[50] OLG Frankfurt a.M. r+s 2011, 509 (512); sa *Lücke*, in: Prölss/Martin, § 101 Rn. 33.
[51] Vgl. *Langheid*, VW 2012, 1768 (1771).
[52] Vgl. *Wilhelm/Becker*, VP 2013, 27 (32); sa *Ihlas*, S. 433 ff.
[53] *Terno*, r+s 2013, 577 (588).
[54] *Ihlas*, in: Langheid/Wandt, D&O Rn. 322.
[55] Vgl. BGH NJW 1991, 2414 (2416).
[56] Vgl. BGH NJW 1993, 2442 (2444).

69 Dieser Streit ist jedoch nicht relevant, wenn der D&O-Vertrag – wie häufig – auf Basis eines vom Versicherungsmakler entwickelten Bedingungswerks konzipiert wurde. In diesem Fall findet eine Kostenanrechnung statt. Eine AGB-Kontrolle zu Gunsten des Versicherungsnehmers scheidet aus.[57]

d) Ausschlüsse

70 Aus Sicht von Compliance-Verantwortlichen sind auch die Ausschlüsse in der D&O-Versicherung genauer zu betrachten. Es sollen im Folgenden die im Markt gängigen Ausschlüsse aus Sicht der Compliance Officer erörtert werden.

71 **aa) Vorsatz und wissentliche Pflichtverletzung.** Typischerweise enthalten D&O-Versicherungskonzepte einen Ausschluss für Schäden, die mit Vorsatz herbeigeführt werden. Dies entspricht § 103 VVG. Darüber hinaus gibt es in den allermeisten Konzepten einen Ausschluss für sog „wissentliche Pflichtverletzungen".[58]

72 **Beispielhaft** sei hier der Ausschluss im Musterkonzept des GDV erörtert: „Ausgeschlossen vom Versicherungsschutz sind Haftpflichtansprüche wegen vorsätzlicher Schadenverursachung oder durch wissentliches Abweichen von Gesetz, Vorschrift, Beschluss, Vollmacht oder Weisung oder sonstige wissentliche Pflichtverletzung. Den versicherten Personen werden die Handlungen und Unterlassungen nicht zugerechnet, die ohne ihr Wissen von anderen Organmitgliedern begangen wurden."[59]

73 Dieser Ausschluss ist umfassend und versagt auch den Versicherungsschutz bei einem Wissentlichkeitsvorwurf.[60] Dies ist im aktuellen Marktumfeld eher untypisch. Der Vorsatz- oder Wissentlichkeitsvorwurf sollte mitversichert sein. Der Versicherer sollte hier in die Vorfinanzierung des Rechtsstreits gehen und insofern auch das Insolvenzrisiko der versicherten Person übernehmen. Wenn allerdings rechtskräftig festgestellt wurde, dass die versicherte Person tatsächlich wissentlich gegen eine Pflicht verstoßen hat, entfällt der Versicherungsschutz rückwirkend mit Rückforderungsansprüchen des Versicherers gegen die versicherte Person.[61]

74 Zudem ist der Ausschluss so weitgehend, dass er sich auf alle gesetzlichen Normen und auch auf Binnenrecht der Gesellschaft bezieht. Einige Anbieter modifizieren den Ausschluss für wissentliche Pflichtverletzungen im Hinblick auf den Verstoß gegen Binnenrecht der Gesellschaft.

Beispiel: Versicherte, die bei bewusstem Verstoß gegen ihre Zeichnungsbefugnis auf der Basis angemessener Informationen zum Wohl der Gesellschaft handeln, sollen vom Ausschluss nicht erfasst sein.[62]

---

[57] Der Versicherer ist in diesem Fall nicht „Verwender", vgl. BGH NJW-RR 2010, 39 (39).
[58] Eingehend zum Vorsatzausschluss in der D&O-Versicherung *Seitz*, VersR 2007, 1476 ff.
[59] Ziffer 5.1 AVB-AVG (Stand: Mai 2013) der GDV-Musterbedingungen zu finden unter www.gvd.de.
[60] Vgl. *Vorrath*, VW 2006, 151 (151).
[61] So auch *Kammerer-Galahn*, AnwBl 2009, 77 (83).
[62] Vgl. Wegweiser für die VOV D&O-Versicherung AVB-VOV 2012 zu finden unter http://www.vovgmbh.de/fileadmin/user_upload/VOVDokumente/AVB-VOV_2012.pdf (abgerufen: Juni 2015).

bb) **Umweltausschluss.** In einigen D&O-Policen findet sich noch ein sog „Umwelt- 75
ausschluss" für „Haftpflichtansprüche wegen Schäden durch Umwelteinwirkungen und
allen sich daraus ergebenden weiteren Schäden", vgl. Ziffer 5.4 AVB-AVG.

Dieser Ausschluss kann für Compliance Officer dann relevant sein, wenn ein Um- 76
weltschaden nicht nur zu einem Anspruch gegen das Unternehmen, sondern zugleich
auch gegen den Compliance-Verantwortlichen führt. Es kann auch sein, dass ein Unternehmen nach Befriedigung eines Umweltschadens von Dritten den Regress im Innenverhältnis nehmen möchte. In vielen Konzepten kommt allerdings kein Umweltausschluss
mehr vor. Einige Anbieter beschränken den Umweltausschluss territorial auf Ansprüche, die in den USA geltend gemacht werden.[63]

cc) **Ausschluss für Vertragsstrafen, Kautionen, Bußgelder ua.** Ein weiterer Ausschluss 77
aus dem GDV-Modell ist der sog „Strafen-Ausschluss" in Ziffer 5.11 AVB-AVG:
*„Ausgeschlossen vom Versicherungsschutz sind Haftpflichtansprüche wegen Vertragsstrafen, Kautionen, Bußgeldern und Entschädigungen mit Strafcharakter (punitive
und exemplary damages)."*

Dieser Ausschluss ist insbesondere aus Compliance-Sicht signifikant. So ist eine buß- 78
geldrechtliche Haftung des Compliance Officers in Bezug auf seine Aufsichtspflicht iSd
§ 130 Abs. 1 S. 1 OWiG denkbar.[64] Auch ersatzfähige Schadenspositionen des Unternehmens sind in vielerlei Hinsicht möglich. Wird nach einem Compliance-Verstoß etwa
gegen Kartell- oder Datenschutzrecht gegen ein Unternehmen eine Geldbuße verhängt,
stellt sich die Frage, ob und inwieweit ein Unternehmen gegen Verantwortliche Regress
nehmen kann.[65] Die Haftungsfrage ist sicherlich vielschichtig und aus dem Tatsächlichen heraus zu beurteilen. Ein Bedarf der versicherten Personen und insbesondere der
Compliance-Verantwortlichen nach Versicherungsschutz – sei es nun für Abwehr oder
für Kompensation von Schäden – besteht indes. Wird der og Ausschluss vereinbart, so
besteht kein Versicherungsschutz.

Dies ist in der Praxis nicht tragbar. Daher ist der Ausschluss in der hier dargestellten 79
Form auch nicht mehr üblich und deutlich zu „beanstanden".[66]

Weitergefasste Bedingungen sehen mindestens eine Mitversicherung des Innenregres- 80
ses vor. In internationalen Bedingungen werden auch die Strafschadensersatzansprüche
mitversichert, wenn kein gesetzliches Versicherungsverbot entgegensteht. Die konkrete
Formulierung des Ausschlusses ist typischerweise eine Frage der individuellen Vertragsgestaltung. So ist etwa in kartellanfälligen Branchen ein restriktiver Umgang mit einer
Einschränkung des Ausschlusses festzustellen.

dd) **Dienstleistungsausschluss.** Eine weitere, in der Praxis relevante Regelung ist der 81
Ausschluss für Dienstleistungen. Dieser wird auch aktuell noch häufig für Unternehmen
der Finanzdienstleistungswirtschaft vereinbart. Er intendiert die Abgrenzung der D&O-
Versicherung zur Vermögensschadenhaftpflichtversicherung des Finanzdienstleistungsunternehmens.

„Vom Versicherungsschutz ausgeschlossen sind Versicherungsfälle wegen Inan- 82
*spruchnahmen oder Verfahren, die auf einer Pflichtverletzung bei der Erbringung einer Dienstleistung beruhen. Dienstleistungen sind im Rahmen der Geschäftstätigkeit
der Versicherungsnehmerin, (...) gegenüber Kunden erbrachte oder zu erbringende
Leistungen, insbesondere Bankgeschäfte und Finanzdienstleistungen (Dienstleistung).*

---

[63] *Olbrich*, S. 183.
[64] Vgl. *Grützner/Behr*, DB 2013, 561 (567).
[65] MwN *Grützner*, in: Momsen/Grützner, Kap. 4 Rn. 476 ff.
[66] AA *Voit*, in: Prölss/Martin, AVB-AVG Ziff. 5 Rn. 15.

Dieser Ausschluss gilt nicht, sofern es sich um eine Pflichtverletzung bei der Organisation, Überwachung oder Auswahl der Arbeitnehmer, die die Dienstleistung erbringen, handelt."[67]

83 Während die Vermögensschadenhaftpflichtversicherung Schadensersatzansprüche etwa wegen pflichtwidriger Beratung von Kunden versichern will, deckt die D&O-Versicherung Tätigkeiten der Unternehmensleitung. Problematisch sind Fälle, in denen Geschäftsleiter selbst Beratungsdienstleistungen erbringen.[68] Wird bei pflichtwidriger Beratung nicht nur das Unternehmen, sondern auch der Berater als natürliche Person in Anspruch genommen, greift für die D&O-Versicherung des Dienstleistungsunternehmens der Ausschluss. Problematisch kann es sein, wenn der Versicherer mit dem Dienstleistungsausschluss auch das operative Handeln von versicherten Personen aus der Deckung herausnehmen will. Eine Abstimmung mit dem Versicherer zur Reichweite dieses Risikoausschlusses empfiehlt sich.

84 Der Dienstleistungsausschluss enthält in der aktuell weichen Marktphase typischerweise einen Wiedereinschluss für das sog „Organisationsverschulden". So dürfte die pflichtwidrige Organisation der Vertriebs-Compliance mit diesem Einschluss wiederum vom Versicherungsschutz erfasst werden.

> **Hinweis:** Grundsätzlich sind Compliance-Verantwortliche in der D&O-Versicherung versicherbar. Die Versicherten aus allen mitversicherten Gesellschaften teilen sich die Versicherungssumme. Es kann bestimmte Ausschlüsse geben, die insbesondere Compliance-Risiken aus der Deckung ausnehmen. Ein Beispiel dafür ist der Ausschluss für den Regress wegen Bußgeldern des Unternehmens.

e) Subsidiarität/Anderweitiger Versicherungsschutz

85 Die vom Unternehmen finanzierten D&O-Versicherungen enthalten typischerweise Regelungen zur Subsidiarität des Vertrags zu anderen Versicherungsverträgen. In Ziffer 6 der AVB-AGV wird festgehalten:

„Besteht für einen unter diesem Versicherungsvertrag geltend gemachten Schaden auch unter einem anderen Versicherungsvertrag Versicherungsschutz, so sind Versicherungsnehmerin und versicherte Personen verpflichtet, den Schaden zunächst unter dem anderweitigen Versicherungsvertrag geltend zu machen. (…)"

86 **aa) Zeitlich nacheinander abgeschlossene Verträge.** Diese Klausel kann sich auf zwei nacheinander abgeschlossene D&O-Verträge beziehen. Aus dem ersten kann ein Schaden im Rahmen der Nachmeldefrist versichert sein, aus dem zweiten Vertrag kann eine Deckung im Rahmen der Rückwärtsversicherung in Betracht kommen. Die Auflösung dieser Problematik erfolgt in den Bedingungen, die in der Versicherungspraxis verwendet werden, regelmäßig über die Aufnahme eines Zeitbezugs in die Klausel.

87 **bb) Versicherung gleichartiger Risiken durch unterschiedliche Personen.** Aus Sicht von Compliance-Verantwortlichen interessiert, wie sich diese Klausel zu einer auf privater Ebene abgeschlossenen Berufshaftpflichtversicherung für den Compliance Officer verhält.

---

[67] Chubb OLA 2011 PrimeLine FI.
[68] Vgl. *Olbrich*, S. 190 f.

A. Private und vom Unternehmen platzierte Policen

Typischerweise sind die neuen Policen für Risiken der Compliance Officer subsidiär zu ggf. vorhandenem D&O- oder anderweitigem Versicherungsschutz des Unternehmens gestaltet.

> **Beispiel:** Ist der geltend gemachte Schaden auch unter einem anderen Versicherungsvertrag einer Gesellschaft, für welche der Versicherungsnehmer eine nach diesem Vertrag versicherte Tätigkeit ausübt, versichert und gewährt der andere Vertrag hierfür Versicherungsschutz, so geht der anderweitige Versicherungsvertrag vor.

Die D&O-Policen von Unternehmen enthalten aber ebenso oft vergleichbare Subsidiaritätsklauseln, vgl. Ziffer 6 AVB-AVG.

Es kommt daher häufig zu einem Widerspruch. Diesem Umstand begegnen die Anbieter bisweilen mit sog „qualifizierten Subsidiaritätsklauseln". Diese erzwingen den Vorrang der anderweitigen Versicherung auch dann, wenn diese ebenfalls eine Subsidiaritätsregelung enthält.

Zu beachten ist damit, dass private Berufshaftpflicht-Policen für Compliance Officer regelmäßig subsidiär zu einer unternehmensfinanzierten Versicherungslösung konzipiert sind. Dies ist dann sachgerecht, wenn der D&O-Vertrag des Unternehmens den Versicherungsfall tatsächlich versichert. Für den Fall, dass dieser Vertrag keine Deckung gewährt, sollte der private Vertrag eingreifen. Einige Privat-Policen sind so ausgestaltet, dass sie auch dann eingreifen, wenn die Versicherungssumme des Unternehmensvertrags aufgebraucht ist. Im besten Fall gewähren die Privat-Policen einen Kostenbaustein für die Inanspruchnahme einer sog „Second-Opinion" für den Fall, dass Zweifel an der Regulierung durch den Unternehmensversicherer bestehen.

> **Hinweis:** Im Zusammenspiel von unternehmensfinanzierter und individueller Vermögensschadenhaftpflichtversicherung für Compliance-Risiken ist besonderer Wert auf die Gestaltung der Subsidiaritätsklauseln zu legen.

3. Strafrechtsschutzversicherung

Das Risiko, dass Angestellte oder Leitungsorgane durch ihre betriebliche Tätigkeit Ziel strafrechtlicher Ermittlungsverfahren werden, kann eintreten. Insbesondere aus den Bereichen des Umwelt- und Produktrisikos, aus Korruptionsfällen, Steuerdelikten sowie dem Außenwirtschafts- und Wettbewerbsrecht und anderen Compliance-Feldern sind Sachverhalte denkbar, die zu Straf- oder Ordnungswidrigkeitenverfahren führen.

Insofern platzieren Unternehmen typischerweise Rechtsschutzversicherungen zur Übernahme von Kosten aus der Verteidigung von Arbeitnehmern, Leitungs- und Aufsichtsorganen bei Straf- oder Ordnungswidrigkeitenverfahren.

Sog „Industrie- oder Spezial-Strafrechtsschutzversicherungen" als besondere Ausprägungen der Rechtsschutzversicherung für Unternehmen schützen dieses regelmäßig zwar nicht vor existenziellen Bedrohungen. Die Policen werden aber selbst von großen Konzernen platziert.[69] Hintergrund ist die Vermeidung einer steuerrechtlichen Proble-

---

[69] So halten 2/3 aller DAX-30- und M-DAX-Unternehmen eine Strafrechtsschutzversicherung vor, *Dahnz*, VP 2010, 45 (48).

matik. Diese könnte sich aus der Übernahme von Kosten zur Strafverteidigung eines Arbeitnehmers durch ein Unternehmen ergeben.[70]

95   Diese Industrie- oder Spezial-Strafrechtsschutz-Policen sind typischerweise nicht ARB-basiert und werden nur von wenigen Anbietern des Rechtsschutzmarktes mit durchgeschriebenen Bedingungswerken angeboten.

a) Versicherungsumfang

96   In der Strafrechtsschutzversicherung ist typischerweise jeder Angestellte des Unternehmens versicherte Person. Insofern sind also Compliance Officer auch erfasst, unabhängig davon, ob sie Arbeitnehmer oder Organmitglied sind.

97   Der Versicherungsschutz umfasst nach Eintritt eines Versicherungsfalls die Wahrnehmung rechtlicher Interessen beim Vorwurf der Verletzung von Vorschriften des Straf- und Ordnungswidrigkeitenrechts, sowie bei Disziplinar- und Standesverfahren. Die weiterreichenden Policen unterscheiden dabei nicht mehr danach, ob wegen eines Verbrechens oder eines Vergehens ermittelt wird.[71] Sämtliche Deliktsvorwürfe sind erfasst. Zu beachten ist aber der „Vorsatz-Ausschluss". Regelmäßig entfällt der Versicherungsschutz rückwirkend, wenn eine Verurteilung wegen einer vorsätzlich begangenen Straftat rechtskräftig wird. Die vom Rechtsschutzversicherer geleisteten Kosten für den oder die Verteidiger, für Gutachten oder für Reisen sind dem Versicherer zurück zu erstatten.

98   In den weiterreichenden Policen zählt ein rechtskräftiger Strafbefehl nicht als rechtskräftige Verurteilung. Insofern ist bei einem Strafbefehl keine Rückerstattung der Kosten an den Versicherer erforderlich. Dies ist insbesondere im Unternehmensstrafrecht eine relevante Regelung, die grundsätzlich gelten sollte.

99   Beachtlich ist ferner ein für Compliance-Verantwortliche relevanter Ausschluss, der in fast jeder Police vorkommt: der sog „Kartell-Ausschluss". Der Versicherungsschutz wird beim Vorwurf von Preis- oder wettbewerbsbeschränkenden Absprachen versagt. Es gibt auch weiter gefasste Formulierungen, die jeglichen Verstoß gegen Vorschriften des Kartellrechts vom Versicherungsschutz ausnehmen.

100   Die kundengünstigeren Policen versagen regelmäßig nur bei sog „Hard-Core-Kartellen" den Versicherungsschutz.[72]

b) Widerspruchsrecht der Versicherungsnehmerin

101   Die Strafrechtsschutzversicherung weist das Recht auf Versicherungsschutz nicht uneingeschränkt den Versicherten zu. Typischerweise wird zu Gunsten der Versicherungsnehmerin ein Widerspruchsrecht vereinbart, wenn ein Versicherter Rechtsschutz begehrt. Dies ist grundsätzlich auch sachgerecht. Denn bei einer Straftat, die sich gegen das Unternehmensvermögen richtet, hätte ansonsten eine versicherte Person auch einen Anspruch auf Rechtsschutz auf Kosten der unternehmensfinanzierten Strafrechtsschutz-Police. Das Risiko eines Widerspruchs durch die Versicherungsnehmerin kann mit Hilfe einer privaten Strafrechtsschutz-Police aufgefangen werden.

> **Hinweis:** In Spezial- oder Industrie-Strafrechtsschutzversicherungen werden Kostenrisiken aus Straf- und Ordnungswidrigkeitenverfahren gegen Compliance-Verantwortliche versichert. Bei Kartellverstößen und rechtskräftig festgestellten Vorsatztaten versagen marktübliche Policen den Versicherungsschutz.

---

[70] Vgl. *Dahnz*, VP 2010, 45 (48).
[71] Vgl. zur Historie *Thomas*, S. 504 ff. mwN.
[72] *Dahnz*, VP 2010, 45 (48).

A. Private und vom Unternehmen platzierte Policen

4. Cyber-Policen

Die Risikoübertragung von Haftungsrisiken aus Compliance-Verantwortung kann auch in sog „Cyber-Policen" erfolgen. Dabei handelt es sich um Versicherungsschutz für Risiken von Unternehmen oder Angestellten aus dem Umgang mit Kommunikations- und Internettechnologie. Die Policen setzen sich typischerweise aus Eigenschaden- und Drittschadenelementen zusammen. Die Deckungselemente im Drittschadenbereich entsprechen einer typischen Haftpflicht-Systematik iSv §§ 100 ff. VVG. Die Bedingungswerke sind jedoch eigenständig und regelmäßig nicht AHB-basiert. Teilweise wird der Versicherungsfall nach dem Anspruchserhebungsprinzip definiert.   102

Schwerpunkt der Cyber-Policen ist sicherlich der Versicherungsschutz für das Unternehmen. Mitversichert ist in der Regel aber auch die persönliche Haftung von Arbeitnehmern und Organmitgliedern. Insofern können diese Policen auch aus Sicht von Compliance-Verantwortlichen in einigen Punkten relevant sein.   103

Cyber-Policen enthalten typischerweise Deckungselemente zur Absicherung von Datenschutzverletzungen und sonstigen Vertraulichkeitsverletzungen. Wie unter → Rn. 46 ff. beschrieben, kann es hier eine Überschneidung mit der Betriebshaftpflichtversicherung geben. Hier wie dort sind Schadensersatzansprüche Dritter, die gegen einen Compliance-Verantwortlichen geltend gemacht werden, versichert. Die Cyber-Policen decken allerdings nicht nur eine Verletzung des Bundesdatenschutzgesetzes, sondern auch aller vergleichbaren Rechtsnormen im In- und Ausland. Insbesondere im internationalen Kontext kann dies bedeutsam sein.   104

Ferner kann sich aus Sicht der natürlichen Personen auch eine Überschneidung mit D&O- und Strafrechtsschutz-Policen ergeben. In der D&O-Versicherung sind zivilrechtliche Schadensersatzansprüche gegen Datenschutzbeauftragte typischerweise vom Gegenstand des Versicherungsschutzes erfasst. Kosten für Ermittlungen in Straf- oder Ordnungswidrigkeitenverfahren sind in der Strafrechtsschutz-Police versichert.   105

Aus Sicht von Unternehmen ist die Risikoübertragung von Datenschutzrisiken in Cyber-Policen relevant, da einige Anbieter auch die Mitversicherung von gegen die Versicherungsnehmerin gerichteten Geldbußen in die Versicherungskonzepte aufnehmen.[73] Der Vorsatzausschluss sorgt dann für das Korrektiv. Schadenfälle durch einen Repräsentanten der Versicherungsnehmerin, der zum Datenschutzverstoß aufruft, sollen nicht versichert werden. Kommt es wegen fahrlässig pflichtwidriger Organisation aber zu einem Verstoß, der mit einer Geldbuße für das Unternehmen geahndet wird, kann Versicherungsschutz eingerichtet werden.   106

Ferner sind in den Cyber-Policen auch Vertragsstrafen versicherbar, die den Unternehmen entstehen, weil sie gegen die Payment Card Industry Data Security Standards verstoßen haben. Dies dürfte sich auch mittelbar positiv auf Compliance-Verantwortliche auswirken. Der Regressanspruch des Unternehmens gegen den Compliance Officer, dem eine unzureichende Compliance-Organisation vorgeworfen werden mag, ist schwerlich durchsetzbar. Dem Unternehmen fehlt es an einem Schaden. Dieser wurde versichert.   107

Cyber-Policen enthalten überdies Versicherungsschutz wegen Verstößen gegen Immaterialgüterrechte.   108

---

[73] Dies ist gerade im Hinblick auf die aktuelle Debatte in der EU zu neuen Datenschutzregeln bedeutend, bei der Geldbußen in der Höhe von bis zu 5% des jährlichen Umsatzes diskutiert werden.

> **Beispiel:** Wird durch die urheberrechtswidrige Verwendung eines Fotos auf einer Website ein Schadensersatzanspruch durch den Rechteinhaber geltend gemacht, kann die Cyber-Police nicht nur dem Unternehmen, sondern auch ggf. betroffenen versicherten Personen Versicherungsschutz bieten. Bei einem Vermögensschaden, den Dritte gegen versicherte Personen geltend machen, könnte auch die D&O-Versicherung in Betracht kommen.

B. Zusammenfassung

109 Die D&O-Versicherung ist grundsätzlich am besten geeignet, die existenziellen Haftungsrisiken eines Compliance Officers zu versichern. Eine unternehmensfinanzierte D&O-Versicherung ist allerdings typischerweise als Versicherung für fremde Rechnung gestaltet. Insofern empfiehlt es sich, die Anforderungen an den Versicherungsschutz im Vertragsverhältnis zwischen Arbeitgeber und Compliance Officer zu regeln.

110 Obwohl in betrieblichen Haftpflichtversicherungen die persönliche gesetzliche Haftpflicht von angestellten Arbeitnehmern und Leitungsorganen mitversichert ist, decken betriebliche Haftpflichtversicherungen die reinen Vermögensschäden aus Compliance-Risiken häufig nur unzureichend. Die betrieblichen Haftpflichtversicherungen können dagegen bei Personen- und Sachschäden hilfreich sein.

111 Sachgerechte Ergänzungen zur Absicherung von Kostenrisiken bieten private Rechtsschutz-Policen.

112 Private Haftpflichtversicherungen zur Absicherung des Berufshaftungsrisikos werden aktuell von einem kleinen Anbieterkreis angeboten. Eine Abstimmung mit den unternehmensfinanzierten Policen ist sachgerecht, um sich widersprechende Subsidiaritätsklauseln zu vermeiden.

§ 15. Das Geschäftsleitungsmitglied als Compliance Officer

Dr. Alexander Oehmichen/Anja Mandelkow

Übersicht

	Rn.
A. Allgemeine Organisationspflichten der Geschäftsleitung im Hinblick auf Compliance	1
B. Tone from the Top	6
I. Der Compliance Officer als Mitglied der Geschäftsleitung?	6
1. Ausgangssituation	6
2. Chancen	7
3. Risiken	8
II. Wie setzt der Compliance Officer als Geschäftsleitungsmitglied dieses Prinzip um?	9
1. Wer ist „Top"?	9
2. Was ist „Tone"?	11
3. Präsenz	16
C. Berichterstattung gegenüber dem Aufsichtsrat	17
D. Fazit	19

Literatur: Deutscher Corporate Governance Kodex (in der Fassung vom 5.5.2015 mit Beschlüssen aus der Plenarsitzung vom 5.5.2015), abzurufen unter http://www.dcgk.de//files/dcgk/usercontent/de/download/kodex/2015-05-05_Deutscher_Corporate_Governance_Kodex.pdf; *KPMG*, Thesenpapier „Compliance – Modeerscheinung oder Chefsache?", 2011; *Pütz*, Compliance – Eine Einführung in die Thematik, 2011; *Rack*, CB-Test: die rechtlichen Voraussetzungen für ein Compliance-Management-System, CB 2014, 279 ff.; *Scherer*, Good Governance und ganzheitliches strategisches und operatives Management: Die Anreicherung des „unternehmerischen Bauchgefühls" mit Risiko-, Chancen- und Compliancemanagement, CCZ 2012, 201 ff.; *Zöllner/Noack*, in: Baumbach/Hueck, GmbHG, Kommentar, 20. Aufl. 2013, § 43.

A. Allgemeine Organisationspflichten der Geschäftsleitung im Hinblick auf Compliance

Die Geschäftsleitung trägt als leitendes Organ der Gesellschaft die Organisations- und Aufsichtspflicht für Gesellschaft. Das Prinzip der Compliance verkörpert letztendlich die jedem Rechtssystem innewohnende **Pflicht zur Einhaltung der Gesetze**.[1] Für die Geschäftsführung einer am Wirtschaftsleben teilnehmenden Gesellschaft gilt dies in besonderem Maße: *„Zu den Kardinalspflichten eines Geschäftsführers gehört zuvorderst die Pflicht, sich bei seiner Amtsführung gesetzestreu zu verhalten."*[2] Für den GmbH-Geschäftsführer ist diese Pflicht in § 43 Abs. 1 GmbHG verankert, für den Vor-

1

---

[1] *Scherer*, CCZ 2012, 202.
[2] *Fleischer*, in: MüKoGmbHG, § 43 Rn. 21 mwN, *Zöllner/Noack*, in: Baumbach/Hueck, § 43 GmbHG Rn. 17.

stand einer Aktiengesellschaft ergibt sich dies aus §§ 76 Abs. 1, 91 Abs. 1, 93 Abs. 1 S. 1 AktG. Wenngleich keine der vorgenannten Regeln den Begriff der Compliance verwenden oder eine bestimmte Organisationsstruktur vorschreiben, trägt die Geschäftsleitung allein schon aufgrund dieser Vorschriften unzweifelhaft die Pflicht, das Unternehmen *„so zu organisieren, dass gesetzliche und unternehmensinterne Vorschriften durch das Unternehmen und seine Mitarbeiter eingehalten werden."*[3] Treffend zusammengefasst ist diese Pflicht im 2. Leitsatz des Urteils des LG München I vom 10.12.2013[4]: *„Die Einhaltung des Legalitätsprinzips und demgemäß die Einrichtung eines funktionierenden Compliance-Systems gehört zur Gesamtverantwortung des Vorstands."*

2 Ebenfalls in Bezug auf den Vorstand einer börsennotierten Aktiengesellschaft legt Ziffer 4.1.3 des „Deutschen Corporate Governance Kodex"[5] fest: *„Der Vorstand hat für die Einhaltung der gesetzlichen Bestimmungen und der unternehmensinternen Richtlinien zu sorgen und wirkt auf deren Beachtung durch die Konzernunternehmen hin (Compliance)."*

3 Mutatis mutandis gelten die Leitsätze des Urteils des LG München I (→ Rn. 1) und die Regeln des Deutschen Corporate Governance Kodex auch für die Geschäftsleitung anderer am Wirtschaftsleben beteiligter Gesellschaftsformen.

4 Eine allgemeine, nicht auf eine bestimmte Gesellschaftsform bezogene Pflicht, Aufsichtsmaßnahmen im Unternehmen einzurichten und zu unterhalten, erwächst auch aus § 130 Abs. 1 OWiG.

5 Aus dieser gesetzlichen Pflicht der Geschäftsleitung zur Einrichtung eines Überwachungssystems[6] – von Rechtsprechung, Literatur und vom Kodex umgemünzt in eine Pflicht zur Einrichtung eines Compliance-Systems – ergibt sich aber nicht zwingend, dass der Leiter der Compliance, der CO, Mitglied der Geschäftsleitung sein muss. Im Folgenden setzen wir uns näher damit auseinander, ob es sinnvoll ist, die Funktion des CO einem Mitglied der Geschäftsleitung zuzuordnen, und, sofern der CO Mitglied der Geschäftsleitung ist, welche Besonderheiten diese Positionierung des CO mit sich bringt.

B. Tone from the Top

I. Der Compliance Officer als Mitglied der Geschäftsleitung?

1. Ausgangssituation

6 Die Pflicht zur Einrichtung und Aufrechterhaltung eines wirksamen Compliance-Systems besteht unabhängig von der „Verortung" des Compliance Officers im Unternehmen; diese Pflicht verändert sich nicht dadurch, dass der Compliance Officer Mitglied der Geschäftsleitung ist. Allerdings sollte die Frage, ob die Leitung der Compliance unmittelbar einem Mitglied der Geschäftleitung überantwortet wird, wohl erwogen werden. Diese Entscheidung bietet sowohl Chancen als auch Risiken.

---

[3] *Pütz*, S. 11.
[4] LG München I NZG 2014, 345.
[5] Deutscher Corporate Governance Kodex (idF vom 13.5.2013 mit Beschlüssen aus der Plenarsitzung vom 13.5.2013).
[6] *Rach*, DB 2014, 279.

B. Tone from the Top

2. Chancen

Aus der Sicht des Mitglieds der Geschäftsleitung bietet die direkte Verantwortung für Compliance folgende Chancen:
- Als Mitglied der Geschäftsleitung hat der Compliance Officer besondere Durchgriffsmacht im Unternehmen und hat den direkten Blick auf Geschäftsvorgänge, nicht gefiltert durch den Bericht eines ihm zugeordneten Compliance Officers.
- „Tone from the Top": hausinterne Kommunikation ist besonders glaubhaft, wenn ein Mitglied der Geschäftsleitung selbst die Funktion des Compliance Officers verkörpert;
- Beispielsfunktion und Authentizität sind besonders stark ausgeprägt, wenn die Geschäftsleitung selbst in Gestalt eines ihrer Mitglieder die Verantwortung für die Führung der Compliance-Struktur übernimmt;
- Profunde Detailkenntnis: durch die unmittelbare Verantwortung für das Compliance-System erhält das Geschäftsführungsmitglied als Compliance Officer einen direkten Einblick in die unternehmensinternen Abläufe;
- Direkter Zugang zu anderen Mitgliedern der Geschäftsleitung und dem Aufsichtsrat: der Compliance Officer muss nicht erst an ein Mitglied der Geschäftsleitung appellieren, um von der Geschäftsleitung oder dem Aufsichtsrat gehört zu werden, er ist die Geschäftsleitung;
- Und umgekehrt: die übrigen Mitglieder der Geschäftsleitung können sich bei Compliance-Themen direkt an einen Kollegen aus ihrer Mitte wenden, statt einen hierarisch tiefer positionierten Compliance Officer ansprechen zu müssen. Dies senkt die Hemmschwelle und entspannt das Gespräch.
- Gestaltungsmacht: als Mitglied der Geschäftsleitung kann der Compliance Officer in der Geschäftsleitung unmittelbar seinen Gestaltungswillen zum Tragen bringen, er muss hierfür nicht erst ein Mitglied der Geschäftsleitung überzeugen;
- Kommunikation nach außen: ein Compliance Officer, der Mitglied der Geschäftsleitung ist, kann die Compliance-Kommunikation nach außen mit mehr Autorität und substantiierter transportieren, als ein Compliance Officer, der hierfür erst der Vermittlung eines Geschäftsführungsmitglieds bedarf;
- Unbeschränkter Zugriff im Unternehmen auf alle Vorgänge, die compliance-relevant sein könnten – letztendlich also auf alle Vorgänge des Unternehmens. Dies bedeutet eine enorme inhärente Macht des Compliance Officers als Geschäftsleitungsmitglied, auch im Verhältnis zu den übrigen Geschäftsleitungsmitgliedern.

3. Risiken

Aus der Sicht des Mitglieds der Geschäftsleitung ergeben sich durch die direkte Verantwortung für Compliance folgende Risiken:
- Der **Exkulpationsbeweis** der perfekten Organisation („kein Organisationsverschulden") ist schwieriger, wenn die Compliance-Organisation, verkörpert durch den Compliance Officer, nicht an ein Mitglied der Geschäftsführung berichtet, sondern von einem Mitglied der Geschäftsleitung geführt wird: Der Geschäftsführer kann nicht argumentieren, dass er ein perfektes Compliance-System mit einem starken Compliance Officer eingerichtet hat und auf die Kontrollmechanismen vertrauen durfte; da er selbst Compliance Officer ist, verkörpert er diese Kontrollmechanismen.
- **Eingeschränkte Eskalationsmöglichkeit:** Ist der Compliance Officer selbst Mitglied der Geschäftsleitung, gibt es keine höhere Position im operativen Bereich des Unternehmens, die der Compliance Officer bei der Durchsetzung von Maßnahmen etc ein-

beziehen könnte. Im Fall von gravierenden Verstößen, gegebenenfalls auch durch die Kollegen in der Geschäftsleitung, bleibt nur die direkte Kommunikation mit dem Aufsichtsrat.
– Insbesondere bei sehr großen Unternehmen besteht die Gefahr, dass die Mitglieder der Geschäftsleitung von den Einzelheiten des operativen Tagesgeschäfts zu weit entfernt sind, um als verantwortliche Compliance Officer fungieren zu können.
– Arbeitsüberlastung: falls das betreffende Geschäftsleitungsmitglied neben der Compliance noch weitere Geschäftsfelder zu verantworten hat, steht zu befürchten, dass es die für Compliance erforderliche Zeit und Aufmerksamkeit nicht mehr aufbringen kann. Hierin liegt eine besondere Gefahr, denn durch die Verankerung der Compliance-Leitung in der Geschäftsleitung signalisiert die Geschäftsleitung (bzw. Eigentümer und/oder Aufsichtsrat), dass Compliance bei ihr ein besonderes Gewicht hat. Faktisch aber gerät die Compliance aufgrund der Vielzahl der Verantwortlichkeiten des betreffenden Geschäftsführungsmitglieds ins Hintertreffen.

II. Wie setzt der Compliance Officer als Geschäftsleitungsmitglied dieses Prinzip um?

1. Wer ist „Top"?

9   „Top" umfasst nicht nur das betroffene Geschäftsleitungsmitglied, sondern die gesamte Geschäftsleitung. Der Compliance Officer muss daher alle seine Kollegen aus der Geschäftsleitung „hinter sich bringen"; das Konzept muss von der gesamten Geschäftsleitung voll mitgetragen werden, um erfolgreich zu sein. Ferner ist es erforderlich, dass der Compliance Officer durch die Geschäftsleitung und gegebenenfalls den Aufsichtsrat mit den erforderlichen finanziellen und personellen Mitteln und den erforderlichen Kompetenzen ausgestattet wird.[7] Ist der Compliance Officer selbst Mitglied der Geschäftsleitung, hat er im Hinblick darauf bereits erhebliche Vorteile:
– Er kann über die finanzielle und personelle Ausstattung aufgrund seiner Position im Unternehmen selbst mitbestimmen.
– Als Mitglied der Geschäftsleitung wird er bereits durch dieses Amt als Autorität wahrgenommen und kann Maßnahmen besser durchsetzen; zusätzliche Kompetenzen müssen nicht mehr eingeräumt werden.

10 Damit ein Compliance-System im Unternehmen funktioniert, muss die Geschäftsleitung zunächst eine **Compliance-Kultur** und ein **Bewusstsein bei den Mitarbeitern** schaffen. Dies gelingt nur, wenn die Geschäftsleitung Compliance vorlebt und sie im Unternehmen präsent macht. Da der Compliance Officer als Mitglied der Geschäftsleitung direkten Zugriff zu den übrigen Mitgliedern der Geschäftsleitung hat, kann er diesen Prozess wesentlich besser beeinflussen, als ein Compliance Officer, der nicht Mitglied der Geschäftsleitung ist.

> **Praxistipp:** Um ein Bewusstsein bei den übrigen Mitgliedern der Geschäftsleitung für die Anliegen der Compliance zu schaffen, und um sicherzustellen, dass der **„Tone from the Top"** auch vorgelebt wird, empfehlen wir, dass Compliance in jeder ordentlichen Sitzung der Geschäftsleitung Gegenstand der Tagesordnung ist. Da-

---
[7] *Scherer*, CCZ 2012, 207 Fn. 82.

B. Tone from the Top

durch wird das Thema vertrauter und die Geschäftsleitung strahlt dieses Vertrauen und Wissen um Compliance gegenüber den Mitarbeitern aus.

Motivieren Sie Ihre Mitarbeiter, für Ihre „direct reports" das Thema der Compliance in die Zielvereinbarung aufzunehmen. Auf diese Weise bewirken Sie, dass nicht nur Ihre eigene zweite Führungsebene, sondern auch die Ihrer Geschäftsleitungskollegen sich das Thema der Compliance zueigen machen.

2. Was ist „Tone"?

„Tone" bedeutet Kommunikation. „Kommunikation" bedeutet in diesem Zusammenhang aber nicht nur die schlichte Übermittlung von Nachrichten. Sie umfasst noch mehr, nämlich die Vermittlung einer ganz bestimmten, von klaren ethischen Prinzipien getragenen Lebenseinstellung. Als Geschäftsleitungsmitglied steht der Compliance Officer unter besonderer Beobachtung der Beschäftigten seines Unternehmens; er nimmt eine besondere Vorbildfunktion ein. Die Äußerungen und Handlungen eines Mitglieds der Geschäftsleitung heben sich in ihrer Bedeutung von jenen eines „normalen" Angestellten hervor: Mitarbeiter, aber auch Geschäftspartner und sonstige dritte Beobachter schließen aus diesen Äußerungen und Handlungen auf die Politik des Unternehmens, auf seinen Führungsstil und seine tatsächlich gelebten Werte. 11

Das „*Bekenntnis zu einer Compliance-Politik ist nur glaubhaft, wenn sich die Geschäftsleitung selbst an die Compliance-Regeln hält, wenn sie ihrer moralisch-ethischen Vorbildfunktion gerecht wird und wenn das Bild, welches das Unternehmen nach innen und nach außen bietet, hierzu nicht im Widerspruch steht*".[8] 12

Hieraus erwächst die besondere Verantwortung des Compliance Officers als Mitglied der Geschäftsleitung. 13

Darüberhinaus muss auch die zweite Führungsebene und die Führung der Tochtergesellschaften auf das Konzept „eingeschworen" werden. Dies erfordert eine klare Kommunikation von der Geschäftsleitung in die nächsten Führungsebenen – und von dort in die gesamte Mitarbeiterschaft.[9] Der Compliance Officer als Geschäftsleitungsmitglied hat den großen Vorteil, dass die Kommunikation des Compliance Officers bei der Belegschaft, aber auch bei Geschäftspartnern, als Botschaft der Geschäftsleitung wahrgenommen wird. 14

Praxistipp: Kommunizieren Sie **regelmäßig** zu Compliance, um sie im Unternehmen präsent zu machen und ein Bewusstsein bei den Mitarbeitern für Compliance zu schaffen.

Nutzen Sie **alle** im Unternehmen zur Verfügung stehenden Kommunikationsmöglichkeiten, zB Intranet, Aushänge, Mitteilungen der Geschäftsleitung, interner Newsletter, etc.

Hierbei kommt es auf die Dosierung an: Die Kommunikation soll bewirken, dass Compliance und das Gespräch über Compliance-Themen zum selbstverständlichen Bestandteil des Arbeitsalltags wird. Die Kommunikation darf aber nicht bewirken, dass die Mitarbeiter sich durch dieses Thema belästigt fühlen und der Verdacht entsteht, die Geschäftsleitung sei von einer „Compliance-Hysterie" befallen. Hierfür muss der Compliance Officer sein eigenes Fingerspitzengefühl entwickeln.

---

[8] *Pütz*, S. 12; *Rach*, CB 2014, 287.
[9] *KPMG*, S. 3.

15 Zum „Tone", dh zur Kommunikation, gehört auch der im Unternehmen und gegenüber Dritten veröffentlichte Wertekatalog („**Code of Conduct**"). Hinsichtlich der Einzelheiten zum Code of Conduct verweisen wir auf die entsprechenden Kapitel dieses Handbuchs. Einige wenige grundsätzliche Hinweise erscheinen uns indes auch aus der Perspektive des Geschäftsleitungsmitglieds wichtig:
- Der Code of Conduct muss nicht jedes möglicherweise compliance-relevante Detail im Geschäftsablauf des Unternehmens regeln, und keinesfalls darf er in „Juristen-Deutsch" geschrieben sein. Viel wichtiger ist, dass der Code of Conduct in klaren, allgemein verständlichen Worten die Botschaft der Compliance den Mitarbeitern und Geschäftspartnern vermittelt. Selbstverständlich darf der Code of Conduct sich aber auch nicht in Allgemeinplätzen verlieren, sondern muss die wichtigsten Bereiche des Geschäftslebens erfassen.
- Der Code of Conduct soll neben rechtlichen Regeln auch ethisch-moralische Werte hervorheben.

> **Praxistipp:** Die Geschäftsleitung sollte bei der Darstellung ethisch-moralischer Werte im Code of Conduct der Versuchung widerstehen, in moralisierende, quasi-religiöse Wortwahl zu verfallen. Solche Texte, wie man sie leider manchmal auf Websites zu sehen bekommt, wirken kontraproduktiv. Auch hier gilt der Grundsatz: „Der Ton macht die Musik".

- Die Geschäftsleitung muss sich stets bewusst sein, dass der Code of Conduct auch für sie gilt.
- Falls der Code of Conduct ein „**Zero Tolerance**"-Prinzip (Verstöße werden sofort und unnachgiebig geahndet) enthält, muss dieses Prinzip auch konsequent umgesetzt werden, gegebenenfalls auch gegenüber sehr verdienten Mitarbeitern oder Mitgliedern der Geschäftsleitung.

> **Praxistipp:** Bitte beachten Sie bei der Einrichtung Ihres Compliance-Systems und des „**Tone from the Top**" die Besonderheiten Ihres Unternehmens. Insbesondere die Größe des Unternehmens, die Intensität der Marketing-Aktivitäten, die Rechtsform, eine eventuelle Börsennotierung, aber auch Compliance-Vorfälle in der Vergangenheit sollten in die Überlegungen einfließen. Denken Sie daran, wegen rechtlich bedeutsamer Themen Ihre Rechtsabteilung einzubeziehen.

3. Präsenz

16 Wenngleich der Compliance Officer als Mitglied der Geschäftsleitung die Details des Compliance-Tagesgeschäfts an seine Mitarbeiter delegiert, ist es unabdingbar, dass er in Compliance-Fragen **nachhaltige Präsenz** im Unternehmen zeigt. Eines der Ziele des Compliance Officers sollte es sein, dass die Mitarbeiter das Thema der Compliance mit seiner Person verbinden: Er verkörpert die Compliance nicht als „abgehobener Hierarch", sondern ist für die Mitarbeiter direkt ansprechbar. In der Aufgabenverteilung zwischen dem Compliance Officer und seinen Mitarbeitern bedeutet dies natürlich nicht, dass der Compliance Officer sich von seinen Mitarbeitern deren Tagesgeschäft „zurückdelegieren" lässt. Selbstverständlich sind seine Mitarbeiter verantwortlich für die Schulungs-, Überwachungs- und Beratungsfunktionen des Compliance-Systems.

D. Fazit

Aber die Mitarbeiter des Unternehmens sollten wissen, dass sie den Compliance Officer persönlich ansprechen können, insbesondere, wenn ein Anliegen sie so sehr bewegt, dass sie sich „normalen" Kollegen nicht anvertrauen möchten, oder wenn ein Thema betroffen ist, von welchem aus Vertraulichkeitsgründen nur die Geschäftsleitung und die unmittelbar mit dem Thema befassten Mitarbeiter wissen, zB eine strategische Neuausrichtung des Unternehmens. Auch hier ist der der Geschäftsleitung angehörige Compliance Officer gegenüber einem nicht in der Geschäftsleitung vertretenen Compliance-Kollegen im Vorteil, weil er als Geschäftsleitungsmitglied „von Amts wegen" in solch vertrauliche Themen einbezogen ist.

Praxistipp: Finden Sie als Compliance Officer die für Sie richtige Balance zwischen der Gestaltungsfreiheit ihrer Mitarbeiter in der Compliance-Organisation und Ihrem persönlichem Engagement. Etablieren Sie regelmäßige Team-Meetings mit Anwesenheitspflicht für Ihre Mitarbeiter, aber auch für Sie selbst. Seien Sie stets informiert, aber nur dort persönlich einbezogen wo Ihre direkte Mitwirkung erforderlich ist.

C. Berichterstattung gegenüber dem Aufsichtsrat

Die Berichtpflicht der Geschäftsleitung gegenüber dem Aufsichtsrat zu Compliance ergibt sich – zumindest bei der börsennotierten Aktiengesellschaft – aus Ziffer 3.4 Abs. 2, S. 1 des Deutschen Coporate Governance Kodex: *„Der Vorstand informiert den Aufsichtsrat regelmäßig, zeitnah und umfassend über alle für das Unternehmen relevanten Fragen der Strategie, der Planung, der Geschäftsentwicklung, der Risikolage, des Risikomanagements und der Compliance."* 17

Dies bedeutet eine **Bringschuld des Vorstands** (bzw. bei der mit einem Aufsichtsrat versehenen GmbH, der Geschäftsführer) gegenüber dem Aufsichtsrat. Es bleibt aber auch in Compliance-Fragen bei der grundsätzlichen Aufgabenteilung zwischen Vorstand und Aufsichtsrat: der Vorstand, nicht der Aufsichtsrat, ist für das Tagesgeschäft verantwortlich; er leitet das Unternehmen in eigener Verantwortung. Der Aufsichtsrat überwacht und berät den Vorstand, in operativen Entscheidungen ist er (nur) dann eingebunden, wenn diese von grundlegender Bedeutung für das Unternehmen sind. Für die Compliance bedeutet dies: Der Aufsichtsrat hat sich davon zu überzeugen, dass der Vorstand ein Compliance-System eingerichtet hat und dass dieses funktioniert. Daraus ergibt sich, dass sich die Berichtspflicht des Compliance Officers als Geschäftsleitungsmitglied auf diese beiden grundsätzlichen Elemente beschränkt. Selbstverständlich wird der Compliance Officer in seinen Berichten durchaus auch Details der Arbeit der Compliance-Organisation schildern, soweit dies für das Verständnis des Aufsichtsrats notwendig und nützlich ist – und soweit der Aufsichtsrat danach fragt. 18

D. Fazit

Jedes Unternehmen hat selbst zu entscheiden, ob die Funktion des Compliance Officers von einem Mitglied der Geschäftsleitung übernommen werden soll oder von einer Führungskraft unterhalb der Geschäftsleitungsebene. Die Entscheidung hängt von vie- 19 len Faktoren ab, zB von der Größe des Unternehmens, von der Internationalität seiner Geschäftstätigkeit, von der Branche und nicht zuletzt von der Frage, ob es in der Vergangenheit bereits schwerwiegende Verstöße gegen Regeln gegeben hat, die unter dem Prinzip der Compliance zusammengefasst sind. Auch der Wunsch des Unternehmens, ein starkes Signal nach innen und nach außen zu senden, wird bei der Entscheidung, einem Geschäftsleitungsmitglied die Funktion des Compliance Officers zu übertragen, eine wichtige Rolle spielen.

20 Insbesondere bei multinational tätigen Unternehmen liegt es nahe, die Funktion des Compliance Officers einem Mitglied der Geschäftsleitung zu übertragen, erfordert doch die hohe Verantwortung, die gerade bei einem solchen Unternehmen aus dieser Funktion erwächst, eine Verankerung auf einer hohen Ebene der Unternehmenshierarchie.

21 Aber selbst wenn das Unternehmen entscheidet, die Funktion des Compliance Officers einem Mitarbeiter einer nachgeordneten Führungsebene zu delegieren, bleibt der Vorstand bzw. die Geschäftsleitung immer in der Verantwortung; eine **vollständige Delegation der Pflichten** zur Wahrung der Compliance ist der Geschäftsleitung **gesetzlich verwehrt**.

Anhang: Leitlinien für die Tätigkeit in der Compliance-Funktion im Unternehmen (für Compliance Officer außerhalb regulierter Sektoren)[1]

Compliance bedeutet, für die Einhaltung der gesetzlichen Bestimmungen und der unternehmensinternen Richtlinien zu sorgen und auf deren Beachtung durch die Konzernunternehmen hinzuwirken (4.1.3. Deutscher Corporate Governance Kodex). Der Aufsichtsrat soll einen Prüfungsausschuss (Audit Committee) einrichten, der sich, falls kein anderer Ausschuss damit betraut ist, neben zahlreichen anderen Aufgaben auch mit der Compliance befasst (5.3.2. Deutscher Corporate Governance Kodex).

Compliance ist damit Aufgabe der Geschäftsleitung und – auf Basis der aktienrechtlichen Aufgabenverteilung – des Aufsichtsrats und gleichzeitig ein Instrument der verantwortlichen und verantwortungsvollen Unternehmensführung und -kontrolle.

Die Funktion und Aufgabe der Compliance-Abteilung und des CCO (Chief Compliance Officer), im Weiteren allgemein als Compliance-Funktion bezeichnet, ist bisher nicht gründlich diskutiert oder gar angemessen definiert.

Der Bund Deutscher Compliance Officer (BDCO) hat nun erstmals ein Positionspapier zum Berufsbild des Compliance Officer erstellt, das als Anstoß zu einer notwendigen Diskussion grundsätzlich zu begrüßen ist. Erste Reaktionen zeigen jedoch, dass die Ausführungen des besagten Positionspapiers nicht die weithin unterschiedlich ausgeprägte Unternehmenswirklichkeit treffen. Das Positionspapier ist aus der Sicht des Bankensektors verfasst und für den Nichtbankensektor in wichtigen Passagen unpassend.

Nun besteht das Risiko, dass dieses Positionspapier den Behörden und Gerichten, die sich künftig mit der Compliance-Funktion in Industrie und Handel auseinandersetzen werden müssen, ein nicht verallgemeinerungsfähiges und daher realitätsfremdes Bild der Compliance-Funktion vermittelt. Vor allem suggeriert das Positionspapier Befugnisse und Rechte der Compliance-Funktion, wie sie in keinem deutschen Unternehmen außerhalb der Banken existieren, und dort auch weder angemessen noch umsetzbar sind.[2]

Es ist daher eine Ergänzung zur tatsächlichen Tätigkeit, zu Pflichten und zu Befugnissen der Compliance-Funktion in den Unternehmen notwendig. Die Compliance Funktion übt eine beratende Tätigkeit bei der Erarbeitung und Implementierung geeigneter präventiver Maßnahmen aus, wozu insbesondere die Compliance Risikoanalyse, Erstellung und Umsetzung interner Richtlinien und die Durchführung von Schulungen und anderer Kommunikationsmaßnahmen gehören. Weiterhin muss die Compliance Funktion zumindest über die Untersuchung und Ahndung von Verstößen gegen die Gesetze oder das Compliance Programm informiert und in die entsprechenden Prozesse

---

[1] Bei den hier abgedruckten Leitlinien handelt es sich um das **gemeinsame Positionspapier** des Netzwerks Compliance e.V., der Fachgruppe Compliance des Bundesverbandes der Unternehmensjuristen (BUJ), des DICO – Deutsches Institut für Compliance, und des Berufsverbandes der Compliance Manager (BCM). Die Leitlinien basieren auf einem Entwurf des Verfassers *Dr. Christoph Hauschka*, den die Autoren *Wirnt Galster* und *Dr. Annette Marschlich* grundlegend überarbeitet haben. Erstabdruck mit einer Vorbemerkung von *Hauschka/Galster/Marschlich*, CCZ 2014, 242 (243 ff.).

[2] Vgl. dazu Sünner in CCZ 2014, 91 f.; Hauschka in CCZ 2014, 165 [168 ff.].

eingebunden sein, sofern sie diese nicht in eigener Kompetenz durchführt. In diesem Zusammenhang ist zu berücksichtigen, dass die Rechtsprechung die konsequente Sanktionierung von Verstößen gegen strafrechtliche Vorschriften im vermeintlichen Unternehmensinteresse zu den Compliance-bezogenen Vorstandspflichten nach § 93 AktG zählt.

Ergänzend ist der Beitrag der Compliance-Funktion zu internen (und externen) Ermittlungsmaßnahmen sowie in Krisenfällen zu klären. Vorliegend werden Leitlinien für die Tätigkeit der Compliance-Funktion formuliert, welche die Situation widerspiegeln, die in Industrie und Handel bereits vorzufinden ist oder nach Ansicht der Betroffenen vorzufinden sein sollte. Hierbei ist festzuhalten, dass für die je nach Größe, Branche, Börsennotierung, Internationalisierungsgrad, Konzernstruktur und Compliance-Risikolage etc. höchst unterschiedlich ausgeprägten Unternehmen stets eine individuell zugeschnittene Lösung gefunden werden muss – und auch gefunden werden darf. Das schließt die im Ermessen der Unternehmensleitung stehende Option ein, die Compliance-Funktion ganz oder teilweise auf andere Bereiche im Unternehmen zu verteilen.

1. Die Stellung der Compliance-Funktion

1.1. Delegation

Die Etablierung von geeigneten Maßnahmen zur Einhaltung des Legalitätsprinzips ist Aufgabe der Geschäftsleitung, welche sie an die Compliance-Funktion im Rahmen der arbeitsteiligen Organisation delegieren kann. Die Legalitätsverantwortung sowie Auswahl, Instruktion und Überwachung der Compliance-Funktion verbleiben stets als Kernaufgabe bei der Geschäftsleitung.

1.2. Direkte Berichterstattung an die Geschäftsleitung

Der Chief Compliance Officer (CCO) oder der Leiter der Einheit, welche die Compliance-Funktion wahrnimmt, sollte ein hochrangiges Mitglied des Managements sein, das zur direkten Berichterstattung an die Geschäftsleitung bzw. im Ausnahmefall an die Aufsichtsgremien berechtigt und verpflichtet ist. Seine konkrete organisatorische Anbindung im Unternehmen muss dieser Vorgabe gerecht werden. Sofern die Compliance-Funktion von einer sonstigen Einheit wahrgenommen wird, muss in gleicher Weise sichergestellt werden, dass eine direkte Berichterstattung an die Geschäftsleitung bzw. im Ausnahmefall an die Aufsichtsgremien erfolgt.

1.3. Auswahlkriterien

In eine Compliance-Funktion sollten nur Personen berufen werden, deren fachliche Qualifikation, Integrität, und Zuverlässigkeit über jeden Zweifel erhaben ist. Die Geschäftsleitung lässt besondere Sorgfalt bei der Auswahl des CCO bzw. des Inhabers der Compliance-Funktion walten und achtet insbesondere auf Integritätskriterien. Darüber hinaus sind die folgenden Kriterien zu berücksichtigen: Seniorität, Autorität, Durchsetzungskraft und Erfahrung sowie Verständnis für das Unternehmen und die dort Tätigen. Die Compliance Funktion benötigt zur effektiven Aufgabenwahrnehmung die absolute Unterstützung durch die Geschäftsleitung. Die Auswahl des CCO bzw. des Inhabers der Compliance-Funktion sollte durch das Aufsichtsgremium (z.B. Prüfungsausschuss) bestätigt werden.

Leitlinien für die Tätigkeit in der Compliance-Funktion im Unternehmen

1.4. Die Geschäftsleitung unterstützt die Compliance-Funktion uneingeschränkt, insbesondere durch:

- die Schaffung einer Compliance tragenden Compliance-Kultur im Unternehmen und (falls vorhanden) in den Konzernunternehmen;
- die Bereitstellung angemessener personeller und sachlicher Ressourcen;
- eine klare Aufgabenzuweisung und Ressortaufteilung durch Stellenbeschreibung und Anstellungsvertrag; dabei sind Abgrenzungen und/oder Zuweisungen von Funktionen wie Datenschutz, Arbeitssicherheit, Geldwäsche etc. vorzunehmen;
- die Gewährung eines angemessenen Schutzes (dazu unten 8.2.);
- die Sicherstellung der kurzfristigen Erreichbarkeit der Geschäftsleitung für die Ansprache durch die Compliance-Funktion;
- die Sicherstellung einer konsequenten Sanktionierung von Verstößen;
- die Herstellung sachgerechten Versicherungsschutzes für die Mitarbeiter der Compliance-Funktion, etwa die Einbeziehung in eine bestehende D & O, Industriestrafrechts- oder Vermögensschadenhaftpflichtversicherung.

1.5. Verantwortung für das Unternehmen

Die Compliance-Funktion in einem Unternehmen hat grundsätzlich keinen „öffentlichen Auftrag". Sie arbeitet ausschließlich im Interesse des Unternehmens, in dem sie tätig ist. Sie unterscheidet sich dadurch von anderen, kraft Gesetzes eingerichteten Funktionen, es sei denn dass diese Funktionen der Compliance-Funktion ausdrücklich zugeordnet werden (z.B. Datenschutz). Dazu gehören etwa Geldwäschebeauftragte, Datenschutzbeauftragte, Umweltbeauftragte, Arbeitsschutzbeauftragte etc., deren Aufgabe es ist, die Einhaltung bestimmter Rechtsvorschriften im öffentlichen Interesse sicherzustellen. Dies ist in der Regel nicht Teil der Compliance-Funktion.

2. Das Aufgabenspektrum der Compliance-Funktion

2.1. Compliance Management System

Die Geschäftsleitung und die Compliance-Funktion richten ein Compliance Programm im Sinne von Maßnahmen, Prozessen, Kontrollen und Berichterstattung ein oder unterhalten – insbesondere in größeren Unternehmen – ein Compliance Management System (CMS), in dem Maßnahmen, Prozesse, Kontrollen und Berichterstattung konzipiert sind und – nach Abstimmung mit der Geschäftsleitung – umgesetzt werden, die geeignet sind, um systematisches Fehlverhalten im Unternehmen zu vermeiden, individuellen Verstößen nach besten Kräften zu begegnen und Compliance Risiken vom Unternehmen abzuwenden, wenigstens aber zu reduzieren.

2.2. Compliance-Risiko-Analyse

Eine sorgfältige Analyse der Unternehmens-individuellen Compliance-Risiken ist zentrale Grundlage für die Organisation der Compliance-Funktion und für deren Aktivitäten. Zu untersuchen ist, ob die Einhaltung von Rechtsvorschriften im Rahmen der bestehenden Aufbau- und Ablauforganisation gewährleistet ist und das bestehende CMS der Größe und Komplexität des Unternehmens – insbesondere bei international agierenden Unternehmen bzw. komplexen Konzernstrukturen – gerecht wird. Auch wenn das Legalitätsprinzip keine Ausnahmen gestattet, ist bei der Gestaltung der Compliance Funktion ein risikoorientierter Ansatz geboten, denn weder die Unternehmensleitung noch die Compliance Funktion können die Einhaltung aller im In- und Ausland

für das Unternehmen und seine Konzerngesellschaften geltenden Rechtsvorschriften
ständig überwachen. Daher ist bei der Ausgestaltung des CMS eine Beschränkung auf
solche Compliance-Risiken notwendig und gerechtfertigt, die das Unternehmen als
„wesentlich" ansieht.

„Wesentlich" in diesem Sinne sind zumindest solche Compliance-Risiken, bei denen
im Falle der Realisierung des Risikos:
- Gefahren für Leib und Leben von Menschen auftreten können;[3]
- das Unternehmen „erhebliche" wirtschaftliche Nachteile hinnehmen muss, wobei es
  jedem Unternehmen selbst überlassen bleibt, ab wann es einen wirtschaftlichen
  Nachteil als „erheblich" definiert;
- das Unternehmen einen Reputationsschaden in der Öffentlichkeit erleiden kann;
- Organe, Mitarbeiter oder dem Unternehmen verbundene Dritte straf- oder buß-
  geldrechtlicher Verfolgung ausgesetzt sein können.

Darüber hinaus werden in jedem Unternehmen weitere „wesentliche" Compliance-
Risiken existieren, die vorwiegend vom Unternehmensgegenstand abhängen. So kann
der Ausschluss von öffentlichen Aufträgen für einen Textilunternehmer unerheblich, für
ein Rüstungsunternehmen aber existenzbedrohend und damit „wesentlich" sein. Ferner
können bislang zu Recht als unwesentlich eingeschätzte Compliance Risiken aufgrund
veränderter Sachlage plötzlich wesentlich werden und umgekehrt. Die Compliance Risiken sind daher wiederkehrenden Reviews zu unterziehen.

2.3. Orientierung an Standards

Bei der Ausgestaltung des Unternehmens-individuellen CMS hilft die Orientierung an
etablierten nationalen und internationalen Standards und deren Elementen.

Um die Ziele eines Compliance Programms möglichst effektiv zu erreichen, haben
sich in den letzten Jahren in der Praxis verschiedene Bausteine und Elemente für Compliance Programme herausgebildet. Diese werden in verschiedenen Regelwerken und
Handreichungen/Arbeitspapieren zusammengefasst. In der Praxis häufig herangezogene
Beispiele dafür sind u.a. der Prüfungsstandard des Instituts der Wirtschaftsprüfer IDW
PS 980 sowie die vom Bundesinnenministerium herausgegebene Compliance-Arbeits-
hilfe, die vom Initiativkreis Korruptionsprävention Wirtschaft/Bundesverwaltung erar-
beitet wurde. Bei der Einrichtung eines Compliance Programms ist zu prüfen, welche
dieser Bausteine und Elemente unter Berücksichtigung der Spezifika und Risikositua-
tion des Unternehmens, insbesondere Größe, Branche, Internationalität, Geschäftsmodelle, vom Programm erfasst werden sollen.

Bei entsprechender internationaler Ausrichtung des Unternehmens sind auch ausländische Vorgaben (z. B. die Guidance zum UK Bribery Act 2010, der Resource Guide zum
FCPA der USA, der Australian Standard 3806–2006 etc.) heranzuziehen.

Die Compliance-Funktion erstellt über das CMS eine Beschreibung, die der Geschäftsleitung und den Fach- und Geschäftsbereichen zur Einsicht gegeben, verabschiedet und kommuniziert wird.

2.4. Beratung

Die Compliance-Funktion trägt nicht die Verantwortung für im Unternehmen auftre-
tende Compliance-Verstöße. Die Verantwortung hierfür verbleibt bei den Organen und

---

[3] Dabei ist weniger an Themen wie Werkschutz etc. gedacht, als z.B. an Produkthaftungsrisiken
als Folge von Rationalisierungsmaßnahmen und andere, aus dem Unternehmen selbst kommende
Gefahren.

Leitlinien für die Tätigkeit in der Compliance-Funktion im Unternehmen

jedem einzelnen Mitarbeiter des Unternehmens. Die Compliance-Funktion erfüllt ihre Aufgabe durch die ihr übertragene fachliche Richtlinienkompetenz und die Beratung der Fach- und Geschäftsbereiche zur jeweils wirksamen Ausgestaltung des CMS.

Des Weiteren berät die Compliance-Funktion die Fach- und Geschäftsbereiche in Compliance kritischen Entscheidungssituationen. Aufgabe der Compliance Funktion ist insoweit, auf mögliche Compliance Risiken hinzuweisen und die Geschäftsleitung in die Lage zu versetzen, unternehmerische Entscheidungen im Einklang mit der Business Judgment Rule zu treffen. Die Entscheidungshoheit bleibt grundsätzlich bei den Verantwortlichen der Fach- und Geschäftsbereiche. Der Compliance-Funktion sollten nur ausnahmsweise und in klar definiertem Umfang eigene Weisungsrechte eingeräumt werden, z.B. ein Veto- bzw. Eingriffsrecht bei drohenden Compliance-Verstößen.

2.5. Kontrollbefugnisse

Die Compliance-Funktion berät die Fach- und Geschäftsbereiche zum „Design" relevanter Kontrollaktivitäten. Eine Durchführung von Kontrollen kommt ihr nur in begrenztem und in der Aufgabenbeschreibung genau zu definierendem Umfang zu. Nur in diesen Fällen verfügt die Compliance-Funktion über Eingriffsrechte in Angelegenheiten der Fach- und Geschäftsbereiche.

2.6. Reaktion auf Compliance Vorfälle

Die Compliance-Funktion ist über festgestellte Compliance Verstöße zu informieren, wobei in Abstimmung mit der Geschäftsleitung festgelegt wird, wann eine ad hoc Information an die Geschäftsleitung (wesentliche Risiken für das Unternehmen) erfolgen soll. Der Compliance-Funktion obliegt es anschließend, der Geschäftsleitung geeignete Maßnahmen zur Bereinigung der Situation (Remediation) vorzuschlagen. Diese können vereinzelt und mit ausdrücklicher Genehmigung der Geschäftsleitung den Eingriff der Compliance-Funktion in Belange der Fach- und Geschäftsbereiche umfassen (z.B. Genehmigungsvorbehalte durch die Compliance-Funktion).

Die Aufgabe der Compliance Funktion ist jedoch nicht auf eine bloße Beobachter-Rolle beschränkt. Es ist stets Aufgabe der Compliance-Funktion, von ihr beobachtete Veränderungen in der Compliance-Risiko-Landschaft des Unternehmens und konkrete Compliance Verstöße an die Geschäftsleitung zu berichten, um dann mit dieser gemeinsam bzw. entsprechend der vordefinierten Aufgaben- und Stellenbeschreibung geeignete Compliance Maßnahmen zu entwickeln.

3. Die Compliance Organisation

3.1. Organisatorische Compliance-Funktionen

Die Ausgestaltung der Compliance Organisation liegt im Ermessen der Geschäftsleitung, ohne dass eine Verpflichtung zur Einrichtung bestimmter Compliance-Funktionen, wie zum Beispiel einer eigenständigen Compliance Abteilung oder der Berufung eines (Chief) Compliance Officer besteht. Bei größeren Unternehmen anzutreffen ist eine Compliance-Leitungsfunktion (zumeist ein CCO) mit einer dieser unterstellten Compliance Abteilung, die eigenständig aufgestellt oder mit anderen Unternehmensfunktionen kombiniert ist.

Wird ein CCO berufen, richtet dieser in der Praxis regelmäßig zur Erfüllung der Compliance Aufgabe eine Compliance Abteilung ein, deren Umfang von der Unternehmensgröße und der Risikolage abhängt. Diese wird in Abstimmung mit der Geschäftsleitung so ausgestattet, dass die ihr zugedachten Aufgaben erfüllt werden können. Der CCO überprüft die Ressourcen-Ausstattung regelmäßig und erstattet der Geschäftsleitung darüber Bericht.

Eine solche Compliance Abteilung wird üblicherweise eine Zentralfunktion umfassen, die dem CCO disziplinarisch und fachlich zugeordnet ist.

Darüber hinaus können die Fach- und Geschäftsbereiche sowie dezentrale Geschäftseinheiten und Tochtergesellschaften Mitarbeiter mit der Compliance-Funktion beauftragen. Diese Mitarbeiter sollten einem CCO zumindest fachlich zugeordnet sein. Die fachliche Weisungsbefugnis sollte neben Compliance-relevanten Vorgaben durch die Zentrale und Berichterstattungspflichten durch die dezentralen Einheiten auch einen unmittelbaren und uneingeschränkten Informationsaustausch zwischen beiden sowie Einfluss auf erfolgsabhängige Vergütung und den Schutz dieser Mitarbeiter umfassen.

3.2. Compliance in Konzernunternehmen

In den Konzernunternehmen wirkt die Compliance-Funktion in Abstimmung mit der Geschäftsleitung der jeweiligen Konzernunternehmung sowie im Rahmen der im In-und Ausland geltenden Rechtsvorschriften darauf hin, dass auch dort Compliance im Sinne obiger Elemente verstanden und gelebt wird. Sie ist folglich organisatorisch entsprechend der Risikositation und Organisation des Unternehmens auch im Konzern zu verankern.

3.3. Compliance-Ausschuss

Zur Erfüllung der Aufgaben der Compliance Funktion kann die Geschäftsleitung auch einen Compliance-Ausschuss einrichten. Diesem können der CCO oder – vor allem im Falle von KMU – andere zentrale Funktionen (z.B. Recht und Personal) angehören. Der Compliance-Ausschuss sollte eine Geschäftsordnung haben, in welcher seine Zuständigkeiten und Befugnisse klar geregelt sind.

3.4. Zusammenarbeit mit Fachabteilungen

Die Compliance-Funktion arbeitet eng mit anderen Fachabteilungen zusammen, insbesondere um Doppelarbeiten und Kompetenzüberschneidungen zu vermeiden. Dies gilt insbesondere für die Zusammenarbeit mit:
- *der Rechtsabteilung:*
Aufgrund der starken Rechtsbezogenheit der Compliance Organisation ist bei einer Trennung von der Rechtsfunktion eine klare Beschreibung der Aufgabenbereiche notwendig (etwa die Zuständigkeit für Rechtsrat bei Compliance-Fragen, Betreuung interner Untersuchungen etc.). Eine Zusammenlegung beider Abteilungen bleibt weiterhin möglich.
- *dem Risikomanagement:*
Compliance-Risiken unterscheiden sich als Rechtsrisiken in Voraussetzung und Folgen von anderen Risikokategorien, wie Wechselkursrisiken oder die Änderung von Rohstoffpreisen, die im Zentrum der Überlegungen des Risikomanagements stehen. Schon um eine doppelte Erfassung der Risiken und mehrfache Berichterstattung zu vermeiden, müssen das Risikomanagement und die Compliance-Funktion eng zusammenarbeiten. Die Compliance-Funktion in den Risikomanagement-Bereich zu integrieren wird sich nur bei entsprechend umfassender Konzeption des Risikomanagements (inkl. Schulung, interne Untersuchungen, Kommunikation des Umgangs mit Compliance-Risiken) empfehlen.

– *der Internen Revision:*
Soweit eine Interne Revision vorhanden ist, sollte in Abgrenzung zur Compliance-Funktion von der Geschäftsleitung genau festgelegt werden, wer welche Ermittlungen in Einzelfällen übernimmt. Die Beauftragung der Internen Revision erfolgt in Abstimmung mit der Geschäftsleitung. Die Interne Revision oder eine externe Stelle sollte die Compliance-Funktion in regelmäßigen Abständen auf ihre Funktionsfähigkeit und Wirksamkeit prüfen. Eine Zusammenlegung beider Abteilungen empfiehlt sich unter diesem Blickwinkel nicht, bleibt aber möglich, wenn durch flankierende Maßnahmen sichergestellt wird, dass Interessenkonflikte ausgeschlossen werden. Insoweit sollte die Funktionsfähigkeits- und Wirksamkeitsprüfung der Compliance-Funktion durch eine externe Stelle vorgenommen werden.

– *der Personalabteilung:*
Alle Vorschläge zu personellen Einzelmaßnahmen stimmt die Compliance-Funktion mit der Personalabteilung ab. Auf die Belange des Datenschutzes ist besonders zu achten. Den Vollzug personeller Einzelmaßnahmen, wie etwa die Aussprache von Abmahnungen und Kündigungen, soll die Compliance-Funktion der Personalabteilung überlassen. Alternativ können diese Sanktionen einem Compliance-Ausschuss übertragen werden.

– *den Arbeitnehmervertretern:*
Die Compliance-Funktion vertritt die Interessen des Unternehmens. Die Gremien der Arbeitnehmervertreter (Betriebsräte, Gesamtbetriebsräte, Konzernbetriebsräte, Europäische Betriebsräte, Sprecherausschüsse, Arbeitnehmervertreter im Aufsichtsrat) haben ebenfalls die Betriebs- und Unternehmensinteressen im Auge zu behalten, vertreten jedoch primär die Interessen der jeweiligen Arbeitnehmer.

Die Compliance-Funktion arbeitet mit den Arbeitnehmervertretern vertrauensvoll zusammen auf der Basis der Erkenntnis, dass die Interessen des Unternehmens und der Belegschaft und des einzelnen Arbeitnehmers in den meisten, aber nicht in allen Fällen deckungsgleich sind.

In Abstimmung mit der Personalabteilung kann die Compliance-Funktion ferner mitwirken, mitbestimmungspflichtige Einzelmaßnahmen, wie sie z.B. beim Erlass von Richtlinien oder der Einführung von Schulungsmaßnahmen auftreten können, mit den Arbeitnehmervertretern zu erörtern und umzusetzen.

4. Informationsrechte der Compliance-Funktion

4.1. Teilnahme an Sitzungen

Die Compliance-Funktion kann und soll an Gremiensitzungen, Kundengesprächen und anderen externen und internen Besprechungen teilnehmen, soweit dies zur Erfüllung ihrer Aufgabe erforderlich ist. An sonstigen für die Compliance des Unternehmens relevanten Besprechungen können die Mitarbeiter der Compliance-Funktion in eigener Verantwortung teilnehmen, erforderlichenfalls nach vorheriger Bestätigung durch die Geschäftsleitung. Für die Zusammenarbeit mit den Aufsichtsgremien gilt unten 5.3.

4.2. Erhalt von Informationen

Der Compliance-Funktion sind alle für ihre Tätigkeit erforderlichen Informationen zur Verfügung zu stellen. Dies gilt insbesondere für die unter 2.5. und 2.6. beschriebenen Sachverhalte (Kontrollaktivitäten und Remediation). Die Compliance-Funktion hat ungehinderten Zugang zu allen Mitarbeitern, die über Informationen verfügen, die für die Tätigkeit der Compliance-Funktion relevant sind. Falls erforderlich, ist durch die Compliance-Funktion auch hier die vorherige Bestätigung durch die Geschäftsleitung einzuholen.

5. Berichterstattung durch die Compliance-Funktion

5.1. Geschäftsleitung

Die Compliance-Funktion sollte an den Vorsitzenden der Geschäftsleitung, gegebenenfalls an das für Compliance nach der Satzung oder Geschäftsverteilung zuständige Geschäftsleitungsmitglied berichten. Über den Umfang und die Form der Berichterstattung entscheidet die Compliance-Funktion im Rahmen der Vorgaben der Geschäftsleitung. Die Compliance-Funktion informiert den Vorstand insbesondere in regelmäßigen Abständen über wesentliche rechtliche Veränderungen sowie darüber, welche Ergebnisse interne Ermittlungen – unabhängig davon, ob die Compliance Funktion die Ermittlungen selbst durchgeführt hat oder nicht – erbrachten, ob personelle Konsequenzen gezogen und ob und wie ein dahinter stehendes System, das weitere Compliance Risiken in sich birgt, bekämpft werden kann bzw. wird.

Zur Erfüllung ihrer Berichterstattungspflicht ist die Compliance-Funktion berechtigt, die erforderlichen Informationen aus den Unternehmensbereichen über deren jeweilige Compliance-Verantwortliche einzufordern.

5.2. Dokumentation

Die Arbeit der Compliance-Funktion sollte sowohl im eigenen Interesse als auch im Unternehmensinteresse grundsätzlich dokumentiert sein. Hiervon können im Einzelfall Ausnahmen geboten sein. Über solche Ausnahmen vom Grundsatz der Dokumentation soll sich die Compliance-Funktion vorab mit der Geschäftsleitung abstimmen.

Die Compliance-Funktion hat zur Erfüllung dieser Aufgabe das Recht, die Fach- und Geschäftsbereiche zur Dokumentation ihrer Compliance relevanten Sachverhalte anzuhalten.

5.3. Zusammenarbeit mit den Aufsichtsgremien

Der Vorstand bzw. die Geschäftsleitung ist der erste Ansprechpartner des Aufsichtsrats, eines Beirats oder ähnlicher Gremien, soweit nicht Satzung oder Geschäftsordnung etwas anderes bestimmen. An Sitzungen des Aufsichtsrats nimmt die Compliance-Funktion nur auf Einladung teil. Soweit die Compliance-Funktion oder Mitarbeiter beispielsweise einer Compliance-Abteilung aus einem solchen Gremium direkt angesprochen werden, soll die nachfolgende Kommunikation durch die Compliance-Funktion vorab mit der Geschäftsleitung abgestimmt werden. Eine direkte Ansprache eines Mitglieds des Aufsichtsrats oder eines entsprechenden Gremiums durch die Compliance-Funktion, ohne Einschaltung der Geschäftsleitung, soll absoluten Ausnahmefällen vorbehalten bleiben. Ein solcher Ausnahmefall liegt insbesondere vor, wenn alle Mitglieder der Geschäftsleitung in einen schwerwiegenden Compliance-Verdacht verstrickt sind.

5.4. Zusammenarbeit mit dem Abschlussprüfer

Die Geschäftsleitung ist im Regelfall der ausschließliche Ansprechpartner des Abschlussprüfers. Die Compliance-Funktion bedarf daher der Zustimmung bei der – in vielen Fällen sinnvollen – Zusammenarbeit mit dem Abschlussprüfer.

Leitlinien für die Tätigkeit in der Compliance-Funktion im Unternehmen

6. Zusammenarbeit mit Ombudsmann, Behörden, Unternehmen und der Presse

6.1. Ombudsmann

Wenn das Unternehmen einen Ombudsmann bestellt hat, um auch anonyme Hinweise entgegenzunehmen, empfiehlt es sich, die Compliance-Funktion im Unternehmen zum Ansprechpartner dieses Ombudsmannes zu machen. Je nach Aufgabenverteilung im Unternehmen kommt z.B. auch die Interne Revision dafür in Betracht. Die Zusammenarbeit des Unternehmens mit dem Ombudsmann sollte vertraglich geregelt werden.

Dabei ist sorgfältig darauf zu achten, dass auch nur der geringste Anschein vermieden wird, die Compliance-Funktion oder andere Personen im Unternehmen würden von dem Ombudsmann die Herausgabe von Informationen erwarten, die eine Identifizierung der Hinweisgeber ermöglichen. Die Anonymität des Hinweisgebers ist sowohl vom Unternehmen als auch von den internen Ermittlern unbedingt zu wahren.

Im Verhältnis zwischen Hinweisgeber und Ombudsmann muss stets unzweifelhaft klar sein, ob nur das Unternehmen, oder aber der Hinweisgeber der Auftraggeber bzw. Mandant des Ombudsmannes ist.

6.2. Behörden

Die Einschaltung von Behörden, insbesondere der Polizeibehörden und der Kartellbehörden, ist – mit Ausnahme zwingender rechtlicher Vorgaben – regelmäßig allein der Geschäftsleitung vorbehalten. Die Compliance-Funktion spricht hierzu Empfehlungen an die Geschäftsleitung aus. Im Einzelfall kann sich die Berechtigung, unter Umständen sogar eine Verpflichtung der Compliance-Funktion zur Einschaltung der Behörden ergeben, wenn die Geschäftsleitung selbst in Compliance-Vorfälle verstrickt ist.

Eine Delegation der Aufgabe der regelmäßigen Zusammenarbeit der Compliance-Funktion mit Behörden kann erfolgen, ermächtigt aber die Compliance-Funktion im Zweifel nicht zur Weitergabe von haftungsrechtlich und strafrechtlich relevanten Informationen an diese Behörden.

6.3. Andere Unternehmen

Die Geschäftsleitung entscheidet über Kommunikation und Kooperation mit anderen Unternehmen sowie über Verbandsmitgliedschaften. Im Rahmen dieser Vorgaben soll die Compliance-Funktion unter Wahrung etwaiger kartellrechtlicher Grenzen den Erfahrungsaustausch suchen, um die eigene Tätigkeit im Kontext der Praxis in anderen Unternehmen zu hinterfragen und zu verbessern.

6.4. Presse

Presseverlautbarungen der Compliance-Funktion sind vorab mit der Geschäftsleitung abzustimmen und sollen die Ausnahme bilden.

7. Interne Untersuchungen

Interne Untersuchungen sollte die Compliance-Funktion nur im Fall geeigneter und ausgebildeter Ressourcen selbst führen, etwa bei sehr großen Unternehmen mit einer innerhalb der Compliance-Funktion vorhandenen Spezialeinheit. Liegen diese Voraussetzungen nicht vor, sollte die Compliance-Funktion konkrete Ermittlungen in Verdachtsfällen entweder der Internen Revision oder externen Spezialisten überlassen. Die diesbezügliche Aufgabenverteilung im Unternehmen steht im Ermessen der Geschäftsleitung.

Es ist jedoch auf jeden Fall die Aufgabe der Compliance-Funktion, darauf zu achten, dass geltendes Recht, insbesondere Arbeitsrecht und Datenschutzrecht, bei internen Untersuchungen gewahrt wird. Weiter hat die Compliance-Funktion darauf hinzuwirken, dass bei potentiellen Verstößen eine Verfolgung und Sanktionierung über alle Bereiche und Hierarchien hinweg und unter Beachtung des Grundsatzes der Gleichbehandlung sowie der Unschuldsvermutung bzgl. der Verdächtigen erfolgt und nicht Opportunitätsgesichtspunkten zum Opfer fällt.

Unabhängig davon empfiehlt es sich in jedem Fall, dass sich das Unternehmen für die Durchführung interner Untersuchungen eigene Regelungen/Prozessanweisungen gibt, um die sachgerechte Durchführung sicherzustellen.

8. Vergütung und Schutz

8.1. Vergütung

Wie alle Mitarbeiter des Unternehmens sind auch die Mitarbeiter der Compliance-Funktion leistungsgerecht zu vergüten, wobei der besonderen Verantwortung und den besonderen Risiken, die mit der Tätigkeit in der Compliance-Funktion verbunden sind, Rechnung getragen werden sollte.

Eine variable Vergütung sollte zur Vermeidung von Interessenkonflikten nicht in Abhängigkeit vom Geschäftserfolg einzelner Bereiche oder Unternehmensteile bemessen werden, kann aber an das Gesamtergebnis des Unternehmens anknüpfen. Die Vergütung des Chief Compliance Officer sollte sich im Regelfall an der Vergütung des Chefsyndikus/General Counsel des Unternehmens orientieren.

8.2. Schutz

Sowohl die Geschäftsleitung als auch die Compliance-Funktion bzw. dazugehörige Mitarbeiter sollten sich stets darüber im Klaren sein, dass diese Tätigkeit im Unternehmen ein erhebliches Konfliktpotential bergen kann, das zu persönlichen Nachteilen für die dort tätigen Mitarbeiter führen kann. Dazu kommen vor allem Ordnungswidrigkeiten-rechtliche und strafrechtliche Risiken. Ein gesetzlicher Schutz fehlt, ein Schutzbedürfnis besteht unzweifelhaft.

Dem kann beispielsweise durch Beschränkungen des arbeitgeberseitigen Kündigungsrechts zumindest teilweise Rechnung getragen werden. Auch bietet die Einbindung insbesondere des Aufsichtsrates in personelle Einzelmaßnahmen bei Mitarbeitern der Compliance-Funktion einen Schutz und kann z.B. in der Geschäftsordnung der Geschäftsleitung bzw. des Aufsichtsgremiums verankert werden.

8.3. D&O Versicherung

Zum Schutz der in der Compliance-Funktion tätigen Mitarbeiter sollen diese in eine D & O- und Vermögensschadenhaftpflichtversicherung einbezogen werden.

Stichwortverzeichnis

(Die **fetten** Zahlen bezeichnen die Kapitel, die mageren deren Randnummern.)

Abhilfe **5** 32
Abstimmung **4** 46
Abweichungskultur **13** 65
Amnestiezusagen **12** 31 f.
anerkanntes Berufsbild **7** 7
– Dienstvertrag **7** 5
Anforderungen Chief Compliance Officer **3**
– Gesetzliche Vorgaben **3** 6 ff.
– Kenntnisse im Risikomanagement/Internen Kontrollsystem/Audit **3** 14 ff.
– Klammerfunktion aller Säulen: Compliance-Management-System **3** 26 ff.
– Kommunikationsfähigkeiten und -kenntnisse **3** 24 ff.
– Prozesskenntnisse **3** 10 ff.
– Schnittstellenkenntnisse und Managementfunktion **3** 19 ff.
Anforderungsprofil Compliance Officer **2** 1; **4** 79 ff.
– branchenspezifisch **2** 1, 4, 6 ff.
– unternehmensspezifisch **2** 1, 4 ff.
Anoyme Hinweise **10** 56
Anzeige von Compliance-Verstößen **5** 30
Anzeigepflicht gegenüber Behörden **9** 98 f., 146
Arbeitnehmereigenschaft **7** 5, 27
Arbeitnehmerüberlassung **9** 68 f.
Arbeitsanweisungen **7** 6
arbeitsrechtliche Pflichten **7** 3, 42 ff.
– Delegationsakt **7** 3
– extern **7** 4
– intern **7** 4
– Pflichten im Arbeitsvertrag **7** 5
– Übertragung der Pflichten **7** 3
Arbeitssicherheit **9** 61 ff.
Arbeitsstrafrecht **9** 66 ff.
Arbeitsvertrag **7** 5
– Akt der Delegation **7** 5
– Gestaltungsmöglichkeiten **7** 41
– persönliche Abhängigkeit **7** 5
– Stellenbeschreibung **7** 42
Arglistige Täuschung **14** 59 ff.
Aufgabenbereiche **7** 8
– Compliance-Abteilung **7** 8
– Sicherheitsabteilung **7** 8
Aufgabenspektrum **4** 1
Aufsichtspflichtverletzung **9** 114 f., 119 ff.

Aufsichtsrat **1** 43; **13** 52
Auftragsdatenverarbeitung **10** 30, 106
Ausgestaltung der Compliance **4** 21
Auskunftspflichten
– des Arbeitnehmers **12** 25 ff.
Auskunftsrecht **5** 28
Auskunftsrechte, Konzern **11** 35

Bagatellsachverhalte **10** 33, 42
Bankensektor
– Aufgaben **13** 49
– Organisation **13** 47
Basisrechtsakt **13** 14
behördliche Meldung **5** 30
Belohnungs- und Sanktionssystematik, Auswirkungen der **5** 20
Beratung **4**
– der Unternehmensangehörigen **4** 14
– der Unternehmensleitung **4** 14
– in Compliance-Fragen **4** 46
Bericht **5** 13
– an das Aufsichtsorgan **5** 29
– an Unternehmensleitung **5** 29
– ~pflicht **5** 29
Berichterstattung **4** 57; **5**
– ad-hoc ~ **5** 33
– an das Aufsichtsorgan **4** 58
– an den Prüfungsausschuss **5** 34
– an die Unternehmensleitung **4** 57
– gegenüber dem Aufsichtsrat **15** 17 f.
– Häufigkeit **4** 57
– konzernweite **11** 26
– strukturierte Regel~ **5** 33
– Umfang **4** 57
Berichtspflichten **6** 35 ff.; **6** 56 ff.; **9** 139 ff.
Berliner Stadtreinigungsfall **7** 17
Beschlagnahme **9** 148 ff.
Besetzung Chief Compliance Officer **3**
– durch Aufsichtsratsmitglied **3** 58
– durch General Counsel/Chefsyndikus **3** 47 ff.
– durch Leiter Internal Audit/Revisionsleiter **3** 53 ff.
– durch Rechtsanwalt **3** 60 ff.
– durch Vorstandsmitglied/Geschäftsführungsmitglied **3** 56 f.
– durch Wirtschaftsprüfer **3** 63

Bestellung 3
- Form für Chief Compliance Officer 3 84 ff.
- Form für Compliance Officer 3 92 ff.
- Inhalt für Chief Compliance Officer 3 72 ff.
- Inhalt für Compliance Officer 3 81 ff.
Betriebs-, Geschäftsgeheimnis 10 64 ff.
Betriebshaftpflichtversicherung 14 36 ff.
Betriebsrat 4; 8 7 ff.
- Abstimmung mit dem ~ 4 73 f.
- Mitbestimmungsrecht 4 43, 74
- Mitbestimmungsrecht bei Mitarbeiterbefragungen 12 34
- Mitspracherecht 8 10 ff.
Betriebsverfassungsrechtliche Stellung 8 2
- leitender Angestellter 8 2 ff.
Betriebswirtschaft 1 4
Branchenkenntnis 2 8
Budget 5
- ~planung 5 26
- Formen 5 23
- individuelle Gegebenheiten 5 22
Bürokratie 1 35
Business Judgement Rule 11 11 ff.
Business Partner 2 2, 16

Code of Conduct 4 42; 6 40; 8 15; 15 15
Compliance
- Bankensektor 13 46
- Beratung 1 16
- Definition 1 3
- Effektivität 1 32
- Effizienz 1 32
- Individualität 1 38
- Investmentsektor 13 42
- Patentrezepte 1 39
- Prüfung 1 16
- Regulierung 13 6, 103
- Risikoanalyse 1 37
- Versicherungssektor 13 37
- Wertpapiersektor
Compliance Audits 6 10
Compliance Board 4 2
Compliance Committee 4 2; 11 45
Compliance Delegates 11 48
Compliance Officer
- Abberufungsverlangen 13 91
- Anforderungen 3 29
- Aufgaben, Definition 6 27 ff.
- Aufsichtsbehördliche Eingriffe 13 84
- Auskunftspflicht 13 86
- Auslegungsprogramm 13 63
- Auswahl von Ombudspersonen 10 45
- Berufsbild 1 39
- Berufsfreiheit 13 94

- Beschlagnahme von Unterlagen 10 75
- Besetzung 3 64 ff.
- Bestellungsverweigerung 13 85
- Definition 8 3
- Dialog mit Ombudsperson 10 92
- Dokumentation 1 30
- Einstellung 8 10
- Ernennung 8 11
- Fortbildungspflicht 13 83
- Funktion, Definition 6 13 ff.
- Pflichtendelegation, Möglichkeiten und Grenzen 3 42 f.
- Qualifikation 13 81
- Rechte und Pflichten 6 Anhang
- Rechtsschutz 13 90, 93
- Sanktionsbefugnis 13 53
- Schutz 1 46
- Status 13 78
- Strafbarkeit 13 102
- Strafbarkeitsrisiken 10 66
- Tätigkeitsprofil 1 40
- Tätigkeitsverbot 13 93
- Verantwortlichkeiten 10 87 ff.
- Versetzung 8 11
- Vertrag mit Ombudsperson 10 52
- Verwarnung 13 87
- Verwaltung 13 53
- Weisungsbefugnis 13 53
- Weiterbildung 1 30
Compliance Risk Assessment 4 27; 6 10 ff., 41 f.
  13 30
Compliance-Ansatz bei Finanz- u. Kreditinstituten 10 7
Compliance-Assessment 13 41, 44
Compliance-Audits
- Konzern 11 28
Compliance-Aufgaben 4
- Kernbestand 4 3
Compliance-Aufgabenfeld, Überblick 3 5
Compliance-Beauftragter 13 30, 34
Compliance-Bericht 4 57
Compliance-Funktion 4 25 f.; 6 4 ff.; 13 30, 37, 42, 47
- Erwartung an die ~ 6 85
Compliance-Kommunikation 6 10; 15 11 ff.
Compliance-Kultur 4 32, 38, 41; 6 10a; 15 10
Compliance-Leitlinie 13 39, 62
Compliance-Management 4 6 ff.; 5 1
- Kernelemente 4 32
Compliance-Management-System (CMS) 6
- Aufbauphase 6 40
Compliance-Maßnahmen 4
- präventive 4 39
- Weiterentwicklung 4 29

Stichwortverzeichnis

Compliance-Mindestanforderungen, Konzern 11 11 ff.
Compliance-Organisation 6 10
– Aufgabenbeschreibung 6 45
– Aufgabenfelder 6 44 ff.
– Formen 6 16
– Unabhängigkeit des Compliance Officers 5 15
– Wirksamkeit 6 18 ff.
– Zielbild 6 15 ff.
Compliance-Plan 13 39
Compliance-Programm 6 10
Compliance-Richtlinien, s. auch Code of Conduct 6
Compliance-Risiken 4 5 ff.; 11 12 ff.
– Erfassung 4 27
– Identifikation 4 27, 32
Compliance-Risikoprofil 4 27; 13 24
Compliance-Strategie 4 28
– Entwicklung der ~ 4 36
Compliance-Strukturen 4 11
Compliance-System 4 59 ff.
– Anpassung 4 59 f.
– Überprüfung 4 59 f.
– Verbesserung 4 59 f.
Compliance-Verantwortung 4 21
Compliance-Verstöße 4 53 ff.
Compliance-Ziele 6 10
Controlling 4
– Abgrenzung zum Compliance Officer 4 68
Cyber-Versicherung 14 49, 102 ff.

Datenschutz 10 98
– Aufbewahrungsfristen 10 109
– Benachrichtigungspflicht 10 35, 36, 107
– Löschung von Daten 10 107 ff.
Datenschutzbeauftragter 4
– Abgrenzung zum Compliance Officer 4 72
Delegation 4 24; 5 1
Delegierte Rechtsakte 13 14
Denunzierung 10 23, 59
Diebstahl 9 34 ff.
Dienstleistungsvereinbarungen, Konzern 11 41
Diversität 2 22
Dokumentation 4 61; 13 96
– von Compliance-Maßnahmen 9 135 f.
Doppelmandate 11 43
Durchführungsrechtsakte 13 14
Durchsuchung 9 148 ff.; 13 102

EBA 13 55, 58
Eigenverantwortlichkeit
– der Mitarbeiter 9 83 ff.
Einflussrechte, Konzern 11 37

Einkauf 6 46
EIOPA 13 55
E-Mail-Auswertung
– Internal Investigation 12 11 ff.
E-Mail-Zugriff
– Erlaubte Privatnutzung 12 14 ff.
– Internal Investigation 12 11 ff.
– Verbotene Privatnutzung 12 19 ff.
Environmental Compliance 9 70 ff.
Erfolgsfaktor 2 6, 13 ff.
Erfüllung gesetzlicher Pflichten 4 20
Ermittlungsmaßnahmen, strafprozessuale 9 147 ff.
Erstattung einer Strafanzeige 5 30
ESA 13 14, 55, 103
Eskalationspflicht 4 58
ESMA 13 55
Ethik 1 36
Ethikrichtlinien 8 15
Europäische Aufsichtsbehörden 13 55

Faktischer AG-Konzern 11 35
Finanzabteilung 6 46
Finanzkonglomerate 13 62
Fortbildung 4
– ~sprogramm 4 48
Fortbildungsmaßnahmen 5
– Teilnahme des Compliance Officers 5 38
Führungsstärke 2 16 f.
Funktionsprofile 6 45

Garantenpflicht
– Konzern 11 27
Garantenstellung 1 11, 44; 5 37; 7 17, 18; 9 73 ff.
– des Compliance Officers 9 73 ff., 77 f.
Gefahr in Verzug 5 37
Geheimhaltungspflicht 10 25, 26, 27
Geheimnis, Privatgeheimnis 10 24
Geheimnisverrat 10 65, 70
Geschäftsherrenhaftung 9 79 ff.
– Betriebsbezogenheit 9 87 f.
– Compliance Officer 9 81 f.
– Strafverhinderungspflicht 9 86 ff.
Geschäftsleiter 1 26, 28
Geschäftsleitung
– Compliance Officer als Mitglied der Geschäftsleitung 15 6
– Delegation von Pflichten 15 19
– Exkulpationsbeweis 15 8
– Kardinalspflichten 15 1
– Organisationsverschulden 15 8
– Tone from the Top 15 6 ff.
– Zero Tolerance-Prinzip 15 15
Geschäftsverständnis 2 8, 10, 25
Gestaltungsspielraum 4 21

385

Stichwortverzeichnis

GmbH-Konzern 11 35
Governance-System 13 37, 78
Group Compliance Officer 11 20 ff., 47 f.
Grundrechtecharta 13 11

Haftung 7 10
– Beschränkung der Arbeitnehmerhaftung 7 11
– D&O-Versicherung 7 46
– deliktische Haftung 7 16
– der Geschäftsleitung für unzureichende Compliance-Maßnahmen 4 8
– fahrlässiges Handeln 7 10
– Freistellungsanspruch 7 19
– gegenüber dem Arbeitgeber 7 10
– gegenüber Dritten 7 15
– grobe Fahrlässigkeit 7 11
– Haftungshöchstgrenzen 7 13, 47
– privilegierte Haftung 7 11
– privilegierte Haftung im Außenverhältnis 7 19
– vorsätzliches Handeln 7 10
Haftungsprivileg 7 12
Haftungsrisiken, Reduktion von 4 23
Handlungspflicht
– Abhilfepflicht 9 97
– Anzeigepflicht gegenüber Behörden 9 98 f.
– des Compliance Officers 9 92 ff.
– Informationspflicht 9 93 ff.
– Reichweite 9 92
Harmonisierungsintensität 13 13
Hinweisgeber 10 3, 16, 38 ff.
– Hinweisgeberschutz 10 37, 39, 58
– Strafbarkeitsrisiken 10 63
Hinweisgebersysteme 4 54; 10 3 ff., 10 ff., 80 ff.
– Erfolge 10 3, 89
– Implementierung 10 9, 12

IDW PS 980 4 33; 7 21 ff.
IDW PS 981
– Relevanz 4 34
Imagerisiko 4 9
Informationsmanagement 4 45; 5 28
Informationsrecht 5 28
Initialzündung für Compliance 6 22 ff.
Integrierte GRC Organisation 6 73 ff.
Integrierte Organisationsmodelle für Compliance 6 60 ff.
Integrität 2 21
Internal Investigation 12 1 ff.
– Abschlussbericht 12 93 ff.
– Beteiligung der Strafverfolgungsbehörden 12 96 ff.
– Compliance Officer 12 1 ff., 36, 58 ff.
– Durchführung 12 76 ff.

– Geschäftsleitung 12 43 ff.
– Mitarbeiterbefragung 12 23
– Mitwirkende Personen 12 36 ff.
– Organisation 12 66 ff.
– Projektteam 12 41 f.
– Rechtliche Grundlagen 12 3 ff.
– Rechtsabteilung 12 51 ff.
– Revision 12 47 ff.
– Umsetzung der Ergebnisse 12 105 f.
– Unternehmensverteidiger 12 37 ff.
– Vorstand 12 43 ff.
Interne Ermittlungen, s. Internal Investigation 12
Interne Revision 6 46
– Abgrenzung zum Compliance Officer 4 67
– Aufgabenbereiche 7 8
Interne Untersuchung, s. Internal Investigation 12
Investmentsektor
– Aufgaben 13 44
– Organisation 13 43
IT-Abteilung 6 46

Jurist 2 7

Kartellordnungswidrigkeiten 9 56 ff.
Kartellrecht 9 51 ff.; 14 14, 41 ff., 78 ff., 99 ff.
Know-how, inhaltliches 2 4 ff., 15
Kommunikationsaufgabe 4 43
kommunikative Fähigkeiten 2 11, 17 ff.
Konfliktfähigkeit 2 20
Konfliktpotentiale (Chief) Compliance Officer 3 111 ff.
Konfliktpotenzial 5 10
Kontrolle 4 50 ff.
Kontrollfunktion 4 27
Kontrollmanagement 9 129 ff.
Konzern
– Auskunftsrechte 11 37
– Dienstleistungsvereinbarungen 11 41
– Einflussrechte 11 35
– Faktischer AG-Konzern 11 35
– GmbH-Konzern 11 35
– Vertragskonzern 11 34
Konzern-Compliance
– Funktion 11 20 ff.
– Ressourcenausstattung 11 23
– Richtlinien 11 24
– Überwachung und Kontrolle 11 28
– Zuständigkeit 11 20 ff.
Konzern-Haftung 11 2 ff., 51 ff.
Konzernstruktur
– dezentral 11 55 ff., 20, 29
– zentral 11 55 ff., 20, 29
Korruption 9 19 ff.

Stichwortverzeichnis

- Bestechlichkeit 9 20 ff.
- Bestechung 9 23 ff.
- Bestechung und Bestechlichkeit im geschäftlichen Verkehr 9 26 ff.
- Vorteilsannahme 9 20 ff.
- Vorteilsgewährung 9 23 ff.

Kronzeugenregelung 9 168
Kulturwandel 2 13 ff.
Kündigungsschutz 7 21
- ~gesetz 7 22
- leitender Angestellter 7 24
- leitender Angestellter im betriebsverfassungsrechtlichen Sinne 7 28
- selbständige Einstellung und Entlassung 7 27
- vertragliche Vereinbarung 7 48

Lamfalussy-Verfahren 13 14
Legalitätspflicht 1 5; 11 7 ff., 51 ff.
leitende Angestellte 7 14; 8 2 ff.; 14 54
- Haftungsprivileg 7 14
Leitlinien der Art. 29-Datenschutzgruppe der EU 10 33, 84
Leitungsaufgaben 4 22; 5 12
- Kernbereich 4 18
Leitungsorgan 14 6, 9, 19, 23 ff., 30 ff., 53 ff., 92, 110
Letztverantwortlichkeit für Compliance 4 23

MaComp 6 9 ff.; 13 64
Management-Fähigkeiten 2 4, 10 ff.
MaRisk BA 13 65
MaRisk VA 13 65
Marketing 4 17
Matrix-Organisation 11 55 ff., 21
Mindestanforderungen 13 62
Mindeststandards für ein prüffähiges Management-System, s. auch MaComp 6
missbräuchliche Weisung 5 18
Mitarbeiterbefragung
- Anwälte von Mitarbeitern 12 52 ff.
- Auskunftspflichten des Arbeitnehmers 12 25 ff.
- Durchführung 12 33 ff., 80 ff.
- Individualverteidiger 12 52 ff.
- Internal Investigation 12 23 ff.
- Teilnahmepflicht 12 24
- Verwertbarkeit von Aussagen 12 30
- Zeugenbeistände 12 55
Mitarbeiterschulungen 9 132 ff.
Mitbestimmung 8 7 f., 10 ff.
- ~sfrei 8 24
- ~spflichtig 8 28
- zwingend 8 12, 14 ff.
mock dawn raids 4 49
Monitoring-Systeme 4 15

Nationale Aufsichtsbehörden 13 62
Non-Compliance 4 10
Normenflut 4 7

Ombudsleute, s. auch Ombutsmann/Ombutsperson
Ombudsmann-System 10 18
Ombutsmann/Ombutsperson 10 16 ff., 20 ff., 37
- Anforderungsprofil 10 45
- Auswahl 10 44
- Beschlagnahme von Unterlagen 10 72, 93, 21
- Erreichbarkeit 10 44
- Honorar, Honorierung 10 49
- Rechte und Pflichten 10 37, 77
- Strafbarkeitsrisiken 10 63
- Vertrag mit ~ 10 52
Ordnungsverhalten 8 14, 22 ff.
Ordnungswidrigkeitenrecht 9 114 ff.
Organisation der Compliance 4 21
Organisationsauftrag der Geschäftsleitung 4 19
Organisationsermessen der Unternehmensleitung 4 2
Organisationsgrad 4 5
Organisationsmodelle 4 2 ff.
Organisationsstruktur 4 2
Outsourcing 4 76
Overcompliance 1 35

Personalabteilung 6 46
- Abgrenzung zum Compliance Officer 4 69 ff.
- Abstimmung mit der ~ 4 43
- Aufgabenbereiche 7 8
Personenbezogene Daten 10 30 ff.
- Löschung 10 36
Persönlichkeit 2 4, 18 ff.
Pflichtendelegation an Chief Compliance Officer 3 3 ff.
- Möglichkeit und Grenzen 3 31 ff.
Pflichtverletzung 14 11, 22, 62, 71 ff., 82
- Untreue 9 10 ff., 110 ff.
Positionierung des Compliance Officers
- Chancen 15 7
- Risiken 15 8
Positionspapier Netzwerk Compliance e.V. 7 7
Prämienzahlungen 10 15
Prävention 2 9, 13; 4 12
Prinzipienbasierte Regulierung 13 18
Produkte 13 66
- Intervention 13 77
- Rechtsprechung 13 72
- Überwachung 13 77

387

Stichwortverzeichnis

- Überwachung 13 75
Projektende 6 38 ff.
Projektorganisation Compliance 6 21 ff.
Projektplan
- Aufgaben, Ressourcen, Meilenstein
  6 25 ff.
Proportionalität 13 23
Protokolle
- Mitarbeiterbefragung 12 35
Prozessmanagement 2 10, 17, 25
Prozessverbesserung 4 39
Prüfungsstandard von Wirtschaftsprüfern,
  s. auch IDW PS 980 7 8

Qualifizierte D&O-Klausel 14 58

Rechtsabteilung 6 46
- Abgrenzung zum Compliance Officer
  4 65 f.
- Aufgabenbereiche 7 8
- Compliance-Funktion 6 65 ff.
- Internal Investigation 12 51
Rechtskenntnis 2 6
Rechtskostenerstattung 14
- Anstellungsvertragsrechtsschutz-
  versicherung 14 19 ff.
- Arbeits-/Berufsrechtsschutzversicherung
  14 9 ff.
- Vermögensschadenrechtsschutz-
  versicherung 14 23 f.
Rechtsprodukt 13 47
Rechtssetzung 13 14
Regelbetrieb Compliance 6 38 ff., 48 ff.
Reisebudget, flexibles 5 25
Reputationsrisiko 4 9
Ressourcen, personelle 5 24
Ressourcenausstattung
- Konzern-Compliance 11 23
Revision
- Internal Investigation 12 47 ff.
Risikoanalyse 4 27
- konzernweite 11 12
Risikofrüherkennung 10 3
Risikomanagement 4
- Abgrenzung zum Compliance Officer 4 64
Risikomanagementfunktion 4 13
Risikosteuerung 4 36

Sachleistungen 5 25
Sanktionen 4 55
Schnittstellenmanagement 2 8 f., 19; 4 78;
  5 14
Schulung 4 32
- ~serfolg, Kontrolle 4 49
- ~sinhalte 4 48
- ~smaßnahmen 4 47

- ~s- und Informationsveranstaltung 6 40
Schutzbedarf 3
- (Chief) Compliance Officer, Umsetzung
  3 115 ff.
- Compliance-Verantwortliche 3 98 ff.
Selbsteinschätzung 13 19, 22
Siemens/Neubürger-Urteil 4 8; 15 3
Sonderkündigungsschutz 7 30
- analoge Anwendung 7 32
Sprecherausschuss 8 7 ff., 34 ff.
Staatsanwaltschaft
- Beteiligung bei Internal Investigations
  12 96 ff.
- Ermittlungsmaßnahmen 12 99 ff.
Standard-Modell, Aufgaben 4 1
Steering Committee 6 32 ff.
Stellvertreter 5 24
Steuerrecht 14 41, 55
Steuerstraftaten 9 40 ff.
Strafbarkeitsrisiko
- Präventive Handlungsempfehlungen
  9 126 ff.
- Repressive Handlungsempfehlungen
  9 137 ff.
- Verringerung 9 125 ff.
Strafen-Ausschluss 14 77 ff.
Strafprozessuale Ermittlungsmaßnahmen
  9 147 ff.
- Beschlagnahme 9 148 ff.
- Durchsuchung 9 148 ff.
- Zeugenaussagen 9 156 ff.
- Zeugenvernehmung 9 156 ff.
Strafrechtsschutzversicherung 14
- betrieblich 14 92 ff.
- privat 14 25
Straftaten
- Arbeitsstrafrecht 9 66 ff.
- Betriebsspionage 9 49 f.
- Betrug 9 36 ff.
- Diebstahl 9 34 ff.
- Geheimnisverrat 9 44 ff.
- Kartellordnungswidrigkeitenrecht 9 56 ff.
- Kartellstrafrecht 9 52 ff.
- Korruption 9 19 ff.
- Steuerhinterziehung 9 42
- Steuerstraftaten 9 40 ff.
- Steuerverkürzung 9 43
- Umweltdelikte 9 70 ff.
- Unterschlagung 9 34 ff.
- Untreue 9 5 ff., 106 ff.
Strafverfahren
- gegen Compliance Officer 9 163 ff.
- gegen Unternehmen/Unternehmens-
  angehörige 9 158
Strafverhinderungspflicht
- des Compliance Officers 9 86 ff., 116

Subsidiaritätsklauseln 14 34, 85 ff., 112
Syndikusanwalt 14 4 ff.

Teamorientierung 2 22
technische Überwachungseinrichtungen
  8 14, 29 ff.
Tone from the Top 2 13 ff.; 11 24

Überwachung 4 50 ff.
Überzeugungskraft 2 15 ff.
Umweltausschluss 14 75 f.
Umweltdelikte 9 70 ff.
Unternehmensbeauftragter 5; 13
– Abgrenzung zum Compliance Officer
  5 4 ff.
– gesetzlicher 5 5 f.
Unternehmenshaftung 9 114 ff.
Unternehmensinteresse 1 25; 5 9
Unternehmensleitung 4; 5
– Abgrenzung zum Compliance Officer 4 63
– Zuständigkeit für Compliance 5 12
Unternehmensorganisationsrecht 1 5
Unternehmensverständnis 2 8
Unternehmensverteidiger
– Internal Investigation 12 37 ff.
Unternehmensverteidigung
– begleitende Maßnahmen durch Compliance Officer 9 161 f.
Unterschlagung 9 34 ff.
Untreue 9 5 ff., 106 ff.
– durch Compliance Officer 9 106 ff.
– Einverständnis 9 15 f.
– Pflichtverletzung 9 10 ff., 110 ff.
– Vermögensbetreuungspflicht 9 7 ff., 107 ff.
– Vermögensnachteil 9 17 f.

Veränderungsbedarf, potentieller 6 87
Veränderungsmanagement 2 12 ff., 25, 25
Verbandsstrafrecht 1 42
Verbraucherschutz 13 78
Verdachtsfall 9 138 ff.
– Leitlinien 9 141
Vergleichbarkeit (Chief) Compliance Officer und Beauftragte 3 100 ff.
Vergütung 2 23 f.; 5 19
– Festvergütung 5 19
– variable Vergütungsbestandteile 5 19
Verhaltenskodex, s. Code of Conduct 4
Verhältnismäßigkeit 4 1
Verlaufskontroller
– Interner Ermittlungen 12 89 ff.
Vermögensbetreuungspflicht des Compliance Officers 9 107 ff.
Vermögensschadenhaftpflichtversicherung 14

– betrieblich, s. auch D&O-Versicherung
  14 52 ff., 81 ff., 91
– privat 14 30 ff.
Vernehmung
– des Compliance Officers 9 165 ff.
– von Unternehmensmitarbeitern 9 156 f.
Verschwiegenheitspflicht 10 21, 39
– Befreiung von der Verschwiegenheitspflicht
  10 58 ff., 21 ff., 39
Verschwiegenheitsverpflichtung 5 31
Versicherungssektor 13 101
– Aufgaben 13 41
Versicherungssumme 14
– Kostenanrechnung 14 66 ff.
– Prioritätsklauseln 14 63 ff.
Vertragskonzern 11 34
Vertrauensprodukt, Organisation 13 38
Videoüberwachung 8 32
Vorbilder für die Aufbauorganisation 6 45 ff.
Vorbildfunktion der Unternehmensleitung
  4 41
Vorstandsmitglieder 14 22, 53, 57 f., 63

Weisungsfreiheit 5 17
Weisungsrecht 7 6; 13 70
– Grenzen 7 6
– Konzern 11 31, 34
Wertpapiersektor 13 80
– Aufgaben 13 35
Wettbewerbsfaktor 2 2, 6, 13
Whistleblower 10 3
Whistleblowing
– Organisation 13 33
Whistleblowing-System, s. Hinweisgebersystem 4
Widerspruchsrecht des Versicherungsnehmers 14 27, 101 ff.
Wissentliche Pflichtverletzungen 14 71 ff.

Zentrale Compliance-Projektorganisation
  6 30 ff.
Zero-Tolerance-Prinzip 15 15
Zeuge
– Compliance Officer 9 158 ff.
Zeugenaussage 9 156 ff.
Zeugenvernehmung 9 156 ff.
Zeugnisverweigerungsrecht 10 21, 25, 28
Zeugnisverweigerungsrecht des Compliance Officers 9 158 ff., 165 ff.
– Aufgabenfixierung des Compliance Officers
  9 126 ff.
Ziel- und Ergebnisorientierung 2 11, 25
Ziele 6 88
Zugangsrecht 5 28
Zugriffsrecht, IT 5 28